■ 저자소개

연민수(延敏洙)
전 동북아역사재단 역사연구실장
동국대학교 사학과 및 석사과정 졸업
九州大學 대학원 수사·박사과정 졸업

■ 논저목록

『일본고대국가와 도래계 씨족』, 학연문화사, 2021
『고대일본의 대한인식과 교류』, 역사공간, 2014
『고대한일교류사』, 도서출판 혜안, 2003
『고대한일관계사』, 도서출판 혜안, 1998
『일본역사』, 보고사, 1998
『역주일본서기』 1~3, 공역, 동북아역사재단, 2013
『新撰姓氏錄』上·中·下, 공역, 동북아역사재단, 2020
『譯註續日本紀』上·中·下, 혜안, 2022
『譯註日本後紀』上·下, 학연문화사, 2023
기타 공저, 역서 등 다수

천황제 일본고대국가

2025년 11월 15일 초판 1쇄 발행

글쓴이   연민수
펴낸이   권혁재
편 집   권이지
표 지   이정아

제 작   성광인쇄
펴낸곳   학연문화사
등 록   1988년 2월 26일 제2-501호
주 소   서울시 금천구 가산디지털1로 16 가산2차SKV1AP타워 1415호

전 화   02-6223-2301
팩 스   02-6223-2303
E-mail   hak7891@naver.com

책값은 뒷표지에 있습니다.
잘못된 책은 바꾸어 드립니다.

ISBN 978-89-5508-714-7   93910

천황제 일본고대국가

연민수 지음

학연문화사

간 행 사

　지난 20여년간『일본서기』,『속일본기』,『일본후기』, 씨족 계보서인『신찬성씨록』의 역주작업을 하면서, 고대 천황제 국가를 어떻게 정의할 것인가에 대한 관심을 갖게 되었다. 일본고대국가사의 특질을 한폭의 그림같이 그려낼 수 없을까 하는 막연한 생각으로 머릿속에 떠오르는 뜬 구름 잡는 기분으로 집필구상에 들어갔다. 그러나 방대한 자료를 입체적이고 논리적인 구조로 풀어내는 일은 간단한 문제가 아니었다. 다시 역주한 사료와 그간 메모해 둔 주요 항목을 참고하면서 전체의 틀을 만들기 시작하였고 몇 개의 특질을 추출하였다.

　이 연구의 기본 구상은 천황과 일본, 율령, 관료제, 문서행정, 정보전달, 신라문제 및 천명사상과 덕치주의 이념에 바탕을 두고 있다. 특히 일본율령의 편목 및 조문에 대한 분석은 본 연구의 주요 틀을 이루고 있다. 율령은 한 국가운용 시스템을 보여주는 설계도이다.『속일본기』에 나오는 천황의 조칙을 비롯하여 태정관부 등 행정문서의 발행, 하부조직에서 올라오는 상신문서 등은 율령에 규정된 조문과 상호 밀접하게 연결되어 있다. 여기에 정창원문서와 목간 자료를 분석하였다. 호적, 계장, 정세장, 사경소 문서는 국가의 인민파악, 조세원 확보, 지방 재정의 실태, 사경소의 근무실태 등을 알려주는 1차사료이다. 호적과 계장은 대부분 검토하였으며 그 중에 표본이 될만한 문서를 선정해 분석하였다. 시행문서에 해당하는 목간은 살아있는 기록으로 당대 정보전달의 실태를 전해주고 있다. 이 사료군에 대한 기초적인 검토 후에 전체 주제에 맞게 목차를 정하고 수정하기를 반복하였고, 관점과 논리를 단순화시켜 큰 틀 속에서 작업을 시작하였다.

　천황제 국가는 천황의 신비주의적인 권위와 권력의 시스템으로서의 제도적 측면이 있다. 천황의 권위와 권력은 이 2개가 조합되어 고대 천황제를 지탱하고 있다. 천황제 국가를 상징하는 것이 군주호로서의「天皇」과「日本」국호이다. 天武天皇이 이상으로 삼은 국가상은 바로 이 두 용어에 응축되어 있다. 국호는 일본건국신화에 나오는 日神으로서의 天照大神과도 연결되고, 군주호로서의 천황은 신격화의 일환으로 출현하였으며, 새로운 국가체제를 수립하려는 일본고대국가의 이상과 지배이념이 강하게 담겨져 있다.

8세기초 제정된 대보령의 조문에 「日本天皇」은 조서와 칙지 문서에 공식명칭으로 규정되었다. 국호와 군주호가 하나의 조합을 이루어 일본국을 상징하는 명칭이 되었다. 대보령의 제정으로 연호제와 함께 본격적인 문서행정이 시작되었다. 당율령을 母法으로 제정된 대보율령은 일본 최초의 체계적인 법전이었고, 율령시스템에 따라 국정을 운용하는 근간이 되었다. 율령제 하에서는 천황의 명령은 관료제를 통해 집행되었으며, 이에 따라 많은 새로운 관료군이 형성되었다. 특히 5위 이상의 고위관료는 전통적인 畿內 유력호족들이 다수를 차지하였으며 이들은 천황제 율령국가에서도 법적으로 기득권은 보장되었다. 천황을 정점으로 하는 왕권은 고위귀족관료를 중심으로 구성되었으며, 그 중추에는 藤原 가문이 자리잡았다. 大化改新의 주역 中臣鎌足의 피를 이은 藤原不比等은 大寶律令의 설계자였으며 왕실의 외척으로서 정국을 주도하였다. 그러나 어떠한 귀족도 그 권력의 원천은 천황권으로부터 나오며, 제도권 하에서의 제한된 권력이었다. 8세기 일본고대국가를 귀족제 성격을 띠면서 전제국가로 평가할 수 있는 것도 천황권 하에서 행정시스템이 작동하고 있었기 때문이다.

천황제 국가의 이념으로 중시한 것이 천명사상과 덕치주의이다. 천명사상은 원래 天人相關說에 기초하고 있고, 유덕의 군주가 천명을 받아 지상을 통치하고 부덕하면 천명이 다하여 새로운 군주로 교체된다는 역성혁명론의 사상적 기반이 되었다. 그러나 일통으로 내려온 천황제 국가에서는 역성혁명은 출현하기 어려운 천황주의 이념이 강하게 지배하고 있었다. 이와 더불어 神佛思想도 일본고대의 지배층의 의식을 지배한 이념이며, 국가의 재난을 극복하는 수단으로서 나타나고 일본고대국가를 이해하는데 중심축을 이루고 있다.

율령제의 시행으로 법치에 의한 국가운영과 天人相關說에 기초한 사상과 이념이 공존하는 일본고대인의 사유, 사회적 특질을 엿볼 수 있다. 법치와 신비주의적 자연관은 서로 배치하는 것이 아니라 보완적인 성격이 강하다. 율령 속에 포함된 비과학적, 비현실적인 조문들은 천황제를 유지해 나가는 요소들이고, 일본적인 특질로 정의할 수 있다고 생각된다.

대외적 이념으로는 신라에 대한 번국관념이다. 신라와의 관계는 내정에 바로 영향을 미쳤으며, 신라에 우월한 국가체제의 수립과 이념을 역사적, 현실적으로 확립하고자 하였다. 신라번국관은 신공황후의 신라정벌신화로부터 비롯되어 전설적 세계를 통해 신라와의 역사적 관계를 설정하고, 현실 외교에 투영시켜 우월적 대외인식을 드러냈다. 그러나 자국중심의 독선적 이념은 현실과 괴리되어 대외적으로 통용되지 못한채 일본열도 내에서의 중화의식에 만족하는 수준에 머물렀다.

이 책은 모두 5부작으로 서장 및 본문 21장으로 구성되어 있다. 제1부에서는 천황제 국가가 탄생한 천무왕권의 성립과정, 천황호 및 일본 국호가 제정된 계기 그리고 건국신화의 생성과정 및 국가통치의 이념과 특질을 다루었다.

제2부에서는 대보율령의 편목과 구성, 율령국가의 특질, 신라율령의 편찬논쟁, 관인양성기관으로서 대학과 국학의 교육 그리고 율령제 사회에서의 평성경의 도시공간의 실상을 다루었다.

제3부에서는 대보율령의 제정과 더불어 시행된 문서행정의 규정과 정보전달 시스템 및 官印制, 문서행정의 근간이 되는 종이생산 문제를 기술하였다. 특히 종이생산은 단순한 물질이 아니라 기록문화의 획기적인 변화를 가져왔으며 국가의 공적 시스템을 뒷받침한다는 면에서 중요하고, 문서행정과 관련해서 거의

다루지 않은 주제이다.

　제4부에서는 정창원문서의 분석이다. 인민지배의 근간이 되는 호적과 계장, 매년 정세의 수입과 지출을 기록한 수지결산 보고서인 정세장 그리고 사경소 문서에 나타난 사경생들의 생활 실태 등을 분석하였다.

　제5부에서는 천명사상과 덕치주의를 중심으로 상서와 재이의 출현이 덕치주의에 어떻게 반영되었는지를 분석하였다. 아울러 사면의 문제, 연호의 제정 및 천황의 순행 문제를 다루었고, 이것이 덕치주의의 실현과 어떠한 관련 하에서 이루어지고 있는지를 논하였다.

　이 책은 일본고대국가사 전체에서 보면 일부이고 세부적으로 들어가면 풀어야 할 문제도 많다. 다만 나름대로 구상한 고대 천황제 국가의 몇가지 특질을 추구하여 한 권의 책으로 마무리할 수 있어 무거운 짐을 내려놓은 것 같고, 개인적인 연구인생에서 보면 도달점에 서 있는 느낌이다. 이 분야는 국내학계에서는 아직 본격적인 연구가 나오지 않았다. 관련사료가 산일된 한국고대사에 있어서 국가운용시스템을 이해하는 차원에서도 참고가 될 수 있다고 본다. 일본고대의 천황제, 율령제, 정창원문서에 관심있는 연구자 제현에게 다소나마 도움이 된다면 다행으로 생각한다.

2025년 11월
북한산 자락의 서재에서
연민수

목 차

서장
천황제 국가의 창출과 국가상

　본 연구는 천황제 일본고대국가의 운용시스템 및 지배의 이념을 분석하여 고대 천황제의 특질을 추구하는데에 있다. 일본고대국가의 형성사를 보면, 외침을 받지 않았던 지정학적 환경 속에서 내부의 세력들 간의 지배와 복속을 통해 통합의 왕권으로 전개되어 나갔다. 일본열도라는 지리적인 고립성은 외부를 지향하게 되었고 대외적 계기는 내부를 향한 권력집중으로 나타났으며, 새로운 문물의 수입은 바로 국가체제의 변화로 이어졌다.

　680년대 천무조에서 창출된 천황제 국가는 대보율령의 제정으로 일본지배층이 구상한 중앙집권체제의 국가상이 설계되었다. 천황을 정점으로 한 관료제 율령국가의 운영시스템은 일본고대국가의 이상이 반영된 고대국가의 도달점이었다. 천황제 국가가 추구하는 이념은 神統 관념이었고 일본열도의 유일한 통치의 法統이라는 인식이었다. 건국신화에 반영되어 있는 황조신 天照大神으로부터 내려오는 왕통의 연속성, 정통성, 만세일계 사상은 신성불가침하여 다른 왕조국가에서 나타나는 역성혁명은 원천적으로 봉인되었다. 천황통치의 이념은 大寶令으로 법제화되었으며 율령의 시스템에 따라 작동하게 되었다.

　이에 따라 율령제에 기반한 문서행정이 시작되었고, 모든 공문서에는 연호와 함께 천황의 內印이 날인되었으며 천황은 전국의 행정권을 장악해 나갔다. 행정관사의 公印制의 도입은 책임행정, 증거주의로 나아갔으며 중앙에서 국군리로 이어지는 정보전달 시스템도 정착하였다. 호적과 계장의 작성으로 전국적 인민 파악이 가능해졌으며, 이에 기초하여 수취체제가 확립되었다. 율령의 규정에 따라 움직이는 행정시스템은 전국적으로 연결망을 형성하여 유기적인 조직체로 운용되었다. 정사에 등장하는 수많은 인간군들은 국가의 시스템에 따라 움직이지만, 그 속에서 벌어지는 생동감 넘치는 다양한 인격을 지닌 인물들의 모습은 제도사 속에서의 역사의 현장을 다채롭게 하고 자못 흥미를 불러일으키고 있다.

國制의 기본틀은 중국으로부터 받아들였지만, 실제의 교류의 중심은 신라였으며 대신라관계야말로 일본국의 존재에 커다란 영향을 미쳤다. 신라에 대한 번국의식의 생성도 경쟁국을 능가하는 국가체제의 수립이라는 이념에서 나온 것이다. 그러나 제도적 이념은 추구하는 이상이었고 대외적으로 통용되지 못한 채 이념과 실제가 괴리되는 현상을 나타내고 있다. 즉 일본고대의 천황제 율령국가의 실태를 파악하기 위해서는 일본열도라는 공간세계에서 운용되는 제도적 시스템과 국가적 이념이 국내를 넘어 대외적으로도 어떻게 작동하고 있는가를 추적해야 한다.

1. 율령제 시행 이전의 왕권의 실태

천황제 국가 성립 이전의 일본고대국가 형성사를 보면, 4세기 전반 大和 지역에서 출현한 야마토정권이 모태가 되어 유력호족의 연합정권으로 출범하였고, 지역적 통합을 통해 전국정권으로 확대시켜 나갔다. 이 시기는 전방후원분의 조영기이고 이 거대한 조형물을 만드는데 소요되는 노동력과 그 징발권은 왕권의 위상과 크기를 가늠하는 척도가 되고 있다. 전국적으로 동일한 모델의 고분의 축조는 대화정권의 지방지배의 공간적 범위를 말해주고 있다. 고유성이 강한 고분문화의 속성상 외형의 통일성은 외부의 정치적, 군사적 영향력을 보여주는 표상이라고 할 수 있다. 야마토정권은 氏姓制를 통해 대왕을 정점으로 한 정치적 신분질서를 구축하였고, 지방세력에 대해서는 屯倉制, 國造制를 통해 공납을 받는 등 전국적 지배망을 형성해 나갔다.

한편 6세기 중엽 이후의 대화정권은 대왕가와 다중적 혼인관계를 맺은 蘇我氏가 외척으로서 권력을 전횡하던 시기였다. 6세기 후반의 왜왕 用明과 崇峻 그리고 7세기의 推古女王 및 추고조에서 섭정했다는 성덕태자의 모계는 소아씨였다.

大化前代의 왕위계승에는 大夫會議의 추천에 의존한 바가 컸으며 대부회의 의장 격인 소아씨의 주도로 운용되었다.

그러나 100여년간 지속된 소아씨 권력은 645년 을사의 정변으로 무너지고 왕족 중심의 大化改新이 단행되었다. 대화개신의 포고령이라고 할 수 있는 법령에는 대 보령의 조문을 모방했다는 설이 유력하지만, 이 시기 율령제의 단서를 열었다는 평가도 있다. 이 을사의 정변과 대화개신을 주도했던 인물은 中大兄皇子를 중심으로 한 일단의 귀족이었고 齊明女王의 뒤를 이어 天智王權을 수립하였다. 667년 飛鳥에서 近江의 大津宮으로 천도한 천지왕권은 冠位를 26계로 확대하였으며 시행 여부는 명확하지 않으나 近江令의 제정도 보인다. 또한 전국지배를 위한 호적을 작성하였고, 이때 만들어진 庚寅年籍은 영구보존되어 양천제의 신분질서를 확인하고 인민파악과 조세 대상자의 확보를 위한 근본대장으로 활용되었다.

2. 천무왕권의 탄생과 지향성

672년 天智天皇의 사후 그의 적장자인 大友皇子의 近江朝廷과 吉野에서 은신하고 있던 천지의 同母弟 大海人皇子 사이에 왕위계승의 내전이 발발하였다. 이른바 임신의 난이라고 불리는 이 전란은 이후 일본고대국가의 일대 전환을 예고하는 대사건이었다. 이 내전에서 승리한 대해인황자는 673년 2월에 飛鳥淨御原宮에서 즉위하여 天武王權을 탄생시켰다. 천무왕권의 수립은 무력을 동원한 군사정변이었고 역성혁명에 비견할만한 새로운 왕조의 출현이었다. 천무왕권은 새로운 국가체제를 만들기 위해 천황가의 신격화, 건국신화의 창출, 군주호로서 천황호 및 일본국호의 제정을 추진하였다. 천무 13년(684) 4월에 내린 조서에서 "정치의 요체는 군사다"라는 발언은 천무왕권의 성격을 함축하고 있다. 임신의 내전에서 군사력의 필요성을 절감한 천무는 문무관에게 무기사용법을 습득하게 하고 비상시의 군사적 장비의 실태를 조사하였으며, 백성들에게는 무기소유를 금지시켰다. 또한 8색의 성을 제정하여 기왕의 호족세력을 왕권의 휘하에 예속시키고, 관리등용에 있어서도 재능 및 능력주의를 지향하면서도 족성의 신분도 고려하였다. 8色 姓으로의 재편은 천황이 새로운 성을 하사함으로써 천황의 신민으로서 재탄생되어 천황을 중심으로 하는 신분의 사회적, 정치적 계층화가 표식화되어 천황제 국가의 기반을 조성하게 되었다.

천무왕권이 새로운 국가상을 정립해 나가는 과정에서 가장 중시한 것은 천황가의 역사였다.『고사기』,『일본서기』편찬을 위해 帝紀와 上古諸事의 여러 학설을 검토해서 진위여부를 가리고 천황가에 부합하는 기록들을 선정하였다. 천황가의 역사를 미화하고 천황통치의 유구성과 정당성을 강조하기 위한 작업이었다. 이 사서의 이념은 건국신화에 그대로 반영되어 있다. 천상의 세계인 高天原의 여신 天照大神으로부터 시작되어 천손강림신화에는 천손인 초대천황 神武가 大和의 橿原宮에서 즉위하여 일본국을 건국하였으며, 그 후 단절없이 이어져왔다는 만세일계사상이 기반을 이루고 있다. 왕통의 신격화는 현실의 천황인 천무의 신격화로 이어졌다.『만엽집』의 단가에 천무천황을 예찬하여. "대군은 신이시기 때문에 물새들이 군집해 있는 호수를 왕도로 만드셨다"라고 하여 늪이나 호수를 왕도로 변모시킬 정도의 신적인 능력을 소유한 천황임을 표현하고 있다. 神武天皇이 천손강림의 자손이고 九州에서 東征하여 무력으로 주변지역을 제압하고 일본국을 세웠듯이 天武天皇 역시 군사정변으로 새역사를 쓴 인물로서 양자의 행적이 중첩되어 있다. 시호에서 보듯이 神武와 天武는 이미지가 동일하고 서로 상통하고 있다.

천무조에서「日本」국호와 군주호「天皇」을 제정한 것도 새로운 국가의 지향성을 말해준다. 국호 日本의「日」은 태양, 천상을 의미하고,「本」은 뿌리로서 근원을 말하고, 천상과 지상을 잇는 천통사상이다. 천무천황의 신격화는 일본 국호와 천황호에서 가장 집약되어 있고, 천황가 혈통의 신성함과 치세의 정당성을 표출하는 중요한 수단이었다. 천황호 출현의 사상적 배경은 도교에 기반하고 있으며, 종전의 대왕호에서 한 단계 격상된, 천무왕권이 추구하는 국가상에 어울리는 군주호였다. 이후 대보령이 반포되는 8세기 이후에는 日本과 天皇은 하나의 호칭으로 결합되어 「日本天皇」으로 공식문서에서 사용하게 되었다. 새로운 국호의 제정은 새로운 국가의 탄생을 의미하고 천황이 통치하는 일본국이라는 사실을 알리는 메세지였다.

한편 천무조에서 제정한 일본 국호와 천황호에는 대외적으로 신라를 의식한 측면이 강하다. 천무천황은 황자 시기에 이미 한반도에서 일어난 전란을 경험하였고 나당연합군에 의한 백제멸망, 부흥군의 파병과 실패, 신라의 대당전쟁 등 불안정한 정세하에서 즉위하였다. 이후 한반도에서는 통합된 신라국이 등장하였고, 신라를 의식한 대외관계를 새로 설정하지 않으면 안되었다. 신라는 과거의 적대국이 아닌 현실의 교류국이었고 경쟁상대였다. 신라를 능가하는 국가체제, 왕권을 수립하는 것이 당면한 목표였다. 천황호 및 일본국호의 제정은 천무천황이 지향하는 국가상에 걸맞는 명칭이었다. 여기에 신라복속사상이 투영된 역사적 관계를 설정하기 위해 창출한 것이 신공황후의 신라정벌론이었다. 이 설화담은 신라를 향한 대외적 이념으로부터 나온 현실과 미래의 기대상이었다. 동시에 국내적으로 천황중심의 지배체제의 강화를 위한 선전도구였다.

『일본서기』신공기 즉위전기에 기록된 신라정벌기사에서, 신라왕은 동쪽에는 「神國」이 있으며 「日本」이라고 하고, 「聖王」이 있는데 「天皇」이라고 한다. 필히 그 나라의 「神兵」일 것이다"라고 기록하고 있다. 신라인의 입을 통해 만들어진 神國, 日本, 天皇, 神兵은 고대일본의 신국사상의 근원을 이루고 神, 天, 日은 일본의 건국신화의 모티브가 되고 있다. 신공황후의 신라정벌론은 후대 일본지배층의 이상적 관념이 투영된 가상의 기록이지만, 당시의 대외인식을 엿볼 수 있다는 점에서 중요하다. 『삼국사기』효소왕 7년(698)에 신라외교에서 처음으로 일본국호를 사용한 것도 새로 제정된 국호를 대외적으로 알리는 신호였다. 이후 일본국호와 천황호는 대보령 시행 시에 법령으로 명기되었고, 대보 2년(702)에 파견된 견당사의 국서에 명기되어 국호의 변경사실이 당에도 전해졌다. 그러나 천황호는 중국의 천자관념, 화이사상과 배치되어 외교적 마찰을 우려해 천황의 和音 표기인 스메라미코토(須明樂美御德)를 사용하였다. 일본적 천하의식은 신라를 의식한 대외적 이념이었지만, 결국은 국내적 지배체제의 전제화를 목적으로 한 메세지였다.

3. 大寶律令의 반포와 이념

율령제 시행으로 천황을 정점으로 관료제 사회를 통해 운용해 나가는 일본고대국가를 천황제 율령국가로서 정의하고 있다. 당율령을 母法으로 하여 만들어진 大寶律令은 천황제 관료국가의 운용시스템의 근간을 이루는 법전이었다. 그후 天平寶字 원년(757)의 養老律令이 시행되었지만, 법령의 근본은 그대로 계수되었고 일본고대국가의 천황통치법으로 정립되어 갔다. 대보율령의 반포는 천무왕권 이래 추구해 온 천황제 율령국가의 도달점이었다. 율령제 시행에 따른 관료제 시스템의 정점에는 천황이 존재했으며 천황을 통해 행정상의 명령계통이 체계화되었다.

대보율령은 文武 4년(700)에 令文의 학습과 律 조문을 정하고 대보 원년(701)에 완성되어 동 2년(702)에 전국에 반포, 시행되었다. 대보율령은 律 6권, 令 11권으로 구성되어 있다. 행정법인 令의 편성은 唐令의 30권 31개 편목, 1590개의 조문을 계수과정에서 40%를 삭제하여 10권 30개 편목에 953개의 조문으로 축소하였다. 일부 편목의 재배치, 조문의 내용 및 관제명칭의 변경 등 일본의 실정에 맞게 수정하였다. 당의 이민족 지배의 제국적 통치법과 방대한 관제의 규정은 당시 일본사회에 적용하기 어렵다는 현실적 판단 때문이었다. 대보율령이 단기간에 완성될 수 있었던 것은 새로운 법전의 창출이 아니라 당율령을 모범으로 하여 실정에 맞게 취사선택했기 때문이다. 여기에는 文武朝에서 상왕의 지위에 있던 지통태상천황의 법전 편찬에 대한 의지와 그의 신임을 얻는 외척 권세가 藤原不比等의 역할이 있었다. 천황제 율령국가의 통치와 이념을 담은 구상과 설계는 藤原氏의 주도하에 이루어졌다고 생각된다. 이후 藤原家는 수백년간 왕권의 중추에서 일본의 역사를 움직이는 최고의 가문으로 번영하였다.

천황제 율령국가의 이념은 천황주의이다. 율령의 조문에는 천황의 권한에 대해 규정이 없지만, 율령의 규정을 받지 않는 존재라는 것을 말해주고 있다. 천황은 국가권력의 체현자이고, 율령은 천황의 명에 의해 집행되는 천황통치법이다. 율령을 기반으로 한 중앙집권적 관료지배체제는 천황이라는 절대인격이 그 정점에 자리하고 있고, 그 관료조직은 율령에 명시된 권한으로 천황의 명을 수행하는 것이다. 천황가라는 혈통의 절대성, 신성성은 기타 씨족이 넘볼 수 없는 영역이었다. 조직을 통한 천황의 명령권은 그 자체가 법적 효력을 발휘하였고, 관인의 임면권, 사성 정책을 통해 관료사회를 지배해 나갔다.

율령제와 관료제는 불가분의 관계에 있으며 모든 관료시스템은 법령에 의해 추진되었다. 율령제를 규정짓는 요소인 중앙집권적 관료제를 근간으로 하여 개별적 인민파악을 위한 호적과 계장의 작성, 구분전의 반급, 조용조의 수취체제, 신분제로서의 양천제, 군단병사제 등이 성립되었다. 관료제의 구성은 국가의 국정을 총괄하는 太政官과 국가제사를 총괄하는 神祇官을 중심으로 中務省, 式部省, 治部省, 民部省, 兵部省, 刑部省, 大藏省, 宮内省의 8성으로 구성되어 있고, 그 밑에 2職, 16寮, 30司의 48개의 방대한 속관이 설치되었다. 의정관을 배출한 씨족은 전통의 畿内의 유력씨족이고, 대부회의를 주재하던 호족층이다. 즉 태정관을 구성하는 의정관회의는 야마토정권의 대부회의를 계승한 성격을 갖는다. 5위 이상의 관인은 귀족이라고 부르며 왕권을 뒷받침하는 핵심세력이다. 이들은 천황의 内印이 날인된 位記를 받고, 조정에서 행해지는 각종 의식에 참여하고, 각종 봉록, 음위제 등 특혜를 받는다. 지방행정은 國, 郡, 里의 3단계로 편성하였고, 4등관제로 편성된 國司는 중앙에서 파견되는 임기제 관인으로 천황 권력의 대행자이다.

일본 율령제의 특징은 중국율령을 모방하여 천황의 덕화가 미치는 지역을 化内와 化外로 구분하였으며, 주변제국을 蕃國, 일본열도 내 이종족을 夷狄으로 간주하여 化의 질서를 규정하였다. 이 시기 化의 개념은 신라를 의식한 것이고, 신라를 번국으로 표기하고, 한반도에서의 이주자를 천황의 덕화를 흠모하여 化의 질서 속에 들어온 귀화인으로 간주한다. 대보령에는 諸蕃에 대한 20여개의 조문이 수록되어 있다. 蕃은 외국을 의미하지만, 대보령 제정 당시는 신라에 대한 우월의식을 반영한 규정이다. 공식령「조서식」에는 "大事는 隣國 및 蕃國에 대해서 조서를 내린다"라고 하고, 대보령의 주석서인『古記』에는 "隣國은 대당이고, 蕃國은 신라이다"라고 하여 신라를 번국으로 간주하고 있다.

한편『일본서기』에서의 蕃의 훈독은「도나리」, 蕃國은「도나리노쿠니(となりのくに)」라고 하여 이웃, 이웃나라이고, 당과 마찬가지로 隣國, 교류하는 외국을 의미한다. 그러나 대보령에서는 인국과 번국을 구별하고 있고,『속일본기』에도 蕃은「도나리(となり)」가 아닌 蕃의 음독인「반(ばん)」으로 읽고 있다. 즉 일본고대의 지배층은 蕃의 개념에 대해 7세기까지는 신라에 대해 복속국의 의미인 蕃으로 표기하면서 실제로는 도나리노쿠니(이웃나라)로 인식하고 있듯이 혼란을 일으키고 있다. 실제와 기대상이 혼재되어 있음을 말하고 있다. 蕃은「반(ばん)」으로 읽은 것은 중화의 이념을 그대로 계승한 천황제 율령국가의 현실과 미래의 기대상이었다. 현실과 유리된 번국의 이념은 종종 신라와의 외교적 마찰을 일으켰다. 율령과 정사에 투영된 일본 우월적 이념은 대외적으로 통용되지 못한 한계가 있었다.

4. 율령제 사회와 문서행정 시스템

大寶令「公文」조에는 모든 공문서의 연대를 표기할 때에는 연호를 사용하도록 규정하고 있다. 본격적인 연호제와 더불어 문서행정의 시작을 알리는 계기가 되었다. 국가의 모든 공문서는 법령의 규정대로 정해진 양식에 따라 작성하도록 하였다. 천황의 詔書式, 勅旨式을 비롯하여 태정관이 발의한 論奏式, 황태자의 문서인 令旨式 등 각 관사에서 발행되는 22종의 문서양식이 있다. 따라서 문서양식을 보면 누가, 어느 관사에서 어디로 보내는 문서인지를 바로 파악할 수 있다.

이러한 행정문서에는 반드시 발송자, 발송기관의 官印의 날인이 필요하고, 날인제는 책임행정과 증거주의의 기본 요건이다. 이에 따라 官印의 제작이 시작되었고, 가장 중요한 公印은 천황의 內印으로 제국에 보내는 모든 공문서에 날인된다. 율령국가의 천황 권력의 배경에는 율령제 문서행정의 정점에 있는 내인이 있고, 이를 통해 전국의 행정권을 장악하였다. 국가의 모든 공문서는 내인의 날인을 통해 비로소 법적인 효력을 발생하기 때문에, 내인은 천황과 분리될 수 없는 관리대상이었다. 外印은 太政官印으로 행정문서를 총괄하는 公印으로 대보령 시행 이후의 모든 공문서는 외인이 날인되었다. 그리고 중앙의 8성을 비롯한 부속 관사에서도 官印을 제작하였고, 전국의 국과 군에는 國印, 郡印을 제작하여 사용하였다. 중앙의 태정관, 각 관사에서 발행된 명령문서는 국으로 전달되고 국에서는 郡으로 발송되어 말단 행정단위의 里 백성들에게도 고시하게 된다. 국가의 정보전달체계가 문서행정 시스템에 의해 작동하는 것이다.

공식령의 조문에는 조칙을 발포하여 시행하는 경우에 백성과 관련된 사항은 里長, 坊長으로 하여금 관할지역을 순회하면서 사람들에게 고시하라고 명시되어 있다. 방장은 왕경의 말단 행정 책임자로서, 좌우경에 京職-坊令-坊長으로 이어지고, 지방에는 國-郡-里 체제하에서 이장이 지방의 기층사회의 책임을 맡고 있다. 천황의 조칙은 국사, 군사까지는 문서행정의 시스템에 의해 이루어지지만, 최종적으로는 이장, 방장이 관할 지역을 순회하면서 고시하도록 규정되어 있다. 현재 정창원에 남아있는 문서에는 관인이 날인되어 있고, 특히 문서가 기입된 모든 부분에는 관인을 날인하여 공문서의 인증과 함께 위조를 방지하였다. 특히 천황의 내인과 태정관의 외인은 엄중히 관리되어 있으며 천황이 순행 시의 관리체계를 규정하고 있다.

고대국가의 인민지배에서 가장 중요한 근간이 되는 자료는 호적과 계장이다. 인민에 대한 호구파악은 국가에서 필요로 하는 노동력 징발, 징세, 군역 등을 위한 목적으로 작성된다. 호적은 전국적으로 6년마다 조사하여 1리 50호를 단위로 작성되며 국에서 수합하여 중앙으로 보낸다. 호적을 통해 국가 전체 개별 인구의 내용 및 동향을 파악하는 것이다. 매년 작성되는 계장도 호적과 마찬가지로 호구의 인적사항을 기입하고 과역 대상자를 파악하기 위한 징세대장이다. 대보 원년(701)에 제정된 대보령에는 호적과 계장에 관한 규정이 있다. 이 규정이 있는 戶

令은 다른 법령보다 상위에 위치해 있다. 국가통치와 운영의 근간을 이루는 법령 중에서는 최상위에 있다. 특히 호적에 기초하여 구분전을 반급하고 과역을 부과하는 것이다. 戶令, 田令, 賦役令 순으로 편제된 것은 戶籍에 기초하여 田地를 반급하고 과역을 賦課하는 절차상의 순서이고 중요도의 반영이라고 생각된다.

정창원문서에는 대보령 시행초기에 작성된 호적이 남아있어 그 실태를 파악할 수 있다. 현존하는 호적에는 평균적으로 1호당 21명 정도의 호구가 기입되어 있다. 호주를 중심으로 부모, 자녀 형제, 노비 순으로 되어 있고 혈연관계가 없는 사람으로 다른 호에 편입된 寄口도 나온다. 형제 중에는 분가하면 단독 호를 형성하지만, 지역사회의 호족인 경우에는 분가하여 독립된 생활을 해도 氏長인 호주의 호에 들어가 100명이 넘는 대호를 이루는 사례도 나온다. 計帳은 調, 庸의 과역 대상자를 파악하고 수취하기 위한 장부이다. 호적은 6년마다 작성되어 그간의 호구 변동사항을 알 수 없지만, 계장은 매년 작성되어 호적의 기록을 보완하는 문서이기도 하다. 호적과 계장은 호구의 나이, 성별 등 기본적이 내역을 기입한다는 면에서도 동일하다. 특히 계장의 경우에는 얼굴 등 신체에 난 흑점, 맹인과 같이 신체상의 특징, 장애 등을 기록하고 있는데, 본인임을 확인하는 증거로 남기기 위해서이다. 조세원의 확보를 위해 호적, 계장 문서에 개인정보의 구체적인 특징까지 기록하고 있다. 국가의 인민관리 시스템의 일면을 엿볼 수 있다.

율령제 사회의 행정문서의 작성에는 다량의 종이가 소요된다. 종이생산은 기록문화와 직접적인 관련이 있고 이른바 문명사회로 나아가는 척도이기도 하다. 중앙의 태정관 이하 관사에서 사용되는 종이는 내장료에서 관할하고 있다. 연간 생산량은 규격화된 종이는 2만장이고 부족분은 지방으로부터 공상된다. 이와는 별도로 국가장악 450만명의 인적사항을 기록하는 호적과 계장을 비록하여 역사서, 법령집, 귀족들의 기록물 등의 국가공문서, 불전의 사경, 경서의 필사 등에 소요되는 종이는 전국적인 제지공방에서 제작된다. 그 양은 실로 방대하여 연간 1백만장 이상의 종이가 소비된다. 8세기 당시에는 간단한 행정문서의 전달에는 목간 등을 이용하지만, 날인이 필요한 문서에는 반드시 종이문서로 시행되기 때문에 제조공법과 종이생산 및 보급은 당시의 국가운용의 근간을 이루는 산업이었다.

한편 율령제 시행과 더불어 중앙과 지방의 행정을 담당할 문자지식을 습득한 관인층이 필요하였다. 국가에서 필요로 하는 관인들은 교육기관을 통해 양성되었다. 중앙에는 대학료를 설치하여 교육행정을 담당하였고, 대학에서는 귀족자제들을 중심으로 교육과정을 설치하였다. 대학에는 대학박사, 조교 및 학생 400인으로 구성되어 있고, 논어, 효경 등 유학의 경전을 가르치는 明經科를 두었으며, 音博士, 書博士, 算博士를 두어 실무관인을 양성하였다. 여기에 율령을 담당하는 율학박사, 문장박사를 두고 그 밑에 학생을 선발하여 교수하고 있다. 음양, 역법, 의약 등은 중시되어 관련 관사에서는 전문인력을 가르치고 있으며 능력이 탁월한 관인에게는 국가에서도 특별한 대우를 하고 있다.

지방에서는 大宰府에 府學을 설치하여 대재부 관내의 유력자의 자제를 선발하여 가르쳤고, 국마다 國學을 두어 郡司의 자제 중에서 학생을 선발하여 교육하였다. 교육은 유교의 經書를 중심으로 이루어지고 있으며 관인으로서의 덕목, 충효사상을 숙지한 관인을 육성하였다. 즉 천황제 국가의 통치이념과 사상을 반영하고 있어 덕치주의에 입각한 유교적 왕도정치의 실현을 위한 교육이라고 할 수 있다. 대학과 국학에서는 학생들을 대상으로 각종 시험을 치르고 그 성적에 따라 관인으로 출사할 수 있는 길이 열리게 된다

5. 천명사상과 덕치주의

천명사상과 덕치주의는 일본고대국가가 추구하는 방향성을 보여주는 이념이다. 천명사상은 고대중국에서 출현한 天人相關說에 기초하고 있으며 천명에 순응하여 덕치를 베풀면 하늘은 이에 감응해서 상서를 보이고, 그 반대이면 재앙을 초래해 역병, 기근 등 災異가 나타난다는 정치이념이다. 이 천명사상은 중국의 역성혁명을 정당화하는 이론으로 출현한 것이지만, 천황가의 만세일계 사상에서는 권력의 교체가 아닌 덕치주의 이념으로 수용되었다. 즉 고대일본에서는 상

서와 재이는 천황의 덕정의 여부에 달려있지만, 어떤 현상이 발현되든지 이를 대응하는 방법은 모두 덕정을 베푸는 행위로 귀결되고 있다. 상서에는 축하의 행사가 이어지고, 재이에는 덕정을 통해 극복해 나간다. 덕정은 백성에 대한 포용과 인정주의로 서위, 사면, 면세, 구휼, 포상 등을 행한다.

의제령 「상서」 조의 규정에는 상서는 천자의 덕에 반응하여 나타나는 것이고, 大瑞이면 즉시 표를 올려 주상하고, 上瑞 이하이면 관할 관사에 보고하고 이듬해 元日에 알리도록 규정하고 있다. 지방관의 직무 중에는 상서에 관한 보고의 의무가 있으며 근무평정에 반영되고, 상서 발견자를 비롯하여 해당지역의 지방관에게는 서위, 포상이 내려지고 또한 발견지의 주민에게도 면세 등의 특혜가 주어진다. 그러나 상서 출현의 이면에는 정치적 목적으로 허위보고, 조작 등이 행해지는 경우도 많아 왕권의 통치이념에 맞춰 상서의 종류, 출현시기 등이 인위적으로 보고되고 있다. 즉 상서의 출현을 통한 천황의 통치권의 정당성을 과시하고 국가의 평안을 기원하는 의도에서 기획되는 일이 많았다. 특히 상서 중에서 대서에 해당하는 거북, 慶雲 등의 출현은 改元의 이유가 되고 있다. 8세기에 제정된 大寶 이후의 15종의 연호는 대부분 상서와 관련이 있으며 천명사상, 상서주의가 일본 고대의 지배층의 의식을 지배하고 있다.

災異 역시 천명사상과 이어져 있다. 『속일본기』에 기록된 천명, 재이와 관련된 내용을 보면, "하늘의 경종의 징후가 빈번히 보여 홍수와 가뭄으로 백성들은 유랑하거나 죽고있다", "王者의 정치가 불편하게 되면 천지가 질책하여 허물의 표시를 보인다", "짐의 정성은 감응하지 않는다" 등의 기술이 있듯이 천명사상과 덕치주의는 하나의 조합을 이룬다. 즉 덕에 감응하지 않은 결과 하늘의 질책으로 재이가 나타난다고 보는 인식이다. 여기에 뒤따르는 것이 대규모 사면, 구휼을 통해 군주의 덕을 베풀고 있다. 특히 사면의 경우에는 천황의 즉위 등 국가적으로 경축할만한 사건에는 은사가 이루어진다. 이것은 새로운 군주의 은덕이고 새로운 시대의 메세지였다. "영혼이 있는 동물 중에 사람보다 중한 것은 없고, 형벌을 잘못 내리면, 하늘은 억울한 죄에 감응한다"라고 하는 은사의 사유를 밝히는

기술에서도 보듯이 사상적 배경에는 天人相關論이 의식되고 있다. 천명사상과 덕치이념은 모든 사면의 이유가 되고 있으며, 군주의 정치사상인 덕치주의에 입각한 왕도정치의 기초를 이루고 있다.

유교사상의 덕목인 효행과 節婦를 알리고 포상하는 일도 덕치주의의 일환으로 시행되고 있다. 부역령「孝子順孫」조에도, 효자, 순손, 의부, 절부의 뜻과 행동이 國, 郡에 알려졌다면 태정관에 보고하여 천황에게 아뢰고, 집과 마을 어귀에 표시하여 현창하라는 규정이 있다. 이들에게는 서위, 과역의 면제 등의 상을 내리고, 같은 호에 속한 사람들에게도 과역의 면세 등의 은덕이 돌아간다. 효는 유교의 예제적 사회규범이며, 가족윤리의 기초를 이루고 있다. 국가의 효행사상의 권장은 왕도정치의 덕치주의의 발로이고, 효행은 바로 국가, 천황에 대한 충효이기 때문이다.

군주의 巡幸도 덕치주의 이념을 바탕으로 하고 있다. 순행은 왕성내에서 정무와는 별도로 도성 밖에서의 통치행위이다. 지방 국사의 민정시찰을 巡行이라고 표기하지만, 천황의 巡幸은 행복을 베푸는 은덕이다. 순행 시의 장엄한 행렬은 민중들에게는 경외로운 풍경이었으며 왕권의 위엄과 권위를 보여주는 행사이기도 하였다. 또한 순행에는 고위귀족의 수행하여 군신간의 일체감을 조성하여 상호간의 인격적 결합을 이루는 장이었다. 이때 천황과 수행하는 관인, 현지에서 위임통치하는 국사와 군사 그리고 백성에 이르기까지 천황권 아래에서 혼연일체가 되어 천황을 찬미한다. 천황은 지방관 및 수행한 관인들에게 서위를 행하고, 백성들에게는 전조를 면제하거나 궁핍한 자, 고령자 등에게 구호품을 전달한다. 백성들은 천황의 은덕에 감사하고 천황만세를 부르며 예찬한다. 이러한 일련의 행위는 덕치주의의 표현이었다.

6. 천황제 국가의 실상과 허상

天武朝에서 추진했던 이상적 국가상은 文武朝에서 대보령의 시행으로 율령 官

司制, 官人制를 기반으로 한 천황제 국가가 완성되었다. 율령을 기반으로 한 법치국가의 시스템은 당시 일본고대국가의 지향점이었다. 대보령의 시행으로 관료조직이 확대되어 많은 지식관료군을 필요로 했으며 도래계 씨족 출신 및 승려를 환속시켜 관인으로 발탁, 등용시켰다. 관료조직의 시스템은 천황을 정점으로 하여 국정의 최고의결기관인 태정관을 필두로 중앙의 8성 및 그 속관으로 이어지는 관료운용체계 하에서 문서행정을 통해 명령의 전달이 이루어진다. 중앙에서 발행된 천황의 조칙은 태정관으로부터 전국의 國으로 전해지고 郡을 거쳐 최종적으로 행정의 말단조직인 里로 이어지는 중앙과 지방의 정보전달 시스템이 운용되었다.

정보전달의 수단은 중앙에서 지급하는 驛鈴 및 각 지역에 설치된 역마를 통해 이루어지며 이와같은 명령체계 속에서 대보령 시행 초기의 국가장악 인구 450여만명의 지배가 가능하게 되었다. 천황권의 대행자인 지방관은 매년 관할지역을 순회하여 민정시찰을 행하고 조정에 현황을 보고하고 중앙에서는 순찰사를 파견하여 실태를 조사하고 이에 상응하는 정책을 내린다.

공식령 詔書式에 규정된 천황의 명령문서 양식에는 「日本天皇」이 일본국의 군주임을 알리는 공식 명칭이었다. 천황의 조서와 칙지의 발행문서에는 內印의 날인과 더불어 명기되어 있다. 이것은 천황가와 천무천황에 대한 신격화와 관련이 있고, 신공황후의 신라정벌담을 소재로 하였으며, 신라에 대한 경쟁의식에서 창출된 용어라고 생각된다. 신라정벌담에서 신라인이 동쪽에 日本, 神國, 天皇의 존재를 언급했듯이 신라에 대한 우월사상을 그대로 재현되었다고 생각된다.

그러나 「天皇」이라는 군주호는 국내에서 발행되는 문서에는 사용했지만, 당황제에 보내는 국서에는 사용하지 않았다. 일본에 온 신라사절에 대해서는 조칙으로 천황의 용어가 나오지만, 신라왕에게 보내는 국서에 天皇으로 표기했는지는 명확하지 않다. 『삼국사기』『삼국유사』를 비롯하여 국내 고대사료에는 그 흔적조차 찾기 어렵다. 일본 율령과 정사에는 신라 번국관에 기초하여 기술되어 있지만, 번국관에 기초해서 신라왕에게 보내는 국서에도 관련된 표기와 내용을 담았는지에 대해서는 의문이다.

일본 정사에는 견당사와 견신라사에 대해 차별화된 기술로 일관하고 있다. 견당사에 대해서는 사절단의 구성 및 그 여정과 당문물에 대한 기대감을 가감없이 기술하고 있다. 『日本後紀』延曆 24년(805) 7월조에는 견당사절의 귀국선이 肥前國 松浦郡의 해상에서 좌초되었을 당시의 상황을 기술하고 있다. 관물을 수거할 겨를이 없이 밧줄이 끊어져 배가 표류한 사실을 보고하자, 천황의 칙명을 받은 사신의 사명은 國信을 중시하는 것이고, 물품은 인력으로 보존해야 하거늘, 공무를 생각하지 않고 오로지 살길만을 찾고 있다. 배에 물이 차는데 사람은 보이지 않으니, 어찌 선적한 물품을 건질 수 있겠는가. 반드시 책임을 묻고, 엄중히 징벌할 것이라고 하였다. 일본조정에서는 해상사고로 인한 견당사절의 생사보다 당에서 가져온 물품이 우선이었고, 죽음을 무릅쓰고 보존해야 하는 唐物을 분실한 책임에 대해 추궁하고 있다.

이에 반해 신라에 보낸 일본사절에 대한 기술은 출발과 귀국기사 정도이고, 신라 현지에서의 동향에 대한 보고는 별로 보이지 않고, 견신라사가 가져온 물품의 내용에 대해서도 침묵하고 있다. 동대사 正倉院의 소장품 및 〈買新羅物解〉의 문서를 상기하면 정사에서는 교류의 실태에 대해 거의 기술하지 않았다. 이것은 당과 신라에 대한 기록의 편향성으로 법령으로 규정한 「唐=隣國」, 「新羅=蕃國」의 대외이념이 반영된 것이다.

당에 대해서는 대국의 문명관이 크게 부각되어 있다. 반면 신라와의 교류는 견당사보다 비교할 수 없을 정도로 많았고, 정창원문서 및 소장품에도 신라관련 물품은 다양하게 존재하지만, 정사에서는 언급하지 않았다. 이러한 이중적 기술은 고대일본의 신라정보에 은폐주의이자 적대적 우월의식이 내재되어 있다. 이러한 고대에 형성된 신라인식은 그 후의 일본인의 한국관을 형성하는데 기반이 되었으며 근대일본의 고대사관의 원류를 이루고 있다.

제1부
초기 천황제 국가의
성립과 이념

제1장 天武王權의 탄생과 신국가 구상

제1절 天智와 天武

中大兄皇子(天智)와 大海人皇子(天武)는 7세기후반 권력을 분장하면서 차례로 왕위에 오른 형제이다. 중대형황자는 일단의 개혁세력과 함께 100여년간 권력을 전횡하던 蘇我氏 정권을 타도하여 大化改新을 통해 왕족중심의 국가체제를 수립하였고, 대해인황자는 무력으로 권력을 쟁취하여 천황제 국가의 기반을 구축한 카리스마를 갖춘 개혁적 인물이다. 이들의 정권창출은 무력을 동원했다는 점에서 공통점이 있고, 신국가 체제를 수립하려는 청사진도 갖고 있었다. 그러나 천지의 말년에 후계문제를 두고 보이지 않는 갈등이 심화되면서 이후 혈족간의 내전으로 발전한다.

天智의 즉위사정은 백제부흥군을 지휘하던 齊明女王이 661년 북구주의 朝倉宮에서 사망하자 황태자로서 전권을 이어받아 왕위를 계승하였다. 불안정한 국제정세 하에서 권력을 이양받은 그는 나당연합군의 침공에 대비해 주요 군사교통로에 방위망을 구축하고, 冠位를 26계로 확대하는 등 내정의 개혁에 착수하였다. 특히 670년에는 최초의 전국적 호적인 庚午年籍을 만들어 지방의 인민지배의 기초를 구축하였다. 이 호적은 이후 폐기되지 않고 영구보존하여 씨성의 근본대장으로 신분질서를 확인하고 조세수취의 기본대장으로 활용되었다.

천지는 적장자 大友皇子를 太政大臣으로 삼고, 좌우대신 및 어사대부를 새로 임명하였다. 대우황자를 태정대신에 임명한 것은 천지의 동생 大海人皇子에 대한 정치적인 견제였다. 태정대신 밑으로는 蘇我, 中臣, 巨勢, 紀氏 등 유력 호족을 중심으로 태정관을 구성하여 왕권을 보좌하면서 그 휘하에는 法官, 理官, 大藏, 兵政官, 刑官, 民官의 6개의 중앙관사를 설치하여 국가의 기본관제를 조직을 구축하였다. 이는 대우황자를 중심으로 국정을 운영하도록 한 천지왕권의 정치적인 의도였다.

慶雲 4년(707) 7월의 元明天皇의 즉위식에서, 부친 天智天皇이 정한 왕위계승법인 不改常典을 재차 강조하고 있다[1]. 이 법은『일본서기』천지조의 기록에는 보이지 않지만, 문자 그대로 고쳐서는 안되는 법이고, 왕통의 직계상속법을 말하는 것으로 생각한다. 이미 천지는 동생 대해인황자가 자신의 후계자가 될 것을 우려하고 자신의 아들 대우황자에게 계승시킬 법적인 조치를 취한 것이다.

大海人皇子의 비 중에는 天智의 4인의 딸이 있다. 천지의 제1 황녀인 大田皇女는 大津皇子를 낳았고, 제2 황녀는 大田皇女(持統天皇)는 천무의 황태자가 된 草壁皇子를 낳았다. 제3 황녀는 大江皇女로 長皇子와 弓削皇子를 낳았고, 제4 황녀 新田部皇女는 舍人親王을 낳았다. 이렇듯 천지와 천무는 형제 이상의 특별하고 강한 연결고리로 맺어져 있다.

그러나 천지의 말년 후계를 둘러싼 암투가 벌어졌고 골육상쟁의 내란으로 확산된다.『일본서기』천지 10년(671) 10월 17일조에는 천지천황은 병세가 악화되자 대해인황자를 침소로 불러, 저간의 사정을 다음과 같이 기록하고 있다. ,

"짐은 병이 심하다. 후사를 그대에게 맡긴다"라고 하자, 동궁(대해인황자)은 병을 핑계대면서 "大后에게 대업을 맡기시기 바랍니다. 大友王에게 모든 정치를 하도록 하십시오. 신은 천황을 위해 출가하여 수도하고자 합니다"라고 하면서 고사하였다. 이에 대해 天智天皇이 허락하자 동궁은 일어나서 재배하고, 내전의 불전에서 수염과 머리를 삭발하고 沙門이 되었다. 천황은 次田生磐을 보내 가사를 주었다. 이어 이틀 후 19일에 동궁은 천황에게 吉野로

---

1 『續日本紀』慶雲 4년 7월 임자조.

가서 불도를 수행하겠다고 하자, 천황은 허락하였고, 동궁은 곧 길야로 떠났다.

천무천황의 즉위전기에 따르면, 대해인황자가 천지천황의 침소에 들어갈 즈음에, 蘇賀臣安麻侶를 보내 동궁을 불러 대전에 들게 했는데, 평소 동궁과 사이가 좋았던 그는 몰래 동궁을 염려하여 "의도가 있으니 조심해서 말씀하시라"는 언질을 하였고, 대해인황자도 숨겨진 음모가 있다는 것을 알고 신중히 처신했다고 전한다. 당시 궁중의 분위기는 이미 천지천황의 계획이 무엇인가를 잘 파악하고 있었다.

대해인황자는 이미 천지의 마음을 읽고, 스스로 사심이 없다는 것을 보여주면서 자신에게 다가오는 모든 위기를 계산하고 있었다. 대해인황자는 대후와 대우황자에게 모든 정무를 위임하고 자신은 천황을 위해 오직 출가하여 수도에 정진하겠다는 말하자, 천지는 예정하고 있었다는 듯이 바로 승낙하고 가사를 주었다. 그는 궁전 내의 불전으로 가서 머리를 삭발하고 천지로부터 받은 가사를 몸에 걸치고 출가하였다. 또한 보유하고 있던 무기를 관사에 반납하여 의심을 불식하였다. 권력으로부터 벗어나 오직 수행하며 불전으로 들어가 천지천황의 쾌유를 위해 기도하겠다는 의지를 표명하였다. 겉으로는 출가였지만, 사실상 신변의 위험으로부터 피신하기 위한 수단이었다. 2일 후에 대해인황자는 다시 천지를 만나 吉野에서 불도수행을 위해 떠나겠다고 말하고 당일 출발하였다.

제2절 壬申의 난과 天武王權의 수립

1. 天智의 사망과 大友皇子

천지천황은 671년 12월 3일 사망하였다. 천지가 대해인황자를 침소로 불러 유언한 지 한달 반이 지난 시기였다.『일본서기』에는 대우황자의 즉위에 대해 침묵하고 있다.『일본서기』편자는 대우황자의 天皇紀를 제외시키고, 천지에서 바로 천무로 이어지는 천황기를 구성하였다. 천지의 사망에서 대우황자가 자결하는

672년 7월 23일까지 9개월간 近江朝廷을 이끈 것은 대우황자였다. 바로 천무천황의 정통성을 강조하기 위한 『일본서기』 편자의 의도임은 명확하다. 게다가 천지천황의 빈궁에 추도하는 신료집단의 장례의례에 관한 기술도 전혀 보이지 않는다. 오직 남아있는 기록은 천지가 사망한 그 달 17일에 신라사의 귀국기사, 이듬해 3월과 5월에 당 사절 곽무종 일행의 筑紫 도착과 응접기사 그리고 고구려 보덕국 사절의 도착기사가 전부이다. 이들 사절들이 왕경에 들어와 천지천황의 장례의례에 참석했는지는 불명이지만, 적어도 이 시점에서는 왜왕권의 수장은 대우황자였다.

통상 군주가 사망하면 빈궁의 설치에서 장지에 매장하는 긴 장례의례가 있으며 이 상복기간에는 예법에 따라 금기사항도 뒤따른다. 이 기록이 남아있지 않은 것은 천무계 왕권 하에서 편찬된 『일본서기』 사관에 따른 의도된 편집으로 보인다. 이 장례기간에 대우황자의 근강조정은 대해인황자의 동향에 대해 예의주시하였다. 대해인황자는 모든 무기를 반납하고 일부의 측근만 데리고 은거했지만, 동국지방을 비롯한 지방호족은 그를 지지하는 세력이 적지 않았다. 대해인황자 역시 근강조정의 동향에 촉각을 세우지 않을 수 없었다. 양자 사이의 상호 간의 보이지 않는 긴장관계가 촉발된 것은 천지가 사망한 지 반년이 지난 672년 5월이었다.

2. 壬申의 내전과 동향

天智의 국상기간인 672년 3월, 대해인황자 측은 近江朝廷이 美濃, 尾張의 국사에게 명하여 천지의 능묘를 조영하는 인부들에게 무기를 지참하도록 지시한 정보를 입수하였다. 또 다른 정보는 近江京에서 倭京에 이르는 지역에 척후시설을 설치하고, 교통상의 주요 시설인 菟道의 가교를 지키는 경비병에게 대해인황자의 거소에 사사로운 식량의 운반을 금지시켰다는 소식이었다[2]. 이 모든 정보는

---

2 『日本書紀』 天武紀 원년 3월조.

사실이었다. 이에 대해인황자는 "짐이 황위를 양보하고 은둔한 것은 오로지 병을 다스리고 몸을 온전히 하여 길이 수명을 다하려는 것이었다. 그런데 지금 부득이 화를 입게 되었다. 어찌 가만히 앉아 몸을 망칠 것인가"라고 하였다. 마침내 그는 거병의 기회를 맞이한 것이다. 그가 황위를 양보했다고 한 것은 때를 기다린 것이고, 천지의 국상 중의 조용한 처신이었다.

대해인황자는 즉시 측근들을 美濃國에 보내 자신의 영지인 安八磨郡의 군사를 모으고 不破道를 봉쇄하라고 명하였다. 이 지역은 근강조정이 동북지방으로 가는 길목이었고, 군사교통상의 요지였다. 이어 大分君惠尺 등에게 역마를 이용할 수 있는 驛鈴의 입수를 명하고, 근강에 남아있던 자신의 아들 高市皇子와 大津皇子를 불러 伊勢에서 합류할 것을 명했다. 당시 대해인황자가 동국으로 향할 즈음에 그의 주변에는 황후, 草璧皇子, 忍璧皇子 등 舍人 20여인과 女官 10여인 뿐이었다[3]. 이들 소수의 측근들을 이용해 군사작전을 시작한 것이다. 이때 미농국에서 군사 3천 명을 일으켜 불파도를 막았다는 소식이 전해졌고, 고시황자를 불파에 보내 군사를 감독시키고, 東海와 東山 지역에도 군사를 일으키도록 사람을 보냈다.

한편 근강조정에서는 대해인황자가 동국지방에 들어갔다는 소식을 듣고, "군신이 모두 두려워하고 경내가 소요하였다. 혹은 동국으로 들어가려고 하고, 혹은 산속으로 숨으려고 하였다[4]"라고 하여 대해인황자의 거병에 근강조정의 신료집단은 매우 소요하였고, 혼란한 상황이었다. 이후 내전의 상황은 대해인황자 측에 유리하게 전개되었으며 지역 세력의 가담자들도 늘어났다. 대해인황자는 美濃, 伊勢, 伊賀 등지의 호족의 협력을 얻는데 성공하였고, 東國地方의 병력을 동원하여 大和, 近江의 두 방면으로 진격하였다.

이에 근강조정은 동국에 사자를 보냈으나 대해인황자 측에 저지당했고, 吉備, 筑紫에서는 병력동원에 실패하였다. 특히 筑紫의 栗隈王은 축자의 병력은 외적

---

3 『日本書紀』天武紀 원년 6월 24일조.
4 『日本書紀』天武紀 원년 6월 26일조.

의 침입을 대비한 곳이고, 군사를 일으키면 나라가 비게 될 것이라는 명분으로 거절하였다[5]. 대해인황자가 不破에 들어갈 무렵 尾張國守가 2만의 군사를 이끌고 귀순하였다[6]. 대해인황자 측은 천군만마를 얻었고, 요소요소에 배치하였다. 동북지방의 병력을 얻기 위해 파견한 근강조정의 사자도 대해인황자 군영에 잡히는 등 전세는 극히 불리해졌다. 瀬田橋 전투에서 대패한 근강군은 전의를 상실하였고, 대우황자는 山前 지역에 은신하다가 자결하였다[7]. 大和를 점령한 대해인황자군은 수륙교통의 요지 難波에 도달하여 그 서쪽의 국사들에게 官印, 驛鈴, 傳印을 바치게 하여 모든 교통망을 장악하였다[8]. 사실상 전란의 종결이었다.

전란의 상황을 보면, 대우황자의 근강조정에 충성한 세력은 많지 않았으며 결집력도 약해 이미 판세는 대해인황자 측에 기울고 있었다. 천무는 승리를 예감하고 있었던 것으로 보인다. 그는 동국으로의 피신 중, 하늘에 먹구름이 덮치자, 촛불을 들어 점을 치니, "천하는 양분될 징조다. 그러나 짐이 마침내 천하를 얻을 것이다"라고 하였다[9]. 이 점은 도교적 式占으로 도교에 심취해 있던 천무는 스스로를 위안하면서 자신감을 불러일으켰다.

『懷風藻』서문에는 천지조정이 있던 근강의 大津宮의 모습에 대해, "당시에 전란을 거쳐 모든 잿더미가 되었다. 연기같이 인멸된 것을 생각하면, 슬픔과 아픈 마음 뿐이다[10]"라고 표현하듯이 철저하게 파괴된 천지왕권의 몰락한 모습을 전해주고 있다. 원래『회풍조』의 서문은 전란으로 수많은 시문이 불타 없어진 것을 비유해서 말하고 있는 것이지만, 전란이 초래한 도성의 처참함을 상징하고 있다.

『만엽집』에도 「近江의 황폐화된 도성을 지날 때 柿本朝臣人麻呂가 지은 노래」라는 제하의 시문이 전한다. "근강국 樂浪의 大津의 왕도에서 천하를 다스린 저

---

5 『日本書紀』天武紀 원년 6월 26일조.
6 『日本書紀』天武紀 원년 6월 27일조.
7 『日本書紀』天武紀 원년 7월 13일조.
8 『日本書紀』天武紀 원년 7월 22일조.
9 『日本書紀』天武 원년 6월 갑신조, "天下兩分之祥也. 然朕遂得天下歟".
10 『懷風藻』序, "但時經亂離, 悉從煨燼. 言念湮滅, 軫悼傷懷".

천지천황의 옛 도읍은 여기라고 알고 있지만, 궁전은 여기라고 말하지만, 봄의 풀만이 자라고 있네. 노을이 지고 봄날의 안개가 자욱한데, 이 궁성터를 보면 슬퍼지네"라고 노래하였다[11]. 이 작품은 698년 혹은 이듬해 봄에 지통천황이 공경 백료와 함께 근강국의 崇福寺에 가서 망부 천지천황에게 불공드릴 당시, 柿本朝臣人麻呂가 지통천황의 명을 받고 헌정한 시문이라고 전해진다[12]. 천지의 딸로 태어나 천무의 황후가 된 그녀의 복잡한 심경을 대변해 주고 있다.

임신 내전의 전후 처리도 속전속결로 진행되었다. 근강조정의 우대신은 참살되었고, 적극 가담자 8인에게 극형에 처하고, 좌대신, 대납언 및 그 자손들은 유배형을 받았다. 그 외의 가담자는 모두 사면하였다. 임신의 난이 대규모의 내전임에도 불구하고 전란 후의 처형자가 의외로 적었던 것은 천무왕권의 관료제의 확대에 따른 관인등용책과 무관하지 않다.

임신의 내전 유공자에 대해서는 은칙을 내려 포상을 내렸고, 임시 군영이었던 不破宮에서 바로 이루어졌다. 그가 왕경으로 귀환하기 이전에 공신에 대한 포상을 선포한 것이다. 이후 공신들이 사망 시에는 관위를 추증하고 그 후손에 대해서는 천무천황 이후에도 이어져 경제적인 혜택이 주어졌다. 천무의 피를 이어받은 직계 천황들에게도 임신 내전의 공신은 바로 개국공신과 같은 존재였으며, 이 전란의 성공으로 천무계 왕통이 성립한 까닭에 이 전란의 의미가 자못 컸다고 보인다.

전란이 종료된 후, 673년 2월에 대해인황자는 飛鳥淨御原宮에서 즉위하였다. 근강의 대진궁은 초토화되어 전락 직후인 672년 9월부터 궁을 조영하기 시작하여 그해 겨울에 천도하였다.

3. 天武王權의 탄생

天武王權의 수립은 천지계에서 천무계로 이동이었지만 그 권력의 성격은 역성

---

11 『萬葉集』 권제1 〈29〉, 「過近江荒都時, 柿本朝臣人麻呂作歌一首并短歌」.
12 北山茂夫, 『天武朝』, 中公新書, 1978, 254~255쪽.

혁명에 비견될만한 군사적 혁명정권이었다. 임신의 난에서 승리한 천무왕권은 일본에 온 탐라국 외교사절에게 "천황이 새로 천하를 평정하여 비로소 즉위하였다[13]"라고 한 발언은 권력의 계승이 아닌 새로운 시대의 왕권의 성립을 의미한다.

『일본서기』에는 天武에 대해 "雄拔神武"라고 하여, 용감하고 기량이 뛰어난 신과 같은 무예의 덕을 갖춘 인물로 묘사하였다. 여기에는 일본의 건국신화에 나오는 일본국의 창업주 神武의 이미지가 중첩되어 있다. 임신의 내전에서 승리하여 권력을 쟁취한 천무왕권의 성립은 九州의 日向에서 출발하여 東征을 진행하여 大和國을 정복하고 橿原宮에서 즉위했다는 神武의 건국과정을 연상시킨다. 또한 神武와 天武의 화풍시호인 神日本磐余彦天皇의 神과, 天渟中原瀛真人天皇의 天도 상통하고 있다. 8세기후반 淡海三船이 역대 천황의 시호를 정할 때 대해인황자를 天賦의 武才라는 의미의 天武라고 칭한 것은 그의 군사적 지략, 武德의 탁월함을 반영한 것이다.

『藤原家傳』에는 천무천황이 皇太弟 시절 다음과 같은 일화가 전한다. 천지 7년 (668)에 조정의 무사함과 백성의 풍요로운 태평성대를 맞이하여 군신들을 불러 주연을 베풀 당시, 황태제 대해인황자는 장창으로 술상을 내리꽂은 사건이 일어났다. 천지는 크게 노하여 죽이려고 했지만, 대신 藤原鎌足이 말려 멈췄다고 한다[14]. 그의 무사적인 기질과 용맹함, 다혈질적인 성격이 드러나 있다. 연회의 석상에서 천무의 돌발적인 행동은 천지에게 있어 경계의 대상이었다. 그가 천무에게 작별인사를 하고 근강조정을 떠날 때, "호랑이에게 날개를 달아보냈다[15]"라는 세간의 풍문은 앞으로 다가올 전운을 예고하는 전조였다.

천무왕권의 탄생은 천지조 시절에 권력을 분담한 사실과 권력을 향한 의지, 유력한 왕권 후보자였고, 그의 주변에는 지지세력이 있었기 때문이다. 한시문집인 『懷風藻』에는 대우황자의 한시 2수를 남기고 있듯이 문학적인 재능은 뛰어났어

---

13 『日本書紀』天武紀 2년 8월 무신조.
14 『藤原家傳』上 「大織冠傳」.
15 『日本書紀』天武紀 10년 10월 임오조.

도, 권력을 장악하고 위기에 대처하는 능력은 부족했던 것같다. 특히 지방세력에 대한 장악은 부족하였으며 임신의 내전에서 패배한 주요한 요인이 되었다고 생각된다.

한편 『일본서기』 천무 원년(673) 7월조에는 大海人皇子의 세력은 대우황자의 근강조와 식별하기 위해 赤色의 상의를 입었다는 기록이 나온다[16]. 『古事記』 서문에도 천무의 군대를 "황제의 수레가 혼연히 산천을 넘어가니, 군사는 천둥같이 진동하고 삼군은 번개처럼 달려갔다. 창은 위력을 나타내고, 용사는 연기와 같이 일어나고, 붉은 깃발의 병사는 빛을 발하니 흉도는 와해되었다"라고 표현하고 있다. 붉은 깃발은 천무의 군대를 상징하고 있으며 바로 천무 자신을 漢高祖에 비의했기 때문이라는 시각이 있다. 즉 한고조는 자신이 赤帝의 아들임을 자부하였으며 『한서』 高帝紀에도 旗幟는 모두 적색을 사용했다는 데에 근거하고 있다[17]. 또한 천무천황의 사후에 황후였던 지통천황이 임시 칭제한 후에 즉위한 것은 고조의 사후에 황후 呂太后가 임시 칭제했던 사실을 의식한 것이라는 설도 제기되었다[18].

石母田正에 따르면, 천무가 자기의 개인적 경험을 중국고대의 역성혁명을 매개로 해서 해석하고 있는 일, 『漢書』라고 하는 사서를 통해 그의 특수 1회성 경험은 중국의 왕조교체의 역사와 관념적으로 결합되어 있음을 보여주는 것이라고 하였다[19]. 요컨대 내전을 통해 집권한 천무왕조를 한왕조의 창업에 비유하여 한고조의 역사적 경험을 자신에게 투영시키고, 赤旗는 혁명의 깃발이고 신왕조의 상징이었다고 보는 것이다. 이것은 새로 수립한 왕조의 성격을 말해주는 것이며 적기의 표상을 통해 권력의 정당성을 나타내려는 의도였다고 생각된다.

천무왕권이 近江朝廷과 일선을 긋는 하나의 사례를 보자. 천무 2년(673) 6월에 신라에서는 대아찬 金承元, 아찬 金祗山, 대사 霜雪 등을 보내 등극을 축하하는 사

---

16 『日本書紀』 天武紀 원년 7월 신묘조.
17 日本古典文學大系 『日本書紀』 下, 岩波書店, 1965, 589쪽, 補註28 참조.
18 直木孝次郎, 「持統天皇と呂太后」 『日本書紀研究』 第1冊, 1964.
19 石母田正, 『日本古代國家論』 第1部, 岩波書店, 1973, 208쪽.

절과 함께 일길찬 金薩儒, 대나마 金池山 등을 보내어 선왕 천지의 상을 조문하는 사절을 보냈다. 이 상반된 성격의 사절은 당시의 외교적 관례였다. 이에 대해 천무왕권에서는 새 천황의 등극을 축하하는 신라의 김승원 등 27인만 왕경으로 입경시키고, 나머지 사절은 모두 돌려보냈다[20]. 즉 신라에서 보낸 천지의 조문사는 배제하고 천무의 축하사절만을 왕경으로 부른 것이다. 이러한 조치는 근강조정과의 결별이었고 새로운 왕권이 성립했다는 선언적 의미가 있다.

이미 신라에서는 천지의 죽음, 임신의 난에서 자결한 대우황자의 사태 등에 대해 알고 있었다. 천지천황의 사망은 671년 12월 3일이었고, 동 11일에 빈소가 설치되었다. 이어 동 16일에 신라사 사찬 金萬物이 왜국에 왔지만, 아마도 입경하지 않고 북구주의 筑紫에 머물다 왜왕권의 내부 상황을 듣고 바로 귀국한 것으로 보인다[21]. 이듬해 672년 11월에는 신라는 金甲實을 보냈다. 이때의 신라사절은 축자에서 향응을 받고, 한달 정도 체재하다가 동 12월 왜왕권에서 제공한 배 한척을 갖고 귀국하였다. 이번에도 왜왕권의 복잡한 상황에서 왕경에는 들어가지 못한 것 같다. 다시 신라에서 사절을 보낸 것은 673년 6월이었다. 이해 정월에 즉위한 천무천황 즉위의 축하사절을 보냈는데, 이때 전 천황을 조문하는 조상사도 함께 보냈다. 이미 왜왕권의 정변에 대한 내막을 알고 사절단을 보낸 것이다. 그러나 조문사절은 축자에 머물고, 축하사절만 왕경으로 들어가 천무천황을 예방하고 예물을 교환했다고 보인다. 축하사절 김승원은 9월에 難波에서 외교의례를 받고 11월에 귀국하였다. 조문사절인 김살유 등은 5개월간 축자에 머물다가 축하사절과 함께 귀국하였다.

천무천황은 재위 중에 한번도 천지천황의 능묘를 찾지 않았다. 천무에 이어 즉위한 지통천황 역시 천지의 묘소를 찾은 일이 없다. 천지는 지통천황의 생부였지만, 천무와 마찬가지로 참배하지 않았다. 이것은 기록의 누락이 아니라 현실을

---

20 『日本書紀』天武紀 2년 8월 무신조.
21 『日本書紀』天智紀 12월 기묘조.

그대로 보여주는 것이다. 천무와 지통의 행적을『일본서기』에서 제외시킬 이유가 없기 때문이다. 또한 천지의 장례의례, 대우황자의 묘소에 관한 기록 등은 의도적으로 기록하지 않았다고 생각된다.

천무조를 신왕조의 탄생이라고 평가하는 이유의 하나는 국호의 변경, 倭에서 日本으로의 새로운 국호의 제정이었다. 동아시아제국에서는 멸망에 이르기까지 국호는 변경하는 일없이 유지되었다. 새 국호의 제정은 신왕조의 탄생을 의미하고, 전란을 통해 권력을 쟁취하고 국명을 개정한 것은 이른바 역성혁명적 성격을 보여주고 있다.

제3절 吉野의 맹세와 후계자 문제

天武天皇은 황후, 비, 부인, 빈, 후궁의 10인 사이에서 17인 자녀를 두었으며, 그 중에 황자는 10인이었다. 천무의 권력장악은 천지의 후계문제에서 파생되어 내란을 통해 발생한 만큼, 천무 다음의 황위계승 문제는 새로운 불씨를 안고 있었다. 이들 황자 간의 후계 정리를 어떻게 하는가에 따라 왕권의 운명이 결정된다는 것은 이미 경험에 의해 알고 있었다. 이 문제는 단지 황자 간의 권력서열 뿐 아니라 누구를 모계로 두는가에 따라서도 상황은 달라질 수 있다. 천무 자신의 의중과는 다르게 사후에는 얼마든지 변할 수 있고, 자칫하면 자신이 겪었던 내란의 재발할 수도 있었다.

천무 8년(679) 5월에 천무천황은 황후, 황자들을 데리고 吉野宮으로 행차하였다. 임신의 난 이후 7년 만의 방문이었다.『일본서기』의 다음과 같이 기록되어 있다[22].

천황이 황후 및 草璧皇子尊, 大津皇子, 高市皇子, 河嶋皇子, 忍壁皇子, 芝基皇子에게 조서를 내려 "짐은 오늘 너희들과 함께 뜰에서 맹세하여 천년 후

---

22 『日本書紀』天武紀 8년 5월 을유조.

에도 아무 일 없기를 바란다. 어떻게 생각하는가"라고 물었다. 황자들이 함께 "이치가 아주 명확합니다"라고 대답하였다. 초벽황자존이 먼저 나아가 맹세하여 "천신지기 및 천황이 증명합니다. 나이가 많고 적은 우리 형제 10여 인의 왕은 모두 다 각각 어머니가 다릅니다. 그러나 동복과 이복을 가리지 않고 모두 천황의 칙에 따라 서로 도와 거역함이 없을 것입니다. 만일 금후에 맹세한 바와 같이 따르지 않으면 본인의 목숨이 끊어지고 자손도 끊길 것입니다. 잊지 않겠으며 실수를 하지 않겠습니다"라고 하였다. 5인의 황자가 뒤를 이어 앞서와 같이 맹세하였다. 그런 후에 천황이 "짐의 아들들이여, 서로 이복으로 태어났으나 지금은 같은 배에서 나온 것처럼 자애롭게 지내라"라고 말하였다. 가슴을 열고 여섯 황자를 안았다. 그리고 "만일 이 맹세에 어긋나면 짐은 곧 죽게 될 것이다"라고 하였다. 황후가 맹세한 것도 천황과 같았다.

이 吉野의 맹약은 황위계승의 유자격 6인의 황자들을 단합시키고 갈등의 불씨를 없애기 위한 의식이었다[23]. 맹세의 장소로 吉野宮을 선택한 것은 천무 자신이 권력으로부터 탈출하여 은거에 들어간 장소였기 때문이다. 吉野宮은 持統天皇 재위 중에는 31회나 찾은 곳이고, 황손 文武天皇에게 양위한 大寶 원년(701)에도 행차하였고, 그 후 文武, 元正, 聖武의 시대에도 吉野宮에의 순행이 이루어졌다. 천무왕권의 탄생의 원점이 되는 장소로서 하나의 성지와 같이 인식되어 후계 천황들의 순례지가 되었가. 吉野宮의 관리를 위해 天平 4년(732)에는 芳野監이라는 관사가 설치되기도 하였다.

23　北山茂夫,「持統天皇論」,『日本古代政治史の研究』, 岩波書店, 1959, 直木孝次郎,『持統天皇』, 吉川弘文館, 1960.

【표 1】吉野의 맹세에 참가한 황자

이름	생몰기간	나이	친부	친모	친모지위	모계출자
草壁皇子	662~689년	18세	天武天皇	持統天皇	황후	황족
大津皇子	663~686년	17세	天武天皇	大田皇女	비	황족
高市皇子	654~696년	26세	天武天皇	宗形徳善의 딸 尼子娘	빈	지방호족
河嶋皇子	657~691년	23세	天智天皇	忍海小竜娘의 딸 色夫古娘	女官 (宮人)	지방호족
忍壁皇子	? ~705년	20세 전후	天武天皇	宍人大麻呂의 딸 カジ媛娘	빈	지방호족
芝基皇子	? ~716년	15세(?)	天智天皇	越道君伊羅都賣	夫人 (采女?)	지방호족

　　상기 표에서 보는 바와같이 吉野의 맹세에 참가한 6인의 황자의 필두는 草壁皇子였다. 그에게 '尊' 자를 붙인 것은 후에 황태자에 준하는 존칭으로 『일본서기』 편자의 수사이다. 초벽황자가 황태자가 되어 황위계승자가 된 것은 이후의 일이지만, 천무와 지통 사이의 적자이고, 문무천황의 부친으로 신분상으로도 기타의 황자들보다 상위에 있다. 다음 大津皇子의 모친은 大田皇女이고 초벽황자를 낳은 지통천황과는 친자매이다. 高市皇子는 제1황자이지만, 지방호족인 宗形徳善의 딸 尼子娘이다. 그는 혈통상에서 초벽과 대진에 비해 열등했지만, 임신의 난 때에 부친 천무를 도와 군영에서 활약한 인물로 천무천황의 총애를 받고 있었다. 전란 종료 후에 천무는 고시황자에게 명하여 근강조정의 군신들을 처벌하게 하는 임무도 맡겼다. 忍壁皇子[24]는 천무의 제4황자이지만, 모친은 嬪으로 입실한 女官 출신이다. 河嶋皇子의 모친도 소호족 출신의 여관으로 입실한 후궁이고, 芝基皇子[25]의 모친은 越 지방출신으로 공상된 채녀로 추정된다. 河嶋와 芝基 2인은 천지천황의 황자들로서 황위 계승 후보군에서는 거리가 멀지만, 이들을 吉野에 데

24　忍壁皇子가 吉野의 맹세에 참가했을 때의 나이는 불명이지만, 맹세 의식 3년후인 천무 4년 (672)에 石上神宮에 파견되었다는 점을 생각할 때, 20세 정도는 되었을 것으로 추정된다.
25　芝基皇子의 출생년은 불명이지만, 吉野의 의식에 참가한 황자는 유아는 제외되었기 때문에 적어도 元服의 나이로 추정하면, 15세 정도로 추정된다.

리고 간 이유는 일종의 포용책으로 보아도 좋을 것이다.

사실 임신년 전란의 처리에는 극소수의 주도 인물 이외에는 거의 처형되지 않았으며, 대우황자를 제외하고는 대부분의 천지의 직계가족들은 생존하였다. 이들이 천무왕권에 대항할만한 세력은 아니라고 판단한 것으로 보인다. 황후인 지통 역시 천지의 딸이었기 때문이다.

또한 천지의 자녀들은 천무조의 왕실, 왕권을 구성하는 핵심적 존재로서 이들을 물리칠 수는 없었다. 일부다처의 왕실의 결혼에서 황자, 황녀들 간의 이해관계도 다르고, 혈연관계에 앞서 현실의 권력구조가 민감한 문제였다. 현실에 적응하는 것이 개개의 존재를 위해 필요한 일임은 모두가 익히 알고 있었다.

초벽황자 등 6인의 맹세문에는 우리 형제 10여인은 모두 어머니가 다르지만, 천황의 칙에 따라 서로 도우며, 만일 맹세에 반하면 자신의 목숨이 끊어질 것이고, 실수하지 않겠다고 하였다. 이어 천무천황은 "짐의 아들들이여, 서로 이복으로 태어났으나 지금은 같은 배에서 나온 것처럼 자애롭게 지내라"고 하였다. 이 맹세문에서 보이듯이 동복, 이복 가릴 것없이 금후에는 같은 어머니의 자식처럼 지내겠다고 하였다. 여기서 '어머니'는 황후인 지통천황이고, 그녀를 황실 전체의 어머니로 모시는 의식이었다[26]. 향후 지통천황의 위상을 보여주는 맹세이기도 하였다. 천무에게 있어 지통은 생사의 고락을 같이한 동지였으며, 그녀는 천무 혈통의 모든 자녀를 포괄하는 대모였다.

이들 중에서 황위 계승의 유력자는 草璧皇子, 大津皇子, 高市皇子 3인이고, 그 중에서 草璧皇子, 大津皇子의 모친은 친자매간이라는 점에서 동일하다. 그러나 대진황자의 모친 대전황녀는 그가 유아기인 4살 때 사망했기 때문에 최유력 후보는 현재의 황후 소생인 초벽황자이다. 吉野의 맹약까지 황태자는 정해지지 않았다. 천무천황의 의중에는 초벽황자보다는 대진황자 혹은 고시황자를 염두에 두었을 가능성도 있다. 병약한 초벽보다는 명석한 두뇌의 소유자로서 군신의 호

---

26 寺西貞弘,『天武天皇』, ちくま新書, 2023, 110쪽.

감을 갖고 있던 대진황자나 임신 내전의 전장에서 동고동락을 하면서 군사적 경험이 풍부한 고시황자를 선호하였고, 국정수행의 능력에서 앞선다는 인식이 있었다고 보인다.

특히 대진황자에 대해서는 『懷風藻』에 의하면, "용모가 크고 용감했으며, 기량이 담대하며, 어려서부터 학문을 좋아하여 글을 즐겨 읽어 박식했으며, 성인이 되어서는 무예를 좋아하고 검을 잘 다루었다. 성품은 자유분방하였고, 법도에 구속되지 않았으며 자신을 낮추었으며, 학사를 예로서 대했다. 이 때문은 많은 사람들로부터 신망을 얻었다"라고 하였다. 또 『일본서기』에도 朱鳥 원년 10월, "용모가 품위있고 언변이 뛰어났다. 그래서 天命開別天皇(天智天皇)이 총애하였다. 성장하여 이치에 밝고 학문에 재능이 있었다. 그 중에서도 특히 문필을 좋아하였다. 시문이 훌륭한 것은 大津에서 비롯되었다"라고 하여 찬사가 기록되어 있듯이 재능과 인품이 뛰어난 인물평을 하고 있다.

高市皇子에 대해서도 일화가 전한다. 전란 중에 대해인황자는 함께 계획할 사람이 없다고 하자, 이에 고시황자가 "근강의 근신이 많다고 하지만, (중략) 臣 高市가 신기의 영위에 의지하여 천황을 명을 받들어 장수들을 이끌고 정토하려 한다. 어찌 막을 수가 있겠는가[27]"라고 패기있게 말하자, 천황이 칭찬하고 손을 잡으며 격려했다고 한다. 『만엽집』에 실린 가인 柿本人麻呂가 高市皇子의 빈궁에 바치는 헌사에는, 임신의 전쟁에서 예찬하는 것을 모티브로 하고 있다[28]. 그 내용을 보면, 천무천황의 명을 받은 고시황자는 몸에 대도를 차고 손에는 활을 갖고 군졸을 불러모아 통솔하고 북소리는 천둥소리 같았으며, 울러퍼지는 고적소리는 적을 본 맹호의 포효인가 하고 사람들이 공포에 질린 정도였다고 노래하고 있다[29]. 이 만가는 『일본서기』보다 먼저 지은 것으로 고시황자에 대한 당대인의 인식을 보여주고 있어 생생한 인물평이라고 할 수 있다.

---

27 『日本書紀』天武紀 6월 27일조.

28 北山茂夫, 『壬申の內亂』, 岩波新書, 1978, 196~197쪽.

29 『萬葉集』(199), 「高市皇子尊城上殯宮之時、柿本朝臣人麻呂作 歌一首幷短歌」.

천무천황의 말년인 朱鳥 원년(686) 8월에, 天皇太子, 大津皇子, 高市皇子에게 각각 봉호 400호를 증봉시키고, 천도황자, 인벽황자에게 각 100호씩을 더하고, 이틀 후에는 지기황자, 기성황자에게 200호를 증봉하였다[30]. 여기서 초벽황자를 天皇太子로 표기하여 황위 계승자의 위치를 명확히 하고 있다. 이들 3인의 황자에게는 동등하게 400호의 봉호를 내리고 있듯이 천무에게는 이들 3황자에 대한 경제적 대우는 차별은 없었다.

그러나 황후의 생각은 초벽황자 이외에는 없었고, 그동안 황후와 共治體制를 유지해 온 천무천황으로서도 황후의 의향을 무시할 수 없었다. 吉野에서 맹세한 지 2년 후인 천무 10년(681) 2월에 비로소 초벽황자를 황태자로 정했다. 吉野의 맹세 이후 황태자 선정에 공백기간이 길었던 것은 천무천황의 고민이 그만큼 컸음을 말해주고 있다. 천무의 정권수립에는 전적으로 군사력에 있었던 까닭에 그의 의중에는 장남인 고시황자가 후계자로서 가장 근접한 인물일 가능성이 높다. 자신을 닮은 군사적 지략, 용맹성에서 그를 염두에 두었을 가능성이 있다. 천무조 朱鳥 원년(686) 정월 신년하례의 연회 때에 천무천황이 단서가 없는 시사문제를 내면서 답변에 실질이 있으면 상을 내린다고 했는데, 고시황자는 이에 적합한 답을 냈다고 하여, 의복, 비단 등 많은 상품을 받았다고 전한다[31]. 아마도 국정에 관한 문제일 것이다. 2년전 吉野의 맹세에 참가한 6인의 황자 중에 유일하게 이름을 올린 것은 그의 세상을 보는 눈, 국정에 대한 이해가 매우 뛰어났으며, 천무천황의 고시황자에 대한 남다른 애정을 보여주는 사례라고 생각된다. 다만 현실적으로 모계가 지방호족이라는 점, 황후의 의향 등이 고시황자를 적극적으로 결정하지 못한 이유가 있었다고 생각된다.

吉野의 맹세로부터 9개월이 지난 천무 10년(680) 2월에 초벽황자를 황태자로 삼고 모든 정사를 맡겼다[32]. 그의 나이 19세에 후계자로 결정된 것이다. 천무의

---

30 『日本書紀』朱鳥 원년(686) 8월 신사조, 계미조.
31 『日本書紀』朱鳥 원년 정월 계유조.
32 『日本書紀』天武紀 10년 2월 갑자조.

건강이 악화될 즈음에, 천무는 칙을 내려, "천하의 일은 대소를 불문하고 황후 및 황태자에게 보고하라[33]"는 마지막 유언을 남겼다. 천무천황의 사후에 초벽황자는 23세의 성인이었지만, 황위를 계승한 인물은 황후였다. 황후에게 모든 후사문제를 비롯하여 모든 정무를 위임한 것으로 생각된다. 황후의 신분에서 천황으로 즉위한 것은 아마도 황태자 초벽황자가 정무를 수행하기 어려울 정도의 병약한 상태였기 때문으로 생각된다. 持統天皇의 즉위는 자신이 낳은 혈통을 계승시키기 위해 권력의 전면에 나선 것이다. 이것은 대진황자와 고시황자를 의식한 결과이다. 천무천황이 사망한 지 3년 후인 지통 3년(689)에 초벽황자는 사망하였다. 『일본서기』에는 사망기사 단 한줄 뿐이다. 그의 건강과 사망에 대해 일말의 기록도 없지만, 아마도 지병일 가능성이 매우 높다. 吉野의 맹세 이후 2년여 가까이 황태자를 결정하지 못한 것도 초벽황자의 건강문제였을 것이다.

제4절 皇親政治와 문무관 정책

보통 천무왕권을 皇親政治로 묘사하고 있다. 천무왕권은 천지조의 관제를 폐지하고 태정대신, 좌우대신을 공석으로 두었으며 초벽황자, 대진황자 등 황자들을 등용하는 등 스스로의 의지에 의해 정치를 관철시켜 나갔다. 천황을 중심으로 왕족 중심으로 정국을 이끌어 나갔다.

천무왕권은 관인등용법을 새롭게 정립하였다. 관료제 사회로 나아가는 기초적 제도의 정비였다. 먼저 천무 2년(673) 5월에 畿內의 공경대부 및 여러 臣, 連, 伴造 등에게 "무릇 처음으로 관인이 된 자는 먼저 大舍人으로 봉사하게 하라. 그런 연후에 그 재능을 선별하여 적합한 직책을 맡도록 하라[34]"는 명을 내렸다. 이어 동 5년 4월에는 "畿外 출신자로 벼슬을 하고자 하는 자는 臣, 連, 伴造의 子 및 國造의 자식은 가능하다. 다만 그 이하의 서민이라 하더라도 그 재능이 특별한

---

33 『日本書紀』朱鳥 원년 7월 계축조.
34 『日本書紀』天武紀 2년 5월 기유조.

자의 경우는 역시 가능하다[35]"라고 명하였다. 이 2개의 정책안은 중앙과 지방의 관인의 출사법이다.

대사인이란 궁중에서 잡사 등에 근무하는 하급관인을 말한다. 원래 舍人은 궁중에 드나드는 도노이리(殿入り)에서 나왔고, 여기에 '大' 자를 붙인 것은 그때까지의 舍人과는 구별되는 천무천황에게 근시하는 사인이라는 점을 강조한 것으로 보인다[36]. 이들은 8세기 대보령의 시행 후에는 중무성의 산하기관인 大舍人寮에 소속되어 천황에게 봉사하고 교대로 숙직, 잡사 등을 담당하였다. 대사인은 5위 이상의 자손 혹은 6위 이상 8위 이하의 적자, 서자 중에서 영민하고 용모단정한 21세 이상의 인물을 대상으로 선발하는데, 바로 천거제 형식의 관인등용책이다. 특히 지방호족의 경우에는 6년전 천무의 편에 서서 농민을 이끌고 선두에 서서 전란에 참가한 이들에 대한 배려라고 생각된다[37]. 게다가 서민의 경우에도 재능이 있으면 출사할 수 있다고 하는 규정도 만들어 족벌제 사회에서 능력주의 발탁의 일면을 보여주고 있다. 이것은 새로운 관료군의 형성과 확대를 기도한 것이라고 할 수 있다.

또 천무 7년(678) 10월에는 관인에 대한 考課, 選敍法도 정했다. 이 조서에 의하면, "무릇 내외의 문무관은 매년, 史 이상, 그 소속 관인 가운데 공평하고 직무에 충실한 자들을 그 우열을 논의하여 진급시킬 위계를 정하라. 정월 10일 이전에 자세히 기록하여 法官에게 보내고, 법관은 잘 조사하고 판정하여 大辨官에게 상신하도록 한다"라고 하였다. 이때의 법관은 대보령제의 式部省에 해당하고, 대변관도 大納言 아래 左右辨官이 있어서 각 省이 보고하는 문서를 접수하고, 그 업무에 대하여 감독하는 직무이다. 이것은 관인의 근무성적을 평가해서 그에 해당하는 관위를 수여하는 근무평정제이다 즉 가문이 아닌 재능을 중시한다는 취지로서 부분적으로 관료제의 능력주의의 반영이라고 볼 수 있다[38]. 이후 지통 3년

---

35 『日本書紀』天武紀 5년 4월 신해조.

36 虎尾達哉, 『苦惱の霸者 天武天皇』, 吉川弘文館, 80~83쪽.

37 北山茂夫, 『天武朝』, 中公新書, 1978, 131쪽.

38 吉村武彦, 『古代王權の展開』, 集英社, 1991, 287쪽.

(689)에는 매년 근무평정하는 방법에서 6년마다 평가하는 제도로 바꾸었다.

천무왕권에서 관인등용제와 더불어 중시한 것은 군사력이었다. 천무 13년 (684) 4월조에 "내년 9월에 반드시 검열을 하겠다. 백료는 진퇴와 위엄을 나타나는 작법을 습득하라[39]"고 명을 내렸다. 또한 "무릇 정치의 요체는 軍事다. 그 때문에 문무관의 여러 사람도 무기 쓰는 법과 말 타는 법을 습득하라. 말과 무기 아울러 자신의 몸에 치장하는 물품 하나하나를 준비하여 두도록 노력하라. 말이 있는 자를 기병으로 하라. 말이 없는 자를 보졸로 하라. 다 같이 훈련하여 집회할 때 지장이 없게 하라. 만일 명령에 어긋나 말, 무기를 갖추지 못하거나 또 장식에 빠진 것이 있으면 친왕 이하 제신에 이르기까지 다 같이 처벌할 것이다[40]"라고 하였다.

이 조서 중에 "정치의 요체는 軍事다"라는 말은 천무왕권의 성격을 상징하고 있다. 임신 내전에서 군사력의 중요성을 실감하고 강조한 발언이다. 문무관에 대한 무기사용법의 습득, 비상시에 사용할 말과 무기 등 군사적 장비의 실태를 조사하고 있다. 만약 이 정책을 위반하면 친왕 이하 제신에 이르기까지 황족, 귀족, 관인을 막론하고 처벌의 대상이 되고 있다. 전 관인의 무장화를 명한 것이다. 보통 왕권을 지탱하는 군사력은 국가에서 징발한 잘 훈련된 병력을 말하는데, 이와는 별도로 문무관인에게 병기 소유와 사용법을 강제하고 있다. 관인들의 무장화는 돌발적인 무장세력 혹은 인민들의 동향에 항시 대응할 수 있는 군사적 조직이라고도 할 수 있다.

반면 인민에게는 개별적 무기소유는 금지하였다. 천무 14년 9월에 실시한 "宮處王, 廣瀨王, 難波王, 竹田王, 彌努王을 왕경 및 기내에 보내 각 인민의 무기를 검열하였다[41]"고 한 조치이다. 이러한 문무관인의 무장화와 인민의 무장해제 정책은 고대관료기구의 인민에 대한 왕권의 군사력 독점화를 말해주고 있다. 동 11월에도 전국에 조서를 내려 "大角, 小角, 북, 피리, 깃발, 쇠뇌, 투석기의 종류는 집에

---

39 『日本書紀』天武紀 13년 윤4월 임오조.
40 『日本書紀』天武紀 13년 윤4월 임오조.
41 『日本書紀』天武紀 9월 갑인조.

두어서는 안 된다. 모두 郡家에서 수합하라"고 명하였다. 즉 일반 백성의 무기 소유를 금지하는 정책이었다. 이 방침도 천무의 경험에서 나온 것이다. 동국으로 피신 중에 지방세력의 도움을 받고 병력을 동원한 것도 현지의 호족 통제하의 농민군을 징발하여 전란에 투입했기 때문에 개개의 백성들이 소유하고 있는 무기류는 전시에 매우 유용하지만, 반란세력이 이를 이용할 경우에는 위험할 수 있다고 판단한 것이다. 관인층은 소수이지만, 백성은 다수이고 이들이 무장화할 경우에는 대규모 세력으로 결집될 수 있다. 따라서 백성들이 소유한 물건 중에서 전란시에 사용할 수 있는 무기류를 관에서 몰수하여 관리하도록 하였다.

군사적 대책은 유력 씨족들에게도 미쳤다. 천무 6년 6월에, 東漢直 등에게 조를 내려 "그대들의 일족은 지금까지 7가지 악한 반역을 범하였다. 그 때문에 小墾田朝에서 近江朝에 이르기까지 언제나 그대들을 조정해 음모가 행해져 왔다. 지금 짐의 시대에 와서 그대들이 행한 악역을 책하여 법에 따라 벌을 내릴 것이다. 그러나 한직 씨족을 끊으려 하는 것은 아니다. 고로 큰 은혜로써 용서한다. 금후에 만일 법을 범하는 자가 있으면 반드시 용서하지 않겠다"라고 하였다.

이들 씨족단은 군사력도 겸비하여 대화정권 시기에는 蘇我氏의 무력이 되어 조정의 위협이 되기도 하였다. 바로 7가지 악한 반역이란『일본서기』崇峻紀 5년 11월조에 倭漢直駒가 蘇我馬子와 결탁해 숭준천황을 살해한 일, 皇極紀 3년 11월조 蘇我入鹿의 휘하에서 군사적 경계활동을 한 일, 동 4년 6월조에 蘇我入鹿이 주살될 당시 소아씨 편 가담한 사건 등을 가리킨다. 임신의 난 때에는 坂上直, 長尾直 등 많은 일족들이 大海人皇子 편에 가담해 전공을 세웠다. 천무천황의 입장에서 봤을 때에는 자신을 도운 씨족이 언젠가는 반란군의 편에 가담할 수 있다는 우려도 있었다. 천무왕권에서는 이들을 회유하여 대족의 지식, 경제력 등을 정치적으로 이용하려는 의도가 있었다고 생각된다[42]. 정치적 상황은 언제든지 변할 수 있고, 유사시에 거대씨족들의 반역을 사전에 차단하기 위한 조치였다고 할 수 있다.

---

42 北山茂夫,『天武朝』, 中公新書, 1978, 162~163쪽.

蘇我氏, 東漢氏 등 거대 씨족의 문제는 이전부터 왜왕권의 존립을 위협하는 세력이면서도 이들과 협력관계를 유지하여 왕권 속에 포섭하는 일도 중요하였다. 당시 고구려에서도 연개소문이 권력을 장악하였고, 이로 인해 내분으로 망국의 사태가 벌어졌고, 백제 역시 왕권내부의 분열이 결국 멸망에 이르는 원인이 되었다. 해외의 정보는 왜왕권에게도 영향을 미쳤고, 왕권 내부의 분열이 국가의 멸망으로 이루어진다는 사실을 인식하고 있었다. 이들 국가는 왜국과 오랜 교류의 역사가 있었던 까닭에 왜왕권 지배층이 받은 충격은 매우 컸다고 생각된다. 이러한 국제적 상황, 현실을 직접 경험한 천무천황도 임신의 난이라는 내전 끝에 권력을 장악한 까닭에 유력 씨족에 대한 대책, 군사력의 독점화 등 권력집중을 꾀하는 정책을 수립해 나갔다.

제5절 8色의 姓 제정과 48계 관위제

氏姓制는 일본고대사회의 특질이자 왕권의 존재형태를 이해하는데 중요한 제도이다. 씨성제의 원리는 일본고대국가 성립 이전 단계인 7세기 중반까지는 비교적 순조롭게 기능하였다. 그동안 대왕가에 대한 봉사와 협력관계를 통해 권력의 일부를 공유하던 유력씨족들은 大化改新을 기점으로 점차 왕권에 흡수되어 갔다. 이후 불안정한 동아시아의 정세 속에서, 임신의 난이라는 내전을 통해 권력을 장악한 天武는 각종 제도의 개혁과 신격화를 통해 기왕의 호족세력을 왕권에 예속시켜 나갔다. 그 중의 하나가 정치적 신분질서의 개혁이라고 할 수 있는 8色의 姓 제정이었다. 기존에 통용되던 다양한 姓(가바네)을 8종으로 새롭게 재편한 것이다. 씨성의 개혁은 단순한 제도상의 변화가 아니라 특권적 호족들에 대한 압박이고 이들을 왕권의 휘하에 편입시키는 정치개혁이었다.

씨족제도 개혁을 위해 천무 11년(681)에 8색의 성 제정에 앞서 관인의 등용기준인 考選에 族姓을 중시한다는 조를 내렸다.

"무릇 모든 考選에는 그 씨족의 성 및 행적을 잘 조사한 후에 고려해야 한다. 만일 행적과 능력이 현저하더라도 그 씨족의 성이 확실하지 않으면 고선에 들 자격이 없다[43]".

즉 국가의 관리등용에 있어서 해당 씨족의 성이 주요 기준이 되고 있다. 행적과 능력에 앞서 족성이 우선시되는 씨성제 사회의 성격을 말해주고 있다. 전통의 귀족세력에 대한 일종의 포용책이고 재능과 능력주의와 더불어 신분도 중시하고 있다. 관료제 사회로 이행되기 전단계의 조치라고 할 수 있다.

이어 동년 12월조에 내린 조에는 다음과 같은 내용을 싣고 있다.

"諸氏의 사람들은 각기 氏上을 정하여 신고하라. 또 그 일족이 많은 자는 나누어 각 씨족장을 정하라. 다 같이 관사에 신고하라. 연후에 그 상황을 짐작하여 처분하라. 관사의 판결을 받아라. 다만 조그만 일로 자기의 씨족이 아닌 사람을 억지로 끌어들여서는 안 된다[44]".

이 기록은 호적을 통한 지배의 원리와는 다른 씨족장인 氏上을 통하여 씨족 전체의 동향을 파악하고, 지배하는 방식이라고 할 수 있다. 또한 타씨족을 마음대로 내세워 씨족장으로 삼는 행위도 금지하여 씨성제의 혼란을 방지하고, 체계적으로 씨족을 지배하기 위한 방침이라고 할 수 있다. 『속일본기』大寶 2년(702) 9월조에는 天智 3년(664)에 내려진 甲子年의 조치를 언급하면서, "甲子年에 氏上을 정할 때에 등재되지 않은 씨로서 현재 성을 받고 있는 자는 伊美吉 이상은 모두 신고하라"는 조서가 내려졌다[45]. 갑자년에 정해진 氏上에 대한 규정은 중앙의 유력씨족을 대상으로 한 「甲子의 宣」을 말한다. 천무의 8색의 성 중에서 伊美吉는 4번째인 忌寸으로, 이는 씨상을 낼 수 있는 계층의 범위가 고위 씨성을 갖은 관인

---

43 『日本書紀』天武紀 11년 8월 계미조.
44 『日本書紀』天武紀 11년 12월 임술조.
45 『續日本紀』大寶 2년 9월 기해조.

층에 한정되어 있음을 보여주고 있다.

8色의 姓에 대해서는 천무 13년(684) 10월에 내린 조에 따르면, 제씨의 족성을 고쳐 8색의 성을 만들어 천하의 성을 통일하고, 眞人을 필두로 하여, 朝臣, 宿禰, 忌寸, 道師, 臣, 連, 稲置 등 8개의 서열화된 성을 정하였다[46]. 이 8색 성의 특징을 보면, 종전에 臣과 連은 蘇我氏, 物部氏, 大伴氏 등 유력 호족들에게 수여된 최고의 성이었지만, 개편된 8색의 성에서는 하위에 서열되었다. 당시 臣 姓의 최고 집정관이었던 대신은 소아씨가 독점하였고, 連 姓의 최고의 지위인 大連은 물부씨와 대반씨의 성으로 大臣과 함께 왜왕권의 권력을 분장하고 있었다. 이러한 변화는 기존의 족성체계에 대한 인식을 전면 부정하는 것이었다. 그러나 8색 성의 제정은 기왕의 특권적 호족들을 배척하는 것이 아니라 이들에 걸맞은 새로운 성으로 대체하여 하사하였다. 즉 천황은 개편된 성을 하사함으로써 천황의 신민으로서 재탄생되어 충성과 봉사의 의무를 부과하는 것이라고 할 수 있다.

8색의 성 중에서 최고위인 眞人은 조서가 내려진 당일 守山公, 路公 등 13씨에게 하사되었다. 이들의 출자를 보면 繼體 이후 敏達, 用明 등을 조상으로 하는 씨족들로서 과거 왜왕의 계보를 잇는 公 성 계열의 구왕족 후손이라고 생각된다[47]. 재래의 왕족 출신을 8성의 필두에 둔 것은 왕족 제씨를 臣民의 상위에 두고 그 서위를 바르게 하기 위한 것으로 생각된다[48].

천무 13년(685) 11월조에는 大三輪君, 阿倍臣 등 52씨에게 朝臣의 성을 하사하였다. 이들은 대화개신 이전의 왜왕권을 구성하는 유력한 씨족들로서 천무조에서도 전대의 신분이 그대로 유지되었다. 동 천무 13년 12월에는 大伴連, 佐伯連, 阿曇連, 忌部連, 尾張連 등 連姓인 伴造系 50씨에게 宿禰의 성을 주었다. 동 천무

---

46 『日本書紀』天武紀 13년 10월조.

47 繼體 이전의 應神으로부터 계보를 구하는 씨족도 보이나, 『古事記』 『日本書紀』에 의하면 繼體 자신은 應神의 5세손이라고 하듯이 양자는 동일 선조의식의 연상선상에 있다고 생각된다.

48 井上光貞, 「庚午年籍と お對氏族政策」, 『日本古代史の諸問題』, 思索社, 1972.

14년(686) 6월에는 大和連, 葛城連 등 기내의 국조와 도래계 유력씨족 11씨에게 忌寸의 성을 하사하였다. 이상 천무 13년 10월에서 이듬해 6월 사이에 8색 중에서 상위 4개 성 126씨에 대한 族姓의 개편을 완료하였다.

예전의 臣, 連, 伴造, 國造라는 신분질서에 대하여 왕족을 최고위 眞人의 성을 내리고, 臣, 連의 유력자에게 朝臣, 宿禰의 성을 주어 상위에 두고, 기타 씨족을 하위에 두는 새로운 신분질서를 정비하였다. 전통의 기득권 세력의 변화는 없지만, 천황이 새로운 성을 제정하여 하사한다는 것은 천황권을 강화하는 정책이다. 이것은 천황을 중심으로 하는 정치적, 사회적 계층의 신분질서의 확립이었다.

8색의 성 제정의 목적은 왕족의 사회적 지위를 확립하고 천황의 절대성을 유지시키려는 것의도였다[49]. 다만 3위 이상의 고위관인층은 朝臣이 압도적으로 많고 眞人의 경우는 1위 관위는 보이지 않고, 2위가 19%, 3위가 10%로 宿禰와 비슷한 수치를 보이고 있다[50] 이러한 통계에도 불구하고 권력의 핵심부는 황친세력이었으며, 최고신분인 眞人을 중심으로 왕권을 구성하는 것은 전통적인 臣, 連 씨족과 임신의 난 때의 공신그룹이 많았고, 이들이 천황권을 구성하고 지지하는 주류세력이었다. 8색의 성 제정과 새로운 사성정책을 통해 천무왕권의 권력은 새롭게 재편되었으며, 황친 및 구래의 유력호족들을 새로 편성된 신분질서 속에서 정치적 관계를 유지해 나갔다. 천무왕권은 관료제의 정비와 더불어 족성과 관위가 결합되었고, 신분의 사회적, 정치적 계층화가 표식화되어 천황제 율령국가의 기반을 조성하게 되었다.

다음은 天武 14년(685)에 제정한 관위 48階에 대해서 살펴보자. 이때의 官階는 천지 3년(664)에 시행된 26계 관위제를 대폭 증가시킨 것이다. 『일본서기』동년 정월조에는, "다시 작위의 이름을 고쳤다. 다시 계급을 증가시켰다[51]. 明位 2계,

---

49 竹内理三, 「天武八姓制の意義」, 『史淵』34, 1950.

50 原島禮二, 「八色姓と天武政權の構造」, 『史學雜誌』70-8, 1961, 6~7쪽.

51 天智天皇 3년에 제정된 冠位를 개정한 것으로 大寶 원년(701)의 大寶令에 기초한 신 위계제가 실시되기까지 계속되었다. 親王도 위계제 속에 포함시켜 왕과 신하의 위계를 분명하게

淨位 4계, 계마다 大와 廣이 있다. 모두 12계이다. 여기까지는 제왕 이상의 위이다. 正位 4계, 直位 4계, 勤位 4계, 務位 4계, 追位 4계, 進位 4계로 계마다 大와 廣이 있다. 모두 48계이다. 여기까지는 제신의 位이다[52]"라고 기록되어 있다. 제왕 이상의 황족 12계와 신료집단 48계로 구분하였다. 앞시기의 천지 3년(664) 제정된 관계와 후의 대보령 관제에 비해 대폭 증가된 수치이다. 이를 대보령 관제와 비교하면 다음과 같다.

【표 2】관위대조표

순번	天武14년		大寶·養老令	순번	天武14년	大寶·養老令
	諸王	諸臣				
1	明大壹	正大壹	정1위	25	務大壹	정7위상
2	明廣壹	正廣壹	종1위	26	務廣壹	
3	明大貳	正大貳		27	務大貳	정7위하
4	明廣貳	正廣貳	정2위	28	務廣貳	
5	淨大壹	正大參	종2위	29	務大參	종7위상
6	淨廣壹	正廣參		30	務廣參	
7	淨大貳	正大肆	정3위	31	務大肆	종7위하
8	淨廣貳	正廣肆	종3위	32	務廣肆	
9	淨大參	直大壹	정4위상	33	追大壹	정8위상
10	淨廣參	直廣壹	정4위하	34	追廣壹	
11	淨大肆	直大貳	종4위상	35	追大貳	정8위하
12	淨廣肆	直廣貳	종4위하	36	追廣貳	
13		直大參	정5위상	37	追大參	종8위상
14		直廣參	정5위하	38	追廣參	
15		直大肆	종5위상	39	追大肆	종8위하
16		直廣肆	종5위하	40	追廣肆	

구분시킨 점, 계수를 증가시킨 점, 일본적인 덕목을 관명에 사용한 점 등이 그 특색이라 할 수 있다.

52 『日本書紀』天武紀 14년 정월 정묘조.

순번	天武14년		大寶·養老令	순번	天武14년	大寶·養老令
	諸王	諸臣				
17		勤大壹	정6위상	41	進大壹	대초위상
18		勤廣壹		42	進廣壹	
19		勤大貳	정6위하	43	進大貳	대초위하
20		勤廣貳		44	進廣貳	
21		勤大參	종6위상	45	進大參	소초위상
22		勤廣參		46	進廣參	
23		勤大肆	종6위하	47	進大肆	소초위하
24		勤廣肆		48	進廣肆	

상기 표에서 보듯이 왕족의 관위에 明, 淨의 용어를 사용하고, 신료집단은 正, 直, 勤, 務 追 進이라고 하여 문자 그대로 왕족에게는 밝고 청정한 마음 자세를 갖고, 신료집단에게는 正直하게 勤務하고, 追求하고 正進하라는 의미가 담겨있다. 이른바 관인으로서 국가에 공무하는 올바른 자세를 갖추고 모범을 보이라는 취지의 관위명이다. 또한 이 관계를 大, 廣으로 나눈 것은 크고 넓게 발전시켜 나가라는 메세지라고 할 수 있다. 이 관계명을 통해 천무조의 관료제 사회의 방향성을 잘 보여주고 있다.

이날 새로운 관계를 제정하고, 바로 草壁皇子尊에게 淨廣壹의 위계를 내리고, 大津皇子에게 淨大貳를, 高市皇子에게 淨廣貳를 내렸다. 이어 川嶋皇子, 忍壁皇子에게 淨大參를 내렸다. 이하의 제왕, 제신들에게도 각각 차등있게 작위를 내렸다. 초벽황자 등 5인은 천무천황과 함께 吉野의 맹세에 참가한 인물이고, 12세의 芝基皇子를 제외하고는 모두 수여하였다. 이때 내린 관위의 서열도 草壁皇子, 大津皇子, 高市皇子 순으로 되어 있듯이 초벽황자가 선두였다. 황친 관위제의 설정은 이들을 신하로 자리매김하는 일이고, 관료로서 서열화 정책이다[53]. 이에 따라 천황을 중심으로 한 황친정치를 안정적으로 추구하는 것이다. 이어 동년 2월에는 대당인, 백제인, 고구려인 모두 147인에게 작위를 주었다. 백강 전투 이후의 망명자들에게

---

53 寺西貞弘, 『天武天皇』, ちくま新書, 2023, 195~197쪽.

새로운 관위를 수여하여 천무왕권의 신관료군으로 편입한 것이다.

위계제의 실시에 이어 동년 7월에는, 칙을 내려 明位 이하 進位 이상의 조복의 색을 정하였다. 위계를 가진 모든 관인에 대한 복색이다. 또 淨位 이상의 황족 관인은 모두 붉은 꽃문양 옷을 입게 하여 일반 관인과는 차별화하였다. 이러한 일련의 제도의 정비는 天武 10년(681) 2월에 슈를 제정하라는 사실과도 관련이 있다. 동 기사에는 천황과 황후가 같이 대극전에 나가 여러 왕 및 제신을 불러 "짐은 이제부터 다시 율령을 제정하여 법식을 새롭게 하려고 한다[54]"라는 내용의 조를 내렸다. 이 법령은 持統 3년(689) 6월에 발포된 淨御原令이다.

초기천황제 국가의 성립의 대강은 천무조에서 제정한 각종 제도로 확립되었다. 다음의 持統朝는 천무가 구축해 놓은 각종 제도를 완성시켜 나가는 시기였으며, 두 조정은 일체화된 왕권으로 이해할 수 있다. 천무의 치세 중에도 지통은 황후로서 共治하였고, 천무의 정책은 그대로 계승되었다. 지통이 황손 경황자(문무천황)에게 양위한 후에 천무가 이상으로 한 천황제 국가의 이념은 大寶律令의 제정으로 완성되었다.

제6절 역사서 편찬 개시

천무천황의 칙명으로 일본국의 탄생과정 및 천황가의 통치의 역사를 담은『古事記』와『日本書紀』편찬이 개시되었다. 여기에는 천무천황의 통치의 이념, 신국가 건설에 대한 이상적 국가관이 강하게 반영되어 있다. 천무의 역사서 편찬은 내전을 통해 권력을 장악했기 때문에 신정권의 정통성을 수립하고, 천황가의 역사를 미화하여 새롭게 정립할 필요가 있었다.

천무천황은 재위 10년째인 681년 3월에 대극전에서 川嶋皇子, 忍壁皇子 등 제왕, 제신 총 12인에게 帝紀 및 상고의 여러 일을 검토시키고, 中臣連大嶋, 平群臣子首가 직접 기록하였다[55]. 이 기사는『일본서기』편찬의 출발점이고, 제왕의 기

---

54 『日本書紀』天武紀天 10년 2월 갑자조.
55 『日本書紀』天武紀 10년 3월 병술조.

록과 예로부터 전해오는 여러 학설을 검토해서 사실관계를 바르게 정하도록 하였다. 上古諸事는 本辭 혹은 舊辭라고도 하며 이야기체 전승담이다.

한편 『고사기』 서문에는 "諸家에 전하고 있는 帝紀 및 本辭에는 진실과는 다르고 혹은 허위가 더해져 있는 것이 매우 많다"라고 하듯이 제씨족의 가전류의 제왕에 관한 기록물에는 다양한 설들이 있어 진위여부를 가리는 작업이 필요함을 말하고 있다. 이에 천무천황이 의도한 통치권의 확립을 위해 천황가에 어울리는 기록들을 선정하여 편찬의 기초로 삼고자 하였다.

『고사기』와 『일본서기』는 顯宗紀(485-487) 까지는 帝紀, 상고의 諸事 등 공통의 사료에 기초하여 서술하였다. 『일본서기』 推古 28년(620) 조에 황태자와 소아대신이 함께 의논하여 『天皇記』, 『國記』 및 제씨족 및 공민 등을 기록하였다는 전승자료가 기초가 되었을 것이다. 『천황기』는 『제기』는 역대 제왕의 기록이고, 『국기』는 神代로부터 推古朝 당시까지의 왕조의 역사를 다룬 기록이다. 그러나 皇極 4년(645) 을사의 정변에서 蘇我蝦夷가 『천황기』, 『국기』를 태웠는데, 국기의 일부는 船史惠尺이 화염으로부터 건져내어 중대형황자에게 바쳤다고 한다. 이때 화마에서 건진 『국기』의 일부가 『고사기』, 『일본서기 편찬에 사용되었을 것으로 보인다.

『고사기』 서문에는 "太安萬呂가 상신합니다"라는 문구로부터 시작하여, 3단으로 구성되어 있으며, 편찬의 의미와 내용, 구성, 의의에 대해 기술하고 있다. 제1단에는 712년에 太安萬呂가 元明天皇에게 헌정한 상표문이다. 이 서문의 모두에는 일본국 탄생의 신화, 천조대신, 천손강림으로부터 초대 神武天皇부터 允恭天皇까지의 전승을 간결하게 기록하고 있다. 고전승의 내용을 대체로 고대의 사실로서 간주하고 정치와 도덕의 규범으로 삼고자 하였다.

제2단에는 대해인황자(천무천황)가 임신의 난에서 승리하여 飛鳥의 淨御原宮에서 즉위하고 국가를 통치한 사실을 기록하고 있다. 동 서문에는 천무천황의 말을 인용하여, "내가 듣는 바에 의하면, 諸家에 전하고 있는 帝紀 및 本辭(舊辭)에는, 사실과 다르고 혹은 허위가 더해진 것이 매우 많다. 이 시기에 그 잘못을 고쳐놓지 않으면 금후 몇 년 지나지 않아 그 바른 취지는 잃어버리고 만다. 대저 제기와 본사는 국가조직의 원리를 나타내는 것이고, 천황정치의 기본이 되는 것이다. 따라서 바른 帝紀를 선택하여 기록하고, 舊事를 잘 검토하여 잘못을 삭제하고 사실을 바로 정하여 후세에 전하려고 한다"라고 하여 편찬의 의도를 밝혔다.

편찬의 방침은 "제기와 본사는 국가조직의 원리이고, 천황정치의 기본"이지만, 이들 기록은 허위가 많아 바로잡아 사실을 후세에 전한다고 하였다. 국가의 근본과 천황의 덕화를 기본으로 하는 편찬 방침을 말하고 있다. 즉 천황정치의 기본, 국가조직의 원리로써 중시하고, 神代史와 고대의 이야기를 정치와 도덕의 근본 원리로 삼고자 하였다. 요컨대 신화의 이야기를 왕실관계의 고대전설로서 연속적인 일로서 통일적으로 이해하려는 인식이 있었고, 왕실 중심으로 국가의 발전을 역사적으로 기술하려는 의도가 명확하게 나타나고 있다.

이때 기억력이 좋은 총명한 28세의 舍人 稗田阿禮에게 명하여 帝皇의 日繼와 선대의 舊辭를 반복해서 읽어 익히게 했는데, 천황이 붕어하고 시대가 변하여 그 계획은 실행하지 못했다고 한다. 稗田阿禮에게 음독시켜 습득시켰다는 말은 구전의 전승을 암송하는 것이 아니라, 帝紀, 本辭 등을 바르게 읽는다는 것이다[56]. 즉 한자로 표현된 국어에 대해 그 古字의 의미를 어떻게 정확히 전하는가에 있다.『일본서기』흠명기 2년 3월조에 다음과 같은 注記가 나온다.

"帝王本紀에는 옛 글자가 많이 있고, 撰集하는 자가 여러 번 고쳐서 후세 사람이 배우고 읽을 때, 자의적으로 개삭하기도 하고, 傳寫하는 일이 많았다. 드디어 착란되어 전후 순서가 혼란해지고 형체가 뒤바뀌었다. 지금 고금을 상고하여 바르게 되돌리고자 한다. 알기 어려운 것은 일단 하나를 선택하고 다른 것은 상세하게 注記한다. 다른 경우도 모두 이에 따른다[57]"

---

56 上田正昭,『日本神話』, 岩波新書, 1970, 21~22쪽.
57 『日本書紀』欽明紀 2년 3월조.

즉 문자에 의한 기록화의 과정이 복잡하고 한자로 표기된 일본어의 훈독의 어려움을 말하고 있다. 이 때문에 자의적으로 고치거나 삭제하고, 필사하여 전하는 등의 문제가 많음을 지적하고 이를 바로잡는 일이 중요함을 지적하고 있다. 신화 등의 전승은 궁정에서 뿐아니라 문자를 이해하는 씨족들도 필사하여 전해지고 있다. 諸家에서 소유하고 있는 舊辭 등이 여기에 속한다. '古字'로 필사한 까닭에 불안정한 훈독이 많아 혼란을 일으키고 있다.

이어 서문의 후반부에는 『고사기』 편찬의 조를 내린 元明天皇에 대한 성덕을 예찬하고, 다음에는 원명천황이 太安萬呂에게 천무천황 때의 『고사기』 편찬에 관한 일을 회상하면서 다음과 같은 편찬의 칙명을 내리고 있다.

"천황폐하는 舊辭의 오류와 잘못을 애석하게 여기고, 帝紀의 혼란을 바르게 하고자 和銅 4년(711) 9월 18일에 신 安萬呂에게 명하여, 稗田阿禮가 천무천황의 칙명으로 음송하여 습득한 舊辭를 기록하게 하고, 서적으로 헌상하도록 분부했기 때문에 삼가 분부에 따라 사실을 자세히 채록했습니다. 그러나 상고에는 말도 내용도 모두 소박하여, 문장으로 표현하면 한자의 사용방법에 어려움이 있습니다. 모두 한자의 훈을 이용하여 기록한 경우에, 한자의 의미와 말의 의미가 일치하지 않는 일이 있고, 전부 한자의 음을 이용하여 기록하는 것은, 기술이 매우 길어지게 됩니다. 그러한 이유에서 지금은 어느 경우에는 1句 중에 음과 훈을 혼용하고, 어느 경우에는 한 사건을 기록하는 데에 모두 훈을 이용하여 기록하기로 하였습니다. 그리고 말의 의미가 이해하기 어려운 경우에는 주를 더하여 알기 쉽게 하고, 의미가 알기 쉬운 것은 일부러 주를 넣지 않았습니다. (중략) 무릇 기록한 바는, 천지개벽으로부터 추고천황의 대까지입니다. 도합 3권으로 기록하고 삼가 헌상합니다."

이어서 말미에는 "臣 安萬呂, 和銅 5년(712) 정월 28일, 정5위상 훈5등 太朝臣安萬呂"라는 날짜와 편찬자 太安萬呂의 관등성명을 기록하고 있다. 즉 『고사기』의 최종 편찬은 和銅 5년(712)으로,『일본서기』에 8년 앞서 편찬되었다.

이 서문에 따르면,『고사기』는 和銅 원년(711) 9월에 원명천황이 천무조때 稗田阿禮에게 명하여 음송한『구사』의 기록에 기초하여 사서를 헌상하도록 한 사실을 상기하고, 태안만려는 이 명을 받아 편찬했음을 말하고 있다. 사서의 완성은 이듬해 정월이기 때문에 불과 4개월 만에 찬진하게 된 것이다. 이 기록으로 보아『고사기』는 稗田阿禮가 만들어 놓은 초안을 재편집하고, 서문을 추가하여 원명천황에게 헌상한 것이다. 원명천황이『일본서기』의 편찬이 진행되는 시기에『고사기』편찬을 기획한 것은 천무천황의 유명을 받들고자 서둘렀던 것으로 보인다.『일본서기』는 유능한 사관들이 집합해 있는 수사국에서 국가사업으로 추진된 까닭에 자료의 수집과정, 사료의 취사선택 등 사업의 규모가 방대했고, 시간을 요하는 사업이었다.『일본서기』편찬 이후에『고사기』가 나온다면 그 의미는 퇴색될 것으로 생각되어 평경경 천도 이듬해에 원명천황은 관인 정5위상 太安萬呂에게 명해 편찬한 것으로 사료된다. 즉『고사기』는 공적 기관을 통한 편찬이 아니라 원명천황 개인적인 의지로 특정인에게 마무리를 명한 것이다. 이 사서는 일본국의 역사를 통사적으로 체제를 갖춰 서술한 것이 아니라 천황가를 중심으로 정리한 것이고, 여기에 高天原의 세계, 건국신화의 이야기가 추가되어 급조된 사서라고 할 수 있다. 서명 그대로 옛 일을 새롭게 편집한 기록물 정도이다.

한편『고사기』는 7세기초 추고조까지의 기록으로 추고조 이후의 기록은 물론이고, 정작 편찬을 지시한 천무조에 대한 기술도 없다. 그 대신에 서문에는 천무천황의 칙명으로 편찬된 사실, 임신의 난의 경과, 정당성을 밝혀『고사기』편찬이 천무천황을 의식한 사서임을 드러내고 있다. 요컨대 태안만려가『고사기』서문에서도 밝혔듯이 서문의 서술에 역점을 둔 것은 천무천황의 사적에 관한 부분이고 서문의 4할이 임신의 난에 관한 이야기 등 천무천황에 관한 이야기이다. 태안만려는 임신의 난에서 대해인황자 측에서 활약한 多臣品治의 직계이다. 태안만려야말로 다신품치의 뒤를 이어서 多氏(후에 太氏)의 대표적인 인물이었다.

『고사기』에는 '日本' 용어가 1例도 나오지 않는다. 신대기에 국토탄생신화에 일본국을 大倭, 大八島國을 표기했을 뿐이다. 서명에서도 알 수 있듯이 옛일을 기록한다는 의미, 舊事 등 구전 전승을 기록화한 것이다. 최초의 관찬사서이지만 正史의 반열에 들어가기 어려운 사서이고, 서명 자체도 正史로서 어울리지 않는다. 천황의 사적은 천황명, 거주궁명, 통치연수, 후비 및 황자녀, 재위 중의 국사적 대사, 천황의 몰년 및 능묘의 소재 등의 순으로 기록하였다.

　구성은 상중하 3권으로 구성, 상권은 편찬의 취지, 과정을 기술한 서문 및 大八島國(日本國)의 생성, 고천원의 신들의 세계 그리고 천조대신의 자손인 니니기노미코토의 천손강림이 기술되어 있다. 중권은 神武天皇으로부터 應神天皇까지, 하권은 仁德天皇에서 推古天皇까지이다. 대외관계 기사는 신공황후의 신라정벌기사 및 응신기의 왕인박사의 논어, 천자문 전래기사 정도이다. 신대기와 신무천황 기록을 제외하고는 천황의 계보 정도이고 특히 역사성이 강한 5세기후반 웅략기 이후의 기록은 역사서로서 유용성은 찾아보기 힘들 정도로 소략하다. 전승자료가 기억에 의해 구술되고 이를 문자화한 것으로 『일본서기』에 비한다면 사서로서의 성격은 매우 낮다고 평가할 수밖에 없다. 게다가 기년 기사는 1곳도 없이 언제 일어난 사건인지 연대관이 전혀 보이지 않는다. 특히 5세기말 仁賢天皇 이후 10명의 천황 기록은 계보관계, 거주궁 이외에는 천황과 관련된 전승이나 통치기록에 관한 내용은 전무하다. 응신천황에서 현종까지는 계보 이외에 이야기풍 기록이고, 신무천황에서 중애천황까지는 설화적인 요소가 많다. 또한 『일본서기』, 『속일본기』 등 정사에는 『고사기』 편찬에 대한 기록이 나오지 않는다. 이것은 사료로서의 『고사기』에 대한 당시의 인식을 말하는 것인데, 사서로서 평가받지 못한 것은 아닌가 생각된다.

　다음으로 『일본서기』는 『고사기』와는 달리 편찬의 목적, 이념을 서술한 서문이 남아있지 않다. 『속일본기』에는 『일본서기』가 편찬된 養老 4년(720) 5월 21일조에 "1품 舍人親王이 칙을 받들어 日本紀를 찬수하였다"라고 하여 대표편자의 이름만 명기하고 있다. 『일본서기』는 『고사기』에 비교가 안될 정도로 기록이 풍부하고 건국신화도 상당히 다양한 전승기록을 토대로 구체적으로 기술하고 있다.

『일본서기』의 편찬은 앞에서 본 천무 10년(681)의 帝紀, 上古諸事의 제설을 검토시켜 자료를 취사선택한 일로부터 시작되었다. 그 후의 편찬과정은 알 수 없으나, 持統 5년(691) 8월에 大三輪, 雀部, 石上, 藤原, 石川 등 18씨에게 그 조상들의 墓記를 바치라고 한 기록이 주목된다. 이 묘기는 이보다 3년전인 持統 2년(688) 11월에 보이는 "여러 신료들은 각각 자신의 선조들이 섬겼던 상황을 말하고 차례로 나가 조사를 바쳤다[58]"라는 기록으로 추측하면, 선조의 사적을 내용으로 하는 묘기일 것이다. 이것은 각 씨족의 家傳이라고 생각되고, 『일본서기』 편찬의 자료로 채록되었다고 보인다. 和同 7년(714) 2월에는 紀朝臣清人, 三宅臣藤麻呂 2인에게 國史 찬수를 명하였다. 이 시점에서 국가적 차원에서 본격적인 편찬국 「撰日本紀所」가 설치되고 천무천황이 구상한 천황제 국가의 이념을 반영한 편찬의 방침, 구성, 체재 등이 정해졌을 것이다.

『일본서기』는 養老 4년(720) 그의 손녀인 元正天皇 때에 편찬되었다. 天武紀에 많은 비중을 두었음은 당연하였다. 총 30권 중에 天武紀는 28권, 29권으로 편성하여 다른 천황기의 2배이다. 뿐만 아니라 분량도 압도적으로 많아 재위연수 10년인 천지에 비해 재위 14년의 천무의 기록은 4배 가까이 된다. 그리고 28권은 즉위하지 않은 元年 기사로 편성하고 임신 내전의 과정을 구체적으로 기술하고 있다. 이해는 천무는 즉위하지 않은 해로 사실상 전 왕이었던 천지의 태자였던 대우황자가 근강조에서 칭제하고 있던 시기였다. 『일본서기』에서는 이를 무시하고 천지의 사망과 더불어 천무의 즉위 원년조로 편재하여 대우황자의 치세를 말살하였다. 철저하게 천무조 중심의 서술이었다는 것을 잘 보여주고 있다. 『일본서기』는 단순한 사서가 아닌 천무의 통치이념과 천황가의 유래를 담은 역사서였다. 일본국호의 탄생은 바로 『일본서기』라는 정사의 명칭으로부터 시작되었다.

---

58 『日本書紀』持統紀 2년 11월 무오조.

제2장 天皇의 유래와 天皇號 제정의 배경

일본고대의 군주호는 王에서 大王 그리고 天皇이라는 시기별 변화가 있고, 사료상으로는 天王, 天子로도 나오고 있다. 천황호의 사용시기에 대해서는 그간의 많은 학설이 제기되어 왔지만, 현존 자료에서는 天武朝의 680년대에는 사용되었다는 것은 명확해졌다. 이후 대보령의 시행과 함께 국명을 관칭한 「日本天皇」으로 표기하여 일본국을 상징하는 군주호로서 법령에 명문화되었다. 천황호의 사용은 단지 군주호 명칭의 변화뿐만 아니라 천무왕권이 지향하는 이념, 사상성, 중앙집권적 지배체제의 구축과 밀접하게 관련되어 있다. 천무왕권의 성립은 일본고대국가성립사에서 한 획을 긋는 시기였고 새로운 군주호의 출현도 국내외의 정치적인 변화, 새로운 개혁의 흐름 속에서 나왔다고 생각된다. 본장에서는 천황호의 성립시기와 과정에 대한 주요 논점들을 점검하면서 천황호 제정의 실질적 의미, 그 사상과 이념 등 본질적인 문제에 대해 살펴보고자 한다.

제1절 사료상에 보이는 天王, 天子, 天皇

우선 군주호로서 天王의 칭호에 대해서는 『일본서기』 雄略紀 5년(461) 7월조의 분주에 "百濟新撰에서 말하기를, 신축년에 개로왕이 아우 昆支君을 大倭로 보내어 天王을 모시게 하였다"라고 기록되어 있다. 그러나 백제에서 편찬된 『백제신찬』에는 天王으로 표기되어 있었을 가능성은 없다. 『일본서기』 편찬과정에서 왕의 표기를 天皇으로 개변했지만, 그 후에 필사과정에서 天王으로 오기했을 가능성도 있다. 『일본서기』 판본에 따라서는 天王이 아닌 天皇으로 되어 있는 경우도 있다. 중국에서는 周代 天王이 군주의 칭호로서 사용한 사실이 있고, 5호 16국 시대의 왕권의 족장인 單于와 병칭해서 天王이 사용한 일이 있다. 또 불교에서 말하는 四天王의 天王 등을 사용한 사례도 나온다. 5세기대 일본의 금석문에는 大王으로 나오고 6세기 이후에도 천왕호를 사용한 용례는 보이지 않아 일본의 군주호로서의 천왕은 사실상 존재하지 않았다고 생각된다.

다음 일본의 군주호로서 天子 사용에 대해서는 『수서』 왜국전에는 나온다. 동 開皇 20년(600)에 수에 파견된 왜국사절과 隋 文帝와의 문답에는 다음과 같은 내용이 실려있다.

"왜왕의 성은 阿每, 字는 多利思北孤, 號는 阿輩雞彌라고 하고, 사자를 보내 (隋의) 대궐에 이르렀다. 上(文帝)은 所司로 하여금 그 풍속을 물었다. 사자가 말하기를, '倭王은 天을 兄으로 삼고, 日을 弟로서 삼는다. 天이 아직 밝지 않았을 때, 나와서 정무를 듣는데, 가부좌하고 앉는다. 해가 나오면 바로 정무를 정지하고 우리 동생에게 위임한다'라고 답했다. 고조는 이것은 매우 의리가 없는 것이니 고치도록 훈령하였다[1]".

상기 문답에서 阿輩雞彌는 大王의 和音 '오오키미'의 표기이다. 阿裵는 '아후', '아헤'라고 읽고 '오호'로 전화가 가능하다[2]. 군주호로서 大王의 한자표기 대신에 화음으로 표기하여 수왕조에 전한 것은 의도된 것이다. 중국왕조에서는 대왕이라는 호칭 자체가 없었다. 중국의 책봉체제하에서는 大王의 명칭으로 책봉을 내리지는 않았다. 중국왕조에서는 국내적 지배질서의 호칭의 외연으로서 황제의 관작을 받는 王, 公, 侯 등을 사용하였다. 그러나 신라, 고구려에서도 자국의 군주호로서 대왕, 태왕의 용어를 사용하였고, 왜국에서도 5세기후반 稻荷山古墳의 철검명, 江田船山古墳의 대도명에 왜왕권의 수장호로서 大王의 명칭이 나오고 군주의 위상을 높이는 칭호로서 사용되었다. 이를 의식한 왜왕은 대수외교에서 大王이 아닌 오오키미(阿輩雞彌)로 표기하여 수왕조는 이를 대왕으로 인식하지 않고 왜왕의 별호로 받아들인 것이다. 大王의 훈독은 오호키미이고 大君, 大公 등의 복

1 『隋書』倭國傳, "開皇二十年, 倭王姓阿每, 字多利思北孤, 號阿輩雞彌. 遣使詣闕, 上令所司訪其風俗 使者言倭王, 以天爲兄, 以日爲弟. 天未明時出聽政, 跏趺坐. 日出便停理務, 云委我弟. 高祖曰, 此太無義理, 於是訓令改之".
2 森田悌, 『天皇號と須彌山』, 高科書店, 1999, 11쪽.

수의 표기법이 있다. 예를 들면 7세기후반『上宮記』逸文에 계체천황을 大公王, 敏達을 大王으로 표기한 사례가 있고, 성덕태자를 佛典에서 大王으로 표기한 일이 있다[3].

왜국전에 나오는 왜국 사자의 발언 중에 "以天爲兄, 以日爲弟"라고 하는 문구에 대해 수 문제는 의리에 어긋나는 일이라고 하여 고치도록 훈령하였다. 天과 日은 중국왕조의 천자관을 나타내는 용어로써 변방의 국이 이러한 하늘과 태양을 형제로 삼는다는 것은 용납하기 어려운 일이었다. 천자는 천명을 받아 천하를 통치한다는 중국고대의 정치사상이고 중국왕조만이 사용하고 주변제국의 군주에게는 허용되지 않는 화이사상의 용어였다. 수문제가 지적한 의리가 없다는 말은 도리에 부합하지 않는다는 것이고, 군신간의 질서를 의미한다. 왜왕권은 5세기후반까지 남조와의 책봉관계를 맺고 있었지만 이후 120여년간 외교가 단절되었고, 수왕조의 출현과 더불어 조공외교를 개시하였다. 이때 군주호로서 오오키미는 수에서는 대왕의 의미로서가 아니라 왜왕의 호칭으로 받아들였으며, 天日을 兄弟로 삼는다고 하여 왜왕을 天, 日과 동격으로 보는 것에 대해 수왕조측에서는 불쾌하게 여겼던 것이다. 이 내용은『日本書紀』에 채록되지 않았다.

제2회 견수사는 推古 15년(607)에 小野妹子를 대사로 하여 왜왕의 국서를 지참하고 파견되었다.『수서』왜국전의 관련 내용을 살펴보자.

"大業 3년(607)에 그 왕 多利思北孤는 사자를 보내 조공하였다. 사자가 말하기를, '海西의 菩薩天子는 불법이 거듭해서 흥륭시키고 있음을 듣고 있다. 따라서 사자를 보내 조정에 배례하고 아울러 沙門 십수인이 와서 불법을 배우려고 한다'. 그 국서에서 말하기를, '일출처에 있는 천자가 일몰처에 있는 천자에게 국서를 보낸다. 무고하신지요'라고 하였다. 황제는 이를 보고 기뻐하지 않았다. 鴻臚卿에게 이르기를 '오랑캐의 국서에는 무례함이 있어 다시

---

3 田村圓澄,『飛鳥佛敎史研究』, 塙書房, 1969, 238쪽.

는 들지 말라'라고 말했다".

　상기 왜왕의 국서 중에는, 일출처의 天子가 일몰처의 天子에게 국서를 보낸다고 기록되어 있다. 이 국서에 대해 수양제는 외교사절을 접대하는 鴻臚卿에게 蕃夷의 국서에 무례가 있으면 다시는 보이지 말라고 하여 불쾌한 심기를 드러냈다. 수양제의 이러한 반응은 중국의 화이질서의 세계에서는 자신이 유일무일한 천자인데, 번이의 수장이 이를 참칭한 것에 대해 분노를 표시한 것이다. 5세기대 통교하던 분열시대의 남조과는 달리 수왕조는 남북조를 통일한 동아시아의 거대제국이었다. 백제로부터 수왕조에 대한 정보를 입수한 왜왕권은 문명국가의 신문물의 도입을 기대하였고, 대등성을 주장할 상대가 아니었다. 왜왕의 국서에 천자라는 호칭은 그 정치적인 의미에 대해 충분한 검토가 없었다고 보인다.

　한편 일출처의 천자, 일몰처의 천자라는 용법은 불교에서 나왔을 것이라는 지적이 있다. 그 논거로서『摩訶般若波羅蜜多經』의 주석서『大智度論』에 나오는 "日出處是東方 日沒處是西方"이라는 문구를 거론하면서 단지 동서의 방각을 표시한 불교용어라고 추정하고 있다[4]. 또 이 국서에 대해 왜국은 7년전의 대수외교의 실패를 거울삼아 수의 황제를 보살천자라고 칭송하고 이를 바탕으로 해석해야 한다는 견해도 있다[5]. 왜왕의 국서에는 海西의 菩薩天子는 불교를 흥륭시키고 있다고 하면서 배우고자 하여 다수의 사문을 보낸다고 하였다. 즉 수황제를 해서의 보살천자라고 부른 것은 성덕태자를 해동의 보살천자라는 등식이 전제되고 있다. 특히 성덕태자에 대해서는 불보살이라는 종교적 인격, 권위를 통한 수왕조와 교감을 이루려는 의지의 표현이라고 생각된다. 이 국서에 나오는 일출처 천자에 대해 수왕조에서는 대등성을 주장하는 것으로 받아들여 무례하다는 분노를 표시했던 것이다.

4　東野治之,「日出處·日本·ワークワーク」,『遣唐使と正倉院』, 岩波書店, 1992, 100쪽.
5　河上麻由子,『古代日中關係史』, 中公新書, 2019, 77쪽. 이 책은 서각수·이근명의『고대중일관계사』(學古房, 2014)로 번역 출간되었다.

推古 16년(608) 4월에는 왜국 사절 小野妹子는 수양제의 칙사 裵世淸을 동반하여 귀국하였다. 『일본서기』에는 배세청이 갖고 온 국서에는 다음과 같이 기록되어 있다.

"皇帝가 倭皇에게 묻는다. 짐은 天命을 받아 천하를 통치하고 스스로의 덕을 넓히고 만물에 미친다. 倭皇은 바다 건너편에 있고 인민을 잘 다스리고 국내는 안락하고, 풍속은 온화하다고 들었다. 멀리서 조공해 온 바를 기쁘게 생각한다[6]".

여기서 倭皇은 『일본서기』 편찬시에 수황제의 국서의 원문인 倭王을 倭皇으로 고친 것이다. 『일본서기』에는 수양제에 대한 답신 국서에 "東天皇敬白西皇帝"라고 기록하고 있다. 東天皇, 西皇帝는 앞에서 본 일출처의 천자, 일몰처의 천자라는 변형된 방위관을 보여주고 있다. "天皇敬白"이라는 서식은 『속일본기』 慶雲 3년(706) 정월조와 동 11월조에 나오는 "天皇敬問新羅王", "天皇敬問新羅王"의 형식과 동일하며, 이것은 唐의 국제문서인 慰勞詔書를 모방한 것이다[7]. 한편 『일본서기』 계체기 25년(531) 12월조의 분주에는 백제계 사료인 『百濟本記』의 인용문에 '日本天皇'이 나온다. 이 용어는 원사료에 왜왕 표기였던 것을 대보율령의 공식령 「詔書式」조에 나오는 "明神御宇日本天皇詔旨"의 문구로부터 개변한 것이다.

천황호 사용시기에 대해 일찍이 津田左右吉은 推古朝遺文이라고 전해지는 法隆寺 금동약사여래상의 광배명에 天皇이 명기되어 있는 사실로부터 추고설을 제기하였다. 이 명문에는 "歲次丁卯年"의 간지가 推古 15년(607)으로 추정하였다. 나아가 천황의 명칭은 고대중국에서 북극성을 거처로 삼으며 종교상의 최고신의 성격을 갖는다고 한다. 나아가 동방의 扶桑에 사는 신선이라는 도교사상에 유

---

6 『日本書紀』推古16년 8월조.

7 金子修一, 「唐代の國際文書について」, 『史學雜誌』 83-10, 1974, 中野高行, 「慰勞詔書に關する基礎的考察」, 『古文書研究』 23. 1983, 동 『日本古代外交制度史』, 岩田書院, 2008.

래가 있으며 도교의 지식에 의해 일본 황실에 어울리는 명칭으로 채용했을 것으로 추정하였다[8]. 이후 천황호의 추고조 개시설은 유력설로서 받아들여졌다[9].

그러나 이 광배명은 연기문으로 쓰였고, 대왕, 천황이 혼용되어 있어 후에 구성된 것으로 의심되고 있으며, 게다가 미술사적인 양식으로 보아 같은 금당내의 623년 제작의 석가삼존상보다 후에 만들어졌다는 점이 지적되고 있다[10]. 다만 津田左右吉의 논설 중에는 추고조 시기에 천황호가 공식적으로 정해진 것은 아니라는 지적한 점은 주목할 가치가 있다[11]. 불교, 도교와 같은 종교와 관련된 금석문은 공적인 始用과는 무관하게 종교적인 용어의 사용할 수 있다는 점에서 의미있는 해석이다.

天智朝說에 대해서는 천지조의 간지기년이 있는 野中寺彌勒像銘, 船王後墓誌銘에 보이는 천황의 문자에 근거한다[12]. 野中寺彌勒像銘에는 모두에 丙寅年과 中宮天皇의 명문이 나오고 中宮天皇의 병환의 쾌유를 기원할 목적으로 미륵보살상을 만든다고 기록되어 있다. 이때의 병인년은 天智 6년(667)이고 中宮天皇은 천지의 모친인 齊明天皇을 말한다. 船王後墓誌銘에 나오는 船氏王後는 백제계 도래인 王智仁(王辰爾)의 후손으로 왜조정으로부터 船氏를 하사받은 인물이다. 여기에 보이는 '天皇之世', '天皇之朝', '天皇照見知其才異', '天皇之末歲次辛丑' 등의 천황 명칭이 나오고, 辛丑(641) 12월 3일에 사망하고, 戊辰年(668) 12월에 松岳山 위에 부인 安理故能刀自의 묘와 합장했다고 명기되어 있다. 이에 대해 東野治之는 이들 명

---

8   津田左右吉, 「天皇考」 『日本上代史の研究』, 岩波書店, 1920, 『津田左右吉全集』第3卷, 岩波書店, 1963, 475~490쪽.

9   竹内理三, 「大王天皇考」 『日本歷史』 51, 1952, 大橋一章, 「天皇号成立の時代について」 『歷史教育』 18-7, 1970, 井上光貞, 『日本古代国家の研究』, 岩波書店, 1965, 石母田正, 『日本の古代国家』, 岩波書店, 1971, 大津透, 『古代の天皇制』, 岩波書店, 1999.

10   福山敏男, 「法隆寺の金石文に関する二,三の問題」 『夢殿』 13冊, 鵤故鄕舍, 1935, 福山敏男는 법륭사 금당 藥師如來像光背銘의 池辺大宮治天下天皇의 실제 연대는 白鳳時代(645~710)의 작으로 추정하고 있다.

11   津田左右吉, 「天皇考」 앞의 책, 476쪽.

12   福山敏男는 野中寺의 彌勒像銘에 근거한 천지조설이고(「法隆寺の金石文に関する二,三の問題」 앞의 책), 山尾幸久는 船王後墓誌銘에 의한 천지조설이다(「古代天皇制の成立」, 後藤靖編 『天皇制と民衆』, 東京大學出版會, 1976).

문에는 천지조의 기년을 포함하고 있지만, 실제로 제작된 시기는 天武, 持統朝 이후이고, 野中寺彌勒像銘은 원가력에 의한 曆日을 '舊'라고 표기하고 있으며 당의 의봉력이 채용된 지통조 이후로 추정한다. 또 船王後墓誌銘는 관위상당제가 성립된 사실을 시사하는 '官位'의 용어가 천무조 중반 이후에 제작되었음을 말해준다[13]. 현존하는 天武朝 치세 이전의 천황호와 관련된 확실한 사료는 아직 발견되지 않고 있다[14].

제2절 중국고전에 나오는 「天皇」의 유래와 사상성

중국고전에 나오는 천황은 하왕조 이전의 전설적인 三皇五帝의 1인으로 전해지고, 전한말에 융성하기 시작한 신비주의적 참위사상에 의해 삼황은 반신반수의 모습을 한 신으로 묘사된 경우도 적지않다. 사마천의 『사기』에는 삼황에 대해서는 기술이 없고 唐代의 司馬貞이 저술한 『사기』의 주석서인 『史記索隱』에 三皇本紀를 보완하여 전해지고 있다. 진시황본기에는 天皇, 地皇, 泰皇을 3皇이라고 나오고, 『太平御覽』에 인용된 『春秋緯』에는 天皇, 地皇, 人皇으로 기록되어 있다.

중국의 전국시대말기인 기원전 3세기후반 산동반도 북부연안에서 성립한 神仙說을 중심으로 한 노장사상과 易, 음양오행, 점복, 참위, 주술신앙 등을 받아들인 불로장생의 현세이익적 신앙은 2세기경부터 太平道, 五斗米道와 같은 원초적인 교단으로 발전하였다. 이후 4세기전반의 晉의 葛洪 등은 도교의 교의화, 체계화를 꾀하고, 북위의 寇謙之는 新天師道를 구축하였다. 특히 6세기전반 梁의 陶弘景은 茅山道敎를 확립하고 법화경 등의 교리를 도입하여 도교의 신학을 정비하였다[15].

---

13 東野治之, 「大王號の成立と天皇號」, 『日本古代金石文の硏究』, 岩波書店, 2004, 455쪽. 동 「船王後墓誌」, 奈良國立文化財硏究所飛鳥資料館編 『日本古代の墓誌』, 同朋社, 1979, 169쪽.

14 天武 6년(677) 정축 기년을 표시한 小野毛人墓誌銘에도 天皇이 보이고 있지만, 이것은 8세기 이후의 제작이라는 것이 밝혀졌다(藪田嘉一郎, 『日本上代金石叢考』, 河原書店, 1949).

15 上田正昭, 『古代の道敎と朝鮮文化』, 人文書院, 1989.

당왕조에 들어서면 도교는 불교와 더불어 사상계, 종교계에서 커다란 영향을 미치며 중시되었다. 당의 창업과 관련된 예언을 했다는 산신, 즉 老君에 대한 신성화 작업도 진행되어 노군이 나타났다고 하는 羊角山에 老子廟를 세우고 창업주 고조는 직접 노자의 사당에 가서 "짐의 元祖가 친히 이곳에 내려와 짐이 사직의 주인이 되었으니 흥륭시키지 않을 수 있겠는가[16]"라고 하였다. 당 창업주가 노자를 元祖라고 하고 조상 노자의 덕으로 당왕조를 세울 수 있었다고 한다. 이러한 의식은 신구당서에도 '老子唐祖', '皇朝老子'라고 기록하고 있듯이 당왕실의 정통성을 노자로부터 구하고 있다[17]. 당 태종 역시 도교 우선정책을 펼쳤고, 고종대에 와서는 노자에 대해 '太上玄元皇帝'이라는 존호를 올렸고[18] 측천무후도 노자의 모친을 '先天太后'로 추존한 바 있었다[19].

이러한 흐름 속에서 高宗은 재위시 上元 원년(674) 8월에 황제 칭호를 天皇으로, 皇后는 天后로 개칭하였고[20], 고종의 사망 후에 則天武后는 고종의 시호를 天皇大聖大弘孝皇帝라고 명명하였다. 당의 永泰公主 묘지명에도, "공주의 휘는 仙蕙이고, 자는 穰輝이다. 高祖 神堯皇帝의 현손이고, 太宗 文武聖皇의 증손이고, 高宗 天皇大帝의 손이고, 皇上의 제7녀이다"라고 하여 高宗天皇大帝之孫으로 명기되어 있다. 또한 章懷太子의 묘지명도 "太宗文武亞皇帝의 손이고, 高宗天皇大帝의 제2자이고, 今上의 형이다"라고 하여 高宗天皇大帝의 호칭이 나온다[21].

당 고종이 천황의 칭호를 사용한 것은 천상의 지배자로서의 천황이 지상의 지배자인 황제의 호칭으로 받아들인 것이고, 이것은 노자숭배, 도교신앙으로부터

---

16 『混元聖紀』권8, 武德 3년(620), "帝親詣老君於祠庭(中略)朕之遠祖親來降此, 朕爲社稷主. 其可無興建乎". 김수진, 「7세기 高句麗의 道敎受容 배경」, 『한국고대사연구』59, 2010, 170쪽 참조.

17 『新唐書』권34, 志24 五行1 武德 4년. "亳州老子祠, 枯樹復生枝葉, 老子唐祖也"; 『舊唐書』卷66, 列傳16 房玄齡. "願陛下遵皇祖老子止足之誡".

18 『舊唐書』권5 本紀제5 高宗下 麟德 3년 2월 기미조, "次亳州幸老君廟, 追號曰太上玄元皇帝"

19 『舊唐書』권4 則天皇后 光宅元年 9월 갑인조, "追尊老子母爲先天太后"

20 『舊唐書』권6 本紀제6, 則天武后 "上元元年, 宗號天皇, 皇后亦號天后, …當時稱爲二聖".

21 朴漢濟, 「魏晉南北朝·隋唐時代 葬俗·葬具의 變化와 墓誌銘」, 『한국고대사연구』75, 2014, 27쪽.

비롯된 것이다. 그때까지는 중국왕조에서 황제를 천황이라고 호칭한 사례는 없고 당 고종이 처음으로 사용하였다. 한편 당 고종의 천황의 칭호에 대해 단지 7세기후반 당 고종 개인의 존호로서 이용되었다는 설이 있다[22]. 즉 정식 군주호가 아닌 개인의 존호로서 사용되었을 가능성을 제시하였다. 천황호가 고종 개인의 존호일지라도 후술하듯이 신라 金仁問 표지명에서도 황제 호칭 대신에 천황호를 사용하고 있어 대외적으로도 통용되고 있었다고 보인다.

당왕조의 도교 중흥책은 주변제국에도 영향을 미쳤다. 『구당서』고구려전에는 武德 7년(624)에 天尊像 및 道士를 대동하고 가서 『老子』를 강의하도록 하여, 王 및 道家, 俗人 등 보고 듣는 자가 수천명이나 되었다고 한다. 또 『삼국유사』에도 武德(618-626), 貞觀(627-649) 연간에 고구려인들이 오두미교를 다투어 신봉하였고, 당 고조는 이 소문을 듣고 道士를 파견하여 道德經을 강의하니 왕이 국인들과 함께 들었다고 기록하고 있다. 당의 창업을 계시한 것도 도교의 산신인 老君이었듯이 고구려 역시 도교의 사상으로부터 고구려의 흥륭을 꾀했던 것이다. 『周書』백제전에도 음양오행과 卜筮, 占相術에 대한 기록이 나오고, 『北史』백제전에도 蓍龜, 점상술, 음양오행을 알고 있었다. 『일본서기』推古 10년(602) 10월에 백제승 관륵이 왜국에 전했다는 遁甲方術은 도교에서 말하는 길흉을 점치는 신선술, 점성술이다.

『신당서』신라전에는 咸亨 5년(674)에 신라가 백제땅을 점령하자, 高宗이 노하여 조서를 내려 신라왕의 관작을 삭탈하였으며 그의 동생 김인문을 신라왕으로 삼아 京師에서 본국으로 돌려보냈고, 詔書를 내려 유인궤를 계림도대총관으로 삼아 군사를 이끌고 치라고 한 기록이 나온다. 『삼국사기』문무왕 15년(675)에는 당 고종이 조직을 내려 이근행을 안동진무대사로 삼아 신라를 경략하자, 신라왕은 사신을 보내 사죄하니 황제가 용서하고 왕의 관작을 회복시켜 주었다고 전한

---

22   坂上康俊, 「大寶律令制定前後における日中間の情報傳達」, 池田溫編 『日中文化交流史叢書2·法律制度』, 大修館書店, 1997, 동 『唐法典と日本律令制』, 吉川弘文館, 2023.

다. 당시 당고종은 조서를 내어 문무왕의 관작을 없애고 당에 숙위하고 있던 김인문을 신라에 보내 신라왕으로 봉한 일이 있다. 이때의 당 고종의 조서에는 아마도 새로 제정한 군주호 천황의 호칭이 명기되어 있었을 것이다. 당조정에 숙위하고 있다가 694년 당에서 사망한 金仁問 묘지명에 '高宗天皇大帝'의 명칭이 나온다[23]. 그는 이듬해 유해가 신라로 돌아와 장례를 지냈다. 신라에서도 이미 당 고종의 천황호 명칭을 알고 있었으며 숙위학생 김인문의 묘지명에 명기하였다.

한편 일본에서도 천황호 제정을 전후로 해서 당 고종이 천황호를 사용한 사실을 알았을 가능성이 있다. 대당교류가 단절되어 있던 당시 일본은 675년에서 684년까지 5차례나 신라에 사절을 파견하였고, 동 시기에 신라의 견일본사는 13회에 달한다. 천무조의 천황호 제정에는 당 고종의 천황호 사용시기와 겹친다. 이미 도교사상에 심취해 있던 당 고종의 천황호 사용을 인지하면서도 도교적 권위를 우선하여 제정한 것으로 생각된다.

그러나 당과의 교류가 재개된 대보 2년(702)의 견당사의 국서에는 천황호를 사용하지 않았다. 張九齡이 지은 『唐丞相曲江張先生文集』의 「勅日本國王書」에는 「日本國王主明樂美御德」이라고 하여 스메라미코토라고 나온다[24]. 이것은 일본의 견당사의 국서로부터 얻은 정보이다[25]. 원래 일본국서의 원문에는 「日本國+主明樂美御德」였던 것을, 당에서는 스메라미코토(主明樂美御德)를 천황의 이름으로 오인하여 「王」자를 추가하여 「日本國王+主明樂美御德」으로 표기한 것이다. 즉 일본조정에서는 당과의 외교적 마찰을 피하기 위해 천황호를 사용하지 않고 숨긴 것이다.

---

23 黃壽永 編, 『韓國金石遺文』, 일지사, 1976, 72쪽. 다른 판독문에서는 高宗大皇大帝로도 나온다. 명문의 마모가 심해 명확하지는 않으나 원래의 칭호인 高宗天皇大帝로 보는 것이 타당하다.

24 『唐丞相曲江張先生文集』卷7 「勅日本國王書」, "勅日本國王主明樂美御德, 彼儀禮之國, 神靈所扶, 滄溟往來, 未嘗爲患…".

25 西嶋定生, 「遣唐社使と國書」, 『遣唐使研究と史料』, 東京大學出版會, 1987, 77~78쪽. 본서 제2부 제1장 1절 참조.

제3절 도교사상과 스메라미코토

1. 천무천황과 도교사상

중국에서 고구려, 백제에 전해진 도교문화는 왜국의 지배층에게도 적극적으로 받아들여졌고, 특히 천무왕권에 커다란 영향을 미쳤다. 천무의 화풍시호인 天淳中原瀛眞人天皇의 '瀛'은 도교 삼신산의 하나인 瀛州山에 해당되고 眞人은 도교에서 말하는 속계를 초월한 지극에 도달한 仙人이다. 천무조에서 시행한 8색의 姓 중에서 서열 1위는 眞人이고, 道師 역시 도교 용어이다. 특히 도교의 신선세계의 고위관료를 의미하는 眞人을 천무의 시호 속에 삽입하고 있는 것은 그가 생전에 도교사상에 심취해 있었는가를 말해주고 있다. 천무는 신선계의 최고 통치자인 천황 및 선계의 眞人을 동시에 보유한 군주라는 신격화된 군주로서 자리매김되었다.

『일본서기』 천무조에는 도교와 관련된 기록은 다수 나온다. 천무 즉위전기에 "장년에 이르러서는 신적인 능력과 무예가 뛰어났다. 천문 및 둔갑술에 능하였다"라고 기술하고 하듯이 천무의 도교에 깊은 관심을 보여주고 있다. 또 천무 즉위 4년(676)에는 처음으로 占星臺를 일으키고 風神을 龍田의 立野에 제사지냈는데, 이 점성대와 풍신은 도교와 밀접한 관련이 있고 혹은 도교 그 자체의 행사였다고 추정된다[26]. 동 원년 6월조에는 임신의 난 때에 동국지방으로 가는 기술 중에 다음과 같은 내용이 나온다. 일행이 橫河에 도착하려 할 때 검은 구름이 일어나 하늘을 뒤덮자, 천무는 이를 이상하게 여겨 촛불을 밝히고 式을 들고 점을 쳐 "천하가 양분될 징조다. 그러나 마지막에는 짐이 천하를 얻을 것이다"라고 하였다[27]. 길흉을 점치는 式占에 관한 『式經』은 도교의 대표적인 경전이고 천무천황이 도교와 깊은 관련성을 보여주는 증거라고 할 수 있다[28]. 도교의 점을 통해 자신이 승리할 것이라는 확신을 갖게 된 것은 도교신앙에 대한 확고한 믿음, 도교의 주

---

26 福永光司, 『道敎と古代日本』, 人文書院, 1987, 34쪽.

27 『日本書紀』天武紀 원년 6월 갑신조.

28 福永光司, 앞의 책, 35~36쪽.

술적인 힘으로 자신의 천하를 꿈꾸었던 것이다.

천무 8년(680)에는 紀伊國으로부터 芝草를 헌상 기사가 나오는데[29], 도교에서는 이를 靈芝라고 부르는 仙藥이다. 도교의 경전인『抱朴子』仙藥篇에는 선약으로 芝草가 기술되어 있다. 동 14년(686)에는 백제의 승려 법장 등을 美濃國에 사자를 보내 白朮을 다리게 하였다[30]. 이 白朮은 천무 14년 11월에는 법장법사와 金鍾이 백출 다린 것을 바쳤는데, 이날 천황을 위하여 초혼을 지냈다. 이때 바친 백출은 선약의 일종으로 도교에서 말하는 불사의 약과 관련되어 있다. 진혼제에서는 혼이 유리되지 않고 장수를 기원하는 궁중진혼의식이다.

2. 천황과 스메라미코토

천황의 和訓인 스메라미코토의 어원에 대해서는 살펴보자. 大野晉는 스메라(皇)에 대해 원래 蘇迷盧, 須彌留라고 불리던 세상의 至高의 산으로 인도의 須彌山과의 관련성을 주장하였다[31]. 이 설에 기초하여 森田悌는 '스메라미코토'의 의미는 須彌山을 가리키고, 불교우주관에 근거한 세계의 중심에 위치한 거대한 산이고, 정상부에 제석천과 중턱에는 사천왕이 사는 성산이 있으며 7세기전반의 조정내에서 이러한 수미산을 군주를 상징하는 것으로 인식했다고 하였다. 여기에 존귀한 인물을 의미하는 '미코토'를 결부시켜 스메라미코토라는 칭호를 안출해냈다고 추정하였다[32]. 그는 대화조정에서는 불교의 도래와 함께 불교경전 중의 수미산에 관심을 갖고 이를 군주, 대왕의 지위를 상징하는 보는 관념이 형성되었고, 이러한 스메라미코토의 和語가 안출된 배경에는 불교지식에서 얻어낸 것이며 이를 天皇 표기로 대체시켰다고 하였다[33]. 이 설에서는 천황호는 법적, 제도적

---

29 『日本書紀』天武紀 8년 是年條.
30 『日本書紀』天武紀 14년 10월 경진조.
31 大野晉,『日本語をさかのぼる』, 岩波書店, 1974, 206~207쪽.
32 森田悌,『天皇號と須彌山』, 高科書店, 1999, 14쪽.
33 森田悌, 앞의 책, 16~17쪽.

으로 확립된 것은 천지조라고 보고 있지만, 그것과는 상관없이 스메라미코토가 불교적 색채가 짙은 용어라고 본 것은 중요한 추론이다. 즉 천황이라는 한자용어에 불교적 색채가 짙은 스메라미코토라는 和訓을 붙인 것은 도교와 불교의 결합이라고도 이해할 수 있다. 천황을 스메라미코토라는 화음으로 읽을 것은 군주호에 어울리는 신성한 존재이고 도교에서 말하는 선계의 지배자와도 통하고 있어 동일한 의미를 갖는다.

한편 8세기 사료에는 스메라미코토의 '스메'는 皇祖(스메로키), 皇神(스메카미), 스메미마(皇孫)와 같이 '皇' 자에만 들어가 있고, 신적 초월성을 갖는 성스러움을 표시하는 용어로서 최고의 경칭으로 보는 설도 널리 통용되고 있었다[34].『令集解』의제령「天子」조에는 神祇에 제사지내는 경우에는 天子를 칭하지만, 문자에 의하지 않을 때에는 皇御孫命 및 須明樂美御德라고 하고,「古記」에는 말로 할 때에는 須賣彌麻乃美己 등으로 칭한다고 한다[35]. 또『영집해』상장령「服紀」조에는 '君'의 해석에 천황을 말하지만, 속칭은 須賣良彌己止라고 나온다[36]. 즉 군주를 의미하는 재래의 속칭은 모두 스메라미코토의 유형으로 되어있다. 요컨대 스메라미코토의 의미는 일본 재래사상이나 불교사상을 불문하고 최고 통치자를 상징하는 의미로서는 공통하고 있으며, 天武가 심취해 있던 도교의 신적 권위를 가진 천황에 어울리는 호칭이다.

제4절 한중문헌 및『善隣國寶記』의 천황호

『삼국유사』紀異篇「元聖大王」조에는 다음과 같은 기록이 나온다. 貞元 2년 (786) 병인 10월 11일에 日本王 文慶이 군사를 일으켜 신라를 치려했으나 신라에

---

34 大隅淸陽,「君臣秩序と儀禮」,『古代天皇制を考える』, 講談社, 56~57쪽.

35 『令集解』儀制令「天子」條, "謂. 告于神祇, 稱爲天子. 凡自天子至車賀, 皆是書記所用. 至風俗所稱. 別不依文字. 仮如. 皇御狐命及須明樂美御德之類也. …古記云. 天子祭祀所稱. 謂祭書将記字, 謂之天子也. 辞稱須売弥麻乃美己等耳也".

36 『令集解』喪葬令「服紀」條, "古記云, 君者, 指一人, 天皇是也. 俗云須賣良美己止也".

만파식적이 있다는 말을 듣고 군사를 돌렸다는 내용 중에,「日本王文慶」에 대해 분주의 형태로 "日本帝紀를 살펴보면, 第55代主 文德王인 듯한데 이것이 옳다. 그 후에는 문경이 없다. 어떤 본에서는 이 왕의 태자라고도 한다"라고 기록되어 있다[37]. 신라 원성왕 당시에는 일본의 천황은 桓武天皇으로 文慶이라는 천황명은 없다. 따라서 분주에는 문경과 이름이 유사한 '文德王'이 아닌가 주석을 달고 있는 것이다. 여기서 중요한 것은 문덕은 계보상으로 초대 神武天皇으로부터 55대째 천황이고, 분주에 "55代主 文德王"이라고 명기하고 있어 양 사서에 나오는 문덕 천황의 왕위의 代數는 일치하고 있고 그 정확성을 보여주고 있다. 또한 흥미로운 사실은 일본천황이 아닌 '日本王文德', '文德王'으로 기록하고 있다.

『삼국유사』기이편「延烏郎細烏女」조에도, 연오랑이 일본으로 건너가 왕이 되었다는 전승 기록에, 분주로『日本帝記』를 인용하여, "按日本帝記, 前後無新羅人爲王者, 此乃邊邑小王, 而非眞王也"라고 기록하여, 이 시기를 전후하여 신라인이 일본왕이 된 자는 없다고 주석을 달고 있다. 『日本帝記』는 앞의『日本帝紀』와 같은 서명으로 일본국 천황의 계보를 기록한 계보집이고, 문덕천황이 사망한 9세기후반 이후의 편찬물이라는 것은 확실하다[38]. 『正倉院文書』에는 天平 18년「穗積三立寫疏手實」기사에 서사를 위해 소요되는 용지를 요청하는데, '日本帝記一卷'의 기재된 부분이 있고[39], 동 天平 2년의 서사용지 목록에는 '帝紀二卷〈日本紀〉'라고 나온다[40]. 여기에 나오는 帝紀는 모두 역대 천황의 계보서이고 유포본을 만들기 위해 서사되고 있었다. 『삼국유사』편찬시에 참고한『일본제기』도 당시까지의 천황의 계보가 추가되어 편찬한 증보판의 서사본 중의 하나일 것이다. 다만『삼국유사』의 인용문에는 "日本帝紀를 살펴보면, 第55代主 文德王인 듯한데 이것이 옳다"

---

37 『三國遺事』紀異·元聖大王.
38 이와 유사한 용례로서『고사기』서문에 나오는『帝皇日嗣』를 비롯하여『일본서기』欽明紀 2년조의『帝王本紀』, 동 천무기 10년 3월조에 수사사업 개시 기사 중에『帝紀』가 나오고, 『日本書紀私記』(甲本)에도『帝王記』가 기록되어 있는데, 모두 역대 천황의 계보서라고 생각된다.
39 『大日本古文書』24-378.
40 『大日本古文書』3-89.

라고 하여 일본 군주의 호칭인 천황이 아닌 主, 王으로 표기되어 있다. 당시의 일본측 군주호에 대한『삼국유사』편자의 대일인식을 엿볼 수 있다.

한편『삼국사기』편찬 시에도『삼국유사』가 참고한『일본제기』등의 자료는 존재했을 것으로 생각된다. 상기『삼국유사』의 해당 분주에는 "어떤 본에는 왕태자라고 한다(或本云, 是王大[太]子)"라고 하여『일본제기』이외에도 일본관계 자료가 존재한 사실을 기록하고 있다. 그러나『삼국사기』에는 어디에도 천황의 용어는 보이지 않는다.『삼국사기』에는 왜에서 일본으로 국호가 바뀐 후에는 모두 일본 국호를 사용하고 있지만, 군주호의 개정에 대해서는 전혀 언급하지 않았다. 이러한 사실은 일본국이 신라에 보낸 문서에는 천황의 용어가 없었을 가능성을 말해준다. 일본에 온 신라사절에 대해 천황의 조서에는 公式令에 규정된 양식에 따라 사용했지만, 실제로 신라국왕에게 보내는 국서에는 당과 마찬가지로 천황의 和音 표기인 스메라미코토(須明樂美御德)로 표기했을 가능성이 있다.

다음은 신구당서에 나타난 일본국 천황의 존재 여부이다.『구당서』는 940년에 편찬이 개시되어 945년에 완성되었고,『신당서』는 1044년부터 1060년에 걸쳐 편찬한 정사이다.『구당서』일본전에는 長安 3년(703), 開元初(713~741), 天寶 12년(873), 上元 연간(760~761), 貞元 20년(804), 元和 원년(806), 開成 4년(839)의 조공 기사가 수록되어 있지만, 천황의 칭호에 대해서는 언급이 없다. 그러나『신당서』일본전에는 일본건국신화에 나오는 고천원의 天御中主로부터 彦瀲까지 32世의 신이 있다고 하고, 모두 '尊'을 붙이며, 筑紫에서 거주하다가 彦瀲의 자 神武를 세우고 '天皇'을 호로 삼아 大和로 이주하여 통치했다고 한다. 이어 초대 神武로부터 58대 光孝(884~887년 재위) 까지 천황명을 수록하고 있다. 일본의 건국신화를 비롯하여 여기에 나오는 천황명은『일본서기』등 일본고대의 정사 6국사의 천황을 모두 포괄하고 있어『신당서』일본전의 편찬 시에는 일본의 건국신화 및 역대 천황의 계보가 들어가 있는 기록물을 참조했다는 것은 분명하다.『송사』(1345년 편찬) 일본전에도 초대 神武天皇에서 円融天皇(969~984년 재위) 까지의 역대 천황명을 기록하고 있는데, 이것은 雍熙 원년(984)에 일본국 승려 奝然이 宋에 가져온

『年代紀』가 실려있어 이 기록이『송사』의 편찬자료가 되었음을 알 수 있다. 그러나『신당서』일본전의 저본이 된 이 계보서 등의 기록물은 누가, 언제 전했는지에 대해서는 불명이고,『송사』일본전의『연대기』와는 별도의 계보서라고 생각된다.

　중국왕조에 일본국 천황호가 전해진 것은『구당서』가 편찬된 945년 이후의 일이고, 적어도 일본 최후의 견당사가 귀국하는 839년까지는 당왕조에 일본국 군주호로서 천황의 호칭은 몰랐다고 생각된다. 즉 일본측에서는 견당사가 파견되는 시기에도 천황호를 비롯한 중화의 이념에 저촉되는 정보는 거의 전하지 않았으며, 일본이 기대한 당의 신문물을 얻어내기 위해 당의 제국적 질서 속에서 호응하는 자세로 교류했다고 보인다.『구당서』일본전에 당황제가 하사한 물품으로 모두 시장에서 문적을 구입하였다("所得錫賚, 盡市文籍")는 사실은 견당사의 목적이 어디에 있는지를 잘 말해주고 있다. 적어도 당이 융성했던 시기에는 천황호는 전해지지 않았던 것은 확실하며 그것은 일본국의 대당외교의 전략이었다고 생각된다.

　다음은『善鄰國寶記』에 인용된 元永 원년(1118) 4월 27일의 「菅原在良勘文」에 나오는 기록을 살펴보자. 이 문헌은 室町時代 文明 2년(1470)에 성립한 일본의 한중외교사를 기록한 것이다.

① 天智天皇十年, 唐客郭務悰等來聘. 書曰, 大唐帝敬問日本國天皇, 云云. 天武天皇元年, 郭務悰等來, 安置大津舘. 客上書函, 題曰大唐皇帝敬問倭王書.

② 又大唐皇帝勅日本國使衛尉寺少卿大分等書曰, 皇帝敬到書於日本國王.

　사료①은 천지 10년(670)에 일본에 온 당사절 곽무종이 지참한 당황제의 국서에 "大唐帝敬問日本國天皇"이라고 기록하고, 천무 원년(672)의 기록에는 "大唐皇帝敬問倭王書"라고 하여 日本이 아닌 倭로 표기하고 있다. 즉 동일한 사료에서 군주호의 표기를 달리하고 있다. 이 기록은『일본서기』에도 나오는데, 전자는 말할 것도 없이『일본서기』표현법의 차용이고, 후자는 "客上書函, 題曰"이라고 하여 곽무종이 당황제의 서함에 담긴 국서의 表題에 기록된 것이다. 사료②는 대보 2년(702)의 견당사가 귀국하면서 가져온 당황제의 국서이다[41]. 일본국사 衛尉寺少卿 大分은 견당부사 坂合部大分을 말한다. 여기에도 일본국 천황이 아닌 日本國王이라고 표기되어 있다. 즉 대보 2년의 시점까지 당왕조에서는 국호의 변경 사실을 알았지만, 군주호로서 천황호는 몰랐고, 당왕조에는 전해지지 않았다. 즉 대보 2년의 견당사의 국서에는 '天皇' 표기를 하지 않았다.

제5절 천황호 제정과 배경

천황의 문자가 천무조 시기의 것으로 실제로 확인된 것은 목간이다. 1998년 나라문화재연구소가 조사한 奈良縣 明日香村의 飛鳥池遺跡에서 출토된「天皇聚[露]弘寅□」의 목간이 가장 오래된 사례이다[42]. 천황이 무슨 뜻을 모아서 백성에게 무언가를 펼친다는 의미의 목간으로 추정된다. 여기서 함께 출토된 다른 목간에는 天武 6년(677)을 나타내는「丁丑年」간지가 새겨져 있어 천무조의 것으로 추정된다. 또 藤原京 左京 7조1방에서 출토된「天皇□銀□」의 사례도 나온다. 이와는 별도로 飛鳥池遺跡에서 출토된 목간에는「大伯皇子宮物○大伴□…□品并五十□」라고 명기되어 있는데, 大伯皇子는 天武天皇의 딸인 大来皇女를 가리키고 大津皇子의 同母姉이다[43]. 또 飛鳥京跡에서「□大津皇」이라고 새겨진 목간은 천무천황의 황자인 大津皇子로 추정된다. 그는 686년 10월 1일 천무천황의 사망 직후인 동년 8월 25일에 정치적 음모에 의해 죽음을 맞이한다. 적어도 천황의 호칭이 전제된 皇子의 명칭은 686년을 내려가지 않는다. 또한 동반 출토된 기타의 목간 중에「辛巳年」,「大乙上」의 목간도 보이는데, 신사년은 천무 10년(681)이고, '大乙上'

41 金子修一, 「唐宋の国書冒頭の書式の変化について」, 『國學院大學大学院紀要』 54, 文学研究科, 2023, 79~80쪽.
42 奈良國立文化財研究所, 『飛鳥藤原宮発掘調査出土木簡概報』 13, 1998.
43 奈良國立文化財研究所, 『飛鳥藤原宮発掘調査出土木簡概報』 11, 1993.

은 大化 6년(650)부터 天武 14년(685) 사이에 시행된 관위이다[44]. 목간에 나오는 천황의 문자는 조정과 민중 사이에서 시행되고 있던 문서행정의 공적 표기이다. 천황호를 사용하기 시작한 시기는 677년에서 686년 사이로 좁혀지고, 淨御原令의 찬정의 명이 내려진 천무 10년(681)을 전후한 시점에서는 공식적으로 사용했다는 추정이 가능하다[45].

한편 東野治之에 따르면 지통천황 시대에 天武를 단지 천황이라고 호칭하고 있는 사실을 들어 통상 천황이라고 하면 당대 천황을 가리키는데, 이미 사망한 前 天皇을 천황이라고 호칭한 것은 천무가 군주호로서 천황호를 처음으로 사용한 데서 나온 것은 아닌가라고 추정하였다[46].『일본서기』지통기 5년(691) 조에 나오는 "경들은 천황의 치세에 불전과 經藏을 만들어 매월 六齋를 행하였다. 천황은 때때로 大舍人을 보내어 물었다. 짐의 치세에도 그와같이 할 것이다[47]"라고 하여 천무천황의 치세를 '天皇世', '天皇'이라고 호칭하고, 지통천황의 치세를 '朕世'라고 표기하고 있다. 동 지통기 11년 6월조에도 "공경백료가 처음으로 천황의 병 치료를 위해 발원한 불상을 만들었다[48]"라고 하여 천무천황을 '천황'으로 표기하고 있다.『일본서기』에는 전 천황을 말할 때 先考天皇, 先皇 등의 용어를 사용하거나 시호로서 표기하는 것과는 달리 이례적으로 '천황'을 사용하고 있다. 물론 지통조에는 천무천황을 가리켜 '大行天皇', '瀛眞人天皇' 혹은 宮名을 관칭하여 '淨御令天皇'으로 표기한 사례도 있으나 선대 천황에 대한 호칭으로는 예외적으로 '천황'의 표기하고 있다. 즉 지통조 당시에는 선제인 천무천황을 '천황'만으로 지칭할만한 특별한 존재로서 의미를 부여했을 가능성을 말해주고 있다.

지통천황은 천무의 뒤를 이어 황후의 신분으로 즉위하였고, 임신의 전란 중에

---

44 館野和己,「都城出土の木簡」, 大庭脩編,『木簡·古代からのメッセージ』, 大修館書店, 1998, 239~240쪽.
45 本位田菊士,「天皇號の成立と東アジア」『アジアのなかの日本史』II, 東京大學出版會, 1992, 73쪽.
46 東野治之,「天皇號の成立について」『正倉院文書と木簡の研究』, 塙書房, 1977, 404~408쪽.
47 『日本書紀』持統紀 5년 2월 임인조.
48 『日本書紀』持統紀 11년 6월 신묘조.

도 고락을 같이한 일심동체의 정신적, 정치적인 동지였다. 지통천황에게 있어 천무는 선제가 아닌 현실의 천황이었고 치세의 천황과 동일한 인식하에 천황이라는 호칭을 사용한 것으로 보인다. 천황호는 천무조 10년경에 사용되었고, 지통 3년(689)에 시행된 淨御原令에 군주호로서 규정되었다고 보인다.

그럼 천무조에서 군주호의 칭호를 대왕에서 천황으로 새롭게 제정한 이유에 대해 생각해 보자. 우선 森公章의 대외적 계기설을 보면, 일본은 당에 대해서는 천황호이 아닌 일본국왕을, 신라, 발해에 대해서는 천황의 칭호를 사용했다고 하면서, 율령체제를 갖는 국으로서 한반도제국을 복속국으로 간주하는 대외관에선 외교를 전개하기 위해서도 종래의 대왕에 대신한 새로운 군주호가 필요했던 것이 천황호 제정의 하나의 요인이라고 하였다[49]. 이 설은 石母田正가 제창한 '東夷의 小帝國論'에 기반을 두고 있다. 당의 책봉을 받지않은 일본이 신라에 대해 우월성을 과시하기 위해서는 그보다 높은 군주호를 채택해야 할 필요가 있다는 논리이다. 일본학계의 통설인 이 소제국론은 중국에 조공하면서 신라에 대해서는 피조공국의 입장에 있던 일본이 이에 상응하는 지위를 유지하기 위해서는 군주호의 전환의 필요하다고 보는 것이다. 즉 천황호 제정의 배경에는 신라=조공국=번국의 인식이 내재되어 있다. 이와는 별도로 천황호 성립의 계기로서 7세기 이후 백제, 신라에 대한 大國觀의 연장선에서 논한 이재석의 논고가 있다. 그에 따르면 대왕→대왕천황→천황이라는 계기적인 군주호의 변천을 추정하고 있다[50]. 흥미로운 관점이지만, 천무조 이전에도 천황호의 사용의 명확한 근거가 제시되지 않아 현단계에서는 추측성 논리로 평가된다.

한편 발해의 경우에는 神龜 5년(728)에 일본에 온 발해왕의 국서에 "大王은 天朝의 명을 받들어 日本에 기틀을 열어 대대로 영광을 거듭하여 선대로부터 1백세에 이르렀다"라고 기술되어 있다[51]. 여기서 천조는 당을 말하고 대왕은 일본의 군

---

49 森公章, 「天皇號成立をめぐって」, 『古代日本の對外認識と通交』, 吉川弘文館, 1998, 22쪽.

50 李在碩, 「고대 '天皇'호의 성립과 국제적 계기」, 『日本歷史研究』(65, 2024).

51 『續日本紀』神龜 4년 정월 갑인조, "天皇御中宮, 高齊德等上其王書并方物. 其詞曰, 武藝啓, 山

주를 호칭하고 있다. 발해는 일본을 당의 번속국으로 인식하고 천황이 아닌 대왕을 호칭하고 있다. 이때의 발해사는 고구려 멸망 이후 최초로 파견한 사절단으로, 일본에 대한 정보는 당의 통해서 입수한 것으로 보인다. 즉 국호는 당에서 얻은 정보로 일본 국호를 사용했지만, 천황의 호칭은 알지 못해 대왕으로 표기했을 것으로 생각된다.

7세기중엽 이후 한반도의 전란과 임신의 전란을 경험한 천무왕권은 경쟁국 신라보다 우월한 체제를 수립하는 일이 당면과제였다. 새로운 군주호로서 천황호 및 일본 국호의 제정 그리고 신라 등 한반도제국을 번국시하는 지배층의 의식도 이 시기에 생성되었다. 군주호로서 천황호의 제정은 신라를 의식한 일본적 중화의식의 발로이지만, 국제적인 상호인식이 통용되지 않은 취약한 대외인식이 드러나 있다.

제6절 천황호가 전하는 메세지

천무왕권이 제정한 천황호는 새로운 국가체제를 알리는 메세지였다. 천무왕권의 당면한 과제는 국내적으로는 중앙집권적 전제왕권을 수립하고 대외적으로는 신라를 능가하는 체제를 구축하는 일이었다. 바로 변화하는 국제정세 속에서 천황호는 천무왕권이 추구하는 국가상에 어울리는 상징이었다.

천무가 지향하던 군주상에는 도교의 사상과 이념이 큰 영향을 주었고, 그것은 현실의 신격화로 이어졌다. 천황호는 단지 명칭의 변화를 넘어 신격화된 천황의 위상을 말해준다. 『만엽집』에도 천무천황을 예찬하는 단가 중에 "大君은 신이시기 때문에 붉은 망아지가 배를 깔고 다니는 진흙탕의 논이라도 왕도를 이루신다"(제19권, 4260), "대군은 신이시기 때문에 물새들이 군집해 있는 호수를 왕도로 만드셨다"(제19권, 4261)라고 하여 신적 능력의 소유자임을 표현하고 있다. 천황

河異域, 國土不同, 延聽風猷. 但增傾仰. 伏惟大王, 天朝受命, 日本開基, 奕葉重光, 本枝百世. 武藝忝當列國, 濫惣諸蕃, 復高麗之舊居, 有扶餘之遺俗".

호는 천무의 신격화의 과정에서 도교의 신선계로부터 차용하였으며, 이를 법령에 조문으로 명기하고 공표하여 천황의 권위와 위상을 격상시키는 효과를 기대하였다.

천황호는 대보령의 조서식에 「日本天皇」이라고 문서양식으로 명문화되어 있다. 그러나 견당사 파견 시기에 당에 보낸 국서에는 명기하지 않았다. 천황호 제정은 신라를 의식하여 제정하였고 일본에 온 신라사절에게는 사용하였다. 그러나 신라에서는 일본에 국서를 보낸 일이 없어 신라측에서도 일본국의 군주호로서 천황을 표기했는지는 불명이다. 신라와 일본 간에는 외교의례를 두고 마찰이 일어난 것처럼 일본적 중화의식은 선언적 의미가 강하다.

천황호는 일본적 천하관의 산물이고, 일본열도라는 한정된 공간에서 통용되었다. 제도와 이념은 실효성이 발현되지 않으면 의미가 없는 것이고, 실질을 동반하지 않으면 단지 문서상의 이념으로 존재한다. 신라가 왕호를 사용하고 있는 현실에서 그보다 격이 높은 천황호를 사용하는 것은 신라보다 우위성을 과시하는 효과가 있었지만, 대외적으로 통용되지 못한채 일본중심의 이념상의 칭호였다. 결과적으로 신라를 의식한 천황호의 창출은 곧 내부를 향한 메세지이자 천황권의 표출이었다고 생각된다.

제3장 동아시아 사료의 倭·日本의 용례와 日本 국호의 성립

제1절 倭 명칭의 유래

고대동아시아 제국에 있어서 국호의 개명은 왕조가 바뀌는 역성혁명을 상징하고 있어 특별한 사정이 없는 한 지속성을 갖는다. 중국의 왕조는 상고의 夏, 殷, 周를 비롯하여 秦, 漢 이래 1자 국명으로 일관했고, 한반도에서는 부여, 고구려, 백제, 신라를 비롯하여 가야제국이 존재하였다. 일본열도의 경우는 중국사서나 국내문헌에는 일본 국호가 성립하기 이전에 倭라는 명칭으로 동아시아제국에 알려졌다. 문헌상으로는『漢書』지리지에 낙랑 해중에 倭人이 있고 100여국은 분립되어 있다는 세시로 조공해 왔다는 기록이 최초이다[1].

후한 시기에 성립한『說文解字』에는 '倭' 자에 대해 "順貌, 從人委聲"이라고 하여 순종하는 모습이고, 남을 따르는 委의 소리라고 하고, 倭와 委는 상통하는 의미로 보았다. 倭의 자획을 보면,「人+禾+女」의 조합으로 벼이삭을 들고있는 공손한 여인상으로 이미지화되어 있다. 아마도 세시로 조공해오는 왜인을 중국인의 눈에는 등이 굽고 키가 작은 모습으로 비춰져 왜인으로 표현했을 가능성도 있다.

중국정사 동이전는 왜전, 왜인전, 왜국전 등으로 기록되어 있고,『후한서』왜전에는 倭奴國의 국명도 보이고,『위지』왜인전에는 邪馬臺國을 포함한 30여국을 기록하고 있다. 왜의 소국들은 별도의 국명이 존재했지만, 중국왕조에서는 왜로 통칭하였다. 국내의 고대사료에도 모두 倭로 기록되어 있다. 고구려 광개토왕비문 및 七支刀 명문에도 倭 표기가 나오고,『삼국사기』,『삼국유사』에도 倭와 관련된 수많은 외교, 전쟁기사가 나온다.

동아시아제국이 교류한 일본열도의 세력은 日本으로의 국호 변경 이전에는 倭로 기록되어 있다. 이와같이 倭의 문자는 동아시아세계에서 일본열도를 가리키

---

1 倭에 관해서는 기원전 3, 4세기경에 편찬된『山海經』권12에, "蓋國은 鉅燕의 남이고, 倭의 북에 있다. 倭는 燕에 속한다"라는 내용이 나온다. 그러나 이 기록은 중국고대인의 전설적 지리관이 담긴 내용으로 방향성도 다르고 신뢰하기 어렵다.

는 종족명, 국명으로 사용되었다. 이것은 외부세계에서 사용하던 종족명이 역으로 유입되어 자국의 국명으로 사용한 것으로 생각된다. 왜의 국명은 한자문화가 수용되기 이전 일본열도의 분산된 소국들이 교류한 시기에 나타났고, 구두외교에서 문서외교로 바뀌는 과정에서 정식으로 정착되었다고 생각된다.

일본열도의 왕권이 외부세력이 아닌 스스로를 왜국라고 칭한 것은 『송서』 왜국전에 잘 나타나 있다. 이른바 왜의 오왕시대라고 불리는 5세기대의 대송외교는 昇明 2년(478)까지 계속되었다. 元嘉 15년(438)의 왜왕 珍은 자칭 "使持節都督倭·百濟·新羅·任那·秦韓·慕韓六國諸軍事安東大將軍倭國王"이라는 한반도제국이 관칭된 安東大將軍倭國王의 작호를 승인해 줄 것을 요청하였다. 왜국왕의 작호는 使持節都을 관칭한 「倭…倭國王」의 형식으로 앞뒤에 걸쳐 국명을 명기하였고, 요청한 작호는 때로는 승인받기도 하였다. 타칭에서 비롯한 왜의 국명은 자칭으로 대외적으로 공식화되었으며 日本의 국호가 제정되기 전까지 사용되었다.

제2절 倭, 大倭, 大和, 日本의 표기와 훈독

1. '야마토' 표기 사례

4세기후반 畿內 지역에서 출현한 야마토정권 이후에는 '야마토'를 倭에 대응시켜 倭國이라고 불렀다. 『일본서기』 神代紀上 一書의 大日本의 분주에 "日本, 此云耶麻騰"이라고 하여 日本은 야마토(耶麻騰)라고 부른다고 한다. 이 분주의 일본을 야마토라고 부르는 것은 일찍부터 畿內 정권을 호칭하는 일본고유의 古訓이었다.

『일본서기』 신대기의 일본신화에 나오는 大己貴神의 건국설화 중에, 삼륜산의 신에게 그대는 어디에서 살고 싶은가, 라고 묻자 "나는 日本國의 三諸山에서 살고 싶다"라고 하는 일본국은 야마토정권의 출현지인 畿內의 大和를 말한다. 일본국의 훈독은 '야마토노쿠니(やまとのくに)'이다. 동 神武紀 31년 4월조에는 饒東

---

2 『日本書紀』 神代上 第8段 一書.

日命이 天磐船을 타고 하늘을 날다가 이 나라를 보고 내려왔기 때문에 "하늘에서 본 日本國이라고 불리었다고 기록하고 있다[3]. 이 기록은 神武天皇의 일본국을 건국신화를 말하고 있고, 이때의 일본국의 훈독은 '야마토노쿠니'이고, 일본 국호의 성립 이후의 인식이 투영된 일본국이다. 동일한 건국신화에 나오는 일본국이라도 그 내용에 따라 지역인가 전체인가의 차이가 있다.

『일본서기』에는 大를 관칭하여 大倭國으로도 나온다. 天武紀 4년(675) 정월조에도 "대왜국이 상서로운 닭을 바쳤다"고 하여 기내의 대왜국 표기를 하고, 모두 '야마토노쿠니'로 읽는다. 반면 神功紀에 인용된『百濟記』에는 섭정 62년조에 "가라국왕의 누이 旣殿至가 大倭를 향해 말하기를"이라고 하여 야마토정권을 가리키고, 應神紀 25년조에는 "大倭 목마치가 국정을 집정하였다"라고 하고, 雄略紀 5년(461) 7월조에는『百濟新撰』을 인용하여 "개로왕이 곤지를 보내 大倭에서 천황을 모시고, 선왕의 수호를 닦게 하였다"라고 기록되어 있다. 이 경우의 大倭는 모두 기내의 왜왕권인 야마토정권을 가리킨다. 한편『일본서기』大化 2년(646) 2월 무신조에는, '明神御宇日本倭根子天皇'이라고 하여 '日本倭'의 합성어가 나오는데, 이 경우의 훈독은 야마토라고 일괄해서 읽고 있다. 나라시대 이후『일본서기』강독 시의 관인귀족들 역시 고민했다고 보이고, 중복된 용어의 훈독 문제를 두고 결국 이 합성어를 하나의 용어로 처리한 것으로 생각된다.

이상에서『일본서기』의 왜, 왜국, 일본은 모두 야마토로 훈독되었고, 같은 왜국의 명칭이라도 기내의 1국인 大和를 가리키기도 하고, 전국정권으로서의 왜왕권을 말하기도 한다. 또한 倭와 和는 '와'로 통음되어 大倭, 大和는 모두 倭와 동일하게 야마토로 훈독하였다. 그러나 한자 표기의 大和의 명칭은 8세기 이후에 정해진 것이고, 倭에서 大倭로 나아가 日本으로 변화의 과정이 있다. 다시말하면 한자로서의 大和의 명칭은 야마토정권 때의 용어가 아니고, 후대 율령국가의 畿內 국명의 하나도 부르게 된 것이다. 大和의 표기는『고사기』,『일본서기』,『풍토기』,『만

---

3 『日本書紀』神武紀 31년 4월조.

엽집』등에도 사례는 나오지 않는다. 大和 명칭이 처음 사용한 것은『속일본기』천평승보 4년(752) 11월조에 종4위상 藤原朝臣永手를 大和守로 삼았다는 기록이다 [4]. 大和의 이전 명칭인 大倭는 천평 9년(737) 12월조에 大倭國에서 大養德國으로 고쳤다는 기록과 동 19년 3월조에는 다시 養德國에서 大倭國으로 다시 개정했다는 기록이 있다. 요컨대 일본 국호는 왜에서 일본으로 변경했지만, 한자 표기가 다를 뿐, 일본지배층에게는 '야마토'라고 하는 동일한 국명으로 의식되었다.

2. 倭〈와〉, 日本〈니혼〉의 독법 사례

『일본서기』에는 왜를 야마토가 아닌 '와' 혹은 '니혼'으로 읽는 사례도 나온다. '와'로 읽는 사례로서는 신공황후 섭정기에 「魏志云」이라고 하여『魏志』왜인전의 기록을 인용하고 있다. 신공기에『위지』를 인용한 것은『위지』에 기록된 왜여왕 卑彌呼를 신공황후와 동일 인물로 본『일본서기』편자의 오해에서 비롯된 것이다. 동 39년조에는 "魏志云, 明帝 景初 3년 6월에, 倭女王이 大夫 難斗米 등을 (帶方)郡에 이르러 天子를 알현할 뜻을 구하였다", 동 40년조에는 "魏志云, 正始 원년에, 建忠校尉 梯携 등을 보내 조서, 인수를 받들고 倭國에 가게 하였다", 동 43년조에는 "魏志云, 正始 4년에 倭王이 다시 大夫 伊聲耆, 掖耶狗 등 8인을 보내 조공하였다"라고 하여 3개소에 인용되어 있다. 여기에는 倭女王, 倭國, 倭王을 기록하고 있는데, 각각 '와노조와우', '와노쿠니', '와오우'라고 하여 야마토라는 훈독 대신에 음독으로 '와'로 표기하고 있다.『일본서기』편자는『위지』왜인전에 기록된 왜여왕, 왜국, 왜왕을 3세기 당시의 일본국이라고 생각한 것이지만, 일본의 古訓인 야마토가 아닌 한자음으로 표기하였다.

다음은 日本을 '니혼'이라고 읽는 사례이다. 일본을 '니혼'이라고 음독하는 것은, 원래 중국 남경지방의 음으로, 일찍이 백제를 경유하여 일본에 정착했기 때

---

4 그 이전 시기 和銅 5년 9월조, 養老 3년 10월조에 大和의 명칭이 보이지만 追書이다(佐伯有義,『六國史』, 吉川弘文館, 1940).

문에 和音이라고도 부른다. 특히 불교용어에 많고 7~8세기 중국 장안의 발음인 漢音과 비교되기도 한다.『일본서기』에 '니혼'으로 훈독된 사례를 보면, 雄略紀 21년(477) 3월조, "日本舊記云, 以久麻那利賜末多王, 盖是誤也"라고 하여『日本舊記』의 서명이 나오는데, '니혼구키'라고 읽는다. 또 하나의 사례는『일본서기』에 인용된『日本世記』이다. 제명기 6년(659) 7월조에 분주로 "高麗沙門道顯日本世記曰", 동 7년 4월조의 "釋道顯日本世記曰", 동 7년 11월조의 "日本世記云", 천지기 8년(669) 10월조의 "日本世記曰, 內大臣, 春秋五十, 薨于私第"이라고 하여 4곳에『日本世記』이 인용되어 있다. 여기에 보이는『日本世記』의 훈독은 모두 '니혼세이키'이다.『일본세기』는 왜국에 온 고구려승 도현의 저작인데, 그가 언제 일본에 왔는지, 사서의 성립연대 등에 대해서는 불명이다. 이 책의 기록은 백제멸망 전후이고, 내대신 藤原鎌足의 사망기사인 669년을 하한으로 한다. 특히 백제멸망과 관련한 기록이 주를 이루고 있어 기록의 시간성이 한정되어 있지만, 편찬의 시기는 天智朝 말년 이후, 천황호와 거의 동 시기인 680년대 초중반으로 추정이 가능하다. 즉『일본세기』는 天武朝에『일본서기』편찬의 자료로서 제출된 당시의 서명이고, 왜에서 일본으로의 국호 변경 이후에 최종 편찬되었다고 보인다.

서명으로서의 일본의 명칭을 '니혼'으로 훈독한 것은『日本舊記』,『日本世記』뿐만 아니라『日本書紀』등 이후의 정사에도 모두 '니혼'으로 훈독하고 있다.『일본서기』편찬 시점에서는 일본을 왜의 동일하게 야마토로 훈독했지만, 서명에 한해서는 오음인 '니혼'으로 통일적으로 표기했다고 보인다.

제3절 중국·일본사료에 보이는 日本의 용례

1. 중국사료의 일본 국호의 용례

『구당서』에는 왜국전과 일본전을 별도로 기술하고 있다. 왜국전은 貞觀 22년(648)까지 견당사의 기록이 있고, 일본전에는 長安 3년(703)부터 開成 4년(839)까지 사절파견 기사를 수록하고 있다.

"日本國者, 倭國之別種也. 以其國在日邊, 故以日本爲名. 或曰, 倭國自惡其名不雅, 改爲日本. 或云, 日本舊小國, 倂倭國之地. 其人入朝者, 多自矜大, 不以實對, 故中國疑焉".

편찬자가 동일한『구당서』에 왜국전과 일본전을 구분한 것은 동 일본전에 기록되어 있는 일본국은 왜국의 별종이라는 인식에 기반하고 있다. 또 별전에는 일본은 원래는 소국이었는데 왜국을 병합했다고 하고, 唐朝에 입조한 사실을 기록하고 있다. 뿐만 아니라 "해가 뜨는 부근에 위치해 있어 일본이라고 명명했고, 일설에는 왜국이라는 이름이 아름답지 않아 이를 싫어하여 일본으로 고쳤다"라고 기술하고 있다. 이 내용은『신당서』일본전에도 일본국 사자의 직접 화법으로 나온다.

당조에서 왜국과 일본을 별개의 국으로 혼란을 일으킨 가장 큰 요인은 정보의 부재였다고 보인다. 왜국의 대중외교는 3세기 이전에는 분립상태에서 소국들은 개별적으로 교류하였고, 4세기대는 이른바 '공백의 세기'라고 하여 중국사서에서 왜국관련 기록이 단절되어 있다. 이후 5세기대에는 왜국에서 대송외교를 개시하여 480여년경까지 남조의 제국과 교류하다가 견수사가 재개되는 600년까지 120여년간 단절되었다. 7세기 이후에는 견수사, 견당사를 파견했지만, 669년을 마지막으로 대보 2년(702)에 견당사 파견까지 단절되었다. 이러한 교류의 단속성은 중국측에서 일본의 상황에 대해 정보의 부재로 국명의 변화 등 내부사정을 제대로 인지하지 못했다고 본다.

한편 신구당서보다 앞선 시기인 貞元 17년(801)에 편찬한『通典』에는 "倭는 일명 日本이라고 한다. 당 측천무후 장안 2년(702)에 방물을 바쳐 조공하였다[5]"라고 기록하고 있다.『통전』의 편자는 왜는 일명 일본이라고 기록하고 있듯이 702년의 일본사절이 전한 기록을 통해 일본 국호가 변경되었다고 인식했던 것인데, 일본

---

5 『通典』邊防倭, "倭一名日本, 自云國在日邊, 故以爲稱, 武太后長安二年, 遣其大臣朝臣眞人貢方物".

이 아닌 종전의 왜의 명칭으로 倭傳으로 편성하고 있다. 국호의 변경사실을 알았지만, 그 구체적인 사정은 알지못해 종전의 국명을 사용한 것으로 보인다.『구당서』일본전에는 "以實對, 故中國疑焉"이라고 기록하고 있듯이 일본사절이 사실대로 답하지 않아 중국이 의심하였다고 하였다 또『신당서』일본전에도 "使者不以情, 故疑焉"라고 하여, 일본사자가 그 실정에 대해 말하고 않아 의심하고 있다고 하여, 일본국의 국호 변경에 대해 일본측으로부터 정확한 내용을 전달받지 못했다고 보인다. 일본사절이 전한 말은 해가 뜨는 곳(日邊)에 가까워 일본이라고 했다는 추상적인 말로 전하고 있어 당왕조에서는 일본사절에 대해 의구심을 갖고 있었다.

당왕조에서는 대보율령 제정 이후 일본 국호 및 군주호로서 천황의 호칭뿐만 아니라 大寶라는 독자의 연호의 제정한 사실도 제대로 말하지 못했다. 일본이라는 국호가 어떻게 해서 제정되었는지에 대해 함구하고 있는 것은 중국측의 천자사상과 배치되고 자칫 외교적 결례를 일으킬 수 있다는 우려 때문으로 보인다. 특히 일본국호의 제정 사정에 대해 일본의 건국신화에 나오는 日神 사상, 태양신인 天照大神을 황조신으로 하는 일본의 天日의 이념, 사상을 언급하기 어려웠을 것으로 생각된다. 따라서 해뜨는 곳의 가까이에 있어 일본으로 국호를 변경했다고 하고, 구체적인 사유에 대해서는 명확하게 설명하지 않았다고 생각된다.

2. 일본사료의 일본 국호의 용례

우선『일본서기』에 分註의 인용문에 보이는 日本의 용례를 살펴보자.『일본서기』에 인용된 계체기 25년(531) 12월조의『百濟本記』인용문에 "日本天皇及太子皇子倶崩薨"이라고 하여 日本天皇의 용어가 나온다. 이것은 대보율령의 공식령「詔書式」조에 나오는 '明神御宇日本天皇詔旨'로부터 채록된 것으로, 천황호와 더불어 일본 국호도『일본서기』편찬시의 용어가 투영되었다. 이어 제명기 5년(659) 7월조에 인용된『伊吉連博德書』에도 당 천자가 사절단에게 묻는 대화 중에, "일본국 천왕은 평안하신가"라고 하여 당황제의 입을 통해 발언한 "日本國天皇"이 나온다

6. 이길련박덕은 대보율령 제정에 참가한 경력도 있고 천무 13년(683) 이후에『일본서기』편찬 재료로서 제출하는 과정에서 개변한 것이다. 한편 齊明紀 7년(661) 5월조에 인용된『伊吉連博德書』에는 "大倭天報之近"이라고 하여 大倭로 나온다. 이 기사는 견당사로 파견된 사절이 당 조정으로부터 은혜를 받지 못하여 사신들이 하늘의 신을 원망하자, 시종 東漢草直足嶋가 벼락을 맞아 죽었다는 내용인데, 때의 사람들이 "大倭의 하늘은 보복이 빠르기도 하다"라고 했다는 기록이다[7]. 大倭는 倭를 수식하는 미칭으로 사용되었고 倭, 日本과 마찬가지로 야마토라고 훈독하고 있다. 즉 동일한 사서에 日本, 倭가 혼재되어 나오는 것은 원형은 倭였다는 사실을 말해주는 것이다.

『일본서기』天武紀 3년(674) 3월조에는 일본 국호 제정의 상한 시기를 추정할 수 있는 기록이 나온다. 여기에는 對馬國守 忍海造大國가 "銀이 처음으로 이 나라에서 났다. 이에 바친다"라고 보고하고, "銀이 倭國에서 난 것은 이때가 처음이었다"라고 기록하고 있다[8]. 이때의 왜국은 畿內의 왜국을 가리키는 것이 아니라 일본열도 전체를 지칭하는 국호이다. 만약『일본서기』편자가 원사료에 日本이었다면 고의로 倭國으로 고친다는 것은 생각하기 어렵다[9]. 이 기록은 원사료에 倭國이었음이 분명하다[10]. 이 기록은『일본서기』편찬 시의 원래의 명칭의 흔적을 남긴 것으로 적어도 천무 3년까지는 왜국이 국호로서 사용되고 있었음을 알 수 있다. 천무 3년조의 '倭國' 국명은 왜에서 日本으로 넘어가는 하나의 기점이 되는 시기로 추정할 수 있다.

다음은『善隣國寶記』에 인용된 元永 원년(1118) 4월 27일의「菅原在良勘文」에는 다음과 같이 기록되어 있다.

---

6 『日本書紀』齊明紀 5년 7월조.

7 『日本書紀』齊明紀 7년 5월 정사조.

8 『日本書紀』天武紀 3년 3월 병진조.

9 東野治之,「日出處·日本·ワ-クワ-ク」,『遣唐使と正倉院』, 岩波書店, 1992, 103쪽.

10 吉田孝,「日本の國號の成立」,『日本の誕生』, 岩波書店, 1997, 118~119쪽.

① 天智天皇十年, 唐客郭務悰等來聘. 書曰, 大唐帝敬問日本國天皇, 云云. 天武天皇元年, 郭務悰等來, 安置大津舘. 客上書函, 題曰大唐皇帝敬問倭王書.

② 又大唐皇帝勅日本國使儵尉寺少卿大分等書曰, 皇帝敬到書於日本國王.

위 문장은 내용상에 시기가 다른 2개의 문단으로 되어 있다. 사료①은 『일본서기』 천지 10년(671) 11월조에 해당 기록이 나온다. 동 기록에 의하면, 당사절 곽무종 등 2천여명이 47척의 배를 타고 比知島에 머물고 있다는 소식이 대마국사를 통해 축자대재부에 전해졌는데, 곽무종은 천무 원년(672)인 이듬해 3월에 축자에서 일본조정으로부터 천지의 사망소식을 듣고 애도하였고, 당 황제의 국서를 담은 서함과 신물을 바치고 있다[11]. 상기 「菅原在良勘文」에서는 당황제가 일본에 보내는 국서의 양식을 보여주고 있는데, 天智天皇 10년 기록에는 "大唐帝敬問日本國天皇"이라고 하여 일본국이라고 표기하고, 天武天皇 원년(672) 기록에는 "大唐皇帝敬問倭王書"라고 하여 일본이 아닌 倭로 표기하고 있다. 즉 동일한 문서에 당황제가 日本國天皇과 倭王으로 호칭하고 있다. 이러한 표기의 차이는 전자는 『일본서기』 편찬당시의 표현법을 차용한 것이고, 후자는 "客上書函, 題曰"이라는 표현에서 알 수 있듯이 곽무종이 당황제의 서함에 담긴 국서의 表題에 기록된 것이다. 즉 전자는 왜왕을 일본국천황으로 개서한 것이고, 후자의 倭王이 원래의 표기이다.

사료②는 대보 2년(702)년의 견당사가 귀국하면서 가져온 당황제의 국서이다[12]. 日本國使 儵尉寺少卿大分는 執節使 粟田真人, 대사 高橋笠間 등과 함께 파견된 견당부사 坂合部大分이다. 여기에는 일본국호의 변경사실을 알고, "皇帝敬到書於日本國王"이라고 표기한 것이다. 이 기록으로부터 『신당서』 咸亨 원년(670)에 일

---

11 『日本書紀』 天武紀 원년 3월 기유조, 동 3월 임자조..

12 金子修一, 「唐宋の国書冒頭の書式の変化について」, 『國學院大學大学院紀要』 54, 文学研究科, 2023. 79~80쪽.

본으로의 국호 개정은 없었고, 적어도 『신당서』의 '爾後'는 천무조에 기점을 두어야 한다. 당에서 '日本' 국호를 처음으로 인지한 것은 바로 대보 2년의 견당사 때의 일이다.

한편 『속일본기』 慶雲 원년(704) 7월조에 나오는 견당대사 粟田眞人의 귀국보고서에는 다음과 같은 내용이 나온다.

"정4위하 粟田朝臣眞人이 당에서 돌아왔다. 처음에 당에 이르렀을 때 어떤 사람이 와서 어디에서 온 사인이냐고 물었다. 대답하여 '日本國의 사신이다'라고 말했다. 일본사신이 반문하여 '이곳이 어떤 州의 관내인가'라고 물었더니, '이곳은 大周의 楚州 鹽城縣의 관내이다'라고 답하고, 다시 '앞서 大唐이 지금 大周라고 칭하고 있는데 국호는 어떤 연유에서 개칭했는가'라고 물었더니, '永淳 2년(683)에 天皇太帝가 붕하고 황태후가 황위에 올라 聖神皇帝라고 칭하고 국호를 大周라고 하였다'라고 답했다. 말을 마치자 당인 가버렸다".

이 기록은 일본국 견당사가 당에 도착하여 현지의 지방관과 나눈 대화이다. 일본사신과 지방관의 문답을 보면, 당황제의 사망과 새로 즉위한 측천무후, 국명의 개명 등 여러 상황의 변화에 대해 말하고 있다. 일본국 사자는 당왕조의 국호 변경에 대해 처음으로 인지했을 것이다. 측천무후는 683년 고종의 사후에 권력을 장악하고, 690년에 제위에 올라 국호를 周로 바꾸면서 聖神皇帝라고 자칭하고, 연호도 天授으로 개원하였다. 일본에서는 690년 이후 견당사 파견 직전까지 이러한 사정에 대해 모르고 있었다고 보인다. 견당사의 파견으로 당조정에 일본국의 국서가 제출된 것은 틀림없고, 국호 변경 사실도 명기되었다고 생각된다.

대보 2년(702)의 粟田眞人의 견당사 파견을 일본국호의 성립 시기로 보는 견해가 있다. 이 설에 따르면, "중국측 기록에 7세기 견당사는 모두 왜국사로 표현되어 있고, 대보율령 반포 후에 파견된 제6차 견당사로부터 모두 일본국사로 표현되었고, 이것이 신국호 제정이 상정될 수 있다[13]"라고 하였다. 그러나 이때의 일본 국호는 공식적으로 중국측에 알려진 최초의 사례일 뿐이고, 668년 이후 702년까지는 당과의 교류가 없었던 사실에서 중국에서는 공식 기록을 남길 수가 없었다. 일본의 국호가 율령에 명시되고, 대당외교에서 사용되었다고 해도 그 제정된 시기와 사용된 시점이 일치하는 것이 아니다. 또 다른 8세기초 일본국호의 성립설에서는 712년 편찬된『고사기』에 일본이라는 용어가 하나도 보이지 않아『일본서기』성립과 더불어 일본국호가 성립했다고 주장한다[14]. 그러나『고사기』에 日本 표기가 보이지 않는다고 해서 일본국호가 일본국호가 이 시기에 성립하지 않았다는 증거는 되지 않는다. 『고사기』는『일본서기』와는 달리 推古朝 628년까지의 기록이고 舊事 전승으로부터 채록한 古事의 기록이다. 신대기에 국토탄생신화에 일본국을 大倭, 大八島國을 표기하고 있듯이 日本의 용어는 처음부터 제외하고 있다.

제4절『삼국사기』의 倭, 日本의 용례

다음은『삼국사기』의 기록된 倭, 日本 관련기록을 검토해 보자. 관련기록을 표로 정리하면 다음과 같다.

【표 3】三國史記의 倭, 日本 기사

연대	기사	표기법
혁거세 8년(BC57)	倭人行兵 欲犯邊 聞始祖有神德 乃還	倭人
(중략) 倭, 倭人, 倭兵, 倭國, 倭女王 기사 50회 기술		
소지왕 22년(500)	倭人攻陷長峰鎭	倭人
문무왕 5년(665)	百濟先王, …結託高句麗, 交通倭國	倭國
문무왕 10년(670)	倭國更號日本 自言近日所出以爲名	倭國(日本)

---

13 西嶋定生,「七世紀の東アジアと日本」,『東アジアにおける日本古代史講座』5, 學生社, 1981.
14 川住堅三郎,「日本國號の管見」,『史學雜志』10-12, 1897.

연대	기사	표기법
효소왕 7년(698)	日本國使至 王引見於崇禮殿	日本國
성덕왕 원년(702)	日本國使至 摠二百四人	日本國
성덕왕 21년(722)	築毛伐郡城 以遮日本賊路	日本
성덕왕 30년(731)	日本國兵船三百艘 越海襲我東邊 王命將出兵 大破之	日本國
경덕왕 원년(742)	日本國使至 不納	日本國
경덕왕 12년(753)	日本國使至 慢而無禮 王不見之 乃廻	日本國
애장왕 3년(802)	授均貞大阿湌爲假王子 欲以質倭國 均貞辭之	倭國(異傳)
애장왕 4년(803)	與日本國 交聘結好	日本國
애장왕 5년(804)	日本國遣使 進黃金三百兩	日本國
애장왕 7년(806)	日本國使至 引見朝元殿	日本國
애장왕 9년(808)	日本國使至 王厚禮待之	日本國
경문왕 4년(864)	日本國使至	日本國
헌강왕 4년(878)	日本國使至 王引見於朝元殿	日本國
헌강왕 8년(882)	日本國王遣使 進黃金三百兩 明珠一十箇	日本國

   상기 표에서 보듯이『삼국사기』에 보이는 왜, 일본 기사는 소지왕 22년(500)의
"倭人이 長峰鎭을 공격하였다"라는 기사를 마지막으로 165년간 보이지 않는다. 5
세기 이전의『삼국사기』신라본기에는 시조 박혁거세 8년(기원전 50년)에 왜인
이 병사를 일으켜 변경을 침범했다는 기록을 시작으로 왜, 왜인, 왜병 기사가 빈
출하고 있다. 이들 기사는 신라국가형성기의 대외관계의 특징을 보여주고 있으
며, 신라 고유의 사료로부터 채록된 신라인의 대왜 인식이라고 생각된다. 그 후
『삼국사기』에 왜 관련 기사가 나오는 것은 문무왕 5년(665) 8월조에 보이는, 문
무왕이 당의 칙사 유인원, 웅진도독 부여융과 함께 웅진에서 행해진 의 취리산의
맹세문에서, 옛적 백제는 고구려와 결탁하고 왜국과 통교하고 신라를 침략하였
다고 하여 倭國의 표기 보이고, 이어 당의 유인궤와 함께 백제, 탐라, 왜인의 4국
의 사절이 태산에서의 회맹기사 중에 倭人의 명칭이 나오고 있다.
   이어서 문무왕 10년(670) 8월조에는 "倭國更號日本, 自言近日所出以爲名"이라

고 하여 왜에서 일본으로 국호의 변경사실을 기록하고 있다. 이것은 이미 지적되고 있듯이 앞에서 본 신구당서 일본전의 내용을 그대로 전재한 것이다. 『신당서』 일본전에 "咸亨元年, 遣使賀平高麗. 後稍習夏音, 惡倭名, 更號日本. 使者自言, 國近日所出, 以爲名"이라고 하여 왜에서 일본으로 국호 변경 사실을 말한다. 咸亨 원년은 문무왕 10년에 해당한다. 이어지는 문장에는 '後' 자로 시작하여 670년 이후에 중국의 언어를 배우고, 倭에서 日本으로 개칭했다고 한다. 다시 정리하면 함형 원년(670)에 일본이 당의 고구려 평정을 축하하러 왔고, '後'에 중국언어를 배우고, 왜에서 일본으로 국호의 변경 사실을 전하고 있다.

『신당서』일본전의 '咸亨元年'에 근거하여 天智 9년(670) 일본국호 제정을 주장하는 설도 있으나[15], '後'는 연차적으로 함형 원년에 걸리는 것이 아니고 그 후의 일을 말한다[16]. 『삼국사기』 편자는 왜, 일본 관계기사를 충실하게 기록하면서 『신당서』의 기록에 대해서는 별도의 검토없이 함형 원년(670)을 일본 국호 개정의 시점으로 잘못 이해하였다. 이것은 함형 원년(670) 이후의 어느 시점에서 국호의 변경 사실을 함형 원년으로 판단한 것이다. 따라서 『신당서』에 나오는 '後' 자를 『삼국사기』에서는 무시하고 누락시킨채 전재한 것은 명확하다.

다시 『삼국사기』의 상기 표를 보면, 문무왕 10년(670) 이후 일본 표기가 나오는 것은 효소왕 7년(698) 3월조에, "日本國使至, 王引見於崇禮殿"라고 하여 일본국 사신이 신라에 와서 숭례전에서 신라왕을 배견한 기사이다. 이후 성덕왕 원년(702) 정월조도 日本國 사신 내조기사, 동 21년(722) 정월조에는 日本賊의 침공에 대비해 모벌군성 축성기사가 나오고, 동 30년(731) 2월조에는 日本國 병선의 습격기사 등이 나온다. 효성왕 원년(737)에 日本國 사신 내방, 경덕왕 원년(742)의 일본국사 내방, 경덕왕 12년(753)의 日本國使 내방, 애장왕 4년(803) 일본국 교빙기사 및 동 5년 일본국의 황금 300량 진상기사, 동 7년 일본국사 내방, 경문왕 4년(864)

---

15   石母田正, 『日本古代國家論』第1部, 岩波書店, 1973, 350쪽, 山尾幸久, 「古代天皇制の成立」, 『天皇制と民衆』, 1976.

16   三品彰英, 「日本國號考」, 『聖德太子硏究』3, 1967.

2월조의 日本國使 내방기사, 헌강왕 4년(878) 4월조의 日本國使를 신라왕이 조원 전에서 인견한 기사, 동 8년(882) 4월조에는 日本國使가 황금 300량을 바친 기사가 마지막으로 나온다.

　다만 애장왕대는 왜국과 일본의 표기가 동시에 수록되어 있다. 동 3년(802) 12 월조에는, "均貞에게 대아찬 관등을 주어 假王子로 삼고 倭國에 質로 보내고자 하였다"라고 하여 왜국으로 나오고, 반면 동 4년조와 5년조의 일본국사 내조기사, 동 7년 3월조에는 일본국사를 조원전에서 왕의 인견 기사, 동 9년 2월조의 日本 國 사신의 내조기사에서는 일본국으로 표기하고 있다. 즉 애장왕 시대에는 일본 국이 4회, 왜국이 1회가 나오는데, 아마도 왜국 기사는 '倭國'으로 기록된 출전을 달리한 전승기록에 근거한 것으로 보인다.

　『삼국사기』에는 효소왕 7년(689)을 기점으로 이후에는 모두 일본의 국호를 사용하고 있어, 왜국에서 일본으로 국명의 변경사실을 뒷받침하고 있다. 일본 국호의 대외적인 사용은 신라외교에서 시작되었음은 거의 틀림없다[17].

　한편 『일본서기』에는 신라 효소왕 7년 이전에 일본의 견신라사 파견기사를 보면, 持統紀 원년(687), 동 7년, 동 9년(695)에 있었고, 그 이전의 천무조에는 천무 10년(681), 천무 13년(684)에 파견기사가 나온다. 이 시기를 전후해서 신라사가 일본에 온 사례는 680년 이후 701년 대보율령 제정 직전까지 15회나 행해지고 있어 양국 간의 정보는 상당히 교환되고 있었다. 일본국호의 제정 사실이 있었다면

17　일본국호의 제정시기를 효소왕 7년을 하한으로 보는 설은 일찍이 橋本增吉에 의해 제기된 바 있다. 그는 신구당서의 백제전에서는 백제의 멸망까지 倭이고, 신당서에 咸亨 원년 후 에 日本으로 개정한 일, 삼국사기에 孝昭王 7년(698)에 日本國使가 왔다고 하는 사실로부터 670년 이후에서 698년 사이에 공식(대외적)적으로 일본국호가 사용된 시기라고 추정하였 다(橋本增吉, 「日本國號について」, 『歷史敎育』 5-11·12, 1931). 다만 함형 원년 이후의 시점 이 명확하지 않고 일본 국호의 사용시기의 범위가 넓어 합리성이 떨어진다. 이 설은 岩橋小 彌太에 의해 계승된다(『日本の國號』, 吉川弘文館, 1970, 169~170쪽). 근년 新藏正道도 『삼국 사기』 효소왕 7년조 기사를 중시하여 대보 2년의 견당사에 앞서 일본국호의 대외적 사용의 시작으로 보는 설이 제기된 바 있다(「日本國號成立の對外的契機と使用時期」, 『日本書紀硏究』 25, 2002).

당연히 외교문서에 명기했을 것이고, 효소왕 7년의 일본사절은 변경된 국호로 신라국을 방문하여 신라에 알려져『삼국사기』에 채록된 것으로 생각된다.

이상에서『삼국사기』의 용례를 보면, 일본국호는 일본의 702년 견당사 파견 시점보다 앞서 대신라외교에 日本 국호를 사용했을 것이다. 적어도 신라 문무왕대까지는 일본열도의 지배층은 왜국을 국호로 사용하였고, 신라 효소왕대에는 정식으로 일본이라는 국호를 외교상에서 사용했음을 알 수 있다. 효소왕 7년을 일본국호의 사용의 하한으로 본다면, 제정된 시기는 이보다 앞선 시기일 가능성이 높고, 범위를 좁히면 천무조가 가장 가깝다고 생각된다.

『일본서기』의 편찬시점이 천무조라는 사실도 일본 국호의 제정기의 기준으로 추정된다. 동 天武紀 10년(681) 3월조에는 천무천황이 대극전에서 川嶋皇子를 비롯한 여러 군신에게 명하여 帝記 및 상고의 여러 기록들을 검토해 사실을 확정하도록 하였다[18]. 이때의 천무가 집필하도록 명한 것은『일본서기』편찬이고, 일본의 국호는 이 서명으로부터 유래했을 가능성이 매우 크다[19]. 천무가 帝記 등 과거의 기록물을 검토하라고 명한 것은 역대 천황가의 기록, 국가의 사적 등을 말한 것으로 이를 포괄할 수 있는 서명으로 고안해낸 것이 '日本'이었다고 생각된다. 즉『일본서기』의 서명은 천무조에서 정해졌고, 자연히 일본을 국호로 제정한 것으로 판단된다. 일본 국호는 천무천황 즉위 이후 사서편찬의 개시, 國制의 정비 과정에서 나온 산물이다. 천무왕권이 안정되는 680년대에서 689년 淨御原令의 제정으로 동 법령에 정식으로 규정되었을 것이다. 대외적으로는 효소왕대의 신라에 대해서 사용하였고, 이후 견당사가 파견되는 대보 2년(702)에는 당에 공식적으로 알렸다고 생각된다.

---

18 『日本書紀』天武紀 10년 3월 병술조.
19 上田正昭,『國民の歷史-大佛開眼-』4, 文英堂, 1968, 84쪽, 大和岩雄,『日本國はいつできたか』, 六興出版, 1985, 158~159쪽.

제5절 禰軍 묘지명에 나오는 「日本」의 해석

2011년 중국의 서안에서 출토된 禰軍 묘지명에 새겨진 '日本' 명칭을 둘러싸고 많은 주목을 받았다. 모든 묘지명이 그렇듯이 묘주인 예군의 공적을 칭송하는 미화된 수식으로 가득차 있다. 그는 주군 의자왕을 唐軍에 넘긴 禰氏 일족으로 당의 관작을 받고 '以夷制夷'의 기미책의 최전선에서 백제고토의 관리자가 되어 찬미의 묘지명을 남겼다.

동 명문에는 顯慶 5년(660)에 관군이 당의 번국을 평정하던 날 거병하여 귀순할 뜻을 알았다고 하여, 웅진성이 함락하던 날 의자왕과 함께 당군에 투항한 사실을 말하고 있다. 그 후 예군은 당의 조정에 출사하여 고토에 남아있는 백제인을 위무하는 대리인으로 웅진도독부의 행정관으로 파견되었고, 66세의 일기로 儀鳳 3년(678)에 세상을 떠났다. 만약 이 명문의 '日本'이 왜국에서 개명된 국호가 사실이라면 적어도 종전의 일본 국호의 제정시기를 앞당길 수 있는 자료이다. 일본 국호설을 전제로 할 경우, 『신당서』 일본전에 나오는 咸亨 원년(670) 이후 어느 시점에서 倭에서 日本으로 개칭했다는 기록으로부터 예군이 사망하는 678년 사이에 성립했다는 추정도 가능하다.

묘지명은 발견 직후 중국연구자에 의해 일본 국호설이 제기되었고[20], 바로 이 설에 가세하는 논고가 나왔다[21]. 이어 2012년 2월 일본에서 禰軍墓誌銘을 주제로 열린 학술회의[22]에서 다양한 신설이 제기되는 등 수년 사이에 다수의 논문이 발표되었다.

논쟁이 되고있는 부분은 "去顯慶五年, 官軍平本藩日, 見機識變 杖劍知歸, …于時, 日本餘噍, 據扶桑以逋誅, 風谷遺甿, 負盤桃而阻固"의 문장이다. 東野治之는 해

---

20 王連龍, 「百濟人『禰軍墓誌』考論」, 『社會科學戰線』 2011, 제7기.

21 金榮官, 「中國發見 百濟遺民 禰氏家族 墓誌銘 檢討」, 『新羅史學報』 24, 2012, 拜根興, 「중국학계의 백제유민 禰氏家門 墓誌銘 검토」, 『한국사연구』 165, 2014.

22 明治大學古代学研究所·東アジア石刻文物研究所主催 〈新発見百濟人「禰氏墓誌」と 7 世紀東アジアと「日本」〉, 2012. 2. 25.

당 명문에 대해 唐代에는 日本, 日東, 日域이 신라를 가리키는 일이 드물지 않고, 고구려를 日域으로 부르는 일이 있다는 연구를 소개하면서[23], 묘지명의 '日本'은 이러한 용례를 참조해서 채용했을 것으로 추정한다. 나아가 묘지명에는 백제, 고구려, 신라라는 국호를 사용하지 않았으며, 扶桑 역시 동방의 가상국을 가리키고, '日本'은 암울하게 멸망한 백제를 말하고, 그 잔당의 활동을 기술한 것이라고 해석하였다[24]. 이후 이 설이 제기한 자구, 내용을 둘러싸고 갑론을박이 계속되고 있다[25].

초미의 관심사는 "于時, 日本餘噍, 據扶桑以逋誅"의 해석이다. 이 문구를 기왕의 검토안을 기초로 하여 재정리해 보면, '于時'는 앞의 문장인 顯慶 5년(660)의 관군이 백제를 평정하는 날이고, 예군이 당에 귀순한 때를 가리킨다. 즉 '이때에 이르러' 혹은 '이때를 당하여'라는 다음의 행위를 예고하는 때의 전환의 접속구이다. '日本餘噍'는 섬멸되어야 할 일본의 餘敵이고, 부연하면 660년 멸망 이후의 각지에서 거병한 백제의 부흥군을 말한다[26]. '據扶桑以逋誅'는 구토 회복에 실패한 백제부흥군이 '당군'에게 주살될 운명에서 벗어나 왜국으로 망명한 사실을 가리킨다. 묘지명의 日本과 扶桑은 기재순, 내용상으로 보면, 日本→百濟, 扶桑→倭國으로 보는 설이 가장 합리적이다. 즉 일본 국호로 정착되기 이전의 일본, 부상의 명칭은 고유명사가 아니라 동방의 추상적인 개념용어로써 개개의 지역을 가리킨다고 보는 것이 온당하다.

다음 문구는 "風谷遺甿, 負盤桃而阻固"이다. 바람부는 골짜기에 남아있는 무리들이 盤桃에 의지하여 완고하게 저항한다는 내용이다. 이 문구는 앞의 문장과 대구를 이루고 있지만, 대상을 달리하는 2개의 내용이 아닌 동일 사건의 반복적 표

---

23 小川昭一,「唐代の日本という呼稱について」,『中哲文學會報』1, 1974.

24 東野治之,「百濟人禰軍墓誌の日本」,『圖書』756, 2012, 동『史料學探訪』, 岩.波書店, 2015, 23~25쪽.

25 예군 묘지명에 관한 연구 동향은 근년에 나온 이준호,「日本이라는 국호의 유래에 대한 일고찰」,『한일관계사연구』64, 2019 참조.

26 李鎔賢,「禰軍 墓誌의 日本에 대한 검토」,『한국고대사연구』75, 2014, 388쪽.

제3장 동아시아 사료의 倭·日本의 용례와 日本 국호의 성립　101

현로 이해하는 것이 합리적이다[27]. 풍곡을 고구려의 반당세력으로, 도반을 신라로 보는 시각도 유력하게 제기되고 있지만, 반복적 문구설이 더 흥미를 끈다. 풍곡과 반도는 일본, 부상의 용어와는 달리 특정 지역을 연상시키는 자구와는 거리가 멀고, 문자 그대로 저항세력 근거지의 자연환경, 지세를 의미하는 정도로 이해해 둔다. 한편으로는 風谷의 風을 불교의 八風 중의 고통과 쇠함의 바람으로 본다면 희망없는 골짜기에 남아있는 무리들이라는 의미로도 해석할 수 있다.

盤桃는 西王母 전설의 仙桃라고 하는 蟠桃와 같은 의미로 지적되고 있고, 『삼국유사』「가락국기」에도 허황후 전승에 "하늘로 가서 蟠桃를 찾아"라는 문구가 나오듯이 신선세계의 과일과 같이 전해지고 있다. 이 기록은 실현하기 어려운 환상 속에서 저항하고 있다는 조소적인 의미로 읽힌다. 따라서 풍곡, 반도는 특정 지역이 아닌 백제의 반당세력의 저항지, 은신처를 앞의 문구에 이어 반복적으로 표현했다고 보는 것이 온당하다.

이 묘비명의 주안점은 당의 백제고토 지배의 방해자인 백제부흥군 餘敵에 있다. 이들은 산과 계곡에서 방어선을 구축하면서 저항하였고, 정규부흥군이 퇴각한 후에도 투항하지 않은 백제 의병들이라고 생각한다. 즉 묘지명에는 주살되어야 할 여적들이 왜국으로 탈출하고, 일부는 저항을 계속하는 상황을 對句 형식으로 표현하고 있어 백제에 방점을 두는 것이 합리적이다. 예군이 2차례나 왜국을 간 것은 왜왕권을 친당세력으로 만들어 신라를 견제시키고, 신라에 대해서는 백제고토에 대한 공격중지를 요청하여 웅진도독부 체제를 수호하고, 백제의 잔존세력을 일소하기 위한 것이었다. 예군묘지명의 성격상 고구려가 전면에 기술될 가능성은 적어 보인다. 실제로 묘지명의 구성과 내용은 백제, 왜국, 신라를 중심

---

27 風谷遺蚊'에 대해 이준호는 "日本 餘噍, 遽扶桑以逋誅"와 "風谷遺蚊, 負盤桃而阻固"는 동일한 문구의 반복으로 日本, 扶桑, 風谷, 盤桃 모두 백제 지역을 가리키는 것으로 본다(이준호, 「日本이라는 국호의 유래에 대한 일고찰」, 『한일관계사연구』64, 2019, 239~240쪽, 각주33). 이용현은 "원래 백제에 있던 세력들 즉 福信 같은 이들을 가리키게 된다. 그렇게 보면 盤桃는 任存城같은 근거지가 되겠다. 즉, 風谷과 盤桃도 백제나 고구려를 가리키는 것으로 한정된다"라고 하였다(앞의 논문, 389쪽).

으로 나타나 있고, 고구려의 경우에는 신라와의 관계에서 파생되어 나온 2차적인 흐름으로 전개되어 있다.

한편 扶桑에 대해서는 大唐平百濟國碑銘에 "용맹한 백만 군대가 번개처럼 움직이고 바람같이 일어나 앞으로는 蟠木을 토벌하고, 물러나서는 扶桑을 섬멸하니(貔貅百萬, 電擧風揚, 前誅蟠木, 却翦扶桑)"라고 하는 용례가 있다. 여기에 나오는 蟠木, 扶桑 모두 동방의 전설상의 지역을 가리키고, 전진과 후퇴의 반복적 표현으로 백제평정을 말하고 있다. 『삼국유사』기이 「眞聖女大王」조에는 "다음날 扶桑에서 해가 뜨자(明日扶桑旣曔)"라는 용례가 있고, 동 흥법 「原宗興法厭髑滅身」조에는 "옛적 법흥대왕이 紫極殿에서 즉위하고 扶桑의 땅을 굽어살피어 말씀하기를(昔在法興大王垂拱紫極之殿, 俯察扶桑之域, 以謂)"이라는 문구에서도 나온다. 전자는 신라의 동방을 가리키고, 후자는 신라를 가리키는 것으로 보인다. 일본에서도 12세기말에 편찬된 『扶桑略記』의 서명에서도 보이듯이 부상을 일본의 별칭으로 사용하였다. 이렇듯 부상의 용어는 해가 뜨는 동방을 말하지만, 사안에 따라 다양한 지역을 가리키는 보통명사로 사용되고 있음을 알 수 있다.

『善隣國寶記[28]』에 인용된 「菅原在良勘文」에는 唐使 郭務悰이 서함에 담아 가져온 당황제의 국서에는 天武 원년(672)의 기록으로 "大唐皇帝敬問倭王書"라고 하여 倭王으로 표기된 점도 참고가 된다. 이때의 사절은 웅진도독부 설치기에 파견된 당사절이기 때문에 일본국호가 당에 전달되었다면, 국제외교의 관례, 반신라 친일본 외교노선을 지향하던 당의 입장에서 보면, 개명된 일본 국호를 명기하는 것은 지극히 상식적인 일이다. 동 기록의 천지천황 10년(671)의 "大唐帝敬問日本國天皇"이라고 하여 일본국이라고 표기하고 있지만, 앞에서 지적했듯이 『일본서기』편찬당시의 표현법을 차용한 것으로, 여기에 근거한 일본 국호설은 맞지않는다.

일본 국호의 사용과 관련하여, 국호의 변경이 묘지명에 나오는 대로 禰軍의 활

---

28 室町時代 文明 2년(1470)에 성립한 중국, 한반도제국과의 외교사를 기록한 편년체 사서이다. 『續群書類從』第30輯 上, 所收.

동기였다면, 당왕조에서는 왜국에서 일본으로의 국호변경의 사실을 언제 인지했는지가 중요하고, 국호 사용의 기점으로 생각할 수 있다. 일본측으로부터 공식적인 외교경로를 통해 전달받지 못한 상황에서 당왕조에서는 변경된 외국의 국호를 사용한다는 것은 생각하기 어렵다. 대당제국의 국제질서 하에서 주변국의 국호변경은 당의 승인 내지는 사전통보의 형식적인 절차도 필요하고, 이것은 정치, 문화, 군사 등 다방면에 걸쳐 당의 영향을 받는 주변제국으로서는 피할 수 없는 일이었다.

백강전투 이후 天智朝 4년(665), 동 6년, 동 8년에도 견당사가 파견되었으나, 국호의 변경 사실은 전하지 않는다. 이후 일본의 견당사 파견은 단절되어 있었고, 백강전투 이후 혼란한 내부상황과 임신의 난이라는 내전을 거치고 있던 국난기였다. 즉 670년을 전후한 시기에 왜왕권 내부에서 왜국에서 일본으로 국호를 변경한 정황은 포착되지 않는다. 앞절에서 살펴봤듯이 天武紀 3년(674) 3월조에는 "銀이 倭國에서 난 것은 이때가 처음이었다"라고 기록한 사실은『일본서기』표기의 용례로 볼 때 이례적이고, 적어도 천무 3년까지는 倭國이 국호였음을 말해주고 있다.

아울러 묘지명 등의 금석문에 일본 등 특정한 용어가 명기되어 있다고 해도 그것이 의미하는 바는 다양하기 때문에, 확정하기까지는 이를 방증하는 관련자료가 제시되어야 한다. 특히 국호와 같은 용어는 공적으로 사용되기 이전에는 설령 금석문 등에 나온다고 해서 단순히 국호의 始用으로 보는 것은 성급한 판단이다. 누가 어떤 목적으로 어떠한 의미로 왜 이런 용어를 선택했는지에 대한 이념적, 사상적인 측면도 고려해야 하기 때문이다.

일본국호가 당왕조에 처음으로 전해진 것은 대보 2년(702)의 견당사였고, 이듬해 당에 도착하여 공식적으로 알려졌다. 唐 徐州刺史 杜嗣先의 묘지명에 의하면, 일본 국호가 당에 전달된 사실이 밝혀졌다[29]. 묘주인 杜嗣先은 先天 원년(712)

---

29   高橋繼男,「最古の日本-杜嗣先墓誌の紹介」,『遣唐使の見た中國と日本』, 朝日新聞社, 2005, 藤

9월 6일에 79세의 일기로 사망하고 이듬해 2월 2일에 부인과 합장한 사실이 명기되어 있다. 동 명문에는 황제의 밝은 덕이 멀리 미쳐 '日本'의 사자가 내조하였고, 칙명이 있어 公(杜嗣先), 李懷遠, 豆盧欽望, 祝欽明 등에게 蕃使(日本)의 빈례를 담당시키고, 함께 담화하였다고 기록하고 있다. 이 명문에 나오는 일본사절은 바로 대보 2년에 파견된 견당사절이고, 묘주인 杜嗣先은 일본사절단의 접대업무를 맡았던 인물이다. 일본 국호가 명기된 금석문으로서는 가장 오래된 것으로, 이 묘지명의 일본 국호는 당조정에 명확하게 전달되었고, 관인들에게도 인식되어 있음을 보여주고 있다.

또 2004년에 중국 서안에서 발견된 견당유학생 일본인 井眞成의 묘지명에도 公의 성은 井이고, 자는 眞成이며 國은 日本이라고 부른다(公姓井字眞成國號日本)라고 새겨져 있다[30]. 이어 그의 재능은 천부적이고, 국명을 받아 遠邦에서 上國에 와서 조정에 출사했으나 개원 22년(734)에 관사에서 사망했고, 그의 나이 36세였다고 기술하고 있다[31]. 井眞成의 사적은 『속일본기』 등 정사에는 보이지 않지만, 대보 2년 이후 養老 원년(717)에 多治比眞人縣守를 대사로 하는 견당유학생으로 파견된 인물임은 분명하다. 그는 20여살 전후에 당에 가서 17년이 지난 30대후반에 사망한 것으로 보인다.

다음으로 논란이 되고 있는 부분이 "僭帝가 일단 稱臣하였고, 이에 명망있는 귀족 수십인을 인솔하고 (唐에) 입조하여 알현하였다(僭帝一旦稱臣. 仍領大首望數十人, 將入朝謁)"는 문구이다. 僭帝과 稱臣의 해석은 신라 문무왕을 가리키는 것

田友治編, 『遺唐使・井眞成の墓誌』, ミネルヴァ書房, 2006, 316~330쪽.
30　王建新, 「新發見墓誌銘文と遺唐留學生・遺唐使」 『遺唐使の見た中國と日本』, 朝日新聞社, 2005, 藤田友治編, 『遺唐使・井眞成の墓誌』, ミネルヴァ書房, 2006 참조.
31　贈尚衣奉御井公墓誌文幷序
　　公姓井字眞成國號日本才稱天縱故能/□命遠邦馳騁上國蹈禮樂襲衣冠束帶
　　□朝難與儔矣豈圖強學不倦聞道未終/□遇移舟隙逢奔駟以開元廿二年正月
　　□日乃終于官弟春秋卅六皇上/(下略)

은 거의 틀림없다[32]. 이 시기 고구려 검모잠 등이 거병한 반당운동은 안승을 고구려왕으로 추대하고, 신라에도 구원을 요청하였고, 이어 안승은 신라에 투항하여 백제의 고토 금마저에 거주시켰으며, 이후 보덕국왕으로 책봉되었다. 바로 고구려왕으로 추대된 안승을 받아들인 사건은 僭帝의 행위로 간주한 것이다. 이어지는 "명망있는 귀족 수십인을 입조시켰다"고 하는 문구는 다시 칭신하여 문무왕이 사죄사로 신라귀족을 당에 입조시켰다는 의미로 기술되어 있다.

그러나 이때 명망있는 수십인은 실은 신라에 억류중인 당 포로들을 말한다. 『삼국사기』 문무왕 12년(672) 9월조에 보이는 신라가 당에 보낸 신라의 급찬 原川, 나마 邊山을 비롯하여, 兵船郎將 鉗耳大侯, 萊州司馬 王藝, 本烈州長史 王益 및 웅진도독부의 禰軍, 法聰, 군사 170여명과 대응하는 내용이다. 이들 대부분은 전년도 10월에 신라가 당의 조운선 70여척을 공격하여 잡힌 100여인의 포로들이고[33], 신라에 억류중이던 웅진도독부의 禰軍, 法聰 등 다수의 당인이 포함되어 있다. 이때의 송환은 신라 문무왕이 웅진도독부의 접수와 백제고토를 지배하기 위한 대당 외교전략이었다. 이들을 인솔한 신라인은 명망있는 고위귀족이 아닌 급찬, 나마의 중하위급 관인이었다.

한편 예군이 신라에 억류되기 직전 咸亨 원년(670) 6월, 당 행군총관 설인귀가 신라왕에게 보낸 서신에 의하면, 고구려가 반역을 일으켜 漢官을 모두 죽였고, 이에 신라는 당의 고구려 반란진압에 협조하는 외교적 언사를 구사하면서, 웅진도독부에서 파견된 예군 일행과 대책을 논의한 적이 있다[34]. 그러나 예군은 이 대책회의에서 간첩혐의로 1년 10개월간 억류된 후 당으로 송환되었듯이 외교적 대참사였다.

묘지명에는 예군에 대해 현란한 언어로 예찬하고 있지만, 신라외교의 실패도 숨기는 등 정작 내세울만한 공적은 보이지 않는다. 따라서 억류자의 송환을 예군

---

32 李成市, 「禰軍 묘지 연구」, 『목간과 문자』 10, 2013, 243~247쪽.
33 『삼국사기』 신라본기 문무왕 11년 10월 6일조.
34 『삼국사기』 신라본기 분무왕 11년 정월조.

의 귀환에 중첩시켜 예군이 인솔해 온 공적과 같이 모호하게 표현하였다. 바로 당의 굴욕의 역사를 신라의 굴종으로 둔갑시킨 것이다. 묘지명 작성자는 예군의 이력을 기초로 직설의 화법을 피하고 고전의 비유법과 문학적 감성까지 가미하여 묘주의 일대기를 현란한 문장으로 그려내었다. 日本, 扶桑, 風谷, 盤桃와 같은 추상적, 은유적 표현도 고전에 해박한 문사의 수식에서 나온 용어라고 생각된다.

묘지명을 작성한 인물은 당의 秘書省 著作局에서 작성한 것으로 추정된다. 묘지명에는 당의 제국적 이념이 나타나 있고, 당왕조의 충신으로서 묘주의 이미지가 강하게 반영되어 있다. 예군 묘지명에는 망국의 신하로서의 비애는 온데간데 없고, "낮에는 비단옷을 입고 거리를 활보했으며, 부귀는 변함이 없었다(衣錦畫行, 富貴無革)"라는 문구에서 드러나듯이 '위대한 대당제국'의 은덕을 받은 충복일 따름이었다. 그에게 당군은 '官軍'이고, 백제는 '本藩'이었으며, 구토의 관리자로서 지배체제를 공고히 하기 위해 왜국과 신라를 오가며 외교활동을 벌이고, 조상의 출자를 중국이라고 한 唐人이었다. 예군은 대신라외교의 실패로 당으로 송환되었지만, 당의 관인으로서의 입지는 흔들림없이 계속되었다. 그의 웅진도독부 시절의 활동이 나름대로 성공담으로 기술된 것은 당의 기미정책의 충복으로서 역할을 다했기 때문이었다.

제6절 일본국호에 보이는 신국사상과 신라문제

왜에서 일본으로의 국명의 변화는 중앙집권국가로 전환기에 나타난 현상이고, 집권자의 새로운 통치이념을 바탕으로 제정된 것이다. 국호 日本의 '日'은 태양, 천상을 의미하고, '本'은 근원, 바탕, 뿌리를 말한다. 즉 천상과 지상을 잇는 세계를 통치질서의 범위로 간주하는 天統 사상이고 天孫의 강림을 말한다. 이미 『수서』왜국전에 나오는 왜국의 지리적 위치를 '日出處'라고 하였고, 신구당서의 일본전에도 국의 위치가 '近日所出'이라고 하여 일본 국호의 제정의 이유로 거론하였다. 즉 日本은 日의 근원이고 일본국은 日로부터 나왔다는 日神 신앙, 관념과도 관련이 있다. 군주호로서의 천황호의 제정이 군주의 신성성, 신격화와 관련이 있듯이 일본의 국호도 동일한 이념, 사상으로부터 제정되었다고 생각된다.

그럼 일본 국호의 神國 관념과 사상이 강하게 내포되어 있는 『일본서기』 신공기 즉위전기의 기록된 신라정벌기사이다.

이 기사의 주요 내용을 보면, 신공황후가 신라를 정벌하러 갈 때, 風神과 海神의 도움으로 순풍을 받아 병선이 신라국내에 도달했음을 말하고, 이것은 '天神地祇'의 도움이었음을 강조한다. 이를 본 신라왕은 동쪽에는 '神國'이 있으며 '日本'이라고 하고, 또한 '聖王'이 있는데 '天皇'이라고 한다. 필히 그 나라의 '神兵'일 것이다'라고 기록하고 있다. 여기서 말하는 神國, 日本, 聖王, 天皇, 神兵은 일본고대의 일신사상을 함축하는 용어이다. 神, 天, 日은 일본의 건국신화의 모티브가 되고 있고 임신의 난에서 승리하여 집권한 천무의 통치의 이념을 상징적으로 말해주고 있다.

천무천황의 신격화는 일본 국호와 천황호에서 가장 집약되어 있고, 천황가의 혈통의 신성함과 치세의 정당성을 표출하는 중요한 수단이었다. 또 동 12월 신해조의 분주에도, 신라왕은 지금 이후로는 日本國에 계시는 신의 아들의 내관가가 되어 끊임없이 조공하겠다고 맹세한다[35]. 여기에도 日本國, 神御子, 内官家 등 일본의 대외관념이 함축되어 있다.

『일본서기』에 나타난 신공황후의 신라정벌론은 후대의 일본지배층의 현실의 이상적 관념이 투영된 가상의 기록이지만, 당시의 대외의식을 엿볼 수 있다는 점에서 중요하다. 『일본삼대실록』 정관 11년(869) 12월조에 보이는, 신라국 병선이 축전국 那珂郡을 침공했을 때 伊勢神宮에 알리는 告文에, 우리 일본조정은 신의 가호를 받는 神明의 국이기 때문에 신라의 적들이 근접할 수 있겠는가[36]라고 하는 내용도, 신라를 의식한 신국관념이 표출되어 있다.

일본이라는 국호의 제정은 신의 나라, 신성한 일본이라는 의미가 있고, 신국

---

35 『日本書紀』神功皇后 섭정전기(仲哀天皇9년) 12월 신해조.

36 『日本三代實錄』貞観 11년 12월 정유조, "然我日本朝〈波〉所謂神明之國〈奈利〉, 神明之助護〈利〉賜〈波〉. 何〈乃〉兵寇〈加〉可近來〈岐〉".

일본이 신라를 정벌하는 것은 신칙을 받아 정당화되고, 신라를 내관가로 삼아 신라왕의 조공을 받는 관계를 설정하고 있다[37]. 이것은 현실과 미래의 기대상을 신공황후라는 전설상의 여인을 통해 신라 우월적 일본국을 건설하고자 한 이데올로기였다. 여기서 日本은 천상과 지상을 지배하는 신이 통치하는 神國이라는 점이 강조되고, 대외적으로는 신라국을 일본의 종속하에 두려는 강한 의지가 표현되어 있다.

『일본서기』에는 천황이 아니면서 천황과 동일한 神功紀라는 천황기를 설정하고 있다. 특히 일본의 대외관계기사의 첫머리에 신라정벌을 기록하고, 이어 고구려, 백제의 항복이라는 삼한정벌을 정의하고, 나아가 가야7국 평정 및 일본국에 서번으로 영원히 조공한다는 내용으로 배열하고 있다. 신라정벌론은 바로 『일본서기』 편찬의 중요한 배경이기도 하다. 『일본서기』 편찬 당시의 한반도는 이미 백제, 고구려는 멸망하고 신라국이 통합국가로서 존립하고 있었고, 이에 대항하는 절대적 중앙집권국가의 수립을 추구하고 있던 시기였다. 신라를 능가하고 복속시킬만한 국가의 건설은 일본국의 지상의 과제였다. 여기에는 새로운 국가제도, 이상적인 국가상이 요구되었으며 새로운 국호의 제정도 그 중의 하나였다.

일본의 건국신화에 황조신으로 나오는 天照大神 신화와의 관계도 중요하다고 생각된다. 天照大神의 한자적 의미는 하늘에서 지상으로 비추는 大神, 일본국 천황의 시조신을 말한다. 天照는 日이고 지상으로 비추는 태양은 日神의 은덕으로 지상의 통치가 이루어지고, 本은 지상은 근원으로 천지일체의 사상이고 이념이다. 따라서 건국신화의 생성도 일본 국호의 탄생, 천황호의 제정도 거의 동시기에 출현했다고 생각된다. 천무조에서 『일본서기』 편찬이 시작된 것은 이러한 日

---

37 이러한 관점은 神野志隆光의 견해에도 보인다(『日本國號の由來と歷史』, 講談社學術文庫, 2016, 236쪽). 그에 따르면, "신공황후의 신라정벌담은 백촌강 패전후의 동아시아세계 속에서 신라와의 관련성을 과거로 소급하여 이념적으로 이야기화한 것이고, 그 시기 일본, 천황, 신국, 신병의 호칭과 새롭게 신라를 번국, 조공국, 복속국으로 자리매김한 것과 세트되어 있다"고 지적하였다.

神, 天神 사상과 융합되어 나온 것으로 보인다. 일신사상과 이념이 생성된 배경에는 대외적으로는 신라였고, 적대국이자 경쟁국인 신라를 극복하고 이념적으로 신라를 복속하에 두는 현실과 미래의 기대상을 담은 일본국을 설계했던 것이다. 이것이 구체적으로 체현된 것이 大寶令이다.

公式令「詔書式」조에는 "明神御宇日本天皇詔旨"라고 하여 명신으로 천하를 다스리는 '日本天皇'의 명칭을 사용하고 있다. 양로령의 공적 주석서인 『令義解』에서는 "以大事宣於蕃國使之辭"라고 하여 이 양식은 대사로서 번국사에게 사용한다고 해석하고 있다. 번국사는 외국사를 말하지만, 대보령의 주석서인 「古記」에는 "御宇日本天皇詔旨는 隣國 및 蕃國에게 사용하는 말이다"라고 하고, 또 "隣國은 大唐이고, 번국은 新羅이다"라고 주석을 달고 있다. 御宇日本天皇詔旨라는 천황 조서의 양식에 대해 번국에만 사용한다는 『영의해』의 해석과 인국, 번국 모두 사용한다는 「고기」의 해석에는 차이가 있다. 양자의 차이에도 불구하고 당에 대해서는 天皇의 호칭을 사용한 사례는 없다. 법령 및 주석서에는 당에 대해서도 사용한다고 규정되어 있지만, 실제로 대당외교에서는 「일본국+스메라미코토」로 일관하였다. 또 대신라외교에 일본천황으로 국서에 기입했는지, 신라도 이에 호응해서 신라국 국서에 동일한 표현을 했는지에 대해서는 사료상으로는 확인되지 않는다. 『속일본기』는 신라가 일본에 보낸 국서는 존재하지 않으며, 신라사의 입을 통해서 구두로 발설한 일본천황의 용어는 신뢰할 수 없으며 일본적 윤색이다. 게다가 『삼국사기』, 『삼국유사』를 비롯한 금석문, 기타의 자료에도 천황이라는 호칭은 1례도 보이지 않는다.

일본이라는 국호를 대외적 목적으로 법령에 규정한 것은 천황제 율령국가 일본국이 번국으로 간주하고자 한 신라를 의식한 용어의 창출이고, 일본 국호와 군주호 천황이 일체가 되어 明神御宇日本天皇詔旨라는 조서식으로 정하게 되었다. 일본 국호와 군주호 천황은 불가분의 관계가 있으며 천무조에서 사용하기 시작하다가 대보령의 제정으로 명문화되었다. 다만 이러한 일본, 천황 호칭이 대외적인 목적으로 출발했다고 하더라도 내부를 향한 집권자의 천하의식, 신국사상의 표출이라는 점은 중시해야 한다. 대외적 목적이란 역으로 내부를 향한 집권자의 권력집중이 강하게 의식되어 있었다. 일본, 천황 모두 신성성을 말하고, 일본국 통치는 만세일계의 日神인 천조대신의 혈통을 이어받은 천황가에 의해서만 가능하다는 메세지였다. 일본 국호는 권력의 주체가 바뀌어도 존속하였고, 천황제와 더불어 일본이라는 특유의 역사적 공간, 문화의식을 형성하게 되었다.

제7절 일본국호 제정과 그 의미

일본열도의 왕권의 국호는 기원 전후한 시기부터 중국, 한반도제국에 왜, 왜국으로 알려졌다. 이것은 외부세계에서 먼저 사용한 호칭이 역으로 내부의 국호로서 사용된 것이다. 중국정사에 는 왜전, 왜인전, 왜국전으로 등재되어 있으며 5세기대 이후에는 자국의 국명으로 정식으로 사용하였다. 타칭으로 시작된 왜국 국호가 천무조에 이르러 日本으로 개칭되었으며 淨御原令 제정 시기에 법령으로 들어갔고, 대보령 제정으로 천황호와 함께 日本天皇이라는 대외적 호칭으로 법제화되었다.

일본국호가 대외적으로 사용된 것은 사료상으로 확인할 수 있는 시기는 신라 효소왕 7년(698)이고, 당에 대해서는 대보 2년(702)에 처음으로 사용하였다. 일본 국호는 680년대 일본지배층이 착안한 명칭으로 오랜 기간동안 사용해 왔던 왜국 국호를 폐기하고 자신들이 작명한 국명을 처음으로 대내외적으로 공식화한 것이다. 즉 일본 국호는 일본열도의 왕권이 외부세계에 알려진 후 거의 700여 년만의 일본열도 왕권 스스로 제정한 국호였다. 이 '日本'은 일본열도를 대표하는 국가의 국호로서 그 후 개명하는 일이 없이 이어지고 있다.

일본 국호의 성립 배경에는 신국사상과 깊은 관련을 있다. 天照大神이라는 태양신을 천황가의 황조신으로 하는 건국신화를 창출했으며 국호의 탄생은 7세기 후반의 천무왕권의 출현으로 서막을 올리게 되었다. 이 시기 천무천황은『일본서기』편찬을 위해 사료의 취합, 선택을 명했으며 일본국 건국의 유래와 정통성을 강조하는 용어로써 일신사상을 투영시켜 신성한 국가의 이미지를 함축하는 일본 국호를 고안해 내었다. 국호는 한 국가의 정체성을 말해주는 것이고 대외적으로 자국의 위치, 위상을 알리는 상징성이 있어 용어의 창출에는 강렬한 메세지가 필요하였다. 종전의 순종적이고 순박한 이미지였던 倭로부터 탈피하여 스스로를 태양신의 자손으로서 격상시키고 神國 '日本'을 출범시켰다. 왕통의 영속성을 위해 혈통의 신성성을 강조하고 일신의 자손인 천황가 이외에는 일본국을 통치할 수 없다는 건국신화의 새로운 이념을 창출하였다.『일본서기』편찬 이후 귀족관인들의『일본서기』강독은 시작되었으며 건국신화, 신공황후의 신라정벌론은 일본인의 정신세계를 지배하는 이데올로기로서 역사적으로 계승되어 갔다.

　일본 국호의 제정에 대외적으로 가장 의식된 대상은 바로 신라였다.『일본서기』대외관계기사의 첫머리에 신공황후의 신라정벌기사를 배열하여 신라왕, 신라국을 복속시킨다는 전설담에 日本, 神國, 神兵, 聖王, 天皇의 용어를 투영시켰다. 신국 일본국이 신라에 대한 복속담은 일본국을 대외적인 위상을 높히는데 중요한 촉매제였다. 7세기후반 통합국가로 출현한 신라와의 경쟁의식은 신라는 능가하는 國制의 정비가 필요하였고 그 중에서도 새로운 국가의 명칭과 군주호의 창안이었다. 일본, 천황으로 무장한 '神兵'의 신라복속담은 일본국이 지향해야 할 현실과 미래의 기대상이었고, 동시에 내부적으로는 지배체제의 구축을 위한 이데올로기였다. 일본 국호의 사용을 당이 아닌 신라에 먼저 사용하기 시작한 것은 왜국 시대의 종언을 고하는 일본국의 위상을 알리기 위한 선언이었다.

제4장 대외관계와 국가이념의 창출

일본고대국가사상 천무조는 고대국가의 도달점이라고 할 수 있는 초기 천황제 율령국가의 기반을 구축하였고, 군주호 天皇 및 日本 국호를 제정하고 國制의 정비 등 국가의 방향성을 제시한 시대였다. 천무의 권력장악은 天智의 사후 군사정변을 통해 近江朝廷을 붕괴시키고 수립된 왕권으로, 유교적 정치사상에서 보면 반역의 정권에 해당한다. 따라서 권력장악의 명분, 정당성에서 천무왕권은 매우 취약하였으며, 왕권의 정당성을 어떻게 구현해 나가느냐가 현실적 과제였다.

천무왕권의 등장 시기에는 한반도에서는 백제고지를 둘러싼 신라와 당이 전쟁 중이었고, 동시에 양국은 일본을 상대로 한 외교전이 전개되고 있었다. 천무왕권은 종전의 외교노선으로는 현실의 국제관계를 극복해 나가기 어려웠다.

내부적으로는 임신의 내전으로 피폐해진 국력을 회복시키고 관인귀족들을 왕권의 질서 속에 흡수하여 전제적 지배체제를 구축하고, 내전으로 장악한 권력의 정당성을 추구하는 일이었다. 즉 내정의 개혁과 대외관계의 방향성을 명확히 하고 지배의 이념을 새롭게 정립하여 왕권의 정통성과 안정화를 추구하는 일이 새로 수립된 천무왕권의 현실적 과제였다.

제1절 대외관계의 추이와 특징

1. 대외관계의 추이

천무왕권이 출범한 것은 임신의 내전이 종료된 직후 672년 2월이었다. 천무는 폐허로 변한 近江朝廷의 大津宮에 대신해서 飛鳥의 淨御原宮에서 임시 단상을 세우고 즉위하였다. 그러나 한반도에서는 신라의 백제고토에 대한 침공, 당과의 전쟁 등 불안정한 정세는 계속되었다. 이러한 와중에서 당과 신라는 일본에 대한 외교적 공세는 치열하게 전개되었고, 천무왕권의 대외관계는 기로에 서게 되었다. 나당연합군에 대항에서 전쟁을 벌였던 과거의 적대국과 외교적 무대에서 마주치게 되었으며, 어느 세력을 선택하느냐의 판단은 쉽지 않았다. 신라를 도와 신라가 이길 경우, 동아시아의 대국 당과의 관계는 더욱 어려워지고, 당측에 가담하여 신라가 멸망할 경우에는 그 세력이 일본열도에까지 미쳐 자국에도 위협이 될 수도 있었다. 당의 팽창주의 정책 하에서 당과의 외교적 약속은 상황변화에 따라 언제든지 파기될 수 있기 때문이다. 이미 당은 신라와 약속한 정복지에 대한 영토분할의 약속도 파기하였고 오히려 신라를 계림도독부로 삼아 지배의 야욕을 드러내었다. 이것이 당의 국제전략이었다.

백제부흥전쟁의 패배로 위기의식을 느낀 일본조정이 국가적 총력을 기울여 단기간에 축성사업, 防人의 배치 등 군사망을 구축한 것도 나당 연합군에 대한 두려움 때문이었다. 특히 백강전투에서 당의 수군과의 전투에서 처참한 패배는 일본조정의 대당 위기의식을 더욱 가중시켰다. 이 시점에서 일본의 대외정책은 당과는 마찰을 피하면서 관계를 유지하면서, 신라와는 정치적 타협을 통해 신라가 당의 방패가 되어주기를 기대했을 것이다. 신라 역시 대당전쟁을 수행하면서 일본과의 대립을 피하기 위한 외교전략을 구사하였다. 급변하는 국제관계의 변동 속에서 신라, 당, 일본 삼국간의 군사적, 외교적 공방이 전개되었다.

신라의 백제고토에 대한 침공의 개시는 바로 669년 고구려의 유민이 당의 지배에 대한 반기를 든 시점이었다. 신라는 고구려 검모잠의 부흥운동을 지원하면서, 670년에 신라로 망명한 보장왕의 서자 安勝이 이끄는 망명객 4천여호를 금마저에 안치시켰다. 금마저는 전라북도 북방으로 백제의 고지로서 이미 신라의 영유로 들어갔다. 이어 백제고지에 대한 대대적인 공격을 가하여 品日 등이 63성, 天存 등이 7성, 軍官 등이 12성을 공취하고 수많은 인민과 병기, 군마 등 인적, 물적자원을 획득하였다[1]. 이때 공략한 82성은 백제영역의 대반을 점하는 전라도 방면으로 추정된다[2]. 이듬해에는 사비성을 함락시켜 所夫里州를 설치함으로써 사실상 백제고토에 대한 지배권을 확립하였다.

---

1 『삼국사기』 신라본기 문무왕 10년 7월조.
2 池内宏,「百濟滅亡後の動亂及び唐・羅・日三國の關係」『滿鮮史研究』上世第二冊, 吉川弘文館, 1979, 192~193쪽.

반면 이 시점에서 당의 웅진도독부의 기능은 거의 쇠퇴했다고 보인다. 신라는 669년 9월과 671년 10월에 재차 사찬 督儒와 사찬 金萬物을 각각 일본에 사자를 보냈다. 김만물이 파견되었을 때에는 일본측에서 신라 문무왕에게 명주 50필, 비단 50필, 면직물 1000필, 가죽 100매를 보내고 있듯이 양국관계가 상당히 진전되고 있음을 보여주고 있다[3].

한편 당에서는 671년 정월에 웅진도독부의 李守眞을 일본에 보냈다. 동 2월에는 백제가 臺久用善을 파견하였고[4], 동 6월에는 백제 3部의 사신이 요청한 군사에 관해 선언이 있었고[5], 이어 예진자(羿眞子)를 보냈다[6]. 이때의 백제의 3부는 명확하지 않으나 군사적으로 편성된 지방 5부체제 하에서 지역 세력의 연합으로, 이 사신이 요청한 군사에 관한 선언은 일본으로부터 군수물자의 지원에 관한 내용으로 보인다. 이와같이 백제고토로부터 단기간에 동시 다발적으로 군사외교가 전개되었다.

동년 11월에는 당 본토에서 郭務悰 등 600명과 送使 沙宅孫登을 비롯한 1400명 등 2천명이 47척의 선박에 분승하여 일본에 보냈다[7]. 이때의 대규모 사절단은 백강전투에서 당군의 포로가 된 왜병들이다[8]. 당시 신라와 전쟁 중이던 당의 입장에서 보면, 일본을 자국 편으로 끌어들여 신라를 협공하는 일이었다. 즉 백제부흥운동에 참전한 왜인 포로를 송환하여 대일외교를 성공시키고자 하였다. 이에 대해 일본조정에서는 곽무종 일행에게 갑주와 활, 화살을 비롯하여 비단 1673필, 피류 2852단, 솜 666근을 제공하였다. 그러나 이를 양국의 군사적 협력체제로 보기는 어렵고, 왜인포로의 송환에 대한 답례의 성격이 강하고, 당과의 대립을 피

---

3 『日本書紀』天智紀 9년 9월조, 동 11년 10월, 11월조 .

4 『日本書紀』天智紀 10년 정월조.

5 『日本書紀』天智紀 10년 6월 기사조.

6 『日本書紀』天智紀 10년 6월 병진조.

7 『日本書紀』天智紀 10년 정월조, 11월조.

8 松田好弘, 「天智朝の外交について」『立命館文學』415·416·417, 1980, 123쪽, 直木孝次郞, 「近江朝末年における日唐關係」『古代日本と朝鮮·中國』, 講談社學術文庫, 1988, 200~206쪽.

하기 위한 외교전략이었다.

당의 대일견사는 백제고토가 신라의 영유로 넘어간 직후였으며, 그 탈환을 위한 전략으로 대일외교를 추진하였다. 그러나 한반도에서 당세력의 쇠퇴가 가시화됨에 따라 당의 대일외교는 결국 실패로 끝나고 말았다. 이후 양국관계는 단절되어 일본의 견당사가 재개되는 702년까지 31년간의 장기간 교류의 공백상태를 맞이하게 된다.

2. 신라관계와 문화외교

일본의 대당관계가 단절된 이후 7세기말까지의 신라와 일본은 國制의 정비 등 내정의 개혁을 통한 왕권의 안정을 추구해 나갔다. 7세기후반 3/4분기는 신라는 文武王(661~680) 후반기에서 神文王(681~691), 孝昭王(692~700)의 치세로서 통일국가로서의 체제가 완성되어 나가는 전환기였고, 일본도 天武朝(672~686), 持統朝(687~696)로서 천황제 국가의 기반이 구축되어가는 시기였다. 668년에서 700년까지의 양국관계를 보면, 신라의 견일본사가 27회, 일본의 견신라사가 11회로서 총 38회의 사절을 교환하고 있어 유례없는 활발한 교류의 시대였다.

임신의 내전이 종료된 직후인 671년 11월에 筑紫에 도착한 신라사 金押實 일행에게 일본조정에서는 향응을 베풀고 배 1척을 주어 귀국시켰다. 천무천황이 즉위한 직후인 673년 6월에 신라에서는 대아찬 金承元, 아찬 金祗山 등을 보내 천무의 즉위를 축하하는 사절과 함께 일길찬 金薩儒, 대나마 金池山 등을 보내어 천지의 조문사절도 파견하였다. 그러나 천무왕권은 천지천황의 조문사절은 배제한 채 천무천황의 축하사절 27인만 왕경으로 불렀고, 難波에서 향응을 베풀었다[9]. 이는 새로 수립된 천무왕권의 친신라정책이었고, 전대의 천지조와는 일선을 긋는 차별화된 외교적 성격을 보여주고 있다.

한편 이 시기의 『일본서기』에는 고구려사절의 일본 파견기사가 9회나 나오고,

---

9 『日本書紀』天武紀 원년 11월 신해조.

일본에서도 3차례 고구려에 사신을 파견하였다[10]. 이때의 고구려는 신라가 구왕족인 안승을 고구려왕으로 삼아 금마저에 안치시켰던 고구려 유민집단이다. 신라가 보낸 고구려사는 천무천황이 즉위한 673년 8월부터 682년 6월까지 6회나 이루어졌다. 보덕국의 고구려사는 上部, 下部, 後部, 西部의 5부명을 관칭하였고, 大兄, 大使 등 관위명을 갖고 마치 멸망전의 고구려 사절과 같이 파견되었다. 이 것은 고구려인을 전면에 내세움으로써 일본지배층의 중화의식을 만족시켜 주려는 신라의 외교전략이었다. 僞使나 다름없는 고구려사를 앞세운 신라의 대일외교는 대당항쟁기에 외교적 효과를 극대화시킬 목적으로 일본조정에 대한 양면외교를 구사한 것이다. 이 송사외교는 금마저에 거주하는 고구려유민의 반란사건으로 보덕국이 해체되고 금마군으로 개편한 시점에서 종료되었다.

신라의 대당관계가 진정되는 680년대 이후의 신라와 일본의 관계는 평화적인 교류가 전개되었다. 신라의 견일본사가 13회, 일본의 견신라사가 6회라는 횟수에서 나타나듯이 활발한 외교였다. 특히 신라는 일본의 유일한 교류국으로서 국제정보와 문물을 접할 수 있는 창구였다. 이 교류에서 사절의 파견목적이 분명한 것은 684년에 일본의 견당학생인 土師宿禰甥, 白猪史寶然 등을 신라가 송사하였고[11], 681년, 693년, 700년의 사절은 신라 문무왕, 大后(효소왕의 모친)의 상을 알리는 告喪使였다[12]. 그리고 689년의 사절은 天武天皇의 조문사이고[13], 685년, 687년, 695년은 이른바 '國政의 奏請'에 관한 것이다[14].

한편 일본에서 신라에 보낸 사절은 687년에 천무천황의 상을 알리는 告喪使가 있고, 그 외에는 신라에서 사절이 온 직후 파견하고 있어 답방의 성격이 강하다.

---

10 고구려 멸망 후의 고구려사의 견일본사에 대해서는 村上四男,「新羅國と報德國安勝の小高句麗國」『朝鮮古代史硏究』, 開明書院, 1978, 鈴木靖民,「百濟救援の役後の百濟及び高句麗の使について」『日本歷史』241, 1968, 참조.

11 『日本書紀』天武紀 13년 12월조.

12 『日本書紀』天武紀 11년 10월조, 동 持統紀 7년 2월조,『續日本紀』文武紀 4년 11월조.

13 『日本書紀』持統紀 3년 4월조.

14 『日本書紀』天武紀 5년 11월조, 동 14년 11월조, 持統紀 9년 3월조.

그러나 의례적인 답방이 아니라 주로 학문승을 파견하는 등 문물의 수입을 위한 사절이었다. 684년에 觀常, 靈觀을 보낸 것을 시작으로[15], 687년에 明聰, 觀智를 학문승으로 파견하였으며, 동년 8월에는 신라사와 함께 귀국한 智隆이 있고, 693년에는 辨通, 神叡를 파견하였다[16]. 그리고 692년에 務廣肆의 관위를 받은 山田史御形은 沙門이 되어 신라에 유학했던 인물이다[17]. 이 시기는 일본의 신라불교의 수입기라고 할 정도로 다수의 학문승들이 신라에 파견되었다.

특히 양국간에 오고간 告喪使와 賀騰極使는 양국의 우호관계를 상징하는 사절이다. 성격이 다른 이 2개의 사절이 동시에 파견된 것은 정보가 늦던 당시의 상황에서 당연한 일이었다. 신라는 672년에 天武의 즉위시의 축하사절과 天智의 조문사를 함께 보냈고[18], 703년에 효소왕의 고상사를 일본에 보낸 일이 있다[19]. 양국의 조문, 경축 사절은 680년대 이후 20여년간에 집중되어 있다. 국제정세의 안정기에 이러한 성격의 사절의 왕래는 상대국에 대한 우호적 표시임에 틀림없다. 국가적 대사인 조문 및 즉위의 경축 행사에 참여하는 일은 국가 상호관계의 성격을 말해주는 것이고, 천무왕권 등장 이후에 변화된 양국관계의 모습을 엿볼 수 있는 사례이다.

이러한 『일본서기』의 형식논리를 배제하면 이 시기의 양국 간의 교류의 중심은 문물의 전파와 수용이다. 견신라사에 동반하거나 혹은 단독으로 신라에 파견된 유학승들은 신라학문을 일본으로 이식한 주역들이다. 田村圓澄에 의하면 天武·持統朝가 중심으로 이루는 白鳳時代의 일본의 불교계는 시종 신라불교계에 배우고 또 민감하게 반응하였으며 이 시대를 이른바 "신라 학문승의 시대"로서 규정한다. 또한 藥師寺의 쌍탑식 가람배치는 신라의 사천왕사나 감은사로부터

15 『日本書紀』天武紀 13년 4월조, 동 14년 4월조 참조.
16 『日本書紀』持統紀 7년 3월조.
17 『日本書紀』持統紀 6년 10월조.
18 『日本書紀』天武紀 2년 윤6월조.
19 『續日本紀』文武紀 大寶 2年. 정월조.

배운 것으로 신라유학승이 관여하였고, 일본에 법상종을 전한 것은 신라 유학승인 元興寺의 神叡였음을 지적하고 있다[20].

『일본서기』持統紀 3년(689) 6월조에 의하면, 조정에서 筑紫大宰에게 명하여 신라 학문승인 明聰과 觀智에게 신라의 스승과 友人에게 보낼 綿 각 140근을 하사하고 있다. 자국의 유학승을 가르친 신라인에 대해 국가에서 사례의 물품을 보내는 행위는 극히 이례적인 일이다. 이것은 신라로부터의 문화의 수입에 일본조정의 기대와 관심이 어느 정도였던가를 반영하는 것이다. 이 시대의 신라 유학승 중에서 觀智는 慶雲 4년(707)에 維摩講師, 和銅 5년(713)에는 律師를 지냈다[21]. 山田史御形은 養老 5년(721)에 문장의 사범으로서 東宮(후의 聖武天皇)을 가르쳤다[22]. 또한 辨通은 大寶 2년(702)에 율사를 거쳐 和銅 5년(713)에는 少僧都를 역임하였고[23], 神叡는 養老 원년(717)에 율사, 天平 원년(729)에 소승도에 임명되었다[24]. 율령제하에서의 승니를 감독, 교도하는 승관제는 승정, 대승도, 소승도, 율사의 4개의 직으로 구성되고 그 밑에 佐官이 설치되었다. 소승도 이상의 정원이 각 1인이고 율사는 4인인 점을 감안하면 신라 유학승 출신들은 선진학문과 사상을 바탕으로 일본불교계의 중추적 역할을 담당하고 있었음을 알 수 있다.

또한 신라율령관제의 특색인 令, 卿, 大舍, 史의 4등관제는 일본관제와 공통점이 있고, 學制, 喪葬制도 신라의 그것도 동일내용이 규정되고 있음을 지적되고 있다[25]. 일본의 율령편찬은 天武 10년(681)에 편찬이 개시되어 持統 3년(689)에 淨御原令이 시행되었고, 대보 원년(701)에는 대보율령이 완성되었다. 일본 율령이 母法으로 한 당의 永徽律令(651년 완성)은 일본의 제2차 건당사(652~654), 제3차

---

20 田村圓澄,『古代朝鮮佛敎と日本佛敎』, 吉川弘文館, 1980, 118쪽, 141쪽, 168~172쪽.

21 新日本古典文學大系『續日本紀(1)』, 岩波書店, 1989, 187쪽 註9 참조.

22 日本古典文學大系『日本書紀』, 岩波書店, 1965, 518쪽 註10 참조.

23 新日本古典文學大系『續日本紀(1)』, 岩波書店, 1989, 187쪽 註8 참조.

24 新日本古典文學大系『續日本紀(1)』養老 원년 7월조, 養老 3년 11월조, 天平 원년] 7월조.

25 鈴木靖民,「日本律令制の成立・展開と對外關係」,『古代對外關係史の研究』, 吉川弘文館, 1985, 13~18쪽.

(654~655)에 의해 기본적인 자료가 입수되었다고 보이지만[26], 신라율령의 내용, 구체적인 운용방법 등을 참고했을 가능성이 높다.

天武 13년(684)에 신라사에 의해 귀환한 견당학생 土師宿禰甥, 白猪史寶然 등은 대보율령의 편찬에 참여하고 있다[27]. 持統 4년(690)에도 견당학문승 智宗, 義德, 淨願 등이 신라송사에 의해 귀환하였다[28]. 이들이 신라를 경유해 귀환한 것은 일본조정의 의도가 작용했다고 보이며, 신라 체재 시에 신라율령의 내용 및 운용에 관한 시스템을 입수했을 것으로 보인다[29]. 신라 율령에 대해 가장 최신의 정보를 수집했을 것으로 생각되는 인물은 持統 9년(695)에 小野朝臣毛野와 함께 견신라사로서 파견된 伊吉連博德이라고 생각된다[30]. 그는 이미 齊明朝 때 견당사의 일원으로 당에 파견된 적이 있고, 天智朝에는 백제에도 파견된 적이 있는 전문 외교관으로서 활약하였다. 文武 4년(700)에는 대보율령의 편찬자로 임명되었다. 대보 원년(701) 8월에는 그 완성의 공에 의해 祿을 받았고, 대보 3년에도 40町의 토지와 50호의 식봉을 하사받았다. 특히 대보율령의 편찬에 참여한 19인 중, 8인이 도래계 출자를 갖는 인물이라는 사실은 신라법의 영향이 적지 않았음을 보여주는 것이다[31].

요컨대 당의 율령이 기본적으로 입수된 상태에서 이를 모범으로 하고, 여기에 신라의 율령도 참조하여 일본의 대보율령을 완성했다고 생각된다. 견당사가 단절된 시기에 일본의 대신라 관계는 국가운용에 필요한 다양한 법제, 학술, 종교,

---

26 池田溫,「唐律令の繼受をめぐって」,『日本思想大系』月報55, 1976.

27 『續日本紀』文武紀 4년 6월 갑오조.

28 『일본서기』持統紀 4년 9월조. 이들 학문승들이 入唐한 해는 智宗이 白雉 5년(654) 2월, 義德이 白雉 4년(653) 5월이고, 淨願과 土師宿禰甥, 白猪史寶然 등은 입당 연차가 불명이나 거의 비슷한 시기에 파견되었을 것으로 보인다. 따라서 670년 이후에는 견당사의 파견은 없는 것이다.

29 岡藤良敬,「七世紀中葉~九世紀の日羅關係」,『福岡大學人文論叢』28-4, 1997, 7쪽.

30 伊吉連博德에 대해서는 坂本太郎,「日本書紀と伊吉連博德」,『日本古代史の基礎的研究』上, 東大學出版會, 1978, 참조.

31 鈴木靖民,「日本律令制の成立·展開と對外關係」, 앞의 책, 20쪽.

사상, 문물 수입에 역점을 둔 외교였다고 할 수 있다.

제2절 천무천황의 신격화와 국가이념

천무천황은 7세기후반 대내외적인 위기를 극복하고 각종 제도를 개혁, 정비하였다. 그의 15년 치세는 강력한 전제정치로 천황제 국가의 기반을 조성한 군주로서 평가할 수 있다. 천무천황의 권력장악이 군사정변을 통해 이루어진 사실로부터 그의 왕권의 정통성, 정당성을 주장할 명분이 필요하였다. 천무조에서 왕권의 안정화가 시작되는 시점은 신라가 대당전쟁에 승리한 천무 5년(676)이었다. 천무왕조는 새로운 국가체제, 나아가야 할 방향 등을 모색하게 된다. 천무가 구상한 국가상은 천황가의 유구한 통치를 위해 그 통치의 정당성을 보증하고, 동시에 다른 씨족과의 차별화를 위해 천황가의 신격화를 추진하는 일이었다. 『일본서기』에는 天武紀를 상하 2권으로 편성하여 상편에는 임신의 난의 전 과정을 기술하였고, 이것은 임신의 난의 정당성을 주장하기 위해 기획된 것이다.

천무조에는 군사상의 전략가는 있어도 국가상을 설계하고 국가의 비전을 제시한 인물은 보이지 않는다. 法官大輔를 지낸 백제계 대학자 沙宅昭明이 있었으나 천무조 초기에 사망하였다. 『일본서기』 편찬에 참여한 인물 중에 忍壁皇子는 천무의 황자로 대보율령 편찬에도 필두에 이름을 올렸고, 천지의 황자인 川嶋皇子 및 廣瀬王, 竹田王, 桑田王, 三野王 등의 제왕이 나온다. 이밖에 上毛野君三千, 忌部連子首, 阿曇連稻敷, 難波連大形, 中臣連大嶋, 平群臣子首의 관인 지식층이 이름이 거론되고 있다. 편찬에 관여한 12인 중 6인이 황실의 인물이었다. 그의 주변에는 황친정치라는 말이 어울릴 정도로 자신의 직계 황자 등 제왕들이 포진하고 있었다. 태정관의 중추를 이루는 태정대신, 좌우대신도 두지 않았다. 중앙의 6관은 사실상 천무의 직속기관과 같이 움직이고 있어 천무 1인에 의한 전제주의적 왕권을 행사하고 있었다고 생각된다. 이를 보좌하는 인물이 지통천황으로 즉위하는 황후 등 소수의 황자들이었다. 사실상 국가와 왕권의 神權的 이념의 대강은 천무천황으로부터 나왔다고 해도 좋을 것이다. 그를 가리켜 '神武'라는 인물평을 한 것도 이와 관련되어 있고, '天文遁甲'에 뛰어났다는 도교적인 신통력도 그를 신의 반열에 올려놓는 전승담이 만들어졌다고 생각된다.

또 『만엽집』에는 柿本人麻呂의 草壁皇子 죽음을 애도하는 挽歌를 지었다. 초벽황자는 천무천황과 황후 지통 사이에서 태어난 황위계승자였지만, 27세를 일기로 세상을 떠난 인물이다. 이 만가에는 天河原(高天原)에서 天照日女命(天照大神)이 통치하고 있을 때, 高照日皇子는 飛鳥淨御原宮에 신으로서 궁전을 조영하여, 이 나라는 대대로 천황이 다스리는 국이 되었고, 이후 高天原의 석문을 열어 신계로 올라가게 되었다는 내용이 실려있다[32]. 여기에 나오는 高照日皇子를 天照大神의 명으로 강림하는 니니기노미코토에 비의하고 있다. 천조대신의 자손으로 지상으로 강림하는 니니기노미코토의 모습이 그대로 천무천황에 투영되어 있다. 이어 天原의 석문을 열어 천상계로 올라간 것은 죽음을 맞이한 초벽황자를 말한다. 초벽황자의 혈통의 신성성을 말하는 중에 천무천황을 새로운 왕조의 창시자로 표현하고 있다. 즉 시공을 초월하여 『고사기』, 『일본서기』의 건국신화에 나오는 천손강림 신화를 飛鳥의 淨御原宮에서 통치한 天武天皇의 이야기로 대비시켜 노래한 것이다.

천무는 임신의 전란 중인 天武 원년(772) 6월에 朝明宮의 迹太川 근처에서 천조대신을 바라보며 참배하였다[33]. 이어 동 2년 4월에는 大來皇女를 天照大神宮에 보내 泊瀨齋宮에 거주하게 하였다[34]. 또 천무천황이 병상에 있을 때 진혼제가 거행되었다. 천무천황을 위한 초혼은 황조신인 日神을 맞이하여, 병상의 천황에게 활력을 불어넣은 진혼제이고, 궁정의 제의가 되었다. 천조대신은 이 단계에서 분명히 황조신의 주신으로 추앙되고 있었고, 伊勢에 진좌해 있는 신의 제사가 행해지고 있었다[35].

---

32 『萬葉集』 권제2(167), 「日並皇子尊殯宮之時, 柿本朝臣人麻呂作歌一首并短歌」
33 『日本書紀』 天武紀 원년 6월 병술조.
34 『日本書紀』 天武紀 2년 4월 기사조.
35 上田正昭, 『日本神話』, 岩波新書, 1970, 70~71쪽.

『일본서기』에는 天照大神이라는 용어는 崇神紀, 神功紀 이후 장기간 공백을 보이다가, 天武朝에 비로소 다시 등장한다[36]. 또한 伊勢의 신사가 天照大神宮으로 쓰기 시작한 天武朝이고, 이 시기에 황조신 天照大神의 건국신화가 창출되었음을 말해주고 있다. 天照大神은 天으로부터 만물을 내리비추는 日神인 지고의 신이다.

日本이라는 국호도 天照大神의 天照와 무관하지 않다. 日神의 자손인 '日御子'가 통치하는 국이라는 의미이고, 王位를 '天日嗣'라고 불리우듯 동 시기에 제정된 군주호 天皇과 日本 국호는 상호 관련성을 갖고 있다. 신으로 승격화된 강렬한 카리스마를 갖은 천무의 구상속에서 살아있는 신으로서의 천황과 天에서 비추는 日神의 바로 아래에 있는 日本國이 탄생한 것이다. 천황, 일본 모두 天武의 인격과 불가분의 관계로서 출현한 것이다. 즉 천조대신 신화의 창조는 곧 천황가의 신격화이자 천무 자신의 신권정치의 권위의 배경이 되었다.

제3절 신공황후 전설의 생성

『일본서기』에서 신공황후의 기록이 나오는 것은 신공기 이후에 계체기 6년 (508) 12월조에, "대후 息長足姬尊(神功皇后)과 대신 武內宿禰가 나라마다 처음으로 官家를 설치하고 바다 저쪽의 번병으로 삼은 지 그 유래가 오래되었다"라고 하여, 신공기의 삼한정벌설화를 설정하여 기술하고 있다. 欽明紀 23년(543) 6월조에는 임나의 멸망과 관련하여 신공황후의 신라에 대한 영웅담을 조서의 형식으로 기술하고 있다. 이 기록은 신라가 任那를 멸망시켰다는 사실과 가야지역이 일본천황의 직할지였다는 內官家 사상 및 신공황후 전설이 혼합되어 있다. 임나일본부 문제는 흠명기에만 집중되어 있는 특수한 사료군으로 백제계 사료를 중심으로 기술되어 있지만, 1차적으로 백제측 사료인『百濟本記』가 윤색되어 있고 『일본서기』편찬 시에 재차 개변된 사료이다.

이후『일본서기』에는 신공황후 관련기록은 690년대 지통조에 이르기까지 공

---

36 『日本書紀』天武紀 원년 6월 병술조.

백으로 되어 있다. 백제, 고구려 멸망시에는 신공황후의 삼한정벌 이래 이들 지역이 일본천황의 지배지역이었다는 내용은 보이지 않는다. 이것은 신공황후 전설의 생성시기가 바로 持統朝에 이르러 성립했다는 것을 말해주고 있다.

지통 3년(689) 5월조에 나오는 관련 내용을 보면 다음과 같다.

"(천황이) 土師宿禰根麻呂에게 명하여 신라의 조문사절 급찬 金道那 등에게 "태정관의 경들이 칙을 받들어, 2년에 田中朝臣法麻呂 등을 보내 大行天皇의 상을 알리라고 하였다. 그때 신라가 '신라에서는 칙을 받드는 사람은 원래 蘇判의 직위에 있는 사람이다. 지금도 그렇게 하려고 한다'라고 하였다. 그 때문에 법마려 등은 조칙을 알릴 수가 없었다. 만일 전례를 말한다면 옛적에 難波宮治天下天皇이 죽었을 때 巨勢稻持 등을 보내 상을 알리는 날에 이찬 金春秋가 칙을 받들었다. 그런데 지금 소판이 칙을 받든다고 하는 것은 전례에 어긋나는 일이다. 또 近江宮治天下天皇이 죽었을 때 일길찬 金薩儒 등을 보내 조문하였다. 그런데 지금 급찬으로 조문함은 또한 전례에 어긋나는 것이다. 또 신라에서는 원래부터 '우리나라는 일본의 먼 황조대부터 뱃머리를 갖추어 노가 마르는 일 없이 받들어 온 나라이다'라고 말하였다. 그런데 '지금 배가 한 척뿐인 것은 역시 옛 법에 어긋난다. (중략) 그대 道那 등은 이 칙을 받들어 그대의 왕에게 잘 전하라'라고 하였다."

이 기록은 천무천황의 조문사절로 온 신라사에 대해 그 신분에 대해 논하면서 신라와 일본의 역사적 관계는 먼 황조대로부터 섬긴 나라이니 신분이 높은 사절을 보내야 한다는 논지이다. 먼 황조대는 바로 신공황후의 삼한정벌설화를 가리킨다. 이 기록은 지통 원년(687) 정월에 일본에서는 田中朝臣法麻呂 등을 신라에 보내 천무천황의 상을 고하게 했는데, 이때 신라에서는 제3위의 관등인 소판인 까닭에 천황의 칙을 전할 수 없었다고 하고, 그 이전에 효덕천황의 상을 고할 때에는 관등 제2위인 예찬 김춘추가 받은 적이 있어 전례에 어긋났다고 한다. 또 천지천황의 사망 시에 파견한 신라사절의 관등은 제7위 일길찬인데, 이번에 온 사절의 관등은 제9위 급찬이다. 낮은 신분의 사절을 파견한 것은 전례에 어긋나는 일이라고 문제삼고 있다. 이어 신라에서는 원래부터 "우리나라는 일본의 먼 황조 대부터 뱃머리를 갖추어 노가 마르는 일 없이 받들어 온 나라이다"라고 말했다고 기술하고 있다.

이 장문의 내용은 일본과 신라와의 관계는 신공황후 시대부터 복속관계였는데 지금에 와서 어긋나고 있으니 공경하여 직무를 다할 것을 요청하고 있다. 여기에서 '일본의 먼 皇朝의 시대로부터', '노가 마르는 일 없이'라는 문구도 신공기에 나오는 내용이다. 신라와의 외교의 현장에서 신공황후 전설을 거론한 것은 신공황후를 통한 신라와의 역사적 관계를 새롭게 정립하려는 일본의 대외적 이념을 잘 보여주고 있다.

그럼 7세기후반 30여년간 신라와 일본을 왕래한 사절단의 관위를 통해 일본측이 제기한 사절단의 관위 문제를 검토해 보자.

【표 4】 신라사절 관등

17관등		인원수	비고
5위	大阿飡	3인	
6위	阿飡	2인	重阿飡 1인
7위	一吉飡	5인	
8위	沙飡	8인	
9위	級飡	19인	78%
10위	大奈麻	20인	
11위	奈麻	7인	
12위	大舍	4인	

상기 표는 669년에서 803년까지 신라에서 일본에 보낸 사절의 관등, 관직표이다. 신라에서 일본에 파견한 관등이 있는 69인의 사절을 보면, 신라 17관등 중에

서 5위 大阿湌 3인, 6위 阿湌 2인, 重阿湌 1인, 7위 一吉湌 5인, 8위 沙湌 8인, 9위 級
湌 19인, 10위 大奈麻 20인, 11위 奈麻 7인, 12위 大舍 4인이다. 1위 이벌찬에서 4
위 파진찬까지는 나오지 않는다. 이 중에서 5위에서 7위까지의 관인이 11인이고,
8위 사찬에서 11위 나마의 관인이 44인으로 전체의 78%를 구성하고 있다. 신라
의 관등체계에서 보면 중위급 관인들이 대일사절로 선정되고 있음을 알 수 있다.
따라서 일본사절이 신라에 갔을 때 3위 소관이 칙을 받으려 하자 거부했다는 일
은 실제의 상황과 거리가 있다.

【표 5】일본의 견신라사 위계

天智3년	인원	天武14년	인원	大寶令	인원	天智3년	인원	天武14년	인원	大寶令	인원
大錦上		直大壹		정4위상			2인	務大壹		정7위상	1인
大錦中		直廣壹		정4위하				務廣壹			
		直大貳		종4위상		小山上		務大貳	1인	정7위하	1인
大錦下		直廣貳		종4위하		小山中		務廣貳			
小錦上	1인	直大參		정5위상		小山下		務大參		종7위상	
		直廣參		정5위하	2인			務廣參			
小錦中	3인	直大肆	2인	종5위상	1인			務大肆		종7위하	
小錦下		直廣肆	3인	종5위하	6인			務廣肆			
大山上	1인	勤大壹		정6위상	6인	大乙上		追大壹	1인	정8위상	
		勤廣壹				大乙中		追廣壹		정8위하	
大山中	1인	勤大貳	1인	정6위하	2인	大乙下		追大貳			
		勤廣貳				小乙上		追廣貳		종8위상	
		勤大參		종6위상	1인			追大參	1인		
大山下		勤廣參				小乙中		追廣參		종8위하	
		勤大肆		종6위하	1인			追大肆			
		勤廣肆	1인			小乙下		追廣肆			

반면 일본에서 신라에 파견된 38인의 위계를 보면, 天智朝 제정의 위계인 小錦
上(정5위 상당) 1인, 小錦下(종5위 상당) 3인, 大山上(정6위 상당) 1인, 大山中(정
6위 상당) 1인, 小山上(정7위 상당) 2인이다. 天武朝 제정의 위계인 直大肆(종5위
상당) 2인, 直廣肆(종5위 상당) 3인, 勤大貳(정6위 상당) 1인, 勤廣肆(종6위 상당)
1인, 務大貳(정7위 상당) 1인, 追大壹(정8위 상당) 1인, 追大參(종8위 상당) 1인이

다. 그리고 대보령 관제에서는 정5위하 2인, 종5위상 1인, 종5위하 5인, 외종5위하 1인, 정6위상 6인, 정6위하 2인, 종6위하 1인, 정7위상 1인, 정7위하 1인이다. 이를 종합해 보면 5위 상당이 18인, 6위 상당이 13인, 7위 상당이 4인, 8위 상당이 2인이다. 즉 5위 상당 관위는 율령제하에서 고위 귀족관인이고 이들이 신라사절의 중추를 이루고 있다. 6위가 13인이고, 7, 8위는 불과 6인에 불과하다.

신라와 일본의 상대국에 파견 사절의 관위를 비교해 보면, 신라에 파견된 일본 사절이 신라의 견일본사보다 상대적으로 신분이 높다는 사실을 알 수 있다. 즉 일본의 건신라사는 5위 상당 관인은 전체의 50%에 육박하고, 6위까지 포함하면 80%가 넘는다. 이에 비해 신라의 견일본사는 8위에서 11위 사이의 중위급 관인이 대부분을 차지한다.

일본이 외교의례에서 신분이 높은 인물의 파견을 요청했지만, 실제로는 일본의 요구와는 달리 일관되게 중위급 사절을 파견하고 있다. 따라서 상기 지통조에 나오는 외교의례에서 신라를 하위로 보려는 기술은 실제와는 맞지 않는다. 고대 일본이 한반도제국을 조공국시하는 이념은 천무, 지통의 시대에 천황가의 신격화와 더불어 만들어졌고, 신공황후의 신라복속담도 이 시기에 생성되었다고 생각된다.

제4절 天照大神과 天日槍 및 神功皇后 전승의 모티브

天照大神 신화에 묘사된 이미지는 『고사기』의 天日之矛 전승, 『일본서기』에 기술된 天日槍 전승과 유사한 점이 있고, 또 천일창 전승담은 신공황후의 설화와도 그 내용에 일치율이 높고, 모티브가 중첩되어 있다. 이들 전승은 일본의 건국신화가 만들어지는 과정에서 소재로 삼아 융합되었을 가능성이 있다. 즉 건국신화에는 다양한 전승설화, 모티브가 복합적으로 반영되어 있다고 생각된다.

우선 天照大神과 天日槍을 비교해 보면, 天照와 天日은 동일한 태양신인 日神과 관련이 있고, 神功紀에 나오는 神國, 日本, 天皇 관념과도 통한다. 『일본서기』垂仁紀 3년 3월조 및 그 分註에는 신라왕자 天日槍의 일본 이주전승이 나온다. 여기에 보이는 천일창이 가져온 물건 중에는 羽太玉 등의 옥석류와 日鏡, 刀가 있고, 동 88년 7월조에도 동일 전승이 나온다. 동 소전에는 鏡 등은 당시 사람들이 귀하게 여겨 신보가 되고 神府에 보관했다고 한다. 『고사기』 응신천황단에도 신라국왕의 왕자 天之日矛 전승이 있고, 玉, 鏡 등 8종의 보물을 갖고 도래한 것으로 나온다. 『삼국유사』 「延烏郎·細烏女」 설화도 모티브가 동일한 전승이다. 일본 이주전승에 나오는 玉, 鏡, 刀는 이른바 일본 천황가의 3종의 신기로 불리우는 보물이며, 왕위계승의 상징물이기도 하다.

『일본서기』에 천손강림 시에 天照大神이 니니기노미코토(瓊瓊杵尊, 邇邇藝命)에게 주었다는 3종의 보물, 거울(八咫鏡), 칼(天叢雲劍, 草薙劍), 곡옥(八尺瓊勾玉)은 역대 천황의 즉위 시에 새부(璽符), 새인(璽印), 새수(璽綬)로 나온다. 『고사기』에도 천조대어신이 니니기노미코토에게 8척의 구총경(勾璁鏡), 초치검(草薙劍)을 주었다고 전한다. 일본 고분시대 수장층의 무덤에서도, 3종의 신기에 유사한 거울, 칼, 옥이 출토되고 있듯이 수장층을 상징하고 있다. 持統紀 4년(690)의 천황 즉위식에도 神璽, 劍, 鏡의 3종의 신기가 봉헌되고 있다[37]. 즉 일본의 건국신화의 모티브는 신라 천일창 설화에서 하나의 모티브가 되고 있다고 추정된다.

또한 『일본서기』 神武 31년 4월조에는 饒速日命[38]이 天磐船을 타고 하늘을 날다가 이 나라를 보고 내려왔기 때문에 "하늘에서 본 日本國이라고 불리었다"라고 기록하고 있다. 천반선은 "(천일창의) 부인이 작은 배를 타고 難波에 머물렀다"는 선박의 모습을 연상시킨다. 한편으로는 일본의 천손강림설화는 가야의 건국신화와도 매우 흡사한 모습을 보여 한반도로부터 이주한 이주민의 조상 도래전승이 복합적으로 투영되어 있음을 알 수 있다.

『신찬성씨록』에도 관련기록이 보인다. 천일창의 후예씨족 중에는, "신라 三宅連은 신라국 왕자 天日桙命의 후예이다"(右京 諸蕃下), "신라 三宅連은 신라국 왕

---

37 『日本書紀』 持統紀 4년 정월 무인삭조.

38 대화정권 하에서 군사씨족으로 알려진 物部氏의 조상신, 천황가와의 봉사의 유래, 기원을 설명한 것이다.

자 天日桙命의 후예이다"(攝津國 諸蕃)이라는 조상의 출자에 관한 기록이 나온다. 三宅連은 신라의 천일창의 후손으로『일본서기』천무 원년(672)조에 임신의 난 때에 천무천황으로 즉위하는 大海人皇子 측에 가담한 伊勢國守 三宅連石床의 이름이 보이고, 그는 천무 9년에는 임신 난의 유공자로 大錦下의 관위에 추증되었다[39]. 천무 4년에는 소급하 三宅吉士가 신라에 사절로 파견된 일이 있고[40], 동 12년에는 다른 14씨와 함께 連 姓을 하사받았다[41]. 삼택씨는 원래부터 천일창을 조상으로 하는 씨족인가는 불명이지만, 대화개신 이후의 삼택련의 사회적, 정치적 지위가 높아감에 따라 자신의 조상계보를 천일창을 시조로 하는 계보전승을 만든 것으로 보이며, 의제적 동족관계를 형성한 것으로 생각된다. 즉 천일창 설화에 보이는 일본의 건국신화는 천일창과 족제적으로 연결되어 있는 삼택씨의 조상기원설화에서 하나의 모티브가 되었다고 해도 좋을 것이다[42].

또 천일창 전승과 신공황후 설화에 나오는 이동 코스는 매우 유사하다. 천일창과 신공황후 설화에서, 양자의 전승지는 지리적 분포로 보아 놀랄 만큼 일치하고 있다. 천일창의 여정과 신공황후의 원정 코스를 보면, 신라로부터 伊都, 播磨, 難波를 지나는 세토내해 항로, 그리고 淀州, 宇治川을 거쳐 近江으로 나와 敦賀에 이르는 코스가 대부분 일치한다. 이 지리적 전승은 문화사적인 면에서 보면, 대륙계 문화의 전파 내지는 거기에 가담한 인간들의 이동이라고 해석할 수 있다[43].

이러한 유사점은 조상의 계보관계에서도 확인되고 있다.『고사기』응신천황단 9에는, 천지일모가 도해한 후, 다지마국(多遲摩國) 현지 여인을 취하여 낳은 자식의 계보를 보면, 천일창(天日槍)-다지마모려수구(多遲摩母呂須玖)-다지마비니(多遲摩斐泥)-다지마비나량기(多遲摩比那良岐)-다지마비다가(多遲摩比多訶)-갈

---

39 『日本書紀』天武紀 9년 7월 병신조.

40 『日本書紀』天武紀 4년 7월 기유조.

41 『日本書紀』天武紀 12년 10월 기미조.

42 연민수,「延烏郞 細烏女 전승을 통해본 신라와 왜」,『日本學報』97, 2013, 동『고대일본의 대한인식과 교류』, 역사공간, 2014.

43 三品彰英,『增補日鮮神話傳說の硏究』, 平凡社, 1972, 51~53쪽.

성지고액비매명(葛城之高額比賣命)으로 이어진다. 마지막에 나오는 갈성지고액비매명은 바로 신공황후의 모친이다. 그렇다면 천일창은 신공황후의 7대조 조상이 된다. 즉 천일창을 시조로 하는 전승과 신공황후 조상의 계보는 혈연적으로 연결되어 있다.

신공황후의 모계로 나오는 葛城氏인 葛城襲津彦이라는 인물은 신공기, 응신기, 인덕기에 걸쳐 신라, 백제 외교에 자주 등장하고 있다. 아마도 신공황후 전설도 후에 천일창의 일파인 갈성씨 조상신화로부터 파생된 것으로 보이며, 신공황후 신라정벌담 역시 천일창 설화의 변형으로, 이주 전승이 역으로 신라정벌담으로 새롭게 탄생되었으며, 그 시점은 천무왕권의 등장과 더불어 창출되었다고 생각된다. 즉 일본의 건국신화, 신공황후의 신라정벌담 등은 천무조 때 각종 씨족의 전승담을 기초로 왕권의 기원설화로 재탄생되었고, 『일본서기』의 건국신화, 신국사상, 대외관념이 정립되었다고 생각한다.

제5장 持統天皇의 치세와 초기 천황제 국가

제1절 천무의 빈궁의례와 추모의식

天武天皇은 재위 14년째인 朱鳥 원년(686) 9월 9일에 사망하였다. 천무는 사망 3개월 전부터 위중 상태에 빠져 치유를 위해 飛鳥寺의 승려들에게 칙을 내려 삼보에 의지하여 불전에 서원하게 하였고[1], 川原寺에서도 연등공양을 행하였다[2]. 7월에는 "천하의 일은 대소를 불문하고 모두 황후와 황태자에게 보고하라[3]"는 칙을 내렸다. 또한 연호를 朱鳥로 개원했는데, 이 역시 천무의 치유를 위한 하나의 방편이었다[4]. 일본고대에 있어서 상서로운 현상이 나타나면 왕실과 국가의 행운으로 받아들여져 개원의 이유가 되기도 하였다. 이어 궁중에서 100인의 승려에게 호국불경 금강명경을 독경시켰다. 8월에도 2번에 걸쳐, 각각 80인, 100인의 승을 출가시키고, 재앙으로부터 구원받는다는 관세음상 100상을 궁중에 안치하고 관세음경 200권을 大官大寺에서 독경시켰으며, 神祇에 천황의 치유를 빌었다[5]. 9월 4일에는 친황 이하 제신 모두가 川原寺에 모여 기도하였다.

그러나 이러한 기원에도 불구하고 회복하지 못한채 궁중 침소에서 50대 후반의 파란만장한 생을 마감하였다[6]. 그는 군사정변을 통해 권력을 장악했지만, 관제의 정비, 법령 및 사서의 편찬 등을 추진하였으며, 초기 천황제 국가체제를 수립한 카리스마 넘치는 전제군주였다.

천무천황의 사망으로 가장 큰 충격을 받은 인물은 황후 지통이었다. 2인은 고난의 시기를 함께 하면서 험난한 역경을 극복하고 신왕권을 수립한 정치적 동지였다. 지통천황 즉위전기에 "황후는 시종 천황을 보좌하며 천하를 안정시키고, 항

1 『日本書紀』朱鳥 원년 6월 갑신조.
2 『日本書紀』朱鳥 원년 6월 정해조.
3 『日本書紀』朱鳥 원년 7월 계축조.
4 日本古典文學大系『日本書紀』下, 岩波書店, 1965, 480쪽, 頭註1.
5 『日本書紀』朱鳥 원년 8월 기사삭조, 경오조.
6 『日本書紀』朱鳥 원년 9월 병오조.

상 모시고 있는 시기에 조언하며 많은 도움이 되었다[7]라고 사관은 평하고 있다.

『만엽집』에는 천무천황의 죽음에 대해 그녀의 마음을 담은 남긴 노래 1수가 전한다.

"우리 大君께서는 해질 무렵이면 저 산을 바라보시는 듯하고, 날이 밝으면 그 산에 대해 물어 보실 듯하네. 신비스러운 산의 단풍을 오늘도 물으실까, 내일도 바라보실까. 저 산을 바라볼 때면, 해질 무렵엔 너무나 슬퍼지고 날이 밝으면 외로움 속에 지내게 되니, 나의 옷소매는 눈물로 마를 틈이 없네[8]".

한 여인이 저세상으로 떠난 남편을 그리워하는 애절한 사모의 정이 담겨있는 시문이다. 천황과 황후라는 정치적 관계를 떠나 한 남자의 아내로서 빈자리를 메울길 없어 주체할 수 없는 슬픔과 그리움, 본능적인 감성이 애절하게 드러나 있다. 천무천황의 사망 직후, 지통은 '臨朝稱制' 방식으로 즉위하지 않은채 정무를 수행하였다.

이튿날 淨御原宮에 빈궁이 마련되었다. 이후 大內陵에 안치하기까지 2년 2개월간의 장기에 걸친 장례의식이 행해졌다. 9월 27일에는 제사음식을 올리고, 이어서 빈궁에서 추도사가 시작되었다. 조사의 순서에 따라 조문의 기록을 정리하면 다음과 같다.

첫번째로 大海宿禰蒭蒲가 壬生의 일을 조사하였다. 임생은 천황의 자녀를 양육하는 직무이고, 부민 집단으로 壬生部가 있으며 乳部라고도 한다. 이 일을 大海氏가 담당했으며 씨족장이 대표해서 천무천황의 양육과정, 유아기의 특별함 등 봉사의 일들을 회고담으로 조사를 하였다. 천무천황의 황자 시절의 이름인 大海人도 양육자인 大海氏의 씨명에서 유래했을 것으로 보인다.

---

7 『日本書紀』持統紀 즉위전기 天武天皇 2년조.
8 『萬葉集』 권제2〈159〉, 「天皇崩之時, 大后御作歌一首」.

두번째로 淨大肆 伊勢王이 제왕의 일들에 대해 조사를 하였다. 제왕은 천황의 직계 가족 이외의 근친 왕족들로서 천황가와의 관계에 대해 조사를 한 것이다.

세번째로 직대삼 縣犬養宿禰大伴이 모든 궁내의 일을 조사하였다. 율령제하의 궁내성의 전신인 宮內官에서 천황이 근신으로 봉사한 내력을 추모하였다.

네번째로 정광사 河內王이 좌우대사인의 일을 조사하였다. 大舍人은 궁중에서 숙직, 경호 등 잡사에 종사하는 하급관인이며 천황에게 봉사한다는 직무이기 때문에 상위 순번에서 조사한 것이다.

다섯번째로 직대삼 當摩眞人國見이 左右兵衛의 일을 조사하였다. 병위는 지방 호족의 자제들 중에서 선발하여 궁중에 근시시켜 천황과 궁중의 경비를 담당시켰다. 천황과 일족을 경호, 경비하는 직무이기 때문에 조사한 것이다.

여섯번째로 직대사 采女朝臣筑羅가 內命婦의 일을 조사하였다. 내명부는 후궁인 내리에서 근무하는 女官이고, 천황의 지근에서 문서의 전달 등 잡사에 종사하는 직무이다.

일곱번째로 직광사 紀朝臣眞人이 膳職의 일을 조사하였다. 선직은 천황과 조정의 음식을 만들고, 식자재를 준비하는 제번업무를 맡는다.

이상의 조사를 행한 인물은 천황과 궁중의 직무와 관련되어 있다. 이른바 천황의 가정기관의 성격을 갖는 관사가 우선적으로 조문한 것이다. 특히 천황의 육아를 담당한 부서가 가장 먼저 조사를 행한 것은 흥미롭다. 아마도 이것은 천무 이전의 왕실의 관습으로 이어진 것 같으며 유아기는 재탄생의 출발점이어서 환생을 기원하는 종교적 의식과도 관련성을 추측해 본다.

다음날 9월 28일에는 여러 승니가 또 빈궁의 뜰에서 곡을 하였다. 이어서 중앙의 제관사에서 조사를 하였다. 먼저 직대삼 布勢朝臣御主人이 大政官의 일을 조사하였다. 이어서 직광삼 石上朝臣麻呂가 法官의 일을 시작으로 직대사 大三輪朝臣高市麻呂가 理官의 일을, 직광삼 大伴宿禰安麻呂가 大藏의 일을, 직대사 藤原朝臣大島가 兵政官의 일에 대해서 조사하였다.

9월 29일에는 직광사 阿倍久努朝臣麻呂가 刑官의 일을, 직광사 紀朝臣弓張이

民官의 일에 대해 조사하였다. 천무조에서 중앙의 6관은 율령제 하에서의 式部省, 治部省, 大藏省, 兵部省, 刑部省, 民部省에 해당한다.

다음으로 직광사 穗積朝虫麻呂가 여러 國司의 일을 조사하였다. 즉 지방의 국들을 관할하고 있는 지방관사의 일들을 보고하는 것이다. 중앙의 관사에 이어 지방관사의 직무에 대해 추모사로 읽었다. 이어서 大隅, 阿多의 隼人 및 倭와 河内의 馬飼部造가 각각 조사를 하였다. 大隅, 阿多의 隼人은 구주남단의 이종족으로 중앙조정에 복속하면서도 영토적으로는 편입되지 않은 지역이다.

9월 30일에는 百濟王良虞가 百濟王善光을 대신하여 조사를 하였다. 백제왕선광은 백제 멸망 이전 왜국에 이주한 의자왕의 아들로서 지통조에서는 백제왕 의자왕의 후손에게 백제왕씨를 주었다[9]. 백제왕씨는 천무조정과는 특별한 관계이고, 망명 백제인과 그 후손의 대표로서 참석했다고 보인다. 이어서 각국의 國造들이 오는 때에 따라 각각 조사를 하고, 각종 가무를 연주하였다. 이것은 지방의 재지호족들의 조사이다.

이상 3일간 천무의 빈궁에서 행해진 장례의례에서 승려를 비롯하여 왕족, 중앙과 지방의 주요 관사의 인물 등이 참여하였다. 이들은 각 관사, 지역을 대표하는 인물로서 사실상 모든 백성의 추도의식이었다. 그만큼 천무에 대한 장례의식은 장엄하였고 종전에 볼 수 없었던 광경이었다. 이러한 국가적 빈궁의례의 이면에는 이를 주관한 황후 지통천황의 비통한 심정이 그대로 반영하고 있다.

궁전의 빈궁에서의 의식에 이어 사찰에서의 추도법회는 계속 열렸다. 주조 원년(686) 12월 천무천황을 無遮大會를 大官寺, 飛鳥寺, 川原寺, 小墾田豐浦寺, 坂田寺의 5개 사찰에서 개최하였다[10]. 이 법회는 1년에 1회 국왕이 시주가 되어 승니및 상하의 귀천없이 일체의 사람들을 공양하고 보시하는 大會이다. 장송의례의 불교의식을 장엄하게 거행하였다.

---

9 『續日本紀』天平神護 2년 6월 임자조.
10 『日本書紀』持統紀 即位前紀 朱鳥 원년 12월 을유조.

지통 원년(687) 정월 원단에는 황태자 초벽황자가 공경, 백료들을 데리고 빈궁에 가서 곡을 하였다. 별도의 신년하례 대신에 빈궁에서의 조문을 겸한 원단의식이었다. 이어 태정관의 納言 布勢朝臣御主人이 조사를 하고, 모두가 곡을 하였다. 다음에 승려들이 곡을 하였다.

5월에도 황태자가 공경, 백관 등을 이끌고 빈궁에 가서 곡을 하였고, 이어서 隼人 大隅, 阿多의 수장이 각각 집단을 이끌고 교대로 조사를 바쳤다[11]. 8월에는 빈궁에 새로 수확한 곡식 御靑飯을 올렸다. 어청반은 푸른빛을 띤 곡물로『令集解』喪葬令에 인용된「古記」에는 히비키와케(比自岐和氣)라고 하며 천황이 죽으면 바치는 곡물이라고 하였다[12]. 9월에도 추도의식은 계속되었다. 國忌齋를 왕경의 여러 절에서 열렸다. 10월에는 황태자가 공경, 백관 등과 여러 국사, 국조 및 백성 남녀를 이끌고 비로소 大內陵의 조영에 들어갔다[13]. 이듬해 11월에 이곳에 안장되기까지 능묘의 조성사업은 대략 1년 정도 소요된 것으로 보인다.

지통 2년(688) 정월 원단에는 황태자가 공경과 백관 등과 함께 빈궁에서 곡을 시작으로 일련의 추모행사가 열렸다. 이어 상복의 기간이 끝나감에 따라 伊勢王에게 장례에 대해 논의하였다. 이세왕은 천무의 사망 당시 빈궁에서 제왕의 대표로 조사를 한 적이 있는 왕실의 원로격인 인물로 생각된다. 11월에는『일본서기』에는 "마침내 大內陵에 장사지냈다"라고 하여 2년 2개월간의 복상을 끝내고 장지에 안장하였다. 이 능묘는『延喜式』諸陵에「檜隈大內陵」이라 하며, 현재의 奈良縣 高市郡 明日向村 大宇野口에 위치하고 있다. 지통천황의 사후에는 이 능묘에 추장하여 합장으로 안치하였다.

이상의 장례의식을 보면, 哭禮가 있다. 곡례는 장송의례의 원초적인 의식이며 산자의 사자에 대한 슬픔을 표현하는 의식으로 매번 행해지고 있다. 조사는 천황

---

11 『日本書紀』持統紀 원년 5월 을유조.
12 『令集解』「喪葬令」「親王一品」조, "古記云, 遊部者, 在大倭国高市郡, 生目天皇之苗裔也. …凡天皇崩時者, 比自支和気等到殯所. 而供奉其事".
13 『日本書紀』持統紀 원년 10월 임자조.

의 지배영역에 있는 중앙과 지방의 모든 관사의 대표들이 행하는 의식이며, 천황에의 봉사의 연원을 말하면서 향후에도 계속해서 봉사를 다짐하는 의식이다. 사자에게는 추모의 의식이지만, 새로 즉위하는 천황에게는 충성을 맹세하는 정치적인 복속의례이기도 하다. 이 기간 중에는 죄인에 대한 사면, 빈자, 고령자의 구휼, 감세조치 등을 행하고 있다. 모두 사자를 위해 공덕을 쌓는 일이다.

직광사 當麻眞人智德이 천황의 조상들의 등극의 순서를 올린 것은 역대천황의 계보와 사적이고, 이때 빈궁에 안치된 천황의 사적과 화풍시호도 올렸을 것이다 [14]. 천무천황에게 올린 화풍 시호는 「天渟中原真人天皇」으로 정했다. 渟中原는 원래의 水沼를 淨御原의 도읍으로 했다는 천무의 신적인 능력을 상징하고 있다. 眞人은 도교사상에 심취한 생전의 실천적 이념을 반영하고 있고, 8성의 성 제정 시의 최고의 신분으로 정하였다. 천무의 인물상이 그대로 투영된 존호라고 생각된다.

이러한 장기에 걸친 복상기간에 추모의 기록을 남긴 인물은 천무천황 이외에는 존재하지 않는다. 이것은 『일본서기』편자의 특별한 인식이고, 천무와 지통을 의식하여 기록으로 남긴 것이다. 천무조에 편찬이 개시된 『일본서기』는 지통, 문무를 거쳐 최종적으로는 천무와 지통의 직계손이자 초벽황자의 누이인 원정천황 때에 완성되어 조부모 천황에 대한 추모의 기록을 거의 망라하여 수록하였다.

제2절 持統天皇의 즉위사정과 황위계승문제

생전의 천무천황은 자신의 사후에 후계를 둘러싼 분쟁을 우려하고 황후와 더불어 유력 황자 6인을 데리고 吉野에서 맹세하였다. 천무천황은 황자들에게 어머니는 다르지만 同腹의 형제같이 지낼 것을 명했다. 이때 황후의 지위는 황실의 대모로서 권위를 갖추고 있었다. 천무는 병상에서 모든 정무는 황후와 황태자와 상의하라는 유언에도 나타나듯이 왕권은 황후에게 위임하였고, 지통은 천무의

---

14 山下晉司, 「葬制と他界觀」, 大林太郎編『日本の古代』13, 中央公論社, 1987, 259~261쪽.

사후 바로 정무를 집행하였다. 당시 자신의 혈육인 초벽황자는 이미 황태자 신분이었고, 천무의 사망 시에는 23세의 성인이었다. 그럼에도 불구하고 지통이 칭제한 것은 아마도 황태자가 바로 즉위하지 못할 건강상의 문제가 있었고, 어느 시기에는 양위를 염두에 두고 있었다고 생각된다.

장례가 시작된 지 22일째인 9월 3일, 천무천황의 혈육이자 지통의 황태자 초벽황자의 이복 동생 大津皇子가 모반죄로 고발되었다.『회풍조』의 川島皇子傳에 의하면, 川島는 천지천황의 황자이고, 대진황자를 모반했다고 밀고한 인물로 전한다. 그의 행위에 대해 조정에서는 상을 주었지만, 붕우들은 의리가 없는 인물이라고 하였다. 그러나 사적인 정을 버리고 公에 봉사하는 것은 충신으로 칭찬하고 바른 행위라고 평가하고 있다[15]. 대진황자는 모반의 혐의를 받고 스스로 자택에서 자결하여 24세의 젊은 나이에 죽음을 맞이하였다. 그의 妃 山邊皇女는 머리가 풀어진 상태로 맨발로 뛰쳐나가 죽었다고 전한다[16]. 억울함과 분노를 이기지 못해 실성한 상태로 숨을 거둔 것이다.『일본서기』에는 이를 보는 이들이 모두 흐느껴 울었다고 기술하고 있다. 이미 지적되고 있듯이 대진황자를 모반죄로 몰아넣은 것은 지통천황이었다. 8세기 나라시대에도 정치적 사건으로 죽음을 맞이한 경우는 대부분 음모에 의한 희생이다. 지통은 황실의 대모로서 황자 간의 화합을 이루어야 할 위치이지만, 자신의 혈육을 후계로 삼기 위해 경쟁자의 제거에 한치의 망설임도 없었다. 그것도 복상기간 초기에 기습적으로 처리한 것이다.

대진황자는 吉野의 맹세 이후 천무 12년(683) 2월부터 처음으로 조정의 정사에 참여하였다. 이때부터 그의 주변에는 사람들이 모이기 시작했을 것으로 보인다. 모반죄에 연루된 사람은 30여인이었다. 그러나 그들은 전원 사면되었다. 그 이유는 대진황자는 이미 죽었고, 그에게 속아 참여한 단순 가담자라는 것이다[17]. 그들은 단지 대진황자와 가깝다는 이유만으로 모반죄의 명단에 들어갔고, 대진

---

15 『懷風藻』「河島皇子」一首.
16 『日本書紀』持統紀 즉위전기 朱鳥 원년 10월 경오조.
17 『日本書紀』持統紀 즉위전기 朱鳥 원년 병신조

이 제거되자 사면되었다. 모반죄라는 죄명에 비해 처벌은 사실상 전무했고, 다만 대진황자의 측근이었던 新羅沙門 行心만은 비탄국의 가람으로 이주시키는데 그쳤다. 사전 모략임이 명백하게 드러난 사건이었다. 대진황자는 지통천황에게는 친언니의 아들이고, 초벽황자와는 이복형제였다. 전대의 천지의 황태자 大友皇子의 죽음에 이어 권력의 비정함이 재현되었다. 천무천황이 생전에 우려한 일이 그대로 나타난 것이다.

한편 高市皇子의 경우에는 천무의 제1황자라는 점에서 유력 후보의 하나였지만, 모계가 지방호족 출신이어서 후계와는 거리가 있었다. 특히 천무 8년(679) 정월에 내린 조에서는, 제왕들에게 원단 및 그 밖의 의식에서도 비록 어머니라도 王 성을 가진 자가 아니면 절을 하지 말라고 하고, 이를 어기면 처벌한다는 칙명이 내려졌다[18]. 이것은 모계의 족성이 그만큼 중시되었기 때문이다. 지통의 고시황자에 대한 신임이 두터웠다. 고시황자에게 애초부터 황위에 대한 사심은 없었다는 믿음 때문이었다고 생각된다.

대진황자의 죽음으로 초벽황자의 황위계승의 가장 큰 라이벌이 제거된 것이다. 장례의식도 황태자 초벽황자가 공경, 백관들을 이끌고 진행되었다. 그러나 모든 장례의식이 종료된 지 5개월이 지난 지통 3년(689) 4월에 초벽황자는 갑자기 사망하였다. 『일본서기』에는 "皇太子草壁, 皇子尊薨"이라고만 기술하고 그의 사인 등 죽음에 대한 어떠한 내용도 보이지 않는다. 그의 나이 불과 28세가 되던 해이다. 초벽황자가 황태자로 임명된 것은 천무 10년(681) 20세일 때였고, 천무의 상복에 선두에서 제왕, 제신을 이끌고 조문을 하였다. 천무의 유언에서도 황후와 더불어 황태자에게 정무를 맡긴다고 하여 사실상 천무의 후계자였다.

초벽황자의 죽음은 지통천황에게 천무의 사망 이상으로 충격이었음은 말할 나위 없다. 자신의 소생을 즉위시키려고 대진황자를 제거한 그였기에 절망에 가까운 심정이었을 것이다. 초벽황자의 사망 시 그의 소생이자 황손인 輕皇子(文武

---

18 『日本書紀』天武紀 8년 정월 무자조.

天皇)의 나이는 7세였다. 지통이 초벽황자에 대신하여 즉위한 것도 초벽황자의 건강문제였고, 그의 사망으로 어린 황손을 후계자로 염두에 두고, 그의 성장을 기다릴 수밖에 없었기 때문이다.

천무천황의 죽음과 초벽황자의 급서로 인한 충격 속에서 후계의 심각성을 느끼고 스스로 즉위한 것이다. 누구의 추대가 아닌 스스로의 결정으로 황위에 올랐고, 이에 대응하는 어떠한 정치적인 저항이나 조짐도 없었다. 그녀의 조정 내에서의 위상, 왕실의 대모로서의 위엄을 말해주는 것이다. 이 모든 중대사가 종료된 이듬해인 690년 정월 원단에 정식으로 즉위하였다. 『일본서기』에는 다음과 같이 전하고 있다.

"部麿朝臣이 큰 방패를 세웠다. 神祇伯 中臣大嶋朝臣이 天神壽詞를 낭독하였다. (수사를) 마치자 忌部宿禰色夫知가 神璽인 검과 거울을 황후에게 바쳤다. 황후가 천황에 즉위하였다. 공경, 백료가 줄지어 일제히 배례하고 박수를 쳤다[19]".

物部麿朝臣는 대화조정에서 군사씨족으로 번영했던 후예이다. 物部連의 후예로 천무 13년(684) 8색의 성 제정시에 일족은 朝臣을 받았다. 그는 임신의 난에서 대우황자측에 있던 인물이지만, 천무의 포용책으로 처벌을 받지 않았고, 이후 지통조에서도 중용되어 筑紫總領, 中納言, 大納言, 大宰帥, 右大臣 그리고 태정관의 수반 정2위 좌대신에까지 오른 인물이다. 그가 즉위의례의 전면에서 방패를 세운 것은 군사씨족의 후예로서 왕권의 수호를 상징하고 있다. 이어 국가의 神事를 주관하는 신기백 中臣大嶋朝臣이 신의 이름으로 천황의 장수와 영광을 기원하는 축사를 하였고, 이듬해 대상제 때에도 천신수사를 한 인물이다. 이 천신의식은

---

19 大嘗祭의 의례에 따르면 5위 이상의 관인이 大極殿의 中庭에 나아가 각자의 자리를 나타내는 版位에 꿇어앉아 1차례에 8번씩 4차례 박수를 치는 의례를 말한다.

이전에는 보이지 않아 이때에 처음 시작된 것으로 보인다. 천신의 언어로 축하의 메세지를 보내는 일은 황조신 천조대신 신화의 출현과 함께 천무조 이후 이세신 궁이 황조신을 모시는 신궁으로 자리매김된 것과도 관련이 있다.

다음은 忌部宿禰色夫知가 천황을 상징하는 神璽인 검과 경을 황후에게 바쳤다. 「神祇令」에도 "凡踐祚之日, …忌部上神璽之鏡劍"이라고 하여 천황이 즉위의 날에 忌部氏가 신새인 경, 검을 올린다고 나온다. 이어 공경, 신료들이 위계에 따라 열석하여 박수를 치는 의식을 행하였다. 이러한 즉위의례는 지통조에서 처음 보이고 淨御原令에 규정된 후, 대보령에서 법제화되었다고 생각된다. 특히 中臣氏, 忌部氏에 대해서는 「神祇令」 「踐祚」조에, "무릇 즉위의 날에는 中臣이 천신의 壽詞를 주상하고, 忌部가 신새의 거울, 칼을 바친다[20]"라고 기술하고 있듯이 이들 씨족이 전담하는 직무가 되었다.

지통천황의 즉위로 왕권은 한층 안정화되었다. 『일본서기』에도 지통의 치세 10년간은 분란이나 모의, 모반 사건 등 왕권이 동요하는 어떠한 기술도 없다. 모든 권력은 지통천황 1인에게 집중되어 있고, 그의 정치적 카리스마를 엿볼 수 있다. 그의 치세에 군신들을 데리고 吉野宮을 비롯한 여러 지역은 순행한 것도 여유로운 정국운영의 모습을 보여주고 있다. 임신의 난에서 대우황자 측에 있던 인물들도 대거 등용하여 지통의 정치적 포용력도 정치적 안정에 크게 기여하였다.

이 시점에서 지통천황은 국정의 책임질 수 있는 인물로 高市皇子를 선택하였다. 지통의 신임을 받은 그는 지통 4년(690) 전면적인 인사개편을 하였고, 고시황자를 태정대신에 임명하였다. 황태자에 준하는 태정대신에 고시황자를 임명한 것은 황태자 초벽황자와 대진황자가 사망한 상황에서 황자 중의 서열 제1위이고, 관인사회를 통솔한 적임자라고 판단하였다. 그는 황자 중에서 임신의 내전에서 천무를 도와 군사를 통솔한 인물로서 황친 중에서 신분과 자질 면에서 그를 능가할 인물은 없었다. 우대신에는 황족출신인 丹比島眞人에게 맡기고 8성의 장

---

20 『神祇令』 13 「踐祚」조.

관, 지방 국사 등을 새로 임명하였다.

그 후 고시황자는 지통 4년 10월에 공경백료를 데리고 藤原宮 예정지를 찾았고, 동 5년에는 고시황자에게 봉호 2천호를 증봉하여 총 5천호의 대봉주가 되었다. 다만 지통에게 고시황자는 신임하는 신료일 뿐이고 후계자는 아니었다. 지통에게는 자신의 직계 혈통을 계승시키기 위해 안정적인 국정운영이 가장 중요하였다. 그러나 지통 10년(696) 7월에 高市皇子는 사망하였다.[21] 『일본서기』에는 그를 '後皇子尊'이라고 호칭하고 있다. '草壁皇子尊'의 사례에서 볼 수 있듯이 고시황자도 황태자에 준하는 신분으로 격상하였다. 천무의 황자이고 태정대신이라는 신분으로 그에 걸맞는 칭호라고 생각된다. 고시황자의 죽음도 초벽황자와 마찬가지로 단지 사망기사 한줄 뿐이다. 그의 나이 43세인 점을 감안하면 고령은 아니다. 병력에 대한 기록도 없어 죽음을 둘러싼 의혹도 있으나, 지통과 관련된 정치적 음모설은 지통천황이 보여주었던 그간의 신임과도 배치되는 일이다.

『懷風藻』에는 고시황자의 사후 지통천황의 황태자 임명과 관련하여 다음과 같은 일화가 전한다. 葛野王은 지통천황이 황족, 제왕, 백관을 궁중에 불러 차기 황태자 선정문제를 다루는 회의에서 각자 자신이 선호하는 인물을 천거하여 분규가 일어났다. 이때 갈야왕은 "우리나라는 神代 이래 이 법전에 의거하여 천심을 논하였다. 누가 감히 이를 헤아리겠는가. 종래 자손이 상속해서 황위를 이어왔다. 만약 형제 상속에 미치면 바로 분란이 일어날 것이다. 황위의 후사는 자연히 정해질 것이며, 누가 감히 문제를 지적하겠는가[22]"라고 주장하였다. 이에 대해 천무천황의 황자인 弓削皇子가 이의를 제기하려고 하자 갈야왕은 이를 질책하며 제지했다고 전한다. 갈야왕은 임신의 난에서 자결한 대우황자의 제1황자였고, 대우황자가 왕위를 계승했다면 자신이 황태자가 되었을 신분이다. 그는 이미 지통천황의 의중을 읽고 형제상속의 문제점을 지적하고 차기 황태자는 초벽황자

---

21 『日本書紀』持統紀 7월 경술조.

22 『懷風藻』「葛野王」조.

의 장남 輕皇子임을 선언한 것이다. 지통천황은 그 한마디로 후사가 정해졌다고 칭찬하면서 갈야왕을 특별히 발탁하여 식부성 장관에 임명했다고 전한다. 이 회의는 지통천황이 高市皇子의 사후에 황태자 문제에 대해 황자들의 생각을 떠본 것이다. 이미 사전에 기획된 각본일 가능성을 말해준다. 이러한 중대 회의석상에서의 적극적인 발언은 정치적인 문제를 야기시킬 수 있는 것이기 때문에 신중하거나 침묵하는 경우가 많기 때문이다.

이제 지통천황에게는 양위를 더 이상 지체하기 어려웠다. 고시황자가 사망한 이듬해 2월에 황손인 輕皇子를 태자로 정하고, 동년 8월 "천황은 궁중에서 정책을 결정하고 황태자에게 천황의 자리를 선양하였다. 양위 시의 지통천황의 나이는 당시로서의 고령에 해당하는 53세였다. 황태자의 나이는 15세로 성인식 元服이 지난 시점이었다. 아마도 지통천황 자신의 건강문제도 있고, 황손이 즉위해야 천무천황과 자신의 적통인 초벽황자의 적자가 이을 수 있기 때문이었다.

이후의 文武朝에서 지통천황이 태상천황의 신분이 되었다. 그러나 양위하여 정치의 일선에서 물러난 것이 아니라 문무천황과의 共治였고, 사실상 지통조의 연장이었다. 정치적 경험이 부족한 어린 천황의 배후에서 정무를 수행한 것은 당연한 일이었다. 이후 양위한 천황은 태상천황이 되는 것은 관례화되었으며 대보령에서는 천황과 동일한 권한이 규정되었다. 2인의 공동 정무 기간에 가장 성공적인 업적은 대보율령이라는 체계적인 법전을 편찬하여 천황제 율령국가의 기반을 구축한 일이었다. 대보율령 시행 직후 천황제 율령국가의 수립을 목격한 지통태상천황은 대보 2년(702) 12월에 세상을 떠났다.

그러나 문무천황도 재위 10년만인 慶雲 4년(707)에 25세의 젊은 나이로 요절하였다. 당시 문무천황의 황자인 首皇子의 나이는 7세에 불과하였다. 그는 문무천황과 藤原宮子 사이에서 태어난 유일한 혈육이었다. 문무천황에게는 紀朝臣竃門娘과 石川朝臣子娘 2인의 嬪[23]이 있었으나 여기에서 태어난 자식은 확인되지

---

23 원문에는 妃로 나오고 있으나 嬪의 오기이다.

않는다. 특히 문무는 천황의 황후, 비를 두지 않았다. 後宮令의 규정에는 妃가 될 수 있는 자격은 황녀, 내친왕만이다. 夫人은 3위 이상이고, 嬪은 4위 이상의 관인의 딸이 입실할 수 있다. 문무천황은 25세에 요절했듯이 그의 건강에는 문제가 많았던 것으로 보인다. 게다가 부인 藤原宮子 역시 수황자를 낳은 이후 우울증에 걸려 은둔생활을 한 점으로 보아 정신적, 육체적으로 이상이 있었던 것으로 생각된다. 이러한 상황은 문무천황의 정무수행을 더이상 지속할 수 없게 한 요인이 되었다고 생각된다.

문무천황은 치세 9년만인 慶雲 3년(706) 11월 병이 들어 처음으로 모친 元明에게 양위의 뜻을 밝혔다. 그러나 원명은 고사하고 받아들이지 않았는데, 이듬해 6월 문무는 사망하였다. 문무의 모친 원명은 초벽황자의 비였다. 首皇子(聖武天皇)의 나이가 7세이고, 직계황자가 부재인 상황에서 모친이 즉위하는 것은 당연한 일이었다. 지통이 초벽황자를 대신하여 즉위한 사례와 동일하다. 아마도 후사를 둘러싼 분쟁을 피하면서 적통으로 이어지는 황위계승의 원칙을 지키기 위한 불가피한 선택이었다고 보인다.

元明天皇은 慶雲 4년(707) 7월 17일, 즉위의 선명에서 다음과 같이 말하였다.

① 藤原宮에서 천하를 통치하는 持統天皇이 정유년(697) 8월에 초벽황자의 적자인 文武天皇에게 물려주었다.
② 近江의 大津宮에서 천하를 통치하신 天智天皇이 천지와 함께 일월과 함께 훗날까지 고쳐서는 안되는 常典을 만들어 실시된 법을 이어받았다.
③ 짐의 아들인 문무천황이 병치료를 위해 거듭 양위의 말씀을 하여, 황송하게도 어명을 받아들였다.

이상의 즉위의 선명에서 알 수 있는 것은 천지조에서 제정한 不改常典에 의거한다. 천지, 일월과 함께 영원히 고칠 수 없는 常法임을 강조하였다. 이 법은 황통의 적자계승이지만, 부득이한 경우에 적자 계승을 위해 황후 혹은 모친이 가교역할을 할 수 있다는 논리였다. 즉 형제상속이 아닌 황손의 계승을 위해 즉위한다는 메세지였다. 원명의 즉위 시의 나이는 47세였고, 9년간 재위하다가 55세에 그의 딸이자 문무천황의 누이인 元正에게 양위하였다. 원정천황도 즉위식에서 "짐은 삼가 선명을 받아 감히 추대를 물리치지 못하였다"라고 하였다. 그의 나이 36세였고, 재위 9년째 되는 神龜 원년(724) 2월 황태자 聖武天皇에게 양위하였다.

聖武天皇은 즉위의 선명에서, 양위한 원정천황의 말을 인용하여, "藤原宮에서 천하를 통치한 그대의 아버지이신 (문무)천황이 그대에게 주신 천하의 과업이다"라고 하여, 문무천황의 어명으로 양위하는 것이라고 그 정당성을 주장하였다. 이어 선명의 내용 중에 전대의 왕위계승에 대해 성무천황에 대한 양위의 사유를 밝히고 있다.

> ① 親王(文武天皇)이 나이가 어려 무거운 짐을 감당하기 어려울 것 같아 원명에게 양위하였고, 靈龜 원년(715)에 천하의 통치권을 짐(元正天皇)에게 물려주셨다.
> ② 大津宮에서 천하를 통치한 천지천황이 만세에 고쳐서는 안되는 常典에 따라 우리 아들(聖武天皇)에게 분명하게 물려준다고 하여, 위탁받은 말씀에 따라 양위하려고 한다.

앞의 원명천황의 즉위 선명에서도 나왔듯이 황위의 계승은 천지조에서 만든 불개상전에 근거하고 있고, 황손인 문무천황, 성무천황의 즉위는 황태자로서 나이가 어려 즉위하지 못했고, 대신 황후, 모친 등이 황태자의 성장을 기다려 임시로 위탁통치했다는 것이다. 천지천황이 만든 불개상전을 천무는 이를 무시하고 내전을 통해 즉위했지만, 자신의 후계는 형제상속이 아닌 적통으로 계승되기를 원했으며, 吉野의 맹세는 바로 그것이었다. 지통천황의 즉위로부터 시작하여 문무, 성무의 즉위의 법적 근거는 크게 보면, 천지조의 불개상전이었고, 지통의 적통보존이 노력으로 이루어졌다. 이러한 왕위계승의 이면에는 藤原家의 씨족장 藤

原不比等 소생의 제1녀인 宮子가 文武天皇의 부인이라는 점과, 여기에서 출생한 聖武 역시 제2녀 光明子의 소생이라는 사실이 중요한 정치적 배경이 되었다. 지통천황과 등원불비등의 정치적, 족적 결합을 통해 이루어진 결과라고 생각된다.

제3절 藤原京의 조영과 신라왕경

1. 藤原京의 조영과정

壬申의 내전 직후 天武天皇은 전대의 舒明과 齊明의 왕궁이었던 倭京의 岡本宮의 남쪽에 飛鳥浄御原宮을 조영하였다. 이 궁은 천무가 즉위하는 672년부터 등원경으로 천도하는 지통 6년(692) 까지 20년간 왕궁으로서 존재하였다. 『일본서기』에 산견되는 倭京은 飛鳥를 중심으로 조영된 지역으로 藤原京 이전까지 존재했던 왕경을 말한다. 이곳에는 새로운 대왕이 즉위할 때마다 조영하는 관례에 따라 다수의 궁전이 세워졌지만, 새 왕조에 어울리는 도성을 조영하기에는 공간적으로 제약이 있었다. 천무천황이 전장에서 왜경으로 들어온 것은 672년 9월이었다.

새로운 시대를 연 천무천황으로서는 왕궁을 비롯한 의식과 정무의 공간인 태극전, 조당 등 정무를 수행하는 많은 관사가 필요하였다. 특히 조정에 출사하는 관인들의 주거지 등 새로운 공간 확보가 당면의 과제였다. 천무 11년(682) 3월에 三野王 및 宮内官 大夫들을 新城에 보내 그 지형을 살피게 하는 등 조영계획을 세웠으며 천무 자신이 新城에 행차하였다[24]. 새 도읍지로 선정된 新城은 藤原京이다. 발굴조사에 의하면 천무조에서 조방제에 의한 도로의 정비, 本藥師寺, 大官大寺의 조영 흔적이 확인되는 등 새 도성의 조영계획은 진행되고 있었다[25]. 그러나 천무의 사망으로 도성 조영은 일시 중단되었다.

지통천황이 즉위하면서 천무의 유업을 계승하여 동 4년(690) 10월에 高市皇子에게 藤原宮을 살펴보게 하고, 동 12월에는 공경백료와 함께 천황이 직접 시찰하

---

24 『日本書紀』天武紀 11년 3월 갑오삭조, 동 기유조.

25 岸俊男, 「飛鳥から平城へ」, 『日本古代宮都の研究』, 岩波書店, 1988, 重見泰, 「新城の造営計画と藤原京の造」, 『奈良県立橿原考古学研究所紀要考古学論攷』40, 2017, 3쪽.

였다[26]. 동 5년 10월에는 新益京[27]에 사자를 보내 토지의 신에게 鎭祭를 올리고[28], 12월에 전 관인들에 대한 새 도성으로 이주시키기 위한 택지를 지급하였다. 우대신에게 택지 4町을 지급하는 것을 시작으로 直廣貳 이상은 2정, 大參 이하에게는 1정을 하사하였다. 또 勤 이하 無位까지는 호구에 따라 그 上戶는 1정, 中戶는 半町, 下戶는 4분의 1일을 하사하였고, 제왕들도 이에 준하여 각각 지급하였다[29]. 천도를 위한 본격적인 시행단계에 돌입한 것이다.

이어서 동 6년 정월에는 지통천황이 新益京의 도로를 시찰하였다[30]. 왕경설계에 가장 기본적인 도로망을 구축하여 도시공간의 기초를 만들었다. 지통 7년 2월에는 造京司 衣縫王 등에게 명하여 공사 중에 파낸 시신을 거두게 하였다[31]. 새 왕도의 건설에 造京司라는 관사 기구를 설치하여 추진하고 있었음을 알 수 있다. 이후 지통천황은 694년 12월에 藤原宮으로 천궁하였다[32]. 천무 5년(676)의 새 도성의 조영계획이 수립된 이후 공사의 중단시기를 포함하면 천도에 이르기까지 18년이라는 장년의 기간이 소요되었다. 천무가 구상하던 새 도성의 장엄한 도시공간이 그의 지통천황에 의해 완성된 것이다. 지통천황은 새 도성터를 4년간 5차례나 방문할 정도로 심혈을 기울인 조영사업이었다.

새로 천도한 藤原京은 大和의 3개의 산, 북으로는 耳成山, 동서로는 각각 天香久山, 畝傍山이 둘러싸고, 북동방면으로는 대각선으로 등원궁의 좌측하단각을 스치는 飛鳥川이 흐르고 있는 광활한 평야지역에 건설되었다[33]. 왕경의 구획은 동서는 각 4坊, 남북은 12條로 조방제로 되어있고, 그 규모는 남북 약 3.2㎞, 동서

---

26 『日本書紀』持統紀 4년 10월 임신조.
27 藤原京은 문헌에 나오는 용어가 아니고 藤原宮이 문헌에 기록되어 있기 때문에 자연스럽게 근대 이후 통용되고 있다. 사료상의 용어는 新益京이다.
28 『日本書紀』持統紀 4년 12월 신유조.
29 『日本書紀』持統紀 5년 12월 을사조.
30 『日本書紀』持統紀 6년 정월 무인조.
31 『日本書紀』持統紀 7년 2월 기사조.
32 『日本書紀』持統紀 8년 12월 을묘조.
33 大脇潔,「新益京の建設」,『新版日本の古代』近畿2, 角川書店, 1991, 83쪽 〈圖6〉 참조.

약 2.2km로 추정되고 있다. 왕궁은 왕경의 중앙의 북부에 위치하고, 남북의 3조와 6조 사이, 동서는 각 2방 사이로 사방 2리이다.

『일본서기』,『속일본기』에 보이는 관사 등의 조영물을 보면, 内裏, 大極殿, 朝堂, 春宮, 東安殿, 内殿, 西高殿, 西閣, 西殿, 東樓, 西樓, 宮門, 南門 등이 나오고 있어 왕궁의 기본 계획안대로 조영되었다고 보인다. 특히 대극전은 천황의 즉위의례의 공간이고 천황권을 상징하는 장엄한 공간이다. 淨御原令의 시행과 천황호의 제정에 동반하여 천황의 신적인 권위를 연출하는 신성한 장소이다. 대극전 성립 이전에는 즉위의례는 임시의 단상을 만들어 의식을 거행했지만, 이제 대극전의 조영으로 항구적인 국가적 의례를 행할 수 있게 되었다.

등원경은 일본 최초의 도시계획에 의한 도시공간이다. 왕궁의 규모는 동서 928m, 남북 907m의 면적으로 그 주위는 기와를 올린 담으로 둘러쌓여 있다. 내부에는 천황이 거주하는 내리, 의식의 장인 대극전, 정무를 행하는 조당을 비롯한 많은 건물이 들어섰다. 건물을 초석 위에 조영하고 지붕에는 기와를 올렸다. 이러한 건축 양식은 궁전으로서는 등원궁이 최초이고, 천황제 국가의 권위의 상징이었다.

2. 藤原京과 신라왕경

새로 조영된 일본의 도성의 기본적인 구상은 중국왕조의 영향을 받았다. 동아시아제국 모두 중국의 역대 왕조의 웅장하고 선진적인 도성을 이상으로 하여 이를 모방한 것은 당연한 일이다. 왕경의 중앙 북부에 도성을 두는 것은 북위 및 동위의 都南城과 유사하고,『周禮』「考工記」에 보이는 중국 고대의 이상적이고 표준적인 계획에 원류가 있다고 지적되고 있다[34]. 중국도성의 기본적인 설계에 따라 북쪽에 왕궁을 두고 그 가운데 주작대로를 설치하고 좌우에 관인, 백성의 주

---

34 岸俊男,「日本の宮都と中國の都城」, 上田正昭編,『日本文化の探究·都城』, 社會思想社, 1976, 117쪽.

거지, 교역의 장으로서의 시, 사찰 등 종교시설 등이 배치되었다.

한편 새로 조영된 藤原京은 중국의 도성을 이상으로 한 도시계획이었지만, 실제로 신라 도성을 참조했을 가능성이 높다[35]. 등원경 조영기인 676년에서 694년은 물론이고 대보 2년(702) 견당사 파견까지 일본의 대외교류는 신라가 유일하였다. 669년에서 32년간 신라와 일본은 거의 매년 사절을 교환하고 있었다. 새왕조를 수립한 천무천황은 새로운 국가건설에 구상과 설계를 추진하고 있던 상황에서 유일한 교류국이었던 신라는 일본의 동아시아의 정보를 입수할 수 있는 유일한 창구였다. 당연히 신라와의 교류를 통해 신라의 도성, 국제에 대한 관심은 높아져 갈 수밖에 없었다.

이 시기에 일본에서 신라에 파견된 사절을『일본서기』의 사례를 보면, 天武 10년(681)에 대사 采女臣竹羅, 소사 當麻公楯을 보내고, 동 13년에 대사 高向臣麻呂, 소사 都努臣牛甘을 신라에 파견하였다. 持統 원년(687) 정월에는 田中朝臣法麻呂와 守君苅田 등을 신라에 보내 천황의 상을 고하게 하였고, 持統 6년(692) 10월에는 山田史御形에게 務廣肆의 관위를 내리면서 그는 이전에 사문이 되어 신라에 유학한 사실을 기술하고 있다. 이 시기는 바로 천무조 이후 새로운 도성 계획을 추진하고 있었다. 신라에서도 통일 후 문무왕 21년(681)과 신문왕 9년(689)에 새로운 왕경 조영이 계획되었으나, 반대에 부딪혀 실현되지 않았다. 자연히 도성 조영에 대한 서로 간의 정보교류는 있었을 것으로 보이고, 당시 당과의 교류를 통해 얻은 지식은 일본에 전해졌을 가능성은 높다.

『삼국유사』권1 기이편 진한조에 "신라 전성시대에 京中에는 17만 8,936호가 살았고, 1,360坊, 55里로 나뉘었으며, 금입택이 35채 있었다"라고 기록되어 있다. 여기에 나오는 신라의 전성기는『삼국유사』의 기록에 憲康王(875-885) 대에는 도성 안에 초가집이 하나도 없었다는 기록으로부터 신라하대로 추정하고 있지만,

---

35   千田稔,「古代朝鮮の王京と藤原京」,『日本古代の都市空間』, 吉川弘文館, 2004, 村元健一,「新羅都城との比較」,『日本古代宮都と中國都城』, 同成社, 2022, 167~168쪽.

그 전초가 되는 시기는 통일 이후의 안정된 기반 위에서 도성 재건의 건설에서 시작되었다고 생각된다. 금입택은 화려하고 장엄하게 장식된 귀족들의 저택이다. 금입택 중에는 김유신의 조상집인 財買井宅 등이 포함되어 있듯이 통일기로부터 조영된 저택임을 알 수 있다[36]. 왕경내의 17만호는 17만인의 오기일 가능성이 지적되고 있지만, 십수만의 인구를 수용하는 집단적 도시공간을 생각하면, 방대한 왕경의 규모를 상상할 수 있다. 여기에 사방에서 바라보이는 황룡사 9층탑을 비롯한 불교사원 건축물은 도시 경관의 장엄함을 더해주고 있다.

『삼국사기』 지리지에 의하면, 신라 왕경의 외형에 대해, 왕도의 길이가 3075보, 넓이 3018보, 35리이고 6부로 편성되었다("王都長三千七十五步, 廣三千一十八步, 三十五里. 六部"). 경주 분지를 흐르고 있는 북천, 남천, 서천을 경계를 6부의 거주공간이 산재해 있다. 이 기록은 통일기의 모습을 말하는 것으로 대체로 사방 5㎞ 정도의 정방형의 도성을 모습을 기록하고 있다. 경내의 지역은 坊, 里의 행정단위로 구성되어 있으며 방각의 토지구획으로 정비되어 있었다[37]. 『삼국사기』 신라본기 자비왕 12년(469)조에, "京都의 坊, 里의 名을 정했다"라고 한 것은 왕경의 행정단위가 坊, 里였음을 알 수 있다.

일본의 藤原京의 경우도 坊, 町의 명칭으로 도성의 구획을 정했다[38]. 이것이 平城京 시대에 오면 條坊의 행정단위를 나타낸다. 따라서 藤原京 조영에는 신라의 坊里制가 참고되었음을 보여주고 있다. 또한 건축물에서도 일본에서 지붕에 기와를 올리고 기단석을 이용한 양식은 藤原宮에서 처음 시작되었으며 신라의 건축양식에서 참고했을 가능성이 높다고 생각된다. 이 시기에 일본사절이 신라의 왕경을 직접 눈으로 확인하였고, 도시공간의 궁전 등의 배치도에 대해 정보를 입수했다고 생각된다.

천무조 이후 일본의 대외교류는 신라가 유일하였고, 신라를 통한 각종 문물의

---

36 李基東, 「新羅金入宅考」, 『震檀學報』 45, 1978, 동 『新羅骨品制社會와 花郎徒』, 일조각, 1984 참조.

37 龜田博, 『日韓古代宮都の研究』, 學生社, 2000, 260~263쪽.

38 岸俊男 編, 『日本の古代』 9, 都城の生態, 中央公論社, 1987, 62~63쪽.

수입기였다. 현실적으로 도시경관은 가장 큰 비교대상이었다. 왕궁을 비롯한 정무를 수행하는 관사, 사찰, 관인층의 저택 등 도시공간에 설치된 수많은 조형물들은 그 자체가 국력을 가늠하는 기준이었다. 신라에 온 일본사절들의 눈에는 이러한 왕경의 풍경에 자극받아 새로운 국가시설의 조영에 참고했을 것이다. 특히 외교의례를 행하는 의식의 공간은 매우 중요했으며, 왕권의 위상을 높이는 장소였다. 지통조에 완성된 새 도성은 신라를 의식한 조영사업이었으며 신라를 능가하는 도성을 세워 우월적 입지를 구축하려고 하였다. 일본지배층의 정치적인 이념인 신라에 대한 우월의식을 충족시키기 위해서는 권력의 표상으로서 조형물이 필요하였고 도성은 바로 그 상징이었다.

제4절 淨御原令의 제정

지통천황 3년(689) 6월 淨御原令 1부 22권이 완성되어 중앙관청에 반포되었다[39]. 천무 10년(681)에 율령을 제정하여 법식을 정한다는 조서가 발령된 지 8년만에 제관사에 반포한 것으로, 일본 최초의 법집이었다. 그 이전 천지조의 近江令에 대해서는 「大織冠傳」에 전하는 中大兄皇子가 칭제 7년경에 藤原鎌足에게 명하여 때의 현인과 함께 舊章을 검토하여 조례를 만들었다[40]는 기록이 나오지만, 편찬, 시행 등 논란이 있다. 令으로서 시행된 형적은 없으며[41], 近江令의 존재를 구태여 인정하려고 한다면, 천지 칭제 7년경에 편찬하려고 했으나 제정, 시행 등은 행하지 못했던 법전 정도일 것으로 추정된다[42].

현존하는 양로령이 10권 30개 편목인데, 淨御原令은 이보다 권수가 2배 이상 많은 22권으로 되어 있다. 이때의 22권이 22개 편목일 가능성이 높다. 『일본서

---

39 『日本書紀』持統紀 3년 6월 경신조.

40 『藤氏家傳』, 大織冠傳, 天智7년, "先此, 帝令大臣撰述禮儀, 刊定律令. 通天人之性, 作朝廷之訓, 大臣與時賢人, 損益舊章, 略爲條例".

41 靑木和夫, 「淨御原令と古代官僚制」, 『日本律令國家論攷』, 岩波書店, 1992, 79쪽.

42 靑木和夫, 「律令論」, 앞의 책, 222~224쪽.

기』에 남아있는 淨御原令의 편목 중에서 戶令과 考仕令 2개의 사례가 나온다. 지통 4년(690) 9월에 "무릇 호적을 만들 때에는 모두 戶令에 의거하라[43]"는 기록으로, 이 호령에 의거하여 庚寅年籍이 작성되었다. 양로령의 호령 조문에는 「造戶籍」조가 있고, 50호 1리제에서 전국의 인민을 파악하고 구분전의 반급과 조세의 기준을 정하고 있다. 중앙정부의 전국지배의 기초적 법령으로 대보령을 제정하기 전까지 12년간 시행되었다.

다음 考仕令은 대보령에서도 같은 명칭이지만, 양로령에서는 考課令으로 나온다. 지통 4년 4월조에는, "百官 및 畿內 사람 가운데 관위가 있는 자는 6년으로 정하고, 관위가 없는 자는 7년으로 정하라. 그 근무한 일수를 9등으로 나누고, 4등이상은 考仕令에 따라 덕목, 적부, 공적, 재능, 씨성의 고하를 심사하여 관위를 주도록 한다[44]"라고 규정하고 있다. 이것은 관인의 근무평정으로 승진시키는 규정인데, 유위자는 6년마다 승진심사를 하지만, 대보령에는 없는 무위자에 대한 승진심사가 7년으로 되어 있다. 이 심사의 기준은 출근일수를 9등급으로 구분하여 4등 이상을 승진의 대상으로 하고, 여기에 덕목, 공적, 재능 및 씨성의 고하를 기초로 삼는다. 출근일수는 위계에도 正, 直, 勤, 務의 명칭이 있듯이 심사대상의 근간을 이루고 있으며, 동시에 관인의 덕목과 공적과도 관련이 있다. 특히 덕목은 사회적 규범인 예제의 반영으로 보인다. 재능과 씨성은 상충되는 측면이 있으나, 씨성이 낮더라도 재능이 있으면 무위의 백성 중에서도 관인으로 발탁할 수 있는 규정이다. 관제는 천무조에서 제정한 48관제가 그대로 시행되었다.

【표 6】 48官階

諸王(1~12계)	諸臣(1~48계)			
	1~12계	13~24계	25~38계	39~48계
明大壹	正大壹	直大參	務大壹	追大參

---

43 『日本書紀』持統紀 4년 9월 을해삭조.
44 『日本書紀』持統紀 4년 4월 경신조.

諸王(1~12계)	諸臣(1~48계)			
	1~12계	13~24계	25~38계	39~48계
明廣壹	正廣壹	直廣參	務廣壹	追廣參
明大貳	正大貳	直大肆	務大貳	追大肆
明廣貳	正廣貳	直廣肆	務廣貳	追廣肆
淨大壹	正大參	勤大壹	務大參	進大壹
淨廣壹	正廣參	勤廣壹	務廣參	進廣壹
淨大貳	正大肆	勤大貳	務大肆	進大貳
淨廣貳	正廣肆	勤廣貳	務廣肆	進廣貳
淨大參	直大壹	勤大參	追大壹	進大參
淨廣參	直廣壹	勤廣參	追廣壹	進廣參
淨大肆	直大貳	勤大肆	追大貳	進大肆
淨廣肆	直廣貳	勤廣肆	追廣貳	進廣肆

상기 표에서 보듯이 諸王의 관계는 明 계열 4단계, 淨 계열 4단계 모두 8단계로 하고, 諸臣의 관계는 正, 直, 勤, 務를 大, 廣으로 구분하고, 각각 壹, 貳, 參, 肆 4등으로 하여 48계로 정하였다. 이러한 세부적인 구분은 관인의 증가와 임신의 난 공신들에 대한 논공행상의 필요에서 관계의 폭을 넓힌 것으로 보인다. 대보령제 하에서의 제왕의 관계는 4품 이상에 해당하고, 제신의 경우는 正, 直 계열이 1~12계까지가 5위 이상이고, 13계 이하의 勤, 務 계열이 6위 이하에 해당한다.

지통천황은 즉위한 그해 7월에, 중앙 관사의 관직을 임명하였다. 태정대신에는 천무의 제1황자 高市皇子를 임명하고, 왕족출신 丹比島眞人에게 정광삼의 위계를 내리고 우대신에 임명하였다. 아울러 8성의 백료들을 모두 천임하였다. 천무조에서의 6관제를 8성으로 개편한 것이다. 8성의 구체적인 명칭은 기술하지 않았으나, 대보령제의 8성과 거의 동일한 것으로 생각된다. 그러나 대보령이 시행되기 직전『속일본기』대보 원년(701) 2월조에는 "民官의 호적을 교감하는 史를 임명하였다"라고 하여 민부성이 아닌 民官으로 나오고 있어 의심스럽고[45], 대보

45　直木孝次郎,『持統天皇』, 吉川弘文館, 1960, 208~209쪽.

율령의 지식에 의해 수정되었을 가능성도 있다. 기왕의 6관에 황실과 관련된 직무인 대보령에서의 궁내성과 중무성이 포함되었을 것이다.

8성(8관)의 장관의 인물은 확인되지 않으나 천무조에 이어 왕족, 공신들이 임명되었을 것이다. 이들 8성의 장관을 비롯하여 백료인 관인들은 관위상당제에 따라 관직에 대응하는 48위계가 수여되었을 것이다. 또 지방관제도 정비되어 구주지방의 大宰 및 전국의 국사들을 천임하였다. 大宰는 대보령제하의 大宰府의 전신인 筑紫大宰이고, 구주지방 및 도서지역을 총괄하는 중요 관직이다. 전국의 국사도 임명하여 8세기 율령제의 근간이 되는 기본틀은 정비되었다.

이어서 공경백관들에게 처음으로 조복을 지급하였다. 이어 공경백료 有位者는 조복을 입고 조정에 출근할 것을 명하고[46], "朝堂의 자리에서 친왕을 볼 때에는 일상과 같이 하라. 대신과 왕에게는 일어서서 조당의 앞에 서라. 대신과 왕 이상일 경우에는 자리에서 내려와 무릎을 꿇어라[47]"라고 하는 조정에서의 관인예법을 규정하였다. 조복은 관복을 말하며 집에서 나올 때 관복차림으로 조정에 들어오라는 지침이다. 의관이 상징하는 예법과 질서에 대한 규정이다. 대보령에서는 이러한 예법이 儀制令에 규정되어 있으나, 지통조에서는 淨御原令이 아직 체계화되지 않아 格式의 형태로 법령을 내리고 있음을 알 수 있다.

지통 6년 (692) 9월에는 畿內에 班田大夫를 보냈다. 기내 4국에 토지를 분배하는 班田使를 파견한 것이다. 이것은 대보율령에서 시행된 공지공민제의 이념에 따라 인민에 대한 구분전 반급의 전단계라고 보인다. 이 시기에는 토지의 반급에 대한 실상을 알 수 없으나, 기내지역을 중심으로 시행한 것으로 생각되고, 그 근거는 지통 4년 8월에 제국사에게 명하여 작성한 호적과 관련이 있다[48]. 즉 경인년적에 의거하여 반전이 시작되었으며 이후 전국에 걸쳐 토지의 지급과 수취체제를 수립했다고 생각된다. 대보령에서도 호령, 전령, 부역령이 인민통치의 근간이

---

46 『日本書紀』持統紀 7월 병자삭조, 동 임오조.

47 『日本書紀』持統紀 4년 7월 갑신조.

48　北山茂夫, 『天武朝』, 中公新書, 1978, 263쪽.

되는 법령으로 토지의 반전은 淨御原令의 규정과 호적을 기초로 이루어진 것이다. 지통 4년 9월조에 "호적의 작성에는 戶令에 의거하라"는 조서를 내린 것은 바로 이 사실을 말한다.

제2부
천황제 율령국가의
성립과 구조

제1장 大寶律令의 제정과 율령제의 특질

제1절 大寶律令의 제정과 시행

持統朝에서 제정된 淨御原令은 시행한 지 불과 12년만에 새로 大寶律令이 제정되었다. 대보율령의 찬수의 과정을 보면, 文武天皇 4년(700) 3월에 王臣들에게 令文의 학습을 명하고, 律의 조문을 정하여 편찬시켰으며[1], 6월에는 刑部親王 등 19인의 학자에게 율령을 찬수한 공로로 녹을 내렸다[2].

율령편찬을 주도한 인물은 刑部親王, 藤原不比等 등 당대 최고의 권세가, 명법학자, 관인지식인 19인이었다. 刑部親王은 天武天皇의 황자로서 임신의 내전에 天武를 도와 활동하였으며, 『일본서기』 편찬을 명받아 帝紀 및 上古諸事의 내용을 정리한 忍壁皇子와 동일인이다. 그는 文武朝에서 태정대신에 준하는 知太政官事라는 관직을 맡았으며 사실상 황실의 대표였으며 학문적인 자질도 뛰어났다. 율령 편찬에 참여한 인물 중에는 伊岐連博得, 伊余部連馬養, 薩弘恪, 白猪史骨, 黃文連備, 田邊史百枝, 鍛造大角, 田邊史首名, 山口伊美伎大麻呂 등 도래계 씨족 등 학문적 소양이 뛰어난 관인지식들이었다.

大寶 원년(701) 정월 초하루, 문무천황이 대극전에서 신년하례를 받을 당시의 장면을 『속일본기』에는, "그 의식에는 정문에 烏形幢을 설치하고, 좌측에 日像, 청룡, 주작의 깃발, 우측에 月像, 현무, 백호의 깃발을 세우고, 외국사절이 좌우에 나란히 하였다. 비로소 문물제도가 정비되었다"라고 하여 새로운 율령의 제정을

---

1 『續日本紀』文武 4년 3월 갑자조, "詔諸王臣讀習令文. 又撰成律條".
2 『續日本紀』文武 4년 6월 갑오조,.

상징하는 신년의식을 기술하고 있다. 藤原宮의 大極殿 정문에는 태양의 화신이라고 전하는 三足烏 형상의 깃발을 비롯하여 그 좌우에 일월상 및 사신도 깃발을 세우는 등 종전에 볼 수 없었던 장엄한 풍경을 연출하였다. 삼족오는 태양신을 상징하고 있으며 天照大神의 후예임을 과시하고 황위의 정통성, 국가통치의 정당성을 보여주는 무대장치였다.

이어서 새로 제정된 大寶令에 의거하여 親王 4품, 諸王 14계, 諸臣 30계, 外臣 20계, 훈위 12등으로 구분하여 位記를 수여하였다. 또한 신분에 따른 색복 등 복제를 정비하고, 좌우대신 및 대납언을 임명하고 제왕 14인, 제신 105인에게 신분에 따른 위계와 관직을 내렸다. 職員令의 규정에는 제신에게 수여되는 30계 관위에 388개의 관직이 있고, 5위 이상에게는 58개의 관직이 있다. 대보령 제정 당시의 국가체제의 정비기에는 아직 관료기구 전체에 관인이 임명되지는 않았지만, 5위 이상을 중심으로 순차적으로 임명하였다.

701년 3월에는 '大寶' 연호를 제정하여 원년으로 하였다. 『속일본기』 대보 원년(701) 3월조에는, "대마도에서 금을 공상하였다. 大寶 원년으로 건원하였다. 비로소 新令에 의거하여 관명, 위호를 개정하였다[3]"라고 기록하고 있다. 새로운 율령의 제정과 함께 건원하였다[4]. 儀制令 「公文」 조에는 "凡公文應記年者, 皆用年號"라고 규정되어 있듯이 모든 공문서의 연대를 표기할 때에는 연호를 사용도록 하였다. 새로운 연호의 제정으로 율령제 시행 이후 전국의 66개국에서 연호가 사용되었다.

대보 연호가 제정된 그해 12월에 구주지방 북단 元岡桑原遺跡群에서는 「太寶元年辛丑十二月二十二日」의 문구가 새겨진 하찰목간이 발견되었다[5]. 연호 다음

---

3 『續日本紀』 大寶 원년 3월 갑오조, "對馬嶋貢金, 建元爲大寶元年, 始依新令, 改制官名位號".

4 前川明久는 문무 5년에 대보 연호를 제정한 것은 "새로 찬정한 율령에 주어지는 명칭에는 연호가 필요하기 때문에 대보율령이라는 명칭으로 당에 소개한 것은 아닌가"라고 추정한다(「日本古代年號使用の史的意義」, 『日本歷史』242, 1968, 59쪽). 그러나 당에 대보율령의 제정 사실은 알리지 않았다.

5 菅波正人, 「元岡·桑原遺跡の槪要と出土木簡」, 『木簡研究』29, 2007, 坂上康俊, 「嶋評戸口変動記

에 동년의 辛丑 간지를 기입한 것은 연호 사용의 시행과정에서 익숙치 않았던 초기의 행정으로 생각된다. 나라문화재연구소의 조사에서도, 「大寶三年十一月十二日御野國楡皮十斤」, 「大寶二年尾張國智多郡」, 「大寶二年八月十三日」, 「大寶二年十月十七日」 등의 大寶 연호가 표기된 다수의 목간이 출토되었다[6]. 또한 慶雲 4년(707)에 사망한 越後國守 威奈眞人大村의 骨藏器에 새겨진 묘지명에도 "以太寶元年律令初定"이라고 하여 太寶(大寶) 원년에 율령이 처음으로 정해졌다고 명기하고 있다[7]. 대보 연호가 제정된 초기부터 행정에서부터 묘지명에 이르기까지 널리 통용되고 있음을 알 수 있다.

연호가 제정된 직후인 동년 4월부터는 율령 편찬자들이 각 관사에 파견되어 슈의 강의를 시작하였다[8]. 6월에는 전국에 율령의 시행을 명하였고, 8월에는 지방에도 율령의 내용을 전하기 위해 明法博士들이 파견되어 강의를 시작하였다[9]. 이어 대보 2년 10월에 이르러서는 令 사본이 전국에 배포되었다[10]. 律의 완성은 令과 같은 대보 원년 8월이지만, 시행은 대보 2년 2월이고, 7월부터 강의가 시작되었으며, 10월에 令과 함께 전국에 배포되었다. 새로 편찬된 대보율령은 律 6권, 令 11권으로 구성된 일본 최초의 체계화된 법전이었다. 이로서 천황을 중심으로 2官, 8省의 관료기구를 골격으로 한 율령제 국가가 완성되었다.

대보율령의 제정은 문서행정상의 획기적인 변화였으며, 당대인의 기억 속에 생생히 인식되고 있었다. 대보율령의 당시의 명칭으로는 '新令', '新律'로 나오지만, 연호의 제정은 율령제의 시행과 밀접한 관련이 있어 '大寶律令'이라는 용어가 의식되고 있었다고 생각된다.

　　録木簡をめぐる諸問題」, 『木簡研究』 35, 2013

6 　奈良國立文化財研究所 木簡 데이터베이스. 참고.

7 　奈良國立文化財研究所飛鳥資料館編, 『日本古代の墓誌』, 同朋社, 1979.

8 　『續日本紀』 大寶 원년 4월 경술조, "遣右大弁從四位下下毛野朝臣古麻呂等三人, 始講新令. 親王諸臣百官人等就而習之".

9 　『續日本紀』 大寶 원년 8월 무신조, "遣明法博士於六道〈除西海道〉, 講新令".

10 『續日本紀』 大寶 2년 10월 무신조, "頒下律令于天下諸國".

唐令을 계수한 일본령의 편제를 보면, 당령의 조문을 상당 부분 삭제하고 일부는 수정하였다. 당령은 총 30권, 31개 편목, 1590개의 조문으로 구성되어 있는데, 일본령은 계수과정에서 40%를 삭제하여 10권, 30개 편목에 953개의 조문으로 재편성하였다[11]. 이것은 당과 일본의 국가의 규모, 사회구조와 규범 등의 차이에서 비롯되고 일본의 실정에 맞지 않은 조항은 대부분 배제하였다. 당의 중앙관제인 3성6부제를 일본관제에서는 3성의 기능을 개편하여 태정관 조직으로 흡수하였고, 그 밑에 태정관의 지휘를 받는 8성을 두었다[12]. 또한 당에는 없는 僧尼令을 추가하고, 제사를 규정한 祠令을 神祇令으로 대체하였고, 일부 편목의 재배치, 조문의 내용 및 관제의 명칭을 변경하는 등 일본의 실정에 맞게 수정하였다[13]. 당 법제의 수용과정에서 조문을 대폭적으로 삭제, 수정한 것은 이민족 지배의 제국적 통치법과 방대한 관제가 규정된 당의 율령을 당시의 일본사회에 그대로 적용하기 어렵다고 판단했기 때문이다. 이것은 양국의 사회발전단계, 국력의 차이에서 비롯된다.

대보율령은 文武朝에서 추진하여 완성된 법전으로 2년 수개월에 걸쳐 완성하였다. 당시 동아시아제국의 법전 모델이 된 당율령은 일본에서도 명법학자 등 관인지식층 사이에 기본적인 지식이 축적되어 있었고, 대보령 제정 직전까지 淨御原令을 편찬하여 시행한 경험과 새로운 국가체제의 수립을 위한 법체계의 방향

11 仁井田陞著·池田溫編, 『唐令拾遺補』, 東京大學出版會, 1997, 317~318쪽, [歷代令篇目一覽表]. 이때의 日本令은 大寶令을 계수한 養老令이다.

12 태정관의 설치는 『日本書紀』 天智紀 10년(671) 정월 계유조에, "是日。以大友皇子拜太政大臣, 以蘇我赤兄臣爲左大臣, 以中臣金連爲右大臣"이라고 하여 태정대신, 좌우대신 임명기사가 나온다. 대보령 이전의 태정관의 원류기사로 보이지만, 이 시기의 관제로서의 태정관의 실태에 대해서는 명확하지 않다.

13 일본율령이 당법전을 토대로 만들어졌기 때문에 일본학계에서는 어느 부분이 계수되었고, 차이가 있는가에 대한 비교연구가 이어지고 있다. 기초연구로서 仁井田陞, 『唐令拾遺』(東方文化學院[1933], 東京大學出版會 1966 복간), 仁井田陞著·池田溫編(『唐令拾遺補』, 東京大學出版會, 1997)이 있고, 근년에는 北宋 天聖 7년(1029)에 제정된 天聖令 10권이 발견되어 唐令의 일부가 복원되었다(大津透編, 『日唐律令比較研究の新段階』(山川出版社, 2008). 이외에도 池田溫編, 『中國禮法と日本律令制』(東方書店, 1992), 坂上康俊, 『唐法典と日本の律令制』(吉川弘文館, 2023) 등 다수의 연구가 있다.

성도 알고 있었기 때문에 가능했다고 생각된다.

특히 대보율령의 찬정에는 藤原不比等의 역할이 컸다고 보인다. 그는 『일본서기』 편찬에도 주도적으로 관여하였고, 持統天皇의 두터운 신임과 자신의 딸 藤原宮子를 文武天皇의 비로 입실시켜 당대의 권세가로서 천황제 국가의 기본 틀을 설계한 인물이다. 그는 刑部親王에 이은 부총재의 직에 있으면서 율령의 조문을 찬정하고, 시행 이후에도 令官으로서 令文 해석을 결정하는 조정자 역할도 주관하였다[14].

대보율령은 천황을 정점으로 하여 그 휘하에 제호족을 관료군으로 편성하였고, 인민을 일원적으로 통치하기 위해 국가의 기본법으로 제정되었다. 중앙의 관료제를 비롯하여 인민장악을 위한 호적과 계장의 작성, 구분전의 반급, 조용조의 수취체제, 신분제로서의 양천제, 군단제 등 인민지배의 통치법으로서 규정되어 있다. 이후 718년에 대보율령에 이어 養老律令이 편찬되었지만[15] 일부 자구의 수정 정도이고 대보율령 제정 시의 법령이 그대로 유지되었다. 또한 양로율령은 제정 이후 40여년이 지난 天平寶字 원년(757)에 시행되어 나라시대의 국가운용은 대보율령을 중심으로 전개되었다.

대보율령의 시행은 일본고대국가의 도달점이라고 할 수 있다. 새로운 율령의 시행기에는 법령의 해석을 둘러싼 다양한 제설이 나오고, 이를 보완하는 格, 式

---

14 早川庄八, 「大寶令制太政官の成立をめぐって」, 『日本古代官僚制の硏究』, 岩波書店, 1986, 121쪽. 平安時代 편찬된 법률서인 『法曹類林』에 수록되어 있는 令 문답에 외8위 및 내외의 초위자가 한번에 4단계 승서할 경우에 奏聞할 필요가 있느냐의 질문에 대해, 그럴 필요가 없다고 답변하고 있다. 藤原不比等의 율령에 대한 지식을 말해주고 있다.

15 養老令에 대해서는 養老 2년(718)에 성립했다고 전하지만, 양로 4년 8월의 藤原不比等의 사망 이전에 그 성립을 두는 사료조작의 결과이고, 그 시행을 알리는 天平寶字 원년(757) 5월조의 칙에는 '養老年中'으로 되어 있다. 또한 편찬에 관여한 大倭小東人이 양로 2년 12월에 당에서 귀국하였고, 찬정자에 대한 포상이 동 6년 2월인 점으로부터 양로령의 제정은 동 3년 이후의 養老年中 설이 유력시되었다. 그러나 坂上康俊은 양로령 시행 이전의 天平 초기의 시책 중에는 동 규정에 일치하는 조문도 있어 757년 이전에도 양로령이 수용되고 있었다고 추정하고 있다(坂上康俊, 「律令制の形成」, 『岩波講座日本歷史』 3, 古代3, 2014, 同 『唐法典と日本律令制』, 吉川弘文館, 2023, 347~348쪽 및 354쪽 註(65) 참조).

이 발포되었다. 9세기전반에는 양로령의 공적 주석서인『令義解』및 대보령, 양로령의 다양한 제설을 집성한『令集解』가 편찬되었다. 여기에 율령의 조문을 수정한 格 및 시행세칙인 式은 단행법령으로 수시로 발령하여 시행되었다. 이들 格式은 9세기에서 10세기에 걸쳐『類聚三代格』,『延喜式』등으로 정리되었다.

그러나 여전히 전통적 습속인 씨족제적인 요소가 남아있고, 문명적 법제를 도입했다고 하더라도 사회 기층에는 새로운 법제가 수용되지 않은 채 전통적인 관습에 따르고 있었다. 율령제의 기반이 정비되지 않은 상황에서 체계적인 제도적 지배구조를 갖는 율령을 적용시키기에는 한계가 있었다. 이에 전통의 씨족제적인 요소를 겸비한 이원적인 구조, 국가라는 지적도 나오고 있다[16]. 따라서 대보령 시행초기에는 법령에 대한 인식이 부족하여 시행착오도 나왔다.『속일본기』和銅 5년(712) 5월에, 조정에서는 제관사의 주전 이상, 제국의 朝集使 등에게 다음과 같은 조를 내렸다.

"법을 제정한 이래 연월이 오래되었지만, 율령에 익숙치 않아 많은 과실이 있다. 지금 이후로는 만약 令을 위반한 자가 있다면 즉시 위법을 헤아려 율에 의거하여 처벌한다. 탄정대에서는 월별로 3번 제관사를 순찰하여 비위를 조사해서 바로잡는다. 만약 공무를 행하지 않는 자가 있다면, 그 상황을 자세히 기록하여 식부성에 통지하여, 근무평정의 날에 조사하여 묻는다".

대보령이 발효된 지 11년이 지난 시점에서 율령을 숙지하지 못해 많은 시행착오가 일어나고 있는 상황을 말해주고 있다. 율령이 중앙과 지방의 제관사에 알려지는 과정에서 율령의 조문 해석을 둘러싼 문제, 시행방법 등에 혼란을 초래한 것으로 보인다. 율령은 시행과정에서 추가적인 법령인 格, 세부적인 규정의 式을 포함해야 완결된 법제를 갖추게 되었다. 오랜 기간에 걸쳐 수많은 수정과 보완을

---

16 井上光貞,「日本の律令體制」,『岩波講座世界歷史』6, 1971,『井上光貞著作集』5, 岩波書店, 1986 재록.

거쳐 시행된 중국의 정교한 국가통치법을 단기간에 일본사회에 적용시키기에는 많은 한계가 있었다. 새로운 율령에 대한 이해와 시행세칙이 마련되지 않은 상황에서 상당한 혼란이 일어났다고 생각된다.

율령법의 어느 부분은 이상으로 남은 채 실현되지 않았으며 이러한 부분은 일본국이 해결해 나가야 할 과제였다. 또한 養老 원년(718) 5월의 조서에는 국내의 백성들이 사방으로 유랑하여 과역을 기피하고 있으며, 王臣들은 이들을 國, 郡에 부탁하여 예속하에 두어 있어, 백성들은 귀향하지 못하고 있는 상황에 대해 대응책을 마련하고 있다. 농민의 과역의 기피와 유랑은 율령제 국가의 이상이었던 공지공민제의 근간을 흔드는 일이었다.

대보율령은 시행과정에서 많은 문제점을 드러냈지만, 율령의 제정은 새로운 국가건설의 청사진을 제시한 기본법전이었다[17]. 양로령 제정 이후에는 이를 보완하는 법령이 수시로 발포되어 정비되었고, 이를 대체할 새로운 법전은 제정되지 않았다. 鎌倉幕府 이후의 무가사회에서도 천황의 관위수여 등 관제의 기본은 이어졌으며 대보령에서의 태정관은 메이지유신 이후 내각제가 시행되는 1885년까지 존속하였다. 이러한 역사적인 흐름을 보면, 고대에 제정된 국가통치법은 천황의 존재와 함께 이어진 일본국의 특질을 말해주는 이른바 천황통치법이었다.

제2절 율령제 국가의 구상과 이념

1. 율령제와 천황권

중국고대의 황제는 자유의사에 의해 율령의 개폐권을 갖고 있어, 새로운 황제가 즉위하면 언제든지 새로운 법전을 편찬할 수 있다. 중국 황제법의 영향을 받은 고대일본의 천황도 율령의 규제를 받지않는 유일한 존재이다. 율령의 조문에는 천황의 권한에 대해 규정이 없다. 이것은 천황의 권한이 없다는 것이 아니라 천황은 율령에 의해 규제받지 않은 존재라는 것을 의미한다. 천황은 국가권력의

---

17   吉田孝, 『律令國家と古代社會』, 岩波書店, 1983, 43~44쪽.

체현자이고, 율령은 천황의 명에 의해 집행되는 통치법이다. 천황을 정점으로 하는 관료조직은 율령에 명시된 권한으로 천황의 명을 수행하는 것이다. 이런 면에서 대보령 시행 후의 천황은 법을 초월한 전제적 군주의 성격을 나타내고 있다[18]. 다만 일본의 천황은 율령의 규정을 벗어나는 통치권을 행사한 적은 없으며, 법령에 따른 천황권을 행사하고자 했던 점에서 중국 황제와는 차이가 있다.

『속일본기』神龜 원년(724) 2월에 일어난 율령 조문에 대한 위칙 논란에 대해 살펴보자. 聖武天皇은 즉위 후, 모친인 정1위 藤原夫人(藤原宮子)을 大夫人으로 칭한다는 칙을 내렸다. 그러나 좌대신 長屋王 이하 태정관에서는 "칙이 내려졌지만, 공식령을 조사해 보니, 皇太夫人이라는 호칭이 규정되어 있어 칙에 따라 대부인이라고 부르면, '皇' 자를 붙지 않아, 슈을 지키려고 하면, 違勅이 되어 버린다. 삼가 판단를 기다린다"라고 하여 위칙 논란이 벌어졌다. 이에 성무천황은 "문자로는 皇太夫人, 구두로는 大御祖라고 부르기로 하고, 先勅을 철회한다"라고 하였다[19]. 이 사건은 천황의 칙도 율령을 초월할 수 없다는 증거로서 거론되어 왔지만, 합리적인 해석이 아니다. 그 이유는 율령의 내용에 '皇' 자가 있으므로 율령의 조문을 채택하면 천황의 칙인 대부인보다 격이 높아지는 것이므로 천황의 입장에서도 당연히 율령에 따른 것이다.

이 논쟁은 천황의 위칙 여부가 중요한 것이 아니라 율령의 규정이 보다 합리적이기 때문에 문자로는 황태부인, 구두로는 大御祖라는 격조높은 호칭을 사용하여 先勅을 철회한 것이다. 즉 聖武天皇은 황태부인이라는 격이 높은 명칭이 율령에 있다는 사실을 인지하지 못하고 그보다 낮은 용어를 선택했기 때문에 태정관이 문제를 제기하여 바로잡은 일종의 해프닝이었다고 생각된다. 만약 중대한 위칙이었다면, 이 사건은 천황을 모독하는 일로 정사에 실린 가능성은 없다.

일본고대의 율령제 국가의 지향성은 전통적인 호족 중심의 국가체제에서 천

---

18 門脇禎二·甘粕健, 『體系日本歷史』1, 古代專制政治, 日本評論社, 1967.
19 『續日本紀』神龜 원년 3월 신사조.

황을 정점으로 하는 관료군을 형성하고, 왕토왕민사상에 의거한 공지공민제를 수립하는 일이었다. 이에 따라 재래의 유력 씨족들에게 새로 제정된 법령에 의거하여 관위와 관직을 내리고, 사적 토지를 몰수하여 위계에 따라 토지를 하사하고, 그 예속민에게는 구분전을 반급하여 신민, 왕민으로 편입하는 것이다. 대보령의 제정과 더불어 가장 먼저 시행했던 것이 유력씨족들에게 내린 관위, 관직이었고, 천황제 국가의 율령관인으로서 권력은 그대로 계승되었다.

한편 대화개신의 주역 內大臣 藤原鎌足의 적통인 藤原不比等의 가문과의 관계는 천황권의 행사와 존속에 커다란 영향을 미쳤다. 藤原氏 피를 받은 천황의 즉위로 외척세력은 권력의 중추부에 집중되었으며, 천황을 보좌하는 정치적 공생관계가 형성되었다. 율령체제에서는 구조상으로 천황이 절대군주이지만, 추진하는 과정에서 배후에 藤原氏의 역할은 중요하였다. 특히 문무천황의 비인 藤原不比等의 딸 宮子였고, 그 사이에서 聖武天皇이 태어났으며, 聖武天皇의 비 역시 藤原家의 光明子였다. 그녀는 황족이 아니면 황후가 될 수 없는 율령의 규정에도 불구하고 황후로 승격되었고, 그 사이에서 태어난 阿倍內親王은 孝謙天皇으로 즉위하였으며, 重祚하여 稱德天皇이 되었다. 藤原家의 권세는 한축이 무너져도 뿌리깊게 퍼져있는 권력의 속성상 그대로 계승되어 나간다. 외척으로서의 藤原家의 권력은 천황권에도 영향을 미치지 않을 수 없었다.

이러한 측면에서 천황의 권력기반은 의외로 약체이고, 율령제는 군주제의 형태를 갖고 있지만, 실제는 귀족제 지배로 파악하는 견해도 있다[20]. 천황의 권력은 율령제의 구조상으로 볼 때에는 절대군주의 모습이 확연하지만, 어느 절대권력도 주변의 옹호세력이 없이는 유지하기 어렵다는 점에서 귀족제적인 측면도 간

---

20 關晃, 「大化改新と天皇權力」, 『歷史學硏究』 228, 1959. 일본의 율령국가를 전제국가인가 귀족제적 요소를 강조하는 학설의 정리는 다음의 논고가 참조된다. 大町健, 「律令國家は專制國家か」, 『爭點 日本の歷史』 3, 新人物往來社, 1991, 仁藤敦史, 「律令國家論の現狀と課題」, 『歷史論評』 500, 1991, 古瀨奈津子, 「天皇と貴族」, 『論爭日本古代史』, 河出書房新社, 1991. 石上英一, 「律令國家論」, 『律令國家と社會構造』, 名著刊行會, 1996. 여기에 소개된 제설도 귀족제적인 요소를 거론하면서도 대부분 전제국가론으로 향하고 있다.

과할 수 없다. 보통 율령제하에서의 천황은 율령국가의 통치권의 총람자로서의 측면과 지배계급 전체의 이익을 대변하는 정치적 수장이라는 측면이 있다[21].

이 2개의 관점은 이념과 이상으로서의 천황의 모습과 현실의 천황제 권력의 실태를 함축하고 있다. 여기서 말하는 지배계급이란 5위 이상의 귀족이고 150명 내외의 귀족관인들이 천황권을 지탱하고 유지해 나가는 옹호세력이고, 천황권의 울타리 안에서 권력을 공유하는 동업자들이다. 법령에 규정된 관료기구는 천황이 권력을 행사하는 도구이고 상층부의 귀족관인들은 천황의 명령에 따라 움직이는 수행자이다. 천황권 하에서 이루어지는 권력은 관료시스템 밖으로 나가면 그 권한은 소멸되어 버린다.

천황의 관인 임면권, 처벌권, 사면권은 관인에 대한 강력한 통제권으로 천황권의 실태를 말해주고 있다. 천황이 승인없이 효력을 발휘하는 규정은 없으며 귀족의 권력도 천황제라는 관료기구의 시스템 속에서 이루어지기 때문에 귀족들은 천황제의 틀에 포섭된 존재이다. 귀족의 독자적인 권력의 행사는 모반, 반란과 같은 불법적 행위만이 가능하지만, 이 경우도 內印, 驛令의 사용없이는 성공을 보장받기 어렵다. 藤原仲麻呂의 난은 그 대표적인 사례이다. 사실상 율령제 국가의 천황은 전제군주로 이해해도 무방하다고 생각된다[22].

일본의 천황과 중국의 황제는 절대군주라는 점과 천자관념에서 공통적인 면이 있다. 그러나 중국황제의 경우는 천명사상에 기초한 天으로부터 위임받은 통치이고 천명이 다하면 새로운 왕조의 탄생을 정당화하는 역성혁명론이 있다. 중

---

21 早川庄八, 『日本古代官僚制の研究』, 岩波書店, 1986, 29쪽.
22 전제국가를 주장하는 대표적인 논자는 石母田正이다. 그는 귀족제적인 요소로 거론되고 있는 태정관제에 대해 천황대권에 의존하는 타율적인 합의체일 뿐이라고 하면서 천황대권 중에는 관제대권, 관리임명권, 군사대권, 형벌권, 외교권 등을 들어 전제국가로 정의하고 있다(「國家機構と古代官僚制の成立」, 『日本の古代國家』, 岩波書店, 1971, 228~254쪽). 佐藤宗詢도 귀족제론의 상징인 태정관의 권한에 대해 율령국가 하에서는 천황 권력을 침해하지 않는 범위내에서 태정관 권력이라고 지적하고 있다(「律令太政官制と天皇」, 『大系日本國家史』 1, 東京大學出版會, 1975, 201쪽).

국의 천자관은 어디까지나 황제의 유교적 덕치주의 사상에서 나온 것으로 天帝와 天子는 혈연적 관계가 아닌 통치를 정당화하는 명목적, 의제적 관계에서 출발하고 있다. 이에 반해 일본의 천황은 천상계를 지배하는 天照大神의 자손이 일계의 혈통으로 이어지면서 지배한다는 일통사상이 있고, 천황 자체가 신의 자손이면서 동시에 신으로 존재하는 것이다. 천황은 살아있는 신으로서 일본국을 통치하고, 천황가가 아니면 천황이 될 수 없는 유일한 존엄성, 신비적 요소가 강하게 내재되어 있다.

대보율령을 제정한 文武天皇은 즉위식 선명에서, "살아있는 신으로서 일본국을 통치하는 천황이 말씀하기를"이라는 宣命使의 발언을 시작으로, 대극전 앞에 모인 황자, 제왕, 백관 및 천하의 공민들은 대상으로, 高天原으로부터 먼 선조 천황 대대로 천황의 황자가 차례로 태어나 일본국의 통치를 계승하고, 천신의 아들로서 하늘에 계신 신이 위임한 대로 황위에 있는 자의 과업을 수행해 왔다. 살아있는 신으로 일본국을 다스리는 持統天皇이 내려준 존귀하고 높고 넓은 대명을 받아 천하를 수호하고 다스리고자 神으로서 생각하는 바에 따라 조서를 내리니 모두 따르도록 명했다. 문무천황이 즉위식에서 내린 宣命은 천황의 말씀을 宣布한다는 의미이다.

문무천황의 즉위식 선명은『속일본기』의 시작을 알리는 신호이고, 천황통치의 정당성, 정통성, 신성성이 압축되어 있다. 구두로 전하는 천황의 명령은 '미코토노리'라고 하는 음성언어이다. 선명은 즉위식을 비롯한 국가의 주요 대사에 사용하는데, 관인의 임명에도 문서에 의한 사령을 만들지 않고 구두로 발표하고 전달되었다. 음성으로 전달되는 언어에는 신의 계시와 같은 신비적 요소가 담겨있고 그에 걸맞은 무대장치가 설치되었다. 즉위식과 정무의 공간인 대극전을 비롯하여 신과의 공유 공간에서 행해지는 대상제와 신상제의 의식은 천황의 신적 권위를 높이는 장면이 연출되었다.

2. 諸蕃의 구상과 이념

당율령은 황제를 중심으로 화이사상을 바탕으로 주변제국을 번국으로 보는 제국법이다. 이러한 제국법에 어울리는 광대한 지역의 주변제국을 지배하였고, 조공과 책봉관계를 통해 황제권을 과시하였다. 중국에서는 외국인, 이민족을 蕃人, 夷狄, 夷人 등으로 호칭하고, 王化를 입지않은 化外人, 왕화를 입은 자민족을 化内人으로 본다. 중화의 논리에서 보면 왕화를 흠모하여 온 화외의 귀화인도 덕화를 받아 화내인이 되는 것이다.

일본의 율령은 이를 모방하여 천황의 덕화가 미치는 지역을 化内와 化外로 구분하였으며, 주변제국을 蕃國, 일본열도내 이종족을 夷狄으로 간주하여 化의 질서를 규정하였다. 이 시기 化의 개념은 신라를 의식한 것이고, 신라, 신라사를 번국, 번객으로 표기하고, 한반도에서의 이주자를 천황의 덕화를 흠모하여 化의 질서 속에 들어온 귀화인로 간주한다. 이것은 중화의 이념을 그대로 계승한 천황제 율령국가의 현실과 미래의 기대상이었다.

대보령의 조문에는 제번에 대한 다양한 규정이 있다. 公式令「詔書式」에는「御宇日本天皇詔旨」의 문서의 형식에 대해, "大事는 隣國 및 蕃國에 대해서 詔한다"라고 하고, 대보령의 주석서인『古記』에는 "인국은 대당이고, 번국은 신라이다"라고 하여 신라를 번국으로 간주하고 있다. 즉 당은 인국이고 신라는 번국으로 표기를 달리하고 있다.

반면『일본서기』, 대보율령과 동시대에 편찬된『古事記』,『風土記』에는 번, 번국, 번인과 같은 용례가 나오지 않고 모두 국명으로 표기하고 있다.『고사기』는 관찬이지만『일본서기』와는 다른 인식체계를 보여주고 있으며,『풍토기』는 지방에서 편찬하여 올린 地方誌이기 때문에 외국에 대한 본래의 인식을 보여주고 있다고 할 수 있다.

원래 중국에서의 蕃은 蕃屏 즉 황제, 황실을 수호하는 울타리라는 의미가 있고, 제후가 책봉받고 통치하는 영지를 말한다. 일본의 율령은 이를 받아들여 국내통치의 외연으로서 신라를 번으로 하는 이념을 법제화한 것이다. 대보령에서는 蕃 관련 조문은 20개조에 달한다. 그리고 번의 음독으로 '반', '반고쿠'라고 읽고, 『일본서기』의 훈독인 도나리노쿠니(隣國)가 아닌 복속의 의미로 사용하고 있다. '반'의 독법은 『속일본기』 이하의 정사에도 동일하게 나온다. 이것은 번의 의미를 둘러싼 율령을 편찬하는 명법학자와 사서 편찬자들 사이에 논란이 있었던 것을 말해준다. 즉 번을 인국이면서 복속국의 의미가 혼재되어 있다.

현존하는 양로령 「內藏寮」 조에는 제번이 바친 진기한 공물을 관리한다. 「玄蕃寮」 조에는 玄蕃頭의 직무에 「蕃客의 辭見, 讌饗, 送迎」의 규정이 있다. 玄은 승려를 의미하고 외국사절의 영접, 향응 등의 직무가 부여되어 있다. 승려 중에는 유학승이 있고, 해외사정에 밝다는 점에서 현번료에 소속되었다. 이때의 번객은 보통의 신라를 포함한 외국사절을 가리킨다.

호령 「没落外蕃」 조는 외국에 초략당하거나 풍랑 등으로 표류하다가 본국으로 돌아온 사람과 化外人(외국인)이 귀화해 온 경우에 대한 규정이다. 이때의 번은 모든 외국을 말하고 있어 당 역시 外蕃에 속한다. 부역령 「外蕃還」 조에는 공적인 사절로 외국에 갔다가 돌아온 자는 1년 과역 면제하고, 唐國의 경우는 3년 과역을 면제하고 있다. 일본에서 당, 신라에 보낸 사절의 귀국시의 대우에는 차이가 있지만, 아마도 사절단의 여정 거리, 위험 요소 등이 감안했을 것으로 생각된다.

唐슈을 계수한 대보령, 양로령의 蕃의 용례를 보면, 제국적 요소를 여과없이 수용하였다. 이 경우에 번의 실제 의미와는 달리 외국의 의미로 나오고 있어 이념과 실제가 괴리되어 있다. 또한 당에 대해서도 인국이라고 하면서 동시에 번국에 당을 포함하고 있어 명확한 구별없이 혼용되어 있다. 『일본서기』에는 신라에 우월한 국가상을 만들기 위해 그 역사적 실체로서 神功皇后의 삼한정벌론을 창출하였고, 이를 계승한 『속일본기』 이후의 정사에서는 신라를 조공국으로 자리매김하고 천황이 주재하는 외교의례의 장에서 신라번국관을 구현하려고 하였다[23].

---

23 연민수, 「통일기 신라와 일본관계」, 『고대한일교류사』, 혜안, 2003, 동 「일본율령국가의 신라관의 형성과 실태」, 『고대일본의 대한인식과 교류』, 역사공간, 2014.

제3절 양천제와 국가적 신분질서

율령제 하에서의 신분제는 양민과 천민으로 대별하였다. 고대일본의 양천제는 직접적으로는 당의 신분제도에서 도입되었다. 당왕조에서의 천민은 사적 소유인 사노비, 부곡 및 국가에 예속된 관노비, 관호, 잡호, 樂戶[24], 太常音聲人[25]이다. 양민은 천민 이외의 일반 서민 이상을 말하고, 양자의 사이에는 통혼금지, 형벌 등에서 규제와 차별이 있었다.

西嶋定生에 따르면, 당왕조에서의 양천제는 禮의 질서에 따른 구분이고, 국가적 신분으로 예의 질서에 있는 것이 양민이고, 천민신분은 그 외연에 설정된 것으로 파악하였다. 이것은 종전에 자유의 정도, 차별과 예속을 기준으로 한 논리로부터 구체적으로 율령의 규정과 관련사료를 제시하며 예의 질서라는 家를 바탕으로 한 사회적 규범을 기준으로 양천제를 구분하였다[26]. 나아가 이것은 『禮記』에 나오는 "형벌은 大夫에게 미치지 않고, 예는 庶人에게 내려가지 않는다"라고 하는 예적 질서의 밖에 있던 서민을 예적 질서의 세계에 포괄시킨 구조를 형성한 것으로 파악하였다[27]. 앞에서 살펴봤듯이 중국역사에서 국가의 통치구조에는 禮가 중시되고 있고, 신분제의 구분에서도 적용되었을 것이라는 점에서 매우 유효한 논리이다.

일본에서의 양천제는 법령에 규정된 국가에 의한 신분질서이고 포괄적 인민지배이다. 율령제 하의 신분질서에서 양천제의 구별을 확립하는 일은, 천민 신분을 법적으로 설정하여 신분질서의 확립을 근본으로 하고 다음에 양민 내부의 2차적인 신분구별, 즉 관인, 공민, 잡색인의 제신분을 성립을 고찰해야 한다[28]. 즉

---

24 범죄를 저지른 부녀자를 官妓로 삼아 樂部에 소속시켜 가무, 연주를 시켰다. 이들을 樂戶라고 부른다.

25 가족범죄로 太常寺에 소속되어 음악을 연주하는 사람.

26 西嶋定生, 「良賤制の成立と系譜」, 『中國古代國家と東アジア世界』, 東京大學出版部, 1983, 149~167쪽.

27 西嶋定生, 앞의 책, 24쪽.

28 石母田正, 「古代の身分秩序」, 『日本古代國家論』第1部, 岩波書店, 1973, 254쪽.

차별화된 신분으로서의 천민을 고정화시킨 후, 양인의 신분속에서의 계층분화을 말한다. 양민과 천민의 인구비율을 보면, 천민은 전체의 4.4%에 불과하다[29]. 이 수치는 천민이 국가생산에서 차지하는 비율이 극히 낮다는 것을 보여준다. 생산의 주체는 양민의 대다수를 차지하는 농민이고, 과역이 면제된 천민은 예속민으로서의 신분질서에 편입된 존재이다. 따라서 양민 내부의 서열화된 계층분화에 주목할 필요가 있다.

【표 7】良賤制

양민	官人	과역면제, 관위, 관직에 따라 차등적 토지지급	
	농민	조용조 부담, 구분전 반급	
	雜色人	관청소속의 수공업 종사, 과역면제	
천민	陵戶	능묘 관리	구분전 양민과 동일
	官戶	관에서 잡사에 종사	
	公奴婢	관 소속 노비	
	私奴婢	개인 예속민	구분전 양민남녀의 3분의 1
	家人	유력자의 예속민	

양민의 범위에 대해서는 법령으로 명확히 규정되지는 않았지만, 넓은 의미에서 천황 및 황족, 천민을 제외한 제왕, 제신에서 서민에 이르는 모든 백성을 양민으로 보면 대과없을 것으로 생각된다. 양민의 대다수는 농민이고, 여기에 관청에서 수공업 생산 등에 종사하는 品部, 雜戶가 있다. 이들은 신분적으로는 양민에 속하지만, 예속민에 가깝고 과역이 면제된다는 점에서는 천민과 동일하다. 또 양천제의 구분을 氏姓의 유무로 판단하는 방법이다. 율령제하에서 씨성을 갖지 않은 계층은 천황과 천민이다. 즉 양자는 씨성의 신분질서로부터 제외되고 있는데, 천황은 이를 초월한 존재이고 신민에 대해서 성을 수여하고 개성할 수 있는 권한

---

29 鎌田元一,「日本古代の人口について」,『木簡研究』6, 1984, 154쪽.

을 갖는 신분질서의 형성자이다[30].

한편 양민과 유사한 개념인 公民이라는 용어가 있다. 『속일본기』 문무천황의 즉위식의 선명에서, "皇子等王等百官人等, 天下公民"이라고 하여 황족, 관인층과 함께 천하의 공민으로 나온다. 여기서 '天下公民'은 왕족, 관인층과 구별되는 모든 백성이라는 의미인데, 호적에 등재되어 구분전이 반급되고 과역을 부담하는 농민이 주요 대상이다. 구분전은 公田이고, 公民과도 공통하는 '公'의 관념으로 생각된다[31]. 사료상에도 寶龜 2년(771)의 某 寺領圖(奈良立文化財硏究所『唐招提寺史料第一』天之卷)에 寺田과 함께 公民田이 보이고, 東大寺의 田圖에도 백성의 구분전을 公田으로 기록하고 있다.

그러나 천민도 구분전을 받는다는 점에서 '公'의 의미는 공민을 말하지만 양천의 기준이 구분전으로만 기준이 되는 것은 아니다. 공민은 양민이지만, 천민은 공민에서 제외되어 국가적 신분에 있으면서도 인적 존재로 인정하지 않았다. 천민 중에는 양민으로 신분을 상승시키기 위해 과역을 부담하는 공민이 되고자 청원하는 기록도 있어 공민인 양민과 천민 사이에는 신분상으로 명확하게 구분되고 있다. 공민의 대다수를 차지하고 농민은 과역의 수취대상이라는 점에서 법령의 규정에도 공민과 천민은 구별되어 있다.

한편 같은 양민으로 분류되면서도 지배계층인 관인과 일반 공민 사이에는 국가로부터 받는 물질적, 법적인 면에서 격단의 차이가 있다. 우선 관인에게는 과역이 면제되고 위계에 따른 각종 토지가 지급된다. 특히 5위 이상은 이른바 귀족의 반열에 있는 특수신분으로 6위 이하와는 일선을 그어, 6위에서 5위로의 승진은 특별한 신분이거나 공훈이 없으면 진입하기 어려운 장벽이다. 또한 5위 이상이라도 3위와 4, 5위의 격차는 크고, 태정관의 공경 등 고위 귀족들에게는 位田, 職田, 季祿 그리고 집안의 잡사와 경호 등을 담당하는 位分資人, 職分資人 등이 지급된다. 여기에 관위가 4위 이상이면 位封까지 더해서 광대한 토지에서 나오는

---

30 石母田正,「古代の身分秩序」, 앞의 책, 253쪽.
31 吉田孝,「律令國家と公地公民」,『律令國家と古代の社會』, 岩波書店, 1983, 52~53쪽.

물산을 수령하여 권력과 부를 함께 보유하게 된다. 神龜 3년(726) 2월조에는 "5위 이상은 薨卒 이후 6년간은 위전을 몰수해서는 안된다"라는 制가 내려지고 있듯이 사후에는 관에서 몰수해야 하는 위전을 6년간 유족들에게 상속시키고 있다.

천민은 상기 표에서 보듯이 陵戶, 官戶, 공노비, 유력자의 예속민인 家人 및 사노비가 있다. 관호와 공노비에게는 양인과 동일하게 구분전이 지급되며, 사노비와 가인에게는 양인의 3분의 1을 지급한다[32]. 사노비와 가인은 매매와 상속의 대상이고 이들에게 반급되는 구분전은 그 소유자의 재산이 되어 물적 대상으로 간주되었다. 당시 노비 소유자는 관노비를 비롯하여, 사원, 신사, 고위귀족, 지방의 유력자 등 율령제 신분질서의 상층부에 있는 지배계층이다. 이들 지배계층에게 노비는 중요한 재산목록이며, 신분상의 특권을 상징하고 있다.

양로령에 규정된 천민의 신분에 대해서는 戶令에 14개조, 捕亡令과 獄令에 12개조 등 58개조가 나오고, 여기에 천민에 대한 벌칙규정도 23개조에 달한다. 양천간의 혼인금지를 비롯하여 포망령, 賊盜律에는 도망간 노비에 관한 규정이 있고, 鬪訟律에는 주인의 노비에 대한 징벌권, 주인에게 반항하는 가인, 노비에 대한 가혹한 규정이 있다. 이들 규정은 주인의 노비소유가 국가법의 보호하에 있음을 말해주고 있다[33]. 또한 衣服令「制服」조에는 가인과 노비는 墨衣를 착용한다(家人奴婢, 橡墨衣)라고 규정하고 있다. 즉 검고 거친 옷이라는 차별화된 천민의 신분상의 표식을 말한다[34].

戶令「當色爲婚」조에는, "무릇 陵戶, 官戶, 家人, 公私奴婢는 모두 같은 신분끼리 혼인한다"라고 하듯이 5색의 천민 상호 간에도 차별이 있고, 관호는 능호와 가인보다 상위이고, 관노비는 사노비보다 신분이 높다. 직원령「형부성」조에는 양천

---

32 「田令」 27 「官戶奴婢」조, "凡官戶奴婢口分田, 與良人同. 家人奴婢, 隨鄕寬狹, 並給三分之一".

33 石母田正, 「古代の身分秩序」, 앞의 책, 264~265쪽, 神淸野一, 『律令國家と賤民』, 吉川弘文館, 1986, 178~179쪽.

34 이 규정은 가인과 노비의 평상복을 의미하는 것이 아니라 국가의례상의 복색규정으로 국가의 예질서의 일부이고, 왕족, 귀족, 관인, 일반백성에 이르는 신분질서상에 제정된 복제의 일부로서 존재함을 지적하고 있다(石母田正, 「古代の身分秩序」, 앞의 책, 262쪽).

의 명적을 관리하는 규정이 있는데, 양천의 신분에 대한 소송에 명적이 근거자료가 된다. 또 동「左右京職」조,「攝津職」조,「大宰府」조,「大國」조에 양천의 신분을 관리하는 규정을 두고 있다. 이것은 양민과 천민의 구별은 국가적 신분질서를 명확히 하려는 것이고, 율령제 시행기에 신분에 혼란도 야기되고 있어 왕경 등 전국의 행정 책임자에게 율령에 규정하여 관리책임을 맡기고 있다.

한편 농민의 대다수를 차지하는 양민은 6세 이상이면 구분전을 지급받는다. 조세는 수확의 3%로 낮은 세율이지만, 과역 대상자의 연령층에 들어가면 인두세에 해당하는 調, 庸을 부담하고 正丁인 경우에는 군역을 감당해야 한다. 이 과도한 부담은 결국에는 농민들을 토지로부터 이탈시켜 호구가 감소되고, 이탈민들은 유랑, 도적행위 등으로 사회문제를 일으키게 된다. 이러한 현상은 최초 율령국가가 이상으로 했던 공지공민제를 쇠퇴시키게 되었다. 율령제하에서는 강력한 중앙집권국가의 건설이 수립되었지만, 하부구조는 매우 취약했으며 8세기후반이 되면 대토지소유제가 나오게 되어 율령국가의 이상이 흔들리게 되는 요인이 되었다.

국가에서 공민에 대한 관리는 6년을 주기로 작성하는 호적과 매년 작성하는 計帳이다. 이 호적은 氏姓의 근본대장으로 모든 인민은 호적에 씨성을 기재하여 자신의 가문을 표시한다. 씨성을 가진 사람은 양인이고, 천민은 씨성이 없다. 호적에서 양천의 신분표시가 명확히 구별되어 있다. 일본고대국가의 최초의 호적은 天智 9년(670)에 작성된 庚午年籍이다. 이후 20년이 지난 持統 4년(690)에 飛鳥淨御原令의 시행에 따라 庚寅年籍이 작성되었고, 6년 후인 지통 10년(696)에 다시 만들어졌다. 이어 대보 2년(702)에 大寶令의 戶令 관련 규정에 따라 전국적인 호적이 만들어졌다. 『속일본기』 寶龜 10년(779) 6월 13일조에 "庚午年부터 大寶 2년에 이르는 4회의 호적에는"이라는 문구로부터 그간의 호적의 작성과 시행을 말해주고 있다. 계장은 調, 庸의 과역을 부과하기 위해 매년 작성되는 기초대장이고, 여기에는 호주, 호구의 이름 연령, 성별, 課戶 및 不課戶를 기록하고 국사가 정리하여 중앙에 제출한다. 호적과 계장의 관리는 국가에 의한 인민의 장악이고 통치의 기반이다.

제4절 율령관인의 특권

다음은 관료제 사회에서 有位者에게 내리는 녹봉에 대해 살펴보자. 녹봉은 국가에서 관인들에게 지급하는 급여이다. 율령제 사회에서 관인은 1차 생산에 종사하고 과역 대상자인 공민과는 구별되는 지배집단이다. 아래【표 2】에서 보는 바와같이 정1위에서 소초위까지 전 관인에게 매년 2월과 8월 2차에 걸쳐 絁, 絲, 布, 綿 등의 현물 지급이 있다. 이들 현물은 시장에서 바로 다른 물품과 교환이 가능하고 和同開珍 이후의 화폐의 발행과 유통기에도 국가에서 지급되는 녹봉은 여전히 사회경제의 기반이었다.

【표 8】 율령관인의 수입

位階	位田(町)	位封(戸)	位禄				季禄								位分資人
			絁	綿	布	庸布	2월				8월				
							絁	絲	布	鍬	絁	綿	布	鐵	
1품	80	600									30	30	100	56	100
2품	60	400													
3품	50	300													
4품	40	300													
정1위	80	300					30	30	100	140	30	30	100	56	100
종1위	74	260					30	30	100	140	30	30	100	56	100
정2위	60	200					20	20	60	100	20	20	60	40	80
종2위	54	170					20	20	60	100	20	20	60	40	80
정3위	40	130					14	14	42	80	14	14	42	32	60
종3위	34	100					12	12	36	60	12	12	36	24	60
정4위	24		10	10	50	360	8	8	22	40	8	8	22	16	40
종4위	20		8	8	43	300	7	7	18	30	7	7	18	12	35
정5위	12		6	6	36	240	5	5	12	20	5	5	12	8	25
종5위	8		4	4	29	180	4	4	10	20	4	4	10	8	20
정6위							3	3	5	15	3	3	5	6	
종6위							3	3	4	15	3	3	4	6	
정7위							2	2	4	15	2	2	4	6	
종7위							2	2	3	15	2	2	3	6	
정8위							1	1	3	15	1	1	3	6	
종8위							1	1	3	10	1	1	3	4	
대초위							1	1	2	10	1	1	2	4	
소초위							1	1	2	5	1	1	2	2	

【표 9】태정관 공경의 직전과 직봉

관직	職田	職封	職分資人
태정대신	40정	3000호	300인
좌우대신	30정	2000호	200인
대납언	20정	800호	100인
중납언		200호	30인
참의		80호	

관인제 신분질서하에서 6위 이하는 5위 이상이 받는 국가적 특권에서 배제되어 있다. 1년에 2차례 지급되는 季祿이 유일한 급여이다. 5위 이상은 귀족이라 불리며, 이 중에서 3위 이상은 '貴', 4, 5위는 '通貴'라고 칭하여 율령제 사회의 지배층을 구성하는 집단이다. 3위 이상과 4, 5위 사이도 국가에서 받는 특권의 차이가 명확하기 나타난다. 4, 5위에게 位田과 位祿, 位分資人이 지급되지만, 3위 이상에게는 여기에 위봉이 더해지고 현직인 경우에는 직전, 직봉, 직분자인이 주어진다. 특히 율령제의 식봉은 특정 지역의 戶를 봉호로서 지급하면, 그 호가 부담하는 조세를 국사를 통해 封主인 귀족의 소유가 되어 이들의 경제적 재원이 되었다.

상기 표에서 보듯이 정2위 이상의 좌우대신에게 지급되는 전지와 봉호는 위전 60정, 직전 30정, 위봉 200호, 직봉 2,000호이고 합계 전지 90정, 봉호 2,200호이다. 전지 90정은 현재의 단위로 환산하면 27만평의 대토지이다. 여기에 봉호 2,200호의 규모는 50호 1리제에서 44개리에 해당하고, 大郡 2~3개의 규모이고, 여기에서 산출되는 조용조의 수취는 실로 방대하다.

家令職員令에는 1품~4품, 1위~종3위의 왕족과 귀족 관인에게는 家産을 관리하는 인적구성에 관한 규정이 있다. 특히 좌우대신과 같은 관인의 가정기관을 관할하는 家令의 위계는 지방장관인 國守와 동격으로 4등관제로 편제되었다. 가령은 가정기관을 총괄하고 大從, 少從은 가사 실무를 담당하고, 書吏는 가정기관의 문서행정을 처리한다[35]. 또 5위 이상에게 주어지는 位分資人, 태정관의 의정관 중에

---

35 石母田正,「古代官僚制」,『日本古代國家論』第1部, 岩波書店, 1973, 16~17쪽.

서 중납언 이상이 받는 職分資人은 국가의 비용으로 운용되는 사적 비서이다. 관위에 따라 지급하는 위분자인은 정1위에서 종5위 관인에게 최고 100인에서 20인까지 차등적으로 내렸다. 관직에 따른 직분자인의 경우는 태정대신에게 300인이고, 좌우대신은 200인, 대납언과 중납언은 각각 100인, 30인이 지급되었다. 이들은 귀족의 경호 및 집안의 잡사에 종사하는 인력들이다.

의질령 「五位以上疾患」 조에는 5위 이상의 관인은 병이 나면 의사를 보내 치료하고, 필요한 약을 지급한다는 규정이 있다. 또한 名例律의 처벌 규정에서는 5위 이상 및 직계가족은 특별 감형을 받는다. 뿐만 아니라 喪葬令 「京官三位」 조에는 京官으로 3위 이상의 관인이 조부모, 부모 및 부인상을 만나거나 4위 이상의 부모상 및 5위 이상의 본인상이 되면, 모두 주상하여 사신을 보내 조문하고[36], 동 「職事官」 조에는 관에서 지원하는 각종 물품을 제공하여 장례를 치르도록 규정하고 있다. 특히 천황을 대신하여 파견된 조사는 고인의 공적을 추모하고 자손을 후대에까지 배려한다는 천황의 선명을 읽어 내려간다. 즉 군신관계는 자손대대로 이어진다는 봉사와 은덕의 메세지를 전하는 것이다.

게다가 정사에 卒年 기사를 수록해 고인의 관력 등을 정사에 기술하여 역사의 기록으로 남기도록 하였다. 職員令 「式部省」 조의 규정에는 "掌, …功臣家傳"이라고 하여 공신가의 전기를 관리하는 직무가 있다. 『속일본기』 이후의 正史에 보이는 인물전은 式部省에서 편찬한 功臣家傳을 기초로 하여 해당 인물의 사적에 관한 자료를 활용하고 있다. 이와같이 율령제 신분질서에서 5위 이상의 귀족이 받는 특권은 생전에 특별한 문제를 일으키지 않는 한 보장된 신분이다.

5위 이상의 관인은 천황의 內印이 날인된 서위 증서인 位記를 천황이 직접 수여하고(勅授), 천황 주재하에 열리는 신년하례, 매년의 節會 등의 연회에 초대받는 관인은 5위 이상의 관인층이고, 이들에게 '君恩'이라는 천황의 은사품을 내린

---

36 「喪葬令」 3 「京官三位」 조, "凡京官三位以上, 遭祖父母父母及妻喪, 四位遭父母喪, 五位以上身喪, 並奏聞, 遣使弔〈殯斂之事, 並從別式〉".

다. 이것은 천황과의 직접 대면할 수 있는 특권이고, 천황과의 군신의 충성과 봉사의 의식으로 일체감을 형성하게 된다. 5위 이상의 관인층은 거의 畿內의 유력호족 출신자에게 한정되어 있어 기내호족에 의한 전국지배 시스템으로 보기도 하였다[37].

【표 10】음위제

관위	嫡子	庶子	嫡孫	庶孫
1위	종5위하	정6위상	정6위상	정6위하
2위	정6위하	종6위상	종6위상	종6위하
3위	종6위상	종6위하	종6위하	정7위상
정4위	정7위하	종7위상		
종4위	종7위상	종7위하		
정5위	정8위하	종8위상		
종5위	종8위상	종8위하		

고위귀족들의 특권은 상속이나 증여의 대상이 아니고 본인이 현직에서 물러나거나 사망하면 국가에 귀속된다. 그러나 본인 1대에 한정된 특권은 음위제를 통해 그 자손에게 이어진다. 5위 이상의 귀족에게 주어지는 음위제는 지배층의 족벌가문의 형성에 절대적인 기반이다. 상기 표에서 보듯이 귀족의 자손은 21세가 되면, 1위 적자에게는 종5위하, 2위 적자는 정6위하, 3위 적자는 종6위상, 정4위 적자는 정7위상, 정5위 적자는 정8위에 서위된다. 서자도 음위의 대상으로 적자에 비해 한단계 낮게 서위되고 있다. 5위 이상에게는 內位 뿐아니라 外位 자손에게도 적용되지만, 6위~8위의 관인의 자식에게는 해당되지 않는다[38]. 즉 세습화된 5위 이상의 자손들은 시간이 지나면 고위관인층으로 진입되어 끊임없이 재생

---

37 關晃, 「律令支配層の成立とその構造」, 「律令貴族論」, 『關晃著作集』 4, 『日本古代の國家と社會』, 吉川弘文館, 1996.

38 이에 대해서는 野村忠夫, 『律令官人制の研究』, 吉川弘文館, 1967, 255~259쪽 참조.

산되면서 귀족사회는 소수의 가문만으로 채워져 당시의 관료사회의 귀족제적인 특질을 보여주고 있다. 다만 이러한 귀족의 특권도 천황권 시스템 하에서 기능하는 것이다. 『藤氏家傳』에 의하면, 大寶 2년에 藤原不比等의 적자 藤原武智麻呂가 정6위상에 서위될 당시, 지금 국가에서 새 법령을 제정했는데, 이 조례에 따라 자신의 아들에게 서위할 것을 기록하고 있다[39]. 대보령 발령 직후 음위제의 규정에 따라 시행하고 있음을 보여주고 있다.

---

39 『藤氏家傳』武智麻呂傳, "今國家新制法令, 故依例錫爵此兒".

제2장 율령의 편목과 행정조직

제1절 율령의 편목과 직원령의 구성

대보령을 계수한 양로령은 30개의 편목과 직원령의 80개 조문으로 구성되어 있다. 이 중에서 대보령에서의 官員令은 양로령에는 官位令으로, 後宮職員令은 後宮官員令으로, 考仕令은 考課令으로 그리고 選任令을 選敍令으로 개칭하였고, 그 외에는 동일하다[1].

【표 11】養老律令의 편목

	律			令				
1	名例律	1	官位令　19조	13	繼嗣令　4조	25	假寧令 13조
2	衛禁律	2	職員令　80조	14	考課令 75조	26	喪葬令 17조
3	職制律	3	後宮職員令 18조	15	禄令　15조	27	関市令 20조
4	戶婚律	4	東宮職員令 11조	16	宮衛令 28조	28	捕亡令 15조
5	廐庫律	5	家令職員令 8조	17	軍防令 76조	29	獄令　63조
6	擅興律	6	神祇令　20조	18	儀制令 26조	30	雜令　41조
7	賊盜律	7	僧尼令　27조	19	衣服令 14조		
8	鬪訟律	8	戶令　45조	20	営繕令 17조		
9	詐欺律	9	田令　37조	21	公式令 89조		
10	雜律	10	賦役令　39조	22	倉庫令 16조		
11	捕亡律	11	學令　22조	23	厩牧令 28조		
12	斷屋律	12	選敍令　38조	24	醫疾令 26조		

---

1 이러한 자구의 변경에 대해 唐 開元令에 의거한 개정이라는 지적도 있다. 즉 官員令→職員令 (開元25年令), 考仕令→考課令(『唐會要』81) 등을 거론하고 있다(石尾芳久, 「律令の編纂」, 『增補日本古代法の研究』제3, 1959). 坂上康俊은 보다 구체적인 자료를 제시하며 양로령 편찬시에 717년~718년에 파견된 제8차 견당사가 갖고 온 開元3年令이 참고했을 가능성을 제시하였다(「令集解に引用された唐令につて」, 『九州史學』86, 1986, 同『唐法典と日本律令制』, 吉川弘文館, 2023, 109~110쪽.

【표 12】職員令 구성

1	神祇官	17	雅樂寮	33	大藏省	49	官奴司	65	內兵庫
2	太政官	18	玄蕃寮	34	典鑄司	50	園池司	66	左京職
3	中務省	19	諸陵司	35	掃部司	51	土工司	67	東市司
4	中宮職	20	喪儀司	36	漆部司	52	采女司	68	攝津職
5	左(右)大舍人寮	21	民部省	37	縫部司	53	主水司	69	大宰府
6	圖書寮	22	主計寮	38	織部司	54	主油司	70	大國
7	內藏寮	23	主稅寮	39	宮內省	55	內掃部司	71	上國
8	縫殿寮	24	兵部省	40	大膳職	56	筥陶司	72	中國
9	陰陽寮	25	兵馬司	41	木工寮	57	內染司	73	下國
10	畫工司	26	造兵司	42	大炊寮	58	彈正台	74	大郡
11	內藥司	27	鼓吹司	43	主殿寮	59	衛門府	75	上郡
12	內禮司	28	主船司	44	典藥寮	60	隼人司	76	中郡
13	式部省	29	主鷹司	45	正親司	61	左衛士府	77	下郡
14	大學寮	30	刑部省	46	內膳司	62	左兵衛府	78	小郡
15	散位寮	31	贓贖司	47	造酒司	63	左馬寮	79	軍団
16	治部省	32	囚獄司	48	鍛冶司	64	左兵庫	80	國博士醫師

【표 1】에서 養老律은 名例律에서 斷屋律까지 12개 편목이다. 현존하는 것은 名例律, 衛禁律, 職制律, 賊盜律, 鬪訟律이고 이 중에는 일부가 산일된 것도 있다. 이에 비해 양로령은 관위령, 직원령을 비롯하여 후궁직원령, 동궁직원령, 가령직원령, 국가제사 관련 신기령, 불교통제령인 승려령이 있고, 이어 호령, 전령, 부역령에서 잡령에 이르는 30개 편목, 총 943개 조문으로 구성되어 있다. 전체적으로 국가운용상의 중요도, 상호 연관성이 있는 법령들을 연결시켜 편성하고 있다.

관위령 및 4종의 직원령은 관인, 관사제의 구성 및 직무에 관해 총괄적으로 규정한 법령이다. 율령제 국가의 통치조직인 관료기구의 골격을 이루고 있다. 다음은 국가제사와 불교통제에 관한 규정인 신기령(6)과 승려령(7)이다. 국가종교과 관련된 법령이기 때문에 사실상 최상위에 위치해 있다.

사회경제적 법령으로 호령(8), 전령(9), 부역령(10)을 두었다. 인민지배를 위한 호의 편성과 호적 및 신분제도, 토지제도, 징세법을 규정한 국가경영의 기반이 되는 사회경제적 법령이다. 이어 관인양성에 관한 학령(11), 관위, 관직의 유형 및 절차 규정인 선서령(12), 혼인, 관인의 계사법인 계사령(13), 관인에 대한 근무 평정과 등용시험을 규정한 고과령(14), 관인의 녹봉 규정을 담은 녹령(15) 순으로 구성되어 있다.

다음은 궁중경비, 군사, 의례, 치안, 토목을 규정한 궁아령(16), 군방령(17), 의제령(18), 의복령(19), 영선령(20)이 있다. 공식령(21)에서는 국가의 정국운영의 핵심인 문서행정의 시스템을 규정하고 있다. 율령제 국가의 공문서 작성양식과 문서전달체계는 중앙과 지방간의 정보전달에 핵심을 이루는 부분이다. 이어 국가운용의 기층 시스템에 대한 규정으로 물품보관 및 관리(창고령22), 말사육과 역제(구목령23), 의료관련 규정(의질령24), 관인의 휴가(가녕령25), 상복에 관한 규정(상장령26), 關所 및 교역에 관한 규정(관시령27) 및 범죄와 재판에 관한 포망령(28)과 옥령(29) 그리고 기타 잡령(30)으로 구성되어 있다.

【표 2】에서는 직원령 80개 조문이 규정되어 있다. 중앙의 신기관, 태정관을 비롯하여 8성 및 그 속관이 있고, 탄정대, 오위부, 좌우마료, 좌우병고, 좌우경직, 동서의 市司 등으로 되어있다. 지방은 대재부 그리고 국은 크기에 따라 4등급, 군은 5등급으로 구분하고 있고, 국부 관할의 군단, 국박사, 국의사 등이 있다. 중앙과 지방의 관사조직의 일목요연하게 기술하고 있다.

職員令에 나오는 관사는 30개 편목으로 구성된 각각의 단행법령을 주관하고 있으며 시행에 관련된 세부적인 규정을 담고 있다. 직원구성은 장관, 차관, 판관, 주전으로 된 4등관제이고, 여기에 品官 및 史生, 舍人, 使部, 伴部 등 제잡무에 종사하는 인력이 있다.

중앙관제는 국가의 국정을 총괄하는 太政官과 국가제사를 총괄하는 神祇官을 중심으로 中務省, 式部省, 治部省, 尾部省, 兵部省, 刑部省, 大藏省, 宮內省의 8성으로 구성되어 있다. 이들 관사의 조직은 4등관으로 구성되어 있고, 각종의 품관, 史生, 伴部, 使部 등 잡무에 종사하는 하급직원이 소속되어 있다. 또한 감찰업무를 관장하는 탄정대를 비롯하여 왕경의 호위를 담당하는 오위부 그리고 교통, 군사, 의식에 사용되는 말을 관리하는 좌우마료, 병기고인 좌우병고, 내병고 및 궁중의 女官을 관리하는 후궁 12司가 설치되었다.

왕경은 좌우경으로 나누어 左京職, 右京職이 있고, 각각 東市, 西市가 개설되었다. 지방은 국군리로 편제되었으며, 서해도를 관할하는 대재부가 설치되었고, 제국에는 군사조직인 군단을 창설하여 주둔시켰다.

제2절 太政官 조직과 직무

태정관의 구성하는 최고 의결기관인 議政官은 태정대신, 좌우대신, 대납언으로 구성되어 있다. 직원령에 "태정대신은 1인의 사범이 되고 사해의 모범이 되며, 나라를 경영하고 도를 논하며 음양의 이치를 다스리는 자로서 적임자가 없으면 궐석으로 둔다"고 규정하고 있다. 사실상 천황권 하에서 국정의 최고 책임자이지만, 특별한 경우가 아니면 임명하지 않는 것이 상례이다. 따라서 좌대신이 사실상 태정관의 수반이 된다. 좌우대신은 제반의 업무를 통솔하며 하부조직에서 상신되는 모든 공문서의 결재권자이다. 여기에서 흥미로운 사실은 대보령 제정 후에 관제에는 없는 영외관으로서 知太政官事라는 관직이 설치되었고, 대보 3년(703)년부터 천평 17년(745)까지 4인의 天武系 황족들이 임명되었다. 이 관직은 천황과 태정관을 매개하는 역할이고 태정관 합의체에는 들어가지 않는다[2].

황족을 태정대신에 임명한 사례는 천지조 때 황태자 大友皇子, 淨御原令 시행 하에서 천무의 高市皇子가 있으나, 대보령제 하에서는 신료조직에 황족 임명을 피하는 대신 知太政官事를 두어 태정관을 감시하는 역할을 부여하였다. 이에 따라 태정관 조직에 태정대신은 궐석으로 두었으며, 이것은 천황중심의 국가체제

2　石母田正, 『國家機構と古代官僚制の成立』, 『日本古代國家』, 岩波書店, 1971, 226쪽.

하에서의 황친정치를 강화하려는 의도에서 나왔다고 생각된다. 좌우대신 밑에는 대납언을 두었다. 정원은 4인이지만, 후에 2인으로 줄이고 중납언과 참의가 신설되어 5, 6인에서 10인의 범위에서 의정관 회의를 개최하였다. 대납언은 좌우대신과 함께 천하의 사무에 참여하고 宣旨, 侍從을 관장하며, 군주의 생각에 대해 선악을 판단하여 잘못을 바르게 이끄는 일에 직무의 특징이 있다.

의정관 조직에서 결정된 정책은 법령으로 시행하는데, 법령 발포에 이르는 절차는 정책을 발의한 주체와 그 정책의 취급에 따라 분류되고 있다. 早川庄八에 따르면, 중요 안건인 천황에 상주되는 論奏가 書式으로 승인받아 시행하고, 상대적으로 덜 중요한 안건은 의정관 조직에서 심의 결정하여 太政官宣으로 실시한다. 그리고 8성 이하의 제관사가 발의하여 태정관에 상신한 안건으로, 중요한 내용은 奏事라는 형식으로 천황에 상주하거나 혹은 상주하지 않고 太政官處分의 형식으로 시행한 것으로 파악하였다[3]. 이외에도 천황이 독자로 조서, 칙지로 시행하는 정책도 다수가 있지만, 조서의 경우는 대납언 이상의 서명, 칙지의 경우는 변관의 관인의 서명이 함께 필요하다. 또한 천황이 내리는 조칙도 실제로는 태정관에서 초안을 작성하는 경우가 많아 천황과 태정관은 정책을 공유하고 공동의 입법을 추진하는 정치적 동지 관계라고 할 수 있다. 태정관의 의정관 구성도 천황이 신임하는 유력씨족을 중심으로 구성되어 있어 천황의 의향을 무시한 정책의 입안은 생각하기 어렵다.

한편 정책 입안과정에는 법령이 조칙이나 태정관부로 발포되어도 모두 천황이나 태정관의 발의에 기초한 것은 아니다. 예를들면『속일본기』養老 6년(722) 2월 23일조에 병부성이 衛士의 근무연한에 대해 상주하여 천황의 허가를 받는데, 천황에게 상주한 것은 병부경이지만, 실제의 입안자는 속관인 위사부의 장관이다. 또 神護慶雲 2년(768) 7월 30일 태정관부에는 공자의 호칭을 文宣王이라고 개칭한 사례에서 발의한 것은 대학료의 조교인 정6위상 膳臣大丘이고, 자신이 소속

3　早川庄八,「太政官處分について」,『日本古代の社會と經濟』上卷, 吉川弘文館, 1978.

한 대학료에 그 취지 문서를 제출하였고, 대학료에서는 상급기관인 식부성에 올린다. 식부성에서는 그 취지가 타당하다고 판단하여 태정관에 신청하였고, 태정관은 이를 천황에게 상주하여 승인을 얻어 태정관부의 발포로 발효된다. 태정관부에 발의자가 명기되지 않아도 실제는 하급 관부에서 혹은 지방 국사, 군사가 입안자가 되는 경우가 많다[4]. 다만 최종 심의하여 가부를 결정하는 일은 의정관으로 여기에서 심의하지 못하는 문건은 천황에게 상주되지 못한 채 폐기되는 것이다. 그만큼 태정관의 의정관회의는 관료사회의 정점에 선 정책의 결정권자라고 볼 수 있다.

다음은 의정관 배출 씨족에 대해 살펴보자.

【표 13】의정관 배출씨족

氏族	左大臣	右大臣	大納言	中納彦	參議
藤原	○	○	○	○	
石上(物部)	○	○	○	○	
多治比	○		○	○	○
橘	○	○	○		○
阿倍		○	○	○	○
大伴			○	○	○
紀			○	○	○
巨勢			○	○	○
石川(蘇我)			○	○	○

상기 표에서 보면, 의정관을 배출한 씨족은 藤原, 石上(物部), 多治比, 橘, 阿倍, 大伴, 紀, 巨勢, 石川(蘇我) 9씨이다. 이들 씨족은 야마토왕권의 유력씨족인 기내의 가문들이고, 율령제 이전의 대부회의를 주재하던 유력 호족층이 대부분이다.

---

4 長山泰孝, 「政治の起伏」, 古代を考える『奈良』, 吉川弘, 文館, 1985, 48쪽.

즉 태정관을 구성하는 의정관회의는 야마토정권의 대부회의를 계승한 성격을 갖는다. 이 중에서 좌우대신, 대납언, 참의 모두 배출한 것은 藤原氏 뿐이고, 石上 (物部)씨는 참의를 제외하고 모두 배출하였고, 橘氏는 좌우대신과 대납언을 배출 하였다. 多治比氏와 阿倍氏는 각각 우대신, 좌대신을 제외하고 나머지 의정관이 나왔다. 大伴氏, 紀氏, 巨勢氏, 石川氏는 좌우대신을 제외한 대납언, 중납언, 참의 를 배출한 씨족들이다.

상기 통계에서 보듯이 태정관의 핵심인 좌우대신, 대납언을 배출한 씨족은 藤 原, 石上, 橘 3씨이다. 특정 씨족이 권력을 독점하는 것을 방지하기 위해 의정관의 구성원을 1씨족 1인으로 제한했으나, 후에는 藤原家에서 다수 배출되었다. 이것 은 氏를 기준으로 한 것이 아니라 씨에서 분파되어 독립된 가문을 형성한 家를 중 심으로 한 발상이고, 藤原不比等의 직계 4형제가 각각 南家, 北家, 式家, 京家의 4家 를 이루어 모두 공경의 지위에서 태정관의 의정관이 되었다. 당시 藤原家는 왕실 의 외척으로서 권력의 중추부에 얼마나 포진하고 있었는지를 잘 말해주고 있다.

태정관의 조직에는 실무를 담당하는 少納言局 및 左右辨官局이 있다. 소납언 국의 주된 직무는 詔勅의 사무와 천황의 명령인 공문서를 공포하는 宣下의 역할 을 하고, 여기에 수반되는 內印(御璽), 驛鈴, 傳符(역마사용의 증명서), 太政官印을 관장한다. 소납언 밑으로는 大小外記, 史生, 使部가 있다. 大外記와 少外記는 천황 의 조서와, 천황에게 올리는 상주문 등 공문의 문안을 검토하여 보고하는 일을 한다. 소납언국은 태정관 소속이지만 실질적으로는 천황의 비서국으로서의 성 격을 갖는다. 즉 천황제 국가의 문서행정의 최상층부에 자리하고 있는 직무라고 할 수 있다. 史生은 공문을 정서하여 필사본을 만들고 해당 문서에 관련 부서를 방문하여 관인들의 서명을 받는 일을 한다. 문서의 책임주의, 증거주의가 그대로 드러나는 행정시스템을 잘 보여주고 있다.

변관국은 좌우변관 2개국으로 편성되어 있고, 율령의 규정에는 좌변관국이 中 務省, 式部省, 治部省, 民部省을 관할하고, 우변관국이 兵部省, 刑部省, 大藏省, 宮 內省을 분담 관할한다. 辨官은 8성 이하의 중앙 제관사, 지방의 국사로부터 정무

보고를 받고, 청원문서를 변관에 모아서 정리한 후 의정관에 제출한다. 이어 의정관이 결정한 정책은 변관을 통해 시행하도록 되어있다. 중앙관청 8성의 업무를 감독하는 입장이기 때문에 책임자인 左右大辨의 관위는 종4위 상당으로 8성의 장관 정4위보다는 낮지만, 차관인 정5위보다는 상위에 있다.

【표 14】 태정관 조직표

관직명	太政大臣		
	左大臣		
	右大臣		
	大納言, 中納言(令外官)		
	參議(令外官)		
局	左弁官局	右弁官局	少納言局
직원	大中少弁	大中右弁	少納言
	大少史	大少史	大小外記
	史生	史生	史生
	官掌	官掌	使部
	使部	使部	

養老令의 주석서인 『令義解』의 해석에 따르면, 변관이 8성을 관할하고, 8성은 寮, 司를 관할하는데, 구별이 있는가에 대해, 업무로 인해 관할하고 속하게 한 것이지 항상 감독하는 것은 아니고, 직접 관련이 없는 경우에는 관여하지 않는다고 한다. 이것은 律의 규정에 태정관이 國, 郡을 관할하더라도 관련이 없으면 감독하지 않는다고 하는 예시를 들고 있다. 즉 태정관과 8성, 8성과 그 하급기관과의 관계는 업무상의 상하관계는 있으나 각 관사의 독자성은 유지되고, 모든 업무를 지휘, 감독을 받는 수직적인 긴장관계는 아니라고 설명하고 있다. 이것은 상급기관의 권력이 독자의 운영시스템을 갖고 있는 하급기관과의 관계설정이 어떻게 운용되고 있는가에 대한 법률상의 해석이라고 생각된다.

제3절 8省 및 그 속관

1. 중앙관사인 8성 및 그 속관으로 2職, 16寮, 30司의 48개의 방대한 조직이다. 먼저 中務省 장관은 법령의 규정에 따르면, 군주를 예의로서 받들어 국정을 돕는 자세가 요구된다. 직무로는 조직의 문안을 살펴 서명하고 명을 받아서 다시 아뢰는 일, 천황의 뜻을 알리는 일, 상표를 받아서 올리는 일, 국사 편찬을 감수하는 일, 그리고 여왕, 내외명부, 궁인 등의 名帳, 考叙, 位記, 제국의 호적, 租調帳[5], 승니의 명적을 담당한다. 특히 천황을 보좌하면서 조칙을 선포하고 서위, 후궁의 인사 등 조정의 직무 전반을 관할하는 핵심 기관이다.

품관으로는 천황에 근시하는 시종 및 궁중의 경비, 순행 시의 경호역을 담당하는 內舍人 및 詔勅, 宣命, 位記를 작성하는 內記가 있다. 또 大藏省, 內藏寮 등의 출납을 감찰하는 監物과 驛鈴 그리고 傳符의 출납을 책임지는 主鈴과 典鑰이 소속되어 있다. 상기 중성경의 직무 중에 국사편찬을 감수한다는 것은, 『令義解』의 해석에 따르면, 속관인 도서료의 소관이지만, 상급기관인 중무성에서 관리감독한다는 의미이고, 같은 속관인 음양료에서 보고된 상서, 재이 등은 밀봉하여 중무성에 보내 國史에 반영한다[6]. 중무성은 9개의 속관의 일이 연계되어 있어 그 직무는 광범위하고, 4등관 이외에 업무를 보조하는 하급직원을 포함하면 230여명에 달하는 거대 조직이다. 이러한 업무의 중요성, 특수성 때문에 중무성 장관은 8성의 으뜸으로 서열되어 있고, 다른 7성의 장관보다 격이 높은 정4위상의 고위직을 임명한다.

중무성에는 1職, 5寮, 3司 9개의 관사를 두고 있다. 이들 속관은 각기 독자의 업무 영역을 갖는 4등관제로 편제된 독립 관사이다. 속관인 中宮職은 황후궁의 업

---

5 왕경에 보내는 租와 庸의 물품의 종류, 수량을 작성하여 어람용으로 민부성에 보내는 문서를 말한다.

6 『令義解』,「監修国史」, "圖書寮所修, 此省更押監也. 案雜令(新令), 有徵祥災異, 陰陽寮奏訖者, 季別封送中務省, 入國史是也".

무를 담당하는 가정기관의 성격을 갖는 관부이고, 중궁의 명령을 전달하고 집행하는 기관으로 설치되었다. 중궁은 황후뿐 아니라 황태후와 태황태후의 가정기관으로도 기능하였다. 4등관제 관인 이외에 잡사에 종사하는 舍人 400인, 使部 30인, 直丁 3인이 있다. 左(右)大舍人寮는 천황에게 봉사하며 숙직, 잡사 등에 종사하였다. 大舍人만 800인이며 使部 20인, 直丁 2인이 소속되어 있다. 大舍人은 4, 5위의 자손이 임명되는 内舍人이 되지 않은 자와 6~8위 아들로부터 충당되었다. 좌우 합쳐서 1,600인의 방대한 조직이다.

중무성의 5寮 중의 필두인 圖書寮는 경적, 도서, 국사를 편집하여 찬술하는 일, 불경, 불상, 궁내의 예불을 관장한다. 국가 도서의 관리와 국사를 편찬하는 일을 주 업무로 한다. 국사편찬의 경우에는 「撰國史所」라는 임시 기구가 설치된다. 여기에 천황의 조칙, 宣命, 位記, 천황의 행동 기록 등은 중무성의 内記가 담당하고, 태정관의 소납언에 있는 外記는 内記가 작성한 조칙 등을 검토하여 상주문을 작성하는 일을 하기 때문에 국사편찬의 업무는 관련기관과의 유기적인 협력, 연계가 필요하다. 内藏寮는 금은, 주옥, 보기, 금릉 등 외국에서 들어온 진기한 물품이나 천황의 의복, 별칙으로 규정된 물품의 조달, 보관, 출납의 업무 등 주로 황실의 재산을 관리하는 일을 관장한다. 縫殿寮는 궁중의 의복을 재봉하는 일과 女王 및 内外命婦, 궁인의 명적, 고과를 관리하여 이를 중무성에 보내 인사의 기초자료로 활용하도록 한다.

陰陽寮는 천문, 曆數, 풍운의 기색을 살펴 특이사항이 있으면 밀봉하여 천황에게 상신하는 일을 한다. 아울러 점복, 풍수지리에 관한 일도 관장하여 지세를 살펴 토지를 선정하는 일을 한다. 실무 담당자로 음양박사, 역박사, 천문박사, 누극박사 등을 두고 상서, 재이 등 국가의 운명을 예측하는 임무를 수행한다. 일본고대 왕권사에서 음양료의 역할을 매우 크고 중대하며 이들에 의해 보고되는 내용들은 곧 조정의 정책에 반영되어 시행되고 있다. 주로 관인 엘리트들로 구성되며, 각각의 박사 밑으로는 각각 10인의 천문생, 역생, 음양생을 두어 교육시키고 국가의 주요 사업으로 계승시키고 있다. 관인수도 106명에 달하는 비교적 큰 조직이다.

畵工司는 회화, 채색 관련 일을 관장한다. 국가가 필요로 하는 불화 등 그림, 궁궐, 사찰, 신사, 관청의 건물을 장식하는 채색의 직무를 관장한다. 4등관 외에 畵師 4인, 畵部 60명 등 81인이 배치되어 있다. 內藥司는 향약을 올리고, 천황의 약을 제조, 진료하는 직무이다. 최고의 의관으로 시의 4인과 의약을 제조하는 약생 10인을 두고 있다. 이와는 별도로 궁내성 소속의 典藥寮가 설치되어 있어, 후에 전약료에 흡수 통합하게 된다. 內禮司는 궁중의 예의를 바르게 하고, 비위를 감찰하는 기관이다. 만약 대신이나 탄정대의 비위가 적발되면 그 내용을 기록하여 중무성을 통해 관계기관에 통보하는 역할을 한다.

2. 式部省은 문관의 근무평정 및 이에 기초하여 서위, 임관에 관한 사무를 하고, 조정의 의식, 관리를 등용하는 시험, 대학 등 관인양성기관의 관리, 농공봉상 등을 관장한다. 율령관인제의 운영에 중추적인 역할을 담당하는 기관이다. 대보령 시행 이전의 法官이 전신 기관이다. 속관인 대학료는 대보령 이전의 學職頭가 전신으로, 관인양성의 교육기관이다. 관인 후보생인 학생에 대한 교육 및 시험을 관장한다. 學令에 대학료에서 배우는 교육의 내용 및 시험 등에 관한 자세한 규정이 나온다. 散位寮는 관위만 있고 관직이 없는 散官을 관리하는 기관이다. 산위료에서는 산관의 명부를 갖고 관리하는데, 제관사의 요청에 의해 파견된다.

治部省에서는 5위 이상의 관인의 本姓(씨성, 계보)에 관한 소송, 5위 이상의 후계 적자를 정하는 일, 5위 이상의 혼인 및 상속의 일, 祥瑞, 喪葬, 전 천황의 사망과 관련된 國忌의 일, 외국사절의 방문 등의 일을 관장한다. 속관인 雅樂寮는 조정의 음악을 관장한다. 여기에는 일본 고유의 음악인 倭樂과 외래음악인 雅樂을 포함하며, 공적 행사에서 연주하고, 악사를 양성하는 직무이다. 악사는 당, 신라, 고구려, 백제 및 吳樂(伎樂)으로 구성되어 있다. 국가행사, 궁정의례에 불가결한 예악을 구현하는 관사이다. 현번료는 사찰, 불교행사, 승니의 명적을 관리하고, 외국사절의 출입국 및 접대, 영빈기관인 홍려관의 관리 등을 맡는다. 諸陵司는 역대 천황과 황족의 능묘를 관리하고, 능묘관리를 담당하는 陵戶의 명적을 관리한다. 喪儀司는 장의와 관련된 상장의례, 장의용구의 관리 등을 담당한다.

民部省은 제국의 호구의 명적, 부역 및 전국의 논밭, 산천, 수리시설 등을 관장한다. 속관인 主計寮는 조세수입을 파악하고 규정에 도달했는지 감사하고, 예산의 입안, 배분하고, 지출을 감사하는 역할을 한다. 主稅寮는 제국의 田租와 出擧, 이를 보관한 창고의 출납, 제국에서 올라오는 도정미 등을 관할한다.

兵部省은 무관의 인사고과, 서위와 임관, 제국의 衛士의 관리, 무기의 관리 등 국방상의 제반업무를 관장한다. 속관인 병마사는 전국의 목장, 병마, 역마를 관리하고, 출정시에는 公私에 걸쳐 징발하는 일을 관장한다. 조병사는 병기의 제작과 工戶의 명적을 관리하고, 고취사는 군대를 지휘하고 진법에 기초해서 병사를 훈련시키기 위해 북, 피리를 교습시키는 일을 한다. 주선사는 선박의 관리기구이고, 주응사는 매와 사냥견을 사육하고 훈련시키는 일을 관장한다.

刑部省은 형사사건을 심의하고 재판을 통해 죄목을 정하고 집행한다. 또 양천의 신분의 소송에서 그 명적을 심의하여 판별하고, 옥사를 감독하는 일을 관장한다. 속관인 贓贖司는 죄인의 재산몰수, 압수한 물품은 관련 관사에 보내는 일, 감형받기 위해 바치는 재물, 주인이 확인되지 않은 유실물 등을 관장한다. 囚獄司는 옥사를 관리하고 죄인에 대한 노역, 유배 등 처벌하는 일을 관장한다.

大藏省은 제국으로부터 올라오는 調를 수납하고, 錢, 금, 은, 옥, 동, 철, 칠기, 저울, 도량형을 관리하고, 지방에서 바친 공납물 등을 관장한다. 속관인 典鑄司는 금은동철을 주조하고 도금, 유리, 옥을 세공하고, 工戶의 호구 명적을 관장한다. 掃部司는 조정의 행사를 관리, 청소 등을 담당한다. 漆部司는 기물, 불상 등 옻칠하는 일을, 縫部司는 衛士 등의 의복을 재봉하는 일을 관장한다. 織部司는 조정에서 필요로 하는 직물을 제조하고 염색하는 일을 담당한다.

宮內省은 황실과 관련된 調, 도정미 등을 수납하고, 제국에서 올라오는 지방의 특산물을 관장한다. 소속 관사는, 大膳職, 木工寮, 大炊寮, 主殿寮, 典藥寮 등 1職 4寮 13司가 있다.

제4절 國郡里의 조직과 大宰府

1. 國郡里의 조직과 특징

지방행정 조직은 50호 1리를 기초로 國, 郡, 里의 3단계로 편성되었다. 大寶令 시행 초기에는 58국 3도로 추정되는 국의 수가 和銅 5년(712)부터 養老 5년(721) 사이에 11개의 새로운 국이 설치되었고, 또한 이 시기를 전후하여 19개 군이 증설되었다[7].

고대 형벌에 관한 법령집인 『律令殘篇』(721~737 성립)에 의하면, 國, 郡, 鄉, 里의 총수가 67국 555군, 4,012향(12,036리)로 나온다[8]. 靈龜 원년(715)에 리를 향으로 개칭하여 향장을 두고, 향 밑에 2, 3개의 리를 설치하여 里正을 두는 鄉里制를 실시하였다. 이후 天平 12년(740)에는 리를 폐지하고 國, 郡, 鄉의 조직으로 개편하였다. 또한 『延喜式』에 기록된 전국의 행정구획은 68국(2島 포함), 587군이고, 『和名類聚抄』에 나오는 율령제 시행기의 전국의 鄉 수는 4,041개이다. 이 행정조직의 숫자는 후에 분할되어 다소 증가된 것이지만, 율령제 시행 초기와 크게 벗어나지 않는다.

다음 표는 職員令과 戶令에 규정된 國, 郡의 관인 기록의 통계표이다.

【표 15】 國의 4등관

구분	大國	上國	中國	下國
守	1인	1인	1인	1인
介	1인	1인		
掾	大掾1인, 少掾1인	1인	1인	
目	大目1인, 少目1인	1인	1인	1인
史生	3인	3인	3인	3인

7　坂本太郞, 『古代の日本』, 坂本太郞著作集 제1권, 吉川弘文館, 1989(初出 1960), 151~153쪽.

8　坂本太郞, 「律令殘篇の一考察」, 『律令制度』, 坂本太郞著作集 제7권　吉川弘文館, 1989(初出 1934), 159쪽.

【표 16】郡의 4등관

구분	大郡	上郡	中郡	下郡	小郡
大領	1인	1인	1인	1인	1인
少領	1인	1인	1인	1인	
主政	3인	2인	1인		
主帳	3인	2인	1인	1인	1인
관할 里	16리(800호)~20리	12리(600호)~15리	8리(400호)~11리	4리(200호)~7리	2리(100호)~3리

상기 표에서 보듯이 국은 크기에 따라 大國, 上國, 中國, 小國의 4등급으로 구분하고, 왕경으로부터 거리에 따라 遠國, 中國, 近國으로 분류하고 있다. 국의 행정관인인 國司는 守, 介, 掾, 目 4등관제로 편성되어 있고, 그 밑에 실무를 돕는 史生 등의 하급관인이 있다.

또한 직원령 「國博士醫師」 조에는 국별로 각 1인을 두고, 국학에는 학생을 두고 가르치는데, 대국 50인, 상국 40인, 중국 30인, 하국 20인을 두고, 의생은 국학생의 5분의 4를 둔다고 규정하고 있다[9]. 이들 국박사, 국의사는 관할국 내에서 채용하고, 만약 적임자가 없으면 인근의 국에서 보임하도록 규정하고 있다[10].

職員令 「大國」 조에 보이는 國守의 직무는 관내의 호구, 권농, 규찰, 貢擧, 효행, 전택, 양천소송, 조세, 창고, 요역, 병사, 무기, 우역, 傳馬, 봉수, 목장, 過所, 우마, 분실물, 신사, 사찰, 승니명적 등 모든 행정권, 경찰권을 관할한다. 즉 지방장관인 國守는 중앙에서 파견되는 6년 임기제 관인으로 천황 권력의 대행자이다.

8세기전반대의 나라시대 국가장악 인구를 450만명으로 추정할 때[11], 68개국으

---

9 이에 대해서는 본서 제2부 제3장 「율령관인의 양성과 교육기관」 참조.

10 「選敍令」 27 「國国博士」조, "凡國博士, 醫師者, 並於部內取用. 若無者, 得於傍國通取〈考限叙法 及准折, 並同, 郡司〉補任之後, 並無故不得輙解".

11 鎌田元一, 「日本古代の人口について」, 『木簡研究』 6, 木簡學會, 1984, 坂上康俊, 「奈良平安時代人口データの再檢討」, 『日本史研究』 536, 1007.

로 나누면, 평균 66,000명 정도이고, 1국당 8개군 정도를 관할한다. 국마다 편차가 있지만, 大國의 경우는 10만명 이상으로 추정된다. 그러나 행정관인을 보면, 대국의 경우에도 4등관 관인이 불과 6인에 불과하고, 상국은 4인, 중국은 3인, 하국은 2인이고, 4등관 밑에서 행정을 보조하는 3명의 사생이 있다. 이 정도의 관인으로 1국의 행정을 담당하기에는 너무 적은 인원이다.

戶令「國守巡行」조에는 國守의 순행에 대대, 매년 속군을 순회하며 풍속을 살펴보고 생활의 상태를 묻고, 누명죄나 억울한 일은 없는지를 살핀다. 郡內에 논을 개간하고, 산업을 일으키고, 郡의 행정을 살펴 郡領의 고과를 판단하는 직무가 있다. 周防國 正税帳에 보이는 국사의 순행에 관한 연간 기록을 보면, 國守는 4회, 掾 9회, 目10호, 史生 12회로 나온다[12]. 介는 국수의 부재중에 국의 업무를 대행하기 때문에 순행에서 제외되어 있다. 매년 관내의 군을 순행하는 일만으로도 국사의 업무는 대단히 과중하다.

郡은 크기에 따라 5등급으로 구분된다. 戶令「定郡」조에는, 16리 이상을 大郡으로 삼고, 12리 이상을 上郡, 8리 이상을 中郡, 4리 이상을 下郡, 2리 이상은 小郡으로 삼는다고 규정하고 있다. 郡은 대보령 시행 이전에는 評이었으나 郡制으로 개편한 것이다. 郡에는 大領, 少領, 主政, 主帳 4등관제로 편제되었다. 郡司는 이전의 國造라고 불리는 재지호족이 임명되었고 상급기관인 국사의 지휘, 감독을 받는다. 국사, 군사 모두 국가의 관리통제 하에서 법령에 정해진 국가 시스템에 따라 지방통치를 수행하는 것이다. 특히 대령과 소령은 郡領이라고 부르고 군 행정을 총괄한다. 郡司는 官位令에 규정된 관위상당제의 규정에도 제외되어 있어, 일종의 특수 신분에 속한다. 사료상에는 보통 외종8위급의 관인이다.

국군리 체제하에서 국 관할의 행정업무의 상당부분은 군령의 책임하에 이루어진다. 『類聚三代格』弘仁 10년(819) 5월21일자 태정관부에는 "郡司는 스스로 조사하여 보고하는 것이 직무이고, 國司는 보고한 내용의 사실여부를 가리는 관인

---

12 제3부 제2장 「法令과 正税帳에 보이는 國郡司의 민정시찰」 참조.

이다[13]"라고 하듯이 국이 관할하는 군 행정은 군사가 수행하고 있으며 국사는 감독하는 역할이다. 특히 조용조의 수취, 군역의 징발, 장적의 작성 등의 실질적인 책임은 郡司에게 있어, 1국 단위에서 볼 때 행정의 중추 역할에 해당한다.

和銅 5년(712) 5월의 태정관부에는 "郡司는 호구를 늘려서 調, 庸을 증가시키고, 농잠을 장려하여 백성들의 부족함을 적게 하고, 백성들이 도망하는 것을 금지하고 차단하여 도적을 없애고, 호적과 계장을 모두 사실대로 하여 호구가 누락되는 일이 없게 하고, 이치에 맞게 판단하여 소송에 억울함이 없게 하고, 직무에 태만하지 않고, 처신함에 깨끗하고 진실해야 한다"라는 郡司의 행동강령 6개조를 내렸다. 이 6개조 중에서 3개조 이상 부합하면 그 상황을 기록하여 보고하도록 하였다[14]. 현지 민생문제를 다루는 군사의 역할의 중요성을 말하고 있다.

選敍令「郡司」조의 규정에 의하면, 大領과 少領은 청렴하고, 시무를 감당할 수 있는 자를 채용하는데, 재능이 같다면 우선 國造를 임용한다고 되어 있어, 사실상 문벌주의에 의해 선발된다. 또한 국학의 입학 조건도 군사의 자제가 중심이고, 강건한 자는 국사의 추천으로 중앙의 하급무관인 병위로 근무할 수 있어 출사의 길이 열린다. 이들은 후에 귀향하여 군령의 지위를 세습하여 사실상 지위가 보장되어 있었다. 실무관인 主政과 主帳은 건강하고 총민하며 문서와 계산 능력이 있는자를 보임한다[15].

8세기전반 일본의 인구를 1호당 21.4명의 추정치를 산정하면[16], 1리 50호의 인구는 1,050여명이다. 이를 근거로 하면 16리에서 20리로 구성된 대군의 인구는 대략 16,000~20,000명이고, 상군은 12,000~15,000명이고, 중군은 8,000~11,000명, 하군은 4,000~7,000명, 소군은 2,000~3,000명의 인구로 구성되어 있다. 군의

---

13 『類聚三代格』弘仁 10년 5월21일 太政官符, "郡司是勘自申之職也. 國司則隨申覆檢之吏也".

14 『續日本紀』和銅5년 5월 신사조.

15 「選敍令」13「郡司」조, "凡郡司, 取性識淸廉, 堪時務者, 爲大領少領. 強幹聰敏, 工書計者, 爲主政主帳, 其大領外從八位上, 少領外從八位下敍之〈其大領少領, 才用同者, 先取國造〉".

16 鎌田元一, 앞의 논문, 154쪽, 표3(8世紀前半現存帳籍合計人口表).

행정관인을 보면, 대군이 8인, 상군이 6인, 중군이 4인, 하군이 3인, 소군이 2인이다. 군 단위의 행정관인도 국의 행정과 마찬가지로 적은 인원이지만, 관할 이장의 도움을 받아 군의 행정을 파악하는 데에는 문제가 없다.

군의 장관인 大領의 직무는 관할 구역의 백성의 생활을 책임지고, 군의 사무와 검찰을 담당한다. 당연히 군내를 순회하며 민정을 살피는 것이다. 따라서 국의 행정은 군에서 올라오는 보고에 의존할 수 밖에 없다. 특히 군령은 8위 정도의 인물이 보임되지만, 재지호족이 세습적으로 임명되고, 그 권한은 동급의 관인과는 비교가 되지 않는다.

【표 17】國郡司의 職分田

國司		郡司	
守	2町6反~1町6反	大領	6町
介	2町2反~2町	少領	4町
掾	1町6反~1町2反	主政	2町
目	1町2反~1町	主帳	2町

田令「郡司職分田」 조의 직분적 지급에 대한 규정을 보면, 大領은 6町, 少領 4정, 主政과 主帳은 각 2정을 지급받고 있다. 國守의 직분전이 국의 크기에 따라 1정 6반~2정 6반을 지급받는 것을 보면, 그 위상을 매우 높다. 물론 大國 및 上國의 국수의 경우에는 5위 이상으로 상당한 위전이 지급되지만, 귀족 신분이라는 점이 고려되고, 위전 지급 대상에서 제외되는 6위 상당의 中國 및 下國의 국수에 비하면 대단한 특혜이다. 여기에 郡司는 임기가 없는 종신관으로 평생 개인 토지의 형태로 보유하게 된다. 또한 이들은 국가로부터 받는 공적인 토지 외에도 공한지의 개간을 통해 얻은 전지도 적지 않았으며 지방사회의 유력자로서 그 영향력은 절대적이라고 할 수 있다.

지방행정 단위의 가장 말단에 있는 里는 50호로 구성되며 里家가 설치되어 이장의 관리하에 두었고, 이장 역시 재지 유력자 중에서 임명되었다. 公式令「詔勅頒行」조에는 "조칙을 반포하여 시행할 때, 백성과 관련된 사항은, 아래로 시행되어 鄕에 이르면, 里長, 坊長으로 하여금 관할지역을 순회하면서 사람들에게 고시하여 모두 알게 한다[17]"라는 규정이 나온다. 이 조문에서 중앙에서 반포된 조칙을 시행할 때에는 이장이 관할 지역의 사람들에게 포고하라는 것이다. 조정에서 발령되는 문서는 국사, 군사까지는 문서행정의 시스템에 의해 이루어지지만, 리 단위로 내려가면, 이장이 관할 지역을 순회하면서 고시하여 알게 한다. 또한 이장의 역할 중에 중요한 것은 50호의 호적과 계장 작성에 관여하고, 이를 군에 보고하는 일이다. 이장에게는 별도의 직분전이 지급된다는 규정이 없지만, 향토사회의 유력자의 호주임은 틀림없다.

2. 大宰府의 조직과 기능

대재부는『만엽집』에「遠朝廷」이라고 노래했듯이 중앙조정으로부터 멀리 떨어진 최대의 지방관사이다. 고대일본의 왕도가 奈良를 중심으로 한 畿內 지방이 존재했던 까닭에 해외로부터의 사절단이 입항하는 북구주의 筑紫 지방에는 일찍부터 那津官家 등 중앙의 출선기관이 설치되었다. 이 지역은 교통상의 요지일 뿐 아니라 국방상으로도 일본 본토방위의 최전선 기지였다. 백강 전투 이후 博多灣으로부터 상륙해 오는 외부세력으로부터 대재부 방어를 위해 평지에 길이 1.2㎞, 높이 9m, 폭 80m에 달하는 水城을 비롯하여 그 배후지에는 산능선을 따라 大野城, 基肄城을 축조하였다. 이 3개의 성은 대재부를 중심에 두고 자연지형을 이용한 나성의 성격을 가지면서 장기 농성을 할 수 있는 건축물, 무기고, 식량고 등을 설치하였다. 또한 그 남쪽 지역에도 鞠智城을 쌓아 군사망을 구축하였다.

『일본서기』推古 17년(609) 조에 筑紫大宰를 시작으로 天智 6년(667)에는 筑紫都督府라는 군사상의 성격을 반영한 명칭이 나온다. 이어 천지 10년(671)에는 筑

---

17 「公式令」75「詔勅頒行」조, "凡詔勅頒行, 關百姓事者, 行下至鄕, 皆令里長坊長, 巡歷部內, 宣示百姓使人曉悉".

紫大宰府라고 하여 대재부의 명칭을 사용하기 시작하였고, 지통·3년(689)에 시행된 淨御原令에 관련 조문이 규정되었을 것이다. 이후 701년 대보령의 반포와 시행에 의해 令制 대재부의 기능은 성립되었다.

職員令「大宰府」조에 규정된 관인 구성과 직무의 내용을 정리하면 다음의 표와 같다.

【표 18】大宰府의 조직

분류	정원	관위상당	직무
主神	1인	정7위하	제사 주관
守(장관)	1인	종3위	祠社, 호구, 권농, 규찰, 貢擧, 효행, 전택, 양천소송, 조세, 창고, 요역, 병사, 무기, 북피리, 우역, 傳馬, 봉수, 성, 목장, 過所, 우마, 분실물, 절, 승니명적, 외국사, 귀화, 향연
貳(차관)	大貳1인 少貳2인	정5위상 종5위하	
監(판관)	大監2인 少監2인	정6위하 종6위상	문안검토와 서명, 과실, 비위 규찰
典(주전)	大典2인 少典2인	정7위상 정8위상	초안작성, 문안검토와 서명, 과실 검출, 공문 검토
判事	大判事1인 少判事1인	종6위하 정7위상	범죄문서 검토, 형사, 쟁송 관장
判事令史	大令史1인 少令史1인	대초위상 대초위하	판결문 필사
工	大工1인 少工2인	정7위상 정8위상	성, 해자, 선박, 기물, 공사 담당
博士	1인	종7위하	府學에서 학생 교수
陰陽師	1인	정8위상	점술, 지세 판단.
醫師	2인	정8위상	진찰, 치료
算師	1인	정8위상	물품 수량 관리
防人正	1인	정7위상	防人의 명부, 용품, 교련, 防人田 관리
防人祐	1인	정8위상	
防人令史	1인	대초위하	
主船	1인	정8위상	선박수리, 관리
主厨	1인	정8위상	식초, 간장, 된장 등 식자재 관리
史生	20인		4등관 아래의 서기관

상기 조직표는 양로령의 규정이지만, 대보령에도 거의 동일 내용으로 생각된다. 제사를 주관하는 主神는 중앙의 神祇官과 비교되고, 행정을 담당하는 장관 帥이하 大·少貳, 大·少監, 大·少典의 4등관으로 구성되어 있다. 그리고 재판과 관련된 직무인 大·少判事, 大·少令史, 건축물 조영 및 수리를 담당하는 大·少工이 있으며, 교육의 博士, 천문, 점술로 정세를 예측하는 음양사, 의사 및 물품의 수량을 관리하는 算師가 있다. 또한 대재부 방비의 병사조직인 防人司를 구성하는 防人正, 佑, 令史가 있고, 선박수리와 관리의 主船, 식품관리의 主厨, 서기관으로서 史生 등으로 구성되어 있다. 공적인 인원만 50명이 이르고 대재부의 행정을 보조하는 書生, 잡역을 포함하면 그 수는 더욱 늘어난다.

대재부의 인적 구성은 4등관제의 관인만 12인으로 지방의 大國의 행정관인이 8인, 중앙관사의 8성 중에서 최대규모인 式部省이 11인이다. 여기에 재판, 교육, 의료, 음양, 건축, 군사 등 다양한 분야를 담당하는 인적 구성을 보면 기타의 관사와는 비교가 되지 않을 만큼 규모가 크고 세분화되어 있다.

『속일본기』神護景雲 3년(767) 10월조에, "이 (大宰)府는 사람과 물자가 많고 번화하여 천하 유수의 도시이다(此府人物殷繁. 天下之一都會也)"라고 평할 정도로 당시 일본 굴지의 도시였다. 대재부의 정무를 수행하는 정청인 都府樓의 유적지의 발굴조사에 의하면, 초석과 기와를 이용한 건축물이 조영되었으며, 서해도 9국 2도(후에 3도)의 내정을 관할하는 이른바 '西都大宰府'로서 중앙정부의 축소판이라고 할 수 있다.

田令「在外諸司職分田」조에는 畿外 지역의 관사의 직분전 지급에 대해, 大宰帥 10町을 받으며, 차관인 大貳 6정, 少貳 4정, 3등관인 大監, 少監과 大判事 2정을 받는다. 그리고 大工, 少判事, 大典, 防人正, 主神, 博士는 각 1정 6단, 少典, 음양사, 의사, 少工, 算師, 主船, 主厨, 防人佑는 각 1정 4단, 諸令史 1정, 史生 6단을 지급받고 있다. 大國의 장관인 守가 2정 6단이고, 上國守가 2정 2단, 中國守 2정, 下國守 1정 6단과 비교하면, 격단의 차이가 있다.

대재부의 기능 중에서 「蕃客, 歸化, 饗讌」이 있다. 번객은 외국사절을 말하고,

귀화는 천황의 덕화를 흠모하여 이주하는 외국인을 가리킨다. 중국 율령에 규정된 중화사상을 여과없이 수용하여 일본율령에도 그대로 적용한 까닭이다. 饗讌은 대연회를 饗, 소연회를 讌이라고 하여 구분하고 있다. 대재부는 외국사절의 방문을 비롯하여 상인, 망명, 표착 등 외국인이 왕래하는 관문으로 당연히 외교업무가 부여되어 있다. 또한 일본의 견신라사, 견당사가 도항하는 전진기지이기도 하다. 외국사, 외국인에 대한 입국절차, 방문목적, 조정에의 보고, 왕경에의 입경까지의 숙박, 연회 등 다양한 직무가 있다.

외국사절에 대한 영빈관으로는 『일본서기』에 筑紫大郡, 筑紫小郡, 筑紫館의 명칭이 보이고, 왕경의 관문인 難波에 조영된 難波大郡, 三韓館, 高麗館과 같은 시설이다. 중국풍인 鴻臚館의 명칭은 平安時代 이후에 등장하는 명칭으로 대재부의 영빈시설로서 통칭하고 있다. 7세기후반 이후 이 영빈관에 숙박하고 향연을 받는 외국사절은 신라사가 대부분이다. 670년 이후 30여년간 당과 일본은 공적교류가 단절되었고, 8세기 이후에도 일본의 견당사는 여러차례 파견되었지만, 당에서 일본에 보낸 공적 사절은 전무하다. 天平寶字 5년(761)에 일본에서 파견한 견당사가 귀국시에 동행한 唐 사절 沈惟岳 등이 있지만, 이들은 일본사절을 안전하게 귀환시키기 위해 파견된 送使의 역할이었으며, 이후 모두 귀화하여 일본의 관인이 되었다[18]. 따라서 대재부의 영빈관은 사실상 신라사를 위한 시설이었다. 대재부 외곽에 있는 현 福岡市 중심지에 설치된 홍려관 유적으로부터 다수의 신라계 유물이 출토되고 있는 것도 이를 말해주고 있다.

대재부의 기능 중에서 국방 문제는 핵심이다. 대재부 장관의 직무 중에 「兵士, 器仗, 鼓吹, 郵驛, 傳馬, 烽候, 城牧」과 같이 국방상의 용어들은 대재부 기능의 성격을 잘 말해주고 있다. 『속일본기』 天平寶字 3년(759) 3월조에도, "警固式에 의하면, 博多大津 및 壹岐, 對馬 등은 요해의 지역으로 배 100척 이상을 두고 비상의 사태에 대비해야 한다"라고 하여 국방상의 요충지임을 강조하고 있다.

---

18 『續日本紀』天平寶字 5년 8월 갑자조.

국방상의 요지에 수비병인 防人에 대해서는,『일본서기』天智紀 3년(664) 조에, "이해에 對馬島, 壹岐島, 筑紫國 등에 防(人)과 봉화를 두었다"라는 기사가 보이고, 천지 10년(671) 조에도 대마국사가 축자대재부에 보고한 발언 중에, 唐使 2천여 명이 比知島에 정박해 있는데, 防人들이 놀라 동요하고 싸울 것에 대비에 미리 알리러 왔다는 防人 기록이 나온다. 또 持統 3년(689) 2월조에도, "筑紫의 防人이 만기가 되었으면 교대하라"는 관련 기록이 있듯이 대재부를 중심으로 한 북구주의 연해 지역에 이른 시기부터 방인은 배치되었다.

군방령「兵士向京」조에는 병사가 왕경으로 가면, 衛士라고 부르고, 변경을 지키는 자는 防人이라고 하고[19], 동「兵士以上」조에는 防人의 복무기간은 3년으로 규정되어 있다[20]. 防人의 기원은 663년 백강 전투에 파견된 동국지방 호족군에 있다[21].『속일본기』天平寶字 원년(757) 윤8월조에는 "대재부의 防人은 근자에 關東 제국의 병사를 징발하여 파견해 왔다"라고 하고, 天平神護 2년(766) 4월조에도 대재부에서 "적을 방어하고 변경을 지키는 일은 본래 東國의 군대에 의지하고 있었다"라고 하듯이 방인의 대부분은 동국지역에서 차출된 병력이었다. 이들은 대재부를 중심으로 對馬, 壹岐의 한반도로 향하는 해역의 섬에 배치되었다.

『萬葉集』(4374~4376)에,「火長大田部荒耳」,「火長物部眞島」,「火長物部眞」이라고 하여 火長의 인명이 나온다. 이들이 읊은 각각의 단가를 보면, "나는 화살을 화살통에 꽂고, 筑紫의 섬을 향해서 가네", "소나무가 나란히 있는 것을 보니, 家人이 나를 전송하기 위해 서있는 모습이네", "징집되어 가는 줄도 모르고, 부모에게 제대로 인사도 하지않아 후회스럽네"라고 하듯이 병역을 위해 고향을 떠난 병사의 감회를 표현하고 있다.

대보령의 시행과 더불어 대재부 관할하에 防人司가 설치되었다. 상기 조직표에서도 보듯이 防人司는 防人正, 防人祐, 令史의 3인의 관인을 두고 있다. 직원령

---

19 「軍防令」12「兵士向京」조, "凡兵士向京者, 名衛士〈火別取, 白丁五人, 充火頭〉. 守辺者, 名防人".
20 「軍防令」14「兵士以上」조, "國内上番衛士一年, 防人三年".
21 八木充,「百濟の役と民衆」, 小葉田淳教授退官記念『國史論集』, 1970.

「大宰府」조에 防人正의 직무에는 방인의 명부, 병력과 병기의 관리, 훈련, 군량미를 조달하는 식료전을 담당하고 있다.

大寶令 시행 이후 중앙조정에서는 대재부의 군사력 강화를 위해 무기를 보냈다. 대보 2년(702) 2월에 甲斐國에서 바친 梓弓 500개를 보내고[22], 이어 慶雲 원년(704) 4월에는 信濃國에서 바친 활 1,400개를 대재부에 충당했으며[23], 또 靈龜 2년(716) 5월에도 활 5,374개를 대재부에 지급하였다[24]. 이들 무기는 대재부 직속의 防人司를 통해 배분했다고 생각된다.

한편 天平 9년(737)에 筑紫의 防人을 정지할 당시, 天平 10년의 筑後國 正稅帳에 「依勅還鄉防人」을 비롯하여[25], 동년 周防國 正稅帳에도 「向京防人参班供給穎稻壹仟捌伯陸拾漆束」이라고 하여 3班으로 나누어 왕경으로 향하는 防人에게 官食으로 지급한 벼 1,867속을 기록하고 있으며, 中班은 953인, 後班은 124인으로 기록되어 있다[26]. 前班은 결락되어 있으나, 이들에게 지급된 식량으로부터 추정하면, 800~1,000명 정도가 된다. 또한 동년 駿河國 正稅帳에도 이 국을 통과한 방인 1,083인의 숫자를 기록하고 있다[27].

『속일본기』天平神護 2년(766) 4월조에는 "(防人의) 수가 부족하면 東國의 사람을 차출해서 3천의 병력을 채우도록 하라[28]"는 칙이 내려지고 있다. 防人의 정원에 대해서는 율령의 규정에는 없지만, 제사료로부터 대략 3천명 정도로 추정되고 있으며 모두 防人司의 관할하에 있었다.

---

22 『續日本紀』大寶 2년 2월 을축조.
23 『續日本紀』慶雲 원년 4월 갑자조.
24 『續日本紀』靈龜 2년 5월 계유조.
25 『大日本古文書』2-147.
26 『大日本古文書』2-139.
27 『大日本古文書』2-113.
28 『續日本紀』天平神護 2년 4월 임진조

제5절 軍團制의 성립과 구성

군단 창설의 기원은 이미 지적되고 있듯이 7세기후반 동아시아의 동란이 계기라고 생각된다[29]. 지방의 호족군을 중심으로 백제부흥운동에 참가했던 일본은 백강전투 패배 이후 국가적 위기와 충격에 대비하고, 내부적으로는 壬申의 난에서 보듯이 국내의 내란에 대비한 군사체제의 정비가 필요하였다[30]. 이때의 군단조직에 대해서는 天武朝에서 편찬이 개시되어 持統朝에서 시행된 淨御原令에 규정되었을 것이다. 관련 조문은 남아있지 않지만, 일부 규정은 大寶令에 계수되었을 것으로 보인다. 현존하는 養老令에 규정된 군단의 조직과 구성은 다음의 표와 같다.

【표 19】군단조직과 구성

직제	정원	통솔병사	비고
大毅 少毅	1인 2인	1000인	병사 600~900인 (少毅 1인 감소) 500인 이하 (毅1인 규정)
		大毅 보좌	
校尉	5인	각 200인	
旅帥	10인	각 100인	
隊正	20인	각 50인	

지방의 제국에 설치된 군단은 4등관제로 최상위에 군단 지휘관인 軍毅라고 부르는 大毅 1인, 少毅 2인이 있다. 이 규정은 병사가 1,000인을 기준으로 할 때이고, 600인 이상이면 少毅는 1인이고, 500인 이하이면 毅 1인만을 둔다. 그 다음에 중간 지휘관인 主帳 1인, 校尉 5인, 旅帥 10인, 隊正 20인으로 군단의 조직을 담당한다.

군단의 최고 사령관인 大毅, 少毅의 임명에 대해서, 軍防令 「軍団大毅」 조에 의

---

29 岸俊男, 「防人考」, 『日本古代政治史硏究』, 塙書房, 1966, 305쪽.

30 일본의 律令軍團制의 창설이 일본과의 조공관계로부터 이탈하려는 신라에 대해 일본의 피조공국으로서 유지시키기 위한 것이었다는 설이 있다(下向井龍彦, 「日本律令軍制の基本構造」, 『史學硏究』 175, 1987). 이 설은 당시 국제관계에 대한 몰이해로부터 나온 것으로, 신라를 일본의 조공국으로 보는 구래의 학설에 기초하고 있다.

하면, 군단의 大毅, 小毅는 관할국 내에서 散位, 勳位, 庶人 중에서 무예가 뛰어난 자를 선발하고, 校尉 이하는 庶人 중에서 궁마에 능한 자는 선발한다고 규정되어 있다[31]. 이러한 기준에 적합한 인물은 郡司의 유력자인 郡領의 일족들이다. 율령 제하의 郡은 評制의 후신으로 이전의 지방 유력자인 國造가 지배하는 영역이었다. 군령 역시 국조의 가문에서 임명되었던 까닭에 군단의 軍毅도 전래의 호족층이 임명되었으며, 율령국가의 군사체제는 재지 수장층의 민중지배에 의존한 면이 있었다[32].

『일본서기』天武 14년(685) 11월에 내린 조에서, 大角, 小角, 북, 피리, 군기 및 쇠뇌, 포 등의 군기류는 私家에 두어서는 안되고, 모두 郡家에 거두어 둘 것을 명하였다[33]. 이것은 율령제 시행 이전이지만, 이미 행정기관으로서의 군의 郡家는 군사적 성격도 갖추고 있었고, 군단 성립의 기반이 되었을 것이다. 軍防令「私家鼓鉦」조에도, 私家에는 북, 징, 쇠뇌, 창, 갑옷, 나팔, 군기 등을 두어서는 안된다고 규정되어 있듯이[34], 天武朝에서 내린 해당 조문은 淨御原令에 삽입되고 大寶令의 조문에도 영향을 미쳤다고 보인다. 또한 選叙令「敍郡司軍団」조에도 郡司 및 軍団의 軍毅으로 서임할 경우에는, 모두 10考를 기한으로 한다는 규정이 있다[35]. 양자의 서임 기준이 동일하다는 면에서도 군사와 군단의 책임자는 성격이 유사하고, 재래의 호족의 가문을 잇는 인물들이 임명되었다.

軍防令에 규정된 조직의 편성은 50인을 1隊로 하여 隊正이 지휘하고, 모두 20대로 편성한다. 그 위에 10인의 旋師가 각각 2대 병력 100인을 지휘하고, 다시 상층에 5인의 校尉가 4대씩 200인을 지휘하고, 군단의 최고 지휘관인 大毅은 20개 부대 1천명을 통솔하는 4단계 구조이다. 대령 아래의 少毅 2인은 부사령관으로

---

31 「軍防令」13「軍団大毅」조, "凡軍団大毅小毅, 通取部内散位, 勳位及庶人武藝可稱者充. 其校尉以下, 取庶人便於弓馬者, 爲之".

32 笹山晴生, 『古代國家と軍隊』, 中公新書, 1975, 65~66쪽.

33 『日本書紀』天武紀 14년 11월 병오조.

34 「軍防令」44「私家鼓鉦」조, "凡私家, 不得有鼓鉦, 弩, 牟, 具裝, 大角, 少角, 及軍幡. 唯楽鼓不在禁限".

35 「選叙令」15「敍郡司軍団」조, "凡敍郡司軍団, 皆以十老, 爲限".

대의를 보좌하며 군단 전체를 통솔한다. 즉 군단의 구조는 최고 지휘관 대의를 중심으로 말단 지휘관 대정에 이르는 지휘체제를 갖추고 있다[36]. 또한 개개의 군단에는 軍印을 보유하고 있어, 군사행정의 문서에는 독자의 관인을 사용하고 있다. 실제로 구주의 筑前國에서 御笠軍團, 遠賀軍團의 銅印이 발견된 바 있다[37].

한편 군단 직제의 하부조직인 隊正 휘하의 1隊 50인은 「凡兵士, 十人爲火」라고 하여 10인을 단위로 '火'로 삼는다. 이 조문은 『唐六典』에도 동일한 규정이 있어 그대로 계수한 것이다. 이 조직은 火隊라고 불리우며 火長에 의해 통솔된다. 이들은 병영 생활 및 행군 등 단체행동을 하며, 이탈을 방지하기 위한 일종의 상호 감시조이기도 하다. 또한 군단은 1대마다 강건한 병사 중에서 2인을 선발하여 쇠뇌를 다루는 弩手로 배치하였다[38]

군대는 전쟁과 내란에 대비하여 국가와 왕권을 지키는 무력수단이다. 일본고대국가에서도 대외전쟁과 내전의 경험도 있어 국가상비군의 설치는 중요한 과제였다. 율령제 시행 이후 21세 이상의 농민 장정이면 누구나 징집 대상이다. 그러나 신분에 따라 면제 대상자도 있다. 5위 귀족의 자제 및 천민은 면제이다. 內位 6위 이하 8위 이하의 21세 이상의 적자의 경우에는, 시험을 거쳐 상중하의 3등 분제로 中等을 받으면 중앙의 兵衛로 삼는다[39]. 또한 병위는 국사가 군별로 郡司의 자제 중에서 강건하고 궁마에 능숙한 자를 1인씩 선발하여 보내도 한다. 6위 이하의 관인의 자 및 서인은 帳內라고 하는 왕족의 종자로 삼고, 5위 이상의 관인에게 지급하는 資人은 大初位 이하의 말단 관인의 아들을 취한다[40]. 즉 중하급 관

36 「軍防令」17, 「軍団大毅」조, "凡軍団大毅, 領一千人, 少毅副領, 校尉二百人, 旅帥一百人, 隊正五十人".

37 狹川眞一, 「筑前にゆかりある印章の傳來經緯について」, 『國立歷史民俗博物館硏究報告』79, 1999.

38 「軍防令」10 「軍団」조, "凡軍団, 每一隊定强壯者二人, 分充弩手, 均分入番".

39 「軍防令」47 「內六位」조, "凡內六位以下, 八位以上嫡子, 年二十一以上, 見無役任者, 每年京国官司, 勘檢知實, 貢狀簡試, 分爲三等, …中等送兵部, 試練爲兵衛, 如不足者, 通取庶子".

40 「軍防令」48 「帳內」조, "凡帳內, 取六位以下子及庶人爲之. 其資人不得取, 內八位以上子. 唯充職分者聽".

인의 아들은 군단이나 구주의 방인으로 배속시키지 않고, 중앙의 병위로 배치하거나 왕족, 귀족의 종자로서 종사하게 하였다.

병역은 호적에 근거하여 병역 대상자를 선정한다. 고대일본의 호적은 天智 9년(670)의 庚午年籍을 시작으로 持統 4년(690)의 庚寅年籍이 작성되었으며, 이후 6년마다 새로 작성되어 율령제의 시행과 더불어 정례화되었다. 軍防令에는 21세에서 60세의 건강한 남자로 1호에서 正丁 3인 중 1인을 병사로 징발한다고 규정되어 있다. 이 규정에 의하면, 1국의 正丁 3분의 1이 군단에 징집되어 근무하게된다. 당시 국가가 장악한 일본의 향(리)의 수가『和名類聚抄』에 의하면, 4,041개에 달해 1리 50호에서 50인씩 징발한다면 산술적으로는 20만여명이 된다. 이것은 가상의 최대치이고, 국의 크기에 따라 군단 병력에 차이가 있으며, 正丁이 3인미만의 호에서는 병력을 징집할 수가 없다.

『令義解』에 의하면, 양로령의「同戶之內, 每三丁取一丁」의 조문에 대해,「多丁之戶」를 기준으로 세우며, 正丁 인원이 적으면, 他戶에서 취한다고 해석하고 있다,. 또한 正丁은 군역 이외에도 봉수대에서 잡역으로 근무하거나 직분전의 경작을 위해 대재부 및 국사에게 지급하는 事力도 있다. 이들을 제외한 나머지 丁 중에서 1인을 취하여 군역으로 삼고 있어[41], 실제로 군역 대상자는 줄어들게 된다.

전국에서 징집된 병사들은 군단에 배속되지만, 그 중에는 중앙의 궁성을 지키는 衛門府에 배속하는 경우도 있고, 동국으로부터 징발된 正丁은 대재부 관할 하의 防人으로 구주지역에 배치되었다. 또한 동북지방의 蝦夷 진압을 위해 陸奧, 出羽 양국으로부터는 현지 주둔 鎭兵으로 징발되었다. 일반 군단 병사의 선발에는 모두 가까운 지역에 의거하여 군단으로 나눈다고 규정하고 있듯이[42] 병사의 본관국에 배속되고, 군단이 해당 군에 있거나 가까우면 그 군단에 배속시킨다.

군방령에 규정된 군단의 규모는 국 단위로 1,000인이지만, 소국의 군단은 100

---

41 『令集解』, "同戶之內, 每三丁取一丁〈謂, 此爲多丁之戶立文. 若戶內少丁者, 亦須通取他戶. 即一國之丁, 惣爲三分, 取其一分之義, 其爲分之法, 除烽子事力等之類, 以所殘丁, 惣爲三分".
42 「軍防令」3「兵士簡点」조, "凡兵士簡点之次, 皆令比近団割".

여인 단위도 있고, 국방상의 중요한 지역에는 1국에 여러개의 군단을 배치하고 있다. 동북지방의 陸奧國의 경우는 시대에 따라, 6개 군단에 1만명, 7개 군단에 8천명을 보유하고 있고, 구주지역의 筑前, 筑後, 豊前, 豊後, 肥前, 肥後 등지에도 2개에서 4개의 복수 군단을 두고 있다. 군단은 수개 郡에 1개의 비율로 존재하고, 郡家 부근에 주둔하여 병사의 훈련을 실시한다. 현실적인 상황을 고려하여 대응하고 있음을 알 수 있다.

군방령에는 군단 병사의 복무기간 및 훈련, 휴가 등에 대해서는 세부 규정이 없다. 衛士와 防人은 각각 1년, 3년으로 되어 있지만, 군단 병사에 대해서는 언급이 없다. 군방령에는 병역 징집의 연령은 21세 이상 60세 이하이고, 동 「簡点次」조에는 "군에 있는 자가 60세를 채우면 군에서 내보낸다"라는 하듯이 장년의 正丁도 징집 대상이다. 부역령 「舍人史生」 조에는 雜徭의 면제자로서 군단의 병사가 나온다. 잡요는 성인남자에게 연간 60일을 한도로 부과되는 노역으로 국사의 지휘하에 토목공사 등에 동원된다. 즉 병사의 군역은 공민에게 부과되는 요역 노동의 특수한 형태라고 할 수 있다[43].

『類聚三代格』 권18 弘仁 6년(815) 8월 23일자 태정관부에도 "番上之役, 兵士六十日, 調庸半輸, 以旬相替, 無妨家業"이라고 하여 병사는 60일을 번상하여 복무하고, 복무 중의 調, 庸은 반감되며, 10일 단위로 교체하고 가업에 방해가 되지 않도록 하라고 명하고 있다.

한편 『속일본기』 慶雲 원년(704) 6월조에는 다음과 같은 기록이 나온다.

"제국의 병사는 군단을 10조로 나누어 조마다 10일씩 무예를 교습시켜 반드시 함께 정비하도록 한다. 令의 규정에 없는 잡사를 시켜서는 안된다. 지켜야 할 關이 있는 경우에는 편의에 따라서 참작하여 수비에 필요한 인원을 충당시켜야 한다[44]".

---

43 下向井龍彦, 「日本律令軍制の基本構造」, 『史學研究』 175, 1987, 19~20쪽.
44 『續日本紀』 慶雲 원년 6월 정사조.

이때 내린 칙은 군단의 병사들은 정원 1,000인을 10조로 나누어, 10일씩 훈련시킨다는 것이다. 100일이면 10조의 훈련이 모두 종료된다. 100일을 단위로 다시 훈련이 재개되면 연간 30일 이상은 훈련에 임하게 된다. 이 칙에서 말하는 10조 10일씩 훈련 방식은 거주지에서 군단으로 가서 훈련하는 上番制로 추정된다. 즉 훈련기간에는 상주하여 훈련을 받고, 훈련 이외의 기간은 병기의 관리, 창고, 성벽, 해자의 수리하거나[45], 사신의 출입, 죄인, 군수품의 운반 등에 소재지의 병사를 차출해서 도움을 주기도 한다[46]. 군단은 병사의 본관에 가까운 곳에 주둔하고 있기 때문에 훈련, 군장비, 시설물의 수리 등의 일정을 제외하면, 교대로 上番하여 훈련을 받으며 60일을 복무하는 시스템이라고 생각된다. 연간 60일의 복무기간을 제외하면, 300일은 자신의 거주지에서 농사일에 종사하고, 60세까지 계속된다. 이것은 병역에 있어 正丁의 연령층을 전부 가동하는 것이다.

만약 어느 해에 훈련 등 병역생활을 하지 않으면 잡요를 포함해서 반감된 調, 庸도 전부 부담해야 한다. 이것은 특정 연령층을 대상으로 특정 기간 복무하는 것이 아니라 평생의 군역과 농업이 공존하는 체제이다. 여기에는 국가가 정하는 연령별 인구비율, 건강상태 등에 의해 징집되어 훈련을 받으며, 훈련이 제외된 해에는 종전과 같이 공민으로서 과역을 부담하는 것이다. 현존하는 호적에 의하면, 正丁 중에서는 20~30대의 인구 비율이 비교적 높고 40대 이후가 되면 급격히 감소하고 있어[47], 아마도 나이에 따라 연간 훈련의 횟수도 차이가 있었을 것으로 생각된다.

병사의 식량과 무기는 본인 부담이라는 점도 군단 병사의 복무 성격을 말해준다. 병사는 각자 30일 분량의 말린 밥 6斗를 준비하고, 소금 2升과 火 10인이 행군할 때 필요한 각종 장비를 종류별로 해당 창고에 저장한다. 병사 1인의 장비는 활 1개, 활줄주머니 1개, 예비활줄 2개, 화살 50개 그리고 화살통, 太刀, 小刀, 숫돌, 삿

---

45 「軍防令」 43 「軍器在庫」조, 「軍防令」 53 「城隍」조.
46 「軍防令」 64 「蕃使出入」조, "凡蕃使出入, 傳送囚徒及軍物, 須人防援, 皆量差所在兵士遞送".
47 본서 제4부 제1장 「인민지배와 호적의 작성」 참조.

갓, 밥주머니, 수통, 소금주머니 각반, 신발 등 각 1개씩 소유한다[48]. 이 중에서 무기류는 개인이 만든 것이 아니라 비용 부담으로 생각된다. 무기는 통일된 양식과 규격이 필요하고, 그 제작에는 병부성 산하의 造兵司가 있고, 각 국에서도 제조한다.

각국에 설치된 군단은 국사의 관할하에 있지만, 군단의 관리는 상급기관인 병부성에 있고, 병부성은 태정관의 지휘를 받는다. 군사조직의 명령계통을 보면, 태정관-병부성-국사-군단으로 이어지는 체계이다. 직원령「병부성」조에는 무관의 名帳, 考課, 選敍, 位記, 병사 이상의 名帳, 병사 선발, 병기, 의장 등 모든 군사 관련 문제를 총괄하고 있다. 軍防令「兵士以上」조에는 매년 국사는 조집사를 통해 병부성에 관련 내용을 보고하도록 규정되어 있다.

유사시에 각 군단의 병력동원, 출정의 軍律 등도 세부 규정이 있다. 군방령「節刀」조에는 대장이 출정할 때에는 節刀를 하사하여, 최고 사령관으로서의 임무를 부여한다. 동「將帥出征」조에는 병사가 1만명 이상이면, 장군 1인, 부장군 2인, 軍監 2인, 軍曹 4인, 錄事 4인을 임명하고, 5천명 이상이면 부장군, 군감 1인, 녹사 2인을 줄이고, 3천명 이상이면 군조 2인을 줄인다고 규정하고 있다.

『속일본기』양로 4년(720) 9월조에 蝦夷 반란으로 多治比眞人縣守를 持節征夷將軍, 下毛野朝臣石代를 부장군으로 삼고, 軍監 3인, 軍曹 2인을 임명하였고, 阿倍朝臣駿河을 持節鎭狄將軍로 삼고 군감 2인, 군조 2인을 임명하였으며, 節刀를 수여한 기록이 나온다[49]. 天平 12년(740)에 발생한 藤原廣嗣의 난 때에는 大野朝臣東人을 대장군으로, 紀朝臣飯麻呂를 부장군으로 삼고 군감, 군조 각 4인씩 임명하고, 5道 제국의 군단병력을 17,000명을 동원하였다[50]. 또한 『日本後紀』延曆 13년(794) 조에는 蝦夷 정토군 10만, 군감 16인, 군조 58인이고, 동 20년에는 징토군 4만, 군감 5인, 군조 32인 등의 사례도 나온다[51]. 율령의 규정과는 병력 및 지휘관

---

48 「軍防令」7 「備戎具」조.
49 『續日本紀』養老 4년 9월 무인조.
50 『續日本紀』天平 12년 9월 정해조.
51 『日本後紀』弘仁 2년 5월 임자조.

인원에 차이가 있지만, 동북지방의 에미시 정벌은 상상을 초월하는 대규모 원정이었고 그만큼 험난한 전쟁이었다.

율령제하의 군단제는 국가와 왕권 수호를 위한 권력집중이고, 전쟁이나 반란 등의 비상시에 대비하기 위한 무력 조직이다. 대외전쟁이 없던 시기에도 군사적 요충지인 변경지역에는 항시 상비군이 배치되었으며, 동북지방의 蝦夷에 대한 군사적 출정도 빈번히 이루어졌다.

제3장 율령국가론과 신라율령의 편찬논쟁

제1절 율령국가론

국가통치법으로서의 율령의 기원은 중국왕조에 있으며 새로운 왕조의 탄생 혹은 황제의 교체기에도 법전을 편찬하여 시행하였다. 중국의 역대왕조가 만들어낸 통치기술은 동아시아제국에 영향을 주어 국가운용 시스템으로 도입하였다. 일본에서도 7세기 이후 견당사를 파견하여 중국의 문물을 수입하였다. 推古 31년(623) 견당사의 귀국보고에는 "大唐國은 법식이 갖춰진 훌륭한 나라"라고 하여「法式」의 도입을 건의하고 있다[1]. 고대일본에서 율령의 편찬은 天智朝 때의 近江令이 제정된 기록이 나오고, 이후 天武朝에서 편찬이 시작되어 持統 3년(789)에 된 淨御原令 20권이 완성되었지만, 불과 12년만에 천황제 국가의 법치체계와 이념을 담은 새로운 大寶律令으로 대체되었다.

대보율령의 제정으로 새롭게 탄생한 일본고대국가를 일본학계에서는「律令國家」라고 부른다. 율령국가의 명칭은 당율령을 계수하여 율령제를 시행한 8세기를 중심으로 한 일본고대국가를 특징지우는 개념용어이다. 문헌속의 명칭이 아닌 법치국가와 동일한 보통명사가 고대일본의 국가체제의 특징으로서 통용되고 있다. 일본을 포함한 동아시아 어느 국가도 법치체계 없이는 통치할 수 없고, 국가운용의 근간은 율령이라는 점에서 당연시된 이 용어 사용의 이면에는 문명국가 통치법의 도입이 문명사회로의 전환이라는 발상과 함께 근대일본의 선구적인 문명관, 우월적 대외인식이 투영되어 있다고 생각된다. 당시 근대의 서구문물의 수용, 제국헌법을 제정한 사실과 당문물과 율령을 수용한 고대일본이 중첩되면서「法式」이 잘 정비된 문명국가」로서의 이미지를 형성했다고 보인다.

고대적 세계에서 보면, 당을 향한 일본지배층의 동경은 근대일본의 서구문명

---

[1] 『日本書紀』推古紀 31년 7월조, "於是, 惠日等共奏聞曰, 留于唐國學者, 皆學以成業, 應喚. 且其 大唐國者, 法式備定之珍國也. 常須達".

의 개화에 버금가는 수준이었다. 견당사의 파견은 대항해의 험난한 여정이었지만, 이 사절단에 대한 일본조정의 기대는 상상 이상이었다. 『속일본기』의 견당사 기록 중에는 사절단의 구성에서부터 출발과 여정, 현지사정, 귀국의 과정을 묘사하고 있으며 당문물 수입에 대한 국가적 의지가 강하게 표출되어 있다. 중국의 법식을 따라야 한다는 일본고대국가의 이념은 사서에도 그대로 반영되어 국가 운용은 오직 신법전에 기초하도록 기술되어 있다.

『속일본기』에는 憲法 용어를 비롯하여 「准律令」, 「依令」, 「據律令」, 「如律令」, 「律令所禁」 등과 같이 율령을 전제로 한 표현에서 알 수 있듯이 국가운용과 율령은 일체적으로 움직이고 있다. 즉 일본조정의 율령제 시행 국가라는 인식의 반영이라고 생각된다. 이러한 일본고대의 율령에 기초한 국가체제, 국가운용 시스템을 율령국가로 정의하게 한 측면도 간과하기 어렵다. 다시 말하면 율령국가라는 말은 일본고대 지배층의 인식체계로부터 추출해 낸 학술용어로 생각해도 좋을 것이다.

다만 근대 이후 일본만이 율령법전을 편찬한 국가라는 우월적 인식으로 표출되었다는 점은 간과하기 어렵다. 이것은 고대에 형성된 고대사상을 그대로 여과 없이 받아들인 결과라고 생각된다. 근대국가의 이미지가 고대로의 투영인가 혹은 고대에 만들어진 고대사상이 근대에 받아들여진 것인가의 2개의 측면은 상호작용이 있지만, 나의 관점으로는 고대사상의 근대에의 영향이 훨씬 강하다고 본다. 고대의 허상과 실상을 가려내고 객관화시키지 않는다면 굴절된 고대사상은 바로잡기 어렵다.

한편 일본 율령제의 원류인 중국에서는 율령국가라는 용어를 거의 사용하지 않는다. 중국왕조에서의 율령제 시행은 秦, 漢 이래의 오랜 역사가 있지만, 국가체제로서 율령국가라는 용어로 특징지우는 경우는 보이지 않는다. 중국정사의 구성에는 예악, 천문, 역법, 지리, 직관, 형법, 식화, 예문 등 포괄하고 있어 율령만으로 國制를 대표한다는 생각은 중국인들에게는 익숙하지 않다는 지적이 있으며[2], 중국

---

2 池田溫, 「律令官制の形成」, 『岩波講座世界歷史』 5, 1970, 278쪽.

에서의 법치제도의 기층에는 禮制와의 관련성도 제기되고 있다.

石母田正에 따르면, 중국역사에서 법의 형성은 사회관습으로부터의 禮의 분화와 발전으로부터 시작하고, 그 禮로부터 法이 분리된 결과, 윤리와 도덕에 기초한 인격적 관계의 세계로부터 비인격적인 제도와 조직에 기초한 정치의 세계로 이행되었다고 논하였다[3]. 西嶋定生도 동일한 관점에서 중국고대왕조국가는 전제군주가 행사하는 폭력장치로서의 형벌로만 유지되는 것이 아니고 그와 병행해서 예제적 질서의 실현이 황제지배의 실현이고 국가권력의 지배는 강력하게 성립된다고 주장하였다[4].

이러한 관점은 漢代 이후 국교로 발전한 유교의 원리에 법가사상의 律을 가미하여 황제의 전제주의적 통치법으로 발전했다는 점에서 율령제를 이해하는 데에 시사하는 바가 크다. 또한 사회관습, 규범으로서의 예제는 중국법 생성과 그 영향을 받은 동아시아 법제를 이해하는 데에도 유효하다. 즉 중국에서는 율령은 예제라고 하는 유교의 사회적 규범과 질서를 유지하기 위한 교화법으로서의 슈과 예질서의 침해에 대한 처벌법으로 律이 만들어졌으며[5], 예와 법은 서로 분리할 수 없는 「禮法」으로 표리일체로 운용되었기 때문에 이러한 국가체제를 특별히 율령국가라는 용어로 정의할 필요는 없었다고 보인다. 중국에서의 예제는 덕치주의에 입각한 왕도정치를 구현해 나가는 유학사상의 영향으로 법치와 더불어 황제의 권위를 높이는 이데올로기로 역할을 하였다.

당의 율령을 도입한 주변제국 역시 충효사상, 덕목이 중시되었다. 신라에서도 유학의 경서는 국학의 기본교재였다. 일본에서는 『일본서기』 推古 12년(604)의 헌법17조 조문에도 "군경백료는 禮로서 本을 삼고, 민을 다스리는 근본에는 반드

---

3 石母田正,『日本古代國家論』第1部, 岩波書店, 1973, 67쪽.
4 西嶋定生,「良賤制の成立と系譜」,『中國古代國家と東アジア世界』, 東京大學出版部, 1983, 156쪽.
5 『令集解』「官位令」第1에도 "凡令以教喩爲宗, 律以懲正爲本"이라고 하여 슈은 교화를 宗으로 하고, 律은 징벌로서 바로잡는 것을 本으로 한다고 해석하고 있다. 당시 일본의 명법가들의 중국율령에 대한 이해가 전제되어 있다.

시 예가 있다[6]"라고 하였다. 『藤氏家傳』에도 天智朝 7년(668)에 天智天皇이 大臣 藤原鎌足에게 禮儀를 찬술하여 율령을 제정하라는 명을 내리고 있듯이("帝令大臣 撰述禮儀, 刊定律令"), 禮法을 중시하고 있다. 일본율령에도 유교적 예제가 상당 부분 반영되어 있다. 학령에 규정된 대학의 교재도 경서이고, 고과령에도 관인에 대한 고과를 덕망과 예의가 우선적으로 기준이 되고 있으며, 儀制令에는 신분질 서에 대한 규정이 나온다. 또한 부역령「孝子順孫」조에는 효자, 순손, 의부, 절부 에 대한 현창과 포상의 규정이 있고, 名例律에도 직계존속에 대한 불효죄를 규정 한 「不孝」조와 예의에 반하는 죄목으로 「不義」조를 수록하고 있다. 유교적 지식, 교양의 습득은 군주의 덕치주의와 더불어 관료사회를 이끌어가는 덕목이고 기 반이 되었다.

중국의 법체계를 참고하여 율령제를 시행한 신라, 발해에 대해서도 율령국가 라는 말은 거의 사용하지 않는다. 국내학계에서도 율령국가의 용어를 한국고대 사에 적용시키려는 시도는 보이지 않는다. 이것은 율령제, 율령국가를 심도있게 논할만한 사료의 부재가 주요 원인이지만, 권력의 형태나 성격에 따라 국가체제 를 분류하는 방법도 있고, 율령이 모든 國制를 대체하는 용어로써 율령국가를 정 의하는 것이 적절한지에 대한 검토도 필요하기 때문이라고 생각된다.

이러한 율령제를 시행한 국가의 개념을 보다 확대시킨 것은 이른바 동아시아 세계론이다. 이 개념은 동아시아세계의 공통된 역사문화권으로서 율령제와 함 께 한자, 유교, 불교를 거론하면서 한반도제국, 일본, 베트남, 티베트를 율령국가 군에 포함하였다[7]. 이 동아시아문화에 대한 거대한 담론은 동아시아의 역사문화 를 이해하는데 주요한 키워드이고 이후 동아시아 세계론을 확산시키는 계기가 되었다[8]. 동아시아 공통의 문자로서 한자의 사용, 이를 통한 한역불전 및 유교경

---

6 『日本書紀』推古紀 12년 4월 경진조, "四日, 群卿百寮, 以禮爲本. 其治民之本, 要在乎禮".

7 西嶋定生,「古代東アジア世界の形成」,『岩波講座世界歷史』4, 1870, 동『中國古代國家と東ア ジア世界』, 東京大學出版部, 1983 재록.

8 堀敏一,『中國と古代東アジア世界』, 岩波書店, 1994, 동『東アジア世界の形成』, 汲古書院,

전의 수입과 생활, 사상문화의 전개, 제도로서 율령은 수용과정에서 차이는 있지만, 적어도 한중일 삼국에게는 공유되는 문화현상이다.

제2절 신라율령의 편찬논쟁

신라의 율령편찬 사정에 대해서 일찍이 일본학계에서는 체계적인 법전이 편찬되었지에 대해 의문이 제기되어 왔다[9]. 예컨대 율령법은 이민족 지배를 전제로 하는 제국법이기 때문에 책봉을 받고있던 신라 등은 독자로 율령법전을 만드는 것이 허가되지 않았고, 책봉을 받지 않았던 일본은 당, 신라와의 대항의식에서 율령법전을 편찬했다는 일본학계의 유력설이 있다[10]. 즉 일본은 대당제국에 조공하면서 신라와 발해를 종속시키는 소제국을 형성하기 위해서는 신라보다 강력한 국가를 형성하는 일이며, 이에 중국율령을 모방한 율령법전을 편찬했다고 보는 관점이다. 이 논리는 石母田正의 이른바 '東夷의 小帝國論'에 기초한 것으로, 중국의 책봉을 받고있던 신라는 일본의 조공국이었기 때문에 피조공국에 어울리는 국가체제를 확고히 하기 위해 율령을 제정했으며 신율령을 당왕조에 소개하는 일이 견당사 파견의 주요 목적으로 추정하였다[11].

2006.

9 신라에서 법전으로서의 율령은 편찬되지 않았다고 하는 것이 일본학계의 통설이다. 그 중에서 신라 율령법의 형태는 당의 永徽律令을 그대로 이용하면서, 보충법으로 格 혹은 式만을 편찬했다는 설을 비롯하여(林紀昭, 「新羅律令に關する二, 三の問題」, 『史林』53-1, 1970), 신라의 법제는 형식적으로는 당의 율령을 취하면서 실제로는 격식에 의해 통용되었다는 지적도 있고(堀敏一, 『律令制と東アジア世界』, 汲古書院, 1994, 105쪽), 당율령을 기본으로 하여 충분히 연구하고 문무왕, 신문왕대에 율령세의 정비도 당율령의 내용을 개별적으로 도입한 단행법을 축적하여 진행되었다는 새로운 학설도 나오고 있다(大隅清陽, 「大寶律令の歷史的位置」, 『日唐律令比較研究の新段階』, 山川出版社, 2008, 226쪽). 또한 문무왕의 율령격식은 제도나 규칙 일반을 지칭하는 추상적이고 일반적인 표현으로 추측된다는 설도 있다(北村秀人, 「朝鮮における律令制の變質」, 『東アジア世界における日本古代史講座』7, 學生社, 1982, 184~185쪽).

10 吉田孝, 「律令國家と公地公民」, 『律令國家と古代の社會』, 岩波書店, 1983, 29~30쪽, 동 『歷史のなかの天皇』, 岩波新書, 2006, 57쪽.

11 石田母正, 「天皇と諸蕃」, 『日本古代國家論』第1部, 岩波書店, 1973, 347~349쪽.

신라에 대한 피책봉국으로서의 위치를 점하기 위해 제국법을 도입했다는 논리는 고대일본의 대외인식을 객관화시키지 않은『일본서기』의 이념을 그대로 받아들인 결과이다. 중국법은 제국법이지만, 모두가 중국왕조의 법치체계를 도입하면서 중국과 같은 제국법을 만들지 않으며 타민족 지배법을 제정할 필요도 없는 것이다. 또한 일본율령에 명기되어 있는 제국법적 요소는 타민족 지배의 제국법과는 거리가 먼 이념상의 규정이다.

율령제의 도입은 책봉의 유무와 관계없이 중국의 국가통치법을 모방한다는 면에서는 일본, 신라, 발해 모두 동일하며 그 수용과정에서 차이가 존재할 뿐이다. 율령제의 시행과 법전의 편찬은 완결성에서 출발하는 것이 아니라 기왕의 법령에서 추가하고 수정하면서 운용되는 것이다. 완결된 법전을 갖추었다는 발상은 중국 이외 일본만이 율령집을 편찬했다는 특별함을 강조하는데 지나지 않는다. 중국율령을 수용하고 법전을 편찬하는 일은 그 국가체제, 사회구조, 관습 등에 따라 다르다. 모든 국가와 사회는 민족 고유의 법체계가 있으며 사회기층의 도덕적 규범, 종교와 사상체계 등이 존재하고, 사회질서를 유지하는 다원적, 중층적 구조를 갖고 있어 법제의 문제를 일률적으로 판단할 수는 없다. 국가를 운영해 나가는 모든 법령은 기왕의 법령에 格式을 통해 보완해 나간다.

北村秀人은 신라가 연호, 국왕의 묘호, 관사, 관직명 등에서 당과 같은 명칭을 사용한 것을 참월이라고 간주한 사례를 들면서, 당조와의 책봉관계가 신라에서 체계적인 율령제 도입을 저해하는 요인이 되었다고 한다[12]. 그러나 당에서 신라에 외교적으로 문제를 제기한 것은 율령제 그 자체에 있는 것이 아니다. 신라는 법흥왕대 이후 여러차례 연호를 제정하였고 진덕여왕 때 당측으로부터 독자적 연호 사용에 대해 항의를 받은 바 있다[13]. 신문왕대에는 무열왕의 '太宗' 묘호가 당 태종과 같다는 이유로 고칠 것을 전했으나, 신라에서는 무열왕 김춘추의 덕망과 삼한통일, 백성들의 사모하는 마음 등의 명분론으로 대응했는데 당측에서는 별

---

12 北村秀人,「朝鮮における律令制の變質」, 앞의 책, 192~193쪽.
13 『三國史記』新羅本紀 眞德王 2년조.

다른 칙명이 없었다[14]. 연호와 시호 문제는 율령의 제정과는 별개의 문제이고, 율령 법전의 편찬을 책봉관계와 관련시켜 판단하는 것은 온당한 추론이 아니다.

일본의 대보율령은 당 율령을 모법으로 하여 국내통치법으로서 도입하면서, 제국적 조문을 그대로 유지하였다. 외국을 蕃으로 보는 번국관념이다. 대보령 제정 당시 유일한 교류국이었던 신라에 대한 의식이 투영되어, 신라보다 우월한 지위를 조문에 반영하였다. 이것은 일본지배층의 신라에 대한 대항의식의 발로이고, 이러한 이데올로기적인 인식체계는 상대를 적으로 간주하는 경우에 강하게 발현되고 있다.

다만 신라를 번국으로 자리매김하는 일은 일본지배층의 이념이자 이상이고, 실제의 양국관계를 말하는 것은 아니다. 일본천황이 신라국왕에게 보내는 국서에 천황호가 명기되었는지에 대해서는 명확하지 않다. 신라는 8세기를 통해 일본측의 요청에도 불구하고 국서를 보내지 않아 신라에서 천황 호칭을 사용한 기록은 없고, 현존 국내사료에도 확인되지 않는다. 외교는 상호 인정하는 상황에서 성립하는 것이고, 한편의 일방적 주장과 인식으로 실제의 양국관계를 논할 수는 없다.

그럼 당의 책봉을 받지않은 일본은 제국법적 요소가 포함된 대보율령의 제정 사실을 당왕조에 알렸는지의 여부이다. 견당사의 파견 목적 중의 하나가 대보율령의 편찬과 관련이 있다면, 그 대강을 소개할 수도 있었다고 보인다. 공식령에는 군주호로서 천황, 천자, 황제의 칭호와 의제령에는 大寶 연호가 명기되어 있고, 신라 등 외국에 대해 당율령의 조문대로 蕃, 蕃國을 표기하였다. 즉 일본율령에서는 외국을 모두 번국으로 규정하고 있어 당왕조도 번국에 포함되어 있다. 대보령 제정 이후 대보 2년에 견당사를 파견했지만, 대보령의 내용에 대해서는 당과의 마찰을 우려하여 알리지 않았다고 생각된다. 중국정사인『신당서』일본전에는 말미에 그 官은 12등이 있다("其官十有二等")라고 하듯이, 推古 11년(603)에 제정된 12관등을 기술하고 있다. 이것은 일본의 견당사가 대보율령의 제정 및 그

---

14 『三國史記』新羅本紀 神文王 12년조.

내용에 대해 전하지 않았음을 말해준다.

또한 일본의 견당사가 지참한 국서에 일본국 군주호로서 '天皇' 표기를 했는지의 여부이다. 이와 관련하여 당 현종 때의 재상인 張九齡의 지은 『唐丞相曲江張先生文集』의 「勅日本國王書」에는 '日本國王主明樂美御德'이라고 하여[15], 당에서 일본에 보낸 국서에는 천황이 아닌 일본국왕이고, 천황의 일본식 음인 스메라미코토(主明樂美御德)는 일본국왕의 이름으로 되어있다. 스메라미코토의 한자표기는 儀制令 「天子」 조의 『令義解』 『令集解』에 나오는 須明樂美御德이며, 일본이 당측에 구두로 전달한 것이 아니라 일본에서 제출한 문서에 의한 표기임을 알 수 있다[16]. 다시 말하면 「勅日本國王書」의 기록은 일본의 견당사로부터 받은 정보에 근거한 것이다. 일본에서 보낸 국서에는 「日本國須明樂美御德」라고 하여 天皇이 아닌 須明樂美御德으로 명기했지만, 당에서는 이를 일본국왕의 이름으로 오인하여 「日本國王+主明樂美御德」로 표기한 것이다. 즉 일본에서 보낸 국서에는 천황의 호칭을 사용하지 않았다. 견당사의 일본 국서에 천황의 명칭을 사용하지 않은 것은 바로 1세기전 『수서』 왜국전에 나오는 '日出處天子'라는 문구를 넣어 수황제의 분노를 산 일도 있어 당과의 마찰을 우려하여 천황 및 연호에 대해서는 언급하지 않았다.

율령의 제정은 책봉관계와 무관하며, 문제가 되는 것은 중국적 천하관에 저촉되느냐의 여부이다. 당에 조공하는 일본국으로서는 이를 강하게 의식하여 율령의 제정 및 천황의 호칭, 연호의 제정을 은폐하였다. 만약 당측에서 알았다면 신라와 마찬가지로 개정할 것을 요구받았을 것이다. 즉 대보령에 규정된 천황의 호칭, 외국에 대해 번국의 용어 등은 당령을 모방했지만, 대외적으로는 표출하지 못한채 내부를 향한 대내적 메세지로 전화되었다.

그럼 신라율령의 편찬문제에 대해 살펴보자. 신라에서 율령편찬의 획기를 이루는 시기는 백제의 고토 및 고구려의 일부영역을 병합한 7세기후반이다. 신라

---

15 『唐丞相曲江張先生集』 卷7 「勅日本國王書」, "勅日本國王主明樂美御德, 彼儀禮之國, 神靈所扶, 滄溟往來, 未嘗爲患…".

16 西嶋定生, 「遣唐社使と國書」, 『遣唐使硏究と史料』, 東京大學出版會, 1987, 77~78쪽.

국은 새로 편입된 영토와 피정복민에 대한 지배체제의 구축을 위해 중앙과 지방의 통치기구의 재정비가 필요하였고 이에 연동하여 관련 법령의 제정은 당면한 과제였다.

『삼국사기』문무왕 21년(681) 7월 1일조에, 律令格式이 불편한 점이 있으면, 즉시 개정하고 전국에 알려 주관자는 이를 시행하라는 遺詔가 나온다[17]. 동아시아 제국의 제왕, 귀족 등의 崩年, 薨年, 卒年의 기사에는 사망의 사실, 가계의 계보, 관력, 연령이 기술되고, 생전의 품성, 성격 등 사관의 평이 더해진다. 이것은 중국 전통의 사서의 서술체제이다. 사마천의 『史記』에는 本紀, 世家, 列傳의 말미에 소개된 인물에 대해 '太史公曰'로 시작되는 문장이 있고, 태사공 사마천의 논평을 싣고 있다.

문무왕의 사망기사도 유조의 형식을 차용하여 치세의 공적, 후계문제, 後事 등을 기술하고 있다[18]. 문무왕의 유조는 정형화된 형식으로 보이지만, 그 내용은 사실에 기초하고 있으며 말미에는 율령격식의 보완을 통한 국정운영을 부탁하는 메세지를 남기고 있다. 이때의 '律令格式'은 신라국이 시행하고 있던 현행법이며 현실에 대응해서 수정, 보완하라는 취지이다. 오랜 전란의 세기가 종료되어 지역국가에서 통합국가로 출범한 문무왕의 신라국은 새로운 지배체제를 확립하는 과정에서 신라 고유법에 당율령에서 필요한 편목, 조문을 추가한 체계화된 법령집을 완성, 운용해 나갔다고 생각한다. 문무왕 유조에서 말하는 율령격식은 바로 문무왕 치세에 체계화시킨 신라법전이었다[19].

---

17 『三國史記』新羅本紀 文武王 21년 7월1일조, " 律令格式, 有不便者, 即便改張. 布告遠近, 令知此意, 主者施行".

18 문무왕의 遺詔는 隋唐 황제의 유조와 내용, 형식면에서 유사하다는 점을 들어 그 영향일 것이라는 지적이 있다(정병준, 「新羅文武王 21년(681) 遺詔에 보이는 律令格式 改正令」,『한국고대사연구』90, 2018). 한국, 일본의 사서의 편찬에는 중국의 고전, 전적으로부터 인용문이 적지않고, 사료편찬의 모델이 되고 있다는 점에서 문무왕의 유조 역시 중국왕조의 사례를 참고했을 가능성을 매우 크다.

19 이 시기에 신라의 법전이 체계화되었다고 보는 것은 공통의 인식이라고 생각된다. 田鳳德, 「新羅律令攷」,『韓國法制史研究』17, 1967, 26쪽, 武田幸男,「朝鮮の律令制」,『岩波講座世界歷

신라율령의 대강을 말하면,『삼국사기』직관지에 보이는 신라의 관제는 고유법의 색채가 강한 복수의 단행법령을 집성하고, 율령편찬과 관련있는 理方府 및 律令典에 소속된 6인의 明法博士는 당의 관제 등 기본 편목을 수시로 참작하면서 새로운 格, 式을 제정하여 변화하는 시세에 따라 수정, 증보해 갔다고 생각된다. 고유법에 계수법을 도입하는 일은 기계적인 나열 혹은 신구법의 병렬적, 이중적 구조가 아니라 신라국의 국가실정에 부합하는 형태로 개변, 융합되어 생성된 법체계였다고 생각된다.

특히 문무왕 15년(675)의 백관 및 州, 郡에 銅印을 반포했다는 公印制 시행은 신라의 문서행정의 획기적인 변화를 보여주는 기록이다[20]. 이때의 인장은 執事部印을 비롯한 중앙관부의 官印 및 지방의 州印, 郡印을 말한다. 이것은 문서행정상의 날인제의 시행이고, 중앙과 지방의 문서주의 행정 시스템이 작동하고 있었음을 보여주는 것이다. 즉 율령제의 시행에 동반하여 중앙과 지방의 체계적인 관제의 정비를 전제로 한 것으로, 당, 일본의 公式令에 규정된 문서양식에 따라 시행되었다고 생각된다. 일본에서도 대보령 시행 이후 慶雲 원년(704)에 제국의 印을 주조하여 문서행정에 사용하였다. 신라의 公印制는 그보다 이미 30여년전에 시행되고 있어 일본국의 유일한 교류국이었던 신라의 현행법을 참조했을 가능성은 매우 크다.

신문왕대에 일부 관제의 개혁과 새로운 법령을 개정한 것은 문무왕의 유조의 결과이고, 변화된 시대에 맞춰 추진된 관제개혁이었다. 位和府, 工匠府, 彩典, 例作府, 音聲署, 船府 등에 관인을 증원하였고, 관료기구의 확충과 더불어 관인양성기관인 국학을 설치하였다. 또한 귀족의 특권이었던 녹읍을 폐지하고 대신 租를 지급한 것은 신라왕을 정점으로 한 중앙집권적 관료체제가 수립된 상황을 말해주고 있다. 귀족의 경제적 기반이었던 녹읍의 폐지는 저항세력에 대한 제압이자

史』6, 1971, 68쪽, 全德在, 「신라율령의 반포의 배경과 의의」, 『歷史敎育』119, 2011, 74쪽.
20 『삼국사기』신라본기 문무왕 15년 춘정월조, "以銅鑄百司及州郡印頒之".

왕권의 안정화이고, 법제적 시스템에 의한 정국운용의 작동이라고 할 수 있다.

『삼국사기』 편자가 참고한 신라율령은 동 직관지, 본기의 내용으로부터 추정하면, 세부적인 규정을 담은 주요 편목은 산일된 상태였고, 일부 단행법령의 단편적인 조문 정도였다고 생각된다. 職官志는 문자 그대로 당의 官品令 및 三師三公台省職員, 寺監職員, 衛府職員, 일본의 官位令, 職員令과 같은 관제를 포괄적으로 정리한 이른바 '職官令'의 형태라고 생각된다. 잔존하는 것은 관제의 명칭 및 인적 구성, 변천 정도이고, 구체적인 내용은 알 수 없다. 현행법이 폐기된 상태에서 전대의 법전은 자연히 해체되어 갔으며, 『삼국사기』 편자에 의해 산일된 단편적인 법령이 수합되어 현전하는 것이다.

반면 대보율령은 당율령을 母法으로 하여 헌법적 발상으로 특정 시기에 완결적으로 제정되었다. 대보율령을 계수한 양로율령에서도 기본틀은 그대로 유지되었으며 역사적으로 단절되지 않고 운용되었다는 점에서 신라율령과는 수용과정에 차이가 존재한다.

제4장 율령관인의 양성과 교육기관

율령제의 시행과 더불어 확대된 관사기구에 대응하기 위해, 행정을 담당할 다양한 지식관료군이 필요하게 되었다. 율령제하에서 공적 교육기관은 중앙의 식부성 산하의 대학료에 소속된 대학, 지방에서는 大宰府 소속의 府學, 제국 소속의 國學이 있다. 이들 학교는 국가가 필요로 하는 관인양성을 위한 교육기관이다. 대학설립의 목적은 관인 양성이지만, 수업과목이 유교경전을 중심으로 이루어진다는 점에서 천황제 국가의 통치이념과 사상을 반영하고 있다. 즉 덕목, 충효사상 등 예제적인 교양을 습득한 관인을 육성하기 위한 것이다.

또한 대학료의 장관이 관장하는 직무 중에 석존에 관한 일도 포함하고 있으며, 學令에도 석존에 관한 규정이 명시되어 있다. 석존은 대학료에 설치된 묘당에서 춘추로 공자를 비롯한 유교의 성인들을 제사하는 의식이다. 이때 강론과 詩作이 이루어지며, 가을에는 어전에서 학자들이 경문의 의의에 대해 토론하기도 한다. 이러한 점에서 덕치주의에 기반한 유교적 왕도정치의 실현을 위한 교육기관이라고 할 수 있다.

제1절 중앙의 교육기관

우선 職員令의 「大學寮」 조에 나오는 대학료의 구성은 4등관 관인으로 이루어지며, 대학두 1인, 대학조 1인, 대윤, 소윤 각1인, 대속, 소속 각 1인이고, 잡사에 종사하는 사부 20인, 직정 2인이 있다. 이들은 대학료의 행정업무를 관할하는 관인들이다. 한편, 대학의 수업을 진행하는 교수진으로는 대학박사 2인과 조교 1인이 있으며, 학생 수는 400인을 두고 있다. 이 본과에서는 經業을 수업하는데, 논어, 효경 등 유학의 경서를 가리키며, 이 과정을 명경과라고 부른다.

대학에는 명경과 이외에도 音博士와 書博士는 각각 2인씩 배치되어 있지만, 이들에게 지도받는 학생이 있다는 기술은 보이지 않는다. 반면 算博士는 2인이 배치되었고, 算生 30인을 두고 있었다. 대보령과 양로령이 제정될 당시, 대학의 학과 구성은 명경업을 중심으로 한 본과와 독립된 학과로 설치된 算科로 이루어진 것으로 보인다. 음박사와 서박사는 별도로 音生, 書生을 두지 않고, 본과 학생들에게 음악과 서도를 지도한 것으로 추정된다.

이후 神龜 5년(728)에 율학박사 2인과 문장박사 1인이 신설되었고, 天平 2년(730)에는 명법생 10인, 문장생 20인을 배치하여, 이른바 本科 및 算科, 明法科, 文章科의 4과 체제가 갖추어졌다. 헤이안시대에 들어서면 본과는 明經道, 산과는 算道, 명법과는 明法道, 문장과는 紀傳道로 발전하게 된다.

음박사는 한자의 음을 가르치는 교관으로, 당 장안의 발음을 기준으로 한 중국식 독법인 한음을 지도하였다. 그 이전 일본에서는 백제를 통한 양자강 이남의 吳音이 널리 사용되었으나, 견당사의 파견 이후로는 한음이 중심이 되었다. 『일본서기』持統 5년(691)조에 보이는 음박사로 續守言, 薩弘恪 등의 도래계 인물이 나온다.

상기 규정에 음박사 아래 학생을 두지 않은 이유는, 본과의 명경생은 먼저 음박사에게 오경의 음을 배우고 난 후, 본과 수업을 듣기 때문으로 생각된다.『令義解』직원령「대학료」조에는 "명경생은 반드시 먼저 음박사를 찾아 오경의 음을 익히고, 그 후에 강의를 받는다. 그러므로 별도로 학생을 두지 않는다"라고 규정되어 있다. 이후 8세기말에서 9세기 무렵에는 학생에게 한음의 습득이 의무화되면 전공학생으로 音生을 두도록 하였다[2].

書博士는 공문서 작성에 필요한 서도 교육을 담당하였다. 이 역시 음박사와 마찬가지로 박사 아래에 별도의 학생이 명시되어 있지 않다. 그러나 학령「書學生」조에는 서학생 중에서 書寫 시험에서 9등제의 제2등급인「上中」을 받으면 貢人으로 추천될 수 있다는 규정이 있다. 또한『속일본기』天平寶字 2년(758) 11월조에는, 淳仁天皇이 書生에게 생사를 하사했다는 기록이 나온다. 서도는 관인으로서

---

1 『令義解』직원령「大學寮」조, "明經生, 必先取音博士, 讀五經音, 然後講義, 故別不置生".
2 早川庄八,「奈良時代前期の大學と律令學」,『日本古代官僚制の研究』, 1986, 岩波書店, 399쪽.

갖추어야 할 기본 소양이므로 본과 학생들도 당연히 서박사의 수업에 참여했을 것으로 보인다.

한편『令義解』에 의하면, 서생에게 가장 요구되는 자질은 필적이고, 당의 제도와는 달리 문장의 이해력 등 학문적인 분야는 중시되지 않았다[3]. 즉 고도의 훈련된 필경사의 양성이 중심이었던 것으로 보이며, 이들 중에는 필적이 중시되는 內記를 비롯하여 중앙관사의 서기관 등에 배치되었을 것이다.

算博士는 2인이 배치되었고 그 아래에 30명의 산생이 소속되어 있었으며, 이는 산과가 처음부터 독립된 학과로서 출발하였음을 보여준다. 산과에 대한 중요성은 수업과목에서 나타난다. 학령「算經」조에는,『孫子』,『五曹』,『九章』,『海島』,『六章』,『綴術』,『三開重差』,『周髀』,『九司』의 9개의 과목이 명시되어 있다. 이 가운데『손자』,『오조』,『구장』,『해도』,『철술』,『주비』의 6개 과목은 당의 국자감 算學과 동일하고,『張邸建算經』,『夏侯陽算經』,『五經算術』,『纖古算經』을 더하여 '算經十書'로 알려져 있다[4]. 이 중에서『주비』는 천문역산법을 다룬 천문학 서적이고,『구장산술(九章算術)』은 246개 문항의 각종 문제를 方田, 粟米 등 9장으로 분류하고 해법을 제시한 체계적인 수학서이다. 또한『孫子算經』은 도량형, 연산법, 제곱근 등의 실용적인 산술지식을 담고 있는 산술서이다.

한편, 상기 唐制에는 포함되지 않은『육장』,『삼개중차』는『삼국사기』직관지「국학」조에 산학박사의 수업 교재로 나온다.

"국학은 예부에 속하며, 신문왕 2년에 설치되었고, 경덕왕 때는 대학감으로 개칭되었다. 혜공왕 때 다시 원래대로 복귀하였다. …산학박사나 조교 1인을 배치하여『綴經』,『三開』,『九章』,『六章』을 교수하게 하였다".

이 기록으로부터『육장』과『삼개중차』는 신라에서도 산학 교과서로 사용되었

---

3 『令義解』「學令」15「書學生」조, "其書生, 唯以筆迹巧秀爲宗. 不以習解字樣爲業. 與唐法異也".

4 日本思想大系本『律令』, 岩波書店, 596쪽 補註13「算經」, 長田直樹,「大學寮算科の教科書」,『數學史研究』229, 2018, 참조.

으며, 아마도 일본에서도 양로령 제정시에 신라의 제도가 채용되었을 것으로 생각된다[5].

이들 산과 학생 중에는 천문 역산법이 필요한 음양료나 조세의 수량을 계산하고 1년 예산을 수립하는 主計寮 등에 배치되었을 것이다. 특히 주계료에는 算師를 두고 있으며, 장차관에는 算博士가 겸직하는 경우도 있어, 算科의 설치는 算經 전문가의 양성을 매우 중시하고 있었음을 보여준다.

다음으로 陰陽寮, 典藥寮에서는 대학료의 교육기관과는 별도로 관련분야의 전문인력을 양성하고 있다. 우선 직원령에 나오는 음양료의 조문을 보면, 장관인 陰陽頭 1인을 포함해 5인의 4등관, 그리고 음양사 6인, 음양박사 1인, 역박사, 1인, 천문박사 1인, 누각박사 2인 등 11인의 전문가로 구성되어 있고, 교습을 받는 음양생 10인, 역생 10인, 천문생 10인을 두고 있다. 그 외에 행정 보조, 잡역 등 43인 등을 포함하면 전체 구성원은 86인에 달하는 조직이다.

음양료의 총괄 책임자인 음양두은 천문, 역수, 풍운기색 등을 살펴 이상한 점이 있으면 밀봉하여 천황에게 보고하는 임무가 있다. 음양사는 점을 쳐서 지세를 판단하고, 천도와 관련된 궁도, 산릉 등의 입지를 선정하는 역할이 담당한다. 역박사는 달력을 만들고 역생을 교육하며, 천문박사는 천문기상을 관측하는 일을 담당하였다.

율령국가에서 천문, 역법, 점술 등은 음양료에서 총괄하고 있다. 특히 천체의 관측은 달력 제작의 기초이고 현실의 길흉을 판단하고 미래를 예측하는데 필수적인 요소이다. 특히 천체 현상을 통해 왕조의 흥망을 예측한다는 점에서 철저한 국가적 관리체계 하에서 운용되었다.

대학료의 구성과 마찬가지로 음양료에도 음양박사, 역박사, 천문박사, 누각박사 아래 각각 10인의 학생을 두어 해당 분야를 교육하였다. 음양료의 학생에 대

---

5 藤原松三郎,「支那數學史ノ研究」Ⅲ,『東北數學雜誌』47, 1940, 309~321쪽.

한 규정은 醫生에 준하였으며, 학업의 연한은 대학생과 동일하였다[6]. 선발 방식은 세습적으로 관련 직종에 종사해 온 자를 우선으로 하고, 이후에 서인 중에서 13세 이상 16세 이하의 총명한 자를 선발하는 방식이었다[7].

『속일본기』天平 2년(730) 3월조에는 태정관이 조정에 상주한 기록이 나온다. 그 내용을 보면, 음양, 의술, 칠요, 반력 등의 분야는 '國家要道'의 학문인데, 제박사들이 고령으로 후진들에게 가르칠 수 없게 되면 단절될 우려가 있어, 吉田連宜 등 7인으로 하여금 제자를 받아들여 학습하게 하고 음양, 의술 분야에 각 3인, 칠요와 반력에 각 2인씩 선발하도록 하였다. 이번 태정관의 상주에서는 음양, 의술, 역법 등의 분야가 '國家要道'의 학문임을 명확하게 하였다. 또 동 천평보자 원년(757) 8월 기해조에도 천문, 음양, 역산, 의침 등의 학문을 '國家所要'라고 명시하고 있다.

한편, 천평보자 원년(757) 11월 계미조의 칙에는 의생, 천문생, 음양생은 역산생 등이 습득해야 할 교재를 기술하고 있다. 의생은『大素』,『甲乙』,『脉經』, 천문생은『天官書』,『漢晋天文志』,『三色薄讚』,『韓楊要集』, 음양생은『주역』,『신찬음양서』,『黃帝金匱』,『五行大義』 그리고 역산생은『漢晋律曆志』,『大衍曆議』,『九章』,『六章』,『周髀』,『定天論』 등을 습득해야 임관할 수 있다. '國家要道'의 학으로서 엄격하고 철저한 전문인력의 양성과정을 말해주고 있다.

천평보자 2년(758) 8월에도 음양료는 음양, 역법, 천문 등을 다루고 있어 국가가 소중히 여기고 대사를 기록하므로 大史局으로 고쳤다[8]. 대사국은 당의 秘書省 산하에서 천문, 역법, 누각, 풍운기색 등을 관장하던 태사국의 명칭을 모방한 것인데, 국가의 중요한 기밀문서를 다루는 핵심 학문임을 강조하고 있다[9].

---

6 「雜令」7 「取諸生」조.
7 『令義解』「雜令」7 「取諸生」조, "先取占氏及世習者, 後取庶人十三以上 十六以下, 聰令者爲之也".
8 『續日本紀』天平寶宝 2년 8월 갑자조.
9 연민수,「일본고대의 還俗僧과 '國家要道'의 學-도래계 환속승과 음양관인의 역할-」,『고대일본국가와 도래계씨족』, 학연문화사, 2021.

전약료는 율령제하에서 궁내성 소속으로 중앙의 관인들의 의료를 담당하고, 의사를 양성하는 의료와 교육을 총괄하는 종합의료기관이다. 전약료와 유사한 성격을 지닌 內藥司는 중무성 소속으로 천황의 건강을 관장하는 시의 4인이 배치되어 있어 두 기관은 차이가 있다.

전약료의 조직은 장관 전약두 등 4등관제로 편성되어 있으며, 의료진으로는 의사 10인, 의박사 1인 및 의생 40인이 있어 약제조, 질병치료에 관한 교육을 담당하고 있다. 또한 침을 놓는 針師 5인, 침박사 1인 및 침생 10인이 배치되어 있으며, 안마 분야에서는 안마박사 1인, 안마생 10인이 있다. 주술로 치료하는 주금 분야에는 주금사 2인 등 주금박사 1인, 주금생 6인이 설치되어 있다. 약초를 연구하고 채취법을 가르치는 약원사 2인과 이를 배우는 약생 6인이 있다. 이 밖에도 잡일을 담당하는 사부 20인과 함께 약초의 재배 및 채취를 맡은 藥戶, 우유를 제조하고 공납하는 乳戶 등 직업부민이 존재하였다.

전약료의 박사와 학생의 선발에는 의질령에 규정이 있다. 의박사는 전약료 소속의 의사 10인 중에서 의학지식 및 시술이 우수한 자를 선발하며, 안마박사, 주금박사도 이와 동일한 기준으로 선발한다[10]. 또한 의생, 안마생, 주금생, 약원생은 藥部라고 하는 의술을 세습한 가문이나 藥師 성을 가진 씨족으로부터 선발하고, 이후에는 서민 중에서 13세 이상 16세 이하의 총명한 자를 선발하였다[11]. 즉 전약료에는 의사, 의박사, 의생으로 구성된 의과, 침사, 침박사, 침생의 침과, 안마사, 안마박사, 안마생의 안마과, 주금사, 주금박사, 주금생의 주금과의 4개과가 설치되어 있었다.

한편 의질령 「女醫」조에는, 여의는 15세 이상 25세 이하의 官戶婢 중에서 지혜롭고 성지식이 있는 자 30인을 선발하였다. 교육은 의박사가 담당했으며, 서적을 통한 학습이 아니라 구두 수업방식으로 이루어졌다. 여의들이 배우는 의료 지식

---

10 「醫疾令」1 "醫博士」조.
11 「醫疾令」2 「醫生等取藥部及世習」조.

은 임신, 출산, 부종, 상처, 침구 등으로 실습을 통한 임상교육이 중심이었다. 서적을 통한 학습은 여성 노비에게는 허용되지 않았고, 신분상의 차별이 있었다. 여의사의 교육기간은 7년이고, 매달 의박사가 시행하는 시험과 연말에 內藥司에서 실시하는 시험을 통해 의학 능력을 평가하였다[12].

율령국가의 의료시설은 지배층에 대한 진료를 중심으로 운영되었다. 한정된 시설과 의료진으로는 관인 전체를 대상으로 진료하기는 어려웠기 때문에, 사실상 천황을 비롯한 고위귀족들이 우선적인 진료대상이었다. 특히 천황의 진료에는 내약사에 시의 4인이 참여했으며, 궁내성 소속의 전약료가 담당하였다. 이에 따라 천황의 약을 제조할 때에는 중무소보 이상 1인과 내약정이 감시하였고, 복용 시에는 먼저 시의가 맛본 뒤, 내약정이 다시 확인하고, 마지막으로 중무경이 시식하였다[13]. 이것은 독약 여부를 확인하는 절차이고 이상이 없으면 천황이 복용할 수 있도록 엄격한 관리체계를 규정하고 있다. 또한 의질령「五位以上疾患」조에는 5위 이상의 귀족이 발병했을 경우에는 의사를 직접 보내 치료한다는 규정하고 있다[14]. 이와 같이 율령국가의 의료체계는 사실상 고위관인을 중심으로 운영되었음을 알 수 있다.

제2절 律令學의 설치와 학과 구성

대학료의 조문에는 명법 및 명법박사에 대한 별도의 언급이 없다. 대보율령, 양로율령의 제정은 명법학자의 존재없이는 불가능한 일로서, 율령국가를 지향하는 당시의 지배층의 입장에서는 독립된 학과의 설치와 전문가 양성을 위한 학생의 배치가 필수였다. 이에 대해 제설이 존재하지만, 본과 소속의 400명의 학생 중에는 명경학뿐만 아니라 명법학을 배우는 학생도 있었을 것으로 보인다. 다만 명경학 자체의 수업만 해도 상당한 상황에서, 대학박사 1인과 조교 2인이 400명

---

12 「醫疾令」16「女醫」조.
13 「醫疾令」23「合和御藥」조.
14 「醫疾令」24「五位以上病患」조,.

의 학생들을 지도하고 수많은 경서를 가르친다는 것은 결코 쉬운 일이 아니다. 이 문제는 유교적 덕치주의를 지향하는 천황제국가의 이념과도 관련이 있다고 생각하지만, 후술하듯이 중앙과 지방의 행정기관에 새로 제정한 법령을 알리고 이해시키는 일이 급선무였기 때문에 명법생 양성은 다소 늦어진 것으로 보인다.

당시 율령에 밝은 명법학자는 주로 문자지식에 밝은 도래계 출신들이었고, 전통적인 史姓 씨족이나 백제멸망 이후의 망명자와 그 후손들이 많았다. 이들은 초기 율령국가의 행정관사에서 주요 관직을 맡으며, 국가운용을 실질적으로 이끌어갔다. 특히 天武 10년(681)에 율령 제정에 관한 詔가 발령되어 持統 3년(689)에 시행된 淨御原令 편찬에 참여했던 인물들이 대보율령의 제정에 관여했을 것으로 보인다.

文武 4년(700) 6월조에 따르면, 대보율령의 찬정에 참여한 포상자 19인 중 상당수가 도래계 인물들이었다. 중국계 씨족인 伊岐連博得은 持統 9년(695) 7월에는 견신라사로 임명되어 파견된 바 있으며, 이 과정에서 신라로부터의 당율령 및 신라에서 시행되고 있는 율령을 입수했을 가능성이 있다. 薩弘恪은 齊明 7년(661) 11월에 唐人 續守言과 함께 백제의 鬼室福信이 보낸 106인의 당 포로 중에 포함되어 있던 인물로 생각된다.

『일본서기』지통 6년(692) 12월에 音博士 續守言, 薩弘恪은 대학료의 명경도를 배우는 학생들에게 경서를 한어로 음독하는 방법을 가르쳤다. 문서행정에 능한 후히토(史) 성을 가진 白猪史骨, 田邊史百枝, 田邊史百枝는 백제계 출신들이고, 고구려인 黃文連備은 종5위하 主稅頭의 지위에 오른 인물로 기록되어 있다.

養老 5년(721) 정월에는 조정에서는 백료 중에서 학업이 우수하고 사범이 될 만한 자를 선발하여 포상하고 후진양성을 권장하는 조칙을 내렸다. 당시 포상자 39인을 분야별로 보면, 명경도에 밝은 박사급 인물이 5인, 명법박사 2인, 문장에 밝은 4인, 산술 전문가 3인, 음양 전문가 6인, 의술에 밝은 학자가 4인 그리고 토목기술 5인, 그 외 악기, 무예 등의 전문가 10인이다. 이 중에서 명경 제2박사 背奈公行文은 고구려 멸망 시 망명한 背奈福德의 아들이고, 문장에 능한 樂浪河內는 백제 멸망 시 망명한 沙門詠의 후손이고, 음양에 밝은 王仲文은 고구려계이고, 음양학 전문가 角兄麻呂, 余秦勝 및 토목기술자 賈受君은 백제계 후예들이다.

포상자의 필두에 명기된 명경 제1박사 鍛治造大隅은 대보령 찬정에도 참여했으며, 『令集解』부역령 소인의 「古記」에서 令師로 불리며, 명경 및 명법을 겸한 인물로 알려져 있다. 명경 제1박사 越智直廣江도 『영집해』부역령 「舍人史生」 조 「古記」의 인용문에 令師의 칭호가 보이고, 동 승니령 「任僧綱」 조에 인용된 「令釋」에 明法博士로 기록되어 있어, 명경과 명법을 아우른 학식있는 인물이었다. 이들 2인과 명법박사 箭集宿禰虫万呂, 鹽屋連吉麻呂을 합하면 4인의 명법박사가 양로율령 제정 시에 참여했을 것으로 보인다.

대보령 시행 이후 관료기구의 확대에 따라 문필 관인을 양성하고 등용하는 일은 대단히 중시되었다. 특히 문장해독 능력이 뛰어난 도래계 자손들이 대거 등용되었고, 재능있는 승려를 환속시켜 관인으로 발탁한 것도 이 시기의 두드러진 특징이었다.

대보령 반포 직후 새로운 법령을 전국의 행정기관에 알리는 작업이 본격화되었다. 文武 4년(700) 3월에 제왕, 제신에게 새로 제정된 令文의 학습이 명해졌고, 大寶 원년(701) 4월에는 우대신 정4위하 毛野朝臣古麻呂 등 3인에게 친왕, 제신, 백관들을 대상으로 新令을 강의하였다. 이어 6월에는 정7위하 道君首名을 대안사에 보내 僧尼令을 강습하였고, 8월에는 6도(서해도 제외)에 명법박사를 보내 新令을 강의하게 하였다. 또한 대보 2년(702) 7월에는 내외문무관을 대상으로 재차 강습시켰다.

이 율령의 강습에는 대보율령에 참여한 명법학자들이 다수 포진되었을 것이다. 이들의 당면 과제는 중앙과 지방의 행정관인들에게 새로운 율령을 숙지시키고, 새 법령에 기초한 행정업무를 시행하게 하는 것이었다. 당시 법체계가 완비되지 않았던 시기에 상당기간 동안은 율령의 조문을 정확히 이해시키는 일이 중요하였다. 이로 인해 명법학자의 양성을 위한 대학료의 학과 설치는 늦어졌던 것 같다. 따라서 초기에는 독립된 학과가 아닌 본과에서 학생들에게 명법학을 가르쳤을 것으로 보인다.

明經學者 중에는 明法을 겸비한 인물도 있었고, 행정 관인에게 법지식이 요구되었던 만큼 대학료 본과는 단순한 명경과라고 칭하는 경학 중심의 학과가 아닌, 이후 분과해서 독립적으로 설치된 문장과 및 명법과도 포섭하여 종합적 관리양성기관으로 운영해 나갔다고 생각된다[15].

이러한 초기 대학료에 변화가 생긴 것은 『類聚三代格』 권4에 수록된 神龜 5년(728) 7월 21일의 칙이다.[16] 이 칙에는 대학료에 律學博士 2인과 直講 3인, 문장박사 1인을 두었으며, 별도로 학생 20인을 두도록 하였다. 이어 天平 2년(730) 3월 27일의 太政官奏에는 직강 4인, 1인은 문장박사, 율학박사 2인을 설치하고, 명법생 10인, 문장생 20인을 새로 두면서 나이에 관계없이 잡임과 백성 중에서 총명한 자를 선발하고 있다. 또 대학료 학생 중에서 성품과 지식을 갖춘 총명하고 우수한 인물을 선발하여 得業生 10인을 별도로 두었다. 득업생이란 학업을 취득한 전문지식을 지닌 학생을 말하는데, 득업생 10인 중에 각 학과에서 명경생 4인, 문장생 2인, 명법생 2인, 산생 2인을 선발하였다[17]. 즉 천평 2년의 시점에서 비로서 본과에서 독립된 명법과가 탄생한 것이다[18].

이를 최초의 대학료 학과의 구성과 조합해 보면, 다음과 같이 정리할 수 있다. 우선 명경과는 기존의 대학박사 1인, 조교 2인 체제에서 새로 직강 3인, 득업생 3인을 추가하였다. 학생수는 본래 400인 중에서 명법생 10인과 문장생 20인을 선발해 명법과와 문장과를 만들고, 별도로 독립한 것으로 보이는 書科에도 최소 30인은 배정했을 것으로 추정된다. 특히 서과는 한문 이해 능력과는 별개로 능필의 필경사와 같은 인력을 양성하는 과정이기 때문에, 국가의 주요 문서, 사경 등

---

15 早川庄八, 「奈良時代前期の大學と律令學」, 『日本古代官僚制の研究』, 1986, 岩波書店, 410쪽.

16 早川庄八, 앞의 책, 415쪽.

17 『令集解』 職員令14 「大學寮」조, "釋云, 天平二年三月二十日奏, 直講四人〈一人文章博士〉. 律學博士二人, 已上同助教, 明法生十人, 文章生二十人. 簡取雜任及白丁聰慧, 不須限年多少也. 得業生十人, 明經生四人, 文章生二人, 明法生二人, 算生二人".

18 野村忠夫, 「明法科の成立過程」, 『古代學』 14-1, 1967, 26~32쪽.

다양한 분야에서 많은 인원이 필요했을 것이다. 이러한 과정을 통해 기존 400명 학생 중에서 약 60명을 제외하면, 변경된 명경과 학생은 약 340명 정도로 추정된다. 득업생의 경우는 각과의 학생 중에서 선발함으로 전체 학생의 수는 변동이 없었다.

이를 토대로 각과의 구성을 표로 정리하면 다음과 같다.

【표 20】大學寮의 학과 구성

학과	博士		助教	直講	得業生	학생
明經科	大學博士	1인	2인	3인	3인	340인
文章科	文章博士	1인			2인	18인
明法科	明法博士	2인			2인	8인
算科	算博士	2인			2인	28인
書科	書博士	2인				30여인

제3절 國學과 大宰府의 府學

1. 國學

지방의 제국에는 국마다 국학을 설치하여 현지의 행정관인을 양성하고 있었다. 직원령 「國博士醫師」 조에 국학에 대해 國博士와 의사는 각 1인을 두었으며, 학생에 대해서는 大國 50인, 上國 40인, 中國 30인, 下國 20인으로 규정되어 있다. 또한 의생은 국학생의 5분의 4를 줄여 대국 10인, 상국, 8인, 중국 6인, 하국 4인으로 정하고 있다.

국박사와 국의사는 國府에 소속된 國學에서 학문과 의술을 가르치는 박사로, 국사의 감독하에 국학생과 의생을 선발하여 가르치고 課試를 실시하였다. 이외에도 국박사의 직무에는 지식과 소양을 갖춘 관인으로서 외국사신을 접대하거나 四度使로 중앙에 파견되어 재임중인 임국의 행정에도 참여하였다.

선서령 「國博士」 조에는, 원칙적으로 현지에서 채용하지만, 적임자가 없으면 인접국에서 선발할 수 있으며, 임명 후에는 특별한 이유없이 해임할 수 없다는 신분보장되어 있다. 한편, 현지나 인접국에도 적임자를 찾기 어려울 경우에는 式部省에 신고해서 太政官 처분을 거쳐 중앙에서 임명하였다[19]. 다만 현지 채용시에는 먼저 국사가 재기가 있는 자를 선정하여 태정관에 명단을 보내면, 식부성에서 이를 판단하여 임명하는 방식으로 최종 임명권은 식부성에 있다[20]. 이들에 대한 대우에 있어서, 현지에서 선발되어 임용되었을 때에는 요역이 면제되고, 인국에서 파견된 경우는 課役 모두 면제되며 직분전 6段과 事力, 公廨稲을 지급받았다.

국학에서는 국박사 1인이 학생 전체를 가르쳤지만, 國司, 郡司 중에 경서에 통하는 자가 있으면 교수 자격이 부여되었고, 지도에 성과가 있으면 근무평정에서 좋은 평가를 받아 승진할 수 있다[21]. 요컨대 국사, 군사는 단순한 행정능력뿐 아니라 학문을 겸비하고 있으면 그만큼 승진에 유리하였으며, 이는 당시 지방사회에서 학문적 소양을 갖춘 인물이 드물었다는 것을 말해주고 있다. 한편 靈龜 2년(716) 5월의 制에서는 "대학료의 학생, 전약료의 의생 등은 학업을 이루지 못했는데, 멋대로 임관의 추천을 바라는 사례가 있다. 이러한 자들은 국박사 및 의사로 보임할 수 없다[22]"라고 하였다. 이 기록은 중앙에서 국박사, 의사를 임용할 때에는 대학료, 전약료의 학생 중에서 선발하고 있음을 알 수 있고, 동시에 그 능력, 자질에 대한 검증의 필요성도 제기되고 있다.

또한 神龜 5년(728) 8월, 太政官에서 심의하여 주상한 내용에는, 제국의 박사, 의사의 정원 및 승진에 대해 모두 8년간의 근무평정을 통해 승진 여부를 심사하며, 국박사 1인이 3, 4개국 겸임하도록 한다는 방침이었다[23]. 그러나 寶龜 10년(779) 윤5월에는 학생들의 식량 지참 문제를 고려하여 다시 국마다 1인을 두고,

19 『續日本記』大寶3년 3월 정축조.
20 「選叙令」27「國博士」조「義解」, "國司簡擇才術之可用者. 申太政官. 即式部判補也".
21 「學令」14「解經義」조.
22 『續日本記』靈龜 2년 5월 정유조.
23 『續日本記』神龜 5년 8월 임신조.

근무평정 기준도 6년으로 변경하였다[24].

국박사에 대한 평가는 고과령 「국박사」 조에 해당국의 국사가 국박사, 국의사를 평가하였다. 평가 기준은 3등급제로, 국박사의 경우는 태만하지 않고 학생들을 잘 가르치고 지도하면 「上」을 받고, 지도하는데 태만하지 않고 학생들이 학업을 잘 쌓았다면 「中」이고, 직무에 힘쓰지 않고 교육과 지도에 결함이 있는 경우에는 「下」를 받는다. 의사에 대한 평가는 치료의 효험 여부를 기준으로 3등급으로 구분하여 평가하는데, 효험 비율이 70% 이상이면 「上」, 50% 이상이면 「中」, 40% 이하이면 「下」로 평가하였다.

한편, 국학의 학생은 대국 40인, 상국 30인, 중국 20인, 하국 10인으로 정해져 있으며, 모두 지방의 유력자인 郡司의 자제를 선발하고, 학생의 나이는 13세 이상 16세 이하로 제한하고 있다. 이는 중앙의 대학료의 대학에 입학자격에 5위 이상의 자손이나 전통적인 문서행정을 담당한 東西史部 출신에 한정하고 있던 것처럼 지방에서도 군사의 자제에게 특혜를 부여한 것이다. 국학생의 선발은 國司의 책임하에 이루어졌다.

『延喜式』民部省上에 기록된 전국의 國, 郡은 68국, 516군이다. 이 중에서 대국은 13국, 상국은 35국, 중국은 11국, 하국은 9국이다. 이를 각국에서 선발하는 학생수는, 대국은 520인, 상국은 1,050인, 중국은 220인, 하국은 90인이고, 이를 합산하면 총 1,880인이 된다. 그럼 1,880인을 516군으로 나누면 1군에서 약 3.6인의 학생을 선발하게 된다. 국별로 郡司의 수는 대군 8인, 상군 6인, 중군 4인, 소군에는 2인이 있는데, 군령과 같은 지위라면 수십명 이상의 대호를 이루는 가족이고 이 중에서 국학 입학의 자격 조건인 13세에서 16세에 달한 대상자도 다수 있었을 것이다.

예를 들어, 大寶 2년(702)의 筑前國 嶋郡 川邊里의 호적을 보면, 호주 肥君猪手는 嶋郡의 大領의 직위에 있던 인물이었다. 이 호적에 따르면, 호구수는 124인에

---

24 『續日本記』寶龜 10년 윤5월 병신조.

달하고, 5인의 처를 포함해 직계가족만 31인이고, 13세에서 16세 사이에 해당하는 아들이 4인이었다[25].

당시 축전국은 上國으로 15개군을 관할하고 있었다. 군사의 수는 군의 규모에 따라 2인에서 8인이 있으며, 중간인 5인을 기준으로 하면, 축전국의 관할하의 군사의 수는 75인에 달한다. 그렇다면 축전국 15군에서 해당 연령에 달한 소년의 수는 국학의 정원 30인의 수배에 달할 것이다. 게다가 국학의 재학 기간이 9년인 점을 감안하면, 한번 정원이 차면 해당 연령에 달한 군사의 자제가 입학할 수 있는 기회를 잃게 된다. 따라서 국학 입학은 경쟁이 치열했으며, 학생 선발권을 가진 국사 또한 우수한 학생을 뽑기 위해 노력했을 것으로 보인다. 한편 국학의 학생이 2經을 통과하고 더 연구하기를 원하면, 국사는 식부성에 상신하여 시문을 거친 후에 대학료에 입학할 수 있는 기회도 주어졌다[26].

2. 大宰府의 府學

서해도제국을 관할하는 大宰府의 府學에 대해서는 율령의 조문에는 별도로 규정되어 있지 않다. 대재부가 소재해 있던 筑紫國에 대해 『일본서기』 선화기 원년(536)조에는, "축자국은 遠近의 나라가 조공해 오는 곳, 왕복의 관문이다"라고 하여, 그 역사적 역할에 대해 집약적으로 표현하고 있다. 대재부의 기능에 대해서는 직원령「大宰府」조에, 외국사절의 입국절차, 귀화, 향연의 업무가 규정되어 있으며, 학교의 기능과 관련해서는 박사 1인이 관할 국의 학생에게 경학을 가르치고, 음양사 1인, 의사 2인, 算師 1인을 두고 있었다. 여기서 관할 국이란 서해도제국 9국 2도를 말한다.

이와 관련하여 『類聚三代格』 권15「諸司田事」조 天應 원년(781)의 태정관부에는 다음과 같은 기록이 나온다.

---

25 『大日本古文書』1-129~134.
26 「學令」11「通二經」조.

```
太政官符
  合二條
一. 請加射田事, 云云.
一. 請置學校新田事. 右府學校, 六國學生醫生算生有二百餘人. 雖免徭
    役, 無賞勸入. 請每國置田四町, 二町以賜明經秀才者, 二町以賜醫
    算優長者.
```

　당시 태정관부에는 府學에 입학한 6국의 학생, 의생, 산생이 200여인이다. 이들에게는 요역이 면제되며, 국마다 학문의 권장에 필요한 신전 4町을 설치하였다. 이 중에 2정은 명경생, 수재에게, 2정은 의사, 算師를 우대하여 지급한다는 내용이다. 6국은 후술하듯이 筑前, 筑後, 豊前, 豊後, 肥前, 肥後의 제국을 가리킨다. 이를 율령의 규정과 비교해 보면, 비후국이 대국으로 40인이고, 축전국 이하 5국은 상국으로 각각 30인씩 150인이다. 여기에 의생, 산생을 더하면 총 200여인이 되어 인원수는 부합한다. 府學에는 명경학을 주로 배우는 명경과, 의생을 양성하는 의과, 산술을 배우는 산과로 구성되고 음양사 1인이 존재하니 음양학도 배우게 되었다[27].

　『延喜式』式部省上에는, "日向, 大隅, 薩摩, 壹岐, 對馬 등의 국과 섬의 박사, 의사는 대재부에서 대학료의 대학과 전약료의 학생 중에서 시험을 통해 선발하며, 임기는 6년이다. 6국의 학생, 의생은 모두 대재부에 모여 나누어 수업을 받는다[28]"라고 하여 서해도제국의 학교교육에 대해 기술하고 있다. 이 기록은 서해도 9국 2도 중에 日向, 大隅, 薩摩 3국 및 壹岐, 對馬 2도는 대재부 관할하에 중앙관사의 학생 중에서 국박사, 의사를 보임하는 반면, 축전국 이하 6국은 대재부 소속의 학교에서 통합적으로 교육받고 있었음을 보여준다.

---

27 『延喜式』권제23 民部省下에도 관련 기록이 나온다. "凡太宰府充仕丁者, 帥三十人, 大貳二十人, …博士, 明法博士, 主廚各六人, 音博士, 陰陽師, 醫師, 算師…".
28 『延喜式』권제18 式部省上.

大宰府의 府學에는 처음에는 경학을 가르치는 명경박사 1인이었지만, 곧 音博士를 두었고, 延曆 18년(799)에는 明法博士가 설치되었다[29]. 다른 제국의 국학과는 규모와 성격이 다른 체계적인 교육환경을 갖추었다. 또한 학문을 권장하기 위해 설치한 신전을 국마다 4정씩 총 24정을 지급하였다. 天平寶字 원년(757)에 정원 403인의 대학료에 30정의 공해전을 지급한 것과 비교하면[30], 정원 200인의 대재부 학교에 대한 신전의 하사는 특별한 조치라고 할 수 있다.

『속일본기』神護景雲 3년(769) 10월조에는 대재부에서 올린 주상문에는, "이 府는 사람과 물자가 많고 번화하여 천하 유수의 도시이다. 청년들은 배우려고 하는 자가 많은데, 府의 서고에는 오경이 있을 뿐이고, 3史의 정본이 없고, 배우고자 하는 사람도 널리 배울 길이 없다. 삼가 바라건대, 역대의 역사를 각각 1부씩 주어 관내에서 전습시켜 학업을 융성시키고자 한다"라고 중국의 역사서를 청하였다. 이에 조정에서는『사기』,『한서』,『후한서』,『삼국지』,『진서』각 1부씩 지급하였다[31].

大宰府의 주상문에 "사람과 물자가 많고 번화하여 천하 유수의 도시"라는 발언에서도 대재부 도시의 성격을 잘 말해주고 있다. 이 지역은 외국사신과 상인들이 들어오는 관문이고, 일찍부터 '遠朝廷'이라고 하여 중앙정부를 대신하여 서해도 제국을 지배하고 있었다. 특히 외교업무를 관할하고 있어 능력있는 관인을 양성하는 일은 중요하였다. 대재부의 부학에 관심과 지원은 중앙 대학료 못지않았다고 사료된다.

제4절 시험제도와 임관

대학과 국학에서는 학생들을 대상으로 각종 시험을 실시하여, 성적에 따라 관

---

29 『類聚三代格』권5, 天長2년 5월 25일 太政官符, 竹内理三,「大宰府政所考」,『史淵』71, 1956, 34쪽.
30 『續日本紀』天平寶字 원년 8월 기해조.
31 『續日本紀』神護景雲 3년(769) 10월 갑진조.

인으로 출사할 수 있는 길이 열리게 된다. 대학에서 배우는 과목은 유교경전이 필수이고, 시험도 이에 대한 이해도가 기준이 된다. 학령 「經周易尙書」조에 따르면 수업은 『주역』, 『상서』, 『주례』, 『의례』, 『예기』, 『모시』, 『춘추좌씨전』의 7개 과목이다. 각각의 경서를 1경으로 삼고, 『효경』과 『논어』는 모든 학생의 필수과목으로 지정되어 있으며, 정식수업에서는 경전의 주석서를 중심으로 학습한다[32]. 수업방식은 학생은 먼저 경문을 외우고 익힌 연후에 강의를 듣고, 하나의 경전을 이해해야 다른 경서로 넘어가도록 규정하고 있다.

수업과목 7개 경서는 3개로 분류된다. 『예기』와 『좌전』을 각각 大經으로 삼고, 『모시』, 『주례』, 『의례』를 中經으로 삼고, 『주역』, 『상서』를 小經으로 삼는다. 이러한 구분은 경서의 난이도에 의한 것이 아니라 분량을 기준으로 한 것이다[33].

통과 기준을 다음과 같다. 2경을 통과했다는 것은 대경 1서, 소경 1서를 통과하거나, 중경 2서를 통과한 경우를 말한다. 3경의 통과는 대경, 중경, 소경에서 각 1서를 통과한 경우이며, 5경을 통했다는 것은 대경인 예기와 좌전 그리고 필수과목인 효경, 논어를 통과한 것을 의미한다[34]. 만약 2경 이상을 통과하고 관인으로 출사하기를 희망하는 자는 擧試에 응시하여 大義 10조를 시문하여 8조 이상을 통과하면 태정관에 추천된다[35]. 한편 지방의 국학생의 경우에는 2경을 통달한 후, 추가 학업을 희망하면 식부성의 시험에 응시할 수 있으며, 합격하면 대학생으로 승격된다.

10일마다 치르는 읽기시험에서는 경서 1,000자 중에 3자를 가리고, 이를 정확히 맞추는 방식으로 진행된다. 뜻을 묻는 시험은 매 2,000자마다 大義 3개 조항을 질문하고, 2조 이상을 답하면 급제하며, 1조 이하이면 벌을 받는다. 또 연말에는

---

32 「學令」6 「教授正業」조에는 周易은 鄭玄과 王弼의 주석, 尙書는 孔安國과 鄭玄의 주석, 三禮, 毛詩는 鄭玄의 주석, 左傳은 服虔, 杜預의 주석, 孝經은 孔安國과 鄭玄의 주석, 論語는 鄭玄, 何晏의 주석을 각각 수업교재로 사용한다. .

33 『隋書』經籍志에 관련 내용이 나온다. 日本思想大系本 『律令』, 岩波書店, 5965 補註7a 참조.

34 「學令」7 「礼記左傳各爲大經」조.

35 「學令」11 「通二經」조.

대학료에서는 대학두, 대학조가 시험을 주관하고, 국학에서는 국사 중에 예업에 뛰어난 자가 주관한다. 시험은 1년 동안 학습한 과목을 대상으로 대의 8개 조항을 질문해 6조 이상을 답하면「上」으로, 4조 이상이면「中」으로 평가한다.

성적이 좋지 않아 퇴학을 당하는 경우도 규정되어 있다. 대의 8개조 중에서 3조 이하를 맞추거나, 연속 3번「下」를 받거나, 재학 9년에 관인등용시험의 자격인 貢擧를 통과하지 못하면 퇴학 처리된다[36]. 퇴학이 결정되면, 규정에 따라 그 사실을 식부성에 보고하고 본관으로 돌려보낸다. 다만 예외 규정도 존재한다. 학생이 강설에는 뛰어나지 못해도 문장에 능숙하고, 수재, 진사를 감당할 능력이 있으면, 擧試를 거쳐 태정관으로 추천할 수 있도록 허락하고 있다[37].

한편, 5위 이상의 자손은 음위제에 따라 21세가 되면, 태정관에 상신하여 서위하게 된다. 그러나 귀족의 자제에게 있어 대학은 관인이 되기 위한 필수 코스가 아니다. 이들은 귀족으로서 이미 관인의 신분을 보장받고 있지만, 관인으로서 갖추어야 할 유교적 교양을 습득하는 일은 중요하였다.

이에 따라 天平 11년(739) 8월에는 태정관에서는 식부성에 머물고 있는 蔭子孫[38] 및 位子(6위 이하 8위 이상의 嫡子)에 대해서는 나이에 제한없이 모두 대학에 입학시켜 오로지 학문에 힘쓰게 하라는 지시가 내려졌다[39]. 이때의 태정관 처분은 음자손 및 위자 등을 임용하지 않고 대학에 입학하도록 권장한 조치이다. 이는 學令에 규정된 13세 이상 16세 이하의 나이 제한을 무시하고 추진한 것이다. 문서행정을 시행하는 율령제 사회에서의 관인들의 문자지식은 필수이고, 학문적 소양과 식견을 갖춘 관인의 양성은 국가의 발전에도 직결되는 문제이기 때문이다. 따라서 국가적 입장에서는 대학을 통한 기본적인 소양을 갖춘 관인을 양성하고자 적극적으로 대학입학을 권장하고 있는 것이다.

---

36 「學令」8「先讀經文」조.
37 「學令」12「講說不長」조.
38 蔭의 범위는 3위 이상의 자와 손, 4위, 5위의 자이고, 蔭子孫은 5위 이상의 자손을 말한다.
39 『續日本紀』天平 11년 8월 병자조.

다음은 考課令에 보이는 관인등용시험에 대해서 살펴보자. 식부성이 주관하는 관인시험에는, 첫째, 방략책을 논하는 秀才試, 둘째, 명경도를 논하는 明經試, 셋째, 시무책을 논하는 進士試, 넷째, 明法道를 논하는 明法試의 4시가 있다. 이 시험은 대학료 또는 국학을 졸업한 학생에게 수험자격이 있고, 대학료 졸업생은 '擧人', 국학 졸업생은 '貢人'으로 추천받아 시험을 본다.

먼저 수재시의 시험방법과 평가기준을 살펴보자. 수재시는 정책적 주제에 대해 시문하는 方略策 2조를 시험한다. 문장과 논리가 뛰어나면 「上上」, 문장은 뛰어나지만 논리가 평범하거나, 논리는 뛰어나나 문장이 평범하면 「上中」, 문장과 논리 모두 평범하면 「上下」, 문장의 이치가 대강 통하면 「中上」, 문장이 조악하고 논리가 막히면 불합격 처리하였다[40].

이 수재시는 합격자조차도 높은 성적을 받기 어려울 정도로 매우 난이도가 높다. 菅原是善, 菅原道真, 三善淸行과 같은 최고의 학자도 「中上」의 성적에 불과한 것으로 나타나고 있어, 당대 수재시는 문자그대로 최고의 수재만이 입학할 수 있었던 시험이었다[41].

예를 들면, 『經國集』에 수록된 757년 11월 10일 式部省에서 행해진 관인등용시험에서, "신라는 예로부터 일본에 조공해 왔는데 요즈음 번례를 어기고 병선을 보내 치려고 한다. 그 대책은 무엇인가", 그 대책을 논하라는 문제이다[42]. 즉 당면한 국가적 현안문제에 대해 그 방책을 요구하고 있다. 단지 경서의 지식만으로는 답하기 어려운, 고도의 정책적 식견과 전략적 사고를 요구하는 고난도의 시험이라고 할 수 있다.

둘째, 명경시의 출제는, 『주례』, 『좌전』, 『예기』, 『모시』에서 각각 4조, 이 외의 경서에서 3조, 그리고 『논어』와 『효경』에서 3조를 출제하여 총 10조를 시험한다. 제시된 경서의 본문 및 주석의 문제에 대해 해석하고 답해야 한다. 10조 모두 통과

---

40 「考課令」70 「秀才」조.
41 日本思想大系 『律令』, 岩波書店, 611쪽 補註70 참조.
42 『經國集』卷第20 策下. 對策 天平寶字元年 11月10日, 『群書類從』文筆部.

하면「上上」이고, 8조 이상을 통과하면「上中」, 7조를 통과하면「上下」, 6조를 통과는「中上」, 5조 이하 및 1경만 통과하거나『논어』,『효경』을 통과하지 못하면 불합격으로 처리한다[43].

셋째, 진사시는 시무책 2조를 묻는 시험으로, 治國에 관한 문제이다.『문선』상질(上秩)에서 7첩(帖), 경서의 주석을 모은『이아(爾雅)』에서 3첩을 출제한다. 작성한 책문이 순리가 있고 논리적으로 합당하며 아울러 帖試도 통과하면 합격이고, 책문에 막힘이 있고 어법이 맞지 않거나 첩시도 통과하지 못하면 불합격이다. 평가기준은 첩시와 책문을 모두 통과하면 甲이고, 책문 2조와 6첩을 통과하면 乙이고 그 외는 불합격이다[44].

넷째, 명법시는 율령 10조를 시험한다. 이 중에 律에서 7조, 令에서 3조를 출제한다. 법리를 정확히 이해하고 질문에 막힘이 없으면 통과이고, 대강의 뜻을 알지만, 취지를 파악하지 못하면 불합격이다. 평가기준은 전부 통과하면 甲이고, 8조 이상을 통과하면 乙이고, 7조 이하이면 불합격으로 처리한다.

상기 4과 급제자들의 서위의 기준은 選敍令「秀才出身」조에 다음과 같이 규정되어 있다[45].

　　o 수재시 출신은「上上」급제 시에 정8위상에,「上中」이면 정8위하에 서위된다.
　　o 명경시 출신은「上上」급제자는 정8위하에,「上中」이면 종8위상에 서위된다.
　　o 진사시 출신은 甲第이면 종8위하에, 乙第이면 대초위상에 서위된다.
　　o 명법시 출신은 甲第이면 대초위상에, 乙第에면 대초위하에 서위된다.

또한 수재시와 명경시에서「上中」이상 급제자로서 蔭의 자격이 있거나 효자, 순손(順孫)으로 현창된 사실이 있으면 1계를 더해 서위하도록 하였다. 이들 4개

43 「考課令」71「明經」조.
44 「考課令」72「進士」조.
45 「選敍令」30「秀才出身」조,.

과의 급제자 서위를 보면 수재, 명경, 진사, 명법 순으로 되어 있다. 선서령「秀才進士」조에 수재시는 박학하고 높은 재능이 있는 자를, 명경시는 2경에 통하고, 진사시는 시무에 밝고 문선의 해석이 가능한 자를, 명법시는 율령에 밝은 자를 취한다고 규정하고 있듯이[46], 경서와 시문에 밝고 시국을 바라보는 혜안과 방책 등을 겸비한 인물들이 발탁되었다.

다음은 의생과 침생의 수업과목, 시험, 그리고 관인등용에 대해 살펴보자. 우선 의질령「의침생수업」조에는 의료에 사용하는 기본 교재로 분야별로 다음과 같이 규정하고 있다. 의생은 교재로서『甲乙經』,『脈經』,『本草』을 배우고,『小品』,『集驗』등의 처방서를 익힌다[47].『갑을경』은 晉의 황보밀(皇甫謐)이 편찬한『黃帝三部經』을 말하며,『맥경』은 西晉의 왕숙화(王叔和)가 편찬한 진맥에 관한 의서이다.『본초』는 梁의 도연명(陶弘景)이 편찬한『神農本草』4권에 주석을 더한『신농본초경집주(神農本草經集注)』가 일본에 전해졌는데,『令義解』에서 말하는『新修本草』20권이다.『소품』은 唐의 진연지(陳延之)가 편찬한 탕약 치료법이고,『집험』은 北周의 도승원(桃僧坦)이 편찬한 생리, 병리 등의 처방법 의서이다.

침생의 교재인『素門』과『黃帝針經』은 일종의 명의들의 문답서이고, 明堂은 침, 뜸의 처방에 맥혈을 표시한 인체도이고,『脈決』은 맥을 보는 법을 기술한 것이다. 그밖에『유주(流注)』,『연측도(偃側圖)』,『적오신침(赤烏神針)』와 같은 경락, 침, 뜸 처방서를 수업교재로 사용하고 있다[48].

의학 관련 과목을 이수한 후, 의생은 전문분야로 따라 세분화된 과정으로, 體療라고 하는 신체의 치료법(창종, 이목구비 제외), 창종, 소아치료, 이비인후 치료법을 배운다. 직원령에 의생의 정원은 40인인데, 이 중에 24인이 체료 전공이고, 창종과 소아치료 전공이 각 6인, 이비인후 전공이 4인으로 되어 있다[49].

---

46 「選敍令」29「秀才進士」조.
47 「醫疾令」3 "醫針生受業"조.
48 日本思想大系本『律令』, 岩波書店, 675~676쪽 補註3 참조.
49 「醫疾令」5「醫生教習」조 및「義解」의 해석, 본문에는 20인을 기준으로 전공자를 구분하고

수업기간은 의생의 체료 전공은 7년이고, 창종, 소아치료 전공은 각각 5년이고, 이비인후 전공은 4년이고, 침생의 경우는 7년이다. 수업을 마친 후에는 전약료의 전문의 앞에서 시연과 평가를 받은 뒤, 그 결과를 기록하여 태정관에 보고한다[50]. 그리고 의생과 침생은 의박사의 주관하에 매달 보는 시험이 있고, 전약전의 頭, 助가 주관하는 계절시가 있고, 연말에는 궁내성의 장차관이 주관하는 연종시를 본다. 이 시험에서 현직 의사보다 뛰어난 의술을 보이면 현직의 자리는 교체되고, 재학한 지 9년이 지나도 성과를 거두지 못한 경우에는 본관으로 돌려보낸다[51].

수업연한을 마친 의생, 침생들은 태정관에 보고하면, 식부성에서 관인등용 시험을 보게 된다. 시험방식은 의생은『갑을경』,『본초』,『맥경』에서 3조씩 총 12조를 보고, 침생은『소문』4조,『황제침경』,『명당』,『맥결』각 2조의 10조와 학습한 의침 2조를 더한 12조를 문답형식으로 시험한다. 이어 그 결과에 따라 서위되는데, 의생은 12조 전부 통과하면 종8위하에 서위되고, 8조 이상 통과하면 대초위상에 서위된다. 이에 비해 침생은 의생보다 1단계씩 낮게 서위되어 차등을 두고 있다. 예외적인 규정으로 시험에는 합격하지 못했지만, 치료의 능력을 인정받으면 의사로 보임할 수 있도록 하였다[52].

한편 지방의 국학에서 학습하는 의생의 수업방식, 기한 등은 전학료의 규정에 준하고[53], 의술이 우수하여 출사하기를 원하는 자는 본국에서 능력을 자세히 기록하여 태정관에 보고한다[54]. 시험은 매월 국의사가 시험하는 월례시와 연말에 국사가 주관하는 對試를 보며 명확한 우열을 가리고, 만약 이 시험에 통과하지 못하면 사정에 따라 처벌 혹은 퇴출 조치를 받는다[55].

있지만,「義解」의 해석대로 정원 40인 기준으로 구분한다.
50 「醫疾令」8「醫針生成業」조.
51 「醫疾令」7「醫針生考試」조.
52 「醫疾令」13「醫針生選敍」조.
53 「醫疾令」18「國醫師」조.
54 「醫疾令」17「國醫生」조,.
55 「醫疾令」19「國醫生試」조.

제5장 율령제 사회와 平城京의 도시공간

제1절 平城京의 도시공간

和銅 3년(710) 3월에 藤原京에서 平城京으로 천도하였다. 그 2년 전 和同 원년(708) 2월에 元明天皇은 천도의 조서에서 평성경을 선택한 이유로 다음과 같이 기술하고 있다.

"옛날 은나라 왕은 5번 천도하여 중흥의 칭호를 얻었으며, 주의 제왕은 3번 도읍을 정하여 태평의 칭송을 들었다. 오랫동안 안심하고 거주할 집으로 옮기려고 한다. 바야흐로 지금 平城의 땅은 四禽圖에 어울리고, 3개의 산이 진수하고 있다. 귀갑과 대나무 점괘도 모두 따르고 있어 마땅히 도읍을 세워야 할 것이다".

원명천황은 중국왕조의 사례를 들어 국가의 중흥을 위한다는 명분으로 그동안 안주하던 후지와라경(藤原京)을 떠나 새로운 왕경의 천도 계획을 밝혔다. 평성경의 지세에 어울린다는 4금도는 동서남북 사방의 수호신인 청룡, 우백호, 주작, 현무가 지키는 지세, 지도를 말한다. 동으로는 春日山, 북으로는 奈良의 平城山 구릉, 서로는 生駒山 3산이 포괄하고 있어 풍수지리, 사신사상에 의한 최적의 조건을 갖춘 공간이며 왕도에 적합한 입지임을 강조하고 있다. 현실적으로 평성경의 입지조건은 평성산 구릉의 남쪽에 위치해 있어 북쪽이 높고 남쪽이 낮은 북고남저의 지세이다. 반면 후지와라경은 나라분지의 남쪽에 위치해 있어 남고북저 현상으로 남면하는 천황이 북면하는 신하를 올려다보는 현상이다[1]. 이러한 위치관계로부터도 평성경 천도의 명분은 명확하게 드러나고 있다.

한편 천도의 배경으로 대보율령의 제정으로 확대된 관료기구와 관인의 증가

---

1 館野和己,『古代都市平城京の世界』, 山川出版社, 2001, 4~5쪽.

로 보다 광활한 지역으로 천도를 선택하지 않을 수 없었다. 여기에는 702년 견당사의 파견으로 문명국가 당의 거대하고 웅장한 장안성의 도시 경관을 목격하고, 大明宮의 含元殿에서 외교의례를 받았던 충격이 있었다. 게다가 적대적 교류관계에 있었던 신라와는 경쟁의식이 높아져 신라 도성을 능가하는 왕경의 조영을 절감했다고 생각된다. 왕경은 국가와 왕권의 위상을 보여주는 정치적, 외교적 공간이기 때문에 천황제 국가의 이념에 어울리는 도성의 건설은 절실했다고 보인다. 이에 694년에 飛鳥 지역에서 천도하여 계획적인 조방제의 구조로 설계된 藤原京 포기하고 불과 십수년만에 다시 천도를 반포한 것이다.

원명천황은 慶雲 4년(707) 7월, 25세로 세상을 떠난 문무천황에 이어 즉위하였다. 이듬해 정월에는 和銅으로 개원하고 2월에 천도의 조를 내렸다[2]. 동년 3월에는 平城宮을 조영하기 위한 造宮卿의 임명하였다. 이어 9월에는 평성경 부지를 순행하여 지형을 시찰하였고, 2인의 造平城京長官 등 4등관제의 관인을 임명하여 본격적인 공사에 돌입하였다. 신도시 조영계획에 따라 평성경 부지내에 거주하는 주민들을 이주시키면서 마포와 곡물을 지급하였다[3]. 마포, 도곡은 현물로 교환이 가능한 화폐의 기능을 하기 때문에 이주의 비용으로 지급한 것이다. 또한 왕경을 조영하면서 연고없이 경내에 있던 파헤쳐진 묘지의 유해를 매장해서 제사지내도록 칙을 내렸다[4]. 이와같이 새로운 도성을 건설하기 위해 천도계획의 조직을 만들고 경내 부지를 정비를 위한 일련의 조치를 추진해 나갔다.

평성경의 도시공간은 동서 5.9㎞, 남북 4.8㎞이다. 도시계획은 북쪽에 천황이 거주하는 평성궁을 중심으로 남북으로 3.7㎞, 도로폭 74m의 주작대로를 내고, 그 동서에 좌경과 우경으로 구분하였다. 좌우경은 조방제의 정방형 구간을 종횡으로 나누어 1800척(大尺, 약533m) 간격으로 약 25m의 대로를 만들고, 대로의

---

2 『속일본기』和銅 원년 2월 무인조.
3 『속일본기』和銅 원년 11월 을축조.
4 『속일본기』和銅 2년 10월 계사조,

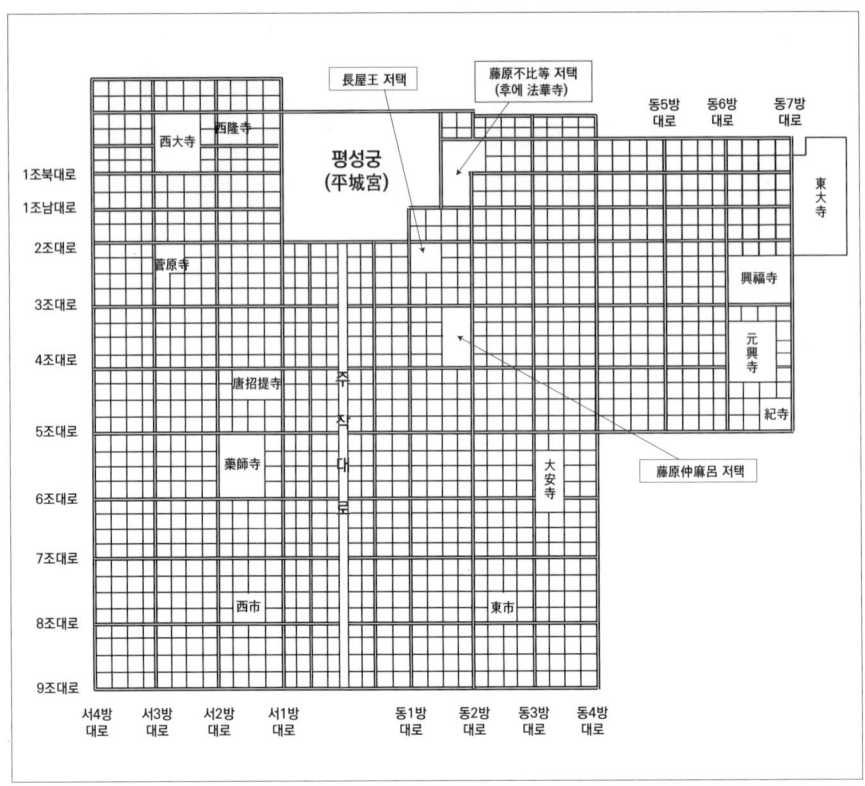

【자료 1】平城京의 도시구조

구간을 다시 세분화하여 16등분으로 나누어 약 7m의 소로를 만들었다[5]. 또 도시 계획의 구간으로 북에서부터 남쪽 방향으로 1조에서 9조까지 구분하고, 주작대 로를 중심으로 좌우경은 각각 1방에서 4방까지 정하였다. 조와 방을 조합한 1조1 방은 사방이 대로로 둘러싸여 있는 공간이다. 이것은 하나의 블록을 형성하여 거 주지 주소의 개념이기도 하다.

조방의 1구역은 다시 16등분된 소로로 구분하여 坪이라고 하고 그 면적은 1町 이다. 또 좌경의 5조 북쪽에 5방에서 7방까지의 공간은 外京이라는 명칭으로 평

---

5 館野和己, 앞의 논문 14~15쪽.

성경의 일부를 구성하고 있다. 아울러 대로와 소로의 측면에는 생활폐수와 빗물 등을 배출시키기 위한 배수로를 조성하였다. 또한 평성궁의 정문인 주작문 앞에는 넓은 공간을 만들어 국가적 행사에 활용하기 위한 광장을 조성하였다.

평성경의 경내에는 자연천 이외에도 인공적으로 조영한 수로도 확인되고 있다. 우경을 남북으로 흐르고 있는 秋篠川은『今昔物語集』(제12권 20화)에서는 西堀河로 전해지고 있다. 좌경 2조 부근을 흐르고 있는 폭 20미터의 東堀河 역시 인공 수로이고, 東市가 설치된 좌경 8조3방을 관류하고 있다[6]. 이 인공 수로는 물류를 운송하기 위해 조영되었다.

직원령에 의하면, 평성경에는 左京職, 右京職이 있고, 각각의 京職에는 장관인 大夫를 비롯한 4등관제로 되어 있다. 京職의 장관인 대부는 좌우경에 1인씩 배치하고 관할구역의 호구의 명적, 규찰, 양천의 신분소송, 시전, 도량, 창름, 징세, 過所 등 모든 행정을 담당한다. 하부조직으로는 각조의 4개의 坊 혹은 그 이상의 坊을 관할하는 12인의 坊令을 두었으며, 행정의 최소단위인 坊에는 坊長을 임명하였다. 즉 왕경에는 좌우 모두 京職-坊令-坊長이라는 3중 구조로 되어 각각의 주민의 행정을 담당하였다.

평성경의 공간에서 가장 큰 비중을 차지하고 있는 것이 귀족, 관인들의 저택과 사찰 부지였다. 우선 조정에서는 새로운 도성으로 이주한 관인들에게는 거주할 택지를 분배하였다. 이보다 앞서 藤原京으로 천도할 때, 持統 5년(691) 12월에 내려진 택지반급의 기준을 보면, 우대신(2~3위)에게는 4정, 直廣貳(종4위하) 이상에게는 2정, 直大參(종5위하) 이하에게는 1정, 勤(6위) 이하 무위까지는 호구수에 따라 上戶는 1정, 中戶는 1/2정, 下戶는 1/4정을 지급하였다[7]. 대보령 시행기의 평성경내의 토지반급도 이 기준에서 크게 벗어나지 않았을 것으로 생각된다. 실제로 관인에게 지급한 택지를 분석한 연구에 의하면, 직원령에 나오는 관사와 관

---

6 館野和己, 앞의 논문 17쪽.

7 『日本書紀』持統紀 5년 12월 을사조, "詔曰, 賜右大臣宅地四町. 直廣貳以上二町. 大參以下一町. 勤以下至無位, 隨其戶口. 其上戶一町. 中戶半町. 下戶四分之一. 王等亦准此".

제5장 율령제 사회와 平城京의 도시공간 247

직, 관인의 수를 검출하여 총 733명에게 464정의 택지를 반급하였다고 추정하였다[8]. 여기에서 6위 관인을 5위의 1/2로 산정한 수정론에서는 1,100정 정도로 산출하였다. 평성경의 총 부지 면적은 조방제의 면적을 기준으로 하면 대체로 1,344町이 되고, 그 중에서 동서의 시와 행정관청, 지형상 토지 이용이 어려운 지역을 제외하고는 약 1,100정의 토지가 반급되어, 관인에게 지급된 택지 면적은 왕경 택지의 약 37%가 된다[9].

특히 5위 이상의 고위 관인의 택지는 평성궁에 가까운 5조 북방에 위치해 있으며 발굴조사에 의하면, 1정 이상은 거의 5위 이상으로 확인되고 있다[10]. 고위 이상의 귀족의 경우에는 독자의 가정기관을 갖고 있어 여기에 종사하는 관인, 노복 등의 숫자도 적지 않았으며, 직전, 위전, 식봉 등에서 올라오는 수많은 곡물, 포, 특산물 등의 물품을 관리, 보관해야 하는 시설이 필요하였다.

후에 法華寺의 부지가 된 우대신 藤原不比等의 저택은 평성궁 좌측에 인접한 2조2방 부지의 4정 상당을 확보하고 있었으며, 그의 손자이자 당대 최고의 권세가였던 藤原仲麻呂의 저택도 左京 3조 2방의 요지에 8町 이상으로 추정되고 있다. 한편 태정대신 高市皇子의 장남으로 정2위 좌대신의 지위에 있었던 長屋王의 저택은 나라문화재연구소의 발굴조사에서 평성경의 좌경 3조 2방의 4町, 약 6만㎡ (1,8000평)의 부지였음이 밝혀졌다[11]. 이곳에서는 목간만도 4만여점이 출토되어 저택의 가정기관에서 일어난 생활의 실태를 알 수 있다. 당시 5위 이상의 고위 귀족의 저택은 그들의 정치적, 경제적 크기에 비례하고 있으며 세습화된 특권적 지위를 누리고 있었다.

하급관인의 택지에 대해서는 정창원문서에 나오는 사경소의 月借錢 문서로부터 추정할 수 있다. 월차전은 經師들이 월차의 급료를 담보로 가불하는 일종의

---

8   田邊征夫, 「遷都當初の平城京をめぐる一, 二の問題」, 『文化財論叢』, 奈良文化財研究所, 2002.
9   近江俊秀, 『平城京の住宅事情』, 吉川弘文館, 2015, 33~36쪽.
10 館野和己, 앞의 책, 20~21쪽.
11 奈良國立文化財研究所編, 『平城京長屋王邸宅と木簡』, 吉川弘文館, 1991.

금융거래이다. 담보물에는 가옥 및 택지도 포함되어 있다. 「寫經司解」 문서에 「家一區」라고 기입된 것은 가옥이 조성된 택지를 말하고 보통 16분의 1, 32분의 1, 64분의 1 등으로 표기되어 있다. 여기서 기준이 되고 있는 것이 坪이다. 坪은 평성경 조방제에서 사방 270미터 크기의 1坊을 16분의 1로 구분한 것으로 도시구획의 최초단위이다. 1평의 16분의 1은 약 750㎡(약230평)이고, 1평의 32분의 1 혹은 64분의 1의 택지 담보의 사례가 나온다. 대체로 1호의 거주지는 금일의 환산 평수로는 60여평 혹은 110평 정도로 추정되고, 여기에 8평 규모의 板屋 2~3칸이 조영되었다[12].

한편 귀족의 저택과 더불어 평성경의 많은 공간을 차지하고 있는 것이 사찰이다. 신왕경에 새로운 사찰도 조영되지만, 천도에 따라 기존의 藤原京에 있던 사찰도 이전하였다. 부지가 1정 이상인 대형 사찰만 해도 우경에 西大寺, 唐招提寺, 藥師寺가 있으며, 좌경에는 法華寺, 大安寺, 元興寺, 興福寺 등이 자리를 잡았고, 외경의 좌측 부지에는 8세기중엽에 조영된 東大寺가 위치해 있다. 이들 사원은 기와지붕의 기단식 가람이고 금당과 탑 등의 조영물은 국가불교의 위엄을 보여주는 정치적, 종교적 표상이었다.

神龜 원년(724) 11월의 태정관에서 올린 문서에는, 京師는 제왕이 거주하고 만국이 내조하는(帝王爲居, 萬國所朝) 곳이기 때문에 웅장하고 화려하지 않으면 천황의 덕을 펼칠 수가 없다고 하면서, 판자집, 초가집은 중고시대가 남긴 제도이니, 5위 이상 및 백성 중에서 조영할 수 있는 여력이 있는 자에게는 기와집을 세우고 적색, 백색으로 도색해야 한다고 하여 허락을 받았다[13]. 제왕이 거주하고 만국이 조공하는 왕도의 이미지는 和銅 원년(708) 2월조에도 '帝皇의 도읍', '四海가 귀의하는 곳'이라고 표현되어 있듯이 천황제 국가의 권위와 이념을 담은 도시경관의 장엄함을 추구하고 있다. 견당사와 견신라사를 통해서 본 당의 장안, 신라

---

12 榮原永遠男, 「都市のくらし」, 直木孝次郎編 『古代を考える奈良』, 吉川弘文館, 1985, 89~92쪽.
13 『續日本紀』 神龜 원년 11월 갑자조.

의 경주를 의식한 왕도의 모습을 모방하여 설계한 것이다. 그간 오랜 기간의 민중가옥이었던 수혈식 주거에서 천황과 귀족의 도시로 탈바꿈한 것이다. 북쪽의 평성궁을 비롯하여 좌우경의 중심을 관통하는 주작대로, 조방제에 의한 도로망의 설치, 그 중심에 조영된 관청, 사원, 신사, 귀족의 저택은 기와를 잇고 붉은 도색으로 채색한 기둥은 평성경의 주민에게는 이국적이고 경외로운 풍경이었을 것이다.

평성경의 인구는 10만명 전후로 추정되고 있다. 평성경의 인구문제를 분석한 岸俊男은『속일본기』慶雲 4년(704) 11월조에 나오는 후지와라경의 경내에 들어간 백성 1,505호에게 마포를 지급했다는 기사에 주목하여, 평성경의 부지는 후지와라경보다 3배에 달하기 때문에 4,500호로 상정한다. 여기에 천평 5년(733)의 「右京計帳」으로부터 복원한 1호의 가구수가 16,4인이 되고, 호구수를 곱하면 대략 7만4천인 정도가 나온다. 그 후 인구가 증가했다고 점을 감안하면 대체로 10만명 전후일 것으로 추정하였다[14]. 대보령에 규정된 관인의 분포를 보면 5위 이상의 귀족이 약 150인, 6위 이하의 장상관이 약 600인, 번상관이 약 6000인, 使丁, 衛士가 약 2만인, 여기에 관인의 가족, 노비 등을 포함하면 대략 10만명 전후를 추정치로 보아 대과없을 것이다.

평경경으로 출퇴근하는 관인들의 시간도 정해져 있다. 公式令「京官上下」조에는 京官은 궁문이 열리기 전에 출근하고, (退朝의 북이 울린 후) 폐문 후에 퇴근하고, 外官(舍人, 衛士 등)은 해가 뜨면 출근하고 오후에 퇴근하라고 규정되어 있다[15]. 養老令의 시행세칙을 집대성한『延喜式』陰陽寮 조문에는 계절에 따른 일출시간에 따라 諸門, 大門을 열고, 退朝와 폐문하는 시각을 알리는 북치는 방법에 대해 기술되어 있다. 즉 계절에 따른 출근시간을 달리하고 있다.

『令集解』宮衛令「開閉門」조에 인용된 「古記」에는 '卯四点' 즉 6시반경으로 기록

---

14 岸俊男,『古代宮都の探究』, 塙書房, 1984. 168쪽.

15 「公式令」60「京官上下」조, "凡京官, 皆開門前上, 閉門後下. 外官, 日出上, 午後下, 務繁者, 量事而還. 宿衛官, 不在此例".

되어있는데, 아마도 하계의 출근시간으로 생각된다.『연희식』규정에 의하면, 朝堂院에 지정된 좌석을 갖는 5위 이상의 관인들은 배하의 관인들을 데리고 정무를 본 후에, 각각의 소속 관사로 이동하여 근무를 한다. 실질적인 정무는 거의 소속 관사에서 한다[16]. 퇴근에 대해서는 養老令 조문에 '午後下'로 기록되어 있어, 정오를 기준으로 퇴근이 되었다고 생각된다. 평성경 동서의 市 개장도 午時이기 때문에 관인들은 퇴근에 맞춰 필요한 물품을 구입할 수 있다. 그러나 하급관인들은 오후에 남아 잔무를 하는 경우가 많다. 출근부에 해당하는 사경소 문서의 上日帳에는「日」,「夕」으로 기재되어 있듯이 야간에도 근무하는 사례가 많다. 그러나 일몰이 되면 平城宮은 폐문하기 때문에 궁성에 남아있는 관인들은 폐문의 북이 울리는 시간에 맞춰 퇴근해야 한다.

제2절 東西의 市와 교역

平城京에서 주민들의 교역활동의 중심무대는 좌우경에 배치된 東市와 西市이다. 이들 2개의 시장은 왕경의 출입구인 나성문으로부터 8조 선상의 중간지역에 배치하였다. 아마도 물자가 유입되는 입구 가까이에 시장을 열어 전국으로부터 들어오는 유통망의 편의를 위한 조치라고 보인다. 직원령「東市司」조에는 다음과 같은 규정이 있다.

"東市司〈西市司准此〉, 正一人〈掌, 財貨交易, 器物真偽, 度量輕重, 賣買估價, 禁察非違事〉, 佑一人, 令史一人, 價長五人, 物部二十人, 使部十人, 直丁一人"

東市司와 西市司는 각각 동시와 서시를 관장한다. 市司의 장관인 市正의 직무는 재물 및 화물의 교역을 감독하고 물품의의 진위를 가리며, 도량의 경중, 매매가격의 평가 및 불법행위의 금지와 단속을 담당하는 일이다. 判官은 佑 1인, 主典은 令

---

16 橋本義則,「朝政·朝儀のお展開」,『まつりごとの展開』,『日本の古代』7, 1986, 149~165쪽.

史 1인 체제이다. 여기에 시의 물가를 교섭, 판정하는 價長 5인을 두고 있다. 시장에서 발생하는 가격 등의 규정위반, 절도 등의 범죄행위에 대해 검문, 조사를 행하는 物部 20인이 있다. 그리고 연락업무, 잡역 등에 종사하는 직원으로 使部 10인과 直丁 10인을 두었다. 특히 物部는 시장의 질서유지를 위한 일종의 경찰, 검찰의 직무가 있다. 獄令「決大辟」조에는 사형죄의 판결은 모두 市에서 행한다("決大畔罪, 皆於市")라고 규정되어 있다. 예를 들면 천평 13년(741) 3월에 藤原廣嗣의 난에 연좌된 외종5위하 小野朝臣東人을 平城京의 감옥에 투옥하고, 동시, 서시에서 각각 곤장 50대의 처벌을 받고 伊豆의 三嶋로 유배보낸 일이 있다[17]. 이 사건에서 보듯이 왕경 내에서 일어난 범죄사건에 대해 동서의 시에서 처벌하고 있다. 그리고 동서의 市司의 상급기관으로서 왕경의 좌우에는 左京職, 右京職이 있고, 장관인 대부의 직무에는 동서의 市와 관련된 시전과 도량에 대해 감독한다.

다음에는 關市令에 규정된 市의 개장과 폐장의 시간, 물품의 가격, 도량형 등에 대해 검토해 보자. 동서의 시에서는 사람이 모이고 교역의 장이기 때문에 부정, 범죄가 발생할 확률이 높아 이를 방지할 책무가 있다. 관련 조문은 다음과 같다.

① "凡市, 恒以午時集, 日入前. 擊鼓三度散〈每度各九下〉"(「市恒」조)

② "凡市, 每肆立標題行名. 市司准貨物時價, 爲三等. 十日爲一簿,在市案記. 季別各申本司"(「每肆立標」조)

③ "凡官與私交關, 以物爲價者. 准中估價, 即懸評贓物者, 亦如之"(「官私交關」조)

④ "凡除官市買者, 皆就市交易. 不得坐召物主, 乖違時價, 不論官私. 交付其價, 不得懸違"(「除官市買」조)

⑤ "凡官私權衡度量, 每年二月, 詣大藏省平校"(「官私權衡」조)

⑥ "凡出賣者, 勿爲行濫. 其橫刀, 槍﹑鞍, 漆器之屬者, 各令題, 鑿造者姓名"(「出賣」조)

---

17 『續日本紀』天平 13년 3월 기축조, 경인조.

⑦ "凡以行濫之物交易者, 没官. 短狹不如法者, 還主"(「行濫」조)

⑧ "凡在市興販, 男女別坐"(「在市」조)

⑨ "凡賣奴婢, 皆經本部官司. 取保證, 立券付價⟨其馬牛, 唯責保證, 立私券⟩"

　　(「賣奴婢」조)

　사료 ①에 의하면, 市의 영업시간은 항상 午時(오전 11시~오후 1시)에 개장하는데, 해질 무렵에 북을 쳐서 종료를 알린다. 북은 1회에 9번씩 3회를 쳐서 시장 안의 사람들을 해산시킨다. 매일 낮 12시경에 개장하여 해가 지면 폐장하는 것이다. 계절에 따라 해지는 시간이 차이가 있기 때문에 폐장의 경우는 계절별로 일몰에 맞춰 종료된다.

　②에서는 점포마다 팻말을 세워 물품의 이름을 명기한다고 규정하고 있다. 즉 무슨 물건을 파는 점포인지를 표지판을 통해 알리는 것이다. 그리고 市司는 물품에 따라 3등분의 시가를 정하고 있다. 이 조문에 대해 『令義解』에 의하면, 물품의 품질은 상중하의 3등급이 있으며 그 가격 또한 상중하의 3등급이 있어 실제의 가격은 9등급이 된다. 또 市司는 10일에 한번 장부를 만들어 기록하고, 계절별로 本司에 보고한다. 여기서 본사는 왕경에서는 京職이고 지방의 국에서는 國司를 말한다. 왕경뿐 아니라 諸國에서도 市가 개설되어 교역을 하고 있음을 알 수 있다.

　③에서는 官과 개인간의 교역에 관한 규정이다. 관이 민간과의 거래시에 현물로 가격을 정할 때에는 중등 가격에 준하고, 평가가 필요한 장물의 경우에도 동일하다고 규정하고 있다. 이것은 시장 안에서 관이 시의 상점을 통하지 않고 개인과 직접 거래를 할 때에 매매가를 규정한 것은 아닌가 생각된다. 장물은 도난품 등 출처가 불분명한 물품의 매매 방식이다. 『令義解』에서는 중등 가격을 기준으로 하고, 그 가격을 넘어 이익을 추구하는 경우에는 처벌한다는 한다고 해석하고 있다.

　④에서는 官이 공적으로 구매하는 경우를 제외하고는 모두 시에서 거래하도록 규정하고 있다. 즉 官은 누구와도 교역할 수 있지만, 개인은 사적인 교역은 금

지하고 시를 통해서 교역할 수 있다는 조문이다. 이는 관민 모두 동일하게 적용된다. 값을 지불할 때에는 미루거나 지체하지 말 것을 규정하고 있다. ③과 ④에서 관이 개인과 교역한다는 것은 아마도 상인세력으로 것으로 생각된다. 즉 교역상인으로서 대량의 물품을 취급하는 개인 혹은 집단을 말한다. 교역상인은 자본을 축적하고 원거리 교역에서 다양한 물품의 구입이 가능하기 때문에 관에서 이들을 상대로 거래를 할 수 있었다고 보인다. 교역상인은 시의 점포에 물품을 납품하기도 하고 개별적으로 관을 상대로 거래할 수 있었다.

그러나 교역에서는 관이 우선권이 있고 개인은 그 다음이다. 관시령 「官司」 조에도 관사가 교역하기 전에 개인이 사사로이 외국인과 교역할 수 없다고 규정하고 있다[18]. 교역에는 내국인은 물론 외국상인과의 교역에도 적용하고 있다. 이를 위반하여 거래에서 얻은 물건은 반은 신고자에게 주고 나머지 반은 관에서 몰수한다.

다시 ④의 조문을 보면, 매매시에 앉아서 물주를 부르거나 시가를 어길 수 없으며, 관, 개인을 불문하고 그 가격은 시세에 어긋나게 해서는 안된다고 규정하고 있다. "坐召物主"의 의미는 개인이 상점이 아닌 물품을 소유한 개인에게 연락하여 거래하는 상행위를 금지한다는 것이다. 즉 상거래에는 관을 제외하고는 시에서 거래하는 것이 원칙이고 가격은 자의적으로 정하는 것이 아니라 시가에 맞춰 공정가격으로 매매할 것을 주문하고 있다.

⑤는 교역에 사용하는 저울과 도량을 매년 대장성에 가서 검사를 받도록 하여 공정한 매매 등 시장의 교역의 질서를 유지하기 위한 규정이다. 雜令에는 도량형에 대한 길이, 무게, 부피 등 규정이 있고, 관사에서 규정된 견본을 지급하고 있다.

⑥은 물건의 판매자는 결함있는 물품을 유통시켜서는 안되고 특히 칼, 창, 말안장, 칠기류에는 각각 만든 자의 이름을 새겨 넣는다. 즉 결함있는 물건이란 품질을 속이는 행위를 말한다. 이것은 ⑦에 나오는 온전하지 못한 물품이나 위조

---

18 「關市令」 8 「官司」조.

품을 판매하는 교역자는 官에서 몰수한다고 규정하고 있다. 그리고 寸法이 규정에 미치지 못한 물품은 주인에게 돌려주어 매매하지 못하도록 하였다. 특히 칼, 창, 말안장과 같은 무기류와 칠기류와 같은 고급 생산물에 대해서는 제작자의 이름을 새기도록 하였다. 아마도 특수 기술자인 공인에 대한 관리와 물품의 품질을 보증하는 제도가 아닌가 생각된다.

⑧은 시에서는 거래할 때에 남녀의 자리를 따로 분리한다는 규정이다. 사람이 많이 모이는 장소에서 풍기문란, 범죄 등을 방지하기 위한 조치라고 생각된다. 考課令 「最」 조에도 市를 관리하는 市司에 대해 市廛이 소란스럽지 않으며, 풍기문란이 일어나지 않게 하는 것을 最로 삼는다고 규정하고 있다[19]. 공공장소인 市에서의 남녀간의 풍속을 바로잡는 것이 주요 임무 중의 하나이다.

『속일본기』 慶雲 3년(706)에는 천황이 조를 내려, "대저 禮라고 하는 것은 천지의 바른 법이고, 인륜의 모범이다. 도덕과 인의는 예에 의해 비로소 퍼지는 것이다. 교훈과 바른 풍속도 예를 갖추고 나서 이룬다. 요즈음 제관인의 행동이 많이 예의에 어긋나 있다. 더하여 남녀가 구별없이 주야로 서로 만나고 있다. 또 듣는 바에 의하면, '왕경의 내외에 불미스러운 일이 많다'고 한다. 실로 관할 관사가 검찰을 하지 않는 데에 기인한다. 지금 이후로는 2성 5부가 관인 및 위사를 보내 엄중히 단속하고 그 행위에 따라 처벌한다. 만약 죄를 내리기에 적합하지 않다면 사정을 기록하여 올리도록 한다"라고 하였다[20]. 당시의 왕경의 동서시의 풍속도를 말해주고 있다.

⑨는 노비, 우마의 매매에 관한 규정이다. 노비를 매매할 때에는 모두 본부의 관사를 통해 보증을 세우고, 보증서를 통해 가격을 매기는 것이다. 즉 노비의 주인은 매매증명서를 쓰고 보증인을 세워서 관할 관사에 제출하면 관사에서는 승인하는 절차로서 날인, 서명을 한다. 우마의 경우에는 관사의 승인없이 매매할 수 있다. 노비의 명적은 일반 백성의 호구와 마찬가지로 민부성 관할이다. 모든

---

19 「考課令」 43 「最」조.
20 『續日本紀』 慶雲 3년 3월 정사조.

공민의 호적에는 매매의 대상이 되는 노비도 기재하기 때문에 주인이 바뀌면 호적에도 변동이 생긴다. 즉 노비를 매매하면 그 노비는 새로운 주인의 호적에 등재되는 것이다. 여기에서 말하는 본부의 관사는 민부성이고 노비의 매매에는 민부성의 승인을 얻어야 한다.

『延喜式』에 기재된 平安京 東西市의 점포를 보면, 동시에 51개, 서시에 33개가 있고, 동시와 서시에서는 각각 교역의 물품을 중복되지 않도록 품목을 정하고 있다. 점포의 명칭도 물품명에 가게 廛을 붙여 絲廛, 錦廛, 縫衣廛, 木棉廛, 干魚廛, 生魚廛, 海草廛, 漆廛 등의 개개의 물품을 파는 점포명의 픗말을 붙이고 있다. 이것은 평성경의 市에서도 점포명에 肆, 廛의 명칭이 붙어있어 운영 시스템은 평안경에서도 그대로 계승되고 있음을 말해주고 있다.

동서의 시장은 국가의 관리, 감독을 받는 관영 체제이고, 점포의 개설도 관의 승인을 받아야 한다. 雜令「皇親」조에는 황친 및 5위 이상은 帳內, 資人 및 家人, 노비를 보내 시전을 정해서 물건을 판매하는 일을 금하고 있다. 그 외에 사람을 보내 교역하는 일은 예외로 한다고 규정하고 있다[21] 즉 경제적으로 윤택한 귀족들은 직접 점포를 내서 상행위하는 것은 금지하고 있다. 그 외의 6위 이상의 관인 혹은 부유한 백성 중에서도 동서의 시에서 점포를 설치해 장사를 할 수 있다. 제한된 공간에서 점포를 개설할 때에는 관의 허가가 필요하였다. 평성경내에서 유일한 교역의 장인 市에서의 점포를 개설하는 일은 이윤 창출이 가능한 특혜이다. 아마도 입점하기 위한 경쟁도 치열했을 것이고, 여기에는 고위 귀족의 후광을 입은 점주도 예상된다.

고위 귀족의 경우에는 직접 점포의 개설은 하지 않아도 사람을 보내 물품을 매매할 수 있다. 이들은 직전, 위전, 식봉 등으로부터 산출되는 방대한 물산이 왕경의 저택으로 유입된다. 3위 이상의 공경들은 독자의 가정기관을 소유하고 있을 만큼 거대한 자산을 형성하고 있고, 잉여 물산은 시장에 판매하여 錢 혹은 필요한 물품을 교환하고 있다. 즉 고위 귀족 자체가 물품을 공급하고 구매하는 이른

---

21 「雜令」24「皇親」조.

바 시장의 주요한 물주들이다. 또한 조정의 각 관사에서도 판매와 구매를 동시에 하고 있어 소비와 공급의 주요 거래처 역할을 한다.

한편 평성경 천도 5년이 지난 靈龜 원년(715) 6월에 조정에서는 "제국의 백성 20호를 京職의 호적으로 옮겼다. 재화를 축적시키기 위해서였다[22]"라는 기록이 나온다. 이 기사는 평성경의 동서 市를 활성화하기 위해 지방의 부호들을 왕경으로 이주시킨 조치라고 생각된다. 아마도 이들은 시장에서의 점포의 개설 및 중앙과 지방의 물자의 조달 등의 역할이 관련이 있을 것으로 보인다.

국가의 경제정책에서도 동서의 시는 중요한 기능을 하였다. 기근 등으로 미가가 폭등할 때 동서의 시장에 쌀을 공급하고 있다. 天平神護 원년(765) 2월에 左右京에 각각 벼 2천속을 동서의 시장에 매각하였고[23], 동 4월에는 미가가 폭등하여 좌우경 곡물 각각 1천석을 동서의 시장에 매각하였다[24]. 동 6월에는 좌우경의 벼 각각 1,000석, 大膳職 소금 100석을 빈민에게 (저가로) 매각하였다[25]. 이러한 일련의 조치는 기근으로 인해 왕경인에 대한 구제조치로 관에서 보유하고 있던 곡물을 싼 가격에 시장에 판매하여 백성들이 저가에 구매하도록 한 것이다.

또한 쌀 매각에 대한 특혜도 이루어지고 있다. 상기 동 6월에 내린 칙에서는, "천하 제국의 郡司로 6위 이상 및 (無位인) 백정에 이르기까지 쌀 300석을 매각한다면 관위 1계를 올려주고, 200석마다 1계씩 더한다. 또 비단 600필, 명주실 1,600근, 調庸의 목면 6천둔, 調의 삼베 1,200단, 商布 3,500단을 매각하면 역시 상기에 준하여 위계를 내린다. 또 제관사의 6위 이하 잡임 이상인 자는 쌀 200석에 1계를 서위하고, 150석을 추가할 때마다 1계를 서위한다. 그 외의 물품도 또한 여기에 준한다. 이상은 모두 7월 29일 기한으로 하고, 동서의 시에 매각한다. 다만 5위 이상 및 정6위상은 별도로 그 이름을 주상한다[26]"라고 하였다. 전국적으로

---

22 『續日本紀』靈龜 원년 6월 정묘조.
23 『續日本紀』天平神護 원년 2월 경인조.
24 『續日本紀』天平神護 원년 4월 정축조.
25 『續日本紀』天平神護 원년 6월 경오조.
26 『續日本紀』天平神護 원년 6월 계유조.

郡司를 비롯한 관인으로서 일정 이상의 쌀 혹은 물품을 내어 동서의 시에 판매하면 서위한다는 정책을 내렸다. 전국의 물자가 모이고 왕경인의 소비의 중심인 동서의 시를 중심으로 구제정책을 벌이고 있다[27].

당시 평성경만 해도 10만의 방대한 인구가 밀집해 있는 지역이고, 물류의 원활한 공급과 소비를 위해 동서 시의 활성화는 중요한 과제였다. 특히 중앙의 모든 관사가 밀집해 있어 관에서 필요한 물품의 구입은 시를 관할하는 市司 혹은 市를 통해 이루어지고, 관인들의 소비재 구입도 대부분 동서의 시에서 행해진다. 정창원문서에 보이는 동서의 시에서 물품을 구입하는 사경소 문서에는 사경사업의 필요한 물품을 시에서 구입한 사례가 많다. 왕경은 전국의 調, 庸의 공납물의 집산지이고, 공적, 사적으로 전국에서 사람들이 왕래하는 정치, 경제의 중심지이다. 예를 들면, 왕경에는 大宰府 및 제국에서 매년 정기적으로 四度使라고 하는 計帳使, 正稅帳使, 貢調使, 朝集使가 상경하여 지방행정을 보고하고 머무는 출장소가 있다. 또한 지방 호족의 자제들이 차출되어 왕궁 등 경내에서 근무하고, 지방민의 의무 노역인 왕경의 각종 토목공사에 동원되어 유동인구가 넘쳐나는 곳이다. 여기에 상인세력에 의한 물류의 유통을 더하면 방대한 시장이 형성되고, 물류의 유통과 소비는 왕경뿐 아니라 그 주변 畿內 지역까지 포괄하고 있어 경제권은 더욱 확산되고 있다.

제3절 화폐의 발행과 유통

1. 화폐의 발행과 실태

유통경제, 실물교역의 중심인 平城京 東西의 市에서는 당시 주조된 화폐는 관인들이 급료로 받는 布, 綿 등과 더불어 교역의 결제수단이었다. 일본고대의 화폐는 8세기까지는 富本錢을 비롯하여 和同開珍(708), 萬年通寶(760), 神功開寶(765)이 주조되었고, 이후 10세기 중엽까지는 9종이 추가되어 모두 13종의 화폐

---

27 宮川麻紀,「律令國家の市支配」,『ヒストリア』224, 2011, 11쪽.

가 발행되었다[28]. 平城宮 발굴조사에서도 다량의 동전이 발견된 바 있어 당시의 화폐 유통의 현황을 말해주고 있다.

    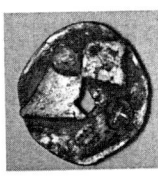

| 富本錢 | 和同開珍 | 萬年通寶 | 神功開寶 | 無文銀錢 |

【자료 2】일본고대의 화폐

고대일본의 화폐에 관한 최초의 기록은 『일본서기』 天武 12년(683) 4월조에 보이는 "지금 이후로는 반드시 동전을 사용하고 은전을 사용하지 않도록 한다"라고 하는 詔이다[29]. 이 기사는 이미 그 이전 시기부터 동전, 은전을 사용하고 있음을 전제로 하고 있다. 이들 화폐는 고고학적으로도 실물이 확인되어, 滋賀縣 崇福寺 유적을 비롯한 7세기 후반의 다수의 유적에서 無文의 은전이 출토되었고, 奈良縣 明日香村의 飛鳥池 유적에서 「富本」의 문자가 새겨진 富本錢이 다수 출토되었다. 이 동전이 실제로 유통되었는지에 대해서는 논란이 있지만, 和同開珍의 銀錢, 銅錢 이전에 화폐로서 존재했던 것은 분명하다. 이어서 조정에서는 다시 조를 내려 "用銀莫止"라고 하여 은의 사용을 중지하지 말도록 명하였다[30]. 이 조치는 화폐로서의 은전의 사용은 금지했지만, 地金으로서의 은의 화폐적 기능은 허용되고 있었다. 천무조의 기사는 동전, 은전은 발행은 했지만, 경제유통상의 화폐로서의 기능은 거의 하지 못했다고 보인다. 당시까지는 화폐으로서 기능은 布, 米, 穀의 현물이 중심이었고, 銀은 地金으로서 유통되었다고 생각한다[31].

이후 大寶令의 시행과 더불어 관사제도의 정비, 왕경과 지방을 잇는 물류의 유

---

28 今村啓爾,『日本古代貨幣の創出』, 講談社學術文庫, 2015 참조.

29 『日本書紀』天武 12년 4월 임신조.

30 『日本書紀』天武 12년 4월 을해조, "詔曰, 用銀莫止".

31 新日本古典文學大系『續日本紀』1, 岩波書店, 1989, 補註 4-28 참조.

통, 교역의 확산에 따른 새로운 화폐로서 和同開珍이 발행되었다. 아마도 화동개진이 주조된 직접적인 계기는 710년의 平城京 천도와 도성의 조영이라고 생각된다. 왕궁을 비롯한 정무를 수행할 관사의 건물, 도로의 정비, 관인들의 주택, 도로와 교량의 조영 등 막대한 예산이 필요하였다. 특히 慶雲 4년(706)에 세역 대신에 바치는 庸이 반감되었고, 이에 대체하는 雇役을 추진하기 위해서는 임금을 지급하여 노동력을 확보해야 하였다[32]. 화동개진의 발행은 銅의 地金보다 10배 이상의 높은 법정가치를 매겨 교환할 수 있도록 하는 것이었다.

화동 원년(708) 2월 15일에 平城京 천도의 조가 반포되었다. 바로 천도 4일전에 催鑄錢司를 설치하고 종5위상 多治比眞人三宅麻呂를 장관으로 임명하였다[33]. 이어 동년 5월에 은전을 발행하였으며[34], 8월에는 동전을 발행하여 유통시켰다[35]. 모두 「和同開珍」의 문자로 주조한 것이다. 특히 일본조정에서도 화폐의 유통을 장려하기 위해 화동 4년(711) 10월에 관인들을 대상으로 祿法을 정하여 비단, 명주와 더불어 동전을 지급하였다. 職事官 2품 및 2위는 2천문, 제왕 및 제신 3위는 1천문, 제왕 4위는 300문, 5위는 200문 그리고 6위 이하도 차등있게 하사하고 그외의 番上大舍人, 帶劍舍人, 兵衛, 史生 등도 10문으로 정하고, 女官도 동일하게 적용하였다. 관인급료의 일부를 화폐로 지급하여 유통을 권장한 것이다.

이어서 내린 조에서는 畜錢敍位法을 정하였다. 위계에 따라 일정량의 錢을 보유하면 서위하는 제도이다. 이 조서의 내용을 보면, "무릇 동전을 사용한다는 것은, 재물을 유통하는 것이고, 있는 것과 없는 것을 바꾸는 것이다. 지금 백성들은 역시 습속에 젖어 그 이치를 깨닫지 못하고 있다. 단지 매매한다고 해도 역시 동전을 축적하는 자는 없다. 동전의 많고 적음에 따라 급을 나누어 관위를 수여한다. 종6위 이하로 동전 10관 이상을 갖고 있는 자는 1계 올려 서위하고, 20관 이상

---

32 坂上康俊, 『平城京の時代』, 岩波新書, 2001, 107~108쪽.
33 『續日本紀』和銅 원년 2월 갑술조.
34 『續日本紀』和銅 원년 5월 임인조.
35 『續日本紀』和銅 원년 8월 기사조.

을 갖고 있는 2계 올려 서위한다. 초위 이상은 5관마다 1계 올려 서위하고, 대초위 상은 초위와 같고, 종8위하에 진입하려면 10관으로 들어가는 한도로 한다. 5위 이 상 및 정6위로 10관 이상을 갖고 있는 자는 임시로 칙을 듣는다[36]"라고 하였다.

이것은 축적된 동전을 재생산을 위한 국가에의 헌납을 촉진시키는 것이다. 1 관은 동전 1천매이고, 초위 이상이 1단계 승진하기 위해서는 5천매의 동전이 필 요하다. 관인이 경우에 6년마다 근무평정하여 평균 「中」을 받으면 1단계 승진할 수 있고 승진에 따른 급료도 올라가기 때문에 축전서위는 매력적인 일이 아닐 수 없다. 반면 조정에서는 시중에서 유통되는 동전의 사장을 막고 회전율을 높이기 위한 조치였다. 화폐주조권을 갖고 있는 조정으로서는 회수된 동전은 국가의 재 정으로 재활용되어 재정의 수지에도 도움이 되는 일이었다.

和銅 6년(713) 3월에는 "郡司의 少領 이상을 임용되는 자는 품성과 의식이 청렴 해야 하고, 시무를 능히 감당하지만 축적한 동전이 적어 6관이 되지 않으면 지금 이후로는 천임되어서는 안된다[37]"라고 하는 조를 내렸다. 중앙의 관인뿐 아니라 지방에서도 동전 유통을 장려하는 조치이다. 이어서 전지를 매매할 때에는 동전 으로 지불하도록 하였다. 만약 다른 물건으로 지불한다면 전지 및 그 물건은 관 에서 몰수하고, 혹은 (부정을) 신고하는 자가 있으면 신고자에게 물건을 주고, 판 자와 산자 모두 칙을 위반한 죄로 처벌한다는 조치를 내렸다[38]. 이때의 田의 매매 는 논을 대상으로 하면 1년에 한해서 任租料를 지급하고 임대하여 경작하는 것이 다. 봄에 임대료를 지불하는 것을 任이라고 하고, 가을 추수기에 납부하는 것을 租라고 한다.

한편 화동 4년(711) 5월에는 곡물 6升을 동전 1文에 해당시켜 백성에게 교역에 서 각자 이익을 얻게 하였다[39]. 이것은 和同開珍의 발행과 유통에 따라 곡물과 동

---

36 『續日本紀』和銅 4년 10월 갑자조..
37 『續日本紀』和銅 6년 3월 임오조.
38 상동
39 『續日本紀』和銅 4년 5월 기미조.

전의 교환비율을 정한 것으로, 백성이 곡물을 錢으로 바꾸어 이익을 얻게 하는 법령이었다. 穀 6승은 탈곡한 쌀 3승이고, 1승은 현재의 단위를 기준으로 약 0.72 리터 해당한다[40]. 즉 동전 1문으로 쌀 2.1리터의 쌀을 구입할 수 있다. 이듬해 화 동 5년(712) 12월에는 "제국이 보내는 調, 庸 등의 물품을 동전으로 교환하는 경 우 錢 5문을 삼베 1常으로 한다는 조가 내려졌다[41]. 포는 마포이고 마포 1상은 길 이 3.6미터 정도이고, 성인남자의 1일분의 노임에 상당한다[42]. 1문의 실질적 가치 가 높아 동전의 유통을 확산시키려는 조치라고 생각된다.

平城宮에서 출토된 목간에도 「西市司交易錢」, 「西市交易錢」이라는 문자자료가 보인다[43]. 이것은 동전을 꾸러미 형태로 엮어 동서의 시에서 교역에 錢이 사용되 고 있다는, 혹은 사용된 동전이라는 표식의 付札 목간이다. 특히 「東[市]交易錢計 絁廛人服部眞吉」의 문자가 새겨진 목간은 주목된다. 東市에 소재하는 점포의 상 인(廛人) 服部眞吉의 인명이 나오고, 交易錢 및 絁가 명기되어 있다[44]. 이 목간의 「交易錢計絁」의 해석은 시장에서의 교역에 絁를 錢으로 교환했다는 의미라고 생 각된다[45]. 앞에서 본 市正의 직무 중에 「財貨의 交易」이란 바로 이를 가리킨다. 관 인들이 급료로 받은 絁를 錢으로 교환하고 다시 錢을 이용하여 필요한 물품을 구 입했을 것이다. 이것은 화폐의 유통을 장려하던 당시의 錢을 입수하는 방법이었 다고 생각된다.

『속일본기』天平 3년(731) 11월조에는 聖武天皇이 南樹苑에서 친왕에게 동전 300관을, 대납언에게 250관을, 정3위에게 200관을 내리고, 그 외는 차등있게 하 사하였다는 기록이 나온다[46]. 또 동 13년 윤3월조에는 각 관사의 主典 이상, 궁중

---

40 東野治之, 『貨幣の日本史』, 朝日新聞出版, 1977, 27쪽.

41 『續日本紀』和銅 5년 12월 신축조.

42 東野治之, 앞의 책 28쪽.

43 奈良國立文化財硏究所編, 『平城京木簡』1, 1969.

44 奈良國立文化財硏究所編, 『平城宮発掘調査出土木簡概報』17, 1984.

45 榮原永遠男, 「都城の經濟機構」, 『日本の古代』9『都城の生態』, 中央公論社, 1987, 295쪽.

46 『續日本紀』天平 3년 11월 경술조.

을 호위하는 中衛, 兵衛에게 錢을 하사하고 있다[47]. 전화 유통의 활성화를 위해 관인을 대상으로 무상 지급하고 있다. 평성경의 관인들은 동서의 시에서 錢을 이용하여 물품을 구입하였고, 각 관사에서도 필요한 물품을 거래하는 통로로서 市를 활용하였다.

교역에 있어서 동전의 사용은 매우 편리하였다. 교역을 위해 무거운 물품을 운송해야 하는 하는 시간과 비용을 절약할 수 있고, 특히 원거리 교역에는 대단히 유용하였다. 『日本靈異記』에 나오는 일화는 이를 잘 대변해 주고 있다. 平城京 좌경 6조 5방에 거주하는 우반도(楢磐嶋)라는 상인은 大安寺로부터 錢 30관을 빌려 越前의 都魯鹿津에 가서 물품을 구입하고 배에 적재하여 운송을 맡겼다[48]. 대안사의 금전은 이자를 받고 대출해 주는 出擧錢이다. 이 항구는 지금의 일본 서안의 敦賀市이고 琵琶湖를 통해 배로 운송한 후 육로로 평성경으로 들어왔다고 생각된다. 이것은 원거리 교역에 현물이 아닌 錢을 사용하여 물품을 구입하고 왕경의 시에서 교역한 사례이다. 화폐에 의한 교역은 시간 및 운송비를 줄일 수 있고 이익 창출에도 도움이 된다.

화폐의 사용을 권장한 것은 지방에서 왕경으로 調, 庸을 운송하는 노역자들의 사례에서도 확인할 수 있다. 和銅 6년(713) 3월에 내린 조에서는 "제국의 지역은 강과 산에 의해 멀리 떨어져 있어 운송을 담당하는 노역자들은 오랫동안 고역에 시달린다. 양곡을 모두 갖추면 납입해야 할 공물은 줄어들고, 무게가 줄인다면 아마도 길에서 굶는 일이 적지 않을 것이다. 마땅히 각자 주머니에 동전을 소지하여 취식에 충당하도록 하면 영구히 노고와 비용을 줄일 수 있고 왕래에 편리할 것이다[49]"라고 하였다. 조, 용의 운송에 따른 비용은 납부자의 부담이고, 본인 대신에 인부를 고용하여 운송하는 시스템이다. 장거리 운송시에는 식량을 휴대해야 하고 과중한 무게에 부담이 된다. 따라서 인부들이 식량을 구입할 수 있도록

---

47 『續日本紀』天平 13년 윤3월 을해조.

48 『日本靈異記』중권 제24.

49 『續日本紀』和銅 6년 3월 임오조.

해당 지역의 국사, 군사로 하여금 부호가들이 왕래의 가로에서 쌀을 판매하게 하고, 연간 쌀 1백석 이상을 판매한 사람의 이름을 주상하도록 하였다.

한편 발해사가 일본에 왔을 때 발해사절이 동서의 시에서 교역할 수 있도록 일본조정에서 錢貨을 지급한 사례가 있다. 貞觀 13년(871) 12월에 발해국사 楊成規 일행이 加賀國 서안에 내항했을 때의 일이다. 이듬해 5월 왕경으로 입경한 발해사는 먼저 일본조정의 물품을 관리하는 내장료와 교역하였다[50]. 또 王京人과 교역을 허락하였는데, 이때의 왕경인은 고위 귀족이라고 생각된다[51]. 이어서 일본조정에서는 발해사와 동서의 시에서 상인들과의 교역을 허락하였다[52]. 이때 일본조정에서는 官錢 40만을 발해국사 등에게 주고 시전의 사람들을 불러모아 토산물을 매매하도록 하였다. 이때의 교역은 平安京에서의 일이지만, 平城京에서도 동일한 형태로 시행되었다고 생각된다.

官市令「官司」조에는 외국사절과 교역하는 경우에는 관에서 교역하기 전에 사적으로 교역할 수 없다고 규정되어 있다[53]. 즉 관에서 필요한 물품을 구입한 후에 관의 승인하에 민간교역을 허락하였다. 일본조정에서 발해사에게 40만냥의 관전을 지급한 것은 발해물산의 구입 대금이고, 이 자금으로 발해사는 왕경의 시에서 일본물산을 구매하였다. 당시 일본조정에서는 錢貨를 결제수단으로 하여 관무역, 사무역을 동시에 추진한 것이다. 모든 물품의 구입은 국가에서 선매권이 있고, 동서의 시에서도 관의 통제하에 운영되었다. 聖武朝 때에 좌대신으로 있던 長屋王의 저택지로 추정되는 평성경터에서 '渤海使', '交易'이라고 쓰여진 習書木簡이 발견되었다[54]. 이 목간은 727년의 발해사절이 평성경에 머무는 동안에 기록한 것으로, 당시의 귀족들이 사적으로 발해사와 교역했던 증거들이다.

---

50 『日本三代實錄』貞觀 14년 5월 기축조.

51 『日本三代實錄』貞觀 14년 5월 경인조.

52 『日本三代實錄』貞觀 14년 5월 신묘조.

53 「關市令」8 「官司」조.

54 奈良國立文化財研究所編『平城京長屋王邸宅と木簡』, 吉川弘文館, 1991.

2. 화폐의 유통과 私鑄錢의 출현

화폐의 유통과 함께 그 효용성이 높아지자 사적으로 주조된 위조화폐가 출현하였다. 직접적인 계기는 화동 원년(708)에 발행된 銀錢이었다고 보인다. 『令集解』의 職員令「伴云」이 인용한 「古記」에도 "和銅元年, 始用銀錢, 三年始用銅錢"이라고 하여 은전 발행 사실을 전하고 있다. 그러나 이 은전은 이듬해 8월에 발행이 폐지되었고, 화동 3년 9월에는 "천하의 은전의 유통을 금지시켰다[55]". 은전의 유통은 불과 2년 4개월이라는 단기간에 그치고 말았다. 和銅 2년(709) 정월의 조를 보면, "또 동전을 함께 통용하였다. 요즈음 사악한 도둑이 이익을 쫓아 사사로이 함부로 주조하여 公錢을 어지럽히고 있다. 지금 이후로는 사적으로 은전을 주조하는 자는 그 몸은 관에서 몰수하고 재물은 신고인에게 준다. 함부로 이익을 취하는 자는 태형 2백대와 노역에 처하고, 이러한 사정을 알고 신고하지 않은 자도 각각 같은 죄에 처한다[56]"라고 하였다. 은전에 이어 동전을 통용시킨 것은 은전의 유통에 따른 부작용이 컸기 때문으로 생각된다.

예컨대 은전의 실질적 가치, 즉 地金으로서의 은보다 화폐로서의 은전의 가치가 높으면 은을 녹여 은전을 만들어 차익을 추구하였다. 사실상 私鑄錢이 횡행할 수 밖에 없는 환경이 조성되었다. 당시 地金으로서의 銀의 실질적인 가치는 은전에 비해 낮았다. 은전 10문의 교환가치는 은 2량반에 해당하기 때문에, 은전 10문의 주조로 은 1량의 주조 차익이 생기고, 5매분의 화동은전을 모두 無文銀錢으로 교환하면, 2매분의 무문은전의 銀地金을 얻을 수 있다[57]. 따라서 이 조치는 은전을 배제하고 통일적인 화폐로서 동전의 유통을 의도한 것이다. 그리고 사주전의 주범과 공범의 형벌 기준도 강화되어 大寶律에서는 3년의 수감형이었지만, 和銅 4년(711) 10월의 칙에서는 銅錢에 대해서는 주범은 사형, 공범은 沒官, 가족은

---

55 『續日本紀』和銅 3년 7월 을축조.
56 『續日本紀』和銅 2년 정월 임오조.
57 松村惠司,「和同銀錢をめぐる史的檢討」,『奈良文化財研究所學報』92, 2012, 375쪽.

유형에 처한다고 하여 형벌의 최고수준으로 처벌 기준이 강화되었다[58].

養老 5년(721) 정월에 천하의 백성에게 명하여 은전 1개에 동전 25개를 해당시키고, 은 1량에 1백전을 해당시켜 사용하게 하였다[59]. 이에 따르면 은전 1은 동전 25이고, 은 1량이다. 은 1량은 동전 100문이다. 동 6년 2월에는, "동전 200전을 銀 1량으로 환산하여 이용하게 한다. 이에 구입하고자 하는 물건의 가치와 지불하는 동전의 액수는 때에 따라 정하지만, (銀과 錢의 비율은) 영원히 항상의 원칙으로 한다. 이를 위반하는 자는 직사관으로 주전 이상은 그 해의 근무평정을 제외시키고, 그 외의 자들은 음위, 속전[60]의 특권을 고려하지 않고 장 60대에 처한다[61]" 라고 하였다. 전년도의 은 1량을 동전 100문이었던 것을 200문으로 2배 늘린 것이다. 동전 가치의 하락은 물가의 고등이 원인이고, 동시에 은전이 가치상승은 위조화폐를 증가시키는 요인이기도 하였다.

天平寶字 4년(760) 3월에 칙을 내려, "錢貨를 사용하고 유통된 지가 오래되었다. 공사에 걸쳐 이보다 필요하고 편리한 것은 없다. 요즈음 사주전이 많아져서 위조화폐가 이미 반이 넘었다. 이를 급하게 금지시키면 혼란이 생길까 우려된다. 마땅히 신화폐를 만들어 이전 것과 함께 사용하도록 한다. 백성들에게 손해가 없고, 국가에는 이익이 되도록 하고자 한다. 신전의 문자는 萬年通寶로 하고, 1매에 舊錢 10매에 상당시키고, 銀錢文은 大平元寶로 하고, (은전) 1매에 신전 10매에 상당시키고, 金錢文은 開基勝寶로 하고, 1매에 은전 10매에 상당시키도록 하였다[62]". 이미 위조화폐가 만연되어 유통을 금지시키면 혼란이 가중될 것을 우려하고 있다. 이에 대한 대책으로 신화폐를 발행하여 구화폐를 10분의 1로 평가절하하면서 유통하고 있던 화동개진의 구화폐를 자동적으로 소멸시키는 조치를

---

58 『續日本紀』和銅 4년 10월 갑자조..

59 『續日本紀』養老 5년 춘정월 병자조.

60 상당액의 銅錢을 바쳐 죄를 면제받는 것이고, 이를 贖錢이라고 한다. 「名例律」11 「贖罪」조 참조.

61 『續日本紀』養老 6년 2월 무술조.

62 『續日本紀』天平寶字 4년 3월 정축조.

취한 것이다.

　平安朝 초기에 편찬된 한시집『經國集』에 수록된 관인채용시험에 출제된 대책문 38수 중에 공정한 법도를 세우기 위해 필요한 문제의 답안에 부정부패, 화폐의 남용과 주조 남발의 폐단을 지적하고 있다[63]. 이 대책문에서 응시생 下毛野虫麻呂는 그 해결책으로 동전을 주조하는데 필요한 연료인 炭의 근절을 제시하고 있다. 慶雲 4년(707)에서 和銅 7년(711) 사이의 기록으로 추정되는 이 대책문은 화동개진의 발행 이후에 나온 것으로 조정에서 위조화폐에 대한 심각성을 보여주는 사례이다. 이 대책문의 답안은 중국 고사를 이용한 은유적 표현으로『漢書』의 王莽傳의 기록을 참고한 흔적도 지적되고 있다[64]. 화폐의 남발, 위조화폐의 주조는 순환적으로 계속되고 있어 시장의 혼란의 실태를 보여주고 있다.

63　『經國集』,「下毛野蟲麻呂對策文」二首, 津田博幸編,『經國集對策注釋』, 塙書房, 2019 참조.
64　東野治之,『貨幣の日本史』, 朝日新聞出版, 1997, 24~25쪽.

제3부
문서행정과
정보전달 시스템

제1장 문서행정의 규정과 정보전달

율령국가의 국가운용의 핵심은 문서에 의한 행정에 있다. 관료제의 정비에 따라 행정상의 의사전달은 문서주의에 의거한 절차가 필요하다. 국가가 작성하는 모든 문서는 관료시스템에 따라 시행되기 때문에 관료제와 문서행정은 불가분의 관계에 있다. 모든 문서의 발신과 수신의 과정에는 결재가 필요하고, 서명과 날인이 수반된다. 이러한 절차는 4등관제의 관료조직하에서 증거주의와 책임행정을 의미한다.

국가운용의 관료제 조직체계에서 규정된 문서양식에 의거하여 문서를 작성한다. 이는 중국에서 발달한 고도의 통치기술인 율령에 기초한 문서행정 시스템이다. 唐 公式令의 문서형식은 대보령에서도 그대로 수용하고 있다. 다만 천황의 즉위를 비롯한 국가의 행사에 천황이 귀족, 관인층을 상대로 내리는 조서는 宣命이라고 하는 음성 언어로 행해진다. 문서행정과는 또 다른 일본특유의 천황의 언어를 통한 의사전달이고 소통방식이다.

제1절 문서행정의 양식

公式令 「詔書式」 조에는 천황의 詔勅을 비롯한 다양한 공문서 양식이 규정되어 있다. 公式의 의미는 당시 명법학자의 해석에 "公式의 양식"(「令釋」, 「義解」), "公文을 기록하는 式"(「跡記」)이라고 하듯이 국가의 공문서이다. 公文은 職制律 「公文代署判」 조의 주석에도 "公文, 謂疏官文書"라고 기록하고 있어 官司가 발급하는 관문서를 말한다. 하기의 문서형식에 따라 작성하는 모든 공문서는 관문서이지만, 천

황의 조칙은 예외이다.

이 조문에는 공문의 본안에 거짓이 없는데 대신 서명하거나 판정하는 경우에는 각각 장 70대, 장 100대에 처한다고 규정하고 있다[1]. 즉 문서행정의 담당자가 아닌 사람이 시행문서에 서명하거나, 결제하는 행위에 대해서는 엄격하게 처벌하고 있다. 이것은 문서주의 하에서의 책임행정과 증거주의를 보여주는 규정이다. 대보령의 조문도 양로령과 동일하고 율령국가의 문서양식을 이해하는 기초 사료이다. 공식령에는 모두 89종이 규정되어 있으나, 이 중에서 상위에 기재된 중앙부서 등 22종의 서식과 내용을 살펴보자. 표로 정리하면 다음과 같다.

【표 21】문서의 서식

번호	종류	주요 내용
1	詔書式	조서는 천황의 지시, 임시 대사는 詔, 일상 소사는 勅, 5종
2	勅旨式	천황의 지시, 조서와 동일
3	論奏式	태정관이 발의한 사항을 천황에게 재가를 구하는 서식
4	奏事式	제관사에서 제출된 문서(解)를 천황에게 재가를 구하는 서식
5	便奏式	少納言에서 제출된 문서를 천황에게 재가를 구하는 서식
6	令旨式	황태자, 3后가 제출한 令旨의 서식
7	啓式	春宮坊(中宮職)의 결정사항을 황태자(3后)에게 재개를 구하는 서식
8	奏彈式	탄정대가 황족, 5위 이상 관인의 범죄를 천황에게 고발하는 서식
9	飛驛式(下式)	칙명을 지방관에게 내릴 때의 서식
10	飛驛式(上式)	지방관이 상주할 때의 서식.
11	解式	하급관사에서 상급관사에 올릴 때의 서식
12	移式	통속관계가 없는 관사 상호간의 서식
13	符式	상급관사에서 소관 하급관사에 내릴 때의 서식
14	牒式	主典 이상의 관인 개인이 관사에 보낼 때의 서식

---

1 「職制律」 28 「公文代署判」조, "凡公文有本案, 事直而代官司署者, 杖七十, 代判者, 杖一百, 亡失案而代者, 各加一等".

번호	종류	주요 내용
15	辭式	雜任 이하 庶人이 관사에 올리는 서식
16	勅授位記式	5위 이상의 位記를 수여할 때의 서식
17	奏授位記式	8위(內位의 경우) 이상 6위 이하의 位記를 수여할 때의 서식
18	判授位記式	8위(外位) 및 初位의 位記를 수여할 때의 서식
19	計會式,太政官會諸國及諸司式	관사 상호간에 오고간 문서를 대조하는 서식 태정관이 제국, 제관사가 올린 문서를 조회하는 서식
20	諸國應官會式	제국이 태정관에 조회용으로 제출하는 문서의 서식
21	諸司應官會式	제관사가 태정관에 조회용으로 제출하는 문서의 서식
22	過所式	關의 통행증인 過所의 서식

1. 詔書式과 勅旨式

公式令「詔書式」조에 나오는 천황의 명령인 조서에 대해, 詔書와 勅旨는 동일한 윤언(綸言)이고, 임시 大事는 詔라고 하고, 일상의 小事는 勅이라고 설명하고 있다. 조서의 양식을 5종류로 구분하여 규정하고 있다.

【자료 1】詔書式

①明神御宇日本天皇詔旨〈謂, 以大事宣於蕃國使之辭也〉云云, 咸聞.

(명신으로 천하를 다스리는 일본천황이 지시하기를〈大事로서 번국사에게 의사를 표하 는 말이다〉 운운. 모두 듣도록 하라)

②明神御宇天皇詔旨〈謂, 以次事宣於蕃國使之辭也.〉云云, 咸聞.

(명신으로 천하를 다스리는 천황이 지시하기를〈次事로서 번국사에게 의사를 표하는 말이다〉 운운. 모두 듣도록 한다)

③明神御大八州天皇詔旨〈謂, 用於朝廷大事之辭. 即立皇后皇太子, 及元日受朝賀之類也.〉云云, 咸聞.

(명신으로 대팔주를 다스리는 천황이 지시하기를〈조정의 대사에 사용하는 말이다. 황후, 황태자를 세우거나 원일의 조하를 받는 부류이다〉 운운. 모두 듣도록 하라).

④天皇詔旨〈謂, 用於中事之辭, 即任左右大臣以上之類也〉云云, 咸聞.

(천왕이 말씀하기를〈중사에 사용하는 말이다. 좌우대신 이상을 임명하는데 사용하는
부류이다〉운운. 모두 듣도록 하라)

⑤ 詔旨〈謂. 用於小事之辭。即授五位以上之類也〉云云. 咸聞.

(천황이 말씀하기를〈소사의 말에 사용한다. 5위 이상에게 수여하는 부류이다〉. 운운.
모두 듣도록 하라)

年月 御劃日

中務卿 位臣姓名宣

中務大輔位臣姓名奉

中務少輔位臣姓名行

太政大臣位臣姓

左大臣位臣姓

右大臣位臣姓

大納言位臣姓名等言

詔書如右請奉

詔付外施行. 謹言

　年月日

　可. 御画

상기 養老令의 조서식에 보이는 5종 중에 ①'明神御宇日本天皇詔旨'과 ②'明神御
宇天皇詔旨'는 외국사를 상대할 때의 서식이고 각각 대사와 소사를 구분하여 사
용한다고 규정하고 있다. 이에 대해 大寶令의 주석서인 「古記」에서는 隣國(唐)과
蕃國(新羅)의 사절에 대해 사용한다고 규정하고 있다[2]. 양로령은 天平寶字 원년
(757) 이후에 시행되기 때문에 대보령의 규정이 반세기 이상 사용되었다. 즉 '日

---

2 『令集解』「公式令」詔書式條, "古記云. 御宇日本天皇詔旨. 対隣国及蕃国而詔之辞. 問. 隣国与蕃
国何其別. 答. 隣国者大唐. 蕃国者新羅也".

本天皇'이 하나의 조합을 이루어 사용된 것은 국호와 군주호를 명확히 하여 외국 사절에게 알리기 위한 정치적, 외교적 목적이 있었다고 생각된다.

대보령에서는 ②'明神御宇天皇詔旨' ③'明神御大八州天皇詔旨', ④'天皇詔旨' ⑤'詔旨'는 각각 국내의 대사, 소사에 사용한다고 되어 있다. 천황제 율령국가의 출발점인 대보령의 규정은 대외용과 국내용을 의식하여 제정되었음을 알 수 있다. 특히 국내용에서는 '日本'이라는 국호를 사용하지 않고 있다. ③에서 '明神御大八州天皇詔旨'의 '大八洲'는 일본건국신화에 등장하는 국토탄생의 일본국을 가리키고, 8개 주, 많은 섬으로 이루어진 국토라는 의미로서 국내적 용어이다. 즉 '日本天皇'의 문구는 대내적 목적뿐 아니라 대외적 성격이 내포된 조서 양식이라고 할 수 있다.

상기 문장 중에 '云云'이라고 하여 생략된 부분은 법령의 내용이 기록되어 있고, 보통의 한문이 아닌 구두로 읽어 내려가는 宣命體이다. 율령국가의 최상위 법의 양식은 율령에 규정되어 있듯이 음성언어를 사용하는 것이다. 용례를 보면, 『속일본기』文武 원년(697) 8월조에 나오는 문무천황의 즉위식에서 "살아있는 신으로서 대팔도국을 통치하는 천황이 대명으로 말씀하신다(現御神止大八嶋國所知天皇大命)"이라는 선명의 첫 문구이다.

이후의 정사에는 '現神御宇倭根子天皇詔旨', '現神八洲倭根子天皇詔旨', '現神御宇天皇詔旨', '明神御大八洲天皇詔旨', '現神大八洲所知倭根子天皇詔旨' 등의 용례가 보이는데, 즉위, 양위, 개원, 입태자, 폐태자 등 국가의 중대사에 대해 사용하고 있다. 그러나 외국사에 대해서는 정사에서는 조서식에 규정과는 달리 신라사 등 외국사에 대한 사례가 없어 明神御宇日本天皇, 明神御宇天皇이라는 용어를 사용했는지는 불명이다[3].

한편 公式令에는 관사 상호간의 문서양식을 규정하고 있는데, 천황의 조서만은 '스메라미코토'의 '미코토노리'로서 구두로 술할 필요가 있었음을 보여준다. 조

---

3 『日本書紀』大化 2년 2월조에, 明神御宇口本倭根子天皇, 동 3년조에 現爲明神御八嶋國天皇은 대보율령 제정시의 지식에 의한 윤색이다.

정에 참석하는 관인들에게도 천황의 명령은 '미코토노리'로서 음성으로 읽어 명한다. 관인의 임명에도 당과는 달리 문서에 의한 사령장을 만들지 않고 선명으로부터 구두로 발표하고 전달되었다. 천황의 언어가 선명사를 통해 읽힐 때 느끼는 신료들을 향한 주술적인 힘이 있고, 음성언어가 갖는 일종의 마력이라고 볼 수 있으며, 이를 통해 천황과 신료들간의 일체감을 형성하는 퍼포먼스와 같은 성격이라고 생각된다.

그럼 조서가 어떤 과정을 거쳐 시행되는지에 대해『令義解』의 규정을 통해 살펴보자. 최초의 일은 중무성의 관인 內記가 천황의 의사를 전달받아 御所에서 초안을 작성하여 年月을 기입하면, 천황은「日」난에 승인의 표시인 친필로 날짜를 기입하여(御畫日[4]) 중무성에 보낸다. 예컨대 御畫日에는「五」혹은「五日」이라고 쓰는 것이다. 중무성에서는 이를 文案[正文]으로 보관하고, 1통을 서사하여 중무성의 장관(卿) 및 차관인 大輔, 少輔의 관위·성명(位署)을 기입하고 內印을 날인한다. 이 문안은 중무성의 卿→大輔→少輔 순으로 전해져, 소보가 다시 태정관에 보낸다. 태정관에서는 태정대신을 비롯한 좌우대신, 대납언이 서명하고, 시행을 청하는 문구와 연월일을 기입한 다음, 대납언이 천황에게 재차 주상하여(覆奏) 시행의 허가를 청한다. 태정관으로부터 문안을 받은 천황은 친필로「可」(養老令에서는「聞」) 1자를 기입하여 재가하면(御畫可), 이어 태정관에서는 正文은 보관하고, 1통을 서사하여 시행하는 것이다. 이때 왕경의 중앙관사에는 천황의 조서와 이를 반포한다는 취지의 태정관부를 첨부하여 하달하고, 지방관사(大宰府, 國府)에는 조서의 내용을 서사한 태정관부를 보내 집행하도록 하였다[5].

조서의 기안에서 시행에 이르는 과정을 보면, 중무성→천황→중무성→태정관→천황→태정관으로 이어지고, 최종적으로 태정관이 각 관사에 보내 집행하는 여러 경로를 거치고 있다. 문서가 이동할 때마다 보관본과 시행본을 만들고, 해

---

4 公式令에는 숫자만 쓰는지, 日도 포함하는지에 대한 언급은 없다.

5 日本古典文學大系『律令』「公式令」補註 640쪽 참조, 鎌田元一, 「律令制と行政文書」, 岸俊男編 『日本の古代』7,『まつろのごとの展開』, 中央公論社, 1986, 268-269쪽.

당 관사의 관인의 서명과 날짜, 날인이 더해진다. 즉 천황이 내리는 조칙은 바로 시행되는 것이 아니고 중무성에서 태정관의 오고가는 문서작성의 형식을 거친 후에 법적인 효력을 발휘하는 것이다. 다소 번잡하게 느껴지는 조칙의 시행절차는 태정관, 중무성의 최고기관이 함께하는 문서행정의 증거주의와 책임정치의 엄격함을 보여주고 있다.

다음은 천황의 2번째 명령문서인 勅旨式이다. 『令義解』의 주석에는 "施行之法, 一同詔書"라고 하여 조서식과 동일하다고 한다. 다만 절차상에서는 조서식과 약간의 차이가 있다. 먼저 천황의 칙지를 받은 관인이 중무성에 전달하면, 內記가 문안을 작성하고 이를 천황에게 상주한다. 이때 천황의 날짜 기입(御畫日)은 생략되고 바로 중무성에 보내 장차관이 서명하고, 1통을 서사하여 태정관에 보낸다. 태정관에서는 辨官이 시행의 내용과 연월일, 서명의 기안을 만들고, 여기에 소납언국의 소속 관인(大辨, 中辨, 少辨)이 날짜 하단에 서명하여 최종 문안을 완성한다. 이어 동일 문안 1통을 서사하여 시행하는데, 그 방법은 조서와 동일하다. 조서식에 비해 천황의 날짜 기입과 승인 표시인 「可」 기입이 생략되어 있는 점에 차이가 있다.

한편 조서와 칙지에 대해 조서식에서는 "임시 大事는 詔이고, 일상의 小事는 勅이다"라고 하여 대소사에 따라 구분하고 있다. 『속일본기』 이하의 정사에 나오는 표기법의 용례를 보면, 즉위, 개원 등의 특별한 경우를 제외하고는 양자는 반드시 구분되지 않으며 혼용되어 나오고 있다. 조칙의 문안을 작성하는 중무성의 內記, 문안을 검토하는 태정관의 外記도 특별한 의식 없이 자유롭게 사용한 것으로 보인다.

2. 論奏式, 奏事式, 便奏式

이 3종의 문서는 절차에는 차이가 있지만, 「太政官謹奏」 혹은 「太政官奏」로 시작하고 있듯이 태정관이 천황에게 주상하여 재가를 청하는 문서라는 점에서는 동일하다. 論奏式은 모두에 는 태정대신, 좌우대신, 내납언 4인의 관직, 관위, 臣,

성명을 쓰고 태정관이 삼가 주상드린다고 쓴다. 「云云」부분에는 구체적인 사안에 대해 기록하고, 그 하단에는 연월일을 기입한다. 이어 천황의 재가를 표시하는 「聞」 1자의 기입란(聞御畫)과 대납언의 관위와 성을 기입한다. 「聞」은 앞서 언급한 大寶令에서의 「可」에 해당하지만, 양자는 「알았다(聞)」, 「승인했다(可)」라는 차이가 보이는데, 대보령과 양로령의 차이인지, 문서의 성격에 따라 재가의 강도의 차이인지는 명확하지 않다.

논주식은 국가의 대제사, 국가예산의 편성, 관인의 증감, 유배형 이상 및 위계의 박탈을 단행하는 경우, 國郡의 설치와 폐지, 병마 1천필 이상을 징발, 장물 500단 이상, 동전 200관 이상, 식량 500석 이상, 노비 20인 이상, 말 50필 이상, 소 50두 이상을 이용하는 경우, 칙명 이외의 5위 이상의 위계를 주는 경우, 율령의 규정에 없는 사안을 주상해야 할 경우에 논주를 사용한다. 문서의 말미에 천황이 「聞」이라고 쓰고, 奏官인 대납언의 관위와 성을 기입하면 문안이 완성되어 시행하게 된다.

奏事式은 태정관 밑의 제관사에서 올라오는 문서에 대해 해당 사안을 다시 천황에게 주상하는 것이다. 논주식과 마찬가지로 태정대신, 좌우대신, 대납언의 서명이 있고, 奏官도 대납언으로 동일하다. 다만 의정관의 논의가 필요없는 경미한 사안에 대해서는 少納言이 독자적으로 올리는 경우가 있다. 이때는 대납언이 성만 기입하는데 반해 소납언은 이름까지 기입한다. 양자의 신분상의 차이가 성 혹은 성명의 명기에서 나타난다.

便奏式에서는 앞에서 언급했듯이 태정관의 소납언 독자적으로 주상하는 서식이다. 예시된 규정을 보면, 鈴, 印을 청하거나 의복, 소금, 술, 과일, 음식, 의약 등을 하사하는 경우가 해당된다. 문자 그대로 편리에 따른 서식이다. 만약 구두로 주상할 때에는 口奏의 규정에 따라 문서를 만들어 둔다. 마지막에는 앞의 양식과 같이 문서의 奏官인 소납언의 관위, 성명을 기입한다. 한편 천황이 순행 시에 황태자가 留守할 경우에는 동일한 형식을 따르지만, 奏, 勅은 각각 啓, 令으로 대신한다고 하여 천황과 황태자에게 올리는 용어를 달리하고 있다.

이상의 3개의 서식을 보면, 편주식은 앞의 논주식, 주사식에 비해 약식으로 되어있다. 주상하는 문구도 앞의 두 서식에서는 「太政官謹奏」이고, 편주식은 「太政官奏」이다. 또 주상하는 내용을 설명한 후, 천황에게 아뢰는 문구도 각각 「謹以申聞謹奏」, 「謹奏」라고 하여 차이가 있다. 태정관에서 올리는 문서라고 하더라도 담당 관인이 대납언 혹은 소납언인가에 따라 서식을 달리하고 있다. 또 논주식에서는 천황의 연원일 다음에 친필로 「聞」 1자를 기입하여 승인을 나타내지만, 주사식과 편주식에서는 「奉勅依奏」라고 하여 칙을 받들고 주상한 바에 따라 그대로 승인한다는 의미로 별도로 재가한다는 표시는 하지 않는다. 사안의 중대성에 따라 서식과 문구의 차이를 두고 있음을 알 수 있다.

3. 令旨式, 啓式

令旨式은 황태자의 말이나 뜻을 받드는 문서이고, 3后(황후, 황태후, 태황태후)도 이에 준한다고 규정하고 있다. 황태자의 명을 받은 사람은 황태자 사무를 관장하는 春宮坊에 그 내용을 전한다. 춘궁방에서는 황태자에게 시행의 문안를 만들어 재가를 청한다. 황태자는 해당 문안에 날짜를 기입하면(畫日), 춘궁방에서는 이 문서를 正文으로 보관하고 1통을 서사하여 시행한다. 시행의 절차는 태정관에 보내는 「解」 서식으로 상신하는 경우와 제관사에 「移」 혹은 「牒」의 서식으로 하달하는 경우가 있다. 문서의 하단에는 연월일 및 춘궁방의 장관인 大夫와 차관인 亮의 관위와 성명을 기입한다.

啓式은 春宮坊의 결정사항을 황태자에게 재가를 구하는 서식이다. 3后도 또한 이에 준한다.

형식은 「春宮坊啓」라는 문구를 시작으로 안건에 대해 설명하고, 삼가 아뢴다(謹啓)라는 문구를 기록한다. 그 하단에는 令旨式과 동일하게 연월일 및 춘궁방의 大夫와 亮의 관위, 성명을 기입한다고 규정하고 있다.

4. 奏彈式과 飛驛式

주탄식은 탄정대가 5위 이상의 고위관인의 비리를 규탄하고, 그 비리에 따라 죄상을 기록하여 주상하는 문서 양식이다. 탄정대는 2관 8성으로부터 독립된 기관이며, 태정대신을 제외한 전 관인의 비리, 위법을 적발하여 규탄하는 직무로서 唐의 御史臺에 해당한다. 왕경의 관인 및 경내에 체류 중인 제국의 관인에 대해 고발이 있을 경우에 조사한다. 태정대신은 궐석인 경우가 많기 때문에 규탄의 대상은 이른바 고위 관인, 귀족, 왕족 전체를 포함하고 있다.

주탄식에서는 위법이 있는 관인의 해당 관사, 관직, 관위, 성명을 기록하는데, 겸직하는 경우에는 관직을 모두 기록하고, 호적이 속한 본관도 함께 기록한다. 이어 범죄의 내용을 기록한 후에, 이런저런 연유로 문안을 올려 주상한다고 하고, 마지막으로 연월일 및 彈正尹, 臣, 성명 순으로 기재한다. 장관이 부재중이면 3등관인 판관 이상이 주상할 수 있다.

규탄의 대상은 태정대신 이하 친황, 5위 이상의 관인이다. 죄상이 의심이 가는 경우에는 상황에 따라 조사하며, 고문에 의한 추문은 할 수 없고, 사유를 파악하여 사안이 크면 주상하여 규탄하도록 규정하고 있다. 조사를 마치면 탄정대에 보관하여 문안으로 삼는다. 또 마땅히 주상하지 않아도 될 사안(예를 들면 杖罪 이하를 범한 친왕이나 5위 이상으로 해관되지 않은 경우) 및 6위 이하에 대해서는 소속관사로 이관하여 추문하고 판결하도록 하였다.

비역식은 국가의 내정, 외교, 군사상의 긴급사태가 발생할 경우에 가장 빠르게 정보를 전달하기 위해 발행하는 문서양식이다. 飛驛使는 법령에 규정된 서식의 문서를 휴대하고 역마를 갈아타면서 목적지에 도달한다. 公式令에는 사안이 급하면 1일에 10개 역 이상 통과하고, 급한 상황이 아니면 8개 역이고[6], 30里 마다 1개 역을 설치한다고 규정되어 있다[7]. 당시의 도량형으로는 1리는 약 533m 정도

---

6 『公式令』「給驛傳馬」조, "凡給驛傳馬, 皆依鈴伝符剋数〈事速者, 一日十驛以上, 事緩者八驛. 還日事緩者, 六驛以下".

7 『厩牧令』「須置驛」조, "凡諸道須置驛者, 每三十里置一驛".

이고 1개 역 30리는 약 1.6㎞가 된다. 1일 10개 역을 통과한다면 160㎞ 이상을 이동하는 거리이다. 평성경에서 원거리에 위치해 있고, 외교, 국방상의 중요 지역인 북구주의 大宰府로부터는 4~5일 정도 걸리고, 동북지방의 多賀城으로부터는 7~8일이면 왕경에 도착할 수 있다[8].

비역식에는 중앙에서 지방의 제관사에 칙을 내리는 飛驛下式과 지방의 제관사에서 중앙으로 상주하는 飛驛上式이 있다. 下式은 "勅, 其國司官位姓名等"의 문구를 사용하여 飛驛使가 통과하는 지역의 國司의 관위, 성명, 사안의 내용을 기록하고, 칙이 도착하면 받들어 시행하라는 명을 내린다. 하단에는 연월일 및 출발시각을 적고, 驛使에게 지급해야 할 역마의 수를 기록한다.

上式은 「其國司謹奏」라고 하여 해당 국사가 삼가 주상한다는 말로 시작하고, 주상의 내용, 연월일 및 (國名+)守, 관위, 성명을 기록한다. 장관인 守가 부재일 경우에는 차관 이하의 국사가 서명한다. 국사가 아니라 별도의 軍所에서 주상하는 경우에는 부장군 이상이 서명하고, 大宰府의 경우도 이에 준한다고 규정하고 있다.

5. 符式, 解式, 移式, 牒式, 辭式

「符」자는 붙이는 서식은 상급관사에서 하급관사에 보낼 때 발행하는 문서형식이다. 예를 들면, 태정관에서 신기관 및 8성 등 내외관사에 하달할 때 사용한다. 또 각 省에서 속관인 職, 寮, 司의 명칭을 갖는 관사에 보낼 때에도 符式의 문서 형식을 취한다. 탄정대의 서식도 동일하다. 지방의 國司가 郡司에게 보낼 때도 동일한 서식을 사용한다.

공식령의 符式에 규정된 용례를 보면, 「太政官符其國司」라고 하여 태정관에서 제국의 국사에 보내는 서식이고, 그 사안에 대해 설명한 다음, 말미에 符가 도착하면 받들어 행하라(符到奉行)고 하는 문구를 기입한다. 서명란에는 태정관의 3등관인 大辨(혹은 中辨, 少辨)과 4등관인 史(혹은 大史, 少史)가 관위 성명, 연월일

---

8 青木和夫,「驛制雜考」,『日本律令国家論攷』, 岩波書店, 1992(初出 1972), 126~127쪽.

및 官符를 송달을 책임지는 사인의 관위, 성명을 쓰고 이들에게 지급하는 驛鈴, 傳符의 숫자도 기입한다[9].

여기에서 흥미로운 사실은 태정관의 의정관인 좌우대신, 대납언의 관등성명이 없다. 이것은 제관사에 하달하는 태정관부는 辨官局이 담당하고 의정관은 직접적으로는 관여하지 않았다고 보인다[10]. 그리고 재경의 관사에 관부를 보내는 경우에는 송달하는 사인의 서명은 필요하지 않은 것으로 생각된다.

解式은 符式과 반대로 하급기관에서 상급기관에 상신할 때 사용하는 문서형식을 말한다. 8성 이하의 내외관사가 태정관에 상신할 때 혹은 속관의 제관사에서 관할 상급기관인 8성에 상신할 때 解式을 사용한다. 지방의 국사는 태정관을 비롯한 8성 및 탄정대에 보낼 때에도 解의 서식으로 작성한다.

예를 들면, 식부성에서 태정관에 상신하는 문서에는,「식부성에서 그 일은 상신한다(式部省解申其事)」는 문구 및 안건의 구체적인 내용을 기입하고,「삼가 아룁니다(謹解)」라는 서식으로 작성한다. 행을 바꾸어 年月日을 쓰고 다음 행부터는 상단에는 卿, 大輔, 少輔의 관위 성명을, 하단에는 大丞, 少丞, 少録의 관위, 성명을 장관, 차관, 판관, 주전의 순으로 기입한다. 위에서 아래로 쓰는 縱書의 형식을 생각하면 문장의 체제를 이해할 수 있다. 解式에서는 符式과는 달리 송부받는 관사명은 기입하지 않는다.

한편『延喜式』太政官式「庶務」조에는 "내외의 제관사가 올라온 서무는, 우선 변관이 수리, 심사하고 모두 태정관에 상신한다. 제관사의 史가 공경 앞에서 정무를 보고하고, 모두 제관사는 순서에 따라 보고한다. 만약 여러 사안을 보고하게 되면, 神事를 보고하고, 흉사는 말하지 않는다. 천황 탄생년 간지와 중복, 삭일, 등에는 흉사를 말하지 않는다"라고 규정되어 있다. 또 동「庶務申官」조에는

9　驛鈴은 각 국의 驛에 비치된 역마를 사용하는 증명서이고(鈴剋), 傳符는 교통의 간선로에 있는 郡의 말을 사용하는 증명서이다.

10　鎌田元一,「律令制と文書行政」, 岸俊男編『日本の古代』7『まるりごとの展開』, 中央公論社, 257쪽.

태정관에 서무를 상신할 때에는 대신이 부재시에는 중납언 이상에게 보고하고, 「政申」 조에는 제관사가 태정관에 정무에 대해 상신할 때에는 우선 外記를 거친 연후에 보고한다고 하여 내외의 관사에서 태정관에 보고하는 절차와 형식에 대해 서술하고 있다. 태정관은 천황 직속의 국정 최고기관이다. 서무국으로는 少納言局, 左右辨官局이 있고, 태정관에 보내는 상신문서는 이들 서무국을 거쳐 태정관의 좌우대신에게 보고하는 것이다.

移式은 8省 상호 간에 전달하는(移) 수평적 서식이다. 해당 조문에 예시된 「刑部省移式部省」과 같이 발송하는 관사명과 송달받는 관사명을 기입한다. 이어 「其事云云. 故移」라고 하여 사안의 내용을 기록하고 이러한 연유로 전달한다는 문구를 기입한다. 다음은 행을 바꾸어 연월일과 주무장관의 관위, 성, 기안을 만든 4등관의 주전인 大錄(혹은 少錄)의 관위, 성명을 기입한다. 슈에 따르면 5위 이상의 관인은 성만 기입하고 이름을 기입하지 않는다는 규정이 있다. 만약 6위의 장관일 경우에는 이름을 쓴다. 또 관사 상호 간에 관할, 피관관계가 아닌 경우에 사용한다.

正倉院文書의 사례를 보면, 「造東大寺司移左京職按」〈天平勝寶 2년 5월 24일〉, 「造東大寺司移內匠寮按」〈天平勝寶 2년 5월 25일〉, 「造東大寺司移兵部省按」〈天平勝寶 2년 5월 25일〉와 같이 造東大寺司에서 左京職, 內匠寮, 兵部省에 보낼 때 移式을 사용한다. 이들 관사는 서로 소관관사와 피관 관계가 아니다. 다만 대재부가 8성이나 탄정대에 보내는 경우에는 解式으로 한다.

牒式은 내외 관인 중 4등관인 주전 이상이 사안에 따라 제관사에 보고하는 경우이다. 「牒. 云云. 謹牒」이라고 기입한다. 운운에는 사안의 내용이고, 「삼가 첩을 올린다(謹牒)」라고 쓴다. 행을 바꾸어 연월일 및 관위, 성명, 첩 순으로 기입한다.

辭式은 잡임인 초위 이하 서인에 이르는 신분이 제관사에 올리는 서식이다. 연월일, 관위, 성명을 쓰고 「말씀올린다(辭)」라는 라는 서식으로 시작해서, 사안에 대해 기술하고, 말미에 삼가 말씀올린다(謹辭)의 문구로 마친다. 그러나 실제로는 개인의 상신문서에는 牒, 辭의 서식은 그나지 이용하지 않고 관사간의 상신문서인 解式으로 쓰는 경우가 많다[11].

6. 勅授位記式, 奏授位記式, 判授位記式

율령국가의 관인에 대한 위계를 수여하는 방식은 3종이 있다. 매년 근무평정을 하여 일정 연수가 달하면, 그 성적을 기준으로 승진의 여부를 정한다. 5위 이상은 천황의 칙지에 의해 「勅授」하고(勳位는 6등 이상), 內位 8위 이상(外位는 7위 이상)에서 내위 6위 이하는 태정관 대신으로부터 주상받아(奏聞) 천황이 재가하는 「奏授」의 형식이고(勳位는 7등 이하), 외8위 및 초위는 태정관의 판정에 의한 「判授」이다.

選敍令 「應敍」 조에 의하면, 소속관사(本司)에서는 8월 30일 이전에 고과를 평정하여 승진을 결정하고, 式部省에서는 10월 1일에 시작하여 12월 20일까지, 태정관에서는 정월 1일에서 2월 20일까지 문서의 처리를 마친다. 서위 대상자는 문관은 식부성으로, 무관은 병부성에 불러 그 결과를 통보한다. 이때 억울한 사람이 있으면 호소하도록 하기 위한 조치이다.

5위 이상의 位記를 수여하는 勅授位記式은 천황의 칙지를 받은 中務省이 位記案을 작성한다. 中務省을 맨앞에 쓰고 행을 바꾸어 本位, 성명, 나이를 기입하고, 지금 그 位記를 수여한다는 「今授其位」의 문구를 기록한다. 다음에 연월일 및 중무경의 관위, 성명을 기입한다. 여기에 태정대신, 중납언, 식부경(무관은 병부경)이 연서하여 후[12], 천황의 어새인 內印을 날인하여 칙지로 수여한다.

奏授位記式은 문무관 內位 6위~8위에게 수여하는 서식으로 태정관이 주상하여 천황이 재가한다. 서식은 「태정관이 삼가 주상합니다(太政官謹奏)」라는 문구로 시작하여, 대상자의 본위와 성명, 「今授其位」, 연원일 등의 서식 및 태정대신, 대납언, 식부경의 서명도 앞의 서식과 동일하다.

---

11 鎌田元一, 「律令制と文書行政」, 앞의 책, 276쪽.
12 이 경우에 태정대신은 관위와 성만 기입하고, 대납언 및 성의 장관은 관위, 성, 이름까지 기입한다. 그러나 태정대신은 궐석인 경우가 많아 좌우대신이 서명한다.

判授位記式은 태정관의 판정으로 내리는 외8위 및 내외의 초위에게 수여하는 서식이다. 太政官을 맨앞에 기입하고 행을 바꾸어 해당자의 본위, 성명, 나이를 기입한다. 서위 해당자가 지방이면 무슨 國郡人이라고 쓴다. 다음에 연월일을 쓰고, 태정관의 대납언의 관위와 성, 식부경의 관위와 성(少輔 이상은 이름을 더한다)을 기입하여 位記案을 완성한다.

7. 計會式-太政官會諸國及諸司式, 諸國應官會式, 諸司應官會式-,

율령국가에서 관사 상호 간에 공문서를 수령, 송부하는데, 이들 문서를 서로 대조하는 일을 計會, 기록된 문서를 計會帳이라고 한다. 이 계회장은 매년 태정관의 행정감사에 대비하기 위해 작성된 문서이다. 율령제하에서 제국, 제관사에서는 전년도 8월 1일부터 당해년 7월말까지의 1년간의 발행된 행정문서의 관련사항을 기록하여 태정관에 제출한다. 공식령에 규정된 서식은 3종이다.

먼저 太政官會諸國及諸司式은 태정관이 1년간 제국, 제관사에 발급한 조칙, 官符 등을 각국, 관사별로 분류해서, 計會에 대비하기 위해 작성하는 문서의 형식과 시행규정이다. 태정관은 이들 문서를 辨官의 관할하에 태정관에서 작성한 문건과 상호 대조하여 계회장에 기록된 내용이 일치하는지, 누락 혹은 조작된 부분은 없는지를 조회한다. 이것은 율령국가의 문서행정이 제대로 이행되고 있는지에 대해 그 실태를 점검하는 시스템이라고 할 수 있다.

諸國應官會式은 제국이 1년간 주고받은 공문서를 집계해서, 태정관에서 시행하는 計會에 응하기 위해 제출하는 문서의 양식 및 세칙이다. 諸司應官會式 역시 중앙의 제관사가 태정관의 문서 조회에 대응하기 제출하는 문서 양식과 세칙이 규정되어 있다.

8. 過所式

過所式은 교통, 군사상의 요지에 설치된 關所를 통과하는 통행허가증(過所)의 서식과 발행 절차에 관한 규정이다.

公式슈의 過所式 규정에 의하면, 먼저 過所의 신청 사유를 말하고, 어느 관을 지나 어느 국에 도착하는지 목적지를 기입한다. 5위 이상의 관인은 관위와 성을 쓰고, 3위 이상은 卿이라고만 명기한다. 그리고 고위 관인을 따라온 資人은 관위, 성명, 나이를 기입한다. 만약 과소의 신청자가 관위가 없는 서인의 경우에는 본관을 기록한다. 또 남녀 노비의 종자들은 어느 국군리의 사람, 나이, 이름을 기입하고, 휴대한 물품, 동반한 말의 암수 구별 및 색깔, 우마 몇필 등을 기입한다. 그리고 말미에는 연월일 및 차관과 주전의 관위, 성명을 기재한다. 소관 관사에서는 2통을 기록하여 1통은 관사에 보관하고 1통은 신청자에게 발급하도록 규정하고 있다.

過所에 대해서는 関市슈에도 규정되어 있다[13]. 이에 따르면, 행인 및 공무로 관인이 역마, 전마를 이용하여 關所를 통과하는 關司가 확인하여 통과시킨다. 이 경우에 통행자는 소속된 관사나 본관지가 있는 國司, 郡司에게 통행증을 청구하고, 이를 관사에서 조사하여 확인한 후에 발급한다. 왕복하는 경우에는 통행허가증을 제시하고 청구한다. 직원령에는 규정된 過所 발행권을 가진 관사는 左右京職, 攝津職, 大宰府, 大國 이하의 제국이 있다. 그러나 1리 50호를 관할하는 이장도 관소 허가증을 발급한 過所木簡의 사례가 나오고 있어 율령의 규정에는 없지만, 사안에 따라서는 이장에게도 허용되고 있음을 보여주고 있다.

제2절 국가발령의 문서규정

국가에서 발포되는 법령이 전국적으로 시행되기 위해서는 지방사회의 말단에까지 전달되어야 한다. 율령국가 이전에는 지방의 유력호족인 國造들이 지역사회와 사유민을 지배하고 있었다. 그러나 공지공민화된 율령제 사회에서는 國-郡-里로 이어지는 하달명령의 행정시스템으로 변화되었고, 중앙의 지방지배가 가능하게 되었다.

---

13 「關市슈」4「過所」조, "凡行人, 過所及乘驛傳馬, 出入關者, 關司勘過, 録白案記. 其正過所及驛鈴傳符, 並付行人自随, 仍驛鈴伝符, 年終録目, 申太政官惣勘".

중앙의 정보전달 시스템과 관련하여 公式令「詔勅頒行」조에는 다음과 같은 규정이 나온다.

"무릇 조칙을 반포하여 시행할 때, 백성과 관련된 사항은, 아래로 시행되어 鄕에 이르면, 里長, 坊長으로 하여금 관할지역을 순회하면서 사람들에게 고시하여 모두 알게 한다".

이 조문에서는 중앙에서 반포된 조칙을 시행할 때에는 이장과 坊長이 관할 지역의 사람들에게 포고하라는 것이다. 방장은 왕경의 말단 행정 책임자로서, 좌우경에 京職이 있고 그 아래 坊令, 坊長으로 이어지는 구조이다. 지방에는 국군리 체제하에서 50호로 이루어진 里長이 지방의 말단사회의 책임을 맡고 있다. 천황이 조칙은 국사, 군사까지는 문서행정의 시스템에 의해 이루어지지만, 상기 조문에 의하면, 이장, 방장이 관할 지역을 순회하면서 고시하여 알게 한다고 규정되어 있다. 즉 말단사회에는 고지판을 게시하는 형식으로 조정의 조칙을 알리고 있다.

賦役令「調物」조에는 다음과 같은 조정의 고시가 나온다.

"무릇 조물, 지조, 잡세는 모두 명백히 부과해야 할 물품의 수를 적고, 坊里에 팻말을 세워 사람들에게 함께 알게 한다".

부역령의 조문은 농민에게 징수되는 調, 租 및 출거, 의창 등 각종 잡세의 목록, 수량을 적은 팻말을 세워 알리도록 한다는 내용이다. 징세의 문제는 국가재정과 관련된 중요 사항이기 때문에 사람들이 볼 수 있도록 게시판 모양의 팻말에 기록하여 그 내용을 고시하였다. 게시된 장소는 촌리 입구나 사람의 왕래가 많은 중심지에 방을 붙여 알리는 방식이다. 방장이나 이장의 역할은 상급 관사에서 내려오는 행정문서의 내용을 고지판으로 게시하거나 개개의 호를 방문하여 관련내용을 전달하는 것이다. 이것은 전근대의 행정시스템의 전형적인 사례이고, 법령으로 규정되었다는 점에서 중앙에서 지방사회로의 정보전달의 의지를 엿볼 수 있는 조문이다.

『類聚三代格』권19 弘仁4년 6월1일자 太政官符에 나오는 「應禁斷京畿百姓出弃病人事」의 제하에 다음과 같은 태정관부가 내려지고 있다. 格은 율령은 수정, 보완하는 법령으로 이때 새로운 격이 발령된 것이다. 이 태정관부는 경기지역의 병에 걸린 백성을 내다 버리는 행위를 금단하는 법령으로 표지판을 세워 일반 백성에게 '牓示'하라는 포고문이다.

"(前略) 생명을 중시하고, 사랑하는 것은 귀천이 없다. 지금 천하의 사람들은 각각 노복의 상태이다. 평생의 날을 그 몸은 노역으로 보내고 병이 들었을 때에는 즉시 노상에 버려진다. 사람의 간호도 없이 마침내 아사하기에 이른다. 이러한 폐해는 말로 다할 수 없다. 삼가 생각하건대, 京畿에 알려 조속히 금지시켜야 한다. (中略) 만약 위반하는 자에게는, 5위 이상은 이름을 기록하여 보고하고, 6위 이하는 蔭贖을 묻지 않고 장 1백대를 내린다. 태정관 및 京職, 국사는 이를 알고 조사하지 않거나, 방령, 방장, 郡司, 隣保는 서로 숨기고 고발하지 않으면 아울러 동일 범죄로 처벌한다. 지금 이후에는 거듭 금단하고 요로에 게시판을 세워 분명하게 고지하도록 한다"

이 태정관부는 경기 지역을 대상으로 하는 포고문으로 시작하지만, 그 대상을 보면, 지방의 국사, 군사에 이르고 5호가 서로 감시하고 공동책임을 지는 隣保에 이르기까지 책임을 묻고 있다. 결국 전국적인 법령이라고 할 수 있다. 당시, 자연재해, 전염병 등으로 중병에 걸려 사망하는 백성들이 많아지고, 이를 처리하지 못해 노상에 방치하는 사례가 빈번해지자, 그 해결책으로 포고문을 사람이 많이 왕래하는 요로에 고지판을 세워 알리는 것이다. 『유취삼대격』에 나오는 '牓示'의 사례는 16례가 나온다. 그 중에서 9례가 기내와 주변지역이고, 사원의 승니, 역전마을 탄 정부의 사자, 황족, 귀족을 명을 받은 사자 등에 이러한 방식으로 법령을 전달하고 있다[14].

이 태정관부의 포고령은 중앙에서 말단의 백성들에게 직접 전달하는 방식이다. 물론 태정관부는 왕경의 경직, 지방의 국사에게는 문서화되어 내려보냈지만, 시행방식은 백성들이 직접 눈으로 확인하는 것이다. 고지판에 의한 정보전달은 통신이 발달되지 않았던 당시에는 유효한 방식이었다.

제3절 개인고지판과 정보전달

다음은 개인이 고지판을 이용하여 일반 백성을 상대로 사건을 알리는 사례이다. 해당 목간은 平城宮에서 발굴되었으며, 3척이 넘는 정방형의 대형 목간이다. 나라문화재연구소의 발굴보고서의 판독문은 다음과 같다[15].

【자료 2】告知文

告知 往還諸人走失黒鹿毛牡馬一匹[在驗片目白/額少白]

件馬以今月六日申時山階寺南花薗池辺而走失也.　　九月八日

若有見捉者可告来山階寺中室自南端第三房□

상단에는 '告知'한다는 문구를 시작으로, 이어 "왕래하는 사람들에게, 도망친 黒鹿毛의 수말 1필은 한쪽 눈이 희고, 이마는 약간 희다. 해당 말은 이달 6일 신시에 山階寺 남쪽 화원지 주변에서 도망쳐 잃어버렸다. 만약 발견하여 잡아둔 사람이 있으면, 산개사 중실의 남단에서 3번째 방으로 알려주기 바란다"라는 고지의 내용을 기록하고 있다. 그 하단에는 9월 8일의 날짜를 기입하고 있다.

이 목간은 도망친 말을 찾기 위해 소유주가 고지판을 세워 말의 암수, 특징, 잃어버린 장소와 시간 및 자신의 거주지를 밝히고 만약 찾으면 알려주기 바란다는

14　佐佐木惠介,「國家と農民」, 黛弘道編『古文書の語る日本史』1, 筑摩書房, 1990, 127-128쪽.

15　奈良國立文化財研究所,『平城宮発掘調査出土木簡概報』7, 1970, 鬼頭淸明,『木簡の社會史』, 河出書房新社, 1984, 126-130쪽.

내용을 긴 나무판에 기입하고 있다. 목간이 발견된 평성경 좌경 1조 3방의 대로 주변으로 사람의 왕래가 많은 지역이다. 이 말의 소유주는 산개사의 승방에 거주하는 승려로 보인다. 산개사는 당대 최고의 권세가였던 藤原氏의 氏寺로서 후에 興福寺로 개명한 절이다.

동 발굴보고서에는 동일 구역에서 발견된 목간도 3점 수록되었는데, 농작물에 피해를 준 말 1필을 잡아났으니 주인을 찾는다는 고지판도 있고, 소 1두를 잃어버린 주인이 소를 찾는다는 내용의 고지판도 발견되었다. 재산상의 소송이 아닌 분실한 문건을 찾는 개인 간에 일어난 단순 문제는 고지판을 통해 해결하는 것이 당시로서는 가장 효율적인 정보전달 방식이었다고 생각된다[16]. 이러한 소통은 앞에서도 살펴봤듯이 지방의 말단 행정단위에 중앙의 법령을 알릴 때도 시행되고 있다. 목판의 용도는 문서행정의 다양성을 보여주고 있으며, 종이가 귀한 시대에 간편한 정보전달 수단으로 널리 사용되고 있음을 보여주고 있다.

다음은 왕경내에서 개인이 도난당한 물품을 관사에 신고하는 문서이다. 정창원문서에 수록된 사료를 전재하면 다음과 같다[17].

【자료 3】安拜常麻呂解

　　謹解 申所盜物事

　合壹拾參鍾

　　麻朝服一領 葛布半臂一領 帛褌一要 麻絲拔一箇 帛被一盖 絎帳一張

　　調布帳一張 被筥一合 綠裳一要 銚一面 赤漆眞弓一枚 幌二具

　　右等物, 六條二坊安拜麻呂之家, 以去八月二十八日夜所盜, 注狀以解,

　　　　天平七年閏十一月五日

　　　　　　中宮職舍人少初位下中臣酒人宿禰久治良

16　정보전달의 방법으로 牓市 등에 대해서는 松原弘宣, 「牓示考」 『日本古代の交通と情報傳達』, 汲古書院, 2010 참조.

17　『大日本古文書』 1-634, 645.

左大舍人寮少屬大初位下安拜朝臣常麻呂

職苻 東市司

　件所盜物, 父以去八月二十八日申送如前,

　　大進大津連船人

　　少屬衣縫連人君

　　문서의 발송자는　左大舍人寮 少屬 大初位下 安拜朝臣常麻呂이다. 大舍人寮는 대사인을 관리하는 중무성의 속관으로 좌우 2개소에 설치되어 있다. 대사인료에 소속된 대사인은 교대로 궁중에서 숙직하며 천황의 순행 시에 동행하면서 제반 잡사에 봉사하는 관인이다. 이 문건의 발송사유는 모두에 「申所盜物事」라고 하듯이 도난 물품을 관사에 신고하는 상신문서인 解狀이고, 「삼가 도난 물품을 상신합니다」라는 하는 문구로 시작한다. 도난 물품의 수량은 합계 13건이고, 세부적인 물품을 기재하고 있다. 삼베의 조복 1벌, 칙베로 짠 반소매 상의, 비단바지 1벌, 삼베로 짠 물건 1개, 모시 휘장, 調布 휘장 1개, 덮개 있는 상자 1개, 녹색 치마, 술단지 1개, 적칠 활궁 1매, 휘장 2개 모두 13종이다.

　　이어서 위 물건은 6조 2방에 거주하는 安拜朝臣常麻呂의 집에서 지난 8월 28일 밤에 도난당해 신고한다는 사유를 밝히고 있다. 그 하단에는 신고문 발송날짜인 천평 7년 윤11월 5일 및 발송자의 소속, 직위, 관위, 성명이 기재되어 있다. 또한 증인으로 中宮職 舍人 소초위하 中臣酒人宿禰久治良을 내세우고 있어, 과연 물품을 도난당했는지의 여부를 확인해 주는 신고상의 절차로 보인다. 아마도 도난 물품의 전형적인 신고서 양식으로 보인다.

　　물품의 종류를 보면 일반 서민이 소유하기 어려운 것으로 일정 이상의 여유가 있는 집안이다. 대사인으로 출사할 수 있는 신분은 4, 5위의 자손이다. 그는 天武朝 때 8색의 성으로 개편될 때 귀족이 받을 수 있는 최고위 성인 朝臣 가문의 자손으로, 그의 부친은 중앙관사의 장차관 정도의 인물이고, 신고자는 소초위하의 관위로 봐서 20대 초반의 관인으로 생각된다. 그의 집은 6조 2방에 소재하고, 지난 8월 28일 밤에 도난당했으며 신고한 것은 3개월이 지난 후였다. 아마도 그동안 도난품을 찾기 위해 노력했으나, 이루지 못하고 결국 관에 신고한 것으로 보인다.

여기서 흥미로운 사실은 京職이 관할 관사인 東市司에 符狀을 내렸는데, 이것은 좌경에 거주하고 좌경직이 관할하는 동시사에게 조사를 명한 것이다. 경직의 역할은 경내의 사법, 행정, 경찰 등의 업무를 관장한다. 市司의 임무 중에는 범죄의 방지도 있어 범죄자에 대한 수사도 맡고 있었다. 도난당한 물품은 아마도 시장에 유통되었을 가능성이 크다. 여기서 거래가 행해졌을 것으로 판단하여 市司에게 시장을 조사하도록 지시한 것으로 생각된다. 이 문서에는 「左京之印」의 관인이 13개 날인되어 있어 공문서임을 나타내고 있다.

개인 분실물의 조치에 대해서는 법령에도 규정되어 있다. 廐牧令 「闌遺物」 조에는 습득한 물건은 5일 이내에 소관 관사에 신고해야 한다는 규정이 있다. 捕亡令 「闌遺物」 조에도 "유실물을 습득하면, 근처의 官司에 보내고, 市에서 습득하면 市司에 보낸다. 衛府가 순찰 중에 습득한 것은 소속 관사에 보내고, 문밖에 걸어두어 주인임이 확인되면 기록을 검토하여 보증인을 세우고 돌려준다. 30일이 지났는데도 주인이 찾지 않으면 거두어 보관하고, 물건의 종류를 기록하여 해당 관사의 문에 방(牓)을 붙인다"라고 명시되어 있다. 만약 습득하고 5일 이내에 돌려주지 않으면 違令罪로 처벌받는다[18]. 즉 분실물에 대해서는 근처에 있는 관에 신고할 의무가 있고, 아울러 법령을 위반하면 처벌받으며, 관에서 순찰 중에 습득한 물건에 대해서는 방을 붙여 찾아가도록 규정하고 있다. 물건을 분실한 사람은 관에 신고하거나 스스로 푯말을 세워 분실한 사실을 알리고 있다. 당시의 분실물, 도난품 신고와 수사 그리고 행정절차 등을 알 수 있는 자료로서 귀중하다.

다음은 검文 목간의 사례를 살펴보자.

---

18 『令義解』 「捕亡令」 「捉逃亡」조의 본문과 주석 참조.

【자료 4】 召文木簡

○(앞면)

召急

津嶋連生石 /山部宿禰東人[平群郡] /忍海連宮立[忍海郡]

春日椋人生村[宇太郡]/三宅連足嶋[山邊郡]/大豆造今志[廣背郡]

  (뒷면)

刑部造兄人 /小長谷連赤麻呂 /小長谷連荒当[志貴上郡]

  右九　和銅六年五月十日

      使葦屋椋人大田 充食馬

　이 목간은 평성궁 관내의 어느 관사에서 和銅 6년(713) 5월 10일자로「召急」이
라는 표제 문자에서 긴급히 관인을 호출하는 召文 목간이다. 당시 정보전달의 수
단은 인편으로 직접 전달하는 일이었고, 필요시에 官馬를 이용할 수 있다. 사자
로 임명된 葦屋椋人大田에게는 식량과 말을 지급하고 있다. 소환 대상자는 모두
9인으로 이 중에 6인의 소재지는 大和國의 관할 지역인 平群郡, 忍海郡, 宇太郡,
山邊郡, 廣背郡, 志貴上郡이다. 즉 3인은 왕경 거주자이고 나머지 6인은 경외에 거
주하고 있다. 당시 하급관인의 본관지는 경외 지역이 많고 상당수는 경내에 거주
하면서 가족과 떨어져 살았다. 6군의 분포도를 보면 경내로 출퇴근하기 어려운
거리이다. 아마도 휴가중에 긴급 사안이 발생하여 호출된 것으로 보인다.

제4절 지방사회의 문서전달과 시행

　제2절에서 본 공식령「詔勅頒行」조에는 "鄕에 이르면, 里長, 坊長으로 하여금
관할지역을 순회하면서 사람들에게 고시하여 모두 알게 한다"라고 명시되어 있
듯이 중앙에서 발포된 행정문서는 국-군을 거쳐 향에 전달되면, 말단의 장들이
향리의 백성들에게 고시하고 있다. 여기서 말하는 향이란 대보령 시행 이후 靈龜
원년(715)에 이르러 里를 鄕으로 바꾸고 향 밑에 2, 3개의 리를 두어, 각각 鄕長,

里正을 두는 國郡鄕里의 4단계로 구분한 것이다. 중앙으로부터 공문서를 하달받은 국에서는 國符를 발행하여 郡에 내려보내고, 군에서는 郡符를 내어 鄕里에 전달되는 구조이다. 역으로 지방의 말단에서 상급관사로 올린 때에는 상신문서인 解狀이 발부된다. 향리에서 군, 국으로의 문서는 상신문서에는 解式이 적용되어 里解(鄕解)-郡解의 순으로 國에 전달되는 형식이다. 세부적인 문서행정의 실태는 관련자료의 한계로 명확히 밝히기는 어렵지만, 몇가지 사례를 들어보자.

현존하는 郡符의 유일한 사례는 종이 문서로 되어 있는 『平安遺文』(1-7, 8)에 수록된 越前國 坂井郡符이다.

【자료 5】越前國 坂井郡符

> 越前國坂井郡符
> 郡符□□□□□□荒木磯萬呂□~□
> 　不可妨東大寺溝庄田壹町伍段百六十□(步)
> 　　　□□九条一里九□(百)七段　廿二坪八段百六十步
> 　□~□之狀, 件田□行耕作, 而今上件□□
> 　呂等, 己墾田防妨, 於心不穩□, 仍請郡裁者, 今檢圖田
> 　籍令□□□□狀, 不得□□□□可黙事者, 正得參
> 　向□申耳, 符到奉行、
> 　□~□　　　　　　　　主政□~□
> 　大領□~□　　　　　　擬少領□~□
> 　　延曆十五年五月四日　[坂井郡印]

모두에는 「坂井郡符」의 문서를 발부한 郡符가 나오고, 하부조직에 보내는 문서 형식이다. 말미에는 연월일과 함께 이 문서를 발부한 郡의 大領, 少領, 主政의 서명이 있고, 「坂井郡印」이 날인되어 공문서임을 증명하고 있다. 문장의 중간에 결자가 많아 판독에는 어려움이 있으나, 대체적인 내용은 다음과 같다. 坂井郡 내에 간전을 가진 荒木礒萬가 동대사로부터 해당 토지에 대해 무언가 방해받았다는 사실을 郡司에게 호소했는데, 이에 대해 군에서 조사한 결과, 그의 말이 허위임이 밝혀져 郡符가 도착하면 군아에 출석하여 사실을 밝히라고 명한 문서이다[19]. 이 문서가 개인에게 보내는 것이지만 郡符라는 공문서의 형식을 취하고 있는 것은 당연히 鄕長, 里長에게도 발부되고 있다는 사실을 말해준다.

이 문서의 쟁점은 간전을 둘러싸고 개인과 동대사의 소유권 분쟁이라고 보인다. 개인이 동대사의 소유인 황무지를 개간했는지, 토지권의 경계가 불분명했는지에 대한 소송이라고 생각된다. 호소인은 자신이 개간한 것은 분명하지만, 이를 허용하지 않은 동대사측에 억울함을 호소하며 해당 군에 청원을 넣은 것이다. 그러나 군에서는 허위 청원이라고 판단해 공문서를 호소인에게 발부해 군의 관사에 들어와 규명하라고 명하고 있다. 당시의 말단사회에서 일어나고 있는 분쟁의 처리과정을 보여주는 문서이다.

다음은 山垣遺跡에서 출토된 郡符 목간이다. 현재의 兵庫縣 氷上郡 春日町 棚原 字山垣이다[20].

【자료6】郡符木簡

   [表] 符春部里長等 竹田里六人部 □□○□依而□

   [裏] 春部君廣橋 春部鷹麻呂 神直与□ 右三人

이 목간은 春部里의 이장 앞으로 보내는 氷上郡의 하달문서인 郡符이다. 여기에 「等」자가 있어 다음의 竹田里, 六人部(里)의 이장에게도 발송된 것이다. 아마도 춘부리의 이장 앞으로 발송하면서 해당 2개 리에도 전달하도록 하는 방식인 것 같다. 이 목간에도 행정문서의 양식을 갖춘 간단한 소환장이 발부되어 군의 사자가 직접 전달했다고 생각된다. 이면에는 春部君廣橋, 春部鷹麻呂, 神直与□ 3

---

19 佐佐木惠介, 앞의 논문 121-122쪽, 참조.
20 『木簡研究』6, 목간학회, 1984, 「兵庫山垣遺跡」, 46쪽.

인의 인명은 나오는데, 이들이 누구인지는 불명이지만, 소환 대상자로 추정된다.
또 동 유적에서는 다음과 같은 내용의 목간이 나왔다.

【자료 7】郡符木簡

　　[表] □里長□□木参出来

　　[裏]　　　　今日莫不過□

　　□　　□□　□依而

　　　　[來]四月廿五日/少領 碁万侶

　　발송인에는 군의 차관인 少領이 기재되어 있고, 모 이장 앞으로 보낸 郡符 문서
이다. 「今日莫不過□」는 아마도 사람을 소환한다는 내용으로 注記한 것으로 생각
된다[21]. 이들 목간은 郡과 里 사이에는 간단한 문자를 적은 목간으로 행정상의 문
제를 소통하고 있음을 알려주는 자료이다. 목간을 이용한 출두, 소환 등의 문서
는 중앙의 관사에서도 보편적으로 행해지고 있는 정보전달의 수단이 되고 있다.
　　다음은 長野縣 屋代 유적에서 출토된 郡符 목간이다[22].

【자료 8】郡符木簡

　　符 屋代鄕長里正等

　　敷座二枚 鱒□一升 芹□

　　匠丁粮代布五段勘夫一人馬十二疋

　　□〔神〕宮室造人夫又殿造人十人

　　이 목간은 「符」라는 하달문서의 형식으로 보아 상급관청인 埴科郡에서 屋代鄕

21　鬼頭淸明,「文書木簡と遺跡」,『古代木簡の基礎的硏究』, 塙書房, 327-329쪽.
22　『長野縣屋代遺跡群出土木簡』,『上信越自動車道埋藏文化財發掘調査報告書』23, 長野縣埋葬文
　　化センタ-, 1996, 110쪽, 奈良文化財硏究所 木簡 데이터베이스 참조.

의 鄕長, 里正 등에게 보낸 문서이다. 당시 鄕里制 하에서는 바로 밑의 향장에게 보내지만, 여기서는 향장의 책임하에 그 하부의 里正 등에게도 전달하라는 郡符 목간이다. 그 내용은 埴科郡司가 관내의 屋代鄕長, 里正 등에게 郡家에서의 신사의 행사용 방석, 송어, 미나리 등의 물품, 신궁 조영을 위한 공인의 노임 마포, 마부 및 말 12필, 건물 조영의 인부 10인을 보내라는 내용이다.

한편 이 목간의 출토지와 그 부근에는 郡家의 중심시설이 있었던 곳으로 밝혀졌다[23]. 즉 埴科郡家에서 향장에게 발송한 목간이 다시 발송처인 郡家에서 발견되었다. 이같은 사실은 郡家의 물자의 징발을 요구받은 향장은 물자의 수송을 이행하고 郡司의 점검을 받은 후에 현지에서 폐기되었음을 말해준다[24]. 이 목간은 재활용되지 않고 그대로 남아 다른 목간과 함께 문서로서의 생명을 마쳤다. 지방사회의 정보전달, 문서행정의 시스템을 보여주는 사례라고 할 수 있다.

다음은 지방의 말단행정기관인 里家의 이장이 발행한 過所木簡에 대해 살펴보자. 過所는 거주지에서 타지역의 國, 郡을 통과할 때 경계지역에 설치된 關所에 제출하여 확인하는 통행증명서이다. 공식령「過所式」조에는 구체적으로 그 문서의 기재양식이 구체적으로 규정되어 있다. 이 양식에 의하면, 모두 어느 관을 지나 어느 국으로 간다고 기입하고, 통행자의 관위, 성명 등 신분을 쓰고, 동행자, 물품, 우마 등이 있으면 인적사항, 물품의 수량, 우마의 특징을 기록한다. 마지막에는 연월일, 허가자의 관위, 관직, 이름을 기록하도록 규정하고 있다[25].

또한 關市令「欲度關」조에도 관을 통과하는 자는 모두 거주하는 本部(國郡)의 관청(本司)을 통해 과소를 신청하고, 관사에서는 이를 조사한 후에 발급하도록 되어 있다. 직원령에 규정된 過所 발행권을 가진 관사는 左右京職, 攝津職, 大宰府, 大國 이하의 제국이 있다. 해당 목간은 다음과 같다.[26]

---

23 『長野縣屋代遺跡群出土木簡』, 앞의 보고서, 164-165쪽.
24 平川南編, 『古代日本の文字世界』, 大修館書店, 2000, 175-177쪽.
25 제2부의 제3장 제9절「過所式」참조.
26 國立奈良文化財硏究所『平城京木簡』2, 1975, 59쪽 釋文.

【자료 9】過所木簡

[表] 關々司前解近江國蒲生郡阿伎里人大初上阿[伎]勝足石許田作人

[裏] 同伊刀古麻呂[大宅女右二人左京小治町大初上笠阿曽彌安戸人右二 /送

　　行乎我都 鹿毛　　牡馬歳七　　里長尾治都留伎

　이 목간은 國郡里 표기, 大初位上의 관위로부터 대보령이 시행된 701년 이후 藤原京 시대의 목간으로 간주되고 있다. 모두에「關々司前解」는 관소가 설치된 제관사 앞으로 보낸다는 상행문서의 양식이다. 여러 관소를 거치게 되어 복수를 의미하는「關々」으로 표기하였다.

　다만 연월일이 없고,「前白」의 양식은 사람이 사람에게 전달할 때에 이용되는 구두전달의 문서화의 표기법이다[27]. 통행자는 近江國 蒲生郡 阿伎里에서 생활하고 있는 대초위하 阿[伎]勝足石이고 그는 伊刀古麻呂와 함께 左京 小治町에 본관을 둔 대초위상 笠阿曽彌安이 호주로 있는 戸人이다.「我都」는 이 2인의 본관인 藤原左京을 말한다. 이 2인은 좌경에 본관을 두면서 근강국 阿伎里에 田作人으로 갔다가 자신들의 본적지로 돌아가는 길이다. 이들이 타고 간 7세된 녹모의 수말도 기재하고 있다. 마지막에는 통행증 허가자 里長 尾治都留伎의 이름을 명기하고 있다. 통행증명서인 過所符 목간은 公式令에 규정된 양식을 그대로 따르고 있어 대보령 시행 직후의 생생한 문서행정의 모습을 보여주고 있다.

　여기서 주목되는 것은 이장이 통행증인 過所符를 발행하고 있다는 점이다[28]. 職員令「關市令」에 규정에 의하면, 關所를 지나는 자는 모두 本部, 本司를 통해 過所를 청한다. 즉 과소를 지나는 통행증 발부권은 國郡의 국사, 군사에게 있다. 본

27　早川庄八,「公文書樣式と文書木簡」,『日本古代の文書と典籍』, 吉川弘文館, 2008, 66~78쪽.

28　佐藤信,「奈良時代の政治と民衆」『新版古代の日本』1, 古代史總論, 角川書店, 1993, 333~334쪽.

부, 본사는 해당 소재지의 관청인 國衙, 郡家이다. 里의 거주자는 당연히 里長을 통해 郡에 보고하여 통행증을 받는 것이다. 그러나 실제의 운용에 있었서는 이장도 발행권이 있음을 보여주는 사례이다. 이장은 1리 50호의 행정을 책임지는 지방사회의 말단의 행정책임자로 호적, 계장의 작성에도 지휘하고 있으며, 공식령 「詔勅頒行」 조에는 조정에서 조칙을 발포할 때에 이장, 방장들이 관할지역을 순회하면서 구두로 전달한다는 규정도 있다. 그 직무는 법령에 규정되지는 않았지만, 시행과정에서는 행정의 편의상 이장에게도 발급의 권한을 부여한 것으로 보인다.

대보령 반포 이후 시행착오를 거쳐 靈龜 원년(715) 5월에는 "지금 이후로는 제국의 백성들이 왕래하는 장소에 해당국의 印을 사용한다[29]"라는 칙을 내려 國司의 과소발행권을 확인하였다. 그러나 말단 지역간의 통행에는 국사에게 발행권이 있다고 해도 현실적으로는 불편함이 많아 이장에게 발행권을 위임 혹은 묵인했다고 생각된다. 목간에 보이는 이장의 서체도 달필이고 말단의 행정단위에서도 문서행정이 시행되고 있음을 보여주고 있다. 이것은 제3부에서 논할 호적과 계장의 작성에서도 잘 나타나고 있다.

제5절 하급관인의 大領 임용 청원서

『속일본기』등 정사에는 자신의 姓이 원래의 성과 다르다고 改姓해 줄 것을 요청하거나, 신분이 노비가 아닌 양민이었다고 주장하는 청원문이 다수 실려 있다. 그러나 관인이 특정 관직을 희망하는 신청서를 제출하는 사례는 보이지 않는다. 아래의 사례는 中宮舍人으로 궁중에 근무하는 종8위하 他田日奉部直神護이 海上郡의 大領에 보임되기를 원한다는 일종의 自薦書이다.

【자료 10】自薦書

謹解　申請海上郡大領司仕奉事

---

29 『續日本紀』靈龜 원년 5월 신사조.

中宮舍人左京七條人從八位下海上國造他田日奉部直神護[我],下總國海上
郡大領司[爾]仕奉[止]申故[波], 神護[我]祖父小乙下忍, 難波朝庭少領司[爾]
仕奉[止]. 父追廣肆宮麻呂, 飛鳥朝庭少領司[爾]仕奉[支]. 兄外從六位下勲
十二等國足, 奈良朝庭大領司[爾]仕奉[支]. 神護[我]仕奉狀, 故兵部卿從三位
藤原卿位分資人, 始養老二年至神護五年, 十一年, 中宮舍人, 始天平元年至
今二十年, 合三十一歲, 是以祖父父兄[良我]仕奉[祁留]次[爾], 海上郡大領司
[爾]仕奉[止].[30]

이 문서의 특이한 점은 작성된 날짜가 없고, 문장이『속일본기』이하에 보이는
천황이 구두로 전하는 선명체 문장을 취하고 있다. 일본음을 한자로 표기하는 만
요가나(萬葉假名)의 표기법을 사용하고 있다. 그는 한자 뿐아니라 당시의 일본어
한음표기법을 숙지한 재능있는 관인이었을 것이다. 中宮舍人이 소속된 中宮職은
中務省의 속관으로 황후(황태후, 태황태후)의 사무를 관장하는 기관이다. 상기
문서는 解狀으로서의 기본적인 형식이 되어있지 않아 이것이 원본인지 아니면
제출처에서 반려되어 미완성 개인문서로 남은 것인지에 대한 검토도 필요하다.
그가 청원서를 올린 곳은 소속관사인 중궁직으로 보이며, 다시 중궁직에서 인사
를 담당하는 式部省으로 解狀을 올려 승인받는 형식으로 생각된다.

그 내용을 보면, "中宮舍人 좌경 7조의 사람으로 종8위하 海上國造 他田日奉部
直神護가 下總國의 海上郡 大領에 임명되고자 하는 이유는, 神護의 祖父인 소을하
(小乙下) 忍은 難波朝庭에서 少領으로 봉사하였고, 父 추광사(追廣肆) 宮麻呂는 飛
鳥朝庭에서 少領으로 봉사하였고, 형 외종6위하 훈12등 國足은 奈良朝庭에서 大
領으로 봉사하였다. 神護가 봉사한 상황은 고 병부경 종3위 藤原卿의 位分資人로
서 養老 2년(718)부터 神護 5년(728)에 이르는 11년간 中宮舍人으로, 天平 원년부
터 지금에 이르는 20년, 합 31년이다. 이런 이유로 조부, 부, 형이 봉사한 다음 순

30 『大日本古文書』3-150.

서에 있는 까닭에 해상군 대령으로 봉사했으면 한다"라고 하여 신청의 이유를 밝히고 있다.

역대 조정에서 자신의 선조가 봉사한 내력을 밝히며 본인도 이러한 전철을 밟아 출사하고 싶다는 신청서이다. 조부인 他田日奉部直忍은 7세기 중엽 孝德朝의 難波朝廷에서 봉사하였고, 부 宮麻呂는 飛鳥朝廷에서 少領으로 봉사하였고, 형 國足은 奈良朝廷에서 大領으로 봉직한 사실을 열기하고 있다. 이러한 사례는 일본 고대의 철검명, 묘지석 및 정사에도 보이고 있다. 埼玉縣稻荷山古墳에서 출토된 철검명에 乎獲居臣이 자신의 조상의 계보를 밝히면서 대대로 杖刀人의 首로서 畿內의 대왕에게 봉사해 왔다는 유래를 설명하고 있다. 또 『일본서기』 등 六國史에도 조정에 출사하기 위해 천황가와의 봉사의 인연을 강조하는 것도 개개의 씨족들이 내세우는 조상 인연관이다.

상기 청원서의 주인공인 他田日奉部直神護라는 인물도 조부의 시절부터 해상군의 대령, 소령으로 대를 이어 봉사해 온 가문의 내력을 바탕으로 자신도 대령직을 맡고 싶다고 언급하고 있다. 大領은 4등관제하의 郡司의 장관으로 郡의 최고책임자이다. 사실상 郡의 민정, 치안 사법을 관할하는 수장이다. 중앙의 명령은 직접적으로 國으로 전달되지만, 郡은 독자성이 강해 막강한 권한을 갖고 있었다. 정창원에 남아있는 大寶 2년(702)의 筑前國 嶋郡 川邊里 호적 중에는 嶋郡의 大領으로 있는 53세의 정8위상 肥君猪手는 무려 124인의 大戶의 호주이다. 노비만도 37인이다. 이렇듯 지방의 호족 출신으로 중앙에서 하급관인으로 근무하다가 50세 이후에 귀향하여 郡슈의 직을 계승하는 경우도 적지 않다. 중앙에서의 유력자의 資人이나 관사의 舍人으로 근무하다가 式部省의 심사를 거쳐 군령의 지위에 오르게 된다. 이것은 지방호족의 자제가 출세하는 하나의 코스라고 생각된다.

청원인 他田日奉部直神護의 관직을 보면, 養老 2년(718)에서 神護 2년(728)까지 11년간 당대 최고 권력자인 정2위 우대신 藤原不比等의 4남인 兵部卿 藤原麻呂의 位分資人으로 봉사하였고, 天平 원년(729)부터 20년간은 中宮舍人으로 근무하였다. 그는 재능있는 지방호족의 자제에게 주어지는 출사의 기회를 얻어 內舍

人으로 中宮職이 관에 들어가 31년간 근무하였다. 율령에 규정된 초임 연령인 21세에 무위에서 출사하여 무위에서 출발하여 31년만에 5단계 승진하였고, 현재의 관위는 종8위하이다. 選敍令「選代」조에 규정된 승진제는 상중하를 각각 3단계로 나누어 「上上」에서 「下下」까지 9등제이다. 6년간 평균 「中中」을 받으면 1등급 상승하는데, 특별한 공헌이 없으며 2단계 뛰어넘는 승진은 기대하기 어렵다.

일례로 天平 21년(749) 陸奧國守로 있던 百濟王敬福은 東大寺 大佛造營 때에 도금에 필요한 황금 900량을 바쳐 종5위상에서 7단계를 뛰어넘는 종3위로 승진되었다. 이런 경우가 아니면 족성이 낮은 하급관인의 경우는 대부분 8위에서 머물다 퇴직한다. 청원자의 경우는 무위에서 출발하여 6년마다 근무평정하여 평균 「中中」의 평가를 받아 종8위하에 오른 것이다. 그의 나이 52세이면 당시 관인으로서는 고령에 속하고 향후 10년내에 2단계 승진도 기대하기 어렵다. 그의 꿈은 해상군의 郡領家로서 지위를 세습하고 있던 고향의 郡司가 되는 것이다. 이 시기에 大領으로 있던 형이 사망했다고 추정되며, 연령과 경력으로 보아 자신이 유력한 계승자로 자임하여 자천 형식의 청원서 상신했다고 생각된다.

선서령「郡司」조에는 품성이 청렴하며 식견이 있고 시무를 감당할 수 있는 자를 大領으로 삼고, 大領은 외종8위상, 少領은 외종8위하를 서임한다고 규정하고 있다. 그 분주에는 "大領少領, 才用同者, 先取國造"이라고 하여, 대령, 소령의 임명은 재능이 같으면 우선적으로 國造를 취한다고 하듯이 지방 호족이 우선 등용대상이고, 대령은 외종8위상, 소령은 외종8위하를 임명하고 있다. 특히 청원인 他田日奉部直神護의 관위는 종8위하라는 外位가 아닌 內位의 관위를 갖고 있어 大領의 지위에 충분한 자격조건을 갖추고 있었다.

근무평정을 통한 승진과 보직을 정하는 것은 조정의 권한이고, 정해진 시스템에 의해 운영되는 율령제 사회에서 관인 자신의 보직 변경을 신청하는 것은 흥미로운 사례이다. 이 경우는 지방호족의 자제가 궁중의 舍人으로 출사하다가 郡領家의 지위를 세습하는 관례를 적용한 것으로 특별한 사유가 없으면 승인하는 것이다. 아마도 대령직에 있던 그의 형이 사망한 까닭에 중앙관사에서 경력을 쌓은

神護가 郡家에서 추천을 받았다고 보이고, 청원한대로 해상군을 관할하는 대령 직에 임명되었을 것으로 생각된다.

제2장 法令과 正稅帳에 보이는 지방관의 민정시찰

제1절 지방관의 민정시찰과 근무평정

율령제의 성립 이후 지방은 國-郡-里로 이어지는 행정체계로 이루어지고, 1국을 통솔하는 국사는 관할지역의 郡을 지휘, 감독하고, 郡司 역시 관할지역의 里의 행정을 감독하였다. 특히 국의 장관인 國守의 직무는 방대하여 중앙의 8성의 장관보다 업무가 많으며 관내를 순회하며 민정 등을 살펴야 하는 광역의 행보가 수반되었다.

직원령 「大國」 조에는 國守의 직무에 대해 규정하고 있다. 8세기 율령제 국가의 국은 68개국(對馬, 壹岐 포함)으로 大國 13국을 비롯하여 上國은 35국, 中國은 11국, 下國은 9국이다. 국수의 직무는 대동소이하지만, 동북지방이나 서해도제국과 같이 군사상의 요충지 혹은 외국사절이 왕래하는 지역에서는 그에 상응하는 역할이 부여되고 있다. 주요 직무에는 제사를 필두로 호구 파악과 과세 대장인 호적과 계장의 작성, 토지의 관리, 농잠을 권장하여 백성들의 생활을 안정시키고, 범법행위에 대한 규찰, 인재의 추천, 효행을 기리는 일이다.

또한 양천의 신분질서를 명확히 하는 일도 주요 직무였다. 예컨대 신분상으로 원래 양민이었는데 어떠한 사정으로 천민으로 호적에 기재되어 소송이 발생하는 일도 종종 발생하였고, 신분에 따라 과역을 부과하는 대상도 다르기 때문에 신분 구별은 중요한 문제였다. 이외에도 징세와 보관창고, 군단 소속의 병사, 병기와 의장 및 악기, 우역과 전마, 봉수, 성 및 목장의 실태를 조사하고, 사찰과 승려의 명적을 관리하는 일까지 지방사회의 정치, 경제, 사회, 치안, 사법 등 전반에 걸쳐 관리감독하는 임무가 부여되어 있다.

한편 郡의 경우에는, 戶令 「大郡」 조에 郡領이 관할 군내의 백성을 생활을 안정시키고 군의 사무와 검찰하는 직무가 법령에 규정되어 있다. 율령제 시행 이전의 지방호족인 國造는 지방사회에 군림하며 막강한 권한을 행사했지만, 國郡制 이후에는 상급관청의 감독과 지시를 받고 율령의 규제 속에서 지방행정을 담당하였다. 중앙에서 내려온 공적인 법령을 시행하기 위해서는 현지조사가 필수적이다. 따라서 민정시찰이라는 명목으로 국사의 관할 지역의 순행은 행해지게 되었다.

戶令「國守巡行」조에는 國守의 순행에 대한 조문이 규정되어 있다.

"무릇 국수는 매년 속군을 순회한다. 풍속을 살펴보고 생활의 상태를 묻고, 누명죄나 억울한 일은 없는지를 살핀다. 정치와 득실을 상세히 살펴서 백성의 고통과 근심을 알고, 오교를 깨닫게 하고 농사에 힘쓸 것을 권한다. 관내에 학문에 뛰어나고, 도를 알며 충효와 청백리, 덕행으로 향리에서 알려진 자가 있으면 천거하여 올린다. 효행하지 않고 예에 어긋나고 법령을 따르지 않는 자는 조사해서 바로 잡는다. 郡內에 논을 개간하고 산업을 일으키고 예교가 시행되고 금제가 행해지면, 郡領을 「能」으로 삼고, 그 경계에 들어서니 사람이 궁핍하고 농사일이 엉망이고 도둑이 생기고 송사가 많아지면 군령을 「不」로 삼는다. 만약 郡司가 관에 있으면서 청렴하고 사사로움을 꾀하지 않고, 바른 모습과 절조가 있고, 명예를 꾸미는 일이 없으면 반드시 이를 살핀다. 그 마음이 탐욕하며 지저분하고, 아첨하고 명예를 구하며, 공적으로 절제한다는 소문이 없으면서 개인 재물이 날로 늘어나는 자는, 또한 이를 살핀다. 그 정치상의 치적의 能不과 행함의 善惡은 모두 기록해서 考狀에 넣어 포상과 징계의 기준으로 삼는다. 일에 침해가 있으면, 考狀이 도착하기를 기다릴 수 없을 때에는 일에 따라 처리한다".

.

상기 조문은 직원령에 나오는 내용을 보다 구체적으로 설명하고 있다. 첫머리에 "國守는 매년 屬郡을 순회한다"라고 되어 있다. 풍속과 생활의 상태를 묻고 억울한 일은 없는지를 살피는 일은 국수의 1차적인 직무에 속한다. 이것은 직접 현장을 확인하지 않으면 정확한 실태를 파악하기 어렵고, 백성의 삶의 현실을 보고 판단하는 것이다. 五敎와 충효, 청백리, 덕행 등은 유교적 덕치주의의 근본이며 군주의 이상적인 정치관이다. 지방사회에 이러한 도덕관을 정착시키는 일이야말로 천황제 율령국가의 안정을 위해 필요한 일이기 때문이다.

따라서 國守가 현장을 지휘하는 군령에 대한 평가도 여기에 기초하고 있다. 민생과 관련해 농지의 개간 및 농업을 융성시키고, 예교를 일으킨 군령에게는 「能」이라고 우수한 평가를 내리고, 탐욕과 가식, 아첨과 명예를 추구하는 자에게는 「不」을 내려 포상과 징계의 기준으로 삼는다. 근무평정은 법령에 규정되어 있는 관인의 승급에 관련된 중요한 기준으로 관료제 사회를 유지해 나가는 근간이기도 하다. 소수의 족벌귀족들이 고위관직을 독점하는 현실 속에서도 탐욕과 악행으로 나쁜 평이 나면 좌천되는 일도 있어, 관인세계에서의 좋은 고과를 받는 일은 관료제 사회의 균형과 발전을 위해서도 매우 중요한 일이었다.

考課令「考郡司」조에는 국사가 군사를 평가하는 기준이 나온다.

"무릇 국사는 郡司의 行能功過를 세워 4등급의 순위를 세운다. 청렴하고 신중하고 공무에 힘쓰고, 맡은 일을 분명하기 살피는 부류는 上으로 삼는다. 관에 있으면서 태만하지 않고, 일하는데 사사로움이 없으면 中으로 삼는다. 그 직무에 힘쓰지 않고, 자주 잘못을 범하는 부류는 下로 삼는다. 공공을 등지고 사사로움을 좇고, 탐욕과 탁함이 있는 부류는 下下로 삼는다(중략) 매년 국사는 고과를 매길 때는 대면하여 정한다. 끝나면 자세히 기록하여 朝集使에 부쳐 省에 보낸다. 下下의 자는 당년에 검토하여 즉시 해임한다".

앞에서 郡司에 대해 공무에 충실하고 민생을 잘 살피느냐에 따라 能, 不이라는 이분법적인 평가의 규정이 있는데, 「考郡司」조에는 이를 구체화하여 上, 中, 下, 下下의 4등급으로 구분하고 있다. 「行能功過」라고 하여 실행능력에 따른 공적과 과실을 판단한다는 것이다. 직무가 세분화되어 있는 중앙관사의 내외문무관은 9등제를 채택하고 있어 郡司의 4등급제와는 차이가 있다. 평가의 기본은 청렴하고 공공의 이익을 위한 것인지, 사적인 탐욕을 추구하는지에 따라 공과를 가리는 것이다.

이와 관련하여 戶令「國郡司」조에는, "국사, 군사가 관할지역에 검교하는 경우에, 백성의 迎送을 받거나, 산업을 방해 혹은 멈추게 하고, 물품을 제공받고 번잡하게 어지럽게 할 수 없다"라고 규정하고 있다. 국군사의 현지 순시 때에 送迎 및 접대, 물품의 상납 등의 행위에 대해 엄격히 규제하고 있다. 이것은 민생시찰의 명목으로 현지 관청, 백성들을 고통을 주거나 번거롭게 하는 일이 일어나지 않도록 하는 조치이다.

고과의 방식은 대면으로 하고 관련기록은 朝集使를 보내 전한다. 문관인 경우에는 식부성에 보내고, 무관은 병부성으로 보내면 고과 기록에 근거해서 최종 결과를 확정하여 통보한다. 최하등급인 「下下」을 받으면 즉시 해임한다고 되어있지만, 국사가 임의대로 해임하는 것이 아니라 상부의 통보를 받은 직후에 시행된다. 考課令「內外官人」조에 「待符報卽解」라고 하듯이 식부성에서 국사에게 내린 결과문(符報)에 의한다.

한편 국가에서 볼 때 국가 재정의 근간이 되는 호구의 증가와 토지의 관리가 중시되고 있다. 고과령 「國郡司」조에는 다음과 같은 조문이 나온다.

"무릇 국사와 군사는 (백성을) 보살피는 방도가 있어, 호구를 늘리면, 현재의 戶에 준하여 10分으로 만들어 논한다. 1分이 증가하면 국군사〈掾 및 少領 이상을 말한다〉는 각각 考 1등을 올리고, 1분이 늘어날 때마다 1등을 올린다〈增 戶는 課丁이 증가함을 말한다. 1丁은 1호로 한다. 次丁은 2口, 中男 4口, 不課 戶 6구마다 각 1丁으로 삼는다. 호적에서 삭제된 경우에는 (增戶로) 상쇄할 수 있다〉. 만약 보살피는 방도가 잘못되어 호구가 줄으면, 각 증호의 법에 준하고, 역시 1분이 줄어들면 1등을 내린다. 1분 줄어들 때마다 1등을 내린다〈課, 不課 는 모두 위의 규정에 준한다〉. 농사를 권장하여 능히 풍족하게 심으면, 또한 현 토지에 준하여 10분으로 만들어 논한다. 2분 증가하면 각 考 1등을 올린다. 2 분 증가할 때마다 1등을 올린다〈熟田 외에 별도로 개간하여 생긴 것을 말한다〉. 권농을 행하지 않아 줄어들어 손실에 이르면〈熟田 중에 황폐화된 것을 말한다〉, 1분의 손실이면 考 1등을 내린다. 1분 손실 때마다 1등을 내린다. 만약 여러 곳에 공이 있어 아울러 考를 올려야 하면, 또한 거듭 더하도록 한다".

상기 조문에는 호구의 증가분을 10등분하여 1分을 늘리 때마다 국군사의 考를 1등씩 올린다고 규정되어 있다. 호의 증가는 과역 부담자가 늘어남으로 그만큼 국가재정도 확보되는 것이다. 반면 호구가 줄어들면, 1分 감소할 때마다 1등을 내린다. 또 농지를 개간하여 증가시키는 일에 대해, 현재의 토지를 기준으로 10등분으로 나누어 2분 증가시키면, 考 1등을 올리고, 2분 증가시킬 때마다 1등씩 평가를 올려주는 것이다. 역으로 현 토지의 관리를 잘못해서 토지의 질이 악화되어 수확량이 줄어들 경우에는, 손실이 1분이면 1등을 내리고, 매 1분 손실 때마다 1분씩 내린다고 규정하고 있다. 다만 국군사가 여러 공적이 있는 경우에는 이러한 손실을 상쇄할 수 있다는 별도의 조치도 취하고 있다.

이상에서 살펴봤듯이 지방행정의 담당자인 국사와 군사는 포상과 질책을 동시에 규정한 법령에 의식하지 않을 수 없다. 중앙권력의 대행자로서 지방행정을 책임지는 국군사의 책무는 무겁고 이를 유지하기 위해 백성들이 감내해야 하는 고통도 매우 컸을 것으로 생각된다. 지방의 민생은 이러한 말단 행정 담당자의 관리감독과 백성들의 희생 속에 유지되고 있었다.

제2절 周防國 正稅帳에 보이는 국사의 순행

정세장에 남아있는 국사의 순행 기록을 검토해 보자. 정세장은 제국에서 한 해의 正稅의 수입과 지출을 기록한 수지결산보고서이다. 정세는 백성들에게 반급한 구분전의 조세를 말한다. 구분전 1段에 벼 2束 2把를 수납하는데, 대략 수확고의 3% 정도를 징수한다. 여기에 出擧라고 하여 백성들에게 도곡을 대여하고 수확기에 이자를 붙여 수납하는 것이다. 이 정세장은 매년 국사 중에서 正稅帳使를 임명하여 태정관에 올리고, 다시 민부성을 거쳐 主稅寮에서 감사를 받게 되는 것이다.

국사의 순행에 관해 비교적 상세히 기록되어 있는 정창원에 남아있는 天平 10년(738)의 周防國 정세장에 대해 검토해 보자[1].

---

1 『大日本古文書』2-134~137.

【자료 1】 周防國 正稅帳

[周防國天平十年正稅帳史生大初位上秦連國麻呂](접속부분)

"國司巡行壹拾參度[守四度, 掾九度, 目十度, 史生十二度], 將從陸拾貳人, 合玖拾柒人, 單壹仟玖伯柒拾壹人[目已上四百五十人, 史生二百七十人, 將從一千二百五十一人], 食稻陸伯陸拾參束參把, 酒陸斛陸斗陸升, 鹽參斗·玖升肆合貳勺, 直稻陸束伍把壹分[以一束充六升], 食法[史生已上, 人別日稻四把, 將從人別日稻三把, 目已上人別日酒一升, 史生日酒八合, 將從已上人別日鹽二勺]".

위 기록은 천평 10년(738)의 1년간 주방국의 국사가 순행 기록을 통계한 것이다. 순행의 총횟수는 13회이고, 國守가 4회, 3등관은 掾이 9회, 4등관 目은 10회이고, 서기관인 史生의 동행은 12회에 이른다. 그리고 순행 시에 수행한 종자는 62인이고, 이를 합하면 순행에 참여한 직위별 인원은 97인이다. 이를 연인원으로 하면, 目 이상이 450인, 史生 270인, 종자 1,251인으로 1,971인이 된다. 여기에 장관인 국수가 4회 순행했으나 이를 합하면 연인원은 1,975인이다. 다음의【표 1】은 위 사료를 정리한 것이다.

【표 22】 국사의 순행과 지급품

직위	횟수	연인원	식량	술	소금	直稻
國守	4회	4인	1일/4把	1일/1升	1일/2勺	6束5把1分
掾	9회	450인				
目	10회					
史生	12회	270인		1일/8合		
종자	62인	1,251인	1일/3把	미지급		
합계		1,971인	663束3把	6斛6斗3升	3斗9升4合2勺	

※ 1斛(10斗=100升=1000合=10,000勺), 穎稻1束(穀10升, 米5升, 米4.5升, 10把)

여기에 소요된 지출내역도 기록되어 있다. 식량은 도곡 663속 3파, 술 3곡 6두 6승, 소금 3두 9승 4합 1작이고, 물품 구입비로 사용하는 直稻는 6속 5파 1푼이다. 그리고 食法이라고 하여 순행에 참여한 사람들에 대한 배급량에 대해서도 기술하고 있다. 식량은 史生 이상은 1인당 1일 4파, 종자는 3파이고 술 배급은 目 이상은 1일 1승, 사생은 8합이고, 소금은 종사 이상 2작을 지급하고 있다.

식량과 술 배급에는 신분에 따른 차이가 있지만, 종사에게는 술을 주지 않는다. 소금은 모두 동일하게 지급하고 있다. 보통 지방관이 시찰할 때에는 현지에서 대접하는 경우도 있는데, 위 정세장에 따르면, 모두 시찰하는 쪽의 부담으로 되어 있다. 이른바 출장비 명목으로 식량, 술, 소금, 필요한 물품 구입비 등이 제공되고 있다. 앞에서 戶令「國郡司」조에 나오는 국군사가 관할지역에서 물품, 향응을 제공받을 수 없다고 규정하고 있듯이 순행의 경비는 해당 國, 郡에서 지출되었다.

다음은 사안에 따른 순행의 내역을 살펴보기로 한다.

① 撿催産業國司壹度[掾一人, 史生一人], 將從參人, 合伍人, 二十日, 單壹伯人 [掾二十人, 史生二十人, 將從六十人], 食稻壹拾肆束. 酒參斗陸升, 鹽貳升.

② 依恩勅賑給穀國司壹度[掾一人, 史生一人], 將從參人, 合伍人, 十七日, 單 捌拾伍人[掾十七人, 史生十七人], 將從伍拾壹人, 食稻貳拾捌束玖把, 酒參 斗陸合, 鹽壹升柒合

③ 從造神宮驛使國司壹度[掾一人, 目一人, 史生一人], 將從伍人, 合捌人, 二十五日, 單貳伯人[目已上五十人, 史生二十五人, 將從一百二十五人], 食 稻陸拾柒束伍把, 酒柒斗, 鹽肆升.

④ 春夏二時借貸幷出擧雜官稻國司壹度[掾一人, 目一人, 史生一人], 將從伍 人, 合捌人, 四十二日, 單參伯參拾陸人[目已上八十四人, 史生四十二人, 將 從一百二十五人], 食稻壹伯壹拾　　參束肆把, 酒壹斛壹斗柒升陸合, 鹽陸 升柒合貳勺.

⑤ 責手實國司壹度[掾一人, 目一人, 史生二人], 將從六人, 合壹拾人, 二十日,
　　單二伯人[目已上四十人, 史生四十人, 將從一百二十人], 食稻陸拾捌束, 酒
　　柒斗貳升, 鹽四升.

⑥ 賑給義倉國司壹度[掾一人, 目一人], 將從肆人, 合陸人, 六日, 單參拾陸人
　　[目已上十二人, 將從二十四人], 食稻壹拾貳束, 酒壹斗貳升, 鹽柒合貳勺.

⑦ 撿田得不國司壹度[掾一人, 史生一人], 將從參人, 合伍人, 二十七日, 單壹
　　伯參拾伍人[掾二十七人, 史生二十七人, 將從八十一人], 食稻肆拾伍束玖
　　把, 酒肆斗肆升, 鹽壹升柒合.

⑧ 撿牧馬牛國司壹度[掾一人, 目一人], 將從肆人, 合陸人, 十二日, 單柒拾貳人
　　[目已上二十四人, 將從四十八人], 食稻壹拾肆束, 酒壹斗肆升, 鹽捌合肆勺.

⑨ 撿驛傳馬等國司壹度[掾一人, 目一人], 將從肆人, 合陸人, 七日, 單肆拾貳
　　人[目已上十四人, 將從二十八人], 食度壹拾肆束, 酒壹斗肆升, 鹽捌合肆勺.

⑩ 撿調庸國司壹度[守一人, 目一人, 史生二人], 將從柒人, 合壹拾壹人, 十八
　　日, 單壹伯玖拾捌人[目已上三十六人, 史生三十六人, 將從一百二十六人],
　　食稻陸拾陸束陸把, 酒陸斗肆升捌合, 鹽參升玖合陸勺.

⑪ 推問消息國司壹度[守一人, 目一人, 史生一人], 將從陸人, 合玖人, 十五日,
　　單壹伯參拾伍人[目已上三十人史生十五人, 將從九十人], 食稻肆拾伍束, 酒
　　肆斗貳升, 鹽貳升柒合.

⑫ 從巡察驛使國司壹度[守一人, 目一人, 史生一人], 將從陸人, 合玖人, 十六
　　日, 單壹伯肆拾肆人[目已上三十二人, 史生十六人, 將從九十六人], 食稻肆
　　拾捌束, 酒肆斗肆升捌合, 鹽貳升捌　　合捌勺.

⑬ 收納官稻國司壹度[守一人, 目一人, 史生一人], 將從陸人, 合玖人, 三十二
　　日, 單貳伯捌拾捌人[目已上六十四人, 史生三十二人, 將從一百九十二人],
　　食稻玖拾陸束, 酒捌斗玖升陸合, 鹽伍升柒合陸勺.

【표 23】순행 분류

	분류	직위					기간	연인원	식량	술	소금
		守	掾	目	史生	종자					
①	산업		1인		1인	3인	20일	100인	14속	3두6승	2승
②	은칙		1인		1인	3인	17일	85인	18속9파	3두6합	1승7합
③	신궁		1인	1인	1인	5인	25일	200인	67속5파	7두	4승
④	출거		1인	1인	1인	5인	42일	336인	113속4파	1곡1두	6승7합2작
⑤	수실		1인	1인	2인	6인	20일	200인	68속	7두2승	4승
⑥	진휼		1인	1인		4인	6일	36인	12속	1두2승	7합2작
⑦	수확		1인	1인	1인	3인	27일	135인	45속9파	4두4승	1승7합
⑧	우마		1인	1인		4인	12일	72인	14속	2두4승	1승4합4작
⑨	전마		1인	1인		4인	7일	42인	14속	1두4승	8합4작
⑩	조용	1인			1인	2인	7인	18일	198인	66속6파	6두4승8합	3승9합6작
⑪	추문	1인			1인	1인	6인	15일	135인	45속	4두2승	2승7합
⑫	역사	1인			1인	1인	6인	16일	144인	48속	4두4승8합	2승8합8작
⑬	관도	1인			1인	1인	6인	32일	288인	96속	8두9승6합	5승7합6작

상기 사료는 周防國 正稅帳에 보이는 1년간 모두 12회에 걸친 주방국 국사의 순행기록이고, 【표 2】는 동 기록을 사안별로 분류한 것이다. 주방군은 고대의 山陽道에 속하고, 현재의 山口縣 동남부의 세토내해 연안에 있는 지역에 위치하고 있다. 『和名類聚抄』에 의하면 주방군 산하에는 大島郡, 玖珂郡, 熊毛郡, 都濃郡, 佐波郡, 吉敷郡의 6개 군이 있고[2], 그 밑에 40개의 鄕이 분포되어 있고, 전답의 면적은 7834町 3反 269步이다. 天平 10년(738)의 周防國 정세장에 의하면, 이해의 正稅는 198만 9200속 7파 9분이라고 기재되어 있다[3].

【표 2】에서 보듯이 순행에 참여한 국사는 守, 掾, 目으로 4등관 중에서 차관에

---

2 『續日本紀』에 의하면, 養老5년 4월에 熊毛郡에서 玖珂郡이 分置되어 6개의 郡이 되었다.
3 『大日本古文書』2-143.

해당하는 介가 없다. 職員令에 의하면, 대국과 상국은 4등관제로 되어 있으나 中國은 守 1인, 掾 1인, 目 1인, 史生 3인으로 차관인 介가 없다. 天平期에 주방국은 中國[4]이기 때문에 4등관 중에서 차관 직위가 없다. 즉 4등관 3인과 그 밑의 서기 직무를 사생 2인이 연간 13회의 민정시찰에 나서는 것이다. 여기에 현지에서 고용된 잡역부가 이들 순행에 보조역할을 한다.

순행의 일수를 보면, 守 81일, 掾 176일, 目 220일이고, 사생 3인이 교대로 232일을 동행하고 있다. 전체의 순행 일수는 257일이다. 4등관 중에서 國守의 순행은 4회, 掾은 9회, 目은 10회, 사생은 10회이다. 또 국수의 순행 시에는 掾, 目, 史生이 모두 동행하고, 守를 제외한 掾, 目이 동행한 것은 6회, 掾 단독은 2회이다. 4등관인 目 단독으로 순행한 사례는 없다. 그리고 순행 일수는 7일에서 42일이고 평균적으로 약 19일이다. 이러한 통계수치를 보면, 국수는 1년의 4분의 1, 연은 2분의 1, 목은 3분의 2를 지방 순시에 보낸다. 사생 3인도 교대로 1년의 3분의 1은 순행에 동행하고 있다. 국사의 직무 중에 관내 민정시찰에 가장 많은 시간을 보내고 있음을 알 수 있다.

이들에게 지급되는 물품은 식량, 술, 소금이고 전체의 물품 구입비로 直稻라고 하여 총 6속 5파 11분이 전부이다. 국사에게 지급되는 식량 1일분 4把는 대보령의 도량형에서는 현미 1.2kg 정도이다. 이들 4인의 국사가 주방국내 6군 40향을 순찰한다고 볼 때, 그 여정은 강행군이다. 正稅帳에 보이는 傳使의 주방국 통과는 4일이고, 동으로부터 주방국 國府까지는 3일 정도이다[5]. 이것은 지방에서 왕경으로 갈 때의 대로를 통한 시간으로, 지역마다 순회하고, 때의 우천 등 기후도 고려해야 하기 때문에 실제의 여정에는 많은 장애와 고통이 뒤따른다.

---

4 『延喜式』에 의하면, 延曆 12년(793)에서 嘉祥 2년(849) 사이에 上國으로 승격되었다.
5 館野和己, 「古代周防國に展開する交通」, 『山口縣立大學學術情報』 15, 2020. 12쪽.

제3절 正稅帳에 보이는 순행의 유형

1. 농사와 전답

앞절에서 제시한 사료①은 산업의 실태를 조사하는 순행으로 농사에 관한 일이다. 戶令「國守巡行」조에 나오는 백성의 풍속을 살펴보고 생활의 상태를 묻고, 농업을 권장하는 것이다. 특히 "郡內에 논을 개간하고, 산업을 일으킨다"는 조문은 바로 이에 해당한다. 농민에게 반급되는 구분전과 농지를 늘리는 개간사업을 통해 소득의 증대와 조세의 확보에도 필요한 일이다. 사료②도 "농민의 소식을 추문한다"는 취지이고, 농번기에 농민의 실상을 파악하기 위한 순행이다.

사료⑦은 전답에서 산출되는 예상 수확률을 조사하는 것이다. 賦役令「水旱」조에는 수해, 가뭄, 병충해, 서리 등으로 흉년이 든 지역에는 국사가 조사하여 관에 보고하라는 조문이 있다. 수확량이 예상의 5할 이상 손실이면 租를 면제하고, 7할 손실이면 租, 調의 면제, 8할 이상이면 과역까지 차등적으로 면제하고 있다.

天平勝寶 5년(753) 9월 정미조에도 "토지의 작물이 흉작이어서 調, 庸의 한도가 면제될 경우에는 슈에 준거하여 처분한다[6]"는 칙이 내려졌다. 보다 구체적으로는 延曆 19년(800) 4월에 美濃國에서 태정관에 올린 사례이다. 이 상표문에 의하면, 미농국의 賀茂 등 4개군은 산지가 많고 토지가 척박하여, 7分 정도 수확하고 있는데, 지금 8分의 법에 의거하여 징수하고 있어 백성들의 부담이 크다는 하소연이 끊이질 않는다고 하자, 이에 태정관에서는 법령을 개정하여 시행하도록 천황에게 주상하여 승인받았다다[7]. 이것은 국사가 현지 사정을 중앙에 보고하여 그에 상응하는 조치를 얻어내고 있다. 국사의 순행의 목적을 잘 보여주는 사례라고 할 수 있다.

---

6 『續日本紀』天平勝寶 5년 9월 정미조.
7 『日本後紀』延曆 19년 4월 을유조.

2. 역병·재해와 진휼

사료②, ⑥은 진휼에 관한 순행이다. 진휼을 자연재해, 역병으로 백성의 삶이 고통받고 있을 때 혹은 새로 즉위한 천황이 은혜를 베푸는 은칙의 진휼 등이 있다. 특히 천평기에는 역병과 자연재해가 매년의 행사처럼 발생하고 있어 이에대한 국가의 대책이 행해지고 있다. 『속일본기』天平期에 나오는 몇개의 사례를 들어보기로 한다.

○天平 7년(735) 8월, 칙을 내려 "요즈음 대재부에 역병으로 사망자가 많다고 한다. 역병을 치료하고 백성의 생명을 구제하고자 한다"라고 하였다.

○天平 7년(735) 윤11월, 조를 내려, "재해와 이변이 자주 발생하고 역병도 멈추질 않으니 천하에 대사면을 내린다. (중략)홀아비, 과부, 고아, 독거노인과 질병으로 자활할 수 없는 자들은 관할 관사에서 헤아려 진휼한다"라고 하였다.

○天平 9년(737) 추7월, 大倭, 伊豆, 若狹 3국에 기근과 역병으로 백성을 진휼하였다.

○天平 19년(746), 2월, 大倭, 河内, 攝津, 近江, 伊勢, 志摩, 丹波, 出雲, 播磨, 美作, 備前, 備中, 紀伊, 淡路, 讃岐 15국에 기근이 들어 진휼하였다.

천평기에 대재부에서 발생한 역병은 중앙으로 전파되어 고위 관인을 비롯한 수많은 백성들의 희생이 있었다. 이에 대한 대책으로 제국에 의약과 식량을 보내 진휼하고 있다. 또 제국에서 일어난 재해는 국사의 보고에 의해 이루어지는 것으로, 국사의 순행은 바로 민생시찰이고 현지의 사정을 파악하고 중앙에 피해 복구를 요청하는 것이다.

부역령「水旱」조에도 수해, 가뭄으로 흉년이 든 지역의 상황에 대해 국사가 보고해야 할 책임이 있다. 또「義倉」조에는 1위 이하 백성, 잡색인에 이르기까지 호마다 粟를 취해 義倉으로 한다는 규정이 있어, 비상시에 국아의 곡물창고인 의창을 열러 진휼하는 것이다.

3. 우마와 역전마

사료⑧, ⑨는 우마에 관련된 순행이다. 말과 소는 교통과 물자의 운송, 군사, 의장용 등으로 사용되고, 농업에 불가결한 중요한 대상물이다. 구목령(廐牧令) 「驛傳馬」조에는, "역마와 傳馬는 매년 국사가 조사하고 살핀다"라고 하여 말의 관리는 국사의 중요한 직무중의 하나이다. 동 「官私馬牛」 조에는 官民의 말과 소는 매년 朝集使를 태정관에 보낸다고 규정하고 있듯이 관용 말 뿐아니라 개인 말이나 소도 국가 관리의 대상이 되고 있다. 따라서 교통의 요충지나 國, 郡에서는 驛家를 설치하고, 관영 목장을 운영하며, 군단에서는 말의 조련과 훈련을 시키고 있다.

구목령「須置驛」조에는 30리마다 1역을 설치하고,「置驛馬」조에는 전국의 7도에 말을 배치하는데, 대로에는 20필, 중로에는 10필, 소로에는 5필의 말을 두고 있다. 관인이 공무로 출장갈 때에는 국가로부터 驛鈴을 지급받아 역마다 설치된 驛家의 역마를 말을 이용한다. 역가에는 驛使의 휴식과 숙박 시설을 갖추고 있고, 군 단위에는 郡家 마다 5필씩 傳馬를 두어 지역과 지역을 연결하는 통신과 정보 전달의 중요한 기능을 한다.

『延喜式』兵部省式에는 제국의 우마 목장에 대해, 周防國에는 조합마목(竈合馬牧), 원도우목(垣嶋牛牧)이 운영되고 있음을 기록하고 있다. 또 제국에서 사육하는 우마는 병부성에 보내야 하는데, 주방국의 할당량은 말 4필이다. 동 기록에는 주방국에 배치된 驛馬는 石國, 野口, 周防, 生屋, 平野, 勝間, 八千, 賀寶 6곳에 각 10필을 두고 있다.

국사는 관할지역에서 사육하는 우마의 목장, 역가에 있는 말의 상태를 점검하고 그 상태를 기록하여 태정관에 보고하는 규정도 있듯이, 우마 관리는 국사의 중요한 직무이고 순행의 목적이다. 상기 사료에는 우마의 목장 순행에 12일, 역가, 군가의 공용말의 실태조사에 7일을 소요하고 있다.

4. 手實과 出擧 및 調庸

다음은 사료④, ⑤, ⑩, ⑬의 계장의 작성 및 징세와 관련된 순행이다.

먼저 사료⑤의 手實에 관해서이다. 이미 앞절의 計帳에서 언급했듯이 과역을 부과하는 기본대장은 말단 행정단위인 鄕(里)의 각 호에서 작성하는 수실이다. 수실의 작성에는 호를 구성하는 호구의 인적사항을 기재하는데, 개개인의 신체상의 특징을 부기하고 있다. 만약 기재 시에 오류가 생기는 경우에는 국사에게 책임이 있고, 이를 바로잡아 상부에 보고해야 한다. 계장은 호적과 더불어 율령국가의 호구파악과 징세의 근간이 되기 때문에 국을 행정을 책임지는 국사의 책무는 매우 크다고 할 수 있다. 이때의 순행에는 국사, 사생 등 200인이 20일간 6개 군을 돌며 그 실태를 보고받고 점검한 것이다.

다음은 사료④와 ⑬은 出擧에 관한 순행으로 正稅로 징수한 稻를 농민에게 대부하고 이자를 함께 징수하는 제도이다. 雜令「以稻粟」조에는 벼와 조로 출거하는 경우에는 사적 계약으로 1년을 기한으로 하고, 개인 간에 이루어지는 사계약은 이자를 원금의 1배를 넘지 못하며, 관에서 출거하는 경우에는 그 절반인 원금의 5할로 규정하고 있다. 사료④에 나오는 借貸은 국에서 징수한 정세를 국사에게 무이자로 대부하면 이를 다시 사적으로 고리로 빌려주는 방식이고, 雜官稻는 驛家에 주어지는 驛起田에서 징수한 稻를 출거하여 이자를 취하는 것이다. 사료⑬은 국아에서 정세의 일부를 公用稻로 농민에게 대부하고, 회수하는 것이다. 공출거는 매년 봄, 여름 2번에 걸쳐 하는데, 봄에는 파종을 위한 종자 구입이고, 여름에는 식량부족, 고용노동을 위한 지출에 사용한다[8].

출거의 본래의 의의는 농업 재생산을 위한 조치이지만, 국사의 사적 수입이나 국아의 제반 경비로 충당하기 위해 사용하기 때문에 강제성이 커서 폐단도 적지

---

8 『續日本紀』天平17년(11월 경진(27일)에 내린 조에는, "제국의 公廨를 출거하는 稻의 한도를 대국은 40만속으로, 상국은 30만속으로, 중국은 20만으로 하고, 그 중에 大隅, 薩摩 양국은 각각 4만속으로 정하고, 하국은 10만속으로 그 중에 飛驒, 隱岐, 淡路 3국은 3만속으로 하고, 志摩國, 壹伎嶋은 각각 1만속으로 정하였다"라고 하여, 제국에서 출거하는 정세의 수량을 규정한 내용을 기록하고 있다.

않다. 『속일본기』天平 6년 5월조에, "어리석은 백성들은 앞다투어 빌리는데 징수의 날에 이르러서는 갚을 준비가 전혀 되어 있지 않아 재물은 이미 바닥이 나서 마침내 전지와 가옥으로 상환하게 된다"라고 하고, 동 寶龜 10년 9월조에는, "근년에 백성들이…무거운 계약을 맺어 강제로 저당한 재물을 취하기도 한다. (중략)궁핍한 백성은 이를 상환하느라고 점점 집안이 파산하게 된다"라고 하는 사태에 직면하고 있다. 정창원문서 중에도 「申請出擧錢事」라는 제하의 출거를 위해 錢을 빌리는 차용신청문이 보이고 있다.

國, 郡에서는 정세장과 郡稻帳에 출거의 총액, 미납 손실액 등을 기록하여 보고하고, 국아의 재정에 주요 수입원이기 때문에 출거에 대한 구체적인 사항을 파악하는 일은 국사의 중요한 직무이다. 이 출거의 순행에는 사료④에서는 42일간 336명이라는 최대의 일수와 인원이 참여하고 있고, 사료⑩ 역시 32일에 288인의 장기의 일수와 인원이 동원되고 있다.

사료⑩은 調, 庸의 징수를 위한 순행이다. 조와 용은 과역 대상자에게 징수하는 인두세이다. 調는 각국에 규정된 물자를 8월말에서 징수하기 시작하여 郡家와 國衙 관아에 보관된 후, 목간이 부착되어 11월말까지 왕경으로 운반한다. 庸은 노역에 대한 대납물로 民部省에 수납하여 중앙정부이 재원에 사용한다. 국사의 역할은 이들 물품이 제대로 수납되어 있는지를 각지에 순회하며 조사하는 것이다.

5. 造神宮驛使와 巡察驛使

사료③은 造神宮驛使라는 명칭에서 보듯이 국사가 중앙에서 주방국에 神宮 조영을 위해 파견된 사자를 수행한 순행이다. 『속일본기』에 보이는 천평 9년(737) 11월에 기내, 7도 제국에 사자를 파견해서 신사를 조영시킨 일과 관련이 있다. 사료⑫의 巡察驛使는 순찰사가 주방국에 파견되었을때 동행한 사실을 말한다. 職員令 「太政官」조에, "掌巡察諸國"이라는 제국을 순찰하는 직무가 있다. 천평 10년(738) 10월에 7도 제국에 국사의 정무의 실태와 백성의 생활상을 조사시키기 위해 파견된 순찰사이다. 바로 이 시기는 전국에 역병이 유행하여 조정에서는 신사와 사찰에 기원하고, 백성들에 대한 구휼활동을 벌이고 있는 상황을 말해주고 있다.

이상 정세장에 보이는 주방국 국사의 순행을 통해서 당시의 지방관이 어떠한 절차와 방법으로 지방사회를 관리, 감독하고 있었는지를 파악할 수 있다. 국사의 직무 중에 상당 부분은 순행이었으며, 농민과 농업, 징세, 우마의 실태, 진휼 등의 문제들이다. 율령제가 이완되기 시작한 8세기후반이 되면 비리와 탐욕적인 국사가 빈출하지만, 율령제 국가의 지방사회를 유지하는데에는 국사의 순행이 중요한 역할이 있었음을 말해주고 있다.

제3장 문서행정과 官印制度

제1절 고대 동아시아제국의 官印制

역사적으로 官印의 시원은 중국왕조에 있으며 황제권의 상징인 御璽와 더불어 官印制度로서 운용되었다. 漢代의 황제 통치조직으로 성립된 관료제 체계 속에서 황제의 어새는 詔書, 勅書, 誥命 등의 문서에 날인되었으며, 황제의 수족인 관원에게 수여된 官印은 중앙과 지방의 지배권을 행사하는 황제권을 대행하는 표징이었다[1]. 초기의 관인제는 기밀을 유지할 목적으로 공문서를 봉인하는 封泥의 형태로 인장을 압인하였다. 이후 후한대의 종이의 발명으로 문서행정에 획기적인 전환점을 맞이하였고, 관인제는 효율적이고 체계화되었다. 행정문서에 날인되는 官印은 황제의 명령을 수행하는 국가의 공문서임을 보증하는 도구이자 지배 시스템의 중요한 수단이었다.

대외적으로도 중국의 책봉, 조공관계를 맺고 있는 국가의 왕, 수장에게 인장을 하사하여 황제권의 외연을 확장하고자 하였다. 인장의 재질, 손잡이에 연결된 紐(끈)의 색깔, 동물의 형상도 다양하였다. 또한 국가별로 등급을 설정하여 수여자 및 받는자의 국명, 작호가 새겨진 金印, 銀印 등 印綬를 수여하여 동아시아제국과의 정치적 교류가 이루어졌다.

이후 중국대륙의 통일국가를 수립한 수당제국에서 시행된 율령제는 동아시아제국에 영향을 미쳤고, 법령에 규정된 관인제 및 행정문서 시스템은 국가운영의 주요한 모델이 되었다. 인장이 갖는 정치적 효과는 이미 입증되었으며 신라와 일본에서도 통일왕조의 수립과 동시에 도입되었다.

신라 문무왕 15년(675)에 백관 및 州郡에 銅印을 반포하여 官印制를 시행하였다[2]. 문무왕대의 관인의 보급으로 국새인 新羅國王印과 더불어 문서행정에 公印의 사용이 시작되었다. 官印이 지급된 백관은 중앙관사를 말하고 최고행정기관인 執

---

1 片岡一忠, 『中國官印制度研究』, 東方書店, 2008, 3~4쪽.
2 『삼국사기』 신라본기 문무왕 15년 춘정월조.

事部(후에 執事省)를 비롯하여 兵部, 位和部, 調部, 禮部, 倉部, 乘府, 司正府, 領客府, 左右理方府 등이다. 지방에는 통일기의 지방행정구역을 정비하는 과정에서 새로 편입된 광역의 지역에 새로 설치된 州 및 그 하부의 행정구역에 각각 州印 및 郡印을 주조하여 지급하였다. 문무왕 21년(681) 7월에 율령격식을 개정하고 전국에 알려 시행하라는 遺詔가 내려졌다[3]. 이 시기를 기점으로 관인제를 비롯한 신라왕권의 행정문서 및 정보전달 체계는 법령으로 체계화되었을 것으로 보인다.

한편 고구려에서는 대무신왕때 金璽와 兵物을 얻었는데 이를 「天賜」라고 하여 천명을 받아 왕위에 올랐다는 통치의 정당성을 시사하는 전승을 남기고 있다[4]. 또 신대왕 즉위시에 國璽 헌상기사가 나오고[5], 미천왕 즉위시에도 璽綬(옥새와 인수)를 바쳐 왕위에 올랐다고 하여 국새, 어새가 왕위의 상징으로 기록되어 있다[6].

일본에서는 701년 唐令을 모법으로 하여 만든 大寶令의 시행과 함께 법령에 따른 새로운 문서행정이 시작되었다. 천황을 중심으로 한 중앙조직의 확대와 지방 통치의 체계화에 따라 수많은 행정문서가 발행되었고, 여기에 날인되는 것이 公印이었다. 공문서에는 해당 부처의 관인의 서명이 들어가며, 날인과 서명은 대보령 시행 이후 공문서임을 확인하는 절차이자 문서행정의 증거주의 및 책임행정의 기본요소가 되었다. 고대일본의 관인제에 대해서는 문헌을 비롯하여 관인이 날인된 고문서, 고고학적 출토 자료 등 비교적 풍부하게 남아있어 비교적 명확히 파악할 수 있다.

제2절 官印의 제작과 날인제도

大寶令이 반포된 직후인 대보 원년(701) 6월에 다음과 같은 칙령이 내려졌다.

"勅, 凡其庶務, 一依新令. (중략) 是日, 遣使七道, 宣告依新令爲政及給大租之

---

3 『三國史記』新羅本紀 文武王 21년 7월 1일조.
4 『삼국사기』고구려본기 대무신왕 4년 12월조.
5 『삼국사기』고구려본기 신대왕 즉위년조.
6 『삼국사기』고구려본기 미천황 즉위년조.

狀, 并頒付新印樣[7]"

국가 행정서무는 새로 제정된 대보령에 의거하도록 한다는 칙령이다. 이에 따라 7도에 사자를 보내 반드시 新令에 따라 정무를 집행하고, 아울러 새로 제정된 新印의 형상도 알리도록 하였다. 새로운 법령의 시행과 함께 문서행정에 필요한 公印의 제작이 시작된 것이다.

이때의 「新印」은 제국의 國印으로 해석되어 왔으나[8], 국인이 실제로 제작된 것은 慶雲 원년(704) 4월이기 때문에 이보다 3년전에 제국에 국인의 형상을 알렸다는 것은 부자연스럽다. 오히려 천황의 內印으로 보는 설이 사실에 가깝다[9]. 천황의 御璽는 사용하지 않은 보기로서 이전부터 존재하였지만, 행정문서에 날인하는 행정용 내인은 이 시기에 처음으로 제작되었다. 내인은 천황권을 상징하기 때문에 대보령의 시행과 동시에 제작되어 공문서에 사용되었으며, 이를 계기로 천황제 국가의 문서행정 체계는 전반적으로 새롭게 정비되었다.

태정관의 官印인 外印의 제작 시기에 대해서는 별도의 기록이 남아있지 않지만, 중앙의 모든 관사를 통할하고 있다는 점을 상기할 때, 內印과 동시에 주조되었다고 생각된다. 따라서 이때의 「新印」은 단수의 인장이 아닌 내인과 외인을 포함하고 있다고 이해된다. 중앙관사에는 대보령 발령 직후에 내인 및 외인의 印影이 공포되었고, 이어서 제국에도 배포하였다. 대보령에서 내인은 국가 행정문서의 절대적인 위치를 점하고 있지만, 행정기관을 총괄하는 태정관의 외인도 대보령 시행과 더불어 제작되었다는 것은 거의 확실하다. 즉 내인이 있으면 상대적으로 외인의 존재를 말하듯이, 「新印」이란 公印의 핵심인 內印과 外印을 가리킨다고 생각된다.

---

7 『續日本紀』 大寶 원년 6월 기유조,

8 新日本古典文學大系 『續日本紀』 3, 岩波書店, 1992, 각주 17 및 補註 2-60 참조.

9 鈴木茂男, 「日本古印をめぐる二, 三の問題」 『書の日本史』 9, 平凡社, 1976, 鎌田元一, 「日本古代の官印」, 『律令公民制の研究』, 塙書房 2001(初出 1994), 242~244쪽.

文武天皇 즉위 5년째인 701년 3월에 大寶 원년으로 건원하면서, 新令에 의거하여 官名, 位號가 개정되었다. 이에 따라 제왕 14인, 제신 105인에게 위호를 고쳐서 신분에 따라 위계를 승진시켰다[10]. 이듬해 3월에는 6위 이하의 관인에 대한 관위 수여도 시작되었다. 이는 대보령 시행 직후, 내인과 외인이 제작되어 관위수여의 증명서인 位記에 사용되었음을 시사한다. 제국에는 이보다 3개월 늦은 6월에 新印의 형상이 공포되었다.

공인제 시행 이후 和銅 4년(711) 5월에는 관위수여에 관한 위조사건이 발생하였다. 대초위하 丹波史千足 등 8인이 外印을 위조하여 남에게 관위를 수여한 혐의로 信濃國으로 유배되었다[11]. 이 사건은 外印이 位記에 날인되어 관위를 수여하는데 사용되었음을 보여준다. 이는 양로령 제정기부터 외인이 위기에 사용되었다는 법령의 규정과는 달리 실제로는 대보령 시행기부터 사용되었다는 것을 말해준다[12].

한편 養老 公式令「行公文皆印」조에는 공문서에 날인과 관련하여 다음과 같이 규정되어 있다.

"凡行公文, 皆印事狀, 物数及年月日, 并署, 縫處, 鈴, 傳符剋数"

공문 작성 시에는 문서의 본문, 물건의 수량 및 연월일, 서명, 이음매, 鈴, 傳符의 剋數에 모든 항목에 날인하도록 규정하고 있다. 이는 작성된 공문서의 어느 부분에 날인할 것인지에 대한 기준을 명확히 제시하고 있다. 이 규정에 따르면 문자가 있는 공문서의 모든 부분에는 날인해야 한다. 즉 위조될 가능성이 있는 개소에 대해서는 모두 날인하는 것이다. 특히 이음매에 날인하는 것은 불의에 떨어져 나갈 경우, 해당 부분이 원래 어떤 문서에 속한 것인지를 식별하기 위해서이다. 鈴은 驛馬를 사용할 수 있는 증표이고, 傳符는 傳馬 사용의 허가증인데, 문서로 작성할 경우 해당 부분에 날인한다. 대보령의 반포와 동시에 시행된 儀制令

---

10 『續日本紀』大寶 원년 3월 갑오조.

11 『續日本紀』和銅 4년 12월 임인조.

12 鎌田元一, 앞의 논문(「日本古代の官印」, 239쪽)에서도 이 점을 지적하고 있다.

「公文」조에는 "公文에 연대를 표기할 때에는 모두 연호를 사용한다[13]"라는 연호의 규정과 주요 문자에 날인하도록 공문 행정을 체계화하였다.

상기 양로령의 조문은 앞서 시행된 대보령의 주석서인 「古記」에는 "内印은 제국에 보내는 공문에는 본문, 물건의 수량, 연월일, 鈴, 傳符의 剋數에 모두 날인한다[14]"라고 하는 조문이 나와있다. 즉 제국에 하달하는 모든 공문서에는 내인을 날인하도록 되어 있다. 다만 양로령에 보이는 문서와 문서 사이의 이음매(縫處) 부분에 날인하는 규정은 대보령에서는 보이지 않아 양자간에 차이가 존재한다. 그러나 大寶 연간 筑前, 豊前, 豊後의 서해도 제국의 호적에도 이음매에 국인이 날인되어 있어, 대보령 시행기에도 법령과는 달리 실제로 이음매에 날인하는 것은 양로령과 동일하게 적용되고 있음을 보여주고 있다. 대보령, 양로령 모두 국가에서 발행하는 모든 공문서에는 内印을 날인하도록 규정은 公印으로서의 내인의 성격을 말해주는 것이다.

이어 제국의 國印 및 중앙관사의 관인은 일정한 시간차를 두고 순차적으로 주조되어 시행되었다. 대보령이 시행된 3년 후인 慶雲 원년(704) 4월에는 鍛冶司에 명하여 제국의 國印을 주조하도록 하였다[15]. 직원령 「鍛冶司」조에는 단야사의 직무는 동, 철의 기물을 주조하는 일이지만("掌造作銅鐵雜器之屬"), 銅印의 주조 역시 동일한 방식이기 때문에 국인의 제작을 단야사에 맡긴 것으로 생각된다. 대장성의 속관인 典鑄司 역시 금, 은, 동, 철을 주조하는 직무가 있지만, 관인을 주조한 기록은 전하지 않는다. 이는 전주사의 직무가 단야사와 중복되어 있어 대보령 시행 초기에는 관사로서 제대로 기능하지 못했다고 보인다. 또한 文武 3년(699)에 설치되어 和銅開珍의 동전을 주조하고 있던 鑄錢司 역시 동전과 재질과 주조 방법이 동일한 銅印을 제작하는 것이 가능했지만, 실제로는 인장을 주조하지 않

---

13 「儀制令」26「公文」조, "凡公文應記年者, 皆用年号".

14 『令集解』公式令「天子神璽」條, "古記云, 内印, 下諸国公文則印事狀物數及年月日. 亦印鈴剋伝符署處".

15 『續日本紀』慶雲 원년 4월 갑자조.

았다. 아마도 화폐의 제작에는 기밀을 요하는 특수성이 있어, 국인의 제작과는 분리되었을 것이다. 이에 따라 국인의 주조는 이전부터 각종 기물의 주조를 담당하며 기술을 축적해 온 단야사에 일임한 것으로 생각된다.

『延喜式』內匠寮 조항에는 內印, 外印, 諸司印, 諸國印의 주조에 관한 기록이 보이며, 내장료 역시 公印을 제작하는 직무가 있었음을 알 수 있다. 『속일본기』神龜 5년(728) 8월조에 보이는 "칙을 내려 처음으로 內匠寮를 두었다"라는 설치기사가 나오고, 天平 16년(744)에 단야사가 폐지된 사실을 고려하면[16], 단야사 폐지를 전후한 시기에 공인의 제작은 내장료로 이관되었을 가능성이 있다[17].

경운 원년(704)에 단야사에서 제작한 국인은 전국의 60여국에 배포하였다. 60여개의 주형을 만들어 국명을 관칭한 「○○國印」이라는 정방형의 4자 인장으로 정형화되어 제작되었다. 정창원문서의 호적, 계장, 정세장 등의 공문서에는 제국의 國印이 날인되어 있어 대체적인 실상을 파악할 수 있다[18]. 이들 고문서군에 날인된 국인에 대해서는 기왕의 조사에 의해 그 印影이 상세하게 정리된 바 있다[19]. 아래에 예시된 印影에서 보듯이 글자의 형태는 전서체의 통일적인 자형을 보이고 있다.

---

16 『續日本紀』天平 16년 4월 갑인조.

17 公印의 제조 관사의 변천에 대해서는 仁藤敦史, 「公印鑄造官司の變遷について」(『國立歷史民俗博物館研究報告』79, 1999) 참조. 鍛冶司 폐지 이후에 공인제작은 典鑄司로 이전되었다는 설도 있고, 전주사가 內匠寮에 흡수되는 寶龜 5년(774) 이후에 내장료에서 관장했다는 지적도 있다. 다만 正史 등에 전주사의 公印 제작에 관한 기록이 없어 官印 제조와 결부시키는 것은 추정의 단계이다.

18 「大寶二年」이 날인된 서해도 제국의 호적은 실상 大寶 4년 이후에 이미 작성된 문서에 날인된 것으로 岸俊男의 논증에 의해 밝혀졌다(岸俊男, 「造籍と大化改新詔」, 『日本古代帳籍の研究』, 塙書房, 1973, 初出 1964), 제3부 1장 참조.

19 國立歷史民俗博物館編『日本古代印集成』, 1996, 동 「日本古印の基礎的研究」, 『國立歷史民俗博物館研究報告』79, 1999.

| 山背國印 | 大倭國印 | 河內國印 | 攝津國印 | 筑前國印 |

【자료 1】 國印[20]

한편 대보 원년(701) 6월에는 칙을 내려, 모든 서무는 新令에 의거하고, 國宰(國司), 郡司에게 大稅는 반드시 법령에 따라 잘 보관하고 이를 태만히 할 경우에는 처벌한다고 명하였다[21]. 이 기사는 이듬해인 대보 2년(702) 3월에 제국사에게 처음으로 열쇠를 지급하였다는 기록과 연관되어 있다[22]. 여기서 말하는 大稅는 제국에서 세금으로 걷어들인 正稅이고, 이를 보관하는 正倉의 열쇠를 국사에게 지급한 것이다. 즉 지방의 주요 재원인 정세를 보관하는 일은 국사의 주요 임무이다. 지방의 제국에는 이전부터 稅司가 관리하는 열쇠가 있었으나 새롭게 주조하여 국인에 앞서 지급하였고, 이후 대보 4년에는 국인을 배포하였다. 이러한 국인과 열쇠의 주조와 배포는, 대보령 시행을 계기로 중앙정부의 지방에 대한 행정 및 재정관리 체계의 정비의 일환이었다.

國印의 사용 용도에 대해서는 공문서에 한정되지 않고 세금으로 바치는 調, 庸의 직물류에도 날인되고 있다. 賦役令 「調皆隨近」조에는 이와 관련된 기록이 나온다.

"凡調, 皆隨近合成, 絹絁布両頭, 及糸綿囊, 具注國郡里戶主姓名年月日, 各以
國印, 印之"

즉 調로 보내는 絹, 絁, 布 및 糸, 綿에는 양단 부분에 國郡里 및 호주의 성명, 연월일을 기입하고 각각 國印을 날인하도록 규정하고 있다. 이는 국가에 세금으로 징수하는 調物에도 국인 날인이 적용되고 있음을 보여주고 있다. 즉 里 단위에서

20 龜谷弘明, 「調庸布絁墨書銘と徵稅機能」, 『國立歷史民俗博物館研究報告』 79, 1999, 印影 자료 참조.
21 『續日本記』 大寶 원년 6월 을유조.
22 『續日本紀』 大寶 2년 2월 을축조.

수합된 징세물이 국 단위로 집결된 후, 국사의 책임 아래 국인을 날인하고, 이후 일괄적으로 중앙으로 운송하는 시스템이다.

실제로 정창원에 남아있는 섬유제품 중에는 調, 庸으로 바친 布, 絁 등에 묵서명으로 공진자, 稅目, 공진 연월을 기록한 묵서명이 나오고, 글자 부분에 국인이 날인되어 있는 사례가 다수 확인되고 있다[23].

【자료 2】布에 날인된 信濃國印[24]

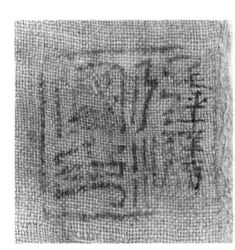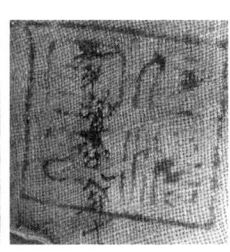

상기 자료는 「信濃國印」이 날인되어 있는 신농국에서 調로 바친 布의 일부이다. 이 調布에는 다음과 같은 묵서명이 남아있다[25].

「信濃國安曇郡前科鄕戶主安曇部眞羊調布壹端〈長四丈二尺/廣二尺五寸〉, 專當〈國司史生正八位上中臣殖栗連楫取/郡司主帳從七位上案曇部百嶋〉 天平寶字八年十月」

이 자료는 信濃國 安曇郡 前科鄕의 호주인 安曇部眞羊이 세금으로 바친 調布 1端이다. 길이는 4장 2척이고 폭은 2척 5촌이다. 이 調布의 점검은 專當國司가 담당하였으며, 그 기록은 신농국 國府에 소속된 史生 정8위상 中臣殖栗連楫取가 작성하였다. 그리고 安曇郡에서는 郡司인 主帳 종7위상 案曇部百嶋가 해당업무를 맡고 있었다. 史生은 4등관 체제의 國司에 포함되지 않은 하급관인이지만, 경우

---

23 松嶋順正編, 『正倉院寶物銘文集成』(本編, 圖錄), 吉川弘文館, 1978, 竹內理三編, 「調庸綾絁布墨書」, 『寧樂遺文』下卷, 東京堂, 1962.

24 福島正樹, 「古代國印の復元と課題」, 『國立歷史民俗博物館研究報告』79, 1999, 599쪽 자료 참조.

25 竹內理三編, 『寧樂遺文』下卷, 東京堂, 1962, 784쪽.

에 따라서는 사생 혹은 國醫가 담당한 사례도 있다[26]. 문서의 말미에는 천평보자 8년 10월의 연월이 명기되어 있다.

다음 사례는 「遠江國敷智郡竹田鄕戶主刑部眞須彌調黃絁六丈天平十五年十月」의 명문이 있는 調布이다. 여기에는 동일한 문장이 2개소에 명기되어 있다. 遠江國 敷智郡 竹田鄕에 거주하는 호주 刑部眞須彌가 調로 공진한 黃絁 6장이고 天平 15년 10월의 연월을 명기하고 물품의 수미와 말미 양쪽에 「遠江國印」이 날인되고 있다[27].

또 다른 調布에는 「越中國射水郡川口鄕戶主中臣部照麻呂戶調白牒綿一屯天平勝寶六年十月二十一日」의 내용의 묵서명이 있다. 越中國 射水郡의 川口鄕에 거주하는 호주 中臣部照麻呂가 調로 공진한 白牒綿 1屯이라는 의미이고, 天平勝寶 6년 10월 21일의 날짜가 명기되어 있다. 여기에도 「越中國印」이 날인되어 있다.

이와같은 묵서명과 날인은 전국의 60여개국에서 보내는 물품의 출처를 명확히 하기 위한 것으로, 국군리의 소재 및 공납의 주체가 구체적으로 드러난다. 각 조포에는 공진한 개별 호의 호주의 이름까지 명기하고, 마지막에는 국인을 날인하여 최종적으로는 국 단위의 공납절차를 완료되었음을 확인한 것이다. 이것은 율령의 규정과 실제의 행정문서의 내용이 일치하고 있고, 국가의 징세시스템이 순조롭게 작동하고 있었음을 잘 보여주고 있다.

대보령 시행 직후 內印과 外印 중심으로 이루어진 공인제는 慶雲 4년(707)의 제국의 官印을 주조하면서부터 본격화되었으며, 일정한 시차를 두고 중앙관사에도 관인이 지급되었다. 중앙관사에서는 8성의 필두이자 칙명의 전달과 관련있는 中務省 및 內侍司의 인장은 7省에 선행해서 사용한 것으로 추정된다[28].

이후 養老 3년(719) 12월에 式部省, 治部省, 民部省, 兵部省, 刑部省, 大藏省, 宮內省, 春宮坊 등에 관인이 배포되었다[29]. 公式令 「義解」에는 제관사의 印

26 今津勝紀, 「調庸墨書銘と荷札木簡」 『日本史硏究』 323, 1989, 22~23쪽.
27 杉本一樹, 「正倉院の纖維製品と調庸關係銘文」, 『正倉院紀要』 41, 2019, 160쪽.
28 鎌田元一, 「日本古代の官印」, 앞의 책, 262쪽.
29 『續日本紀』 養老 3년 12월 을유조.

에 대해 "省台寮司等, 各皆有印也"라고 기술되어 있듯이 양로령 제정 이후에는 8성을 비롯하여 탄정대, 각 성의 속관인 ○○寮, ○○司가 모두 독자의 관인을 갖추게 되었다. 대보령의 逸文인 「古記」에는 內印, 外印, 國印에 대한 규정이 보이지만, 중앙관사의 官印 기록은 없다. 그러나 양로령 제정 직후에 8성 등 중앙관사의 관인 규정이 들어가면서 중앙관사의 관인이 제작되었음을 알 수 있다[30]. 養老令은 양로 2년(718)에 제정되어 天平寶字 원년(757)에 시행되었으나, 양로령의 일부 조문은 대보령 시행기에 이미 적용되고 있었다[31].

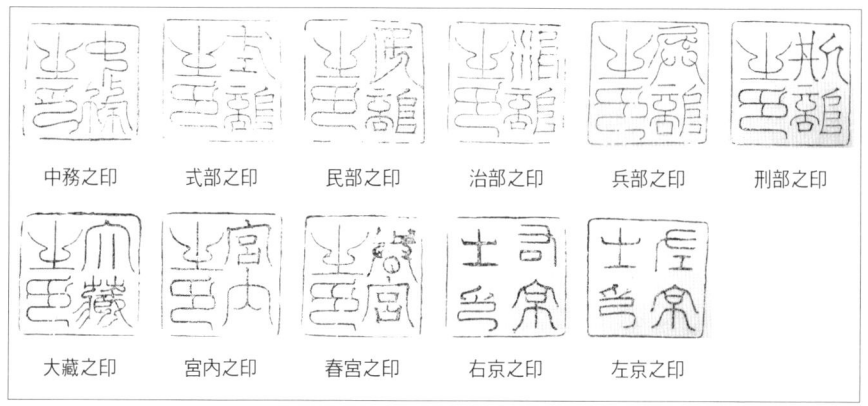

| 中務之印 | 式部之印 | 民部之印 | 治部之印 | 兵部之印 | 刑部之印 |

| 大藏之印 | 宮內之印 | 春宮之印 | 右京之印 | 左京之印 |

【자료 3】 八省, 春宮坊, 左右京職의 관인[32]

靈龜 원년(715) 5월에는 제국의 백성들이 통과하는 關所에서 印의 사용과 京職에 印의 사용을 허용하였다[33]. 이어 이듬해 5월에는 僧綱 및 和泉監에게도 印을 지급하였다[34]. 그리고 養老 2년(718) 8월에는 齋宮寮의 公印 사용을 시작하였다. 令外官인 齋宮寮가 이 시기에 사용되기 시작한 것은 특수 한 성격을 반영하는 것이다.

---

30 日本思想大系『律令』, 岩波書店, 1976, 657쪽, 補註40 참조.

31 井上光貞, 「日本律令の成立とその註釋書」, 日本思想大系『律令』, 岩波書店, 1976.

32 久米雅雄, 「日本古代印硏究」, 『國立歷史民俗博物館硏究報告』79, 1999, 印影 자료 참조.

33 『續日本紀』靈龜 원년 5월 신사조, 기축조.

34 『續日本紀』靈龜 2년 5월 정유조.

지방의 제국에서도 國府에서 사용되는 國印을 중심으로 부속 시설인 창고에는 倉印, 소속 군단에는 軍團印이 사용되었다. 특히 서해도 제국을 관할하는 大宰府에서는 「大宰之印」의 관인을 사용하였는데, 이 인장은 현존하는 大宰府公驗, 觀世音寺資財帳, 大宰府牒, 大宰府符에 날인되어 있고, 天平寶字(757~763)에서 寶龜 2년(771) 경에 주조된 것으로 추정된다. 또한 天平 16년(744) 정월에는 鎭西府에 관인이 지급되었다. 이는 天平 14년에 藤原廣嗣의 난으로 大宰府가 폐지되자, 그 대행기구로서 설치되었기 때문이다. 그러나 천평 17년(745) 6월에 대재부가 다시 부활하면서, 동 8월에는 대재부 관내의 제관사에 印 12면을 지급하였다[35]. 이 관인 12면에 대해서 大宰府 관할하에 있는 九州의 9國 3島의 인장으로 보기도 하지만, 대재부 관할하에 있는 12개 관사의 관인으로 추정된다[36]. 한편 대재부의 관할하에 있는 筑前國에 된 4개의 군단에도 관인이 확인되고 있다. 아래의 사진자료는 筑前國 관할 지역에서 발견된 御笠軍團, 遠賀軍團의 銅印이다[37].

【자료 4】軍團印

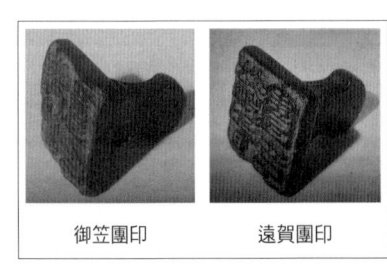

御笠團印   遠賀團印

율령제 시행 이후 國-郡-鄕(里)의 문서전달체계 속에서 郡印 및 鄕印도 사용되어 전국적으로 문서행정상의 公印制가 보편화되어 갔다. 郡印에 대해서는 國印과는 달리 법령이나 정사에도 별도의 규정이나 기록이 보이지 않으며, 아래의 影印 자료에서 보듯이 글자체도 통일되어 있지 않다. 아마도 郡印 이하의 관인의

---

35 『續日本紀』天平17년 8월 을축조, "給大宰府管内諸司印十二面".
36 이 12면에 대한 논점은 新日本古典文學大系『續日本紀』3, 岩波書店, 1992, 補註 16-20 참조.
37 狹川眞一, 「筑前にゆかりある印章の傳來經緯について」『國立歷史民俗博物館硏究報告』79, 1999.

경우에는 중앙에서 제작하여 보급하지 않고 중앙정부의 승인하에 군 자체에서 제작된 것은 아닌가 생각된다.

| 坂井郡印 | 山田郡印 | 十市郡印 | 愛智郡印 | 津高郡印 |

【자료 5】郡印[38]

국가불교의 홍륭에 따라 대사찰에서도 공적인 문서행정에 寺印을 사용하게 되었다. 寶龜 2년(771) 8월에는 官印을 주조하는 관할 관사에 명하여 僧綱 및 大安, 藥師, 東大, 興福, 新藥師, 元興, 法隆, 弘福, 四天王, 崇福, 法華, 西隆 등 제사찰에 寺印을 주조시켜 반급하였다[39].

이보다 앞서 稱德天皇의 총애를 받아 法王의 지위를 획득한 道鏡에게 天平神護 원년(749) 이래 승니의 度緣[40]은 모두 道鏡의 인장을 날인하였고, 동 3년에는 「法王職印」을 부여하였다. 한편, 淳仁朝에서는 권세가 藤原仲麻呂(藤原惠美押勝)에게 화폐의 주조권과 더불어 도곡의 출거시에 사용할 수 있는 「惠美家印」이라는 私印의 사용권을 부여하였다[41].

이와 같이 율령제 시행 이후 관인의 사용은 중앙 및 지방의 관사뿐 아니라 주

---

38 平川南, 앞의 논문, 印影 자료 참조. .

39 『續日本紀』寶龜 2년(771) 8월 기묘조.

40 출가, 득도한 사람에게 주는 증명서인 公驗. 公驗은 得度한 승니에게 수여하는 국가공인의 신분증명서, 度牒, 告牒이라고도 한다. 得度의 연유를 기록한 문서라는 의미에서 일반적으로 度緣이라 한다. 太政官이 발행하고, 治部省, 玄蕃寮의 담당관, 僧綱 등의 僧官이 서명하면 효력이 발생한다. 득도자의 사망, 환속하면 폐기된다. 授戒의 때에는 度牒은 폐기되고 대신 戒牒을 발행한다. 『令集解』「僧尼令」14「令釈」, 동 21「讚說」에 인용된 養老4년 2월4일格에는 "凡僧尼給公驗, 其数有三, 初度給一, 受戒二, 師位給三"이라고 되어 있다. 得度 시에 度緣, 受戒 시에 戒牒, 僧位를 받는 師位 시 등 3종이 있다.

41 『續本紀』天平寶字 2년(758) 8월 갑자조.

요 사찰, 권세가에까지 확대되었으며, 문서행정상의 국가 공권력의 상징이 되었고, 점차 제도적으로 정착되어 갔다.

제3절 公式令「天子神璽」조와 公印의 용도

公式令「天子神璽」조에는 天子神璽를 비롯한 內印, 外印, 諸司印, 諸國印에 대해 기술하고 있다.

> "天子神璽〈謂, 踐祚之日壽璽, 寶而不用〉內印〈方三寸〉五位以上位記, 及下諸國公文, 則印. 外印〈方二寸半〉六位以下位記, 及太政官文案則印. 諸司印〈謂, 省臺寮司, 各皆有印也. 方二寸二分〉, 上官公文及案移牒則印〈謂, 太政官及諸司與僧綱若三綱, 相牒之類是也〉. 諸國印〈方二寸〉上京公文, 及案調物, 則印."

이 사료는 국가의 공문서에 사용되는 公印의 사용에 대한 규정이다. 아래 자료 사진에서 보듯이 內印은 기타의 官印의 용어인 「○○○印」과는 달리 「天皇御璽」라는 명칭을 사용하고 있다. 이는 천자의 옥새를 의미하며, 여타의 관인과는 차별화된 인장임을 나타내고 있다.

또한 天子神璽에 대해 즉위하는 날에 바치는 壽璽이고, 이것은 보기라고 규정하고 있다. 즉 천자신새는 군주를 상징하는 즉위식에 사용하는 寶器이지 행정문서에 날인되는 인장이 아니다. 神祇令「踐祚」조에는 "忌部神璽之鏡劍"이라고 하여 忌部가 神璽인 거울과 칼을 바친다고 규정되어 있다[42]. 아울러 즉위 의례에서는 제사를 관장하는 中臣氏가 천신의 壽詞를 낭독하는 의식도 거행된다. 이에 대해 양로령의 주석서인『令義解』에서는 "璽는 信이고, 신명이 드러난 믿음, 즉 거울과 칼은 璽라고 칭한다"라고 해석하여, 신새는 신성한 믿음이 담긴 거울, 칼의 의미로 보고, 행정문서에 날인하는 인장으로 보지 않았다.

일본고대의 천황을 상징하는 3종의 신기는 거울, 칼, 옥을 가리키는데, 고분시대에 출토되는 유물에서도 확인되고 있다. 3종의 신기 중에서 玉은 일본건국신

---

42 「神祇令」13, 「踐祚」條.

화에 보이는 天照大神이 岩戸에 은신했을 때 신들이 세운 신나무에 장식했다고 하는 팔척경구옥(八尺瓊勾玉)으로부터 유래한다. 신새는 원래 임금의 어새, 옥새를 가리키지만, 공문서에 사용하지 않는 신성한 보기로 간주되었다. 실제로 행정용으로 사용되는 천황의 내인은 별도로 제작되었음을 말해주고 있다.

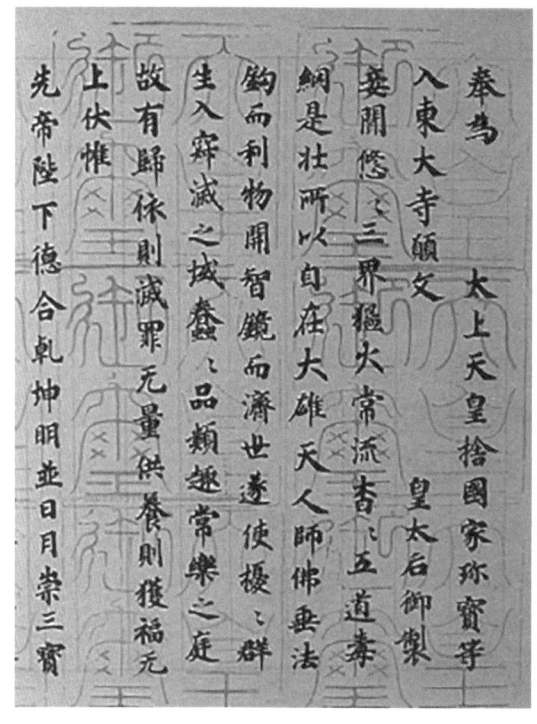

國家珍寶帳에 날인된 天皇御璽

天皇御璽

太政官印

【자료 6】 內印과 外印

양로령에 규정된 內印은 5위 이상의 位記를 수여하거나 제국에 공문을 하달할 때 사용된다. 반면, 外印은 6위 이하의 位記를 작성하거나 태정관에서 발행하는 문서에 사용된다. 그리고 제관사의 司印은 태정관에 올리는 상신문서 및 제관사 상호 간에 주고받는 문서에 날인한다. 國印은 지방의 제국에서 태정관, 8성에 상신하는 각종 공문서 및 지방민들이 調로 납부하는 布 등의 물품 그리고 국 상호간의 문서 및 군 단위의 하급기관에 보내는 하달문서에 사용되고 있다. 즉 인장에 따라 크기와 용도가 다르며 문서의 위계를 시각적으로 구분할 수 있도록 하였다.

內印은 율령제하에서 천황의 권위를 시각적으로 표상하는 인장이다. 공식령 「官位勅授」 조에는 位記의 문서양식에 대해 규정되어 있다. 위기는 관위수여의 증명서로서, 천황의 뜻을 전달받은 중무성에서 문안을 작성한다. 이 문서에는 관위를 수여받는 대상자의 성명과 원래 관위, 새로 부여되는 관위, 발급 연월일이 포함되며, 주관 관사인 中務卿의 성명, 태정대신의 관위와 성(대납언의 경우에는 이름)을 기재한다. 문관의 경우에는 인사를 담당하는 式部卿의 성명이, 무관에게는 兵部卿의 성명이 들어간다.

5위 이상의 귀족관인은 천황제 국가의 핵심 지배계층으로, 이들에게 수여되는 위기는 단순한 관위수여증이 아니라 천황에 대한 충성을 맹서하는 사령장과 같은 존재이다. 「天皇御璽」는 크기와 서체에서 위엄을 지내며, 천황의 절대 권위를 시각적으로 각인시키는 수단이기도 하였다. 아울러 제국에 보내는 공문서인 太政官符를 비롯하여 중앙의 8성의 省符에는 내인을 날인하도록 규정되어 있다. 和銅 5년(712) 5월에는 태정관 처분에서도 "무릇 位記의 날인은 태정관에 청하고, 제국에 보내는 符印는 변관에 신청한다[43]"라고 하였다. 이 기록 역시 內印에 관한 시행문이다. 이것은 천황의 행정문서의 관리체계이고 정보장악이라고 할 수 있다.

外印은 율령제하에서 태정관의 공식 인장으로 6위 이하의 位記 및 태정관의 文案에 날인되었다. 공식령 「奏授位記」 조에는 태정관에서 천황에게 주상하여 6위 이하의 관인에게 위기를 수여한다고 규정하고 있다. 그러나 실제로 位記의 外印 날인은 이미 대보령 시행기부터 실시되고 있었다. 위기의 작성시에는 대상자의 성명, 나이 및 본관(國郡里) 등 기본 인적사항을 비롯하여 태정대신의 관위 및 성(혹은 대납언의 이름), 식부경의 관위, 성명이 기재된다. 여 경우에도 위기의 수여는 태정관 독자적으로 하는 것이 아니라 천황에게 주상하여 승인을 얻은 후에

---

43 『續日本紀』 和銅 5년 5월 병신조.

내리도록 되어 있다.

한편 상기 규정에 보이는 외인을 날인하는 태정관의 「文案」이란 시행문서인 (公)文과 보관용 문서인 案(文)의 2개 문서를 가리킨다[44]. 대보령에서의 外印은 태정관 및 諸司의 「案文」에만 날인하도록 규정하고 있는데, 이때의 案文은 시행문서가 아닌 보관용 문서에 해당한다. 즉 태정관부와 제관사의 발행문서의 사본 혹은 副本에 날인하는 것이다. 보관용 사본은 만약 분실했을 때를 대비해서 동일한 문서를 작성해 두는 것이다. 법적인 증거물로서 시행문서와 동일한 효력이 있지만, 內印은 날인되지 않는다는 데에 차이가 있다.

대보령 시행 이후 중앙에서 제국에 발송하는 모든 공문서에는 천황의 內印만을 사용하도록 규정되었다. 천황의 내인은 중앙정부에서 제국에 내리는 詔勅, 太政官符, 諸官司符 등 모든 공문서에 날인한다. 이 경우에 내인을 감독하는 少納言이 天皇에게 주상하여 「請印」이라는 절차가 따르게 된다. 이것은 모든 행정문서의 내용을 천황이 장악하고 있음을 말해주고 있다[45]. 즉 내인은 국가의 중요 대사의 시행시에 행정문서에 날인하여 정당성, 합법성이 부여되는 것이고, 천황을 정점으로 한 국가권력 시스템이 작동되어 나갔다.

한편으로는 이러한 내인 유일주의는 행정 절차의 지연과 비효율을 초래하였으며, 천황의 결정권을 사소한 사안까지 반복적으로 소요하게 만드는 문제점이 있었다. 이러한 사정은 養老 4년(720) 5월 태정관의 상주문에서 잘 나타난다. "제관사에서 국에 보내는 小事의 문서에 날인하지 않은 상태로 시행하는 일은 도리에 맞지 않지만, 더욱이 內印을 청하는 일은 황공하게도 천황의 판단을 번거롭게 하는 일이다[46]"라고 하며 이후부터는 문무백관이 제국에 보내는 문서는 大事가 아니면, 도망간 衛士, 仕丁의 교체 및 年料[47]의 재촉, 잔여 물품의 전용, 아울러 兵

---

44 吉川眞司, 「外印請印考」 『律令官僚制の研究』, 塙書房, 1998, 316~318쪽.
45 古尾谷知浩, 「印と文書行政」 『文字と古代日本』 1, 吉川弘文館, 2004, 255쪽.
46 『續日本紀』 養老 4년 5월 계유조.
47 제국에서 매년 공상하는 정해진 수량의 물품.

衛, 采女에 사용되는 물품 등의 사안에 대해서는 태정관인으로 사용한다고 하여 내인의 기능의 일부를 외인으로 대체하였다.

『延喜式』太政官式「內外印」조에도 내인과 외인의 사용방법과 사용처에 대해 세부적인 규정을 들고 있다.

"凡太政官下諸司諸國符, 隨事請內外印. 其下頒詔書及預官社神, 得度還俗, 增減官員, 遣驛傳使, 并下驛鈴新任國司, 并諸司在外國者赴任. 五位以上出畿外, (중략) 竝請內印, 餘皆外印"

예컨대 神事, 득도, 환속, 관원의 증감, 驛傳使 파견 및 驛鈴을 하사, 신임 국사의 부임, 5위 이상이 畿外로 출타 등에는 내인을 청해 날인하고, 그 외는 모두 外印을 사용하라고 규정하고 있다. 대보령 시행 초기의 내인을 중심으로 행정문서가 시행되었지만, 시행과정에서 문제점이 드러나 외인 사용의 범위가 확대되고 있음을 알 수 있다. 즉 내인은 천황권을 상징하며 중요한 국정 사안에 사용되었지만, 외인은 행정적 실무를 효율적으로 처리하기 위한 수단으로 개정한 것이다.

한편 내인을 청구하는 문서작성과 관련하여 養老 4년(720) 8월에 "모든 內印의 날인을 신청하는 경우에는, 지금 이후로는 2통을 작성하여 1통은 內裏에 바치고 1통은 시행하도록 한다[48]"라는 조서가 내려졌다. 천황의 내인을 받은 시행문서 외에, 천황에게 제출하는 어람용 문서 2통이 작성된다.『延喜式』太政官式에도 "凡請內印文作二通, 一通奏進, 一通施行"이라고 하여 동일한 규정이 있어 내인을 청하는 모든 문서에는 어람용 문서와 시행문서 각각 1통씩 작성되었다. 이러한 조치는 내인이 단순한 결재수단에 그치지 않고, 문서의 내용에 대한 천황의 직접적 정보 장악 및 필요에 따라 천황이 직접 열람할 수 있는 기록 장치였다고 평가할 수 있다.

대보령 제정 당시에는 8省 이하의 在京의 제관사에서는 독자의 官印이 제작되지 않았다. 이들 관사 상호 간에 주고받는 공문은 일단 태정관에 보내고, 태정관

---

48 『續日本紀』養老 4년 8월 정해조.

인을 날인하는 것이 원칙이었다[49]. 대보령의 규정하에서는 8성 이하의 재경 관사에는 독자적으로 행정명령을 발령하는 권한이 보증되어 있지 않아, 태정관의 승인하에 外印을 날인하여 시행문서를 발송하였다. 이러한 방식은 태정관이 율령 행정체계 내에서 문서권을 장악하고 있었음을 말해준다.

이후 養老 3년(719)에 중앙의 8성 및 春宮坊 등의 관인이 배포되었다. 양로령 제정 이후 머지않은 시기에 公式令「義解」에 "省台寮司 등이 모두 각각의 官印을 갖게 되었다"라는 기록에서도 확인된다. 이에 따라 제관사에서는 상신문서 및 그 보관용 사본에는 개개의 司印을 날인하였고, 관사 상호간의 移式 문서 및 예속기관이 아닌 관사, 僧綱, 사원 등에는 牒式의 시행문서에 날인하여 발송하였다. 이는 각 관사에 일정한 자율성을 부여한 관인제도의 전환점이라 할 수 있다.

한편 상기 公式令「天子神璽」 조에는 內印, 外印, 諸司印, 諸國印의 주조에 대한 재료 및 크기에 대해 기록하고 있다. 內印 등 4종의 규격을 보면, 內印은 방 3촌, 外印은 2.5촌, 제관사의 官印은 2.2촌, 國印은 2촌이라고 기술하고 있다.

인장의 실측 연구에 따르면, 內印은 3寸(8.5㎝), 外印은 2.5寸(7㎝), 諸司印은 2.2寸(6.6㎝), 諸國印은 2寸(5.6~5.8㎝)으로 산정하고 있다. 公印의 크기의 기준이 되는 寸尺은 2종류로 內印과 外印의 1寸은 약 2.8㎝이고, 諸司印, 諸國印의 1寸은 2.9~3㎝ 정도로 추정되고 있다[50]. 한편 郡印의 크기는 실측 결과 대부분 방 2촌과 방 1촌 사이에 있으며, 방 2촌의 國印과 방 1촌의 鄕印의 중간 정도이다[51].

인장의 크기는 권위의 시각적 표현이자 천황을 정점으로 한 관사의 서열을 상징하고 있다. 즉 율령제 하에서 인장은 단지 행정문서에 날인하는 관인제의 도구를 넘어서 정치적 질서를 체현하는 기호로서 기능하고 있었음을 보여준다.

다음의 표는 『延喜式』內匠寮式에 나오는 기록을 토대로 정리한 公印 제작에 소요되는 재료 및 작업량이다.

---

49 彌永貞三,「大寶令逸文一條」,『史學雜誌』60-7, 1951 참조.

50 新日本古典文學大系『續日本紀』1, 岩波書店, 1989, 314~315쪽, 補註2-60 참조.

51 平川南,「古代郡印論」,『國立歷史民俗博物館硏究報告』79, 1999, 458쪽.

【표 24】인장제작의 재료와 작업량

재료/작업량		內印	外印	諸司印	諸國印
熟銅		大1斤8兩	大1斤	大14兩	大12兩
백랍		大3斤	大2兩	大1兩2分	大1兩1分
밀랍		大3兩	大2兩	大1兩2分	大1兩1分
調布		2尺	2尺	2尺	2尺
炭		3斗	2斗	2斗	2斗
和炭		2斗	2斗	2斗	2斗
작업량	長功	7인	7인	6인	5인
	中功	8인小半	8인小半	7인小半	6인小半
	短功	9인大半	9인大半	8인大半	7인大半

상기 표에서 內印 등 4종의 銅印의 제작에 들어가는 재료를 보면, 내인은 순도가 높은 熟銅 대1근 8량이고, 백랍이 대3근, 밀랍이 대3량, 조포 2척, 탄 3두, 화탄 2두이다. 공인 제작의 주재료에 銅을 사용한 것은 당제의 영향이다. 『大唐六典』 (卷四禮部)에는 "무릇 내외의 百司는 모두 銅印 1鈕를 지급한다"라고 하듯이 당조에서는 황제, 황후의 옥새, 금새를 제외하고는 모두 동제 관인이었다.

일본에서는 천황권의 상징인 어새의 재질은 알 수 없으나, 행정용 내인 등은 모두 동제였다. 4종의 크기가 內印 3寸, 外印 2.5寸, 諸司印 2.2寸, 諸國印 2寸임을 생각하면, 크기에 따라 각각의 무게도 차이가 있다. 또 모형의 본을 뜨는 밀랍도 크기에 따라 분량에 차이가 있다. 작업량은 1일에 완성하는 노동량으로 환산할 경우에, 해가 긴 4~7월에 작업하는 장공은 모두 7인이다. 이 중에 밀랍으로 모형을 만드는 공인이 2인, 주조공 2인, 연마공 3인이 있다. 그리고 2~3월, 8~9월 사이에 작업하는 중공은 8인과 3분의 1인, 해가 짧은 10월에서 정월까지 작업하는 단공은 9인과 3분의 2인이다. 작업량은 내인과 외인은 동일하고, 크기가 작은 司印 및 國印은 작업량에 다소 차이가 있다. 내인을 비롯한 관인 제작에는 다양한 공정 시스템이 있다. 모형 제작공인, 주조공, 연마공 등 전문화된 공인이 분업화하여 제작하고 있다. 인장의 자형은 서체에 능한 대학료의 書博士가 담당하였다.

내인과 외인이 날인된 후에 문서의 오류가 발생할 때에는 문서를 다시 작성해야 하고 그에 따라 내인, 외인도 재승인을 받아 날인해야 한다. 중앙의 모든 관사에서 발행하는 공문서에는 내인 및 외인의 날인이 필요하기 때문에 문서에 문제가 발생할 때에는 재날인이라는 절차가 필요하다. 이와 관련하여 和銅 5년(712) 12월에 다음과 같은 有司의 주상문이 나온다.

"有司奏, 自今以後, 公文錯誤, 內印著了, 事須改正者, 少納言宜申官長, 然後更奏印之[52]"

이때의 有司는 태정관 소속의 관인으로 생각되고, 천황에게 올리는 주상문이다. 즉 "지금 이후로는 공문에 착오가 있고, 內印이 날인되어 문서를 바로잡고자 할 경우에는 소납언이 官長에게 보고한 후에 다시 (천황에게) 상주하여 날인해야 한다"라고 하였다. 이때의 官長은 장관, 혹은 임무를 대행할 수 있는 차관이지만, 여기서는 태정관의 좌우대신을 말한다. 『延喜式』「改印」 조에도 만약 內印의 공문에 탈자 혹은 오자가 있는 경우에 먼저 소납언에게 보고한 연후에 다시 날인해 줄 것을 청한다고 규정되어 있다. 소납언은 당연히 태정관의 수반인 좌우대신에게 승인을 받아 재날인하는 것이다. 그리고 동「毁內印」 조에는 내인을 날인한 태정관부가 훼손되었을 경우에는 그 사유를 주기해 둘 것을 규정하고 있다.

한편 『延喜式』 태정관 「改造印」 조에는 내외의 제관사의 官印이 수명이 다하여 改鑄할 경우에는, 태정관에서 태정관부가 중무성에 내려오면 중무성에서는 속관인 내장료에 명하여 주조에 필요한 재료를 청한다. 이어 태정관에서는 식부성에 명하여 書博士를 불러 중무성에 가서 제작 관사의 인장의 자형을 쓰게 하고, 소납언, 중무성, 내장료의 차관 이상이 감독한다. 작업이 끝나면 印字를 진상하면, 태정관의 변관에게 보내 지급하도록 규정하고 있다. 즉 公印의 주조에는 태정관에서 중무성, 내장료, 식부성 그리고 대학료의 書博士를 거쳐 진행되었다.

---

52 『續日本紀』 和銅 5년 12월 정사조.

한편 國印의 경우에는 시기에 따라 자형의 변화가 보이고 있어[53], 일정 기간이 지나면 새로운 자형의 관인이 주조되는 경향성도 엿볼 수 있다. 銅印이라 하더라고 시간이 지나면 마모되어 새로 주조해야 하는 일도 생긴다. 실제로 嘉祥 2년 (849) 3월에, 伊賀國에서 올린 주상문에는 國印을 오랜 기간 사용하여 문자가 마모되어 사용하는데 명확하지 않다고 하여 칙을 내려 주조하도록 하였다[54]. 이러한 국인의 마모로 인한 재주조는『日本三代實錄』天安 2년(858), 貞觀 원년(859), 동 11년조 등에도 나오고 있다. 또한 大倭國에서 大和國, 山背國에서 山城國으로의 국명의 변경, 새로운 국의 설치, 분실 등의 이유로 재주조가 있었다고 보인다.

제4절 內印의 관리체계

율령국가의 천황은 최고통치자로서의 정치권력과 함께 제사권이라는 신적 권위를 부여받은 존재이다. 이러한 권력의 배경에는 율령제 문서행정의 구조상 그 정점에 내인의 날인이 있고, 이를 통해 전국의 행정권을 장악하게 된다. 즉 국가의 모든 공문서는 내인의 날인을 통해 비로소 법적인 효력을 발생하게 되어있기 때문에, 내인은 천황과 분리될 수 없는 관리대상이었다.

『延喜式』主鈴式「行幸從駕」조에는 천황이 순행시에 內印, 鈴, 傳符 등은 모두 옻칠한 대나무 상자에 수납하여 主鈴과 少納言이 함께 책임을 맡고 이를 운반할 말은 左右馬寮에서 충당한다고 규정되어 있다. 鈴은 역마를 사용할 수 있는 驛鈴이고, 傳符는 태정관에서 발행하는 郡에서 관리하는 군마의 사용허가증이다. 이것은 전국의 교통수단을 공적으로 허가받는 증명서이고 특히 정치적, 군사적 비상사태시에 병력의 동선을 통제할 수 있는 수단이었다. 이어 동「左右近衛府式」에는 근위부의 병사 2인에게 內印, 驛鈴을 탑재한 말을 호위시키고 있다. 요컨대 천황의 순행시에는 내인과 역령은 천황이 움직이는 동선을 따라 일체가 되어 운

---

53 鎌田元一,「日本古代の官印」,『律令公民制の硏究』, 塙書房 2001, 福島正樹,「古代國印の復元と 課題」, 앞의 잡지, [表1-1 諸國印 印影一覽] 참조.
54 『續日本後紀』嘉祥 2년 3월 갑자조.

용되고 있음을 알 수 있다. 이것은 천황 부재시에 누군가가 불법으로 사용하는 것을 방지하기 위한 법적인 조치라고 생각된다.

특히 內印에 대해서는 公式令「車駕巡幸」조에 천황의 순행시에 왕경에 남아있는 유수관에게는 驛鈴, 關契에 대해서는 임시로 수량을 헤아려 지급하라고 규정되어 있다. 그러나 內印에 대해서는 별도의 언급이 없어 앞의 『연희식』의 기록과는 차이가 있다. 동「義解」에는 "謂, 留守官者, 皇太子, 若不在者, 余官留守者, 亦是也"라고 하여 천황이 순행중에는 황태자가 유수관을 맡는데 황태자의 부재 시에는 나머지 관이 맡는다고 되어 있다. 황태자가 유수관을 맡을 경우에는 「皇太子監國」이라는 표현을 사용한다. 문제는 延喜 5년(905)에 편찬된 『연희식』의 규정에는 천황의 순행 시에 내인 휴대가 명확한데, 8세기 율령의 규정에는 驛鈴, 關契(關所를 통과하는 통행증)에 대해 임시 지급권을 부여하고, 內印에 대해서는 휴대 여부에 대한 대한 규정이 없다. 이것은 역령이나 관계 지급권을 허용하면서 내인 사용권에 대해서는 언급을 하지 않은 것은 휴대한다는 전제가 있기 때문이라고 생각된다. 즉 『연희식』 편찬 이전의 어느 시기부터는 역령, 관계까지 휴대하게 되었다는 사실을 말해주는 것이다[55].

한편 『속일본기』 天平 13년(741) 3월조를 보면, 전년도 9월에 일어난 藤原廣嗣의 난 직후 聖武天皇은 동 12월에 恭仁京으로 천도할 당시, 5위 이상의 관인이 임의로 평성경에 있어서는 안되고, 만약 일이 있어 평성경으로 돌아가야 할 경우에는 태정관부를 받은 연후에 허락한다는 조를 내렸다. 태정관부의 발행시에는 천황의 내인이 날인되기 때문에 내인을 휴대하고 있었음을 알 수 있다. 그런데 천평 16년(744) 윤정월조에는 천황이 공인궁에서 難波로 순행하는데, 동 2월에 공인궁에 두고 온 內印과 外印, 驛鈴을 종5위상 茨田王을 보내 가져오도록 명하였다. 즉 태정관이 사용하는 外印까지 회수명령을 내렸고, 다음날 모두 도착하였

---

55 천황이 순행 등의 부재시에 천황이 內印을 갖고 간다는 휴대설, 두고 간다는 위임설, 천도 등의 특별한 경우를 제외하고는 순행에는 휴대하지 않는다는 설이 제기되었으나, 여기서는 휴대설을 취한다. 이에 대한 제설의 소개는 加藤麻子, 「鈴印の保管·運用と皇權」『史林』84-6, 2001, 참조.

다. 또 天平 17년(745) 9월에도 난파궁에 머물고 있던 천황은 병이 악화되어 평성경, 공인경의 유수관에게 칙을 내려 궁중을 엄중히 지키게 하고, 사자를 평성궁에 보내 驛鈴와 印을 가져오게 하였다. 이 2개의 사례는 천황의 순행시에 내인, 역령을 왕경의 유수관에게 맡긴다는 설의 근거이기도 하다.

내인을 두고온 이유는 명확하지 않지만, 일반적인 문서행정에는 내인의 사용권을 위임했을 가능성도 있다. 당시 시대적인 상황을 보면, 藤原廣嗣의 난이 발생하자 聖武天皇은 평성경을 떠나 각지에 순행하며 불안정한 생활을 보내고 있었고, 반란이 진압된 후에도 평경경으로 돌아오지 않았다. 게다가 왕궁도 제대로 조영되지 않은 상태에서 천도하는 등 정상적인 정무를 수행하지 못하고 있었으며, 조정의 관인들도 평성경과 공인경으로 나뉘어 근무하는 등 혼란상태가 지속되었다. 이러한 상황에서 천황이 공인경이나 평성경을 떠나 있을 때에는 內印 등을 유수관에게 맡기고 필요시에는 회수하여 정무를 집행하는 비정상적인 상황이 반복되고 있었다. 그러나 천황의 순행 시에는 내인은 법령의 규정대로 휴대하는 것이 원칙이었다고 보인다.

제5절 內印 탈취사건과 천황권

藤原仲麻呂의 반란사건은 內印이 권력장악과 얼마나 깊은 관련이 있고 중요한 것인가를 보여주고 있다. 藤原仲麻呂는 대보령, 양로령의 제정자이자 文武와 聖武 2인의 천황의 장인이었던 당대 최고의 권세가 藤原不比等이 조부였으며 좌대신 藤原武智麻呂를 부친으로 두고 있었다. 그는 숙모인 光明皇后의 두터운 신임을 바탕으로 중앙의 요직인 大納言, 紫微令, 中衛大將을 역임하였고, 성무천황과 광명황후 사이에서 태어난 孝謙天皇이 즉위하면 사실상 최고 권력자가 되었다. 그는 자신의 사저에 거주하던 大炊王을 후계가 없던 여성천황 효겸의 황태자로 옹립하는데 성공하였다. 이어 대취왕이 淳仁天皇으로 즉위하자 天平寶字 4년(760)에는 신하로서는 최초로 太師(太政大臣)의 지위에 올라 모든 병마권, 행정권을 장악하는 등 국정을 좌지우지하였다. 이러한 와중에 양위한 효겸상황이 승

러 道鏡을 궁내에 불러들이는 등 총애하자 갈등이 생겼다. 끝내 淳仁天皇과 孝謙
上皇의 권력 대립으로 비화하였고, 효겸은 국가의 대사는 자신이 맡는다고 선언
하였다. 당시 율령의 규정에는 양위하여 권좌에서 물러난 태상천황도 천황에 준
하는 조칙을 낼 수 있어, 사실상 천황과 동일한 권력을 행사할 수 있었다.

藤原仲麻呂는 효겸상황과 도경을 몰아내기 위해 600인의 병력동원 계획을 세
우고, 大外記 高丘比良麻呂에게 명령의 발령을 지시하였다. 그러나 후환이 두려
웠던 高丘比良麻呂는 효겸상황에게 밀고하였고, 이 사실을 접한 효겸은 少納言
山村王을 淳仁天皇이 있는 中宮院에 파견하여 천황권 발동에 필요한 御璽와 驛鈴
을 회수시켰다. 上皇의 위치에서 천황의 권한을 무력화시킨 것이다. 이에 대응해
서 등원중마려는 아들 訓儒麻呂에게 명하여 山村王을 습격하여 鈴印을 탈취하였
다. 그는 군사력을 강화하기 위해 諸國에 보내는 공문서에 자신이 갖고 있던 太政
官印(外印)을 이용하였고, 역마 사용권인 驛鈴을 지급하였다.

이때의 상황에 대해 효겸상황은 "지금 들은 바로는, 역신 惠美仲麻呂가 관인을 훔
쳐 도주하였다[56]"라고 언급하면서, "도리에 반하고 부정한 자 仲麻呂는 간사한 마음
으로 거병하여 조정을 전복시키려고 驛鈴과 內印을 탈취하였다. (중략) 태정관인을
날인하여 천하의 제국에 문서를 배포하여 고지시켰다[57]"라는 조서를 발표하였다.
전란시에 군사동원과 역마의 사용 여부는 승패를 좌우하는 일이다. 효겸상황은 授
刀少尉 坂上苅田麻呂 등을 보내 鈴印을 탈취한 訓儒麻呂를 사살하였고, 칙을 내려,
등원중마려 일족의 관위 및 藤原의 씨성을 박탈하고, 전재산을 몰수하였다.

이 내란은 군사력과 조직력에서 밀린 반란군의 패배로 종료되었다. 비상시에
천황의 內印과 驛鈴이 권력자의 수중에 있지 않으면 군사력의 동원 등 긴급상황
에서 대응할 수가 없었다. 이 사건은 천황권의 행사와 보존을 위해 내인의 장악
이 중요하고, 필요한 지를 단적으로 보여주고 있다.

---

56 『續日本紀』天平寶字 4년 9월 병오조.
57 『續日本紀』天平寶字 4년 9월 갑인조.

제4장 문서행정과 종이생산

율령제 시행 이후 문서행정으로 수많은 공문서가 생산되었다. 여기에 사서의 편찬 및 중국 전적의 필사, 불교의 융성에 따른 경서의 보급 등으로 다량의 종이가 소요되었다. 종이의 생산과 보급은 바로 지식과 정보의 확산으로 이어졌고, 나아가 개인의 사유를 기록하는 일기와 문학의 발달로까지 이어졌다. 율령제가 시행된 8세기 나라시대 문화융성의 배경에는 바로 종이의 생산과 매우 밀접한 관련이 있다. 종이가 출현하기 이전에는 주로 죽간이나 목간에 간단한 행정문서를 기록했지만, 중국 후한대에서 시작된 종이 제조법이 동아시아제국에 전파되면서 기록문화에 획기적인 전환을 맞이하게 되었다.

『일본서기』推古紀 18년(610)에 고구려에서 보낸 고구려승 담징이 채색과 지묵 및 맷돌 제조법을 전했다는 기록이 있다.[1] 일본고대의 종이 제조에 관한 최초의 기록이다. 맷돌은 종이 제조에 필수적인 도구로, 수차를 이용한 맷돌 사용은 종이의 원료인 나무의 섬유질을 곱게 갈아내는 데 사용되었다. 당시 종이 제조기술은 국가의 관리하에 제조되었고, 민간의 제조나 외부유출은 금지된 기밀이었다. 담징이 전한 제지법은 아마도 고구려에서 공적 승인을 받은 기술전수였다고 생각된다. 불교의 전파와 보급에는 경전이 필수였고, 이에 따라 사경에 필요한 종이의 수요 또한 크게 증가하였다.

고구려본기 영양왕 11년에, "大學博士 李文眞에게 명하여 古史를 요약하여 新集 5권을 만들었다"라는 기록에서도 종이를 이용한 역사서 편찬이 있었음을 알 수 있고, 불교사원에서도 경전의 필사가 이루어졌을 것이다. 일본에서는 皇極 4년(645) 5월에 을사의 정변에서 蘇我氏가 타도될 당시 『天皇記』『國記』를 모두 불태웠다는 기록을 통해 역사서가 존재했음을 알 수 있다.[3] 이 역시 담징이 전한 제

---

1 『日本書紀』推古紀 18년 3월조.
2 『三國史記』高句麗本紀 嬰陽王 11년 정월조.
3 『日本書紀』皇極紀 4년 5월조.

지법이 활용되었을 것으로 생각된다.

한편 신라에서도 석가탑 탑신에 봉안되어 있던 목판 인쇄물의 『무구정광다라니경』이 발견되었는데, 이는 불국사 중창이 시작된 경덕왕 10년(751) 이전에 제작된 것으로, 재질은 닥나무임이 밝혀졌다. 또 경덕왕 14년(755)에 제작된 〈新羅白紙墨書大方廣佛華嚴經〉의 發文에 의하면, 사경에 필요한 종이를 마련하기 위해 닥나무를 재배하였고, 껍질을 벗겨 쪄내어 사경지를 제작하였다고 기록하고 있다.

닥나무는 희고 질긴 성분 때문에 동아시아 각국에서 널리 사용되었다. 종이 제조과정은 닥나무 등의 나무껍질에서 채취한 내피를 물에 불려서 쩐 뒤에, 맷돌에 갈아 회즙을 만든다. 이를 물에 풀어 뜸틀발로 떠낸 후 압축하여 물기를 제거하고 말리면 종이가 완성된다. 내구성을 높이기 위해 점액을 혼합하고, 필요에 따라 표백, 채색 등의 공정을 더하여 다양한 용도의 종이가 제작된다. 지역과 시대에 따라 세부 공정은 차이가 있으나, 전통적인 종이 제조법은 지금도 계승되고 있다.

제1절 『延喜式』 圖書寮의 종이에 관한 규정

일본고대의 종이제조법에 관해서는 『延喜式』 圖書寮 조항에 관련 자료가 남아있어, 당시 종이 생산의 대체적인 실태를 추정할 수 있다. 동 「年料紙」 조에는 종이의 생산공정이 기술되어 있다.

【자료 1】

"凡年料所造紙二萬張[廣二尺二寸, 長一尺二寸.]料. 紙麻小二千六百斤[一千五百六十斤穀皮, 一千四十斤斐皮, 並諸國所進], 藁五百圍[河內國所進], 絹一疋二丈[篩四口料], 紗一疋一丈七尺[數漉簀料], 簀十枚[漉紙料, 長二尺四寸, 廣一尺四寸. 八枚漉例紙料, 長二尺四寸, 廣一尺五寸. 二枚模本面背紙料], 調布五端四尺[絞紙料二端一丈, 篩四口料二丈, 造紙手四人袍袴料二端一丈六尺], 砥一顆, 鍬二口, 小刀六枚[四枚切麻料, 各長一尺二寸. 二枚切紙端料, 各長七寸.], 木連灰十六斛[直], 明櫃八合, 東筵十枚, 調筵四枚, 漉形五具, 每年十二月上旬預請來年所須調度. 但食米月別請受[一人米四斗, 鹽四合. 小月亦同, 作物不減]. 其漉紙槽四隻[各長五尺二寸, 廣二尺一寸, 深一尺六寸, 底厚一寸三分]. 洗麻槽一隻[大同上], 淋灰槽一隻[長三尺五寸, 廣三尺三寸, 深一尺六寸, 底厚一寸三分], 臼櫃八合[各長二尺五寸, 廣二尺三寸, 深一尺五寸, 底厚七分], 硾四口, 由加四口, 乾紙板六十枚[各長一丈二尺, 廣一尺三寸, 厚二寸五分, 每年移木工寮削之]. 並隨損請換. 造紙畢, 年終進內藏寮. 若臨時造紙者, 並以年料內造進[模本裏紙背紙縹紙等類.]"

상기 사료는 장문의 내용이지만, 종이제조와 관련된 수치를 기록하고 있다. 민부성 산하의 圖書寮에서 종이제작의 수량, 원료의 산지와 보급처, 제조에 필요한 도구의 수량 및 규격 등에 대해 구체적으로 기술하고 있다.

서두에는 "年料所造紙二萬張"이라고 하여 연간 제작해야 할 종이의 수량이 2만 장이며, 규격은 너비 2척 2촌, 폭 1척 2촌이라고 명시되어 있다. 대보령에서는 1척이 약 33cm로, 너비 66cm, 폭 36cm의 크기이다. 종이 원료는 穀皮 1,560근, 斐皮 1,040근이 제국으로부터 공진되고 있으며[4], 짚단(藁) 500囲는 河內國으로부터 공납받고 있다. 이 중 穀皮는 뽕나무과의 닥나무(楮)를, 斐皮는 팥꽃나무과 산닥나무(雁皮)를 의미하는데, 韓紙의 원료로서 잘 알려져 있다. 고(藁)는 마른 곡물 줄기의 짚단을 가리키며 제지공정에 사용하는 원료라고 생각된다.

이어 종이 제조인력인 造紙手 4인의 작업복 비용과 함께 숫돌, 가래, 小刀, 연료 등 필요한 도구를 지급한다. 그리고 뜸틀발에서 떠낸 종이를 말리는 乾紙板 60매는 목공료에서 만든다. 종이제작이 완료되면, 연말에 內藏寮에 보내 보관하고 필요한 관사에 보낸다. 만약 임시로 종이를 제작하는 경우에는, 연간 소요되는 원료 내에서 제작해 공급하도록 규정하고 있다.

도서료는 중무성 산하기구로 국가의 서적을 보관하고 국사편찬 등의 직무가

4　主計寮式上 66조 이하, 『大日本古文書』 6-580, 寶龜 5년 「圖書寮解」

있으며 종이제작도 관장하고 있다. 직원령「도서료」조에는 장관, 차관, 판관 주전 4등관 이외에도 전적을 서사하는 寫書手 20인, 표지 등 장정(裝幀)을 담당하는 裝潢手 4인, 종이제조의 造紙手 4인, 붓 만드는 造筆手 10인, 먹을 만드는 造墨手 4인, 기타 잡사에 종사하는 使部 20인, 直丁 2인이 포함되어 있다.

도서료 산하에는 山背國에 紙戶라고 하는 종이제작 전문집단을 배치하고 있다[5].『令集解』의 해당 조문에는 紙戶 50호는 山代國(山背國)에서 10월에서 이듬해 3월까지, 매호마다 1인의 성인을 차출하며, 이들에게는 調와 잡세를 면제하는 대신 종이제작의 직무를 부여한다[6]라고 해석하고 있다.

다음『延喜式』圖書寮의「諸司紙筆墨」조에는 제관사에 제공할 종이와 붓의 수량을 기록하고 있다.

【자료 2】

"紙筆墨充諸司. 神祇官紙四十張, 筆一管. 齋宮寮紙七十張, 筆三管. 勅旨所紙五百張, 筆五管. 供御紙一百張. 內侍司紙三百張, 筆四管. 藏人所紙一千八百張.[年料.] 藥司紙一百五十張[季料], 太政官紙五千五百張〈年料〉, 筆十五管. 左辨官紙一千二百六十張, 筆二十管. 右辨官紙一千七十二張, 筆十二管. 中務省紙四百三張, 筆十二管. 內記紙二百張, 筆十管. 監物紙一百五十張, 筆三管. 主鈴紙六十三張〈年料〉, 筆一管. 典鑰紙六十三張, 筆二管〈年料〉, 中宮職紙一百二十張, 筆二管. 大舍人寮紙十張, 筆一管. 圖書寮紙七十五張, 筆一管. 內藏寮紙三十張, 筆一管. 縫殿寮紙三十張, 筆一管. 陰陽寮紙一百張, 筆一管. 內匠寮紙百張, 筆二管. 式部省紙一百十張, 筆三管. 大學寮紙五十張, 筆一管,治部省紙一百七十張, 筆二管. 雅樂寮紙八張, 筆一管. 玄蕃寮紙五十張, 筆一管. 諸陵寮紙五張, 筆一管. 僧綱所紙八張, 筆一管. 民部省紙六百七十三張, 筆十管. 主計寮紙六十六張, 筆二管. 主稅寮紙一百六十八張,

5 平安時代가 되면 山城国의 紙戶가 폐지되고, 大同 연간(805~809)에 도서료 직속의 紙屋院이라는 관영 제지공장이 설치된다.
6 『令集解』3 職員令「圖書寮」조.

筆一管〈年料〉. 兵部省紙一百張, 筆二管. 隼人司紙十張, 筆一管. 刑部省紙二百四十張, 筆二管〈判事料在此內〉, 囚獄司紙十張, 筆一管. 大藏省紙二百五十張, 筆八管. 織部司紙五十張, 筆一管. 宮內省紙五百張, 筆十管. 大膳職紙一百張, 筆二管. 木工寮紙二百五十張, 筆一管. 大炊寮紙一百張, 筆二管. 主殿寮紙四十張, 筆二管. 掃部寮紙五十張, 筆二管. 典藥寮紙三十張, 筆二管. 正親司紙四張, 筆一管. 內膳司紙九十張, 筆二管. 造酒司紙二十張, 筆一管. 采女司紙八張, 筆一管. 主水司紙三十張, 筆一管. 彈正台紙三十張, 筆一管. 左右京職各紙五十張, 筆一管. 東西市司各紙十五張, 筆一管. 勘解由使紙一千張〈年料〉, 筆十六管. 齋院司紙五十張, 筆二管. 左右近衛府各紙百張, 筆二管. 左右衛門府各紙二十張, 筆一管. 左右兵衛府各紙二十張, 筆一管. 左右馬寮各紙三十五張, 筆一管. 兵庫寮紙四十八張, 筆四管. 春宮坊紙一百八十張, 筆四管. 內教坊紙一百張, 筆二管. 右, 月料紙筆, 具依前件, 本司預受. 八月一日, 依例頒充. 其年料, 季料, 亦准例充之".

【표 25】 중앙관사에 배포된 종이와 붓

관사	종이	붓	관사	종이	붓	관사	종이	붓
神祇官	40장	1개	大學寮	50장	1개	內膳司	90장	2개
齋宮寮	70장	3개	治部省	170장	2개	造酒司	20장	1개
勅旨所	500장	5개	雅樂寮	8장	1개	采女司	8장	1개
供御	100장		玄蕃寮	50장	1개	主水司	30장	1개
內侍司	300장	4개	諸陵寮	5장	1개	彈正台	30장	1개
藏人所	1800장		僧綱所	8장	1개	左京職	50장	1개
藥司	150장		民部省	673장	10개	右京職	50장	1개
太政官	5500장	15개	主計寮	66장	2개	東市司	15장	1개
左辨官	1260장	20개	主稅寮	168장	1개	西市司	15장	1개
右辨官	1072장	12개	兵部省	100장	2개	勘解由使	1000장	16개
中務省	403장	12개	隼人司	10장	1개	齋院司	50장	2개
內記	200장	10개	刑部省	240	2개	左近衛府	100장	2개

관사	종이	붓	관사	종이	붓	관사	종이	붓
監物	150장	3개	囚獄司	10장	1개	右近衛府	100장	2개
主鈴	63장	1개	大藏省	250장	1개	左衛門府	20장	1개
典鑰	63장	2개	織部司	50장	1개	右衛門府	20장	1개
中宮職	120장	2개	宮內省	500장	10개	左兵衛府	20장	1개
大舍人寮	10장	1개	大膳職	100장	2개	右兵衛府	20장	1개
圖書寮	75장	1개	木工寮	250장	1개	左馬寮	35장	1개
內藏寮	30장	1개	大炊寮	100장	2개	右馬寮	35장	1개
縫殿寮	30장	1개	主殿寮	40장	2개	兵庫寮	48장	4개
陰陽寮	100장	1개	掃部寮	50장	2개	春宮坊	180장	4개
內匠寮	100장	2개	典藥寮	30장	2개	內教坊	100장	2개
式部省	110장	3개	正親司	4장	2개			
총계	68개 관사, 종이 17,214장, 붓 226개							

상기 표는 인용된 사료의 내용을 정리한 것이다. 도서료에서 연간 2만장의 종이를 제작하여 중앙의 2관 8성 및 그 산하의 속관 등 모두 68개 관사에 배포하고 있다. 2만장 중의 86%에 해당하는 17,214장이 각 관사에 배포되고, 나머지는 추가적인 수요에 따라 사용된 것으로 보인다. 제작된 종이의 크기는 현재의 A4 용지의 3.8배 정도가 된다. 정창원에 남아있는 문서류를 보면, 폭은 대체로 26㎝ ~29㎝ 정도이고, 길이는 문서의 양이 많을 경우에는 이어 붙여 사용한다. 도서료에서 만든 종이는 폭 36㎝보다 작지만, 재단과정을 거치면 약간 축소되며, 필요에 따라 다양한 크기로 사용할 수 있다.

가장 많은 종이를 사용한 관사는 국정의 최고기관인 태정관으로 연간 5,500장이다. 태정관을 구성하는 좌우변관이 각 1,260장, 1,072장으로 이를 합치면 8,832장으로, 중앙관사 전체의 절반 정도를 태정관에서 차지한다. 태정관에서는 太政官符라는 공문서를 발행하고 태정관인을 날인하여 8성을 비롯한 중앙관사와 전국의 모든 국에게 발송한다. 국정최고기관으로서 사용처도 전국적이어서 기타의 관사에 비해 종이 소비량도 당연히 많이 사용되고 있다.

다음은 勅旨所가 5,00장이고, 藏人所 1,800장이다. 칙지소는 천황을 위한 물자 조달, 가산경영의 직무가 있고, 장인소는 천황의 비서기관 역할을 수행하고 있으며, 모두 천황과 직접적인 관련이 있다. 이어서 平安朝 초기에 설치된 지방행정을 감독하는 勘解由使가 1,000장을 사용하였다. 8성 중에는 중무성이 403장, 식부성이 100장, 치부성이 110장, 민부성이 673장, 병부성이 100장, 형부성 240장, 대장성 250장, 궁내성 500장으로 2376장에 달한다. 종이의 사용은 대부분 태정관과 중앙의 8성 등 주요 기관이 전체의 80% 이상을 소비하고 있다.

붓의 사용도 종이의 수량에 따라 배분되고 있음을 알 수 있다. 辨官의 경우는 태정관의 업무를 맡는 조직이기 때문에 종이아 붓의 수량이 타관사보다 많다.

제2절 종이의 생산과 공정

1. 종이의 산지와 공급

그럼 도서료에서 제조되는 종이원료는 어디에서 공급되며, 도서료 외에는 어느 지역에서 종이가 제조되고 있는지 살펴보자. 寶龜 5년(774)의 「圖書寮解」에 나오는 종이 산지와 제조 기록을 살펴보자[7].

【자료 3】

  ○ 圖書寮解

    圖書寮解 申寶龜五年諸國未進紙幷筆事

    合紙壹萬伍仟陸伯伍拾張 筆玖伯柒拾伍管 紙麻貳百肆拾捌斤

      伊賀國 紙 2000張, 筆 50管, 穀皮 30斤

      參河國 穀皮 1斤, 甲斐國 紙麻 2斤, 上總國 紙 1800張, 武藏國 紙 480張, 筆 50管

---

7 『大日本古文書』6-580, 581.

近江國 紙麻 60斤, 美濃國 紙 2400張, 筆 97管

信濃國 紙 1380張, 上野國 紙 310張, 筆 100管

下野國 紙 4140張, 筆 100管, 越前國 紙 420매, 筆 100管 紙麻 60근,

越中國 紙 400매, 越後國 紙 1000매.

佐度國 紙 800매, 筆 40管

右二國未進調文

但馬國 紙麻 30근, 因幡國 筆 80管,

丹後國 紙 100매, 筆 100管, 紙麻 4근

伯耆國 筆 80관, 出雲國 筆料鹿皮 1張,

播磨國 斐麻 5근, 備田國 斐麻 10근,

長門國 紙 400매, 筆 40관,

周防國 筆 50管,

紀伊國 紙 1000張 筆 50管,

阿波國 紙麻 40근

위 기록의 2행에는 25개국에서 공진된 물품의 총계가 보이는데, 紙 15,650장, 筆 975개, 종이의 원료인 紙麻 148근이라고 기록되어 있다. 이 중에서 종이 산지로는 伊賀, 上總, 武藏, 美濃, 信濃, 上野, 下野, 越前, 越中, 越後, 佐渡, 丹後, 長門, 紀伊, 近江 15개국이고, 앞서 본 중복된 1개국을 제외한 4개국을 합하면 19개국에 이르는 지역에서 종이의 생산과 원료를 공급하고 있음을 알 수 있다. 이때 공진된 15,650장은 도서료에서 제조한 종이의 4분의 3이 넘는 분량이며, 중앙관사 이외의 추가적인 수요가 적지 않았음을 말해주고 있다.

붓의 생산도 伊賀國 이하 12국에서 제조하여 공진하고 있는데, 종이와 붓은 동시에 제조하고 있는 지역도 상당수에 달한다. 종이는 필사의 도구이기 때문에 양질의 종이로 평가받기 위해서는 실제로 붓으로 종이에 글자가 부드럽게 먹이는지에 대한 시험이 필요하다. 양질의 종이를 생산하기 위해서는 입자의 조밀성과

수분의 흡수상태, 고르고 질기며, 평평한 재질이 필수이고, 매우 세심한 다단계의 공정이 필요하다.

한편 정창원문서인 天平 9년(737) 「寫經勘紙解[8]」에는 국가에서 필요로 하는 사경용지가 美作, 出雲, 播磨, 美濃, 越 지방으로부터 공급된 기록이 나온다. 이 문서에는 美作經紙 1천장(가용 4천장), 越經紙 1천장(가용 3천장), 出雲 旣可用 2,800장, 把磨經紙 4백장, 美濃經紙 2,400장이라고 하는 佛典의 사경을 위한 사경용지를 제조해 보낸 내역이 기록되어 있다. 이 문서에 사경용지를 생산한 지역명을 관칭하고 수량을 기록한 것은 지역별로 배당되어 공납된 사실을 말하는 것이다.

『연희식』23 民部省下「年料別貢雜物」조에도 종이와 원료, 붓 공진에 대해 기록하고 있다.

【자료 4】

[年料別貢雜物]

伊賀國.[紙麻五十斤.]

伊勢國.[筆一百管, 紙麻一百十斤.]

尾張國.[筆一百管, 紙麻九十斤, 青木香一百六十斤,

參河國.[筆一百五十管, 紙麻十斤, 黃楊六枚]

　　　(중략)

近江國.[筆二百管, 紙麻一百十斤, 零羊角四具, 馬革十七張]

美濃國.[筆一百五十管, 紙麻六百斤, 支子二石, 青木香三十斤, 零羊角六具, 馬革二十四張]

　　　(중략)

太宰府.[筆一千一百二十管, 兔毛, 鹿毛各五百六十管, 墨四百五十廷. 以上二種, 盛韓櫃一　合. 斐紙一千張, 麻紙二百張, 斐麻二百斤…]

---

8 『大日本古文書』2-26.

伊賀 이하 43국 및 大宰府에서 원료인 紙麻 2,260근, 斐紙麻 1,000근과 대재부에서 공진한 成紙로서 麻紙 300장, 斐紙 1,000장을 공납한 사실이 기록되어 있다. 원료와 제품화된 종이와 붓 생산이 지역별로 공진되고 있음을 알 수 있다. 여기에 보이는 종이의 주원료는 닥나무와 麻이다. 앞에서 살펴본『연희식』도서료「年料紙」조에 "並諸國所進"이라고 하여 제국으로부터 원료가 공급된다는 기록과도 부합한다. 사실상 종이원료의 공급지와 제조된 종이 공진은 거의 전국적이라고 할 수 있다. 大宰府의 경우는 서해도 제국으로부터 공진된 것으로 보이며, 관할 9개국은 별도로 명시하지 않은 것으로 판단된다. 이렇게 공진된 물자 중에 원료는 민부성의 주계료를 거쳐 중무성의 도서료에서 제조에 들어가고, 완성된 종이는 내장료에 보관하게 된다.

2. 종이의 제조와 공정

『연희식』권13 도서료「造紙」조에는 布, 穀, 麻, 斐, 苦參의 재료로 종이를 제조할 때 공정할 때의 1일의 작업량을 규정하고 있다.

【자료 5】

① 長功日截布一斤三兩, 舂二兩, 成紙一百九十張. 中功日截一斤, 舂二兩, 成紙一百七十張. 短功日截十三兩, 舂一兩, 成紙一百五十張.

② 長功日煮穀皮三斤五兩, 擇一斤十兩, 截三斤五兩, 舂十三兩, 成紙一百九十六張. 中功日煮三斤四兩, 擇一斤九兩, 截三斤四兩, 舂十二兩, 成紙一百六十八張. 短功日煮三斤二兩, 擇一斤七兩, 截三斤二兩, 舂十兩, 成紙一百四十張.

③ 長功日擇麻一斤三兩, 截一斤七兩, 舂二兩, 成紙一百七十五張. 中功日擇一斤, 截一斤四兩, 舂二兩, 成紙一百五十張. 短功日擇十三兩, 截一斤一兩, 舂二兩, 成紙一百二十五張.

④ 長功日煮斐皮三斤五兩, 擇一斤二兩, 截三斤五兩, 舂八兩, 成紙一百九十

張. 中功日煮三斤四兩, 擇一斤, 截三斤四兩, 舂七兩, 成紙一百四十八張.
短功日煮三斤二兩, 擇十五兩, 截三斤二兩, 舂五兩, 成紙一百二十八張.

⑤ 長功日擇苦參一斤五兩, 截一斤十二兩, 舂二兩, 成紙百九十六張. 中功日
擇一斤二兩, 截一斤八兩, 舂二兩, 成紙一百六十八張. 短功日擇十五兩, 截
一斤四兩, 舂一兩, 成紙一百四十張.

상기 사료는 5개의 종이원료에 대한 공정을 기술하고 있다. 우선 麻와 布를 구별하고 있는데, 마는 麻紙의 원료 그 자체를 말하고, 포는 직물화된 마포을 의미한다. 동「紙料」조에는 "調布大一斤"이라고 하여 調로 바친 포를 종이의 원료로 사용하고 있다. 정창원의「東大寺献物帳」,「法隆寺献物帳」등 현존하는 고문서는 麻紙를 원료로 만든 것이다. 穀은 닥나무(楮)이고, 斐은 산닥나무(雁皮)이고, 苦參은 콩과의 식물로서 건조한 뿌리는 한약재로 사용되는데, 수피로부터 채취한 섬유질을 종이의 원료로 사용한다.

상기 기록에서 5종 식물의 섬유질을 종이로 만드는 과정을 보면, 재료를 적당한 크기로 재단하는 일에서 시작하여, 이를 절구나 맷돌에 찧거나 갈아서 삶은 후에 불순물을 제거한다. 다음 순서는 이를 뜸틀발에 넣어 액체화된 펄프가 얇고 골고루 퍼지게 하여 종이를 뜬다. 이러한 과정은 전근대 동아시에제국의 공통된 제지법으로 생각되고, 뜸틀발에서 나온 1차 가공된 종이를 물기를 제거한 다음 건조시키고 평평하게 두드려서 광택있는 양질의 종이로 생산한다. 입자가 고르지 않으면 거칠고, 수분의 흡수도에 차이가 난다. 공정의 과정에서 방법과 기술적인 차이에 따라 종이의 질에 영향을 미치게 된다.

5종의 재료 중에서 布를 원료로 하는 공정을 보면, 長功은 1일에 재료 1근 3량을 적당한 크기로 재단하고, 그 중 2량을 갈아 종이 190장을 만든다. 中功은 1일 1근을 재단하고 2량을 갈아 170장을 만들며, 短功은 1일 13량을 재단하고 1량을 갈아 150장을 만든다.

【표 26】재료·공정에 따른 종이 1일 생산량

재료	장공	중공	단공	비고
布	190장	170장	150장	
닥나무(穀)	196장	168장	140장	
麻	175장	150장	125장	
산닥나무(斐)	190장	148장	128장	
苦参	196장	168장	140장	
평균	189장	161장	136장	162장

닥나무의 경우, 長功은 1일에 3근 5량의 재료를 삶고, 1근 10량의 불순물을 제거한 뒤, 같은 양의 원료를 재단하고 13량을 갈아 종이 196장을 만든다는 규정이다. 중공, 단공도 동일한 공정을 거쳐 각각 168장, 140장이 생산한다. 그리고 동일한 공정으로 麻는 장공, 중공, 단공이 각각 175장, 150장, 125장이고, 산닥나무는 각각 190장, 148장, 128장이고, 고삼은 각각 196장, 168장, 140장을 생산한다.

장공, 중공, 단공의 공정의 기준은 다음과 같다. 장공은 4월, 5월, 6월, 7월에 하는 작업이고, 중공은 2월, 3월, 8월, 9월, 단공은 10월에서 12월, 이듬해 정월까지의 작업을 말한다. 종이를 만드는 공정은 계절과 재료에 따라 소요되는 시간도 차이가 존재한다[9]. 1년을 세 시기로 나눠 작업을 구분하는 것은 계절의 조건이라고 생각된다. 해가 길고 날씨가 좋은 장공 시기에는 작업량에 비례하여 생산량이 많고, 상대적으로 동계에 작업하는 단공은 생산량이 적다는 것을 확인할 수 있다.

이상의 공정을 바탕으로 도서료에서 생산하는 5종의 종이의 수량을 평균하면, 장공은 1일 평균 189장, 중공은 161장, 단공은 136장이고, 전체 3개 공정의 1일 평균 생산량은 162장이다. 만약 장공, 중공, 단공의 일수를 각각 50일씩 연간 150일간 생산한다고 가정하면, 연간 생산량은 24,300장이다. 아마도 이 수치는 종이 수요에 따라 달라질 수 있지만, 앞에서 살펴본 『연희식』 도서료 「年料紙」 조에 나

---

9 湯山賢一, 「古代料紙論『延喜式』にみる製紙工程をめぐって-」, 『正倉院紀要』 32, 2010, 76~78쪽.

오는 연간 20,000장 생산과 거의 근사치에 해당한다.

이러한 생산 방식을 국 단위로 확대하면, 寶龜 5년(774)의 「圖書寮解」에 나오는 종이 생산과 원료를 공급하는 19개국에 한정하더라도 50여만장의 생산이 가능하다. 『연희식』民部省下 「年料別貢雜物」조의 원료 공급지 伊賀國 등 43국 및 大宰府 관할 서해도제국을 포함하면 거의 전국적으로 생산이 이루어지고 있음을 알 수 있다. 특히 호적과 계장을 동시에 작성하는 해가 되면 그 생산량을 더욱 늘어날 것이다.

제3절 종이의 종류와 용도

다음은 제조과정에서 생산되는 종이의 종류에 대해서 살펴보자. 正倉院의 사경소문서 등에는 무색 종이에 염료로 물들여 만든 황색, 청갈색, 짙은 녹색, 옅은 녹색, 옅은 홍색 등 다양한 색감의 채색지가 기록되어 있다. 또한 金薄紫紙, 金薄敷綠紙, 銀薄敷紅紙 등의 금은을 배합한 고급용지도 확인할 수 있다[10]. 형태상으로 長紙, 短紙, 半紙, 上紙, 中紙 등으로 분류되며, 용도를 표시한 料紙, 寫紙, 表紙, 障子 등의 명칭이 나타난다.

『연희식』도서료 「長案紙」조에는 태정관에 보내는 5,500장 중 300장을 長案의 용지로 장정해서 보낸다는 규정이 명시되어 있다[11]. 長案은 太政官符, 宣旨, 太官全奏 등 문서를 작성하는 용지이다. 장안지 300장은 연간 예산 중에서 도서료의 미사용분을 활용하여 공급되었다[12]. 또한 동 「辨官長案紙」조에는 弁官에 보내는 長案 용지는 월 경비 내에서 매월 200장을 제작하여 좌우변관에 각각 100장을 보내며, 계선의 방법은 종선은 麁堺[13]로 하고, 횡선은 上4 下1의 비율로 긋도록 규정되어 있다. 태정관에서 사용하는 문서용 종이에 바로 사용할 수 있도록 종선을

---

10 『大日本古文書』12-350, 351

11 『延喜式』권13, 「圖書寮」28 「長案紙」條.

12 相曾貴志, 「不仕料について」, 『書陵部紀要』56, 2004, 18-19쪽

13 麁堺은 선을 긋는 방법으로 생각되는데, 선의 굵기, 농도를 의미하는 것인지도 모른다.

굿고, 상하의 여백도 일정한 간격으로 표준화된 양식으로 문서를 작성하도록 명시한 것이다[14].

한편 「紙花」 조에는 연간 필요한 채색종이 제작에 소요되는 재료와 예산이 규정되어 있다. 채색염료 268상자 중에, 御料에 18상자, 最勝王經 및 齋會料 202상자, 東寺國忌料 20상자, 崇福寺 國忌料 20상자 등이 할당되어 있다. 종이 총 1,490장 중에는 백지 99장 반, 채색지인 잡색 1390장 반으로 구성되어 있다.

채색지에 사용하는 염료는 붉은 꽃잎(紅花), 황벽나무(黃蘗), 포도즙(淺葡萄汁), 감양옻나무(黃櫨), 자초(紫草), 한해살이풀(藍) 등에서 채취한 즙을 이용한다. 여기에 혼합제로서 식초, 동백나무재(椿灰) 등이 사용되고 있다. 이 채색지는 매년 6월 상순에 1년간의 필요량을 신청해서 9월 중순에 후궁 12司의 하나로 천황이 사용하는 서적, 문방구 등을 담당하는 기구인 書司에 보내 염색한다고 규정되어 있다.

이 채색종이는 천황을 비롯한 황실에서 발원한 경전의 사경 및 역대 천황의 기일에 불교사원에서 행해지는 법회에서 사용되었다. 앞서 언급한 金薄紫紙, 金薄敷緑紙, 銀薄敷紅紙 등도 천황과 관련된 행사의 문서에 사용되었을 것으로 보인다. 나라시대에는 詔書, 勅書, 宣命 등 주요 공문서에는 色麻紙를 사용하였다. 內記式 「宣命紙」 조에 의하면, 선명문에는 모두 黃紙로 사용하는데, 伊勢太神宮의 문서에는 縹紙, 賀茂社는 紅紙를 사용한다고 규정하고 있다[15].

『연희식』 음양료 「造暦用度」 조에는 천황에게 진상하는 具注暦 2권과 七曜暦 1권에 上紙 120장, 麻紙 4장을 사용한다[16]. 중앙관사에 배포할 달력(暦)은 166권이며, 여기에 소요되는 종이는 2,650장, 縹紙 56장, 草案 129장 등이고, 墨은 12정 반, 鹿毛筆은 98개이며, 이들 紙, 墨, 筆은 모두 도서료에 청구한다[17].

---

14 『延喜式』 권13, 「圖書寮」 29 「辨官長案紙」조.
15 『延喜式』 권12 「「內記」 「宣命紙」조.
16 『延喜式』 권16 「陰陽寮」 3 「進暦」조.
17 『延喜式』 권16 「陰陽寮」 4, 「造暦用度」조.

달력의 반포는 제왕의 통치기반으로 중시되고 있으며, 여기에 사용되는 상급 용지는 배포용까지 포함하여 3,000장에 이른다. 또 달력 제작에 참여할 인력은 裝潢手 45인, 寫曆手 55인이고, 이들은 모두 도서료 소속의 인력으로 한다고 규정하고 있다. 연례적으로 제작되는 달력은 모든 문서에 앞서 중시되고 있었으며, 그만큼 고급지를 사용하고 많은 인력이 투입되었다.

紙, 墨, 筆은 문서작성의 3대 핵심요소이고 동시에 제조해야 하는 일체적 물품이다. 『연희식』도서료「年料墨」조에는 도서료에서 연간 제조하는 묵은 길이 5寸 (15㎝) 폭 8分(2.4㎝)의 규격으로 400개를 만든다고 규정하고 있다. 이 크기는 현재 사용하고 있는 묵과 비교하면 대단히 대형이고, 분실하지 않는 한 1개의 묵으로 수많은 문서를 작성할 수 있었을 것으로 추정된다. 도서료에는 造墨長上 1인과 造墨手 4인을 배치하고, 이들에게 지급하는 식량, 의복 등에 대해 세부적인 규정이 있다.

또한 『연희식』음양료「造墨」조에는 묵 제조에 제조자의 일당 식비뿐 아니라 계절별 생산량도 규정되어 있다 4월에서 7월 사이에 작업하는 長功 기간에는 93개의 묵을 만들고, 2, 3월과 8, 9월에 작업하는 中功 기간에는 80개이고, 10월에서 이듬해 정월까지 작업하는 短功 기간에는 66개의 묵을 만든다고 명시되어 있다. 따라서 연간 묵 생산량은 총 236개에 이른다[18].

붓에 대해서는 동「造筆」조에는 長功 기간에는 1일 토끼털(兔毛) 붓과 살쾡이털(狸毛) 붓을 각각 11개를 만들고, 사슴털(鹿毛) 붓은 30개 제조한다고 기록되어 있다. 中功 기간에는 1일 토끼털 붓 10개, 사슴털 붓 25개 만들며, 短功 기간에는 1일 토끼털 붓 8개, 사슴털 붓 20개를 제조한다고 명시하고 있다[19].

동「筆」조에서는 토끼털 붓 1개로 행서체 본문 150장 및 주석 100장을 필사할 수 있으며, 묵 1개로 용지 300장을 쓸 수 있고, 사슴털 붓 1개는 계선 600장에 사

---

18 『延喜式』권13,「圖書寮」27「造墨」조.
19 『延喜式』권13,「圖書寮」26,「造筆」조.

용한다고 명시하고 있다[20]. 즉 문서를 작성할 때 글씨 쓰는 붓과 행렬을 맞추기 위해 계선을 긋는 붓을 달리하고 있다. 사슴털 붓은 재질이 강해 선긋기가 용이하여 계선용으로 적합하다. 제품의 생산량도 토끼털 붓이 사슴털 붓의 3분의 1 수준으로 적어, 토끼털 붓의 제조가 그만큼 공정이 복잡하고 시간이 많이 소요된다는 것을 알 수 있다.

제4절 문서용지의 체재와 교정

종이제조와 관련하여『연희식』도서료「裝潢」조에는 질좋은 문서용지를 사용하기 위한 공정과, 문자의 행렬과 체재를 정리하기 위해 계선을 긋는 작업에 대해 기록하고 있다.

【자료 6】

　　"凡裝潢, 長功日黏紙七百張. 擣紙に二人日百二十張. 龗闌界四百四十八張〈張別二十七行〉, 界長七寸二分, 廣七分. 注闌界四百八十三張[張別二十四行], 界長同上, 廣八分. 橫界五百八十八張, 裝書四百二十張〈截端及著縹紙安帶軸〉, 中功粘紙六百張. 擣紙二人日一百張. 龗闌界三百八十四張. 注闌界四百張. 橫界四百九十張. 裝書三百六十張. 短功粘紙五百張. 擣紙二人日八十張. 龗闌界三百二十張. 注闌界三百四十五張. 橫界三百九十二張. 裝書三百張"

위 사료에 따르면, 長功 기간에는 하루에 점액을 바른 종이 700장을 만들고, 종이를 평평하게 만드는 打紙 공정에는 2인이 투입되어 1일 120장을 작업한다. 또한 27행의 종선이 들어간 용지 448장을 만들며, 계선의 길이는 7촌 2푼(21.6cm), 폭은 7푼(2.1cm)이다. 주석서 용지의 경우는 계선 24행이 들어간 용지 483장을 만들고, 길이는 동일하고 폭은 8푼이다. 실제로 정창원의 호적, 계장, 정세장 등

---

20 『延喜式』권13, 「圖書寮」17, 「筆」조.

문서를 조사한 연구에 따르면, 계선의 길이는 21~25cm로 나타나 있으며, 대체로 22~23cm의 크기가 다수이고, 계선의 폭은 2cm 전후이다[21].

이밖에도 횡선이 그어진 종이 588장 및 표지, 끈, 굴대를 부착한 裝書 420장을 제조한다. 中功 기간에는 점액지 600장을 만들고, 打紙 공정에 2인이 1일 100장, 종선 종이 384장, 주석서 용지 400장, 횡선 용지 490장, 裝書 360장을 만든다. 短功 기간에는 점액지 500장을 만들고, 타지 공정에 2인이 1일 80장, 종선 용지 320장, 주석서 용지 345장, 횡선 용지 392장, 裝書 300장을 제조한다.

『연희식』도서료「寫書」조에는 서사할 때 권두의 2행은 비우고, 권말에는 1행을 비워 空紙로 둔 후에 제목을 쓴다고 명시하고 있다[22]. 권두와 말미에 행을 비우는 것은 문서의 표지를 만들 때 굴대(軸)에 붙이기 위한 공간으로 활용하기 위해서이다. 마지막으로 표지와 장정을 마무리하면 한통의 문서로서 체재를 갖추게 된다.

또한 동「寫書功」조에는 서사 시에 사용할 용지의 종류와 글자 크기에 따른 작업량이 규정되어 있다. 상급 용지에 大字로 서사할 때에는 장공 기간에는 1일 1,700자이고, 중공 기간에는 1,500자, 단공 기간에는 1,300자로 규정하고 있다. 小字의 경우에는 장공 기간에는 1일 2,300자, 중공 기간에는 2,000자, 단공 기간에는 1,700자를 서사한다. 麻紙에 서사할 때에는 각각 상급 용지보다 100자를 감한다. 상급 용지에 義疎를 서사하는 경우에는, 장공 기간에는 1일 2,000자를 서사하고, 중공 기간에는 1일 1,800자, 단공 기간에는 1일 1,600자이고, 麻紙에 서사하면, 상급 용지보다 100자를 감한다고 규정되어 있다[23]. 마지에 서사하는 경우에는 표면이 거칠어 작업이 어려워 글자수를 줄여주는 것이다.

경전의 주석을 단 義疎의 경우에는 소자에 해당되지만, 일반 문서의 중간 분량으로 설정하고 있다. 이러한 규정은 국가주도의 문서작성에 통일적인 양식과 함

---

21 杉本一樹,「律令公文書の基礎的觀察」,『日本古代文書の硏究』, 吉川弘文館, 2001, 91~101쪽 및 130~131쪽 表7 참조.
22 『延喜式』권13「圖書寮」20,「寫書」조.
23 『延喜式』권13,「圖書寮」21,「寫書功」조.

께 書生의 업무량에도 균형성을 맞추기 위한 조치라고 생각된다.

다음으로『연희식』도서료「模書」조에는 원본을 모사하는 조문이 나온다. 장공 기간에는 1일 90자인데 內墨의 경우에는 40자이다. 중공 기간에는 1일 80자, 내묵은 38자이고, 단공 기간에는 1일 72자, 내묵은 32자이다[24]. 여기서 말하는 내묵은 원본 글자의 외곽을 그린 다음 내부에 먹칠하여 메우는 쌍구가묵(雙鉤加墨) 방식이다. 이것은 일반적인 필사와는 달리 서예 작품과 같은 특별한 서체를 모사하는 경우에 해당된다. 예를 들면, 중국 동진의 書聖이라고 불리던 왕희지가 남긴 난정서(蘭亭序)를 후대의 서예가들이 모사한 임사본(臨寫本)이다.

이와 관련된 자료로는 정창원에 소장되어 있는 天平勝寶 8歲(764) 6월21일자「東大寺献物帳」에는 왕희지의「書法二十卷」이 보이고 있다[25]. 왕희지의「書法二十卷」은「雙倉北雜物出用帳」기록에 의하면, 天應 원년(781) 8월18일에 반출되었다가 동 8월 18일에 12권이 반납되었고[26], 延曆 3년(784) 3월 29일에 나머지 8권도 반납된 기록이 남아있다[27]. 이러한 기록들은 당시 일본 궁정에서 왕희지의 서체가 유행하였고, 귀족들 사이에서도 그 서체를 모방한 작품을 소장하려는 욕구가 컸음을 보여주고 있다.

마지막으로『연희식』도서료「校書」조에는 서사한 문서의 교정에 관한 규정이 나온다. 본문의 大字로 쓴 교정은 장공 기간에는 1일 60장, 중공 기간에는 50장, 단공 기간에는 40장이고, 재교는 각 초교에 10장을 더한다. 小字인 주석서의 경우에는 장공 기간에 46장, 중공 기간에 39장, 단공 기간에 32장이고, 재교의 경우는 각 초교에 5장을 더한다고 규정하고 있다 특히 유교경전이나 불경과 같은 전적에는 오자나 탈자가 존재하면 그 뜻을 오해할 수 있으므로 원본에 충실한 서사와 철저한 교정이 요구된다. 이에 따라 교정은 매우 엄격하게 운영되었으며, 최초 서사자

---

24 『延喜式』권13,「圖書寮」22「模書」조.

25 『大日本古文書』4-121~126.

26 『大日本古文書』4-199.

27 『大日本古文書』4-204, 黑田洋字,「國家珍寶帳に見える王義之書法二十卷の性格」,『書狀文化の源流を求めて』平成24年~平成27年度 日本學術振興會科學研究費補助基金研究, 8~9쪽 참조.

뿐 아니라 초교와 재교를 보는 교정자도 책임을 졌으며 오류가 발견하지 못하면 임금이 삭감되고, 반대로 오류를 발견하는 사람에게는 수당이 지급되었다.

제5절 공문서 및 전적의 문서량

도서료에서 생산하는 종이의 양은 연간 2만장이고, 이들 대부분 태정관을 비롯한 중앙관사에서 소비되고 있다. 그러나 전국적인 수요를 보면 그 규모는 매우 방대하다. 인구조사, 과세 대상자를 파악하기 위한 기초문서인 호적과 계장문서를 비롯해, 전국 각지에서 중앙으로 상신하는 행정문서, 대학료나 국학에서 사용되는 경서 및 불경의 필사 등 다양한 용도로 대량의 종이가 사용된다.

정창원에 잔존하는 호적과 계장 문서를 보면, 일부는 3단으로 나누어 작성하는 사례도 있지만, 기본적으로는 1인의 정보를 1행에 상하로로 기록하는 것이 기본 형식이다. 이 기준에 따르면, 1리 50호 에 대한 호구를 기록하는데 약 50장이 필요하다. 『和名類聚抄』에 따르면, 율령제 시행기의 전국의 郷(里)의 수는 4,041개이고, 이를 기준으로 하면 대략 20만장 정도의 용지가 필요하다. 이 호적에는 나라시대 국가가 장악한 인구 450여만명의 인적사항이 기재된다. 게다가 호적은 3통을 작성하여 1통을 해당국에 보존하고 2통은 중앙에 송부된다. 즉 6년마다 작성하는 호적 작성하는데 필요한 종이는 60여만장에 달하게 된다.

한편, 매년 과역의 부과를 위해 작성되는 計帳은 먼저 각호에서 작성한 手實을 기초로 한다. 이 수실을 바탕으로 계장목록 혹은 호구의 인명을 기록한 歷名가 만들어진다. 이 2~3종의 문서는 기재의 내용 및 분량에서 약간의 차이가 있지만 각각 호적과 거의 같은 분량의 종이를 필요로 하며, 이에 따라 매년 계장 작성에 40만장이 소요된다.

또한 계장문서와는 별도로 郷戸帳, 浮浪人帳, 中男帳, 高年帳, 老丁帳, 逃亡帳, 神戸帳, 死亡帳 등 枝文이라고 하는 많은 부속문서가 작성된다. 나아가 매년 제국의 결산보고서인 正税帳과 調庸의 물품을 기록한 調帳, 제국의 시설, 물품 현황을 보고하는 朝集帳 등 다수의 행정문서가 포함된다. 실제로 정창원문서 중에는 천평

5년(733) 8월 1일부터 동 6년 7월말까지 1년간에 출운국이 수수한 出雲國會計帳에는 공문서의 목록이 수록되어 있다. 특히 천평 5년 10월에 상경한 조집사가 지참한 국아의 정무보고서는 45권 6장에 달한다[28].

이처럼 대규모의 공문서를 작성하기 위해서는 전국적으로 제지공방이 설치되지 않으면 불가능할 일이다. 戶令「造戶籍」조에는 다음과 같은 규정이 명시되어 있다.

"소요되는 종이, 붓 등의 용품은 모두 해당 호에서 부담한다. 국사는 소요되는 수량을 헤아려서, 임의대로 추정하여 백성에게 손해를 끼쳐서는 안된다."

즉, 호적, 계장 같은 공문서 작성에 필요한 종이 등의 비용은 백성들이 부담하게 되어 있으며, 國司가 이를 고가로 판매하거나 백성에게 부당하게 손해를 끼쳐서는 안된다는 법적 규제가 있었다. 만약 중앙에서 제국에 무료로 배포했다면 이러한 규정은 필요가 없었을 것이다. 이러한 사실은 제국에서는 호적, 계장 등의 공문서 작성시에 종이의 생산과 판매에 관여하고 있었음을 말해주고 있다. 율령에는 종이제조와 관련된 국사의 직무는 명시되어 있지 않지만, 각 지방마다 제조공방을 두고 자체적으로 종이를 생산하고 있었음은 분명하다.

佛典의 사경도 방대한 양의 종이를 필요로 한다. 『연희식』도서료「寫經」조에는 연간 인왕경 19부를 각 2권을 서사하는데 710장이 소요된다고 되어 있다[29]. 그러나 이는 사경사업의 극히 일부에 지나지 않는다. 국가불교의 융성을 위해 전국에 국분사, 국분니사가 조영된 이후, 사경사업은 더욱 활발해졌다. 조정에서는 사경을 위한 임시기구로서 사경소를 설치하였으며, 이후 황후궁직 산하의 寫經司, 이를 계승한 造東大寺司 소속의 東大寺寫經所, 內裏의 奉寫一切經司 등 관영사경소가 잇따라 설치되어 국가주도의 사경사업이 본격적으로 추진되었다.

28 『大日本古文書』2-589, 早川庄八, 『日本古代官僚制の研究』, 岩波書店, 1986, 308쪽.
29 『延喜式』권제13, 「圖書寮」10, 「寫經」조.

대표적인 사례로는 光明皇后의 발원으로 이루어진 一切經으로, 天平 12년(740) 5월 1일자 발원에 따라 「五月一日經」이라 불리기도 한다. 또 天平 8년(736) 9월 입당승 玄昉이 가져온 경전을 저본으로 하여, 天平勝宝 8년(756)까지 약 7,000권에 달하는 경전을 서사하였다.

天平勝寶 6년(753)에 범망경 100부 200권, 법화경 100부 800권, 新舊法華經 각 5부 700권을 서사하였고, 이듬해에는 화엄경 1,000권, 관세음경 1,000권이 사경되었다. 天平寶字 2년(758) 6월에는 금강반야경 1,000권을 서사하였고, 동 7월에 千手千眼經 1,000권, 신견색경(新羂索經) 10부 280권, 약사경 120권 합계 1,400권을 사경하였다. 이어 8월에는 금강반야경 1,200권을 사경하여 모두 3,600권이라는 대규모 사경이 이루어졌다.

이러한 사경사업에는 사경, 교정, 장정에 이르는까지 1,000권당 60명 정도의 인력이 동원되었다고 한다. 또 천평보자 4년 정월에는 135部經 450권의 사업사업이 지시되었고, 동 2월에는 135부경의 7배가 넘는 3,433권의 대규모 사경이 이루어졌다[30]. 경권 1권이 대략 사경지 20매 정도로 추산하면, 잔존 사료에 근거해도 한해에 적어도 5만장 이상의 용지가 필요했음을 알 수 있다.

현존하는 정창원문서는 중앙관사에서 사용한 문서를 동대사에 불하한 紙背文書의 극히 일부이고, 이들 문서군이 현재 『대일본고문서』(25권)로 재탄생되었다는 점을 상기해 보면, 당시의 문서행정에 사용된 종이의 수량이 어느 정도였는지를 짐작할 수 있다.

율령제 시행과 문서행정이 확대되면서 종이의 수요는 급속도로 증가하였고, 학문, 종교, 문학 등 여러 분야에서 전적을 필사하고 발간이 이루어짐에 따라 종이의 생산은 국가와 사회에 필수 요소가 되었다. 종이는 기록문화의 원천이자 문명화의 척도라는 점에서, 그 생산과 소비는 중요한 의미를 갖는다.

---

30 榮原永遠男, 「寫經所の施設とその変遷(上)」, 『市大日本史』 24권, 大阪市立大學 日本史學會, 2021, 15~17쪽.

제4부
호적·계장 및
사경소 문서

제1장 인민지배와 호적의 작성

제1절 호적의 작성과 의미

고대국가성립과정에서 인민을 지배하는 가장 기초적인 정보는 호적과 계장이다. 호적은 씨성 및 양민과 천민의 신분을 확정하고 전지의 반전수수를 위한 기초대장이고, 계장은 개인별로 調, 庸의 부담자를 파악하기 위한 문서이다. 일반적으로 帳籍[1]이라고 불리는 이 2종의 문서는 구분전의 반급 및 징세, 징발의 수취체제를 위한 목적으로 작성된다.

『속일본기』 대보 3년(703) 7월조에는, "籍帳之設, 國家大信"이라고 하여 帳籍을 갖추는 일은 국가의 중요한 신뢰의 기반이는 문구를 특기하고 있듯이 율령국가체제의 근간은 바로 帳籍의 지배로부터 출발한다. 이러한 일본의 호적, 계장는 唐制의 영향이다. 당에서는 국가의 지배를 받는 '均田農民'으로서 조용조 및 각종 力役이 부과되었고, 과세의 기초대장으로서 3년마다 造籍되는 호적과 매년 작성되는 計帳이 있다.

한편 고대일본의 호적 작성에 대해 『일본서기』 欽明紀 원년(540) 8월조에는, "秦人, 漢人 등 제번으로부터 투화해 온 사람을 소집해서 國郡에 안치하여 호적에 편적하라"는 기록이 나온다[2]. 또한 동 30년 정월조에는 연령이 10여세에 달했는데 호적에 누락되어 과역이 면제되고 있어, 膽津을 보내 白猪田部의 丁籍을 조사

1　『令集解』戶令「令釋」, "帳者計帳也. 籍者戶籍也".

2　『日本書紀』欽明紀 원년 8월조, "召集秦人, 漢人等諸蕃投化者, 安置國郡, 編貫戶籍. 秦人戶數惣七千五十三戶, 以大藏掾爲秦伴造".

하라고 명하고 있다[3]. 이 기록에는 율령제의 용어가 투영되어있지만, 6세기대 해외로부터 이주한 씨족에 대해 編戶의 사실을 보여주는 자료로, 일본호적의 원류를 엿볼 수 있다. 특히 호를 단위로 한 편호제는 도래인들을 일정 지역에 집단적으로 거주시켜 '戶'의 호칭을 사용한데서 유래한다는 지적도 있다[4]. 여기에 보이는 丁籍은 율령제하에서의 조세, 과역의 대상자인 丁男의 호적을 가리킨다. 대화정권이 지방의 호족지배하의 인민을 중앙에서 장악해 나가는 과정을 보여준다.

전국적인 호적의 작성은 天智 9년(670)에 시행된 庚午年積에서 시작되었다. 이시기는 나당연합군의 백제침공으로 촉발된 동아시아의 전란기로 수많은 유이민들이 일본열도로 망명하였다. 이러한 불안정한 정국을 안정시키고 중앙집권적 지배체제를 구축하기 위해 일본 최초의 전국적 규모의 호적이 작성되었다.

천지조에서 만들어진 경오년적은 일본고대의 호적사에서 중요한 의미를 갖는다. 율령제 시행 이후 6년마다 작성하고, 5회분(30년)이 경과하면 순차적으로 폐기되지만, 경오년적만은 씨성의 근본대장으로 영구보존하도록 戶令「戶籍」조에 명문화되었다[5]. 경오년적에 기재되어 있는 인민의 개인정보는 이후 발생하는 씨성의 문제, 신분소송에서 기준점으로 삼아 영구보존해야 할 기초대장으로서 활용되었다.

大寶 원년(701)에 제정된 대보령에는 호적과 계장이 규정되어 있는 戶令이 기타의 법령보다 상위에 위치해 있다. 대보령의 편목은 총 30개로 구성되어 있으며, 앞부분에는 관사제의 편성시스템을 규정한 관위령, 직원령을 비롯하여 국가의 종교 통제규정인 신기령, 승니령이 나온다. 그 다음으로 국가통치와 운영의 근간을 이루는 법령 중에서는 최상위에 있다. 특히 戶令→田令→賦役令이라는 기재 순서에서도 나타나듯이 호적을 작성하여 전지를 반급하고 과역을 부과한다는 논리이다[6]. 호적에는 里 단위의 호구의 성명, 나이, 성별 등을 기입한다. 이

---

3 『日本書紀』欽明紀 30년 정월 신묘삭, "詔曰, 量置田部其來尙矣. 年甫十餘脫籍免課者衆. 宜遣膽津〈膽津者, 王辰爾之甥也〉, 檢定白猪田部丁籍"

4 岸俊男,「日本における戶の源流」,『日本古代帳籍の硏究』, 塙書房, 1973, p.37, 43~44쪽.

5 「戶令」22「戶籍」조, "凡戶籍. 恒留五比, 其遠年者, 依次除〈近江大津宮庚午年籍, 不除〉."

6 菊池英夫,「唐令復元硏究序說-特に戶令·田令にふれて」,『東洋史硏究』31-4, 1974, 石上英一,

는 국가의 모든 인민에 대한 개인정보의 장악이고 개별적인 人身의 지배라고 할수 있다. 바로 율령제에 의한 중앙집권적 천황제 국가의 탄생을 의미한다.

현존하는 정창원문서의 大寶 2년(702)의 호적으로는 九州의 筑前, 豊前, 豊後의 3개국 5개 里와 東國地方의 御野國(美濃國)의 10개 里에서 작성된 것이 있고, 養老 5년(721)에 작성된 下總國 3개 지역의 里 호적이 전하고 있다[7]. 『和名類聚抄』에 보이는 율령시대의 4,041개 향(리) 수를 감안하면, 현존하는 호적은 극히 일부에 불과하지만, 대보령 시행기의 편호제의 특징을 파악하는 데에 매우 유효하다. 또한 호적과 기재내용이 유사한 동 시기의 문서인 計帳을 작성한 지역을 보면, 右京, 近江國, 山背國, 出羽國, 越前國, 阿波國, 因幡國, 讚岐國 등 지역적으로 광범위하게 분포되어 있다[8].

이를 통해 대보령 제정 이후, 호적, 계장의 작성은 왕경, 기내를 비롯한 구주지역에서 동북지역까지 전국적으로 시행되고 있었음을 확인할 수 있다. 이것은 대보령의 시행으로 고대일본의 지방에 대한 지배체제가 완성되어가고 있음을 말해주고 있다.

제2절 戶令 「造戶籍」 조의 검토

戶令 「爲里」 조에는 50호를 1리로 삼고, 里마다 1인의 長을 두도록 하고, 「戶主」 조에는 家長을 호주로 삼는다고 규정하고 있다. 호주는 현재의 세대주에 해당한다. 이어 戶 내에 課口가 있으면 課戶로 삼고, 과구가 없으면 不課口로 삼는데, 이는 세금의 납부 여부에 따라 구분한다. 해당 조문의 주석에는 불과호에는 황족을 비롯하여 8위 이상의 관인, 16세 이하의 남자, 陰位를 받을 수 있는 자손 그리

「律令國家論」, 『律令國家と社會構造』, 名著刊行會, 1996, 67~69쪽.

7 기타 陸奧國의 戶口損益帳에는 「陸奧國印」이 날인된 흔적 이외에는 남아있지 않고, 이 중에는 郡里의 名을 알 수 없는 것도 있다. 이외에도 정창원에는 9세기 호적 2통, 10세기 호적 4통, 11세기 호적 1통이 소장되어 있다(杉本一樹, 「古代文書とその周邊-戶籍·計帳と古代社會-」, 『日本古代文書の研究』, 吉川弘文館, 2001, 537~544쪽, [現存古代帳籍一覽表] 참조).

8 杉本一樹, 앞의 논문, [現存古代帳籍一覽表].

고 고령자 질환 및 장애자가 포함된다. 여기에 처와 첩, 여자, 예속 신분인 家人과 노비도 속한다. 즉 호적의 작성은 호구를 파악하여 과역을 부과하는 것이 중심이다. 여기서 과역이란 調, 庸을 성인 남자에게 부과되는 일종의 인두세에 해당하는 과세이다.

다음은 戶令「造戶籍」조에 규정된 호적의 작성과정에 대해 살펴보자.

"무릇 호적은 6년마다 만든다. 11월 상순에 시작하여 式에 따라 조사하여 만든다. 里 마다 1권으로 만들며, 모두 3통을 작성한다. 이음매 부분에는 모두 국, 군, 리의 명칭, 어느 해의 籍이라고 기재하고, 5월 30일까지 완료한다. 3통 중 2통은 태정관에 보내고, 1통은 국에 보관한다. (호적작성에) 필요한 종이, 붓 등의 용품은 모두 해당 호에서 부담한다. 국사는 소요량을 정확히 조사하여, 임의로 짐작하여 백성에게 손해를 끼쳐서는 안된다. 호적이 관이 도착하면, 먼저 수납하고 나중에 검토한다. 만약 나이를 속이고, 은폐하거나 사망한 자로 기재하여 사실과 다르면 상황에 따라 조사한다. 국이 착오와 과실을 인정하면, 즉시 관할 省의 호적에 그 사유를 자세히 기록한다. 국에서도 帳, 籍에 기록한다[9]".

大寶令의 반포 이후 6년에 1회 작성되는 「六年造籍」은 항례화되었고, 50호 1리의 편제하여 호별로 호적을 작성한다. 개별적으로 작성된 50호의 문서는 서로 이어붙여 1리 단위로 1통의 두루마리 호적으로 제작한다. 이어 동일한 호적을 2통을 추가로 작성하여 모두 3통을 만드는데, 1통은 국에 보관하고, 2통은 태정관에 보낸다. 태정관에 보낸 2통 중에서, 1통은 호적 업무의 주무관사인 民部省에 보내고, 1통은 천황의 어람용으로 중무성에 보관한다. 이음매 부분에는 「國+郡+里

---

9 「戶令」19「造戶籍」條, "凡戶籍, 六年一造. 起十一月上旬, 依式勘造. 里別爲卷, 惣寫三通. 其縫皆注, 其國其郡其里其年籍. 五月三十日內訖. 二通申送太政官, 一通留國〈其雜戶陵戶籍, 則更寫一通, 各送本司〉. 所須紙筆等調度, 皆出當戶, 國司勘量所須多少, 臨時斟酌, 不得侵損百姓. 其籍至官, 並即先納後勘. 若有增減隱沒不同, 隨狀下推. 國承錯失, 即於省籍, 具注事由, 國亦注帳籍"

+年籍」을 기재하여, 어느 지역, 어느 해에 작성된 호적인지를 명확히 명시하도록 규정하였다. 대보령의 원류인 唐令에는 3년마다 호적을 만들고 鄕마다 한권씩 편성하였으며, 이음매에는 「某州+某縣+某年籍」이라고 표기하고 州, 縣의 인장을 날인하였다[10]. 호적의 작성 기간은 唐令에서는 3년인 반면 大寶令에서는 6년으로 규정하고 있다.

호적의 작성방식은 조문에 나오듯이 시행세칙인 「式」의 형식, 체제에 맞춰야 하는데, 이는 국가 공문서의 통일적인 양식을 규정한 것이다. 실제로 현존하는 호적은 대체로 체제상의 통일성을 보이고 있으며 호적 작성의 법령은 중앙에서 국, 군, 리로 전달되고, 리의 책임자인 이장의 관할하에 작성되었다고 보인다[11].

호적은 각호별로 작성하는 것이지만, 당시 식자율이 낮은 향리에서는 행정을 담당하는 里의 서기가 대행했을 가능성이 크며, 이는 里長[里正]의 직무의 하나였다. 위 법령에도 나오듯이 호적에 착오와 과실이 발생하면 국사가 문제를 해결하게 되어 있지만, 1차적인 책임은 최초의 작성자인 里에 있으며, 리의 호적을 총괄하는 이장도 그 책임도 피할 수 없다. 따라서 각 호의 호적을 작성할 때에는 이장은 호의 인적사항을 정확히 파악하여 허위, 누락 등이 발생하지 않도록 각별한 주의가 요구되었다. 각 리에서 수합된 호적은 군으로 이송되어 郡司의 책임하에 정비되었고 최종적으로 국아에서 재편성되고 서사와 교정을 거쳐 완성된다[12].

상기 조문에는 호적 작성에 필요한 종이 붓 등의 문방 용구는 모두 자기부담으

---

10 『唐會要』권85 籍帳, 『冊府元龜』권486 邦計部戶籍에 인용된 開元18년 11월 勅文, "諸戶籍三年一造, 起正月上旬, 縣司責手實, 赴州依式勘造, 鄕別爲卷, 總寫三通, 其縫某州某縣某年籍, 州名用州印, 縣名用縣印, 三月三十日納訖". 小口雅史, 「日本戶籍の源流·再論」(『律令制と古代國家』, 吉川弘文館, 2018, 369~370쪽).

11 호적의 작성의 실질적인 책임자는 郡司에게 있다는 지적이 있다(杉本一樹 앞의 논문). 이 근거는 唐律에 보이는 호구 자료를 정리해서 手實을 모아 籍書를 만든다는 기록이 日本令에서는 삭제되어 있다는 것이다. 당시 국군리 체제에서 각 리에서 작성하는 호적은 상급기관인 군의 책임하에 시행되고 있다는 점에서 이해할 수 있지만, 1리의 개별호를 직접 관할하는 것은 1차적으로 역할과 책임은 里長[里正]에게 있다.

12 宮本救, 「戶籍, 計帳」, 『古代の日本』9, 角川書店, 1971, 256쪽.

로 나온다. 즉 호구별로 소요되는 물품을 자비로 구입한다는 규정이다. 호적의 작성방식은 내용뿐 아니라 작성할 때 필요한 종이, 붓, 표지, 문서의 굴대(軸) 등도 통일적인 규격과 형태를 갖추어야 한다. 특히 종이 제작은 전문기술을 요하는 작업이고, 里 단위에서의 생산이나 개별적인 구입은 쉽지 않았다. 중앙의 도서료에 造紙手가 배치되어 있듯이, 중앙에서 사용하는 행정문서의 종이 조달은 도서료에서 주관하였고, 부족한 종이는 제국으로부터 공납받았으며, 국마다 필요한 종이는 자체적으로 생산하고 있었다.

호적에 소요되는 종이는 국에서 생산되어 리 단위로 공급되었고, 그 비용은 각 호로부터 청구했을 것으로 보인다. 제한된 생산체제 하에서의 종이의 가치는 높았고, 생산비용도 적지않았을 것이다. 상기 조문에 국사는 "소요되는 수량을 헤아려 백성에게 손해를 끼쳐서는 안된다"라고 규정하고 있듯이 당시 백성들에게 종이 구입비는 부담이 되었고 이에 대한 불만도 있었다고 사료된다. 따라서 조정에서는 가격 분쟁의 소지를 방지하기 위해 적정가격으로 판매할 것을 명하고 있다.

唐에서도 호적작성 시의 造籍料로서 종이, 붓, 먹 등의 비용은 각 호의 부담으로 매년 작성되는 計帳用은 1호당 1錢(開元通寶 1매), 3년마다 작성되는 호적은 1인당 1전을 징수한다[13]. 일본에서도 당의 영향을 받아 호적의 작성에 각 호로부터 비용을 징수했다고 생각된다.

한편, 호구의 내역을 기록할 때에 허위기재에 대한 문제도 지적하고 있다. 나이를 속이는 행위이다. 예컨대 구분전을 반급받기 위해 6세에 도달하지 않은 아이를 6세 이상으로 기재하거나, 호적에 등재하지 않고 은폐하는 일, 과역을 피하기 위해 사망자로 위장하는 일 등이다. 이것이 사실과 다르다고 판명되었을 경우에는 관에서 조사하고, 과실이 인정되면 그 사유를 주무관사인 민부성에 있는 호적과 해당 국의 호적과 계장에 기록하도록 하였다.

---

13 久武綾子, 「古代の戶籍」, 『愛知敎育大學硏究報告』 40, 1991, 145쪽.

제3절 大寶 2년의 筑前國 호적

筑前國 嶋郡의 川邊里 호적은 현존하는 가장 오래된 호적으로 8세기초 지방사회의 일면을 엿볼 수 있는 자료이다. 이 호적은 중간에 일부 유실된 부분을 제외한 전문이 남아 있으며, 호구의 인원이 무려 124인이나 되는 大戶를 이루고 있다[14].

아래 자료사진에서 보듯이 축전국 호적의 전면에는 행의 정렬을 위해 괘선이 그어져 있으며, 상하 2열로 朱印으로 된 정방형의 「筑前國印」이 날인되어 있다. 國印의 날인은 축전국의 호적임을 증빙하는 것이며, 公印制가 정비되면 모든 국에서 통일된 양식에 따라 시행되었다. 또한 상기 조문에도 나오듯이 각호의 호적을 이음매 부분에는 「筑前國嶋郡川邊里大寶二年籍」이라는 소재 국군리와 年籍을 기재하고 있다[15]. 이음매에 이러한 문구를 명기하는 것은 만약 문서 접합 부위가 분리되었을 경우에 원상태로 복원할 수 있도록 하기 위한 조치이다.

한편『속일본기』慶雲 원년(大寶4년) 4월 갑자조에, "鍛冶司에 명하여 國印을 주조하였다"라고 하여 대보 2년 호적보다 2년 후에 제국의 국인이 제조된 것으로 나온다. 이 기록에 의거하면 대보 2년 호적은 작성된 후에 날인한 것이 된다.

이와 관련하여 岸俊男은 다음과 같이 추론하였다. 대보 2년 豊前國 丁里 호적에 보이는 12支를 딴 이름이 상당히 기재되어 있는 것에 주목하여, 대보 2년은 寅年이기 때문에 이해에 태어난 1세 아동에게는 도라(虎)를 의미하는 이름(刀良, 刀良賣)이 주어져야 하지만, 실제로는 2세 아동에게 많고, 1세 아동에게는 대보 3년(卯年)의 간지에 해당하는 이름이 많다는 점을 지적하였다. 이는 대보 2년의 호적에 대보 3년에 태어난 사람까지도 포함되었고, 이 호적이 대보 3년말 혹은 대보 4년에 작성되었을 것으로 추정하였다[16]. 이 견해는 이후 宮本救, 米田雄介 등

---

14 『大日本古文書』1-129~134, 이 호적은 北山茂夫의 연구로 복원된 것이다(「大寶二年の筑前國戶籍殘簡について」, 『奈良朝の政治と民衆』, 高桐書院, 校倉書房, 1982, 初出 1948).

15 第56回『正倉院展圖錄』, 奈良國立博物館, 2004, 52쪽 사진판 참조.

16 岸俊男, 「造籍と大化改新詔」, 『日本書紀研究』1, 塙書房, 1964, 163~167쪽, 이후 『日本古代帳籍の研究』, 塙書房, 1973 재록.

많은 지지를 받으며 통설로서 자리잡았다[17]. 즉 대보 2년 호적에 國印이 날인된 것은 호적이 완성된 대보 4년이고 이때 公印制의 시행과 더불어 국인이 제작되어 날인되었다고 보인다.

『속일본기』神龜 4년(727) 7월 정유조에는 "筑紫諸國의 庚午籍 770권에 관인을 날인하였다"라고 하여 일괄적인 관인 날인기사를 특기하고 있다. 이때의 경오년적은 天智 9년(670)에 작성한 호적이다. 이 호적이 작성된 지 50여년이 지난 시점에서 태정관인을 날인한 것은 경오년적이 영구보관용으로 규정되었기 때문이다. 축전국의 호적도 대보 4년에 國印 제조와 함께 일괄적으로 날인한 것으로 보인다.

그럼 筑前國 川邊里에 거주하는 肥君猪手의 호를 검토해 보자.

【자료 1】筑前國 嶋郡 川邊里 호적[18]

戶主追正八位上勳十等肥君猪手, 年五十三歲, 正丁 大領 課戶	
庶母 宅蘇吉志須彌豆賣, 年陸拾伍歲,	老女
妻 智多奈賣, 年伍拾二歲,	丁妻
妾 宅蘇吉志橘賣, 年肆拾漆歲,	丁妾
妾 黑賣, 年肆拾貳歲,	丁妾
妾 刀自賣, 年參拾伍歲,	丁妾
男 肥君與呂志, 年貳拾玖歲,	正丁 嫡子
男 勳十等肥君泥麻呂, 年貳拾柒歲,	正丁 妾橘賣男
男 肥君太哉, 年貳拾參歲,	正丁 嫡弟
男 肥君乎麻呂, 年拾捌,	小丁
男 肥君久漏麻呂, 年拾陸歲,	小子
男 肥君夜惠麻呂, 年拾伍歲,	小子 上件三口, 妾橘賣男

17 宮本救,「戶籍, 計帳」,『古代の日本』9, 角川書店, 1971, 米田雄介,「大寶二年戶籍と大寶令」,『日本古代の國家と宗教』下, 1980, 井上薫教授退官記念會.
18 正倉院文書檢索 사이트(https://shosoin.kunaicho.go.jp/search).

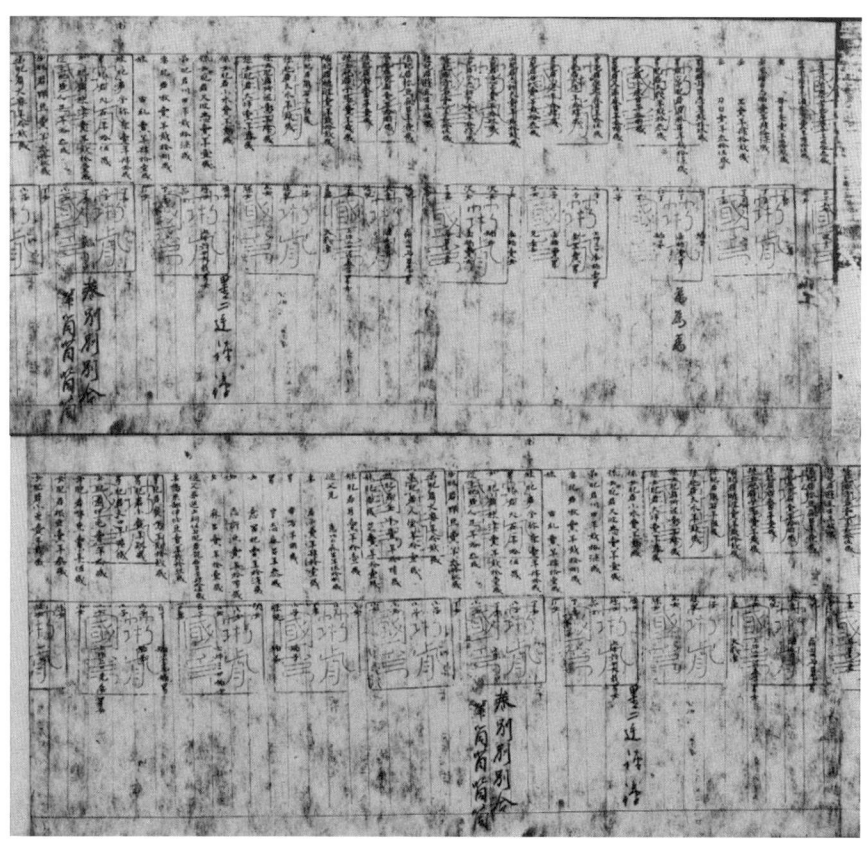

男 肥君大建, 年拾肆歲,　　　　　　　小子 姜黑賣男

男 肥君小建, 年拾肆歲,　　　　　　　小子 姜橘賣男

女 肥君名代賣, 年貳拾參歲,　　　　　丁女 先妾女

女 肥君志許夫賣, 年貳拾貳歲,　　　　丁女 姜橘賣女

女 肥君意志賣, 年拾玖歲,　　　　　　次女 丁女

女 肥君乎志許夫賣, 年貳拾參歲,　　　丁女 姜橘賣女

婦 肥君方名實, 年貳拾伍歲,　　　　　正妻 與呂志妻

孫 肥郡遊麻呂, 年伍歲,　　　　　　　小子

孫 肥君彌頭麻呂, 年壹歲,　　　　　　綠兒 上件二口, 與呂志男

婦 肥君方名實, 年拾捌歲,　　　　　　次妻 泥麻呂妻

孫 肥君古麻呂, 年壹歲,	綠兒
孫女 肥君乎婆賣, 年貳歲,	綠女 上件二口, 泥麻呂男女
婦 肥君穗婆賣, 年貳拾貳歲,	丁妻 太哉妻
孫 肥君床石, 年伍歲,	小子
孫 肥君大水, 年壹歲,	綠兒
孫女 肥君阿泥賣, 年肆歲,	小女
孫女 肥君大伴賣, 年參歲,	綠女
孫女 肥君小水賣, 年貳歲,	綠女
孫女 肥君久波志賣, 年壹歲,	綠女 上件六口, 大哉男女

....

弟 肥君川田, 年貳拾柒歲,	兵士
妻 肥君牧賣, 年貳拾捌歲,	丁妻
妹 古礼賣, 年肆拾壹歲,	丁女
妹 肥君乎弥奈賣, 年肆拾歲,	丁女
男 肥君大石, 年拾伍歲,	小子
女 肥君妹津賣, 年貳拾壹歲,	丁女
從子 肥君人足, 年拾參歲,	小子
母 肥君咩豆賣, 年參拾玖歲,	丁女
弟 肥君大家, 年拾貳歲	小子
弟 肥君人生, 年拾壹歲	小子
妹 肥君玉手賣, 年拾陸歲	小女
妹 肥君歲足賣, 年拾壹歲	小女
妹 肥君耳賣, 年拾壹歲	小女

....

從父兄 意比止麻呂, 年伍拾捌歲,	正丁
妻 若子賣, 年肆拾壹歲,	丁妻

男 吉嶋, 年捌歲,	小子 嫡子
男 宇志麻呂, 年參歲,	綠兒 嫡弟
女 意富把賣, 年拾柒歲,	次女
女 志許豆賣, 年拾陸歲,	小女
女 麻呂賣, 年拾壹歲,	小女 上件三口, 嫡女

....

從父弟 進少初位上肥君龍麻呂, 年肆拾伍歲,	正丁
妻 搗米部伊比豆賣, 年貳拾玖歲,	丁妻
男 肥君廣嶋, 年貳拾貳歲,	正丁 嫡子, 先嫡男
男 肥君小廣, 年玖歲,	小子 嫡弟
男 肥君大口, 年陸歲,	小子
女 肥君伊毛賣, 年拾歲,	小女 上件二口, 先妾男女
女 肥君咩豆賣, 年伍歲,	小女
女 肥君根虫賣, 年參歲,	綠女
女 肥君小虫賣, 年貳歲,	綠女
女 肥君大虫賣, 年壹歲,	綠女 上件四口嫡女

....

生君鏡, 年參拾伍歲,	綠女 寄口
妻 搗米□蘇代賣, 年貳拾貳歲,	丁妻
男 生君多智麻呂, 年壹歲,	綠兒 嫡子
搗米弩弓, 年參拾捌歲,	正丁 寄口
男 搗米□大國, 年肆歲,	小子 嫡子
男 搗米□小國, 年參歲,	綠兒
男 搗米□宇志麻呂, 年貳歲,	綠兒
男 搗米□高嶋, 年壹歲,	綠兒 上件三口嫡弟
女 搗米□桓賣, 年伍歲,	小女 嫡女

從子 搗米□余, 年貳拾肆歲,　　　　　　　正丁

秦部丹賣, 年參拾捌歲,　　　　　　　　　丁女 寄口

男 生部比呂麻呂, 年伍歲,　　　　　　　小子

女 生部與利賣, 年陸歲,　　　　　　　　小女

女 生部刀自賣, 年壹歲,　　　　　　　　縫女

(이하 寄口 12인 단절)

· ·

奴 志麻, 年貳拾陸歲,

男奴 意富麻呂, 年貳歲

弟奴 比多司, 年拾陸歲

妹婢 尾豆賣, 年貳拾玖歲

妹婢 宿古太賣, 年拾肆歲

奴 牧夫, 年肆歲

婢 大豊賣, 年陸拾參歲

婢 小豊賣, 年陸拾壹歲

女婢 久我泥賣, 年拾陸歲

奴 許牟麻呂, 年壹歲, 久我泥賣男, 上件十口戶主奴婢

奴 神哭, 年肆拾歲

女婢 久增賣, 年捌歲

弟奴 金, 年參拾伍歲

女婢 石賣, 年捌歲

女婢 伊波豆賣, 年壹歲

婢 獲賣, 年參拾壹歲

婢 稻賣, 年貳拾陸歲

女婢 手束賣, 年肆歲, 上件八口戶主母奴婢

奴 弓取, 年伍什貳歲

男奴 度, 年參歲

女婢 嶋賣, 年拾貳歲

女婢 小嶋賣, 年伍歲

奴 志許甫智, 年貳拾伍歲

奴 止利麻呂, 年拾捌歲

弟奴 小鳥, 年拾伍歲

弟奴 眞鳥, 年拾伍歲

妹婢 小梙賣, 年拾歲

妹婢 米豆良賣, 年參歲

婢 倭賣, 年貳拾歲

女婢 若津賣, 年壹歲

娣婢 竺志賣, 年 拾陸歲

娣婢 久爾賣, 年拾伍歲

婢 宇代賣, 年貳拾貳歲

女婢 宿久波賣, 年參歲

婢 惠彌賣, 年肆拾貳歲

奴 伎麻呂, 年伍拾貳歲, 上件十八口戶主私奴婢

奴 伊志牟良, 年參拾壹歲

　凡口壹伯貳拾肆

- 口壹伯玖,不課[口一 八位, 口十六 小子, 口八 綠兒, 口十九 丁女, 口二
　老女, 口五 次女, 口十二 小女, 口九 綠女, 口十五 奴, 口二十二 婢]

- 口壹拾伍,課[口一 兵士, 口十二 正丁, 口二 小丁]

　우선 첫머리에 「戶主追正八位上勳十等, 肥君猪手年五十三歲 正丁大領 課戶」라
고 기재되어 있다. 호주인 肥君猪手는 정8위상 훈10등이고 나이는 53세, 과역을
부담하는 正丁으로 嶋郡의 장관인 大領에 직에 있던 인물이다. 이 호의 구성원은

124인이다. 편의상 그 구성원을 5개 그룹으로 표시하였다. 제1 그룹은 호주의 직계 가족이고, 제2 그룹 남동생 가족 및 친족, 제3 그룹은 從父兄, 從父弟 가족이다. 제4 그룹은 외부에서 들어온 寄口이고, 제5그룹은 노비이다. 호구의 기재방식은 호주와의 혈연관계, 성명, 연령, 과역의 대상 여부 순으로 기재되어 있으며, 하단에는 여백을 두어 기타의 필요한 사항을 추기하도록 되어 있다. 말미에는 호 전체의 인원수, 국가에서 반급된 구분전의 면적 합계가 기재되어 있다.

호주의 직계가족을 살펴보면, 호주를 필두로 하여 서모, 정처, 첩, 자녀 그리고 며느리와 손주 등이다. 서모 宅蘇吉志須彌豆賣는 호주의 부친의 첩으로 호주의 계모이다. 나이는 65세로 호주와의 12세 차이가 난다. 그녀의 씨명 중에 宅蘇는 원래 본가의 씨이고 吉志는 가바네(姓)이다. 이 성은 도래계 씨족에 갖고 있던 吉士이고, 아마도 출자에 기인한다고 보인다. 처는 본처와 첩 3인을 포함해 4인이고, 이들 사이에 12인의 자녀와 10인의 손이 있고, 자식의 처 3인을 포함하면 직계 가족만 총 31인에 달한다. 특히 다수의 자녀들이 누구의 소생인지 모친을 밝히고 있다.

이어서 남동생, 여동생의 가족 및 아버지의 형제 가족인 방계 30인이 나온다. 여동생 2인은 나이는 41세, 40세이지만, 남편은 보이지 않는다. 이 경우는 사별 혹은 이혼했을 가능성도 생각할 수 있지만, 2명 모두 이에 해당한다고 추정하는 것은 무리이다. 실제로 정창원에 남아있는 호적, 계장 문서에는 부인이 등재되지 않은 사례가 다수 확인되고 있다. 특히 右京 계장, 山背國 계장에 다수 확인되고 下總國, 美濃國, 豊前國 등의 호적에도 나타난다. 이것은 명확히 別籍으로 생각된다. 이러한 현상이 나타나게 된 이유 중에는 재산 상속문제도 제기되고 있다[19]. 실제로 戶令「應分」조에 규정된 상속관련 조항에 의하면, 고모, 자매가 집에 동거하고 있으면 남자의 반을 상속받고, 비록 출가하더라도 재산을 분배하지 않았으면 반을 받는다고 규정하고 있다[20]. 따라서 호적상에 별적이라 하더라도 실제는

---

19   赤松俊秀, 「夫婦同籍・別籍について」, 『古代中世社會經濟史硏究』, 平樂寺書店, 1972.

20   「戶令」23「應分」조, "凡應分者, …其姑姉妹在室者, 各減男子之半〈雖已出嫁, 未經分財者, 亦同〉".

동거일 가능성도 높다.

한편 호주의 부친의 형제의 자식인 從父兄, 從父弟의 가족도 한 호를 형성하고 있다. 사촌 사이인 종부형 意比止麻呂의 나이는 55세이고 가족은 7인이다. 다만 이들 가족에게는 肥君이라는 씨성이 모두 누락되어 있는데, 그 이유가 무엇인지는 불명이다. 종부제 肥君龍麻呂의 가족은 10인이다. 그런데 肥君龍麻呂의 나이는 45세인데, 그의 처 搗米部伊比豆賣는 29세의 丁妻이다. 이들의 아들로 나오는 肥君廣嶋는 22세로 정처와 나이 차이가 7세이다. 그는 현재의 정처의 자식이 아니고, 「先嫡男」으로 표기되어 있어 사망한 전처의 아들로 생각된다.

다음은 호주와는 대부분 비혈연 관계인 寄口가 26인이 기재되어 있다. 현존하는 문서에는 14인만 기재되어 있으나 단절된 부분에 12인이 수록되었음이 확인되었다. 말미의 총 호구수는 124인이고, 문서에 기록된 호구는 112인으로 12인의 차가 나는데, 유실된 부분이 바로 寄口 12인에 해당한다[21]. 마지막에는 노비 37인이 열기되어 있다.

호구 124인을 통계적으로 보면, 과역 부담자인 과호는 병사 1인, 正丁 12인, 小丁 2인 합계 15인이다. 과역 면제자인 불과호는 호주인 관위 8위인 대령 1인, 小子 16인, 綠兒 8인, 丁女 19인, 老女 2인, 次女 5인, 小女 12인, 綠女 9인, 노비 37인 합계 109인이다. 호구를 신분별로 보면, 양인 남자가 35인, 양인 여자가 40인이고, 남자 노비는 15인, 여자 노비는 22인이다. 양인과 노비 인구는 각각 87인, 37인으로 비율로는 약 7대 3으로, 노비의 비율은 거의 30%에 육박한다. 현존하는 변천리의 21개 호 중에서 肥君猪手의 호를 제외한 20개 호에 기재된 노비는 5인에 불과하다.

이 양천의 비율은 당시 기타의 호적과 비교하면 극히 이례적인 수치이다. 대보 2년(702)의 御野國 호적에는 호구수 3,219인 중에 노비는 130인으로 4%에 불과하고, 養老 5년(721)의 下總國 호적에는 1.1%이다. 현존하는 8세기전반 호적의

---

21 北山茂夫,「大寶二年の筑前國戶籍殘簡について」,『奈良朝の政治と民衆』, 校倉書房, 1982.

전체 통계는 4.4%로 나타난다[22].

천변리 50호 중에서 남아있는 21호의 호구수는 총 497인으로 평균하면 호당 23.7인이 된다. 8세기대의 일본의 호당 인원수는 21.4인이라는 통계수치도 나와 있듯이[23] 대체로 1호당 호구수는 20명을 약간 상회하고 있다. 124인이라는 호구수는 천변리 50호 중에서도 특수한 사례이지만, 전국적으로 보면, 군령의 지위에 있는 지방의 유력자의 경우에는 대가족을 구성하는 사례가 적지 않았을 것으로 생각된다. 예컨대 大寶 2년 豊前國 上三毛郡 加自久也里의 호 중에는 통계자료에 호구 87인, 노비 27인의 大戶가 나오고[24], 동 仲津郡 丁里의 호적 중에는 63인의 호구와 10인의 노비를 소유한 호가 있다[25]. 모두 재지의 유력자라고 생각된다.

이 호적에는 기재상에 몇가지 흥미로운 특징이 나타난다. 먼저 숫자 표기 방식이다. 公式令「公文」조에 따르면, 모든 공문에는 해서체를 사용하고, 계장, 토지대장 등 문서에 숫자를 표기할 때에는 大字를 사용한다고 규정하고 있다[26]. 예를 들면 1부터 10까지의 숫자는 一, 二, 三 대신에 壹, 貳, 參, 肆, 伍, 陸, 柒, 捌, 玖, 拾과 같이 획수가 많은 동음자를 선택하고 있다. 이것은 인위적인 조작이나 오독의 위험성을 방지하기 조치이다. 다만 예외적으로 통계 숫자에는 "上件三口" 등으로 표기하고 있다.

또한 성별, 연령에 따라 표기법도 구분하고 있다. 그리고 養老令制에서는 3세 이하는 黃, 4세~16세는 少, 17세~20세는 中, 21세~60세는 丁, 61세~65는 老, 66세 이상은 耆라고 구분하고 있다[27]. 양로령에서 綠兒, 綠女는 대보령에서는 黃이라고 하듯이 대보령 시행 직후의 상기 호적과는 용어상에 약간의 차이도 보인다.

---

22 鎌田元一, 「日本古代の人口について」, 『木簡研究』 6, 木簡學會, 1984, 152-154쪽, 통계표 참조.
23 鎌田元一, 앞의 논문에 의하면 8세기전반 일본의 1호당 평균 21.4인으로 추정하고 있다.
24 『大日本古文書』 1-158.
25 『大日本古文書』 1-202.
26 「公式令」 66 「公文」조, "凡公文, 悉作真書. 凡是簿帳, 科罪, 計贓, 過所, 抄勝之類有數者, 爲大字".
27 「戶令」 6 「三歲以下」조, "凡男女, 三歲以下爲黃, 十六以下爲小, 二十以下爲中, 其男二十一爲丁, 六十 爲老, 六十六爲耆".

호주인 肥君猪手는 124인에 달하는 대호의 재산의 관리하고 책임지는 세대주이다. 이 호적 말미에는 이 호가 소유한 총 13町 120步의 토지가 기재되어 있다. 6세 이상이면 남녀 구별없이 양인, 노비 모두 구분전을 받는다. 田令의 규정에 따르면, 양인 남자는 2단을 받고, 양인 여자는 그 3분의 2이고, 남녀 노비는 각각 양인 남녀의 3분의 1의 토지를 지급받는다. 1町의 면적이 현재의 단위로는 3,400여 평으로, 이 호가 소유한 전체의 면적은 46,000평에 달하는 광대한 규모였다.

여기에 호주 肥君猪手는 신분이 大領으로 별도로 직분전을 받는다. 田令「郡司職分田」 조에는, "凡郡司職分田, 大領六町, 少領四町, 主政, 主帳各二町"라고 하여 郡司에 대한 직분전 지급 규정이 있다. 대령은 무려 6정의 토지를 받는다. 대령은 선서령「郡司」 조에 외종8위상이 임명된다고 규정되어 있듯이 중앙관제에서 보면 하급관인이지만, 지역사회에서는 발굴의 지위를 갖는다. 國司의 임기는 6년이지만, 郡司는 임기가 없는 종신관이고, 특히 譜第 문벌주의로 전통적인 재지호족을 임용하고 있어, 재지에서의 영향력은 절대적이다. 이들은 공적인 토지 외에도 공한지의 개간을 통해 얻은 전지도 적지 않았으며, 지방행정 책임자인 까닭에 이들 전지의 대부분은 국가에 등록되지 않은 隱田일 가능성이 크다[28].

여기에 노비는 매매의 대상이 되는 재산목록이다. 『令集解』부역령에 인용된 「古記」의 和銅 8년(715) 5월 19일자 格에서, 노비를 錢으로 환산해서 奴 1구는 6백문, 婢 1구는 4백문이라고 추정하고 있다. 정창원문서에 나오는 730~740년경의 노비 매매의 실례를 보면, 奴는 1인당 1000~1,200속이고, 婢는 벼 800~1,000속이고, 아동 노비는 600~800속에 해당하고, 현미로 계산하면 50~60석 정도이다. 또한 노비의 가치를 우마로 환산할 경우, 奴는 말의 20배, 소의 30배의 가치로 추정되고 있다[29]. 노비의 경우는 대부분 호주와 서모의 소유로 되어 있어 재산 관리상의 분쟁의 소지는 없다고 보인다.

호주 肥君猪手가 124명이라는 대가족을 거느리게 된 배경에는 우선 그가 군령

---

28 米田雄介, 『古代國家と地方豪族』, 敎育社, 1979, 80~81쪽.
29 靑木和夫, 『古代豪族』, 小學館, 1974, 168~170쪽.

이라는 지역사회의 권력자였다는 점이다. 肥君은『肥前風土記』,『肥後風土記』에도 나오는 九州 중북부의 대호족으로『일본서기』에는 筑紫火君으로도 나온다. 그는 4인의 처와 그 사이에서 태어난 직계 자손만 해도 31인에 이른다. 보통 결혼한 형제들은 분가하여 독립된 호를 구성하지만, 이 경우에는 독립하지 않고 호주인 맏형 휘하로 들어가 대호를 형성하고 있다. 이는 호주가 되는 조건은 사회적 지위나 경제력이 우선되었고, 대호를 이루는 것은 농촌의 경제공동체사회에서 유력자의 가문으로 존립할 수 중요한 기반이었다.

寄口에 대해서는 戸令「新付」조에, "새로운 호가 들어올 경우에는 반드시 보증을 취하고, 도망이나 사기 여부를 확인한 후에 입적을 허락한다"는 규정이 있다[30]. 즉 무단으로 남의 호적에 입적하는 것을 엄격히 규제하고 있다.

한편 寄口의 발생 요인으로서는 대보령에는 1리 50호라는 규정이 있어 호구가 증가해도 50호 1리의 틀에 제약받아 분립할 수 없는 경우에 혈연이 먼 자도 남의 호에 기탁했을 가능성이 지적되고 있다[31]. 예컨대 下總國 甲和里와 仲村里의 호는 각각 44개이고, 동 嶋俣里는 호의 수는 42개로 1리 50호 기준에 못미치는 지역도 나오고 있다[32]. 여기에 단독으로는 호를 이룰 수 없는 경우에는 경제력이 있는 지역사회의 유력자의 호에 의탁하는 경우도 생각할 수 있다[33].

위의 사례에서의 寄口 중에 처와 아이만 나오는 경우에는 남편의 사망 등 경제적인 문제로 생계를 유지하기 어렵거나 독자적으로 호를 형성할 수 없는 경우를 추정할 수 있다. 다른 호적에서는 호주나 처첩과 同姓인 근친으로 寄口로 편입되는 사례도 있다. 戸는 반드시 혈연적 가족단위의 세대만으로 구성되지 않으며 율령제 하에서 별개의 가족을 하나로 묶는 인위적인 편제도 나오고 있다. 이러한 기구의 발생은 자연촌락의 전통적 가족제에서 율령제 사회로 이행하는 과정에서 국가가 강제한 호의 편제이다.

---

30 戸令「新付」조, "凡新附戸, 皆取保証, 本問元由知, 非逃亡詐冒, 然後聽之".
31 岸俊男,「律令制의 社會機構」,『日本古代帳籍의 研究』, 1973(初出 1952), 321쪽.
32 『大日本古文書』1-89, 90.
33 岸俊男, 앞의 논문, 324쪽. 本庄總子,「大寶二年의 戸籍과 寄口」,『史學雜誌』98-6, 2015, 57쪽.

상기 肥君猪手의 호에서 보는 바와같이 대호를 구성하는 경우에는 많은 가내 노동력이 필요하고 기구, 노비 등은 농업공동체사회를 지탱하는 중요한 자원이 다[34].『속일본기』龜寶 원년(770) 4월조에는 "美濃國 方縣郡의 소령 외종6위하 國造雄萬은 사재 벼 2만속을 국분사에 바쳤다. 이에 외종5위하를 내렸다"라는 기사에서도 추정할 수 있듯이 사재 2만속의 생산에는 이들 가내 노동력이 상정된다. 40인 이상의 대호의 경우에는 기구, 노비가 존재하며 이들의 노동력을 기반으로 호의 경제력이 유지되고 있다고 생각된다.

다음으로 소개할 사례는 상기 호적과 같은 대보 2년에 작성된 천변리의 다른 호적이다.

【자료 2】筑前國 嶋郡 川邊里 호적

筑前國嶋郡戶籍川邊里	大寶二年
戶主 卜部乃母曾, 年肆拾玖歲	正丁 課戶
母 葛野郡伊志賣, 年柒拾肆歲	老女
妻 卜部甫西豆賣, 年 肆拾柒歲	丁妻
男 卜部久漏麻呂, 年拾久歲	少丁 嫡子
男 卜部和智志, 年陸歲	小子 嫡弟
女 卜部智吾良賣, 年拾陸歲	小女
女 卜部乎智吾良賣, 年拾參歲	小女 上件二口弟, 嫡女
從父弟 卜部方名, 年肆拾陸歲	正丁
妻 中臣部比多米賣, 年參拾柒歲, 丁妻	
男 卜部黑, 年拾柒歲,	小子, 嫡子
男 卜部赤猪, 年陸歲,	小子
男 卜部乎許自, 年貳歲,	綠兒, 上件二口, 嫡弟

---

34 米田雄介, 앞의 책, 75쪽.

女 卜部比佐豆賣, 年拾捌歲, 　　　　　　次女

女 卜部赤賣, 年拾參, 　　　　　　　　小女

女 卜部羊賣, 年玖歲, 　　　　　　　　小女

女 卜部麻呂, 年壹歲, 　　　　　　　　綠女, 上件四口, 嫡女

　　凡口壹拾陸

　-口肆課

　-口壹拾貳不課

　　受田貳町貳段陸拾步

　상기 호적의 기재된 호의 구성원은 호주 卜部乃母曾를 비롯하여 모친, 처, 아들 3인, 딸 1인으로 7인이 있고, 사촌 동생으로 보이는 從父弟 가족으로, 부부와 아들 3인, 딸 4인의 9인 가족으로 구성되어 있다. 이 호의 호구수는 총 16인이다. 과역이 부과되는 과호는 4인이고, 불과호는 12인이다. 말미에는 구분전의 전체 수령액은 1町 2段 60步로 현재의 4,100평이 조금 넘는다. 구분전을 받고 있는 호구는 1세의 유아를 제외한 15인이다.

　이 호의 경우는 두 가족이 하나의 호를 구성하고 있다. 이는 한 가족 단독으로 호를 구성하기에는 호구수가 적어 사촌동생의 가족과 합호하여 하나의 호를 이룬 것으로 보인다. 이 호의 가족 나이를 보면, 호주 가족은 부부는 각각 49세, 47세이고 아들 2인은 19세, 6세, 딸은 2인은 16세, 13세이다. 또 다른 부부는 각각 46세, 47세이고 아들 3인은 17세, 16세, 1세, 딸 4인은 18세, 13세, 9세, 1세이다. 나이로부터 추산하면, 이들 부부는 17세에서 20세 정도에 결혼하여 출산하였다. 호령「聽婚嫁」조에는 남자 15세 이상, 여자 13세 이상이 되면 법적으로 혼인이 가능하였다[35]. 이 호에는 노비의 소유가 없고, 관위를 가진 자도 보이지 않은 일반적인 농촌의 향리사회에서 볼 수 있는 사례로 할 수 있다.

---

35 「戶令」24「聽婚嫁」조, "凡男年十五, 女年十三以上, 聽婚嫁".

제4절 大寶 2년의 御野國 호적

御野國은 『延喜式』 民部上式에 上國으로 분류된 율령제하의 東山道에 속해 있는 美濃國으로 현재의 岐阜縣 남부 및 愛知縣 일부에 해당한다. 國府가 위치한 不破郡은 교통의 요지이자 군사상으로도 중요한 지역이다. 어야국에 소속한 현존하는 里의 호적은 서해도 제국 등 기타의 호적과는 기재의 내용, 양식 면에서 큰 차이를 보인다.

우선 御野國 山方郡의 三井田里의 大寶 2년의 호적을 검토해 보자[36]. 아래의 【자료3】 사진 자료는 三井田里 호적의 두루마리 문서의 표지의 끝부분에 표제로서 상단부분에 「御野國山方郡三井田里」라고 기재되어 있으며, 하단에는 행을 나누어 「大寶貳年十一月」, 「第五卷」이라고 표기되고 있다. 이 내용으로부터 대보 2년 11월부터 三井田里의 호적이 작성되었고, 山方郡에서 관할하는 里에서 5번째 작성된 호적임을 알 수 있다. 즉 이 표제는 山方郡에 속한 각 里에서 제출된 호적을 郡 단위로 1리 1권으로 완성한 것이다.

【자료 3】 山方郡 三井田里 호적 및 표제

太寶二年十一月御野國山方郡戶籍

三井田里戶數伍拾戶, 上政戶拾壹〈中下壹戶, 下上壹戶, 下中壹戶, 下下捌戶〉, 中政戶貳拾壹〈下中伍戶, 下下拾陸戶〉, 下政戶拾捌〈下上壹戶, 下中壹戶, 下下拾陸戶〉, 口數捌佰仇拾仇, 男肆佰貳拾貳. 有位捌〈正丁參, 廢疾壹, 次丁參, 耆老壹〉, 正丁壹佰伍拾參之中, 兵士參拾貳, 遺壹佰貳拾壹(鍛壹), 次丁拾, 少丁肆拾壹之中 兵士參, 遺參拾捌. 小子壹佰肆拾肆, 綠兒伍拾貳 廢疾伍, 篤疾貳, 耆老漆, 女肆佰陸拾參. 有位次女壹, 正女貳佰拾貳, 次女拾伍, 少女肆拾, 小女壹佰貳拾捌, 綠女肆拾伍, 耆女貳拾貳. 奴漆〈正奴參, 次奴壹, 少奴壹, 小奴貳〉, 婢漆 〈正婢肆, 小婢參〉

36 『大日本古文書』 1-49, 50

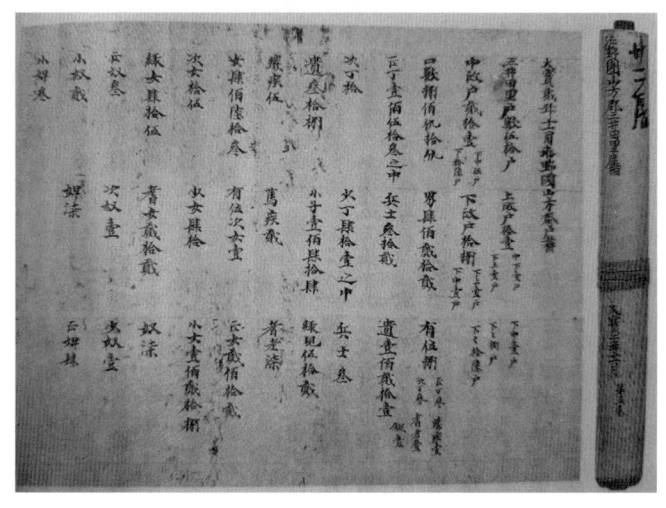

　위 내용은 御野國 山方郡의 三井田里 호적의 앞부분에 해당하고, 里 전체의 현황을 통계적으로 기록한 것이다. 총 호수는 50호로 대보령제 하에서 50호 1리 체제를 맞추고 있다. 三井田里의 3등호제 분포는 上政戶 11호, 中政戶 21호, 下政戶 18호로 구성되어 있다. 대보령제 하에서 3등호는 과역 부담자인 丁의 수에 따라 구분되어 있다. 연령에 따라 正丁(21세 이상 60세 이하), 次丁(61세 이상 65세 이하), 少丁(17세 이상 20세 이하)으로 구분한다. 正丁의 과역의 부담이 1이면 次丁은 2분의 1이고, 少丁은 4분의 1이다. 호구 수가 많을수록 과역 부담자의 수가 늘어나 上政戶가 될 가능성이 높다. 그러나 이것이 9등호제에서 말하는 호의 자산과는 관계가 없다. 과역 부담자가 많은 상정호 중에는 대부분 下下戶에 속한다.

　한편, 唐代의 호등제는 『唐會要』(권85, 「定戶等第」) 武德 6년(623)에 "令天下戶量其質産, 定爲三等"이라고 하여 자산에 따라 3등으로 구분되어 있다. 『唐六典』(권3 戶部)에도 "天下之戶. 量其資産, …定爲九等"이라고 하여 자산에 따라 9등호로 구분하고 있으며[37], 『구당서』(권85, 태종기)에는 貞觀 9년(635)에는 9등호제가 시행되고 있던 사실이 확인된다. 또한 唐代의 율령제하에서 호등제는 府兵, 色役, 徭

37　복원된 唐令에도 동 조문이 나온다. 仁井田陞, 『唐令拾遺補』, 東京大學出版會, 1997, 1026쪽.

役 등의 노역의 부과를 결정하는 기준이 되었으며, 戶稅, 地稅, 靑苗錢 등의 과세의 기준으로도 기능하였다[38].

唐制의 영향을 받은 日本令에서는 9등호의 구분 기준에 대해 『영집해』부역령 「의창」 조에 인용된 「古記」에, 9등호의 기준은 자산을 기준으로 한다고 규정하고 있다[39]. 이것은 자산의 보유에 따른 누진과세이다. 즉 일본령에서는 3등호제는 과역을 부담하는 丁의 인원이 기준이지만, 9등호제는 자산을 기준으로 구분하는 차이가 있다.

和銅 6년(713) 2월 19일의 格[40] 및 동 8년(715) 5월 19일의 格[41]에 의하면, 銅錢의 보유 자산을 기준으로 9등호제를 정하고 있다. 해당 사료를 표로 정리하면 다음과 같다.

【표 27】 9등호제 구분법(단위, 銅錢/貫)

9등호	上上	上中	上下	中上	中中	中下	下上	下中	下下
和銅6년	100	60	40	20	16	12	8	4	2
和銅8년	30	25	20	15	10	6	3	2	1

위 표에서 보듯이 화동 6년에는 「上上」은 동전 100관, 「上中」은 60관, 「上下」는 20관이고, 「中上」은 20관, 「中中」은 16관, 「中下」는 12관이다. 또한 「下上」 이하는 각각 8관, 4관, 2관으로 나타난다. 2년 후인 화동 8년에는 上上戶의 경우에 100관에서 30관으로, 「上中」은 60관에서 25관으로, 「上下」는 40관에서 20관으로 평가기

---

38 松永雅生, 「均田制下における唐代戶等お意義」, 『東洋史學』 13, 1955, 山崎覺士, 「五等丁産簿의 歷史的位相 」, 『唐宋変革研究通訊』 3, 2012, 74쪽.

39 『令集解』賦役令 「義倉」조, "古記云. 問. 如何定九等. 答. 計資財定耳".

40 『令集解』賦役令 「義倉」조 「古記」 "和銅六年二月十九日格, 其資財百貫以上爲上上戶, 六十貫以上爲上中, 四十貫以上爲上下, 二十貫以上爲中上, 十六貫以上爲中中, 十二貫以上爲中下, 八貫以上爲下上, 四貫以上爲下中, 二貫以上爲下下也".

41 『令集解』賦役令 「義倉」조 「古記」 "和銅八年五月十九日格云, 其資財准錢三十貫以上爲上上, 二十五貫以上爲上中, 二十貫以上爲上下, 十五貫以上爲中上, 十貫以上爲中中, 六貫以上爲中下, 三貫以上爲下上, 二貫以上爲下中, 一貫以上爲下下也. 又云, 奴一口准直六百文, 婢一口四百文, 今上件定法, 臨時處分耳".

준이 대폭 감소되었다. 「中上」 이하도 차등적으로 평가 기준이 완화되고 있다.

참고로 1관은 동전 1천매이다 화동 6년을 기준으로 하면, 上上戶는 동전 10만 매이고, 下下戶도 2천매이다. 실로 과도한 호의 구분법이라고 생각된다. 아마도 화동개진을 발행한 후에 화폐의 유통을 장려하기 위해 이 구분법을 채택한 것으로 보인다.

한편, 일본조정에서는 和銅 4년(711) 10월에 관인들을 대상으로 祿法을 정하여 비단, 명주와 더불어 동전을 지급하였다. 이어서 畜錢敍位法을 제정하여, 위계에 따라 일정량의 錢을 보유한 자를 서위하였다[42].

다음은 부역령 「의창」 조에 나오는 9등호제의 구분이다.

【표 28】 9등호의 의창 부담

9등호	上上	上中	上下	中上	中中	中下	下上	下中	下下
조(栗)	2석	1석6두	1석2두	1석	8두	6두	4두	2두	1두
조 1두	벼2두=보리1두5승=밀2두=콩2두=팥1두								

이 규정은 재해 시에 구제정책으로 공민들이 의창에 납부하는 곡물의 수량에 따라 차등적으로 9등호를 구분하고 있다[43]. 정1위 관인으로부터 백성, 잡색인에 이르기까지 각호를 9등으로 나누어 곡물을 징수하고 있다. 이것은 신분의 차별 없이 모든 공민에 대한 의무조항이다. 이 의창은 구분전의 세액인 田租와 함께 납부한다. 상기 표에서 보듯이 조를 기준으로 보면, 上上戶 2두에서 下下戶 1두까지 구분되어 있다. 조 이외의 경우에는 조 1두를 기준으로 각각 벼 2두, 보리 1두 5승, 밀 2두, 콩 2두, 팥 1두에 해당하고, 이 중에서 선택하여 납부할 수 있다.

다시 三井田里의 호적을 보면, 9등호에서는 「上上」에서 「下下」까지 9단계로 나

---

42 『續日本紀』和銅 4년 10월 갑자조.

43 「賦役令」6 「義倉」조, "凡一位以下, 及百姓雜色人等, 皆取戶粟, 以為義倉. 上上戶二石, 上中戶一石六斗, 上下戶一石二斗, 中上戶一石, 中中戶八斗, 中下戶六斗, 下上戶四斗, 下中戶二斗, 下下戶一斗, 若稻二斗, 大麦一斗五升, 小麦二斗, 大豆二斗, 小豆一斗, 各当粟一斗, 皆与田租同時収畢".

누고, 이 중에서 「中下」 호는 1개, 「下上」은 2개, 「下中」는 7개이고, 나머지 40개는 모두 「下下」 호이다. 요컨대 「中中」 이상의 호는 없고, 특히 80%가 「下下」 호이고, 나머지 호도 보유자산이 매우 낮은 빈곤층이라고 할 수 있다. 이를 인구별로 정리하면 다음과 같다.

【표 29】 三井田里의 인구통계

연령구분	양인남자	양인여자	男奴	女婢	합계	비율
3세이하	52인	45인			97인	10.8%
4~16세	144인	128인	2인	3인	277인	30.8%
17~20세	41인	40인	1인		82인	9%
21~60세	153인	212인	3인	4인	372인	41.4%
61~65세	10인	15인	1인		26인	2.9%
65세이상	7인	22인			29인	3.3%
有位者	8인	1인			9인	1%
잔질,독질	7인				7인	0.8%
합계	422인	463인	7인	7인	899인	100%

호구수는 899인으로 남자가 422인, 여자 463인이고, 노비는 14인(奴7, 婢7)이다. 남녀의 비율은 남자 100에 여자 110으로 여자가 다소 많다. 1호당 평균 인원은 18인이다. 남자의 구성 비율을 보면, 관위를 가진 자는 8인으로, 正丁이 153인, 次丁이 10인, 少丁이 41인, 小子가 144인, 유아인 녹아(綠兒)는 52인, 병자인 잔질(殘疾) 5인, 독질(篤疾) 2인, 그리고 66세 이상의 고령자 기로(耆老)는 7인이다.

한편 여자의 인구 구성은 관위를 가진 여자는 1인이고, 正女가 212인, 次女가 15인, 少女가 40인, 小女가 128인, 녹녀(綠女)가 45인 그리고 고령자인 기녀(耆女)가 22인이다.

노비는 奴가 7인(正奴 3인, 次奴 1인, 少奴 1인, 小奴 2인)이고, 婢 7인(正婢 4인, 小婢 3인)으로 합 14인이다. 노비의 비율은 1.6%이고 전국 평균 4.4%에 비해 낮다. 그만큼 부유층이 적다는 것을 말해주고 있다.

연령별 인구 통계를 보면, 양인 남자의 경우, 20세 이하 237인이고, 21세에서

60세까지가 165인, 61세 이상 인구가 20인이다. 양인 여자는 20세 이하가 213인 이고, 21세에서 '60세까지가 165인, 61세 이상이 37인이다. 전체 인구 중에서 20 세 이하는 50%가 넘고, 21세에서 60세까지가 42%를 차지한다[44]. 유위자 및 잔질, 독질 등의 병약자, 신체장애자는 원래 과역 대상자로 분류할 수 있어 21세에서 60세 사이에 포함해도 좋을 것이다. 61세 이상의 고령인구는 6.2%이다.

다음은 御野國 味蜂間郡의 春部里 호적의 한 호의 사례를 검토해 보자[45].

【자료 4】御野國 春部里의 大寶2년 호적

> 御野國味蜂間郡春部里大寶二年戶籍
> 上政戶國造族石戶口十三[正丁二, 兵士二, 小丁三, 小子二, 綠兒一幷十/正女二, 綠女一幷三].
> 下下戶主石足[年三十三 兵士] 戶主兄國足[年三十四] 嫡子安倍[年六 小子]
> 戶主弟高嶋[年二十七 兵士] 嫡子八十麻呂[年二 綠兒] 戶主弟久留麻呂[年二十五 正丁]
> 次大熊[年二十 少丁] 次廣國[年十九 少丁] 次友乎[年十八 少丁]
> 戶主甥奈世麻呂[年十 小子] 戶主母國造族麻奈賣[年四十七女] 戶主妻國造族志祁多女[年三十二正女]
> 大熊兒阿尼賣[年二 綠女]

春部里 호적은 전체 과반수에 해당하는 28개 호의 호구 내역이 남아있다. 총 호구수는 631인이고 1호당 호구수는 9인에서 51인까지 분포하며, 평균 호구수는 22.5인이다[46]. 춘부리의 호적 18호 중에 3등호제 기준으로 보면, 上政戶는 13개,

---

44 有位者 및 殘疾, 篤疾 등의 병약자, 신체장애자는 원래 과역 대상자로 분류할 수 있어 21세에서 60세 사이에 포함해도 좋을 것이다.

45 『大日本古文書』1-1, 竹內理三編,「戶籍」『寧樂遺文』上卷 政治編, 東京堂, 1962.

46 다만 春部里의 호적 기재 중에 調甥六人部大人 이하 19인에 대해서는 호주가 누구인지 등

中政戶는 11개, 下政戶는 4개이지만, 자산을 기준으로 한 9등호제에서는 28개의 호 중에서 下中戶 1호를 제외하면 나머지 27호 전체가 下下戶이다. 상기 國造族石의 호는 上政戶의 호주이지만, 下下戶이다. 자산 가치를 기준으로 한 구분법으로 볼 때, 춘부리의 백성 대부분은 빈곤층에 해당한다.

춘부리 호적의 특징은 호구수를 호주의 인명 다음에 '十三'이라고 쓰고, 13인에 대한 호구를 구분한 통계 숫자를 기입하고 있는데, 다른 국의 호적에는 말미에 호구수를 기입한 것과는 다르다. 게다가 다른 국의 호적에서는 1인 1행 기재방식인데 비해 3단으로 기입하고, 숫자 표기도 다획이 아닌 一, 二, 三의 방식으로 간결하게 쓰고 있다.

이러한 기재방식은 방대한 호적을 간편하게 식별할 수 있다는 장점이 있으며, 종이를 절약하여 비용절감을 가져오는 효과가 있다. 실제로 이러한 점을 고려해서 독자의 기재방식을 취한 것인지는 알 수 없지만, 실용적이라는 측면도 있다고 생각된다.

이에 대해 어야국 호적은 대보율령 이전의 淨御原令에 기초하여 만들었기 때문이라는 추정도 있다[47]. 그러나 대보령 제정 이전까지 12년간 시행된 淨御原令은 정사에는 관련기록이 없고 실물도 전하지 않아 작성방법 등 그 실태는 알 수 없다. 특히 어야국은 서해도제국과는 달리 중앙과 가깝고 새로운 율령에 대한 정보도 신속하게 전달되었을 것으로 생각되지만, 새로운 법령에 의하지 않고 독자적 방식으로 호적을 작성한 이유가 무엇인지에 대해서는 불명이다.

다음은 춘부리 호적 중에 호구수가 정확히 기재되어 있는 26호를 선정해서 호구의 인구구성을 표로 정리하면 다음과 같다.

앞 부분이 결락되어 不明이다(『大.日本古文書』 1-9, 10). 해당호의 호구수는 적어도 25인 이상의 호라고 생각된다. 이 호를 포함하면 총 29호가 되는 셈이다.

47 川上多助, 「古代戶籍考」, 『日本古代社會史の研究』, 河出書房, 1947, 岸俊男, 「古代後期の社會機構」, 『古代日本帳籍の研究』, 塙書房, 1973, 宮本救, 「戶籍, 計帳」, 『古代の日本』9, 角川書店, 1971, 264쪽 참조.

【표 30】春部里 호적의 인구구성 ※ ( ) 숫자는 여자

순번	~10세	11~20세	21~30세	31~40세	41~50세	51~60세	61세~	합계
1	4인	3인	2인	3인	1인			13인(7)
2	8인	7인	4인	6인	1인	2인	1인	29인(20)
3	4인	6인	2인	2인	3인		2인	19인(10)
4	20인	8인	5인	10인	5인	1인	2인	51인(26)
5	3인	5인	3인	2인	5인		1인	19인(9)
6	10인	5인	5인	4인	1인	1인		26인(9)
7	8인	8인	2인	7인	3인	2인	1인	31인(17)
8	3인	5인	4인	1인	2인	1인		16인(10)
9	4인	5인	7인	2인	1인		3인	22인(10)
10	6인	2인	4인	1인		2인		15인(6)
11	6인	4인	3인	3인	4인			20인(11)
12	7인	4인	1인	4인	2인			18인(5)
13	13인	8인	4인	4인	4인	2인		35인(18)
14	2인	5인	1인	1인	1인	1인		11인(5)
15	7인	3인	3인	7인	1인	1인		22인(13)
16	5인	5인	2인	2인	3인	4인	1인	22인(13)
17	4인	7인	6인	1인	1인	2인		21인(11)
18	9인	3인	6인	7인	1인	1인	3인	30인(18)
19	5인	7인	6인	1인	3인	2인	2인	26인(15)
20	1인	6인	4인	3인	3인		2인	19인(12)
21	15인	11인	4인	9인	2인	2인	3인	46인(23)
22	6인	6인	5인	2인	4인		1인	24인(13)
23	3인	2인	1인	2인	4인	2인		14인(8)
24	5인	6인	3인	4인			1인	19인(15)
25	9인	2인	2인	2인	2인		1인	18인(9)
26	2인	1인	3인	1인	1인		1인	9인(5)

순번	~10세	11~20세	21~30세	31~40세	41~50세	51~60세	61세~	합계
합계	169인	134인	92인	91인	58인	26인	25인	595인 (305)
비율	28.4%	22.5%	15.4%	15.3%	9.7%	4.4%	4.3%	100%

이 표에서 나이별 인구 구성을 보면, 10세 이하가 28.4%, 11세에서 20세 사이가 22.5%로 20세 이하의 인구가 전체의 50%가 넘는다. 21세에서 30세는 15.%이고, 31세에서 40세까지는 15.3%로 30%가 넘고, 41세에서 50세 사이는 9.7%이다. 51세에서 60세까지가 4.4%, 61세 이상의 고령 인구는 4.3%이다. 이 통계를 보면 전체 인구의 90% 이상이 50세 이하가 된다. 즉 역으로 말하면, 10세 이하의 아동 중에 50세까지 생존할 확률은 10%도 되지 않는다. 열악한 환경으로 인한 오염, 질병으로 사망하거나 지진, 태풍, 가뭄 등 재연재해의 영향도 크다고 생각된다. 남녀의 비율은 각각 49%, 51%로 여자가 약간 높다. 호주는 대부분 30세, 40대가 많고, 50대 이상이 되면 급격히 줄어든다.

『속일본기』에는 구휼정책의 일환으로 고령자에 대한 특별 은덕을 베풀고 있는 기사가 산견된다. 그 연령층을 보면, 80세 이상, 90세 이상, 100세 이상을 구분하여 쌀, 삼베 등의 물품을 차등적으로 지급하고 있다. 岸俊男이 조사한 바에 의하면, 寶龜 4년(773) 3월 17일의 太政官符(九條家本『延喜式』背紙)와 天平期 제국의 正稅帳에 나오는 80세 이상의 고령자의 통계를 보면, 좌경의 80대는 488인, 90대는 15인, 100세 이상은 1인이고, 우경에는 80대가 482인, 90대가 89인, 100세 이상이 1인이다. 보구 4년의 평안경의 규휼 대상인 80세 이상의 인구는 총 1,076인이다. 제국의 80세 이상은 佐渡國 17인, 但馬國 10인이고, 和泉國은 9일의 시차를 두고 2번의 통계에서 각각 112인, 125인이고, 周防國은 28인이다. 4개국의 80세 이상의 고령층은 158~171인이다. 왕경의 고령층이 많은 것은 인구의 비례, 건강의 문제 등의 요인으로 생각된다. 이를 전국적으로 추정하면 80세 이상의 인구는 적지 않았을 것으로 생각된다[48].

---

48 岸俊男, 「人口の試算」, 『日本古代帳籍の研究』, 塙書房, 1973, 166~167쪽.

한편, 춘부리 호적의 말미에는 다음과 같이 國司, 郡司의 서명이 기입되어 있다[49]. 里 전체 호의 내역을 기록한 후, 마지막 부분에 국, 군의 관청에서 서명한 것이다.

【자료 5】御野國 春部里 호적의 서명

> 太寶二年十一月
> 守直從五位上少治田當麻朝臣, 介勤從六位上許勢朝臣眞弓
> 大椽務從七位上津嶋連堅石, 少椽追正八位上紀朝臣宮麻呂
> 目追正八位下五百井造豊國, 少目追從八位上矢集宿禰奈麻呂
> 主政進大初位下伊福君福善, 主帳進大初位下春日益

앞머리에 「大寶 2년 11월」의 연월 표기를 시작으로 御野國의 장관 종5위상 少治田當麻朝臣, 차관 종6위상 許勢朝臣眞弓, 3등관 종7위상 津嶋連堅石, 정8위상 紀朝臣宮麻呂 그리고 4등관인 정8위하 五百井造豊國, 종8위상 矢集宿禰奈麻呂의 6인의 관직, 관위 성명이 모두 기입되어 있다. 그 아래에는 味蜂間郡의 3등관 主政과 4등관 主帳의 관위, 이름이 기입되어 있다[50]. 이러한 기재방식은 개개의 里에서 수합된 호적이 어야국의 국아에서 국사 및 군사의 조회하에 서명된 것으로 볼 수 있다. 다만 관할 里의 호적작성에 책임자인 이장의 성명이 없는 것은 행정체계상 책임과 권한의 범위를 말해주는 것이다. 또한 郡에서도 大領, 少領이 아닌 3, 4등관이 서명한 것은 호적 작성의 최종 책임자는 군이 아니라 국이며 그 중에서도 장관이었기 때문이다.

동 시기에 작성된 御野國의 관할하에 있는 各牟郡 中里(『大日本古文書』1-45, 46), 山方郡 三井田里(『大日本古文書』1-56), 加毛郡 半布里(『大日本古文書』1-95, 96)의 호적에도 春部里와 마찬가지로 서명자인 국사, 군사가 모두 동일 인물이다. 이것은 御野國의 國府에서 일정을 정해 국사, 군사가 함께 서명한 것이라고 생각된다.

---

49 『大日本古文書』1-24.

50 『大日本古文書』1-24.

다음 御野國의 加毛郡 半布里 호적도 아래 사진자료에서 보듯이 3행으로 기록되어 있다. 반포리 호적은 총 54리로 구성되어 있고, 호구수는 총 1,119인(남자 551인, 여자 551인, 男奴 14인, 女奴 13인)이고, 1호당 평균 20.7인이다.

특히 이 호적에는 사진자료에서 보듯이, 각호의 내역을 기입한 필체와 종이의 이음매 부분에 「御野國加毛郡半布里太寶二年戶籍」이라고 쓴 필적은 명료하게 다르다. 본문의 소박한 필체와는 달리 접속 부분의 필적은 매우 세련되고 고도로 훈련받은 명필에 가까운 글자이다. 이것은 작성자가 다르다는 것을 말해주고 있다. 里 단위로 작성이 완료된 후에 史生과 같은 능필의 관인이 일괄적으로 기입한 것으로 보인다.

【자료 6】御野國의 加毛郡 半布里 호적[51]

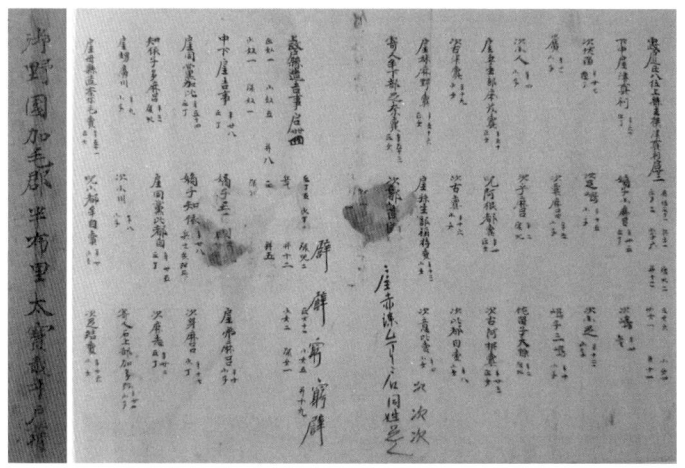

반포리 호적에는 上政戶가 10호, 中政戶 39호, 下政戶 5호로 구성되어 있다. 이 중에서 자산 기준에 따른 9등호제 분류에서는 반포리 전체 54호 중에서 41호가 下下戶이고, 下中戶 10호, 下上戶 2호 그리고 中下戶가 1호이다. 춘부리와 마찬가지로 반포리 또한 대다수가 빈곤층이었음을 보여준다. 이러한 현상은 御野國을

---

51 第68回『正倉院展圖錄』, 奈良國立博物館, 2018, 82쪽 사진자료 참조.

비롯한 대부분의 농촌사회의 공통된 현상으로 율령제 국가의 지방 재정상태를 반영하고 있다고 할 수 있다.

한편, 호적의 작성 시에 里를 관할하는 이장의 서명이 들어간 사례도 있다. 養老 5년(721) 작성된 下總國 葛餝郡의 大嶋鄉 호적의 말미에는 "鄉戶合伍拾[里三]" 이라는 기록이 있다[52]. 이는 大嶋鄉에는 鄉戶가 50개이고 그 아래에 3개의 里가 설치된 사실을 말하고 있다. 이것은 715년 이후 시행된 향리제 하에서의 호적으로 里를 鄉으로 개칭하고, 다시 향을 2, 3개의 리로 분할하여 房戶를 두었던 사실을 말한다. 즉 향장 밑에 방호를 관할하는 里正을 두었다. 당시의 향장은 孔王部志己夫이고 나이 58세이다[53].

3개 里의 현황을 보면, 먼저 甲和里는 44호에 호구수는 454인이고, 「里正 孔王部荒馬」이라고 하여 里正의 이름이 기입되어 있다. 두번째 仲村里의 호는 44호이고 호구수는 367인이고, 「里正 孔王部鹽」이 나온다. 세번째 嶋俣里의 호는 42개이고, 호구수는 370인이고, 「里正 孔部小刀良」이라고 서명되어 있다[54].

이 사례에 따르면 향리제 하에서는 각 里의 호적에는 이장의 서명이 들어가 있어 리 단위의 호적의 작성에는 이장의 책임하에 작성되었음을 알 수 있다. 이는 『唐律疏議』戶婚上,「里正不覺脫漏增減」조의 疏議에 里正의 임무는 호구조사를 관장하고 手實을 수합하여 호적을 만든다고 규정되어 있듯이[55], 당 율령을 받아들인 일본에서도 말단행정을 맡고 있는 里正, 鄉長이 일선의 호적작성의 책임자였다. 호적에 이장, 향장의 서명을 기입하는 것이 법령에는 규정되어 있지는 않지만, 향리제 시행 이후에는 서명했다고 보인다. 그러나 앞에서 대보 2년의 호적에 보이듯이 대보령 시행기에는 국아에서의 최종 점검단계에서는 국사, 군사만 서명하고 향장, 이장은 제외된 것은 아닌가 생각된다.

---

52 『大日本古文書』1-291.
53 『大日本古文書』1-220.
54 『大日本古文書』1-289~291.
55 『唐律疏議』卷12, 戶婚上, 里正不覺脫漏增減: 疏議曰, "里正之任, 掌案比戶口, 收手實, 造籍書"

大嶋鄉 호적의 이음매에는「下總國葛餙郡大嶋鄉養老五年戶籍主帳無位刑部少倭」라는 문구가 기입되어 있다[56]. 이를 대보 2년의 호적과 비교해 보면, 국군리, 연기 표기는 동일하고,「主帳無位刑部少倭」라고 하는 작성자의 관직 및 이름이 추가되어 있다. 이 문구의 작성자는 대도향의 상급관청인 葛餙郡의 郡衙의 4등관인 主帳이고 관위를 받지 못한 무위이고, 이름은 刑部少倭이다. 호적의 이음매 부분의 기재방식을 통해 알 수 있는 것은, 개개의 향(리)에서 작성한 1권의 호적을 상급기관인 郡衙에서 점검하고 기재한 것임을 알 수 있다.

---

56 『大日本古文書』1-219

제2장 計帳의 작성과 사례

제1절 계장의 규정과 내용

計帳은 調, 庸의 과역 대상자를 파악하고 세입을 산출하여 예산을 집행하는 수취체제의 기본대장이다. 호적은 6년마다 작성되어 그 간의 호구 변동사항을 바로 알 수 없지만, 계장은 매년 작성하여 호적의 기록을 보완하는 문서이기도 하다. 호적과 계장은 호구의 나이, 성별 등 기본적인 구성원의 내역을 기입한다는 면에서도 공통점이 있다.

『일본서기』大化改新의 詔에 "호적과 계장, 반전수수법을 만들어 시작하였다"라는 법령이 보이듯이 호적과 계장은 인민지배의 기본대장이다. 대화개신의 법령은 大寶令의 조문이 투영된 것이지만, 이들 문서는 국가운용의 기초가 되는 기본대장이라는 인식을 보여주고 있다. 대보령 시행 이전에는 관련 조문이 보이지 않아 그 실태는 명확하지 않지만, 持統 3년(689)에 시행된 淨御原令에 관련 조문이 규정되어 있었을 것으로 추정된다.

計帳의 작성과 관련하여 戶令「造計帳」조에는 다음과 같이 규정되어 있다.

> "무릇 계장을 만드는 것은 매년 6월 30일 이전에 京, 國의 관사가 소관 지역의 手實을 취합하여 가구, 연령을 구체적으로 기록한다. 만약 호 전체가 향리에 있지 않으면 바로 舊籍으로부터 옮겨쓰고, 아울러 부재중인 사유를 밝힌다. 수합이 끝나면 式에 따라 계장을 만들고 연서하여 8월 30일 이전에 태정관에 보고한다[1]".

戶令의 규정에 의하면, 왕경과 제국에서는 매년 6월말까지 국의 말단 행정구역인 里에서 작성한 手實을 제출받는다. 수실은 문자그대로 각 호에서 직접 작성

---

1 「戶令」18, 「造計帳」條, "凡造計帳, 每年六月三十日以前, 京國官司, 責所部手実, 具注家口年紀, 若全戶不在鄕者, 即依舊籍轉寫, 并顯不在所由收訖, 依式造帳連署, 八月三十日以前, 申送太政官".

한 것이고, 호구의 이름, 연령 등 호의 내역을 기록한 신고서이다. 예컨대 사망 혹은 도망 등으로 부재자가 있으면 이미 작성된 '舊籍'에 기초하여 기입하는 것이다. 이때의 舊籍은 계장을 의미한다. 만약 호적이라면 호적 작성의 완료 시점은 5월 30일(戶令「造戶籍」조)이기 때문에 당해년 계장의 수실 작성에는 호적을 참조할 수 있지만, 이때의 호적은 '新籍'으로 맞지 않고, 그 이전에 작성된 호적은 출생, 사망, 연령, 질병 등 변동사항을 반영하지 못하므로 참고자료로서 의미가 없다. 수실 수합이 끝나면, 양식에 맞춰 계장을 만들고 국에서 관련 관인들이 서명하여 태정관으로 발송한다.

현존하는 正倉院의 계장문서에는 3종류의 형식이 존재한다. 첫째, 각 호에서 직접 작성된 手實 문서가 있다. 수실 문서에는 첫행에 「戶主+戶主名+手實」이라고 하여 「手實」의 문자가 기록되어 있다. 즉 국에서 작성하여 중앙으로 보내는 계장의 원본이다.

둘째, 왕경 및 제국에서 각 호에서 수합된 수실의 내용을 기초로 작성한 計帳歷名의 문서가 있다. 다만 계장역명에는 수실 문서에 보이는 각 호의 통계목록이 들어가 있어 명확하게 구분되지 않고, 양자의 내용에는 거의 차이가 없다. 다시 말하면 계장역명은 각호에서 작성한 수실 문서의 글자의 오류 등을 수정하여 중앙에 올린 문서라고 해도 대과없을 것이다.

셋째, 호구의 인명인 歷名을 제외하고 국 단위로 호수, 호구수, 과구 및 불과호를 집계한 통계 목록인 大帳 문서가 있다. 대보령에서 大帳을 "양식에 의거하여 國帳을 만든다(依式造國帳)"라고 하여 國帳으로 호칭하고 있듯이 국마다 호수, 호구수를 집계한 통계문서이다.

정창원의 天平 5년(733)의 단편으로 남아있는 阿波國 계장의 내용 중에서 「都合今年計帳新舊定見戶伍仟陸拾捌²」이라고 하는 기록이 나온다. 阿波國의 금년도 계장의 호수는 도합 5,068호라고 기입된 이 단문에 의해 통계문서인 계장목록임이 확인되었다. 잔존사료가 극히 단편적이어서 구체적인 실태를 파악하기는 어

2 『大日本古文書』1-550.

렵지만, 당해년 및 전년도의 호수와 호구의 변동, 과호 및 불과호의 통계 등의 현황이 구체적으로 기록되었을 것이다.

鎌田元一에 의하면, 이 5천호가 넘는 계장은 국 단위의 호수를 나타내고, 특히 향리제하에서의 阿波國의 房戶의 수와 거의 일치한다는 점을 지적하고 있다[3]. 또한 「古記」가 성립한 天平 10년(738) 당시 계장목록과 歷名은 일체적으로 작성되었으며 왕경으로 진상되는 계장제도가 성립되었을 것으로 추정하였다[4].

延曆 4년에 발령된 格에 의하면, 기내와 7도 제국에서 백성들의 도망자가 속출하자, 이에 대한 대책으로 그 사유를 구체적으로 기록하고 「大帳內目錄」을 첨부하여 올리도록 하였다[5]. 이때의 大帳內目錄은 문자 그대로 목록이 포함된 大帳의 의미로 이해된다[6]. 게다가 각 군, 리에서 이미 통계된 문서를 올린 까닭에 국에서는 「都合…」이라고 기재되어 있듯이 합산만 하는 간단한 계산으로 계장목록을 정리할 수가 있다. 또한 『延喜式』에 나오는 관련 양식으로부터 추정하면, 1국의 통계문서인 계장목록의 분량은 2~3장의 용지로 수록할 수 있다는 점에서 총괄표가 추가되어 歷名과 함께 작성되었다. 따라서 2종의 문서는 자연히 하나의 세트문서가 되는 것이고, 중앙으로 발송되었다고 보인다. 요컨대 정창원문서에는 분류상으로 계장문서는 3종이지만, 실제로는 각 호에서 작성된 수실문서가 있고, 목록이 포함된 計帳歷名 2종으로 대별할 수 있다.

養老 원년(717) 5월에는 「大計帳」을 비롯한 「四季帳」, 「六年見丁帳」, 「靑苗簿」, 「輸租帳」 등 지방에서 중앙으로 올리는 문서양식을 7도 제국에 알렸다[7]. 이 시기를 기점으로 제국에서 중앙에 보내는 계장 문서의 형식이 통일적으로 체계화되

---

3 鎌田元一, 「計帳制度試論」, 『史林』 55-5, 1972, 580~583쪽.

4 鎌田元一, 앞의 논문, 596~597쪽.

5 『類聚三代格』 권12 隱首括出浪人事 「應勘他國浮浪亥」 延曆4년 6월 24일, "又依寶龜十一年格, 下符括責, 具注事由, 并載附大帳內目錄申上".

6 鎌田元一, 앞의 논문, 576쪽.

7 『續日本紀』 養老 원년 5월 신유조, "以大計帳, 四季帳, 六年見丁帳, 靑苗簿, 輸租帳等式, 頒下於七道諸國".

었다고 보인다[8].

한편 계장 문서양식의 체계적인 정비의 배경에는 그 전년도인 靈龜 2년(716) 4월에 내린 詔와 관련성이 지적되고 있다[9].

"근년의 計帳에 구체적으로 기록되어 있는 바로는 공적이 있는 것처럼 말하고, 물품의 수량을 추산하여 자신을 감추기에 족하다고 한다. 그러나 입경한 인부는 의복이 허름하고 안색이 안좋은 사람이 많다. 공적인 장부에 적당히 기록하고, 헛되이 평판을 얻고자 속이고 고과를 구하려고 한다. 국사, 군사가 이와같이 한다면 짐이 장차 어떻게 일을 맡길 수 있겠는가. 지금 이후로는 백성의 숨은 고통을 살펴 위임한 바에 따르도록 한다. 아울러 관내의 풍년과 흉년, 농잠의 증가 상태를 기록하여 올리도록 한다[10]".

이 조서에는 지방에서 중앙으로 공진하는 調 운송자들의 모습을 묘사하고 있는데, 이들의 의복은 남루하고 병색이 가득하여 극도의 빈곤한 생활상을 보여주고 있으며 계장의 기록과는 다른 상황임을 말하고 있다. 즉 계장의 내용에 허위가 많다는 사실을 지적하며, 사실에 기초한 계장의 작성을 명하고 있는 것이다.

計帳 문서를 담당하는 주무관은 지방에서는 국사이고, 왕경에서는 京職으로 해당 관인들이 연서하여 공문서로서의 체제를 갖춘다. 이 중에서 각 리에서 수합한 手實은 해당국에 보존하고, 計帳歷名은 통계목록인 大帳과 함께 중앙에 제출되었다고 추정된다. 다만 右京의 手實이 정창원에 남아있는 것은 후술하듯이 특별한 사례로서 지적되고 있다. 중앙의 조정에서는 計帳歷名 및 大帳에 의거하여 전국의 調, 庸의 세입액을 파악하고 이를 근거로 다음 해의 예산을 편성하게 된다.

---

8 岸俊男, 「律令制の社會機構」『日本古代帳籍の研究』, 塙書房, 1973
9 鎌田元一, 앞의 논문, 591~592쪽.
10 『續日本紀』靈龜 2년 4월 을축조. "又比年計帳, 具言如功, 推勘物數, 足以掩身. 然入京人夫, 衣服破弊, 野菜色猶多, 空著公帳, 徒延聲譽 務爲欺謾, 以邀其課. 國郡司如此, 朕將何任. 自今以去, 宜恤民隱以副所委. 仍錄部內豐儉農桑增益言上"

다음은 賦役令 「計帳」 조를 살펴보자.

"매년 8월 30일 이전에 계장이 도착하면, 民部省에 보내고, 주계료에서는 庸의 수량을 계산하여 衛士, 仕丁, 采女, 女丁 등의 식료로 충당하고, 그 이외는 모두 役民의 임금, 식비로 사용한다. 9월 상순 이전에 태정관에 보고한다[11]".

지방의 제국에서 計帳使가 가져온 해당국의 계장은 태정관에 보고되고, 다시 민부성에 전달되어 민부성의 속관인 主計寮에서 조세수입을 파악한다. 주계료에는 4등관 외에 회계 전문가로서 算師 2인과 유능한 史生 6인을 두고 당해년의 調, 庸 및 공납물을 계산해서 조세수입을 파악하고, 다음 해의 수입과 지출에 대한 예산을 세운다. 이후 1년간의 예산안을 9월 상순 이전에 태정관에 보고하여 재가를 받는다. 또한 주계료에는 조세의 수량을 계산해서 그것이 규정된 수량에 도달했는지를 조사하는 감사권도 있다.

지방에서 계장을 제출하기 위해 파견되는 計帳使는 매년 국사 중에서 4등관인 主典 이상이 교대로 역할을 맡는다. 계장사는 정해진 기일까지 태정관의 弁官局에 枝文이라고 하는 부속문서와 함께 제출하여 주계료의 조회를 받는다. 조회의 결과, 課口와 調, 庸의 수납 예정액이 이전에 비해 증감이 있으면 사유서를 제출하고, 현상을 유지하거나 감소된 경우에는 수리를 거부하여 반려시키기도 한다. 조, 용의 증감은 국가 재정에 중대한 영향을 미치기 때문에 중앙의 감사제도는 엄정한 관리체제로 운영되고 있다.

상기 조문에는 주계료에서 庸의 수량과 용도에 대해 기술하고 있으며, 주계료의 역할 중에 예산의 배분에 대해서도 언급하고 있다. 부역령 「歲役」 조에 의하면 庸은 매년 21세 이상의 성인 남자에게 부과되는 세역으로 국사에게 징발권이 있

---

11 「賦役令」5 「計帳」조, "凡每年八月三十日以前計帳至, 付民部. 主計計庸多少, 充衛士, 仕丁, 采女, 女丁等食. 以外皆支配役民雇直及食. 九月上旬以前申官".

고 연간 10일간 왕경의 관영공사 등에 동원된다. 만약 세역에 동원되지 않으면 布 2장 6필을 대납한다.

이때 수납한 庸布의 다양한 용도로 사용된다. 먼저 위문부, 위사부 소속으로 궁중의 경비를 담당하는 衛士, 중앙관사의 잡역에 봉사하는 仕丁, 궁중에서 천황에 근시하며 일상의 잡사를 맡는 채녀, 봉전료, 대취료 등에서 봉제, 잡사에 종사하는 여자 仕丁인 女丁 등의 식비로 충당하였다. 이들은 지방에서 징발되어 궁중에서 봉사하는 공통점이 있다. 또한 임금을 지불하고 노역에 고용하는 雇役의 비용으로도 사용하는데, 일당 임금은 포 2장 6척이다. 즉 庸布는 바로 임금을 지불하는 고역의 비용의 일부로 들어가는 것이다.

한편 戶令 「造帳籍」 조에는 호구는 帳籍을 만들 때에 나이에 따라 丁, 老, 疾로 편입하고, 과역 면제자 및 보살핌을 필요로 하는 경우에는 국사가 대상자의 얼굴 모습을 확인하여 장부를 작성하라고 규정하고 있다[12]. 이 규정은 『令義解』에서도 지적하고 있듯이 호적의 나이는 적은데, 얼굴은 노안이거나, 얼굴은 노안인데 나이는 적은 경우가 있어 오직 호적에 의거하여 파악하기 어려우니 국사가 직접 확인하라는 것이다.

이러한 규정을 둔 것은 과역을 면제받기 위해 호적, 계장에 허위로 기재하는 사례가 있기 때문이다. 이 규정에 따르면, 국사가 직접 해당 호구의 모습을 확인하도록 되어 있으나 실제로는 군사 혹은 향리를 관할하는 향장, 이장이 확인하여 기재한다. 만약 허위 기재가 발생하면 책임을 묻는 규정도 있다. 戶令 「造戶籍」 조에도 "만약 나이를 속이고 은폐하거나 죽은 자로 (기재)하여 사실과 다르면 상황에 따라 조사한다"라고 하여 계장의 조문과 거의 동일한 조문이 규정되어 있다.

---

12 「戶令」 20 「造帳籍」 조 "凡戶口, 當造帳籍之次計年, 狀入丁老疾應徵, 免課役及給侍者, 皆國司親貌形狀 以爲定簿".

제2절 右京 計帳의 검토

1. 出庭德麻呂 戶의 手實

다음은 정창원에 남아있는 계장의 사례를 검토해 보자. 아래의 문서는 天平 5년(733) 右京의 3조 3방에 거주하는 出庭德麻呂의 호에서 작성한 계장의 手實 문서이다[13].

【자료 1】右京 3조3방의 出庭德麻呂의 手實[14]

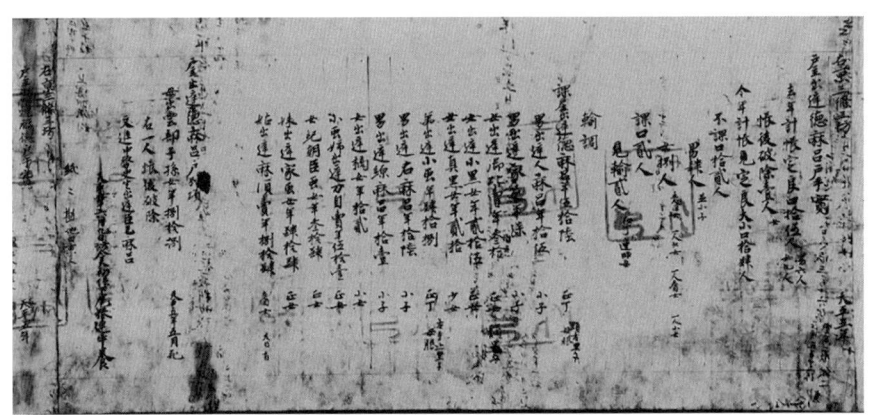

右京三條三坊　　天平五年

戶主出庭德麻呂戶手實

　去年計帳定良口拾伍人[男六人, 女九人]

　　帳後破除壹人[女]

　今年計帳見定良大小口拾肆人

　　不課口拾貳人

---

13 『大日本古文書』484-487.
14 正倉院文書檢索 사이트(https://shosoin.kunaicho.go.jp/search).

男肆人[並小子]

女捌人[五人丁女 一人少女 一人耆女, 一人小女]

課口貳人

見輸貳人[正丁, 遭服母]

輸調

課戶主出庭德麻呂, 年伍拾陸,		正丁[頸左黑子, 母服]
男 出庭人麻呂, 年拾伍,		小子
男 出庭家足, 年柒,		小子
女 出庭御比德賣, 年參拾,		正女[額黑子]
女 出庭小黑女, 年貳拾伍,		正女
女 出庭眞黑女, 年貳拾,		少女
弟 出庭小虫, 年肆拾捌,		正丁[左手上黑子, 母服]
男 出庭君麻呂, 年拾陸,		小子
男 出庭縫麻呂, 年拾壹,		小子
女 出庭橘女, 年拾貳,		小子
女 小虫妹出庭刀自賣, 年伍拾壹,		正女
女 紀朝臣虫女, 年參拾肆,		正女
妹 出庭御家虫女, 年肆拾肆,		正女
姑 出庭麻須賣, 年捌拾肆,		耆女[左目盲]

戶主出庭德麻呂戶別項

母出雲部子孫女, 年捌拾捌, 　　　　　天平五年五月死

　右一人帳後破除

　文進中務史生出庭臣乙麻呂

　　天平五年六月九日坊令大初位下尾張連牛養

　　「紙二」勘他田東人

이 계장은 호적과 마찬가지로 각호에서 직접 작성한 것으로, 앞부분에는 전년도 계장의 호구수, 그 후의 변동사항, 금년도 호구수, 과구와 불과구의 합계수 및 그 내역, 징수해야 할 調의 세액이 기재되어 있다. 또 호주를 비롯한 호구 전원의 이름, 연령, 성별, 연령 구분에 따른 명칭 등이 자세히 기록되어 있다.

문서에 따르면, 작년의 계장의 호구는 15인이었으나, 1인이 계장에서 삭제되어 금년은 14인이다. 이 중 불과호는 12인, 과호는 2인으로 통계형식으로 정리되어 있다. 「課口貳人」과 「見輸貳人」은 과역 부담자가 2인이고, 이들 모두 현재 납부를 완료했음을 의미이다.

다음에는 호적과 동일한 방식으로 호주, 호구 전원의 내역을 기록되어 있다. 기재된 내용을 보면, 호주 出庭德麻呂는 과역을 부담하는 課戶로서 나이 56세이고, 15세, 7세의 아들 2인 및 30세, 25세의 딸 2인이 기재되어 있다. 이상이 호주의 직계 가족이다. 기재순은 호주를 중심으로 가까운 혈족순이고, 출생의 선후는 관계없이 남녀순으로 되어 있다. 이어서 48세 남동생 및 그의 아들 2인과 1인의 딸이 나온다. 다음이 55세의 여동생과 그녀의 34세의 딸이 기재되어 있고, 호주의 44세 여동생과 호주의 고모라고 생각되는 84세된 出庭麻須賣가 나온다. 이상의 호를 구성하는 인적사항을 보면, 호주의 직계가족 및 형제와 그의 가족이다.

한편 호주의 부인 및 결혼한 동생의 부인이 보이지 않는다. 이것은 앞장의 호적 문서에서도 동일한 사례가 나오듯이, 부부간에는 반드시 同籍으로만 기재되는 것이 아니었고, 무언가의 이유로 別籍의 경우도 적지 않다는 사례도 있다. 당시의 호적제도에서는 부부라 하더라도 반드시 同籍의 의무사항은 아니었다고 본인다. 또한 44세 여동생도 가족없이 혼자만 기입된 것은 미혼이나 사별이 아닌 별적 사례라고 생각된다. 마지막에 기재된 姑는 호주의 고모라고 생각되는데, 이 호에 편입된 사정에 대해서는 불명이다.

이 계장에는 얼굴이나 손에 나타나는 흑점 등 신체상의 특징과 맹인 등 장애 여부도 기록하고 있는데, 이는 본인 확인을 위한 조치였다. 戶令「造帳籍」조에는 계장, 호적을 만들 때 모든 국사는 외모를 보고 장부를 작성하라는 규정이 있다

15. 예를 들면, 장적에 기록된 나이는 적은데 실제의 모습은 노안인 경우가 있다. 나이, 질환에 따라 과역의 기준이 달라지기 때문이다. 戶令「老殘」조에는 "노인과 殘疾이 있는 자는 次丁으로 한다"라는 규정이 있다. 차정은 正丁에 비해 요역이 반이다. 이러한 이유 등으로 과역을 줄이기 위해 나이를 속이거나 질환이 있다고 허위보고하는 일을 방지하기 위한 조치라고 생각된다. 문서의 전면에는 상하 2열로 정방형의「山背國印」이 날인되어 있어 국에서 작성한 공문서임을 보여주고 있다.

호구의 내역 다음에는 別項으로 호주의 모친 出雲部子孫女가 天平 5년(733) 5월에 88세의 일기로 사망한 사실을 기록하고, 금년도 계장 명부에서 삭제했다고 명기하고 있다. 모두에는 '遭服母'라고 하여 모친상을 기재하고 있다. 계장의 작성은 6월 30일 이전으로 모친이 5월에 사망하여 호구의 변동 사실을 기술하고 있다.

이 문서를 올린 사람은 중무성의 관인 史生 出庭臣乙麻呂로 기록되어 있다. 작성자는 호주 出庭德麻呂인데, 제출자가 중무성 史生으로 나온다. 사생은 각 관사에서 기록을 담당하는 하급관인으로 이름을 보면 호주와 동족의 인물로 보인다. 즉 호주를 대신해서 제출했을 가능성이 있다. 右京計帳에 나오는 문서의 제출자를 보면, 호주 혹은 호주의 모친, 호주의 아들 이름이 나오고 있어 일족 중에서 누군가가 서명하여 제출하고 있다.

문서 말미에는 이 문서 수집의 책임자인 右京의 坊令 대초위하 尾張連牛養의 관직, 관위, 이름이 기입되어 있다. 방령은 왕경의 京職과 坊長 중간의 관직인데, 방령이 수합하여 경직에 올리는 구조이다. 우경 3조 3방에서 수합한 수실에는 모두 방령의 서명이 들어가 있다.

이어서 別筆로「紙二」의 문구가 기입되어 있다. 이것은 수실 작성에 소요되는 종이 수량의 2배를 말하는 것으로, 계장을 3통 혹은 2통을 작성하는 것과 관련되

---

15 「戶令」20,「造帳籍」條, "凡戶口, 當造帳籍之次, 計年, 將入丁老疾, 應徵免課役, 及給侍者, 皆國司親貌形狀, 以爲定簿".

어 있다[16]. 마지막으로 「勘他田東人」은 수실을 검사한 他田東人이라는 인물이 나오는데, 右京職 소속의 관인으로 생각된다[17].

한편 手實과 관련하여 흥미로운 관점이 있다. 右京計帳의 사례를 보면, 각 문서에 「手實」이라고 명기되어 있다. 즉 조정에 수실문서가 제출되었다는 증거이다. 鎌田元一의 소론에 따르면, 計帳手實 문서로서 중요한 속성의 하나는 그것이 京進되는 문서가 아니고, 제출된 경직과 국아에 그대로 남아있는 문서라는 점을 지적한다. 이 우경계장은 각호마다 종이와 서체가 다르고 그 말미에 수실 제출자를 기록하고 있듯이, 각 호마다 작성되어 1국의 계장 작성의 기초자료로서 경직과 국아에 제출한 문서라고 본다. 그런데 현존하는 右京計帳의 手實은 右京職으로부터 태정관에 발송된 문서이다[18]. 이것은 이들 수실이 우경직에 제출된 후, 우경직에서 이어붙여서 표면에 직인을 날인하여, 수실 그 자체가 아닌 별종의 成卷 文書로서 태정관에 보내기 위해 작성하였고, 수실 문서 그 자체로 상진된 것이 아니다[19]. 즉 각 호로부터 받은 최초의 수실문서를 각 조방 단위로 이어붙여서 국인을 날인한 후, 1권의 계장문서로 제작했을 것으로 추정하였다.

이것은 식자율이 높은 왕경인의 호적이기 때문에 가능한 일이라고 생각된다. 즉 최초의 수실 문서의 내용을 청서하지 않고 원문 그대로 날인하여 태정관에 보냈다는 점에서 지방과는 다른 문서행정을 보여주고 있다. 현존 정창원문서 중에는 다른 지방의 수실 문서가 확인되지 않아 단언하기는 어렵지만, 잔존사료에서는 적어도 왕경의 호적은 특별한 존재 가치를 보여주고 있다.

2. 於伊美吉子首의 戶 手實

다음은 右京 3조 3방의 호주 於伊美吉子首의 계장문서인 手實이다. 앞에서 본

---

16 岸俊男, 「右京計帳手實について」, 『日本古代帳籍の研究』, 塙書房, 1973, 194쪽.

17 佐佐木惠介, 「國家と農民」, 黛弘道編 『古文書の語る日本史』 1, 筑摩書房, 1990, 156쪽.

18 岸俊男, 「帳籍備考二題」, 『日本古代帳籍の研究』, 1973(初出 1959)

19 鎌田元一, 「計帳制度試論」, 『史林』 55-5, 1972, 759-780쪽.

문서와 동일한 형식으로 같은 해인 天平 5년에 작성되었다.

【자료 2】右京 3조3방의 於伊美吉子首 手實[20]

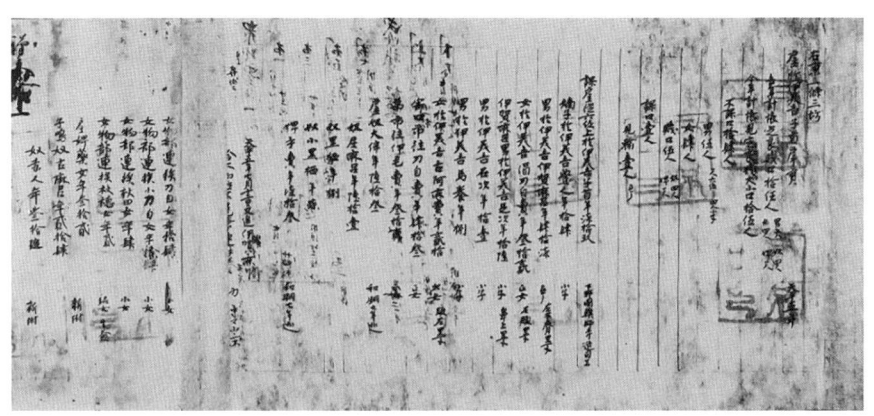

　　右京三條三坊

　　戶主 於伊美吉子首手實　　天平五年

　　　去年計帳定良賤口拾伍人[男六, 女四人, 奴四人, 婢一人]

　　　今年計帳見定良賤大小口拾伍人

　　　　不課口拾肆人

　　　　　男伍人[一人六位, 四人小子]

　　　　　女肆人

　　　　　賤口伍人[奴四人, 婢一人]

　　　　課口壹人

　　　　　見輸壹人[正丁]

　　　課戶主 六位上於伊美吉子首, 年柒什玖, 下野國藥師寺造司工

　　　嫡子 於伊美吉子豊人, 年什肆,　　　　　小子

20　正倉院文書檢索 사이트(https://shosoin.kunaicho.go.jp/search).

男 於伊美吉伊賀麻呂, 年肆拾漆,　　　　　正丁[右下脣黑子]

女 於伊美吉酒刀自賣, 年參拾貳,　　　　　正女[右額黑子]

伊賀麻呂男 於伊美吉足次, 年拾陸,　　　　小子[鼻上黑子]

男 於伊美吉石次, 年拾壹,　　　　　　　　小子

男 於伊美吉馬養, 年捌,　　　　　　　　　小子

女 於伊美吉古阿麻賣, 年貳拾,　　　　　　少女[額左黑子]

寄口 市往刀自賣, 年肆拾參,　　　　　　　正女

弟 市往伊毛賣, 參拾貳,　　　　　　　　　正女

戶主奴 大伴, 年陸拾參,　　　　　　　　　和銅七年逃

　奴 尼麻呂, 年陸拾壹

　奴 黑柄, 年捌

　奴 小黑栖, 年柒

　婢 乎賣, 年柒拾參　　　　　　　　　　 和銅七年逃

(別筆) 正丁一　百二十　紙二

天平五年七月十二日文 進伊賀麻呂

(坊)令大初位下尾張連牛養 勘守部小床

　서두에는 天平 5년(733) 금년도의 호구와 작년도의 호구 상황을 기록하고, 과구와 불과호, 양천의 수를 기록하고 있다. 호구수의 내역을 보면, 작년도 계장은 양천 15인이고, 양인 남자 6인과 여자 4인, 남녀 노비가 각각 4인, 1인이다. 금년도 계장에도 변동없이 동일한 인원수이다. 과역을 부담하지 않는 불과호는 14인이고, 이 중에 1인은 6위의 관인으로 면제받고 있다. 법령에 8위 이상의 관인은 과역 면제자로 규정되어 있지만, 호주인 동시에 불과호인 於伊美吉子首는 이미 79세의 나이로 과역 면제자에 해당한다. 그는 下野國 藥師寺를 조영할 때 造司工의 신분이었다. 즉 그는 본관인 우경에 소속되어 있었지만, 사찰 조영을 위해 파견 근무했던 것으로 보인다. 그의 나이 79세임을 감안하면 은퇴할 시기이지만, 아마도 사찰 조영의 경험이 많아 현역으로 남아 있었던 것으로 생각된다.

호구의 기재 순서를 보면, 호주 다음으로 14세 嫡子인 於伊美吉子豊人이 기록되어 있다. 이어 47세 아들 於伊美吉伊賀麻呂과 32세 딸 於伊美吉酒刀自賣가 나온다. 14세 적자와 47세, 32세의 자녀는 나이 차이로 보아 이복형제간으로 추정된다. 적자의 나이가 14세이면 호주의 나이가 65세에 출생한 셈이다. 14세의 남아를 적자로 삼은 것은 신분이 상대적으로 높은 후처의 소생으로 사료된다.

다음에는 47세의 於伊美吉伊賀麻呂의 자녀들이 명기되어 있는데, 16세, 11세의 2인의 아들과 20세 딸 1인으로, 이 중에서 2인은 호주의 적자보다 나이가 많다. 여기서도 호주 및 그의 아들 부인이 보이지 않는 것은 別籍으로 생각된다.

이어서 43세, 32세의 2인의 성인여자가 寄口로 나온다. 이들은 市往刀自賣, 市往伊毛賣라는 이름에서 보듯이 혈연관계가 없는 外人으로 무언가의 사정에 의해 於伊美吉子首의 호에 편적된 것이다.

호 구성원 마지막에는 호주 소유의 5인의 노비가 나온다. 奴가 4인, 婢가 1인이다. 노비에게는 성이 없고 大伴, 尼麻呂, 黑柄, 小黑栖, 乎賣라고 하여 이름만 나온다. 일본고대에 성이 없는 집단은 천황가와 노비 등 천민이다. 천민에는 능호, 관호, 공노비, 사노비, 가인이 있고, 이들도 양민과 마찬가지로 구분전을 받으며, 노비는 주인 소유이고 매매의 대상이다.

관위가 정6위상인 호주 於伊美吉子首는 5위 이상의 고위귀족은 아니지만, 5인의 노비를 거느릴 정도의 경제력은 있었다고 보인다. 이 중에서 63세의 奴 大伴과 73세의 婢 乎賣는 和銅 7년에 도망간 것으로 기재되어 있다. 화동 7년(713)에 도망하여 이 계장이 작성된 天平 5년(733)의 시점에서는 행방불명된 지 20년이 지났다. 도망간 노비를 붙잡아 원주인에게 돌려주고, 이를 숨겨줄 경우에는 처벌하는 규정이 있다. 和銅 7년(714)에 도망했으니, 21년이 지난 현재까지 생사불명으로 소재가 확인되지 않고 있다.

말미에는 別筆의 小字로 「正丁一」, 「百二十」이라고 기재한 것은 이 호의 課口가

正丁 1인이고 부담해야 할 과역이 동전 120문이라는 것을 말한다. 부역령에 규정된 과역에는 왕경에서는 正丁 1인이 연간 10일의 세역이 있고[21], 지방에서는 연간 60일을 초과하지 않은 범위내에서 각종 노역에 종사하는 잡요가 있다[22]. 이 호는 본관이 왕경 거주자로 세역 부담자이다. 「紙二」는 앞의 문서와 마찬가지로 이 계장의 작성에 소요된 종이가 2장이라는 뜻이다.

말미의 하단에는 「天平五年七月十二日」이라는 계장 작성한 연월일을 기록하고 이 문서를 제출한 사람은 호주의 아들 伊賀麻呂이다. 이어 3조 3방을 관할하는 坊令 大初位下 尾張連牛養의 서명이 기재되어 있다. 왕경에는 좌우 모두 京職-坊令-坊長이라는 3중 구조로 주민 행정을 담당하였다. 마지막으로 이 계장 문서를 검토하여 수령한 右京職의 관인 守部小床의 이름이 기재되어 있다.

제3절 山背國 出雲鄕의 계장

1. 雲上里의 計帳歷名

神龜 3년(726)의 山背國 愛宕郡 出雲鄕 雲上里의 計帳歷名을 살펴보자. 山背國 出雲鄕은 현재의 교토시 좌경구에 해당한다. 이 계장은 각호에서 手實을 제출받아 해당 국에서 리 단위로 청서한 것이다. 각호의 내역을 기재한 이음매에는 「山背國 愛宕郡雲上鄕雲上里神龜三年史生從八位下間人宿禰男君[23]」이라는 문구가 기입되어 있다. 즉 「國+郡+鄕+里+年」을 기입하고, 국아에 근무하는 史生 종8위하 間人宿禰男君이라고 하는 작성자의 관직, 관위, 인명이 기록되어 있다. 향리제 시행 후에 만들어진 것으로 운상리의 계장 목록을 1권으로 한 것이다. 같은 출운향의 운하리의 계장에도 운상리 계장과 마찬가지로 동일 인물인 史生 종8위하 間人宿禰男君이 담당하였다. 史生은 중앙의 관사, 지방의 관아에서 근무하는 서기관이다. 당연히 이

---

21 「賦役令」4 「歲役」조, "凡正丁歲役十日, 若須收庸者, 布二丈六尺〈一日二尺六寸〉".

22 「賦役令」37 「雜徭」조, "凡令条外雜徭者, 每人均使, 惣不得過六十日".

23 『大日本古文書』1-333, 353

업무에는 문자지식을 갖추고 필체가 좋은 관인이 담당했을 것이다.

앞에서 살펴본 養老 5년(721) 下總國 大嶋鄕의 호적에도 동일한 형식으로 담당자의 인명이 기입되어 있고, 天平 2년 尾長國 正稅帳에도 「尾長國收納大稅帳天平二年十二月少目從七位下勳十二等秦前忌寸大臭[24]」이라고 하여 작성자의 관직, 관위, 인명을 기록하고 있다. 이러한 작성자의 인명 기재는 호적, 계장, 정세장 등의 공문서에는 일반화된 것으로 보인다.

그럼 雲上里의 出雲臣眞足의 戶의 계장의 사례를 검토해 보자.

【자료 3】雲上里의 出雲臣眞足의 戶

```
    戶主從八位下勳十二等出雲臣眞足戶
      去年帳定良賤口肆拾人[男十八人, 女十三人, 奴六, 婢三]
        帳後新附壹人[綠子]
      今年計帳定見良賤大小口肆拾壹人[男十九, 女十三, 奴六, 婢三]
      不課口參拾陸人[舊三十五, 新一]
        男貳拾人[八位二, 授刀舍人一, 兵衛一, 小子九, 綠子一, 奴六]
        女拾陸人[妻一, 丁女五, 少女二, 小女二, 綠女二, 耆女一, 婢三]
      課口伍人
        見不輸壹人[少丁]
        見輸肆人[正丁]
      輸調錢參拾陸文


      戶主從八位下勳十二等出雲臣眞足, 年伍拾貳歲,    正丁
      母 赤染依賣, 柒拾柒歲,                       耆女 筑紫國
      妻 佐太忌寸意有賣, 年伍拾伍歲,               丁妻 右額黑子
```

24 『大日本古文書』1-413.

男 出雲臣田主, 年參拾壹歲,	正丁 筑紫國在
男 出雲臣首名, 年拾陸歲,	小子 右額疵
男 出雲臣美阿良賀, 拾壹歲,	小子 左鼻柱黒子
男 出雲臣殿麻呂, 年玖歲,	小子
女 出雲臣越賣, 年貳拾壹歲,	丁女 隨田主
弟 從八位下勳十二等出雲臣豊足, 年肆拾捌歲,	正丁 左肩黒子
男 出雲臣豊濱, 年貳拾壹歲,	正丁
男 出雲臣金繩, 年參歲,	小子
男 出雲臣布賀麻呂, 年拾貳歲,	小子
男 出雲臣鯖麻呂, 年玖歲,	小子
女 出雲臣豊浦賣, 年貳拾肆歲,	丁女
女 出雲臣豊虫賣, 年貳拾貳歲,	丁女
女 出雲臣豊力自賣, 年拾玖肆歲,	少女 右六口, 筑紫在
....	
弟 少初位上出雲臣國上, 年參拾伍歲,	正丁 授刀舍人
男 出雲臣陳師, 年柒歲,	小子
男 出雲臣陳法, 年肆歲,	小子
女 出雲臣大浦賣, 年拾貳歲,	小女 筑紫
女 出雲臣小浦賣, 年參歲,	小女 筑紫
....	
弟 少初位上出雲臣國繼, 年參拾貳歲,	正丁 右兵衛, 額黒子
男 出雲臣繼麻呂, 年柒歲,	小子
男 出雲臣繼手, 年貳歲,	綠子生益
女 出雲臣繼刀子, 年肆歲,	綠女
女 出雲臣宅主賣, 年貳歲,	綠女
....	

弟 出雲臣檥取宅, 年貳拾貳歲,	正丁 右手拍黑子
弟 出雲臣舩人, 年貳拾歲,	少丁 目間黑子
妹 出雲臣形名賣, 年參拾歲,	丁女
妹 出雲臣多理賣, 年肆拾參歲,	丁女 右二人, 和銅五年逃
從父 出雲臣法麻呂, 年參拾陸歲,	正丁 養老二年, 逃近江國
	蒲生郡
從父 出雲臣愛賣, 年肆拾參歲,	正丁 和銅二年逃

....

奴 諸國, 年伍拾貳歲,	逃
大麻呂, 年肆拾柒歲,	額黑子
赤麻呂, 年肆拾參歲,	逃
禰麻呂, 年參拾玖歲,	逃
毛人, 年參拾壹歲,	逃
爾閔, 年參拾歲,	逃
婢 歲賣, 年貳拾壹歲,	逃
子賣, 年貳拾壹歲,	逃
御衣賣, 年伍拾陸歲, 右手於黑子, 上件玖口, 戶主奴婢	

　상기 계장은 雲上里의 호주 종8위하 훈12등 出雲臣眞足의 戶의 내역이다. 앞부분에는 통계수치가 기록되어 있다. 작년도 양천의 호구 41인으로 남자 25인, 여자 16인이고, 노비는 9인이다. 작년도의 호구는 40인이었으나 금년도에 신생아 1인이 추가되어 총 41인이다. 운상리에서는 규모가 큰 호에 속한다. 이 중에서 과호는 5인이고, 과역을 부담하지 않는 불과호는 36인(남20인, 여16인)이다.

　말미에는 과역으로 調錢이라고 하여 36文의 錢貨를 납부하고 있다. 調는 성인 남자(正丁, 次丁, 中男)에게 부과되는 일종의 인두세인데, 통상 調絹, 調布라고 하는 견직물, 마포 등으로 납부하지만, 이 경우는 동전으로 대납하고 있다. 당시 사용한 錢은 和銅 원년(708)에 발행한 和銅開珍이다. 화동 5년 12월 7일에는 "제국에서 보내는 調, 庸 등의 물품을 동전으로 교환하는 경우 전 5문을 삼베 1상으로 한다[25]"는 조칙이 내려진 바 있다. 새로운 법령이 내려짐에 따라 調錢의 납부가 많이 이루어지고 있다.

현존자료에 의하면 調錢의 사용은 왕경 및 畿內, 近江國 지역에서 두드러지고 越前國 등의 지방에서는 調絁, 庸綿 등의 용어에서 알 수 있듯이 섬유직물 납부가 주류를 이루고 있다. 화폐사용의 지역적 편차를 보여주고 있다.

出雲臣眞足의 호는 모친을 포함하여 직계가족은 7인이고, 결혼한 3인의 남동생 가족 및 2인의 여동생 등 24인이 있고 노비 9인을 포함하여 모두 40인으로 구성되어 있다. 이 호는 호주 종8위하의 관위를 가진 인물인데, 3인의 동생도 관위를 가진 관인이다. 첫째 동생은 종8위하 훈12등의 관인이고, 둘째, 셋째 동생은 모두 소초위하이고, 관직은 각각 授刀舍人, 右兵衛이다. 2인 모두 궁중 경호를 하는 무관이고, 고향을 떠나 平城京에 체재하면서 봉사하고 있었다고 보인다. 한 호에 4인의 관인을 배출한 사례는 매우 드물다. 아마도 지역사회에서는 유력한 가문으로 명성을 떨쳤을 것이다.

한편, 모친은 筑紫國을 명기하고 있어 출신을 표시한 것으로 생각된다. 모친의 손주이자 호주의 남동생 2인의 자녀 8인이 현재 筑紫에 거주한 것으로 나온다. 戶令「造計帳」조에는, 만약 호 전체가 향에 있지 않으면 바로 옛 호적에 따라 옮겨적고, 아울러 부재중인 이유를 밝히라고 규정하고 있다[26]. 현재 호적에 등재되어 있는 곳은 山背國인데, 자녀들이 모친의 본관인 축자에 거주하고 있고, 아들 중에는 아직 성인이 되지 않은 자도 있는데, 사유는 밝히지 않고 있다.

인명표기를 보면, 동일 항렬의 경우에 일부의 가족 중에는 돌림자를 사용하고 있다. 예를 들어, 호주의 동생 出雲臣豊足의 자녀 중에 아들 豊濱과 3인의 딸 豊浦

---

25 『續日本紀』和銅 5년 12월 신축조, "又諸國所送調庸等物, 以錢換. 宜以錢五文准布一常".
26 「戶令」18,「造計帳」조, "若全戶不在鄉者, 即依舊籍轉寫, 并顯不在所由".

賣, 豊虫賣, 豊力自賣는 '豊' 자를 사용하고 있다. 둘째 동생 出雲臣國上의 아들 陳師, 陳法과 딸 大浦賣, 小浦賣은 형제, 자매간임을 알 수 있다. 또 셋째 동생 出雲臣國繼의 아들 繼麻呂, 繼手, 딸 繼刀子의 이름도 돌림자이다. 이러한 사례는 기타의 帳籍 문서에도 확인되고 있다.

한편, 이 호에는 도망자가 적지 않게 나온다. 호주의 여동생 2인이 和銅 2년(709)에 도망치고, 養老 2년(718)에는 從父가 近江國 蒲生郡으로 도망치고, 和銅 2년에는 從父의 누이가 도망간 사실을 기록하고 있다. 「逃」자가 기입되어 있는 것은 본관으로부터 이탈한 것으로 소재지가 밝혀진 경우에는 國郡名을 표기하고 있다. 말미에는 호주의 노비 9인 중에 7인이 「逃」라고 표시하여 집단적으로 주인의 호로부터 탈출한 사실을 말하고 있다. 이 호의 구성원 40인 중에 도망자는 11인으로 4분의 1이 줄어들었지만, 호구의 통계에는 그대로 나타나 있다.

특히 양인 남자가 도망하는 경우에는 과역을 기피하기 위한 목적도 있다. 본관을 이탈하여 王臣家의 資人이 되어 잡역에 종사하거나 출가하여 私度僧이 되는 경우에는 과역이 면제되기 때문이다. 보다 나은 삶을 위해 신분을 세탁하는 것이다.

『속일본기』양로 원년(717) 5월에 내린 조에는, "국내의 백성은 사방으로 유랑하여 과역을 기피하고, 끝내 王臣에게 예속되어 資人이 되기를 원하고 혹은 승려가 되기를 바란다. 왕신은 (유랑자의) 본적지 관사를 거치지 않고 사사로이 부리기 위해 國, 郡에 부탁하여 드디어 그 뜻을 이룬다. 이로 인해 천하에 흩어져 향리에 돌아가지 못하고 있다. 만약 이러한 무리가 있는데 몰래 숨겨 두는 자가 있으면 그 상황을 헤아려 죄를 과하고, 아울러 율령의 규정대로 한다[27]"라고 하였다. 조정에서 이러한 조가 내려진 배경에는 도망자의 조장을 부축이고 있음을 말해 주고 있고, 이에 대한 처벌 규정도 마련하고 있다.

호령 「戶逃走」 조에는 도주한 자는 5保의 책임하에 체포하도록 하고, 3년간 잡히지 않으면 계장에서 삭제하고, 받은 구분전을 회수하여 공전으로 한다고 규정

---

27 『續日本紀』養老 원년) 5월 병진조.

하고 있다. 5보는 인근의 5호를 단위로 상호 감시, 징세의 공동책임을 지게하는 법이다[28]. 또한 같은 호에서 도망치면 그 호에서 납세해야 하고 6년 후에는 계장에서 삭제한다고 명시하고 있다. 호에서 호구의 이탈은 해당 호에는 치명적인 경제적 손실이고, 국가적으로도 구분전의 반급 및 징세, 과역, 군역 등에 바로 영향을 미치게 되어, 국가의 인민관리는 매우 중요하였다.

2. 雲上里와 雲下里 계장의 내역

神護 3년에 작성된 山背國 出雲鄕에 소속된 雲上里와 雲下里 계장에는 대부분 出雲臣 씨족들이 거주하고 있는 동족의 집성촌이다. 정창원문서에 보이는 이 2개리에서 통계가 가능한 20호의 내역을 정리하면 다음 표와 같다[29]

【표 31】雲上里①~⑦, 雲下里⑧~⑳ 통계

호주	관위	호구	양천 합계		奴	婢	課口	不課口
			男	女				
①出雲臣冠		16인	10인	6인			5인	11인
②出雲臣眞足	종8위하 훈12등	41인	25인	16인	6인	3인	5인	36인
③出雲臣川內		38인	16인	22인	1인	1인	9인	29인
④出雲臣隱加		14인	5인	9인	1인	2인	1인	13인
⑤出雲臣八綱		13인	4인	9인			2인	11인
⑥出雲臣千依	대초위상	22인	17인	5인	1인		5인	17인
⑦出雲臣粳	대초위하	14인	7인	7인			2인	12인
⑧上毛野君族長谷		19인	7인	12인			3인	16인
⑨出雲臣宿奈麻呂		22인	5인	17인	1인	3인	3인	19인
⑩出雲臣君麻呂	대초위하	35인	12인	23인			5인	30인
⑪出雲臣廣足	대초위상	32인	8인	24인			5인	27인

---

28 「戶令」9, 「五家」조 참조.
29 『大日本古文書』1-333~380.

호주	관위	호구	양천 합계		奴	婢	課口	不課口
			男	女				
⑫出雲臣嶋麻呂		8인	3인	5인				8인
⑬出雲臣筆	대초위하	8인	5인	3인			1인	7인
⑭出雲臣大海		9인	3인	6인			1인	8인
⑮出雲臣文田		19인	9인	10인			3인	16인
⑯出雲臣吉事		31인	7인	24인	2인	4인	1인	30인
⑰出雲臣麻呂		43인	21인	22인	7인	10인	1인	42인
⑱出雲臣深嶋	소초위상	14인	8인	6인			2인	12인
⑲出雲臣族足桙		11인	3인	8인			1인	10인
⑳秦高橋色夫智		11인	7인	4인			6인	5인
합 계		420인	182인	238인	19인	23인	61인	359인

상기 雲上里 7호, 雲下里 13호 총 20호 내역을 보면, 평균 호의 구성원은 양천을 포함해서, 남자 9.1인, 여자 11.9인이고, 1호당 21인이다. 이 수치는 8세기전반의 일본인구의 1호당 21.4인과도 거의 일치한다[30]. 상기 통계는 2개 리의 통계가 가능한 호만을 대상으로 한 평균치이며 전국적 평균과 근사하다는 점에서 참고가 된다. 한 호의 호구수는 적게는 8인에서 43인까지 분포하고 있다. 大戶의 경우는 결혼한 형제자매의 가족을 포함하고 있어 일족이 하나의 호로서 편성한 것이다.

노비의 소유호는 20호 중에서 6호이고, 노비는 41인(奴 19인, 婢 23인)으로 전체 인구 420인의 9.8%이다. 鎌田元一의 분석에 따르면, 전국적인 양천 비율이 4.4%로 인구 100인 중에 4.4인으로 나타나 있어, 이 지역의 노비의 소유 비율은 상대적으로 높다. 노비 역시 구분전을 반급받고 있으며 소유주의 자산이지만, 과역 대상자는 아니다.

한편 과역을 부담하는 과구는 15%, 불과구 85%이다. 과역 부담자는 1호의 호구수가 10인이면 1.6인이 과역 부담자이다. 율령제에서는 21세에서 60세까지의 성인남자는 正丁으로 과역을 부과한다. 61세에서 65세의 남자는 老丁으로 과역

---

30 鎌田元一, 「日本古代の人口について」, 『木簡研究』 6, 木簡學會, 1984, 152~154쪽, 통계표 참조.

은 正丁의 2분의 1이 부과되고, 17세에서 20세까지의 中男(大寶令에서는 少丁)으로 正丁의 4분의 1이다. 불과호 중에는 여자, 성인이 되지 않거나 고령인구, 질환자, 8위 이상의 관인 등이 포함되어 있다.

유일하게 과역자가 없는 出雲臣嶋麻呂의 호는 8인 중 남자가 3인이지만, 호주 자신인 資人의 신분으로 면제 대상자이고 아들 2인은 小子이다. 資人은 율령제 하에서 5위 이상의 고위귀족에게 국가에서 지급되는 하급관인으로 경호, 잡무를 하는 일종의 비서역이다. 課丁의 증감은 지방관인 국사와 군사의 근무평정에 중요한 기준이 되고 있어 호구에 누락의 인원은 없는지 정확한 파악이 중요하다. 계장 문서에 나타난 과역 부담은 調布, 庸布가 아닌 동전으로 납입하고 있다. 당시의 화폐발행과 유통의 일면을 보여주는 사례이다

상기 통계표에서 8인의 호는 3개호이고, 이 중에 두 호에는 과역 대상자가 없다. 반면 호구수 11인의 秦高椅色夫智의 호에서는 남자 7인 중 6인이 과역 부담자이고, 호주인 秦高椅色夫智는 66세의 耆老이고, 正丁이 3인, 老丁 1인, 少丁 2인 있다. 호주의 동생이라고 추정되는 老丁과 아들 5인이 과역 대상자인 셈이다. 이 중에 秦高椅色夫智와 아들 秦高椅法善 2인은 과역을 피해 和銅 3년에 도망쳐 행방불명이 되어 있다. 즉 호주가 도망친 특이한 사례이다[31].

반면 ⑯호구 31인의 出雲臣吉事의 호에서는 단지 1인만이 과역자로 나온다. 이 호의 특징은 노비 6인을 제외하면 양인 남자가 5인이고 여자가 20인이다. 흥미로운 것은 호주의 가족 10인과 동족인 出雲臣馬養의 가족 21인이 합친 호이다. 호주의 가족은 모친, 자녀, 누이들로 구성되어 있으며, 出雲臣馬養의 가족은 모친과 부인, 어린 자녀, 여동생 그리고 타씨의 여자들이 가족 구성원으로 나온다. 正丁에 해당하는 호주는 만성적 질병으로 면제되어 있고, 같은 호를 구성한 出雲臣馬養이 유일한 과역 대상자이다[32].

또한 ⑰호구 43인의 대호를 이루고 있는 出雲臣麻呂의 호에서도 과역대상자는

---

31 『大日本古文書』1-379~380.

32 『大日本古文書』1-369~371.

1인이다. 호의 구성원은 모친을 포함하여 결혼한 3인의 남동생 가족, 從父의 가족 그리고 노비 17인으로 구성된 大戶이다. 여자, 노비를 제외한 남자 14인 중에서 正丁이면서 과역 면제자는 4인이다. 호주 出雲臣麻呂는 右大辨官의 使部이고, 동생 出雲臣乙麻呂는 民部省 使部이고, 동생 出雲臣弓麻呂는 左大辨 使部이고, 從父 出雲臣美麻呂는 阿部旦臣筑紫의 資人이다. 관에서 근무하는 까닭에 모두 면제받고 있다. 유일한 과역자는 從父의 조카인 出雲臣麻呂이다. 호주와 동명이지만, 한 호로 구성하기 전에 먼 친척관계에 있어 왕래가 없으면 충분히 발생할 수 있는 일이라고 생각된다.

③出雲臣川內의 호구는 호적에 등재된 인명은 47인이지만, 통계에서는 38인으로 기록하고 있다. 이 호의 경우는 9인의 노비가 도망간 사실을 기록하고 있는데, 도망자는 통계에서 제외하고 있다. 앞에서 살펴본 雲上里의 호주 종8위하 出雲臣眞足의 호에서도 친족 2인과 노비 9인이 도망한 사실을 기록하고 있음에도 통계에는 모두 들어가 있다. 도망자를 통계 수치에 합산하는지의 통일적인 규정은 없었다고 보인다.

⑪出雲臣廣足의 호는 작년 25호에서 금년도에는 7인이 새로 입적해서 32인의 호가 되었다. 새로 이 호에 편적한 사람은 7인으로 말미에 「別項」으로 7인의 인명 및 나이를 기재하고 있다[33]. 이들은 余戶鄕에 거주하는 호주 宍人荒海의 호구인데, 무언가의 사정으로 입적하였다. 이들 7인 중 2인은 宍人의 성을 가진 원 호주의 일족이고, 5인은 大石主村의 성으로 出雲臣 가문과는 타성의 씨족이다. 이른바 이들은 寄口로 편입되었을 것이다.

33 『大日本古文書』1-361.

제3장 寫經所 문서와 사경생

東大寺 창건과정에서 설치된 동대사 사경소에서는 국가불교의 염원을 담은 많은 사경이 이루어졌다. 현재 정창원문서 중에서 가장 많이 남아있는 것은 사경소 문서이다. 사경에 사용된 용지는 원래 중앙관사에 소장되어 있던 공문서를 불하받아 이면지로 재활용된 것이다. 원래는 1차문서였던 중앙의 공문서는 사경소문서의 부속문서가 되고, 背紙 문서였던 사경소 문서는 1차문서의 형태로 잔존하게 되었다. 이들 문서는 유형별, 편년문서로 정리되어『大日本古文書』(전25권, 동경대사료편찬소)로 출간되었다.

사경소의 조직은 사경에 참여하는 사경생과 이를 지원하는 사무국으로 구성되어 있다. 사경생은 경전을 필사하는 經師를 비롯하여 교정을 담당하는 校生, 사경지에 선을 긋고 서사한 경전을 장정하는 裝潢, 마지막으로 표제를 쓰는 題師가 있다. 그리고 사무국에는 사경사업을 운영, 관리하는 案主, 造東大寺司와의 사무 연락을 하는 史生 및 잡무를 담당하는 仕丁, 雜使 등이 있다.

정창원문서의 사경소「解」문서 중에는 사경생들이 제출한 휴가원인 請暇解, 차용증인 月借錢 문서, 건의문 등 經師들이 소속 관사에 올린 문서들이 다수 남아 있다. 이러한 문서를 통해 사경소 문서의 양식은 물론 당시의 하급관인들의 업무 실태, 생활상을 엿볼 수 있다.

제1절 휴가원 문서

사경소에서 근무하는 사경생들은 어느 관인과 마찬가지로 법적으로 정해진 휴가를 가지만, 작업의 성격상 병가가 많고, 가정사, 종교 행사 등의 이유 등으로 휴가원을 내는 경우도 있다. 사경생들의 정기 휴가원은 1개월 정도 작업하면 4~5일 정도의 정기적인 휴가를 신청하는 것이 보통이다. 관련자료를 검토해 보기로 한다.

【자료 1】휴가원

　　○高大麻呂解 申請暇日事(『大日本古文書』17-592)

　　　合五箇日

　　　　右, 依帙訖, 所請如件, 仍注事狀, 以解,

　　　　　　　　　　寶龜二年三月三十日

　　(自署)「判許法師奉榮」

　　○忍海比乎麻呂解 申請暇日事(『大日本古文書』17-593)

　　　　(三)

　　　合四箇日

　　　　右, 依帙畢, 請暇如件, 狀注, 以解,

　　　　　　　　　　寶龜二年三月三十日

　　(自署)「判許法師奉榮」

　　상기 2개 휴가원은 寶龜 2년(771) 3월 30일 같은 날에 사경생 2인이 낸 문서이다. 高大麻呂는 5일간 신청을 하였고, 忍海比乎麻呂는 4일 신청을 했다가 3일로 정정하여 올렸다. 「帙了」, 「帙畢」은 經帙을 완료하여 공식 휴가를 신청한다는 것이다. 말미에는 別當 法師奉榮이 허락했다는 자필 서명이 있다. 假寧令에 의하면 왕경의 모든 관사는 모두 6일마다 1일의 휴가를 준다고 규정되어 있다[1]. 사경소의 경사들이 가장 많이 신청하는 것이 사경 일을 마친 후에 신청한 휴가원이다. 휴가원 문서 중에 「依法例」의 문구가 기입되어 있는 것은 바로 假寧令의 규정에 의거한다는 의미이다. 경전 1帙은 經卷 10권분이고 1권은 사경지 20여장 정도로 추산되고 있다. 즉 경전 1질은 총 200여장으로 이 분량을 1인의 경사가 서사하는 데에 소요되는 기간은 대략 25일에서 30일 정도가 된다.

　　天平勝寶 6년(754) 2월 18일의 「造東寺司解」에는 사경용지의 신청문이 나온다

---

1 「假寧令」1 「給休仮」조, "凡在京諸司, 每六日竝給休假一日".

². 총 용지는 15,224장이고, 사경에 필요한 경지는 14,627장이다. 이 중에서 대반경에 사용될 용지는 10,679장, 八十華嚴經紙는 1,385장, 六十華嚴經紙 1,132장 등이 기입되어 있다. 그리고 經師 37인, 題師 1인, 裝潢 3인, 校生 4인, 雜使 2인이고 연인원 2,783인이다.

그 다음에는 경사 연인원 1,885인이고 1인당 서사할 분량이 1일 7매라고 기록되어 있다(「一千八百八十五人經師〈人別寫七張〉」). 즉 총 사경지 14,627매를 연인원 1,885으로 나누면 1일 사경은 7.7매이다. 후술하듯이 사경생의 대우개선 요구사항 6개조의 문서에도 「人別寫八枚」라고 하여 1일 8매로 기록되어 있어 대략 7~8매 정도가 사경생의 1일 작업량이라고 생각된다³. 즉 4주 정도 작업하여 경전 1질의 서사가 완료되면 개인별로 휴가를 신청하는데 5일 정도의 휴가를 받을 수 있다.

다음의 사례는 병가로 제출한 사경생의 휴가원이다.

【자료 2】 휴가원

① 謹解 申請假日事(『大日本古文書』 17-566)

(壹)

合貳什箇日

右, 忽足病發, 不安立居, 加以, 稍每經日痺痛彌增, 望請假日, 欲將療治,

仍具事狀, 謹解,

神護景雲四年八月二日 長江田越麻呂

(自署) 「判許別當法師奉榮」

② 廣田連淸足謹解(『大日本古文書』 14-447, 448)

廣田連淸足謹解 申請暇日事右, 從今月二十三日夕, 足瘇, 不便步行, 望請

---

2 『大日本古文書』 13-51~55,

3 『大日本古文書』 24-116~118.

十箇日假, 療治, 仍具事狀, 謹解,

　　天平寶字四年十月二十四日

(異筆)

經師廣田淸足帙了, 今月十五日依例休去, 以十九日, 可到過限不到, 今申送病狀

　　二十四日史生下道福麻呂

　　造東大寺司主典安都宿禰〈參行在所〉

(又異筆)

以十一月十九日參

　상기 ① 문서는 20일간의 병가를 신청한 것인데, 관에서 허락한 것은 10일간이다. 병가 사유는 돌연 다리에 병이 생겨 서있기가 불안하고, 게다가 시간이 지날수록 점점 통증이 심해져 휴가를 내어 치료받고자 한다는 내용이다. 신청자 長江田越麻呂는 병가원을 내면서 도합 20일(合貳什箇日)을 기입했으나 「貳」자 옆에 「壹」를 추기하여 수정하였다. 아마도 본인 생각에 20일은 허락받기 어렵다고 생각하여 10일로 수정하여 제출한 것같다. 사경의 일은 서서 하는 작업이기 때문에 다리에 문제가 생기면 이를 수행하기 어려워 장기간 휴가원을 낸 것이다.

　②는 사경생의 휴가원 문서 중에 3인의 필적이 다른 형식으로 나와있다. 휴가 신청자인 經師 廣田連淸足과 이 사무를 담당한 사경소의 史生 下道福麻呂 그리고 말미에는 사경소의 또다른 관인의 메모가 있다. 「廣田連淸足謹解」는 廣田連淸足이 삼가 문서를 올린다는 解式 문서이다. 공식령에 규정되어 있듯이 하급자 혹은 하급기관이 상급기관 앞으로 올리는 문서 형식이다. 사경소 경사의 휴가원의 모든 문서는 이 형식으로 되어 있다.

　휴가신청 내용을 보면, 천평보자 4년(760) 10월 23일 저녁에 다리에 부종이 생겨 보행이 불편하여 10일 휴가를 청하여 치료하기를 위하여, 이에 그 상황을 자세히 기록하여 문서를 올린다고 하였다. 문서를 보낸 날짜는 다음날인 24일이다. 이 문서를 받은 사경소 관인의 설명에 의하면, 經師 廣田淸足이 사경 일을 마치고 관례에 따라 금월(10월) 15일에 집으로 귀가하여 19일까지 휴가를 보낼 예정이었다. 그러나 기한을 넘겨 돌아오지 않은채 이번에 병의 증상을 알려 출근하기 어렵다는 취지로 병가를 신청한 것이다. 그리고 말미에는 다음달 11월 19일에 출근했다고 한다.

이를 종합해 보면, 경사 廣田連淸足은 최초에 10월 15일부터 19일까지 4일간의 휴가를 신청했으나 휴가 마감일을 5일이나 넘긴 24일에 발병을 이유로 재택중에 다시 10일간의 연장 휴가를 신청하여 허락받았다. 2번째 휴가는 10월 24일부터 11월 3일까지 10일간인데 11월 19일에 출근하여 무려 16일간 무단 결근한 것이다. 원래 처음에 낸 휴가원은 산일되어 알 수 없지만, 재휴가 신청시의 문서를 통해 저간의 사정을 알 수 있다.

상기 문서 중에서 재신청 문서를 수령한 것은 史生 下道福麻呂이다. 원래의 담당자는 造東大寺司 4등관인 主典 安都宿禰였지만 그는 천황의 순행지에 동행하여 현재 行在所에 머물고 있어, 부재중에 대신 휴가원 문서를 수령하였다. 당시 淳仁天皇은 천평보자 4년 8월부터 이듬해 정월까지 飛鳥의 小治田宮에 순행중이었다[4]. 마지막 「11월 19일에 돌아오다(十一月十九日參)」라고 기입한 것은 사경소 사무관에 의한 노무관리기록으로 추정된다[5]. 그리고 廣田連淸足의 휴가원 문서에 빈공간을 둔 것은 추후 담당관의 추기에 필요한 여백을 남긴 것으로 생각된다. 아마도 근처에 거주하는 동료 경사를 통해 재휴가의 사정을 알렸을 것이다. 사경을 담당하는 經師의 경우는 정규 관인이 아닌 필요시의 계약직 고용으로 작업량에 따라 급료를 지불하기 때문에 결근사태가 발생해도 승진에 필요한 근무평정과는 상관이 없다. 다만 재고용 등의 불이익을 감수하지 않으면 안될 것으로 보인다.

다음의 사례는 친족의 병, 사망으로 제출한 휴가원이다.

---

4 『續日本紀』天平寶字 4년 8월 을해조, "幸小治田宮", 동 5년 정월 정해조, "車駕至自小治田宮, 以武部曹司爲御在所".
5 丸山裕美子, 『正倉院文書の世界』, 中公新書, 2010, 206쪽.

【자료 3】휴가원

①丸部大人請暇解(『大日本古文書』6-113)

丸部大人解 申請暇事

合四箇日

　右, 爲大人之男瘡病有治, 四箇日暇請如件, 仍注狀, 以解

　　　　　寶龜二年正月五日

②丸部大人請暇解(『大日本古文書』6-116)

丸部大人解 申請暇事

合三箇日

　右, 爲大人之男腫瘡病在治, 請暇如件, 仍注, 以解

　　　　　寶龜二年二月七日

③丸部大人請暇解(『大日本古文書』6-117)

丸部大人解 申請暇事

合十四箇日

　右, 以今月十日寅時, 己男死去, 爲癘食請暇如件, 仍注狀, 以解

　　　　　寶龜二年二月十日

④三尾子牛甘(『大日本古文書』4-488~489)

三尾子牛甘謹啓 請暇事

合三箇日

　右者, 依親母病, 請暇如件, 謹啓

　　　　　天平寶字五年正月二十四日

判許　　　　史生福麻呂

⑤高大麻呂解 申請暇日事(『大日本古文書』17-579)

　(七)

合拾日　　　　　　　　(六)

　右, 大麻呂之從母, 以今月十七日死, 仍注事狀, 謹以解,

①~③은 丸部大人이 3번에 걸쳐 아들의 병, 사망으로 휴가를 신청하였다. ①은 寶龜 2년(771) 정월 5일에 아들의 瘡病으로 3일간 휴가를 냈고, ②는 동 2월 7일에 병이 심해져 다시 3일간의 휴가를 받았다. 이 병을 피부에 생긴 종기로 심하면 사망에 이르게 된다. ③은 바로 2차 휴가를 끝낸 다음날 2월 10일에 치유가 되지 않은채 사망하여 14일간의 휴가원을 내어 허락받았다.

④는 三尾子牛甘의 친모의 병으로 3일간의 휴가원이다. 말미에는 「判許」라고 하여 허가한다는 의미이고, 이 휴가원을 수령한 史生 福麻呂의 서명이 있다.

⑤는 高大麻呂의 從母의 사망으로 10일 휴가를 제출한 것이다. 이 문서에는 10일을 7일로, 사망날짜를 17일의 「七」에 「六」을 별기하여 16일로 수정하였다. 喪葬令에 의하면 외가쪽의 삼촌, 숙모가 사망한 경우에는 복상기간이 7일로 규정되어 있다. 아마도 高大麻呂解는 법령의 규정을 모르고 10일로 기입했다가 7일로 정정한 것으로 보인다. 사망날짜 역시 착오로 인한 수정으로 생각된다. 한편으로는 휴가일수는 신청인 자신뿐 아니라 허가해 주는 관에서 수정하는 경우도 있다. 이 경우에 수정한 부분이 제출자인지 수령자인지를 구별하기 어려운 일도 있어 원문의 필적에 대한 검증이 필요하다고 생각된다.

한편 사경생의 휴가문서를 분석한 연구에 따르면, 경사 자신의 발병이 가장 많고, 친족의 사망, 사경이 완료된 정기휴가, 사경시의 작업복인 淨衣의 세탁, 신사와 불사 등의 종교행사 등 다양하다. 특히 병가 중에서 가장 많은 것이 세균성 감염에 의한 설사병이고, 족병, 부스럼, 부종, 흉통, 두통, 요통 등이다[6]. 고대의 열악한 환경 속에서 위생상태의 문제도 있고 직업병적인 요소가 작용했다고 생각된다. 게다가 天平 9년(737) 경부터 시작된 천연두의 유행으로 사람들이 밀집해

---

6 榮原永遠男, 「都市のくらし」, 直木孝次郞編 『古代を考える奈良』, 吉川弘文館, 1985, 85쪽.

있는 왕경에서는 감염자가 많이 발생하고 이에 따라 관인들의 병가 역시 많았다고 생각된다.

다음 사례는 미리 병가를 신청하지 않고 무단결근하여 일종의 시말서를 쓴 문서이다.

【자료 4】휴가원

○桑內眞公不參解(『大日本古文書』6-289)

桑內眞公解 申不參事

右眞公, 頭出瘡, 彌大施痛苦, 此令見於人, 虫瘡[止云]. 仍請藥師, 比來之間治作, 雖然未能療, 因錄愁狀, 以解送, 謹申,

　　　　寶龜三年三月二十三日

그 내용을 보면, 桑內眞公은 머리에 종기가 생겨 점점 병고가 심해져 고통스럽고, 이러한 상태는 남들이 보기에도 명백한 피부병(虫瘡)이라고 한다. 이에 의사를 청해 최근까지 치료를 받고 있으나 아직 치유되지 않아, 이로 인해 불참 사유서를 기록하여 제출하오니 삼가 보고드린다고 하였다. 寶龜 3년(772) 3월 23일자로 보낸 문서이다. 이 경우는 휴가 신청없이 갑작스런 발병으로 결근하게 되어 올린 문서이다. 이 문서에는 별도의 추가된 휴가기일은 정하지 않았지만, 치료되면 바로 출근한다는 청원문이었다고 생각된다.

제2절 月借錢 문서

월차전은 관사에서 관인들이 소속 관사에서 돈을 빌리고 이자를 지불하는 일종의 금융거래이다. 월차전을 이용하는 계층은 6위 이하의 관인 및 잡사에 종사하는 仕丁 등이 많다. 다음달 급료에서 미리 차용하는 것으로 이율도 월별로 산정하고 13%~~15%의 고리의 대부이다. 담보물은 월 급료 이외에도 가옥이나 구분전 등 토지를 담보로 하는 경우 적지않다. 정창원에 남아있는 월차전 문서에는 造

東大寺司 부속기구인 사경소 문서에 100여통이 넘는 사례가 확인되고 있어 당시의 사경소의 근무실태, 사경생의 생활상을 엿볼 수 있다. 平城京의 東西市에서의 결제수단은 錢으로 규정되어 있어 필요한 물품의 구매시에는 銅錢을 사용한다.

【자료 5】 월차전

○當麻鷹養月借錢解(『大日本古文書』6-272, 273)

謹解 申請月借錢事

合參伯文〈利月三十九文〉質物布二端

右件錢, 限二箇月之內, 本利共備. 將進上, 若過期限, 料時質物成賣, 如數

進納, 仍錄事狀, 謹解,

　　　　　寶龜三年二月十四日

　　　　　　償若倭部益國

　　　　　　敢男足

　依員行　　　司　　　上馬養

　三月二十四日納三十九文利

　四月二十四日納利三十九文

　六月十三日納三百六十五文〈三百文本六十五文〉五十日利

첫째 사례는 경사 當麻鷹養이 올린 月借錢 문서이다. 300문의 금전을 차입하는데, 담보물은 베 2단이고, 月利는 39문으로 11.7%의 고리이다. 차용기간은 2개월 만기로 원금과 이자를 모두 변제한다는 차용문서이다. 사경소의 경우에는 장기 대출은 보이지 않고 대부분 수개월 이내의 단기이다. 장기 대출인 경우에는 채무자 스스로도 감당하기 어려울 정도의 이자가 발생하여 경제적으로도 타격이 적지 않다고 생각된다. 차용증에는 만약 기한을 넘기면 다음달 급료에서 감한다고 되어있다. 즉 대출금의 담보는 급료이고, 급료는 調布, 庸布로 받기 때문에 이를 매매하여 대출금을 회수하는 것이다.

다음에는 「寶龜三年二月十四日」의 연월일과 보증인 若倭部益國, 敢男足 2인이 명기되어 있다. 償은 償人이라고도 나오고 일종의 연대보증인이다. 사경소의 경우에는 보증인의 대부분은 동료 사경생들이고, 이들은 경제적으로 여유가 없어 맞보증을 통해 월급을 가불하여 생활비를 쓰고 있음을 보여주고 있다. 대출을 집행한 관인은 소관 관사인 造東大寺司의 上馬養이 자필 서명이 나온다. 말미에는 3월 24일에 1달분 이자 39문을 납입하였고, 4월 24일에 1달 이자 39문을 납입하였다. 그리고 6월 13일에는 원금 300문과 50일분 이자 65문을 완납했다고 기록하고 있다. 1일의 날짜까지도 포함하여 총 115일분의 이자이다. 1일의 착오도 없는 철저한 대출 관리이다.

관에서의 대출이자는 엄청난 폭리이고 이른바 이자장사를 통해 관사의 운영비의 일부로 충당했을 것으로 보인다. 이러한 고금리 이자는 出擧錢의 사례에서도 나오고 있으며, 지방의 제국에서는 농민들에게 춘궁기에 도곡을 대출해 주고 고리의 대출 이자를 받는 出擧가 國衙의 재정에 충당한다는 점에서도 알 수 있다.

한편 차용인 當麻鷹養은 차용문을 작성하면서 여백을 두고 있다. 이것은 변제 후에 소관관사에서 그 상황을 기록할 수 있도록 하였다. 하나의 문서에 대출과 변제의 과정을 모두 확인할 수 있으며, 이것은 당시의 문서양식이고 종이가 귀중한 시대의 문서작성 방식이었다고 할 수 있다.

둘째 사례는 2인의 함께 작성한 월차전 차증문서이다.

【자료 6】월차전

> 謹解 申請月借錢(『大日本古文書』6-426)
> 合壹貫文〈加利月別百三十文〉
> 田部國守伍伯文〈質家一區地十六分之四一在物板屋二間在左京九條三坊
> 　　　　「以四月四日納六百九十五文. 五百文本, 一百九十五文三月利」
> 占部忍男伍伯文〈質家一區地十六分之四一在物板屋二間在左京九條三坊
> 　　　　「以四月三日(納)六百九十五文. 三月利」

右件錢者, 限二箇月, 本利幷將進上, 若期限, 二人同心, 質家成沽進納, 仍具
注狀, 以解
　　　　　　寶龜三年十二月二十八日
　　　　　　　　田部國守
　　　　　　　　占部忍男
依員行　出擧之內　依葛井典
※一區地十六分之四一 ; 1區域=1坪(1/16坊) 1/64평은 약60평

　차용인 田部國守, 占部忍男은 각각 500문씩 모두 함께 1관의 금전을 차용하면
서 월 130문의 이자를 지불한다는 계약서이다. 월이자 13%의 고리이다. 이들의
담보물을 보면, 田部國守는 左京 9조 3방에 소재하는 1구역의 택지 16분의 4의 토
지와 板屋 2칸이다. 占部忍男 역시 동일 지역에 소재하는 집을 담보로 하고, 2인
모두 2개월 만기로 대출을 신청하고 있다. 2인은 별도의 증인없이 상호 보증인이
되어 이름을 명기하고 있다. 「依員行, 出擧之內, 依葛井典」은 인원수에 따라 시행
하고, 出擧의 범위 내에서 葛井典에 의한다는 의미이다. 그리고 葛井典은 造東大
寺司의 4등관 主典의 직에 있던 葛井連荒海를 가리킨다[7]. 즉 대출의 주체는 관사
가 아닌 葛井連荒海 개인의 금전을 융자해 준 것이다. 이 개인간의 문서가 정창원
에 남아있는 것은 대출자가 사경소 관인이었기 때문에 일정기간이 지난 후에 폐
기처분될 당시 관사에 보관중인 공문서와 함께 포함되었을 것으로 보인다.
　다음은 셋째 사례를 살펴보자.

【자료 7】 월차전

　○謹解 申請月(借)錢事(『大日本古文書』 6-515, 516)
　合三百文〈利四十五文〉質家賣區〈地一段, 板一間, 添上郡在山公鄕〉

7　丸山裕美子, 『正倉院文書の世界』, 中公新書, 2010, 216쪽.

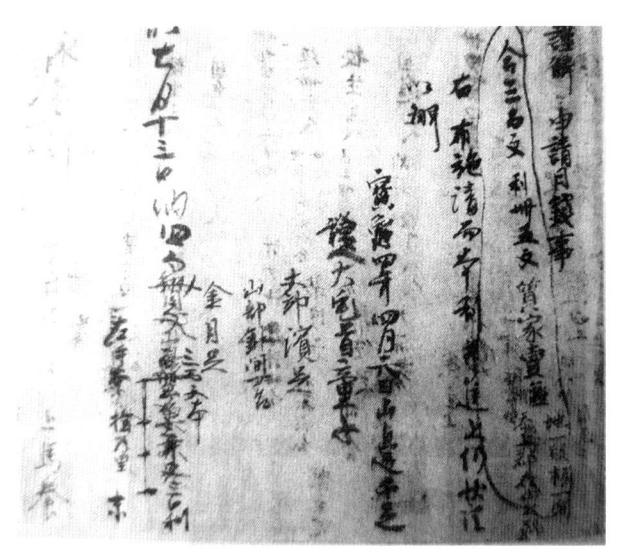

右, 布施請而, 本利幷進上, 仍狀, 謹以解

　　　寶龜四年四月六日 山邊千足

　　　　　證人 大宅首童子

　　　　　　丈部濱足

　　　　　　山部針間万呂

　　　　　　金月足

　　　　　知同心 山邊公魚麻呂

以七月十三日納四百四十文〈三百文本, 百四十文三月又三日利〉

　依員行 葛井典之 上馬養

　　상기 월차전 차용증은 山邊千足이 3백문을 빌리는데 원리 15%로 寶龜 4년
(773) 4월 6일에 문서를 작성하여 동년 7월 13일에 납부한다는 것이다. 원금 300
문 및 이자 3개월 3일간의 이자 140문이다. 90일의 이자가 135문이고 3일간 이자
는 4.5문이다. 0.5문 차이가 나는 것은 소수점을 반올림하여 5문으로 계산한 것
이다. 담보물은 添上郡 山公鄕에 있는 집으로 현재의 奈良縣에 속하고 平城京에

서 근거리에 있는 지역이다. 담보물과는 별도로 월 급료인 布施에서 원금과 이자를 변제한다는 것이다. 별도의 담보물이 필요없는데 집까지 저당물로 제시하였다. 게다가 증인이 4인이 나온다. 아마도 동료 經師들이라고 생각된다.

증인 다음에 「知同心」은 문자그대로 차용인과 한마음이고 山邊公魚麻呂는 차용인을 잘 아는 인물이라는 것이다. 이와 관련하여 出擧田解(『大日本古文書』 3-405, 天平勝寶2년 5월 25일, 息長眞人黑麻呂)의 차용증에는 「右, 件三人, 死生同心」이라고 하여 증인 3인은 생사를 함께하는 증인임을 강조하고 있다. 그만큼 신용할 수 있는 인물을 내세우니 안심하고 대출해 달라는 의미이다. 차용인 山邊千足와 「同心」의 인물인 山邊公魚麻呂는 친족으로 생각되며, 4인의 증인과는 별도로 만약 변제되지 않으면 채무관계를 책임질 인물로 기록하고 있다. 차용금액에 비해 담보물 및 4인의 증인과 1인의 친족까지 내세운 것은 차용증으로서는 매우 이례적이다. 아마도 급전이 필요하여 보증인을 다수 세운 것은 아닌가 추측해 본다.

한편 흥미로운 사실은 차용증의 말미 왼쪽 하단에 상하로 선이 그어져있고 양단과 중간에 짧은 선으로 표시가 되어 있는 부분이 있다. 이것은 서명에 대신하여 글자를 모르는 사람을 위해 손가락 마디 표시이다. 이른바 '畫脂'라고 불리우는 이 표시는 손바닥 하늘 방향으로 하여 왼쪽 검지의 先端과 末端 및 관절 부분에 4개를 점으로 표시하여 본인임을 표시한다. 일종의 指章, 拇印에 해당한다. 이 표시의 주인공은 바로 옆에 명기된 山邊公魚麻呂라고 추정하기도 하다[8].

마지막 행의 葛井典之는 앞의 문서에서도 본 造東大寺司의 4등관 主典의 직에 있던 葛井連荒海이고 上馬養은 동 관사의 월차전을 담당하는 부서의 책임자이다. 즉 관인 葛井連荒海의 개인자산을 대출하는데에 上馬養이 처리해주고 있다. 월차전 문서에는 上馬養의 이름이 많이 등장하고, 문서와 문서 사이의 이음매 부분에는 「養」자가 기입되어 있는데, 이것은 上馬養이 자필 글자이다. 이것은 월차전 문서가 월별 혹은 일정 기간 단위로 장부로 만들어져 운용되고 있었음을 말해준다.

---

8 宮川久美, 「正倉院文書の訓讀と註釋」, 月借錢編, 第三冊分, 『奈良佐保短期大學硏究紀要』 20, 2012.

上馬養은 寶龜 6년 3월 29일에는 문서, 기록류를 작성, 보관하는 案主의 신분임이 확인되고 있고[9], 아마도 사경소가 정지되는 이듬해 7년 6월까지는 그 신분을 유지했을 것이다[10]. 사경사업을 진행할 때에는 사경소 사무국이 설치되고 사무국에서 행해지는 물품 및 문서의 관리, 보관은 문서행정의 말단에 있는 하급관인 案主가 담당한다. 사경생의 월차전도 당연히 案主의 일이다.

다음은 넷째 사례를 검토해 보자.

【자료 8】월차전

　○丈部濱足解 申請月借錢事(『大日本古文書』 19-297, 298)
　合壹貫文〈利者百三十〉質物壹區〈地十六分之半板屋三間, 在右京
　　　　　　　三條三坊口分田三町八段在葛下郡〉
　右, 限一箇月, 本利將進上, 若期日過者, 妻子等質物成賣, 呂數將進納,
　　仍錄狀解
　　　　　寶龜三年十一月二十七日專受濱足
　　　　　　男乙人麻呂 益人 奧人
　　　　　　償人「他田嶋万呂」
　　　　　　　「石川宮人」
　　　　　　　「金月足」
　以十二月二十五日納一千一百二十五文〈一千文本, 一百二十五文二十七日利〉

이 문서는 사경소의 丈部濱足이 올린 月借錢 차용문이다. 차용인에는 그의 3인의 아들 乙人麻呂, 益人, 奧人이 들어가 있어 가족 공동의 채무이다. 그는 1貫文인 1,000문의 금전을 신청하고 있다. 이자는 월 130문이고 원금의 13%이다. 담보

9 『大日本古文書』 23-429.
10 榮原永遠男, 「月借錢に關する基礎的研究」, 『正倉院紀要』 40, 2018, 223쪽.

물로서 右京의 거주지와 大和國의 葛下郡에 있는 口分田이다. 구분전은 6세 이상의 공민이면 누구나 반급되는 것으로 생전에는 자신에게 소유권이 있다. 구분전까지 저당잡히는 것은 아마도 1,000문의 금전을 빌리는데 신용을 확실히 하자는 의미라고 생각된다. 융자 기간은 1개월이고 만약 기일을 넘기면 담보로 한 妻子 등을 팔아 명기한 바와같이 갚는다고 한다. 이 경우에 금전을 차용하는데 人身을 담보로 하고 있다. 특히 처자를 담보로 하는 일은 특이한 사례이다. 노비의 경우에는 사적 재산으로 매매가 가능하지만, 일반 공민의 경우에도 채무관계로 직계 가족을 저당잡히는 일은 이례적이다. 극단적으로 변제가 불가능한 상태에서 처자의 인신매매가 가능하다고 해도 소유물로서의 매매가 아니라 노역으로 대체하여 변제하는 것으로 생각된다.

雜令 「公私以財物」조에 의하면 "무릇 公私로 재물을 출거하면, 임의로 사적 계약에 의하고 官에서 판단하지 않는다. 60일마다 이자를 취하며, (원금의) 8분의 1을 넘지 않는다. 비록 480일을 넘겨도 (원금의) 1배를 넘을 수 있다. 집의 자산이 다하면 노역을 시켜 갚도록 한다. 이자를 돌려 원금으로 받을 수 없다. 만약 법을 어기고 이자를 요구하거나 계약 이외의 것을 억지로 빼앗거나 이자를 받지못한 채무는 관에서 다스린다. 저당물은 물주가 아니면 임의로 팔 수 없다. 만약 이자를 계산하여 원금을 넘어 변제할 수 없다면, 소관 관사에 알려 파는 것을 허락한다. 남는 것이 있으면 돌려준다. 채무를 진 자가 도피하면 보증인이 대신 갚는다[11]"라고 규정되어 있다.

이 조문에 따르면 "집의 자산이 다하면 노역을 시켜 갚도록 한다"라고 규정되어 있듯이 상기 문서의 인신매매는 노역을 말한다. 또 저당물은 물주가 아니면 임의대로 매매할 수 없다고 하고, 변제할 수 없는 경우에는 관의 허락을 받도록

---

11 「雜令」19 「公私以財物」조, "凡公私以財物出擧者, 任依私契, 官不爲理. 每六十日取利, 不得過八分之一. 雖過四百八十日, 不得過一倍. 家資盡者, 役身折酬, 不得廻利爲本. 若違法責利, 契外掣奪, 及非出息之債者, 官爲理. 其質者, 非對物主, 不得輒賣, 若計利過本不贖, 聽告所司對賣, 即有乘還之. 如負債者逃避, 保人代償".

하고, 채무를 진 자가 도피하는 경우에는 보증인이 갚도록 규정하고 있다. 월차전의 경우에는 단기 대출이고 급료 및 집 담보 등도 있어 금전의 차용으로 인한 문제는 거의 발생하지 않았다고 생각된다. 이 경우는 급전이 필요했을 것이고, 기간은 1개월에 불과하여 신용을 얻기 위한 과잉 담보라고 생각된다. 증인 他田嶋万呂, 石川宮人, 金月足 3인 모두 사경소의 동료들이다.

이 차용인이 담보로 하고 있는 구분전은 3町 8段이다. 구분전은 남자 2단, 여자 1단 120보이다. 3정 8단의 크기는 남녀 비율을 동수로 가정할 때, 6세 이상의 22인~23인이 받는 토지이다[12]. 여기에 6세 미만의 자녀가 있다면 가족 구성원은 이보다 늘어날 것이다. 3인의 아들 중에 益人, 奧人은 사경생으로 확인되고 있고, 장남인 乙人麻呂와 더불어 성인으로 처자가 있는 가족일 것으로 보인다. 즉 호주 丈部濱足의 직계 가족이 결혼하여 하나의 호를 이루는 大戶의 가족이므로 사경소에서의 급료와 구분전에서 나오는 수입이 있어 비교적 여유있는 호라고 생각된다. 이 가족이 차용한 금전은 12월 25일에 원금 1,000문과 이자 27일분 125문 도합 1,125문을 모두 납부할 예정이다.

한편 丈部濱足이라는 인물은 정창원문서에 보이는 寶龜 3년(772) 2월에서 동 5년 11월 사이에 무려 10회나 금전의 차용을 신청하고 있다. 금액은 100문에서 1,000문 사이이고 1,000문 차용도 4회에 이르고 있다[13]. 사경소에서는 기본적으로 숙식이 제공되고 있어 이 차입금은 고향의 가족에게 보내는 생활비로 충당하거나, 왕경의 東西의 市에서 필요한 물품을 구매하여 자신 및 가족에게 보냈다고 생각된다. 그는 龜寶 3년(772)에서 6년경에 式部省 書生으로 사경소에 파견되었고, 정7위의 관인이었다. 사경소에는 관위가 없는 無位 상태의 사경생도 다수 있었음을 생각할 때, 고위급 관인이었다. 그러나 무언가의 긴급한 사정으로 급전이 필요하여 부자 4인의 이름으로 다량의 담보물을 설정하여 월차전을 신청한 것으로 생각된다.

---

12 吉川敏子, 「借金證文」, 『文字と古代日本』 3 流通と文字, 吉川弘文館, 2005, 113쪽
13 榮原永遠男, 「平城京住民の生活誌」, 『日本の古代』 9 『都城の生態』, 中央公論社, 1987, 255~256쪽.

제3절 사경소의 布施法

다음은 布施法으로 사경소에서 근무하는 經師, 校生, 裝潢의 작업량에 비례해서 급료를 지불하는 규정이다. 특히 경사, 교생에게는 글자의 누락, 오자가 나거나 발견하지 못할 경우에 급료의 일부는 감하는 규정도 있다.

【자료 9】布施法

○寫經布施校生勘出裝潢作物法例(『大日本古文書』3-487~489)

布施法

一 經師

　麁經以布一端充紙四十張〈張別一尺五分〉

　注經以布一端充紙三十張〈張別一尺四寸〉

　律論及以經堺法寫書類皆用經布施法之

一 校生以布一端充二校紙五百張〈張別八分分十分之四, 不論麁注〉

一 裝潢以布一端充紙四百張〈張別一寸分半〉1.5㎝(이음매 풀칠부분)

一 題師以布一端充一百卷〈張別四寸五分〉12.3㎝(글자크기)

一 正經人充布施法

　每一行墮折紙四張〈余同此法〉

　每五字墮折紙一張〈余字同此法〉

　每二十字誤折紙一張

　凡奉寫經者, 可正所誤, 若不正畢, 經十日以上, 折寫人料, 與將正人,

　如上法之, 自今以後恒爲例之.

一 校生勘出事

　不顯一行墮〈余行同此〉折一百張

　墮一字〈余字同此〉　折二十張

　誤一字　　　　折五張

　右, 不顯誤字, 折校人紙與勘出人, 如上法之, 又爲例之,

……………………(하략)……………………

天平勝寶五年二月八日

　우선 사경사가 경전을 서사할 때의 40장에 1端의 布를 지급하고 있다. 사경지 한 장의 크기는 1尺 5分(31.5㎝)이다. 注經은 주석을 단 경전으로 글자가 작지만, 글자수는 많아지기 때문에 30장에 1단의 포를 급료로 지급한다. 注經紙의 크기는 1척 4촌(42㎝)으로 일반 경전보다 다소 크다. 사경사의 1일 작업량은 대략 7~8장 정도로 4~5일분의 작업량에 해당한다.

　사경의 제작 과정은 繼, 打, 線의 순서이다. 먼저 裝潢이 규격화된 사경지를 만들어 이어 붙이고 표면을 두드려 매끄럽게 만든다. 그 다음에 글자의 배열을 바르게 하기 위한 일정 간격으로 상하의 界線을 및 상하단에는 횡선을 긋는다. 「五月一日經」를 기준으로 보면, 계선의 상하 길이는 19.5㎝, 폭은 1.8㎝이다[14]. 사경지의 배열은 1행 17자를 기본으로 하여 28행으로 되어 있다. 교정이 종료된 사경지에는 1.5㎝의 이음매 부분을 접착하고, 마지막에는 표지를 붙여 만들고 굴대(軸)로 말아 두루마리 형식의 1통의 經卷 문서를 제작한다[15]. 최종 단계는 표지에 제목을 쓰는 일인데, 題師는 100권의 표제에 1단의 布를 받는다. 글자의 크기는 4촌 5分으로 약 12.3㎝의 크기이다.

　이어서 사경용지에 經師의 서사가 시작된다. 사경에는 집중력이 요구된다. 오류가 생기면 벌칙으로 급료가 감해진다. 「正經人充布施法」에서는 사경사가 서사할 때에 1행을 누락하면 4장을 감하고, 5자 누락할 때마다 1장을 감하고, 20자를 오기할 때마다 1장을 감한다고 규정되어 있다. 오자나 탈자는 다시 써야 하는 번거로움과 잘못된 사경지는 폐기해야 하기 때문에 손실이 크다. 따라서 벌칙으로 작업한 사경지를 일정 부분 삭감해 결국 급료가 적어지게 된다. 그리고 사경사가

14　佐佐田悠,「手實と端繼-正倉院文書お成り立ち」,『正倉院紀要』39, 2017, 160쪽.

15　사경의 제작 과정에 대해서는, 栗原治夫,「奈良朝寫經の製作手順」, 坂本太郞博士古稀記念會 編『續日本古代史論集』中, 吉川弘文館, 1972 참고.

바르지 못한 상태로 작업을 마치고 10일 이상 지나면 삭감한 급료는 이를 바로잡은 사람에게 지급하고, 이후로는 항례로 한다고 규정하고 있다.

서사된 사경은 校生에 의해 교정 작업이 이루어지는데, 초교와 재교 2회에 걸쳐 교정을 본다. 서사된 500장의 경전을 교정하는데 1단의 포를 지급한다. 사경사의 작업 일수와 거의 동일하다. 정창원문서에 나오는 「校書長机」(『大日本古文書』6-386)은 교정용 책상으로, 긴 탁상에 원본과 서사본을 펼쳐 작업하는 모습을 연상시킨다.

상기 교정에 관한 법규인 「校生勘出事」는 서사된 사경지를 교정하는 일이다. 교정할 부분이 없으면 최상이지만, 만약 오자, 탈자 등 오류를 발견하지 못하면 역시 벌칙을 받는다. 1행의 누락을 밝히지 못하면 100장을 감하고, 1자의 누락을 지적하지 못하면 20장을 감한다. 그리고 1자의 오자를 발견하지 못하며 5장 감한다. 기왕이 마친 작업량의 일부를 삭감하여 급료를 적게 지급하는 것이다. 교정은 2교를 보는데, 이후에 오류가 발견되면 발견자에게 교정자의 삭감된 금액을 지급하도록 하였다.

다음 사경소 문서 「金光明之寺寫一切經所解」(『大日本古文書』8-150~153)에는 천수경을 사경하는데 필요한 용지, 布施料, 개인별 작업량에 따라 지불할 급료를 기록하고 있다.

【자료 10】사경문서

○金光明之寺寫一切經所解
合奉寫千手經壹伯伍拾陸卷
用紙貳仟伍伯玖拾陸張
應給布施錢壹拾伍貫捌拾文
　十二貫九百八十文經生料以錢二百文充四十張
　一貫文裝潢料以錢二百文充四百紙
　一貫一百文校生料以錢一文充五紙

............(중략)....................

以前, 自六月一日至十一月三十日, 奉寫經幷布施物等, 顯注如前

　　　天平十四年十二月八日 高屋赤万呂

　상기 자료에서 보듯이 천수경 156권 서사에 사경지 1,596장, 布施錢 15관 80문이다. 經生料는 총 12관 980문이고 40장 서사에 200문을 지급하고 있다. 裝潢料의 총액은 1관문이고 400장 제본에 200문이다. 校生料는 1관 100문이고 5장 교정에 1문을 받는다. 천수경 서사에는 1권당 10장 정도의 사경지가 소요되고 있다. 다른 경전의 경우에는 1권당 20장 내외인 점을 감안하면 2분의 1의 분량이다.

　급료로는 布施料는 앞에서 본 天平勝寶 5년(753)의 布施法에서는 布를 지급했으나, 이보다 11년전인 天平 14년(742)의 사경사업에는 布가 아닌 錢을 지급하고 있다. 상기 사료의 생략된 부분에는 천수경 서사에 참여한 23인의 인명을 열기하고 작업량과 금액을 기록하고 있다. 이를 정리하면 다음과 같다.

【표 32】개인별 작업량 및 급료

인명	작업량	급료	인명	작업량	급료
忍坂成万呂	寫紙 152매	錢 760文	丸部石敷	寫紙 120매	錢 595文
雀部嶋足	寫紙 170매	錢 850文	杖部子虫	寫紙 140매	錢 520文
民匕万呂	寫紙 51매	錢 255文	漢淨万呂	寫紙 208매	錢 1004文
春日家万呂	寫紙 33매	錢 165文	檜田家麻呂	寫紙 47매	錢 235文
山部花	寫紙 153매	錢 765文	坂合部文万呂	寫紙 85매	錢 425文
古賴小僧	寫紙 187매	錢 935文	韓國人成	寫紙 267매	錢 1345文
角惠万呂	寫紙 115매	錢 575文	裝潢奏大床	造紙 1200매	錢 600文
安刀息人	寫紙 120매	錢 600文	薗部廣公	造紙 800매	錢 400文
志紀久比万呂	寫紙 374매	錢 1870文	校生川原人成	校紙 2500매	且充 500文
葛野安万呂	寫紙 153매	錢 765文	田邊當成	校紙 2000매	且充 400文
古神德	寫紙 70매	錢 350文	尾張少土	校紙 1000매	且充 200文

인명	작업량	급료	인명	작업량	급료
建部廣足	寫紙 71매	錢 350文			

사경사 중에서 가장 많이 작업한 사람은 志紀久比万呂으로 347매 서사하여 1,870문을 급료로 받았고, 春日家万呂은 33매 서사에 165문을 받았다. 사경지 1 매당 5文의 급료이다. 이 사경 사업은 상기 기록에도 나와있듯이 天平 14년(742) 6월 1일에서 11월 30일까지 6개월간이다. 보통의 사경사의 경우에는 1일 7~8매 정도를 서사한다고 보면 최고 347매를 기준으로 해도 50일 이내에 작업은 종료 되어야 한다. 중간에 휴가를 간다고 해도 2달이면 가능한 일이다. 200매를 기준 으로 해도 1달이면 충분한 작업으로 생각된다.

이러한 현상은 몇가지 가능성을 생각할 수 있다. 첫째는 사경지 공급이 제대로 안되어 작업이 늦어졌거나 둘째는 천수경 작업을 마친 사경사가 또다른 경전의 서사에 참여했을 가능성도 있다. 셋째는 사경지에 비해 사경 인원이 많아 작업량 이 적었다는 점도 생각할 수 있다. 다만 이러한 추정도 개인마다 작업량의 편차 가 심하여 이것이 개인의 능력차이에서 나온 것인지 혹은 처음부터 개인별로 작 업량에 차이를 둔 것인지는 판단하기 어렵다.

교정을 담당하는 校生은 5장 교정에 1문을 받고, 장황은 천수경 1권 10장 장정 하는데에 5문이 지급되었다. 사경사 18인, 교생 3인, 장황 2인이 한팀을 이루어 6 개월간에 걸쳐 완성한 천수경은 총 156권이고 급료는 15,080文이다. 사경사의 급 료를 각각 布와 錢으로 지급했을 경우를 비교해 보면, 天平勝寶 5년의 布施法에서 는 사경지 40장의 급료는 布 1端이고, 天平 14년에는 사경지 1매에 5문이므로 40 매이면 200문이다. 布 1端은 錢 200文에 해당한다. 사경소의 경사 등의 급료는 생 각보다 적고, 月借錢 신청자가 많은 것은 이들의 생활상을 말해주고 있다.

제4절 사경생의 처우개선 6개조

다음은 天平 11년(739) 사경소의 경사들이 처우개선을 요구하는 6개조 문서이다[16]. 이 문서는 사진에서 보듯이 중간에 지우고 수정한 부분이 다수 나온다. 사경소는 造東大寺司 소속으로 이를 총괄하는 상급기관인 皇后宮職으로 보내기 위해 작성한 초고에 해당한다.

【자료 11】처우개선 6개조

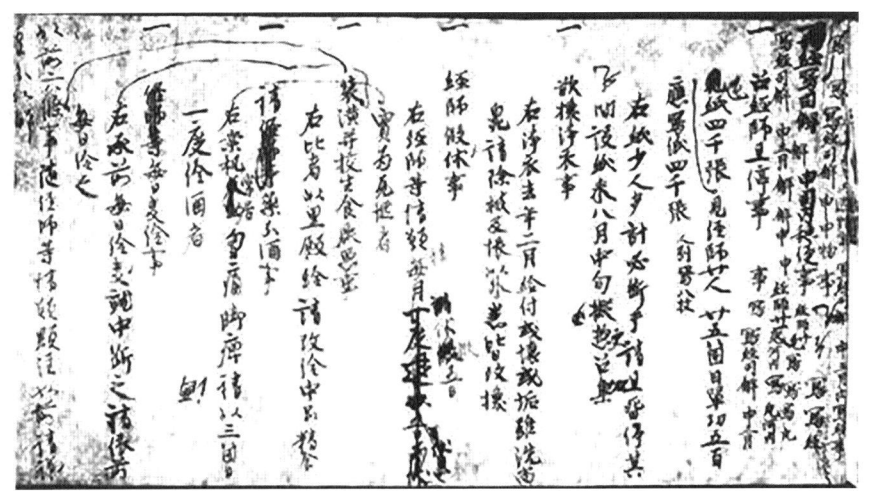

(一切) 經寫司解 申司内穩便事

一 召經且停事

　遺紙四千張, 應寫紙四千張〈人別寫八枚〉

　見經師二十人, 二十五箇日單功五百

　右, 紙少人多. 計必斷手. 請且留停,

　其間設紙, 来八月中旬, 擬惣招集

一 欲換浄衣事

16 『大日本古文書』24-116~118.

右, 浄衣, 去年二月給付, 或壊或垢. 雖洗尚臭,

請除被及帳以外悉皆改換.

一 經師假休事

　　　請毎月休假五日

右, 經師等情願, 請毎月休假五日(毎月一度退以五日爲休)

実爲無惬者.

一 裝潢并校生食麁悪事

　　右, 比者以黒米給. 請改給中品精米。

一 (請經師等)薬分酒事

　　　右, 案机常居(久坐), 胸痛脚痺, 請以三箇日一度給酒者。

一 (經師等)毎日麦給事

右, 承前毎日給麦, 就中断之. 請依前毎日給之.

以前, 六條事, 随經師等情願, 顯注如前, 請謹處分, 以解.

　총 6개 조문으로 되어 있는 이 문서는 寫經司 내의 업무개선을 요청하는 건의 문이다. 문서의 제목이 「申司内穩便事」라고 하듯이 업무의 편리성을 담은 개선책이다.

　제1조는 사경을 잠시 중지하는 일이다. 그 이유는 남아있는 용지는 4,000장인데, 경사는 20인으로 25일 작업하면 연인원은 500인이 된다. 1인당 1일 8매의 작업량이다. 이에 대해 사경지는 적고 인원은 많아, 헤아려보니 반드시 일손을 놓고 잠시 중지할 것을 요망하고, 그 사이 사경지가 제작되면 오는 8월 중순에 모두 소집할 것을 청하였다. 1일 1인당 작업량으로 사경지 8매는 평균 수준인데 이를 적다고 하는 것은 무슨 이유일까. 사경사의 급료는 사경량에 비례하기 때문에 더 많은 작업을 요구하여 소득을 올리려는 의도에서 나온 것인지 모르겠다. 분량에 관계없이 급료가 동일하다면 구태여 일손이 많다고 할 필요가 없는 것은 아닐까 생각한다.

제2조는 淨衣를 교환해 달라는 요청이다. 작년 2월에 새로 받았는데, 헤지고 오염되어 세탁을 해도 냄새가 심해 피복 및 앞가림대를 제외하고는 모두 교환해 줄 것을 건의하였다. 사경은 일종의 종교적 의식이고 佛典을 사경하는데 착용하는 淨衣는 정결한 복장으로 임해야 한다는 의미가 담겨져 있다.

제3조는 매월 5일의 휴가를 청하는 내용이다. 원래 초고에서는 매달 일정량의 작업이 완료되면 한번에 모아서 5일 휴가를 요청했는데(「每月一度退以五日爲休」), 이를 수정하여 1달에 5일, 즉 6일에 1회는 휴가를 달라는 취지이다. 假寧令의 규정에는 6일에 1회 휴가가 있지만, 아마도 잘 지켜지지 않은 것같다. 실제로도 경사의 휴가는 1달에 2일에서 5일 사이에서 이루어지고 있다. 사경소의 일과는 관사에 숙박하면서 매일 동일한 작업의 반복이고, 또한 고도의 집중력을 요하는 일이다. 글자의 오자, 탈자 시에는 급료의 감액도 감수해야 하는 긴장감의 연속이다. 사경생의 기분을 나타내는 「실제로 마음에 차지 않는다(実爲無悷者)」이라는 표현에서도 보이듯이 스트레스가 많고, 즐거운 일이 없다는 불유쾌한 심정을 나타내고 있다. 그런데 이 문구는 사진자료에서 보듯이 제5의 술을 청원하는 조문으로 이동한다는 표시가 되어 있다. 스트레스와 술의 요청은 연결되는 문장으로 이 조문에 적절하다고 판단한 것으로 보인다.

제4조는 장황 및 교생의 식사가 부실하다는 것이다. 근자에 黑米을 제공하고 있는데, 중품의 도정이 잘된 먹기 좋은 쌀을 달하는 요청이다. 흑미는 거칠고 품질이 낮은 쌀을 말한다. 당시 관인의 식사는 大膳職이라는 역소에서 조석으로 1일 2식을 제공한다. 신분에 따라 제공되는 식찬도 다르며 귀족의 경우는 15품 정도의 고급요리가 나온다. 반면 사경생 등 하급관인은 정미된 현미와 해초류, 정어리, 나물, 소금 등 소박한 식찬이다. 부실한 식사에 대한 항의이고 개선을 요청하는 건의문이다.

제5조는 약용으로 사용하는 술(「薬分酒」)을 제공해 달라는 요구이다. 사경은 항상 책상에서 작업하기 때문에 가슴에 통증이 오고 다리 저림의 증세가 나타난다. 3일에 한번은 술을 제공해 주기를 바란다는 내용이다. 상기 내용 중에서 괄

호안의「請經師等」은 원래 초고에는 기입된 내용인데 후에 삭제한 것이다.「常居」는 초고에서는「久坐」이다.「오랫동안 앉아서」를「항상 앉아서」라고 수정하여 강도를 세게 표현한 것이다.

직원령「造酒司」조에 조주사에서는 술을 조정의 각종 연회, 절기, 神事에 사용하는 술을 제조하고 있다. 정창원문서, 목간에도 淸酒, 白酒, 淨酒 등 다양한 술의 종류가 나온다. 고대일본에서는 술은 마취효과가 있어 치료의 약용으로 사용하는 경우도 있어「薬分酒」라는 말을 사용한 것같다. 반복되는 음주는 긴장감을 해소하고 기분전환에 효과가 있지만, 취기 상태에서는 감정조절이 안되어 언쟁, 폭력 등으로도 비화될 수 있다. 예컨대『속일본기』天平寶字 2년(758) 2월조에는 민간에서 연회에 모이는 사람은 술에 취해 함부로 천황의 정치를 비난하고 절제를 잃어버려 곧 싸움에 이르게 된다고 하면서 지금 이후로는 왕족, 귀족들은 제사나 질병 치료 이외에는 음주해서는 안된다[17]라고 하는 천황의 명이 내려졌다. 특히 사경이 일은 종교적인 행사이기도 하고 경건한 자세로 임해야 하는 작업이므로 음주는 규제하고 있었던 것같다.

제6조는 종전과 같이 매일 간식을 제공해 달하는 내용이다. 간식으로 지급했다는「給麦」은 아마도 보리, 메밀 등으로 만든 가공식품으로 생각된다. 곡물을 갈아 반죽해 찌거나 구어만든 식품이 아니었을까 생각된다. 조석으로 지급되는 1일 2식의 배식에서 오전부터 작업을 시작하면 오후가 되면 허기져서 간식 제공은 관례였다고 보인다. 매일 제공되던 간식을 먹는 즐거움이 중단되어 내부의 불만이 많았던 것같다.

사경생의 대부분은 타 관사에서 파견나온 하급관인이다. 관사 소속의 舍人, 散位 등 실제로 직무가 많지 않은 여유로운 자들을 대상으로 하는데, 파견 관인은 출근상황을 上日帳이라는 출근부에 기록한다. 한편 관인이 아닌 경우에는 관인으로서 출사할 수 있는 기회가 되기도 하였다. 사경소에는 사경생을 추천하는 貢

---

17 『續日本紀』天平寶字 2년 2월 신해조.

進文도 남아있다. 대상자는 경전의 일부를 시연한 후, 그 결과에 따라 채용 여부가 결정된다[18]. 문자 지식과는 관계없이 테스트를 받아 능필을 인정받으면 채용된다. 그러나 이들은 계약에 의한 비상근 고용직이고, 작업량에 비례하여 급료를 받기 때문에 업무량이 많을 때에는 급료가 많아지지만, 작업량이 적은 경우에는 월차금에 의존하지 않을 수 없다. 대부분의 사경소 직원들은 다음달 급료를 차입해서 생활하고 있어 당시의 사경소 근무자의 생활이 여유롭지 못함을 말해주고 있다. 그럼에도 불구하고 중앙관사에서 일한다는 것은 신분 상승의 계기가 될 수 있어 신분이 낮은 일반 백성들에게는 매력적인 일이었다.

---

18   山下有美, 「正倉院文書の性格とその特質」, 『國立歷史民俗博物館研究報告』192, 2014, 70쪽.

제5부
천황제 국가의
천명사상과 덕치주의

제1장 천명사상과 덕치주의

제1절 천명사상의 정치이념

중국고대의 천명사상은 天帝의 명을 받은 유덕의 군주가 지상의 세계를 통치해 나간다는 정치이념이다. 이른바 천제의 통치권을 위탁받은 군주는 천제와의 의제적 부자관계인 天子로서 지배권을 행사한다. 이러한 유교적 덕치주의에 입각한 왕도사상은 중국왕조의 이상적인 정치이념으로 인식되었고, 지상을 통치하는 천자의 정치는 天과 불가분의 관계에 있다. 따라서 천자의 과업은 자연현상으로 발현되어 선정과 부덕에 따라 祥瑞와 災異의 현상이 나타난다는 것이다.

이러한 사상을 체계화한 前漢의 유학자 董仲舒는 삼라만상과 인간의 관계에 대해, 1년 12개월은 인체의 12節이고, 5행은 5장(臟)이며, 주야는 각성과 수면에 대응시키면서, 천문에서 인간의 운명을 읽는 것은 天과 人이 상관관계에 있다고 하는 天人相關說을 주장하면서, 천자가 정치를 행하는 것도 天과 불가분이고 상벌도 이에 즉해서 행해야 한다고 설파하였다[1]. 이 사상은 한대 이후 군주의 정치사상에 큰 영향을 주었으며, 군주는 천명을 잘 수행하여 군주권을 유지, 강화하는 방향으로 발전해 나갔다. 중국에서의 천명사상은 역성혁명을 정당화하는 정치이론으로 군주와 역성혁명은 표리일체의 관계에 있고, 덕이 없는 군주는 역성혁명을 통해 왕조를 교체할 수 있다는 이론이다.

한편 일본에서는 천황가의 만세일계의 통치이념이 전제되어 있기 때문에 천

---

1 安居香山, 『緯書と中國の神秘思想』, 平河出版社, 1988, 深川真樹, 「董仲舒の天人相關論に關する一考察」, 『東洋文化研究』 16, 學習院大學 東洋文化研究所, 2014.

명에 의한 역성혁명의 명분은 존재하지 않는다. 건국신화와 천황이 즉위의 선명에서 잘 나타나듯이 천황가의 자손만이 황위를 계승할 수 있다는 혈통의 신성성, 통치의 정당성이 강조되어 있어 역성혁명은 원천적으로 봉인되어 있다. 천황가의 황위계승권은 신성불가침하고 법제적으로도 보장되었으며, 권력을 구성하는 모든 지배층의 공통의 인식으로 받아들여졌다. 즉 천황가 자체에서 권력의 이동은 보이지만, 타씨족의 천황권을 계승하는 일은 불가능한 구조였다.

중국의 천명사상의 영향을 받은 고대일본에서는 상서와 재이는 천황의 덕정과 표리관계를 이루면서 어떤 현상이 발현되든 이에 대응하여 서위, 사면, 면세, 구휼 등 덕치주의 정책으로 나타난다. 특히 상서의 출현에는 연호의 개정이 동반되고 있어 상서의 정치적 의미는 자못 크다고 할 수 있다. 『속일본기』 등 정사에 보이는 천황의 조칙은 예외없이 천명에 기초한 덕치주의 이념이 반영되어 있다.

제2절 법령에 규정된 祥瑞

儀制令「祥瑞」조에는 상서의 출현에 대해 다음과 같이 규정하고 있다.

"무릇 祥瑞는 (천자의 덕에) 반응하여 나타나는 것이다. 만약 기린, 봉황, 거북이, 용과 같은 종류가 圖書에 의거하여 大瑞에 합치하면 즉시 표를 올려 주상한다〈그 표는 오직 상서의 물품의 종류 및 출처를 밝히고, 허위로 꾸미거나 헛된 말로 기술해서는 안된다〉. 上瑞 이하는 아울러 관할 관사(國, 郡, 京職, 재경 관사 등)에 보고하고, (이듬해) 兀日에 알린다. 새와 짐승의 종류는 산채로 잡았다면 바로 본성에 따라 산야에 풀어준다. 나머지는 모두 치부성으로 보낸다. 만약 잡을 수 없거나 木連理와 같이 보낼 수 없는 것은 관할 관사가 조사해서 허위가 아니라면 구체적으로 그림을 그려 주상한다. 모름지기 상을 주어야 하는 경우에는 임시로 칙을 내린다".

이 조문은 唐令을 그대로 계수한 것으로, 상서는 군주의 덕정에 따라 반응하여 나타난다는 점을 분명히 규정하고 있다. 상서의 동물은 거북과 같은 실존의 동물도 있지만, 중국의 전설상에 등장하는 기린, 봉황, 용과 같은 상상의 동물도 등장하고 있다. 그러나 문헌상에 사례로 나오는 것은 모두 실재하는 동물이고 가상의 동물이 보고된 사례는 없다. 이와같은 상서사상은 漢代의 참위사상의 유행으로 더욱 성행하였고, 천명사상, 역성혁명 사상과도 깊이 관련되어 있으며, 이후 王者의 선정, 정통성을 상징하듯이 많은 지배자에 의해 이용되었다[2].

상기 조문의 圖書는 養老 7년(723) 10월조에 보이는『孝經援神契』,『熊氏瑞應圖』가 있고, 神護景雲 2년(768) 9월조의『顧野王符瑞圖』,『瑞式』등의 서적을 말한다.「효경원신계」는『효경』에 근거하여 미래를 예언하는 참위설로서 후한대에 만들어졌으며『수서』경적지의『孝經援神契七卷〈宋均注〉』을 가리킨다.『웅씨서응도』는 熊理의 저작으로『구당서』경적지에 나오는『瑞應圖讚三卷〈熊理撰〉』으로 참위설에 의한 상서를 주석한 것이다. 이들 도서에 의거하여 大瑞로 판명되면 표를 올려 주상해야 하며, 그 물품의 종류와 출처를 밝히고 허위로 보고해서는 안된다고 규정하고 있다. 그러나 실제로는 정치적 목적에 의해 조작된 보고가 나오고도 하고, 그 사실관계를 증명하기 어려운 경우도 있다.

양로령의 주석서인『令義解』에서는 "상서는 출현한 관할 관사에서 도서에 의거하고, 대서에 합치하면 원일을 기다리지 않고 즉시 표를 올린다[3]"고 해석하고 있다.『令集解』의 명법학자의 주석인「令釋」에서는 다음과 같이 판단하고 있다.

"大瑞 이하는 모두 태정관에 신고한다. 이를 치부성에 보내고 도서를 조사하여 大瑞라고 판정하면, 즉시 치부성에서 표를 올린다. 上瑞 이하는 (이듬해) 원일에 주상한다. 養老 4년 정월 1일 弁官이 구두로 알리지만, 常例를 고쳐 따르기로 하고, 太政官에 보고된 상서는 大瑞 이하는 모두 치부성에서 검토하여 弁官에 보고한다. 다만 上瑞 이하는 별도의 주상문을 만들어 12월말에 태정관에

---

2 虎尾俊哉編,『延喜式』中, 集英社, 2007, 補註 祥瑞條, 1268-1269쪽.

3 『令義解』儀制令「祥瑞」조, "謂. 祥瑞所出之官司, 勘據圖書. 合大瑞者, 不待元日, 即時表奏也".

올리고, 태정관에서는 이듬해 원일에 천황에게 주상한다[4].

이에 따르면, 상서가 출현하는 경우에 해당 지역의 국사는 太政官에 보고할 의무가 있고, 특히 大瑞는 역마를 이용해 신속히 보고해야 한다. 태정관에서는 治部省에 진위를 조사시키고, 문제가 없으면 바로 천황에게 주상하게 한다. 上瑞 이하는 상기 조문과 같이 이듬해 정월 초하루에 일괄적으로 주상하도록 되어 있다.

考課令「殊功異行」조에는 국사, 군사의 직무 중에 상서에 관한 보고의 의무가 있으며, 상서의 보고는 근무평정에 반영되고 있다[5]. 또 公式令「國有瑞」조에도 "무릇 국에 大瑞, 軍機, 재이, 역병, 경계 밖의 소식은 사자를 馳驛으로 보고한다[6]"라고 규정되어 있으며 제국에서 출현한 상서는 국사의 판단으로 국가의 역마를 이용하여 보내도록 하였다.

『延喜式』治部省「祥瑞」조에도 상서의 종류는 大瑞, 上瑞, 中瑞, 下瑞 4등급으로 구분하고 있다. 여기에는 景星, 慶雲 등의 자연현상을 비롯하여 특이한 동식물이 열기되어 있다. 최초 발견 시에 상서로 판명되면 大瑞의 경우에는 표를 올려 주상하고 上瑞 이하는 관할 관사에 보고하여 이듬해 원일에 그 사실을 알리도록 규정하고 있다.

상서를 발견한 사람 및 해당 지역의 국사, 군사 그리고 발견자와 같은 호의 구성원 혹은 발견된 지역의 백성들에게까지 관위를 수여하여 포상하거나 과역을 면제하고 있다. 따라서 상서의 발견은 국사, 군사 및 백성들에게는 특별한 은덕이고 지방관은 출세하는 기회이기 때문에 이에 대한 관심은 매우 컸다고 생각된다. 상기 의제령의 조문에서 특기 사항으로 새와 짐승의 종류는 산채로 잡았다면

---

4 「令釋」"釋云, 案大瑞以下皆先申官, 官付治部. 依圖書合大瑞者, 随即治部表奏. 上瑞以下, 元日以聞, 治部例云. 養老四年正月一日弁官口宣, 依改常例, 太政官申符瑞者, 大瑞已下, 皆悉省加勘當, 申送弁官. 但上瑞以下, 更造奏文, 十二月終進太政官".

5 「考課令」65「殊功異行」조, "凡每年諸司, 得國郡司政, 有殊功異行, 及祥瑞災蝗, 戶口調役增減, 當界豊儉, 盜賊多少並録送省".

6 「公式令」50「國有瑞」조, "凡國有大瑞, 及軍機, 災異, 疫疾, 境外消息者, 各遣使馳驛申上".

바로 본래의 성질에 따라 산야에 풀어주어야 하며, 만약 잡을 수 없거나 木連理와 같은 운송하기 어려운 물체는 관할 관사가 조사해서 구체적으로 그림을 그려 주상하도록 규정하고 있다.

제3절 문헌상에 나오는 상서와 재이

1. 상서의 사례와 특징

우선 『일본서기』에 보이는 상서기사를 살펴보기로 한다. 상서의 문제가 공식적으로 거론된 것은 효덕조 650년 2월에 穴戶國司가 白雉를 바친 일이다. 이를 百濟君(豊璋) 등에게 자문을 얻었는데, 그는 중국의 사례를 들어 모두 길조라고 답하였다. 특히 승려 민법사는 왕자의 덕이 사방에 두루 미칠 때 흰 꿩이 나타나고, 왕자가 인자가 인덕이 있고 성인이면 나타난다고 하면서 천하에 은사를 내릴 것을 주언하였다. 이에 효덕은 조서를 내려 "성왕이 세상에 나와 천하를 다스릴 때에 하늘이 그에 답하여 상서를 보여준다"라고 하면서, "봉황, 기린, 흰 꿩, 흰 까마귀와 같은 새와 동물을 비롯하여 초목에 이르기까지 상서는 모두 천지가 만들어낸 길조이다"라고 하였다. 이에 천하에 대사면을 명하고, 공경대부 이하의 관인들에게 물품을 하사하고, 혈호국사에게는 大山의 관위를 내리고 혈호국 백성에게는 3년간의 면제하는 은택을 베풀었다[7]. 아울러 大化에서 白雉로 연호를 개원하는 계기가 되었고, 사면, 관위수여, 포상, 과역면제 등을 행하게 된다. 이 기사는 상서의 출현이 왕권에 미치는 영향에 대해 대표적인 사례로서 주목된다.

이후 天武 2년(673) 3월에도 備後國司가 龜石郡에서 잡은 白雉를 바쳤고, 그 군의 과역을 모두 면제하였다. 또 이듬해 3월에는 대마국수 忍海造大國이 銀을 헌상하자 小錦下의 관위를 내렸다. 『연희식』에는 은이 상서에 속하지는 않지만, 왜국에서 산출된 것이 이때가 처음이었다고 하듯이 상서로운 일로 여겼고, 이를 神祇에게 바쳐 감사의 제사를 올린 것이다. 이외에도 천무조에서는 상서로운 닭,

---

7 『日本書紀』白雉 원년 2월 무인조, 동 갑신조.

흰매, 흰꿩, 영지버섯, 상서로운 벼이삭, 기린뿔 모양의 사슴뿔, 흰부엉이, 붉은색 거북, 세발 참새, 12개 뿔이 달린 송아지 등이 헌상되었다. .

　이에 천무천황은 조서를 내려, "짐이 황위를 이은 이래로 天瑞가 한둘이 아니라 많이 나타났다"라고 하면서 관인들에게 물품을 하사하고 사형수 이외에 죄인을 모두 사면하고, 해당 백성의 과역을 모두 면제한다는 은덕을 베풀었다. 특히 천무조에서는 상서가 빈출하고 있지만, 돌연변이적인 동식물이 많다. 이를 상서의 종류로 간주한 것은 자신의 치세에 상서로운 현상이 자주 나타났다고 하는 정치적인 의도가 있다고 생각된다.

　다음은 『속일본기』의 상서기사를 검토해 보기로 한다[8].

【표 33】『續日本紀』의 상서기사

천황	연대	상서종류	장소	천황	연대	상서종류	장소
文武	원년(697)	상서벼 흰거북 흰사슴	王京 近江國 丹波國	聖武	天平勝寶원년(749)	황금 900량	陸奧國
	2년(698)	붉은 까마귀	下野國 備前國	孝謙	상동 4년(752)	흰거북	大宰府
					상동 5년(753)	흰거북	尾張國
	3년(699)	흰제비	伊豫國		상동 6년(754)	흰까마귀	上野國
	3년(699)	흰비둘기	河內國				
	4년(700)	흰거북	長門國		상동 7년(755)	흰까마귀	安藝國
	大寶원년(701)	금	對馬嶋		天平寶字원년(757)	天下大平	왕궁
	大寶2년(702)	嘉木	近江國				
文武	慶雲원년704)	神馬 慶雲 木連理 흰제비 흰까마귀	備前國 왕궁 阿波國 左京 下總國	孝謙	天平寶字원년(757)	五月八日開下帝釋標知天皇命百年息	駿河國
	慶雲2년(705)	붉은 까마귀	越前國		天平寶字2년(758)	王大則幷天下人此内任大平臣守昊命	大和國

8　다만 桓武天皇 후반기 치세인 延曆 15년 이후의 기사는 『日本後紀』로부터 정리한 것이다.

천황	연대	상서종류	장소	천황	연대	상서종류	장소
文武	慶雲3년(706)	흰비둘기	河內國	稱德	天平神護2년(766)	사리	왕궁
元明	和銅원년(708)	和銅	武藏國		神護景雲원년(767)	景雲	왕궁
	和銅5년(712)	木連理 흰기러기	美濃國				
	和銅6년(713)	흰비둘기 상서오이 상서연꽃 木連理 흰꿩	備前國 伯耆國 大倭國 近江國 但馬國		神護景雲2년(768)	흰꿩 흰까마귀 흰거북 청색말 흰북	武藏國 參河國 肥後國 日向國 日向國
	靈龜원년(715)	慶雲 흰여우 흰비둘기 영물거북	왕경 遠江國 丹波國 左京		神護景雲3년(769)	흰비둘기	伊勢國
元正	養老원년(717)	醴泉	美濃國	光仁	寶龜원년(770)	흰사슴	伊豫國
	養老4년(720)	흰비둘기	大宰府			흰거북 흰거북	肥後國 肥後國
	養老5년(721)	붉은새 붉은새 흰여우	武藏國 上野國 甲斐國		寶龜2년(771)	흰꿩 흰거북 흰거북	大宰府 肥後國 肥後國
	養老7년(723)	흰 거북	左京		寶龜3년(772)	흰까마귀 木連理 흰거북	參河國 山背國 肥後國
	神龜2년(725)	흰제비	山背國 備前國		寶龜4년(773)	흰까마귀	常陸國
聖武	神龜3년(726)	흰쥐 흰거북	왕경 大倭國		寶龜6년(775)	흰거북 흰거북 흰까마귀	近江國 河內國 山背國
	神龜4년(727)	흰참새 상서벼	左京 河內國		寶龜9년(778)	흰쥐	大宰府
	天平원년(729)	거북	左京	桓武	天應원년(781)	美雲 木連理	伊勢齋宮 近江國
	天平3년(731)	木連理	美作國		延曆4년(785)	붉은참새	왕궁
	天平4년(732)	흰참새	左京		延曆9년(790)	흰쥐	攝津職
	天平5년(733)	흰까마귀	越前國	桓武	延曆11년(792)	흰꿩 흰사슴	美作國 伊豫國
聖武	天平6년(734)	木連理	但馬國 安藝國 長門國	桓武 『日本後紀』 사례	延曆15년(796)	흰참새 흰꿩	石見國 長門國
					延曆16년(797)	흰참새	大宰府
	天平10년(738)	神馬	信濃國		延曆20년(801)	慶雲	備中國 參河國

천황	연대	상서종류	장소	천황	연대	상서종류	장소
聖武	天平11년(739)	붉은까마귀 흰까마귀	出雲國 越中國	桓武 『日本 後紀』 사례	延曆21년(802)	흰사슴 흰참새	美作國 豊後國
	天平17년(745)	흰거북	河內國		延曆22년(803)	흰사슴 흰참새 老人星	美作國 豊後國 有司
	天平18년(746)	흰거북	左京		延曆23년(804)	木連理 흰참새 흰참새	武藏國 近江國 齋宮寮

상서의 발견지를 보면, 구주에서 동북지방까지 분포하고 있으며, 왕경, 5畿 7道의 제국을 상당수 포함하고 있다. 이러한 전국적인 분포는 천황의 은덕이 전국으로 확산되었음을 상징하는 것이기도 하지만[9], 상서의 출현을 중앙에 알리는 지방관인 국사, 군사의 역할이 중요하였고, 지방관의 주요 직무인 상서의 보고에 충실한 결과라고 생각된다.

치세별로 상서기록을 보면, 文武朝 17회, 元明朝 12회, 元正朝 7회, 聖武朝 16회, 孝謙朝 7회, 稱德朝 8회, 光仁朝 14회, 桓武朝 19회이다. 대체로 치세의 기간이 길수록 많이 나오는 것이 특징이다. 특히 『속일본기』 기술이 시작되는 문무조 초기에 상서기록이 많은 것은 『속일본기』 성격을 말해주는 것으로, 새로운 시대의 도래를 선언하는 상징적인 의미가 있다.

『속일본기』 마지막에 기록된 桓武朝의 후반부는 『일본후기』에 수록되어 있지만, 기타의 치세보다 유독 상서기록이 많이 나온다. 아마도 『속일본기』의 편찬이 환무천황 사신의 치세에 이루어졌고, 『일본후기』는 그의 손자인 仁明朝에서 편찬한 까닭에 상서의 출현을 많이 채록하여 환무조의 치세를 미화하는 필법의 영향이라고 생각된다.

한편 『속일본기』에 기록된 8인(孝謙, 稱德은 重祚) 9대의 치세 중에 유일하게 淳仁朝에는 상서기록이 나오지 않는다. 그는 사서에도 廢帝로 기록되어 있고, 시호도 부여받지 못한 천황으로 근대의 明治期에 들어 淳仁의 시호를 부여받아 편

---

9 東野治之, 「飛鳥奈良朝の祥瑞災異思想」, 『日本歷史』 258, 1969.

의적으로 호칭하고 있다. 그의 즉위는 義父에 해당하는 당대의 권세가 藤原仲麻呂에 의해 옹립되었지만, 반란사건에 연루되어 효겸태상천황에 의해 강제로 폐위당하고 유배지에서 죽음을 맞이한 비극의 인물이었다. 아마도『속일본기』편자도 그에 대한 상서기사를 전부 배제시켰을 가능성이 크고, 폐제에게는 상서기록조차 제외시켜 버리는『속일본기』의 편찬사관을 엿볼 수 있다. 치세의 천황은 예외없이 상서의 출현을 바라고 천명사상에 기초한 왕권의 정당성, 정치적 목적을 갖고 조작된 상서를 만들어내는 일도 얼마든지 가능하였다.

상서의 종류를 보면, 동식물, 구름과 같은 자연현상이 주종을 이룬다. 동물, 조류를 보면, 흰 거북, 흰 사슴, 붉은 까마귀, 흰 제비, 흰 비둘기, 흰 기러기, 흰 제비. 흰 까마귀, 흰 꿩, 흰 여우, 흰 참새, 청색말(神馬), 흰 쥐 등이다. 흔히 볼 수 있는 생물의 색깔이 아닌 변종된 색감을 지닌 생물이 상서의 동물로 인식되었다. 특히 흰색은 빛을 상징하고 있듯이 天이 보낸 靈物로서 인식하고 있음을 말해준다. 神護景雲 2년(768) 6월에 武藏國에서 흰 꿩을 바쳤을 때에, "꿩이 나타나는 것은 신하들이 일심으로 충절하여 (하늘이) 감응한 것이고, 흰색이라는 것은 곧 조정의 존귀한 빛이 널리 비춘다는 표시이"라고 논의한 내용과도 상통하고 있다[10].

이 중에서 거북은『春秋左傳』의 杜預의 序에 "麟鳳 5靈은 王者의 嘉瑞이다"라고 기술되어 있듯이, 5령(기린, 봉황, 거북, 용, 백호)의 하나이다. 이 시기 개정된 연호인 神龜, 靈龜, 寶龜와 같이 거북은 신령한 동물이었고 大瑞에 해당한다.『속일본기』養老 7년(723) 10월조에 흰 거북의 헌상에 대해, 소관 관사에서는,『孝經援神契』에서는 천자가 효를 다하면 하늘에서 용이 내려오고 땅에서는 거북이 나온다고 하고,『熊氏瑞應圖』에서는 군주는 공평하고 당파에 치우치지 않고, 노인을 공경하고, 옛 친구를 버리지 않으면 은덕이 흘러 퍼져서 신령스러운 거북이 나오고, 천지가 내린 영물로서 국가의 상서라고 주상하였다[11].

또 동 神護景雲 2년(768) 9월조에 인용문에는, "『史記』에 神龜는 천하의 보물이

---

10 『續日本紀』神護景雲 2년 6월 계사조.
11 『續日本紀』養老 7년 10월 을묘조.

고, 만물과 함께 변화하여 사시로 색이 변하고, 있는 곳을 스스로 감추고, 알을 품고 있을 때에는 먹지 않고, 봄에는 푸른 색, 여름에는 적색, 가을에는 백색, 겨울에는 흰색이라고 한다. 熊氏의『瑞應圖』에는 왕이 치우치지 않고 불공평이 없고 노인을 존중하여 등용하고, 옛 친구를 잃지 않고, (왕의) 은덕이 두루 미칠 때, 靈龜가 출현한다고 한다. 顧野王의『符瑞圖』에는 백색 갈기와 꼬리가 있는 청마는 신마라고 한다.『孝經援神契』에는 왕의 덕이 하늘의 뜻에 맞아 바른 도를 행하고 정치가 산과 구릉에 두루 미치면 못 중에서 신마가 출현한다[12]. 이에『瑞式』을 조사해 본 靈龜, 神馬는 모두 大瑞에 해당한다"라고 기술하고 있다.

한편『연희식』式部省式에는 흰 여우, 흰 이리, 흰 사슴은 上瑞에 해당하고, 흰 비둘기, 흰 참새, 흰 꿩 등은 中瑞로 나온다. 식물 중에서는 木連理가 나온다. 이것은 뿌리와 줄기가 서로 다른 나무가 자연적으로 접목되어 하나로 연결된 것으로 下瑞에 해당한다. 儀制令「祥瑞」조에는 왕경으로 보내기 어려운 連理木 등은 소관 관사에서 도상으로 그려서 보내도록 규정하고 있다[13]. 芝草로 나오는 영지버섯도 상서의 식물로 下瑞로 기록되어 있다. 嘉禾는 상서로운 벼를 의미하는데,『연희식』「상서」조에는 다른 이랑에서 하나의 이삭이 나오거나, 여러 개의 이삭이 연이어 새끼쳐 나가거나 혹은 하나의 껍질 속에 2개의 쌀이 들어있는 것을 말한다[14].

금, 화동, 황금과 같은 광물질도 상서로 나온다. 이 보물의 발견으로 연호를 大寶, 和銅, 天平感寶로 개원하였다. 717년 元正天皇의 치세에서는 몸에 효험이 있는 온천수도 상서의 현상으로 천하가 태평하면 솟아오른다는『符瑞書』의 醴泉의 사례를 들어 養老로 개원하였다.

『연희식』式部省式에 慶雲에 대해, "형상은 연기 같지만, 연기가 아니고, 구름 같지만, 구름이 아니다(狀若烟非烟, 若雲非雲)"라고 하면서 그 특별함을 강조하여

---

12 『續日本紀』天平 3년 12월 을미조에도,『孝經援神契』를 인용하여, "德至山陵則澤出神馬, 實合大瑞者"라고 기록하고 있다.

13 「儀制令」8「祥瑞」조, "凡祥瑞應見, 若麟鳳亀竜之類, 依圖書合大瑞者, 隨即表奏, …治部若有不可獲, 及木連理之類, 不須送者, 所在官司, 案驗非虛, 具畫圖上, 其須賞者, 臨時聽勅"

14 『延喜式』권제21 式部省「祥瑞」조, "嘉禾〈或異畝同穎. 或擧連數穗, 或一稃二米也〉".

大瑞로 규정하고 있다. 경운 원년(704) 5월에, 서쪽 누각 위에 경운이 보여 천황이 조를 내려 천하에 사면을 내리고, 연호를 고쳐 慶雲 원년이라고 개원한 사실을 기록하고 있다.

神護景雲 원년(767) 8월에는 慶雲과 동일한 景雲 출현기사가 나온다. 이에 따르면, 伊勢國守가 5색의 상서로운 구름의 형태를 서사하여 진상하였고, 음양료에서도 서북의 방각에서 아름답고 기이한 5색의 구름을 주상하였다. 이에 식부성에서 상서의 책을 자세히 검토해 보니, 이것은 景雲이고, 실로 大瑞에 합당하다고 하였다. 이에 상서의 구름을 주상한 관련자들에게 관위의 수여와 함께 구휼활동을 베풀고 天平神護 3년을 神護景雲 원년으로 개원하였다.[15]

天應 원년(781) 춘정월에도 伊勢齋宮에 보이는 美雲은 바로 大瑞에 상당한다고 하였다. 이에 하늘이 여기에 감응한 것은 길상이고 천하에 대사면을 내리고, 연호를 하늘이 감응했다는 의미의 天應으로 개원하였다.[16]

『연희식』에는 大瑞이 현상 중에 景星 다음으로 慶雲(景雲)이 기재되어 있을 정도로 당시의 지배층에게는 하늘이 내린 상서의 기운으로 받아들여 왕권의 선정에 대한 발홍으로 인식하고 대대적인 축하행사와 더불어 각종 은덕을 베풀고 있다. 이 시대의 천명사상과 덕치주의를 가장 집약적으로 보여주고 있다.

延曆 22년(803)에 출현한 老人星은 天空의 남극에 위치한 별이다. 이때 백관이 "德이 있는 자는 하늘을 감동시키고 땅의 영령은 상서를 나타내고, 천자가 지상을 다스리면 천체 중에 상서가 나타난다"라고 상표하였다. 또 有司의 주상에서는 老人星은 『元命苞』에 상서로운 별로 나오고, 이 별이 출현하면 통치가 평온해지고 수명을 주관한다고 한다.[17] 『연희식』「상서」조에도 大瑞 중에 필두에 위치되어 있는 것이 景星으로 천체의 상서로운 별의 출현은 왕권의 덕이 천에 감응하여 나타난 축하의 징조로 받아들여 국가의 경사로 여겨졌다.

---

15 『續日本紀』神護景雲 원년 8월 무자조.

16 『續日本紀』天應 원년 정월 신유조.

17 『日本後紀』延曆 22년 11월 무인조.

한편 특별한 문자의 출현도 상서로 간주되었다. 天平寶字 원년(757) 3월에는 천황의 침전의 천정판 안에서 「天下大平」 4글자가 자연히 나타나, 친왕 및 군신들을 불러 상서의 글자를 보게 하였다. 이 시기는 효겸천황의 재위 말년으로 조정 내부의 반란의 음모론이 퍼져 황태자 道祖王이 폐위되었고, 安宿王, 黃文王, 橘奈良麻呂 등 황족, 귀족 등 다수의 인물이 체포되어 왕권이 불안정한 상태였다. 이런 와중에 상서로운 문자의 출현은 불온한 사태를 반전시킬 수 있는 기회였다. 당연히 정치적인 목적으로 기획하여 만들어진 문자이다.

이어 동년 8월에는 駿河國 益頭郡에서 누에의 알이 스스로 만들었다는 「五月八日開下帝釋標知天皇命百年息」이라는 문자가 새겨진 상서의 물건을 바쳤다. 이 문자에 대해 군신들은 "이 天平勝寶 9세(757)의 정유의 해에 돌아오는 5월 8일은 폐하가 태상천황의 1주기를 위해 법회를 열어 회과한 마지막 날이다. 이에 제석천이 황제, 황후의 지성에 감응하여 천상계의 문을 열고 지상계의 훌륭한 업적을 보고 폐하의 어대가 백년의 긴 기간 계속된다는 표식이다. (중략) 덕화가 두루 미치어 국내가 안정되고, 자애가 먼 지.역까지 퍼져 국가 전체가 평안해진다는 표징이다"라고 주상하였다.

또한 누에가 새겼다는 문자의 의미에 대해 효겸천황은 군신들이 주상한 내용을 인용하면서 "누에라는 생물은 범과 같은 모양이고, 때에 허물을 벗고, 말과 같은 입을 갖고 있으면서도 서로 다툼이 없고 실내에서 자라면서도 천하에 옷을 입힌다. 오색비단의 아름다움은 여기에서 나오고, 조복과 의례복도 여기에서 생긴다. 따라서 신성한 누에에 문자를 만든 신이한 표시이다. 지금 반역의 기간에 영험한 글자가 나타나고 사건이 종식된 날에 조정에 주상했으니 실로 하늘이 도운 것이고, 불리한 것이 아니다. 5·8(40) 쌍수는 천황의 불혹의 나이에 통하고, 일월(5월, 8일)은 함께 밝고 황궁의 영원한 번영을 상징한다. 짐은 삼가 이 상서로운 징표를 받았지만, 되돌아 보면 덕이 부족한데 어찌 짐의 힘만으로 이룰 수 있었겠는가. 이것은 현신들의 도움으로 이룬 공이다. 마땅히 왕공과 더불어 이 물건을 감사하게 생각해야 한다. 하늘이 내린 말씀이 여기에 모여 번영과 축복의 시작이다"라고 칙을 내렸다.

이에 효겸천황은 상서의 문자를 보물과 같은 문자라는 의미로 天平勝寶에서 天平寶字로 개원하였다. 또한 天平勝寶 8세(756) 이전의 출거된 도곡의 이자 및 전국의 전조는 반으로 면제하였다. 상서를 바친 사람에게는 종6위상의 관위를 내리고, 비단, 목면, 삼베, 벼 2천속을 지급하였다. 상서의 발견지의 益頭郡 백성에게는 과역을 1년 면제하는 파격적인 조치를 취하였다. 이것은 불온한 국면을 전환하려는 권력자의 위조된 문자 출현의 실상을 잘 보여주고 있다.

天平寶字 2년(758) 2월에 보이는 상서의 문자출현 기사이다. 大和國守가 城下郡의 神山에 있는 등나무 뿌리에 벌레가 새겨 만들었다는 16자의 글자「王大則并天下人此内任大平臣守昊命」를 주상하였다. 이 문자를 논의할 결과 "신하가 천하를 지키고 왕이 커다란 법칙에 마음을 합하고 있다. 내정을 이와 같은 사람에게 맡긴다면 천명으로 태평할 것이다"라고 하였다. 이 등나무(藤)는 바로 재상이자 당대 최고의 권세가인 藤原仲麻呂를 가리킨다. 누에가 만들었다는 문자는 후계자 없던 여성천황의 후계자로 자신이 사저에 거주하고 있던 대취왕을 옹립시키기 위한 사전공작이었다. 미신같은 상서의 문자의 출현은 천명사상에 물들어 있던 지배층에게는 정치적 목적을 위한 유효한 수단이 되었다. 일본고대의 천명사상, 상서주의가 지배층 내부에 강하게 뿌리를 내리고 있음을 보여주고 있다.

상서의 출현은 불교와 습합되어 나타나는 사례도 나온다. 天平神護 2년(766) 10월에 稱德天皇은 자신이 불도에 귀의하여 영험한 계시가 있어 밀봉한 용기를 살펴보니, 밀봉한 용기에 사리 3개가 보였다고 한다. 완전한 형태의 이러한 사리의 모습은 불도가 감응한 것으로 응축되어 사리가 된 것이고 불도의 진수를 표시한 것이라고 하였다. 이에 영묘한 보물의 출현을 축하하기 위해 6위 이하의 문무백관에게 관위를 올려주고 5위 이상의 20세 이상인 자손에게도 위계를 내리고 전국에 알리도록 하였다[18].

---

18 『續日本紀』天平神護 2년 10월 계묘조.

2. 재이의 사례와 특징

다음은 상서와는 반대의 현상인 災異와 관련된 조칙의 기록을 살펴보자.

養老 5년(721) 2월에 내린 조에서, "지난 경신년에는 하늘의 경종의 징후가 빈번히 보였고, 홍수와 가뭄이 모두 일어나 백성들은 유랑하거나 죽고, 가을 수확도 흉작이어서 국가가 소요하고 만백성이 고난을 겪고 있다. 끝내 조정의 의표인 藤原大臣이 갑자기 서거하여 짐의 마음은 비통한 심정이다. 지금은 지난해 재이의 여파가 이어져 금년에도 미치고 있다. 또 풍운의 기색이 통상과 다름이 있다. 짐의 마음은 두렵고 밤낮없이 편치가 않다"라고 하였다.

이어서 "옛 전적에는 王者의 정치가 불편하게 되면 천지가 질책하여 허물의 표시를 보인다"라고 하면서, 재이 현상이 도리에 벗어나는 일과 관련이 있다고 보고 고귀관인들에게 정치에 어긋난 일이 있으면 모두 꺼리지 말고 모든 생각을 숨기는 일이 없이 직언할 것을 명하고, 천황 자신이 직접 읽어 볼 것이라고 하였다[19]. 이에 공경들은 각자 소관 관사에서 명하여 의견을 언상하였다. 천황과 공경 간의 정무에 대한 소통의 중요성을 강조하면서 재해를 사전에 방지하고자 하는 목적으로 의견을 제시할 것을 명한 것이다. 이 기록은 일반적인 상하 명령관계에서 각 관사의 의견을 받아들여 문제점을 직시하고 실용적인 정무를 추진하기 위한 조처라고 생각된다.

養老 6년(722) 11월의 조에서는, "짐의 정성은 감응하지 않았고, 점괘도 따라주지 않았다. 하늘이 화를 내려 흉사의 그림자가 미치자, 태상천황(元明天皇)은 돌연 천하를 포기하였다"라고 하여 불법을 받들지 않으면 어떻게 영생의 길을 도울 것인가. 이에 태상천황을 위해 많은 경전을 사경하였고, 왕경 및 기내의 제사찰의 승니 2,638인을 불러 공양을 하도록 하였다. 이어 神龜 4년(727) 2월에는 재이를 방지하기 위해 승 600인, 尼 300인을 궁중으로 초청하여 금강반야경을 전독시켰다. 재이를 방지하기 위해 불법의 힘을 빌려 극복하려는 노력으로 천명사상과

---

19 『續日本紀』養老 5년 2월 갑오조.

는 별도로 국가적 위기극복의 방향에 다양해지고 있다.

또 동 11월 갑자조에는 좌대신 長屋王이 천황의 칙을 받들어, "요즈음 하늘이 (군주의 부덕을) 질책하여 재이의 기색이 끊이질 않는다. 듣는 바에 의하면, 때의 정치가 도리에 어긋나고 백성이 근심과 원망하는 마음이 있으면, 천지는 허물을 꾸짖고 귀신은 災異를 보인다고 한다. 짐이 베푸는 덕이 현저하지 않아 이에 나태하고 어지러움이 있는 것인가. 또 백료의 관인이 공무에 힘쓰지 않았기 때문은 아닌가"라고 하면서, 관인의 근무실태를 보고하도록 하고, 7도 제국에 사자를 보내 국사의 정무의 상황과 근무의 실태를 돌아보고 감독하게 하였다. 재이의 출현이 군주의 덕정과 관련이 있으며 천지는 그 허물을 꾸짖고 재이를 보인다는 재이관을 말하고 있다.

제4절 구호정책과 덕치주의

1. 법령, 조칙에 보이는 구호정책

일본율령국가의 구호정책인 진휼은 조정에서 도곡 등을 백성에게 지급하는 제도이고, 천황의 즉위, 立太子, 상서의 출현 등 국가의 대사, 경사에 행하고, 동시에 질병, 기근, 지진 등 자연재해가 발생할 때에도 실시한다. 고대의 진휼은 왕화사상, 덕치주의라는 유교적 정치이념을 구현하기 위한 중요한 수단이었다. 천명사상을 이행하는 데에 선정을 베푸는 일은 군주의 중요한 덕목으로 항례적으로 시행하고 있다.

戶令 「遭水旱」 조에도, "무릇 홍수, 가뭄, 재난, 병충해를 만나 곡물이 여물지않아 식량이 적어 진휼을 해야하는 경우에는, 國, 郡이 사실을 조사하여 미리 태정관에 보고하고, 천황에게 주상한다[20]"라고 규정하고 있다. 賦役令 「水旱」 조에도 "무릇 논에 홍수, 가뭄, 병충해, 서리가 있어 곡물이 여물지 않을 경우에는 국사가 사실을 조사하여 자세히 기록하여 태정관에 보고한다"라고 규정하고 있다.

---

20 「戶令」 45 「遭水旱」조, "凡遭水旱災蝗, 不熟之處, 少糧應須賑給者, 國郡檢実, 預申太政官奏聞".

『延喜式』太政官式에도 "제국에서는 백성들에게 진휼하고자 할 때에는, 이름을 자세히 기록하여 아뢰고, 단순히 사정만을 보고해서는 안된다[21]", "진휼사를 파견하는 경우에는 국사로부터 解文을 받은 후 즉시 예부에 알린다. 2일내에 파견 문서를 준비하며, 같은 날 변관이 태정관부를 작성하고 內印을 청하여 날인한 후, 5일 이내에 사자를 파견한다. 만약 이를 빠뜨리거나 게을리하는 경우에는 사정을 조사하여 책임을 물을 것이다[22]"라고 규정하고 있다.

지방관인 국사, 군사의 주요 직무 중에는 매년 지방을 순회하며 백성들이 생계를 유지할 수 있도록 농잠을 장려하고 위급시에 구제를 위해 그 실태를 중앙에 보고하도록 하였다. 중앙과 지방의 연락망은 국사가 그 상황을 문서로 작성하여 태정관에 보고하고 태정관에서는 국사로부터 문서를 받고나서 5일 이내에 사자를 파견하여 대응하고 있다.

養老 7년(723) 2월에 내린 조를 보면, "천지가 조화를 이루면 하늘이 두루 감싸는 덕과 대지가 받쳐주는 덕은 깊어지고, 천자가 매우 공평하게 다스릴 때 인덕은 널리 퍼진다. 그러한 즉 南面에 있는 자는 반드시 하늘을 대신해서 덕화를 베풀고, 北辰을 규범으로 통치하는 자도 역시 때의 절기에 맞추어 백성들을 윤택하게 보살펴야 한다[23]"라고 하면서 백성에게 종자, 삼베, 가래를 내리고, 농잠을 권장하고, 관인이 되고자 하는 자는 학업에 열중하도록 하는 조치를 취했다. 이것은 천명사상에 기초하여 군주가 자애를 베풀어 덕치주의를 실현하고자 하였다.

天平 9년(737) 8월의 조에서는, "짐이 천하에 군림한 지 벌써 많은 해가 지났다. 선정을 행하여 감화시키지 못하고, 백성들은 불안한 상태이다. 밤새 잠자리에 드는 것도 잊어버리고 근심으로 힘든 것은 여기에 있다. (중략) 실로 이 재앙에 이른 것은 짐이 부덕한 탓이고, 하늘이 내린 재앙이다. 하늘을 우러러 부끄럽

---

21 『延喜式』권제11 太政官 「賑給百姓」조, "凡諸國申應賑給百姓者, 具注歷名言上. 不得直申其狀".
22 『延喜式』권제11 太政官 「賑給使」조, "凡遣賑給使, 奏國解訖即仰式部. 二日之內, 進擬使文. 同日, 辨官修符請印. 訖五日內, 使者發去. 若致闕怠者, 尋情勘當. 臨時緩急之使亦同".
23 『續日本紀』養老 7년 2월 기유조.

고 두려워 조금도 편치가 않다. 따라서 백성에게 세금을 면제하여 살아갈 수 있도록 한다[24]"라고 하였다.

延曆 6년(787) 3월에 내린 조에서는, "노인을 공양하는 일의 의의는 옛 현자로부터 명확하고, 역대 천황은 이 도에 따라 왔다. 바야흐로 지금은 봄의 농경의 시기이다. 사람들은 논밭으로 나아가고, 이에 백성들을 돌아보며 마음 깊이 보살피고자 한다. 좌우의 경, 기내 5국, 7도 제국의 100세 이상에게 각각 미곡 2석을 내리고, 90세 이상에게는 1석, 80세 이상에게는 5두를 내린다. 홀아비, 과부, 고아, 독거노인 및 병으로 고통받는 자에게는 그 나이를 헤아려 3두 이하 1두 이상을 내린다. 그래서 해당 국의 장관은 몸소 마을마다 방문하여 마음을 담아 구휼하도록 한다[25]"라고 하였다.

延曆 6년(787) 10월의 조에서는, "짐은 사해에 군림한 지 7년이 되었다. 백성들에게 함께 덕화를 베풀고, 국토 내 전체를 잘 다스리지는 못했다. 재능이 없고 덕이 부족함을 생각해 보면, 참으로 부끄러울 뿐이다. 그런데 천하의 제국은 금년에 풍작 이루었다. (하늘로부터) 이 큰 선물을 받았는데, 어떻게 나 홀로 누릴 것인가. 백성과 함께 이해의 풍작을 기뻐하고자 한다[26]"라고 하였어서, 백성들에게 구휼의 은덕을 베풀었다.

2. 자연재해 및 역병과 진휼

재연재해 중에서 자주 나타나는 것이 가뭄, 수해, 병충해, 지진, 역병이다. 이로 인해 식량부족과 사망자가 나타나고 그 대책으로 진휼이 시행된다. 연례행사와 같은 자연재해는 『속일본기』에도 많은 사례가 나오고 있다. 이와 같은 災禍는 天의 노여움의 발현이고, 그 원인은 인간, 즉 군주의 부덕의 소치라는 천명사상에 기초하고 있다. 이에 대한 구제활동은 군주의 중요한 덕목으로 덕치주의를 실

---

24 『續日本紀』天平 9년 8월 갑인조.
25 『續日本紀』延曆 6년 3월 갑진조.
26 『續日本紀』延曆 6년 10월 정해조.

현하는 일이다. 사서에서도 편찬이념에 따라 이를 충실히 반영하고 있다.

天平 5년(733) 윤3월에는 和泉監, 紀伊, 淡路, 阿波 등 제국이 가뭄이 특히 심하여 오곡이 여물지 않아, 금년의 正倉에 보관된 도곡을 무이자로 대여하여 백성의 생업을 이어갈 수 있도록 하였고[27], 좌우경 및 제국에 굶주리고 역병에 걸린 자가 많아 역시 도곡을 무이자로 대여하였다[28]. 도곡의 무이자 대여는 나중에 원금은 갚아야 하는 것이지만, 당시 춘궁기에 대출받아 5할의 이자를 내는 出擧에 비하면 커다란 혜택이다. 당장의 피해 백성에게는 긴급한 식량을 확보한다는 면에서 효과는 있다.

天平 6년(734) 4월에 발생한 지진에 대해 "천하의 백성의 가옥이 무너져 압사한 사람이 많다. 산사태가 일어나고 하천이 막혔다. 땅의 균열이 자주 일어나 셀 수 없을 정도이다"라고 하여, 기내, 7도 제국에 사자를 보내 지진으로 피해를 입은 신사를 조사시켰다. 이때의 지진도 천명으로부터 오는 재이의 현상으로 인식하여 "지진의 재앙은 아마도 정치의 결함으로부터 오는 것이다"라고 하고, "요즈음 천지의 재난은 평상과 다르다. 생각하건대 짐이 베푸는 덕화가 이들 백성에게 부족함이 있는 것인가. 이 때문에 지금 사자를 보내 고충을 듣게 하는 것이다. 짐의 마음을 잘 헤아렸으면 한다"라고 하였다[29].

다음은 730년대 일본에 대유행한 천연두로 인한 피해과 진휼이다. 天平 7년(735) 8월에 대재부에서 보고된 역병으로 많은 사망자가 발생하자, 대재부 관내의 神祇에게 봉폐하고 백성을 위해 기도시켰다. 天平 9년(737) 5월에는 천황이 조를 내려, "4월 이래 역병과 가뭄이 함께 발생하여 논의 모종이 말라 시들었다. 이에 산천에 기도하고 천신지기에 제사지냈지만, 효험이 없고 지금에 이르기까지 변함없이 고통을 받고 있다. 짐이 부덕하여 실로 이 재앙을 초래하게 되었다. 관대하고 자애를 베풀어 백성의 고통을 구제하고자 한다[30]"라고 하면서, 구휼, 대

27 『續日本紀』天平 5년 윤3월 기사조.
28 『續日本紀』天平 5년 是歲條.
29 『續日本紀』天平 6년 4월조.
30 『續日本紀』天平 9년 5월 임진조.

사면을 내렸다.

이 기사는 역병과 가뭄으로 국가적 위급상태가 지속되자, 다양한 대처방안을 모색하고 있다. 천명사상, 재이관에 기초하여 천신지기에 제사도 지내 보지만 효험이 없자 군주의 부덕으로 백성이 고통받는다고 하여, 은덕을 베풀어 이를 극복하고자 하였다. 역병, 가뭄 등의 사회적 혼란을 수습하는 방법의 이면에는 천황의 덕정이 부족하여 나타난 재이관이 내재되어 있다.

동년 8월에 내린 조에서도, 덕치주의 이념은 잘 나타나고 있다[31]. "짐이 천하에 군림한 지 벌써 많은 해가 지났다. 선정을 행하여 감화시키지 못하여 백성들은 불안한 상태이다. 밤새 잠자리에 드는 것도 잊어버리고 근심으로 힘든 것은 여기에 있다. 또 봄은 이미 왔는데, 재앙의 기운은 빈발하고 있다. 천하의 백성은 사망자가 대단히 많다. 백관의 관인들도 줄어들고 사망하는 자가 적지않다. 실로 이 재앙에 이른 것은 짐이 부덕한 탓이고, 하늘이 내린 재앙이다. 하늘을 우러러 부끄럽고 두려워 조금도 편치가 않다. 따라서 백성에게 세금을 면제하여 살아갈 수 있도록 한다"라고 하였다.

천황제 국가의 구휼은 법령에 규정되어 있듯이 인민에 대한 경제정책이고 통치의 중요한 수단이며 천명사상과 덕치주의를 실현하는 장이다. 따라서 지방관을 통한 지방지배는 중앙과 직접적으로 연결되어 정보시스템이 가동되고 있으며 지방행정을 원활하게 추진하고 있다.

제5절 효행과 절부

賦役令「孝子順孫」조에는 다음과 같은 규정이 있다.

"무릇 孝子, 順孫, 義夫, 節婦의 뜻과 행동이 國, 郡에 알려졌다면 태정관에 보고하여 천황에게 아뢰고 그 門閭에 표시한다. 같은 호적에 있는 사람들은 모두 과역

---

31 『續日本紀』天平 9월 8월 갑인조.

을 면제한다. 정성이 두루 감복할만 하면 별도로 우대하여 상을 내린다[32].

상기 규정은 『속일본기』 大寶 2년(702) 10월에 내린 조에도, "위로는 중조에서 밑으로는 현손에 이르기까지 대대로 효행을 다한 자는 그 호 전체에 과역을 면제하고 집과 마을 입구에 기를 세워 현창하여 義家로 삼는다"라고 기록되어 있다. 大寶令 발포 직후에 시행된 효행에 관한 법령이다. 또한 직원령에도 民部卿의 직무에 孝行, 節義가 있고, 孝子, 順孫(孝孫), 義婦(節婦), 節女 등을 말한다.

위 규정에서 그 門閭에 표시한다(表其門閭)에 대해서 『令集解』 해당조의 「古記」에는 문려를 집의 문과 리의 路門이라고 하고 表는 기둥을 세워 考狀 등을 기록한 것이다[33]. 효행이 있는 사람의 집과 마을 어귀에 표식을 세워 그 행적을 기린다는 것이다. 효는 유교의 예제적 사회규범이며, 가족윤리의 기초를 이루고 있다. 이 조문도 唐令(『唐令拾遺』, 「賦役令」 17)과 거의 同文이다. 또 孝義는 지방 國守의 직무 중의 하나이고, 國守는 매년 1회 산하 속군을 순행하며 효행이 있는 인물을 찾아 나선다. 天平 14년(742) 8월에는 좌우경, 기내 4국, 7도의 국사 등에게 효자, 순손, 의부, 절부, 농사에 힘쓰는 사람 力田人의 명부를 올리도록 하였다[34].

戶令 「國守巡行」 조에는 다음과 같은 규정이 나온다. "國守는 1회 속군을 순행하고, 풍속을 살피며 100세된 사람의 안부를 묻고 죄수의 기록을 살펴서 억울한 일을 당하거나 누명을 쓴 일이 없는지를 조사한다. 자세히 정치와 형벌의 득실을 조사하여 백성의 근심과 고통을 알고, 오교를 돈독히 가르치고, 농사를 권장한다. 관내에 학문에 뛰어나고, 도리를 알고, 효행, 충신, 신의, 청백, 특별한 행적으로 향리에서 소문난 사람이 있으면 천거하여 올린다. 효도와 공경을 하지 않으며, 예에 어긋나거나 일상을 어지럽히고 법령을 따르지 않은 자가 있으면 바로잡는다".

---

32 「賦役令」 17 「孝子順孫」조, "凡孝子, 順孫, 義夫, 節婦, 志行聞於國郡者, 申太政官奏聞, 表其門閭同籍悉免課沒, 有精誠通感者, 別加優賞"

33 "古記云, 門閭, 謂家并当里路門也. 表, 謂立柱注孝狀也".

34 『續日本紀』天平 14년 8월 갑술조.

이 규정에 따르면, 국의 장관인 국수의 지방행정에서 유교적 사회규범과 가족윤리의 중요성을 강조하고 있다. 이 효행사상이 고대일본에서 수용되고 법령으로 정착된 것은 중국 예제의 영향이고 율령국가의 이념으로 정책적으로 시행되었다.

天平寶字 원년(757) 4월의 칙에서는, "옛날부터 백성을 다스리고 국가를 평안하게 하는 데에는 반드시 효로서 다스린다. 모든 행동의 근본은 이보다 우선인 것은 없다. 마땅히 천하에 명하여 집마다 孝行 1권을 소장시켜 힘써 암송하고 배우게 하여 점점 가르침을 펴나가야 할 것이다. 백성들 사이에 효행이 알려져 마을 사람들이 칭송하는 자가 있으면, 소관 장관에게 상세히 그 이름을 보고해야 한다. 한편 불효, 不恭, 不友, 不順한 자가 있으면, 陸奧國의 桃生, 出羽國의 小勝으로 배속시켜 풍속을 교정시키고 동시에 변방을 지키도록 한다[35]"라고 하였다.

이때의 효행 1권은 『孝經』을 말하며 전국의 家에 소장하게 하여 백성들에게 효행사상을 고취시키는 정책을 추진하였다. 효행으로 칭송되는 사람이 있으면 국사에게 알려야 하며, 불손하거나 도리에 따르지 않는 사람은 불손한 태도를 교정시켜서 동북지방의 변방에서 근무하게 한다는 명을 내렸다.

다음은 효행, 절부의 사례를 『속일본기』의 기록을 통해 검토해 보기로 한다. 和銅 7년(714) 11월 기록에는 大倭國 添下郡의 大倭忌寸果安와 奈良許知麻呂 그리고 有智郡의 四比信紗에게 그 효행과 절조를 표창하고 종신토록 과역을 면제하였다. 그 이유에 대해 大倭忌寸果安의 경우는 부모에 대해 효행과 부양을 다하고, 병들어 굶주린 사람이 있으면 양곡을 가져와 간병하고 먹을 것을 주었으며, 그 의로운 행동에 마을 사람들이 감동하여 부모와 같이 존경하고 사랑하였다고 한다. 大倭忌寸麻呂는 품성이 효행스럽고 유순하였으며, 일찍이 계모에게 모략을 받아 父家에 들어갈 수 없었지만 절대로 원망하는 기색을 보이지 않고 효행과 부양을 돈독히 하였다. 四比信紗는 시부모를 모시어 효행이 자자하였고, 남편이 사망한 후에도 많은 해가 지났어도 정절을 지키고 스스로 어린 자식 및 첩의 자식

---

35 『續日本紀』天平寶字 원년 4월 신사조.

모두 8인을 차별없이 양육하였고, 시부모를 모시고 스스로 며느리의 예를 다하여 향리에서 칭송하게 되었다고 한다[36].

神護景雲 2년(768) 2월조에는, 대마도 上縣郡의 高橋連波自米女가 남편이 죽은 후에 정절의 뜻을 굽히지 않았고, 시아버지가 죽은 후에는 묘 옆에 오두막을 지어 매일 재식을 올렸으며, 지극한 효행과 절의로서 행인들을 감동시켰다. 이에 그 뜻을 마을 어귀의 문에 표시하고 종신토록 전조를 면제하였다[37]. 동 5월조에는 甲斐國 八代郡 사람 小谷直五百依는 효행으로 칭송되고 있어 전조를 종신토록 면제하였다. 信濃國 更級郡 사람 建部大垣은 사람됨이 공손하고 부모를 효로서 섬기고, 水内郡 사람 刑部智麻呂은 우정이 두텁고 친구와 고락을 같이하고, 같은 군 사람 倉橋部廣人은 개인 벼 6만속을 내어 백성의 대출받은 벼를 대신 납입하였다. 이에 함께 전조를 종신토록 면제하였다[38]. 또 동 6월조의 信濃國 伊那郡의 他田舍人千世賣는 어린 시절부터 재능과 용모가 뛰어나 집안은 매년 재물이 풍성하였다. 나이 25세에 남편을 잃었으나 정절을 지켜 과부로서 살기를 50여년에 이르렀다. 이에 그 수절을 칭송하여 위계 2급을 내렸다[39].

寶龜 3년(772) 12월조에는 武藏國 入間郡의 矢田部黑麻呂는 지극한 효성으로 부모를 모셨으며, 사후에는 심히 슬퍼하여 정오를 넘겨 식사를 하지 않는 지 16개월이고 시종 결하지 않았다. 이에 그 戶의 잡요를 면제하고 효행을 현창하였다. 또 壹岐嶋 壹岐郡 사람 直玉主賣는 나이 15세에 남편을 잃었지만, 수절하기로 맹서하여 개가하지 않는 지 30여년이 지났다. 남편의 묘에 상을 차리는 것은 생전과 같이 하였다. 이에 관위 2계를 내리고, 전조를 종신토록 면제하였다[40].

다음은『속일본후기』의 承和 11년(844) 5월조의 기록이다. 甲斐國 山梨郡의 伴直富成女는 나이 15세에 같은 마을 三枝直平麻呂에게 시집가서 1남 1녀를 낳았으

---

36 『續日本紀』和銅 7년 11월 무자조.
37 『續日本紀』神護景雲 2년 2월 무인조.
38 『續日本紀』神護景雲 2년 신미조.
39 『續日本紀』神護景雲 2년 6월 을미조.
40 『續日本紀』寶龜 3년 12월 임자

나 남편이 사망하자, 수절하면서 항상 재식을 올리고 영령을 공경하고 생존 시와 같이 예의를 갖추었다. 그 모습을 살펴보면 절부라고 하기에 충분하다고 하여 칙을 내려, 그 호의 田租를 종신토록 면제하고, 집과 마을어귀에 표식을 세워 절행을 알리게 하였다[41]. 동 承和 13년(846) 5월조에는 武藏國 多磨郡 狛江鄕의 호주 刑部直道繼의 호구인 同姓 真刀自咩은 같은 마을 刑部廣主의 처가 되어 4남 3녀를 낳았는데, 21년이 지나 남편이 사망하였다. 真刀自咩는 상복의 예의가 있었고, 사자에 대해 살아있을 때와 같이 모셨으며, 묘 옆에 오두막을 지어 종일 슬픔의 눈물을 흘렸다. 세월이 지나도 종시 변함이 없었으며, 그 절행은 가히 절부라고 일컬을만하고 하여, 칙을 내려, 관위 2계를 수여하고 아울러 종신 같은 호의 田租를 면제하였다[42].

이상의 효행, 절부의 기록이 정사에 특기된 것은 만백성의 모범으로 칭송하기 위해서이다. 이것은 국가의 유교적 효행사상에 대한 장려책이다. 해당자에게는 관위를 수여하고, 집과 마을어귀에 표식을 세워 백성들에게 알리게 하였다. 게다가 같은 戶의 구성원에게까지 田租를 면제하는 조치를 하여 가족 전체의 생활을 지원하는 효과를 가져왔다. 효는 충효사상의 중요한 축이며 가족 구성원인 戶를 지키는 원천이고, 호의 유지는 국가의 말단행정단위인 里의 핵심이다. 이러한 효의 미담은 널리 알리고 장려하는 일은 충효사상의 근본이고, 중앙의 지방지배에도 필요한 일이었다.

---

41 『續日本後紀』承和 11년 5월 병진조
42 『續日本後紀』承和 13년 5월 임인조

제2장 사면의 사례와 성격

8세기 천황제 국가에서는 사면은 천황의 고유권한이고, 백성에 대한 덕치주의의 발현이기도 하다. 즉 사면은 죄인에 대한 형벌의 면제이고, 구속으로부터 해방시키는 선정을 말한다.

대표적인 사면은 천황의 즉위, 입태자, 상서의 출현과 같은 국가적으로 경축할 만한 사건일 경우에 행해지고 있다. 반대로 천황, 황후, 태상천황 등이 중병에 있을 때 사면을 통해 극복하기를 기원한다. 또한 역병, 지진, 기근 등 재연재해에도 천명사상과 관련하여 덕정을 베푸는 차원에서 죄인을 방면하고 있다. 반역사건에 연루된 인물들은 중범죄로 형벌 혹은 좌천되는 일이 있지만, 주동자를 제외하고는 대부분 사면되고 있다. 이것은 군주의 덕치와도 관련있지만, 반란사건의 경우에는 음모에 의한 경우가 많아 억울하게 구금되었다가 석방되어 대부분 원래의 신분을 회복하고 있다.

『속일본기』에 보이는 사면의 형태는 다양하며 몇 개의 항목을 유형별로 구분해서 천황제 국가의 사면의 성격, 지배 이념에 대해 살펴보기로 한다.

제1절 국가적 경축과 사면

천황의 즉위와 황태자가 새로 정해지는 일은 국가적 경축이다. 즉위시에 최초의 사면은 『속일본기』 慶雲 4년(707) 7월 17일에 즉위한 元明天皇이다. 그는 大極殿 즉위식에서 다음과 같이 조를 내렸다.

"천하의 공민에게 자비를 베푼다. 천하에 대사면을 내린다. 慶雲 4년 7월 17일 날이 동트기 이전의 사형죄 이하는 경중을 묻지않고, 이미 발각되거나 발각되지 않은 죄도 모두 사면한다. 8虐 중에 이미 살인을 했거나 강도와 절도, 통상 사면에서 면제되지 않는 죄는 아울러 사면에 포함되지 않는다. 모든 유배형을 받은 자로서 반역에 연좌되지 않았거나 본향으로 이주된 사람은 함께 용서

하여 돌아오게 해야 한다. 산야로 도망가 무기류를 감추고 백일이 지나도 자수
하지 않으면 처음과 같이 죄를 내린다[1]".

새로운 천황이 즉위하는 날, 동트기 이전에 일어난 사형죄 이하의 모든 범죄에
대해 사면한다고 선포하였다. 이것은 즉위 이후에 행해진 범죄에 대해서는 해당
되지 않으며, 이전 왕권에서 벌어진 사안에 대해서만 사면조치이다. 이때의 사면
은 모든 백성을 대상으로 한 大赦이다. 이에 대해 부분적인 사면을 曲赦라고 하여
특정사안에 대해 사면하는 경우이다. 새로 출범한 왕권에서 백성들에게 은덕을
베풀고 새로운 시대를 맞이하자는 메세지라고 생각된다. 사면은 즉위식뿐 아니라
재위 중에도 빈번히 행해지지만, 새 천황의 등극은 특별한 정치적 성격을 갖는다.

다만 사면에서 제외되는 것은 8학 중에서 살인죄 및 강도와 절도 및 통상의 사
면에서 면제되지 않는 번죄는 면제되지 않았다. 名例律에도 규정되어 있듯이 8
학은 謀反, 謀大逆, 謀叛, 惡逆, 不道, 大不敬, 不孝, 不義의 8종의 범죄이고, 이 중에
서 謀反은 국가에 대해 위해를 가하는 죄이고, 謀大逆은 천황릉, 궁궐을 훼손하는
일, 謀叛은 국가를 배반하여 적에게 도망하는 행위이다. 나머지 5종 중 악역은 직
계 존속에 대한 폭행, 살인 등으로 사회, 가족윤리, 도덕에 반하는 반사회적, 반인
륜적인 죄이다. 여기에 불법 무기 소지자로 100일 이내에 자수한 자에게는 사면
조치한다. 이른바 국가와 사회, 가족에 대한 충효사상으로 유교적 이념을 바탕으
로 한 국가와 가족질서의 확립을 목적으로 한다.

사면은 군주의 은덕으로 덕치주의의 구현을 말한다. 즉위 시의 은덕은 사면에
머물지 않고 80세 이상의 고령자에게 곡물을 지급한다. 80세, 90세, 100세 이상
을 구분하여 고령일수록 혜택이 많다. 또한 승려에게도 곡물을 내리고, 홀아비,
과부, 고아, 독거노인, 장애자 등 구호가 필요한 계층을 구휼하고 있다. 나아가 왕
경과 기내 및 대재부 관내의 제국의 調, 국내 제국의 금년 전조를 면제하는 등 광

1 『續日本紀』慶雲 4년 7월 17일

범위한 은덕을 베풀었다.

두번째는 元正天皇의 즉위 시에 행해진 사면이다. 원정천황은 靈龜 원년(715) 9월에 元明天皇으로부터 양위받아 즉위의 선명에서 다음과 같이 사면의 조치를 내렸다.

"짐은 삼가 선명을 받아 감히 추대를 물리치지 못하였다. 황위에 올라 사직을 보존하고자 한다. 여기에 左京職으로부터 상서로운 거북을 얻은 것은 즉위에 즈음하여 하늘이 보여준 축하의 표시이다. 천지의 은덕에 보답하지 않으면 안된다. 이에 和銅 8년을 고쳐서 靈龜 원년으로 한다. 사형죄 이하는 경중을 묻지않고 이미 발각되었거나 발각되지 않았거나, 이미 판결이 났거나 아직 심리 중이거나, 미결수이거나 현재 수감된 자, 모두 사면한다. 다만 살인을 모의하여 실행에 옮긴 자, 사주전, 강도와 절도, 통상의 사면에서 면제되지 않는 자는 아울러 사면의 범위에 포함되지 않는다[2]".

이때의 사면은 즉위를 경축하는 의식에서 나왔지만, 즉위하기 수일 전에 좌경에 사는 대초위하 高田首久比麻呂가 영물스러운 거북을 바친 일도 있어 이것은 하늘이 보여준 축하이고 천지의 은덕에 보답한다고 하여 和銅을 靈龜로 개원한 일과도 관련이 있다[3]. 이 영물의 발견자는 말단에서 무려 11단계를 뛰어넘은 종6위상의 파격적인 관위를 받았다. 거북은 상서 중에서도 大瑞에 해당하고, 상서의 출현은 원정천황의 즉위의 전조로서 성격을 갖는다. 사면의 대상은 기결수, 미결수 막론하고 모두 해당되며, 살인, 강도, 절도, 통상의 사면에서 면제되지 않는 자는 제외하였다. 율령제 사회에서 강도와 절도로 사면에서 제외된 경우가 많아 중범죄로 인식되고 있었다. 사주전의 경우는 위조화폐의 사례인데, 사회의 경제질

---

2 『續日本紀』靈龜 원년 9월 경진조.
3 『續日本紀』靈龜 원년 8월 기미조.

서의 근간을 흔든다는 점에서 대부분의 경우에 사면되지 않았다.

세 번째는 神龜 원년(724) 2월의 聖武天皇의 즉위 때이다. 그는 즉위의 선명에서, 별도로 조를 내려 먼 황조로부터 이어져온 황위의 과업은 천하를 위무하고 은혜를 베풀고, 실정에 따라 자비를 내리는 일이라고 하면서 천하에 대사면을 내린다고 하였다. 구체적인 대상은 명시되어 있지 않지만, 이 경우에도 살인죄 이하는 모두 사면의 대상이 된다는 것은 앞의 사례와 동일하다고 생각된다. 이어 문무의 직사관 및 5위 이상의 음위 대상에게 훈1급을 내리고, 80세 이상의 고령자, 고아, 독거노인, 그리고 효자, 순손, 의부, 절부는 모두 집문과 마을 입구에 표시하고 과역을 종신토록 면제하고, 병사에게 그해의 調를 반감하고, 왕경과 기내의 백성의 조는 모두 면제한다고 하였다. 사면과 더불어 백성들에게 각종 부담을 면제하는 조치를 취하였다. 이상의 사례를 제외하고는 즉위식에서의 사면은 보이지 않지만, 재위중 상서의 출현 등으로 사면하는 경우가 많아 채록 과정에서 기록하지 않았다고 생각된다.

다음은 황자의 출생 시에 행해진 사면이다. 神龜 4년(727) 10월에 황자의 탄생을 축하하기 위해 천하에 사형죄를 제외하고는 사면하였다. 또한 백관들에게 물품을 내리고, 황자와 같은 날 태어난 집에 삼베 1단, 목면 2둔, 벼 20속을 하사하였다. 이때의 황자는 光明皇后와의 사이에서 태어난 基皇子로 생후 32일 만에 황태자로 세워졌다. 조정에서는 황태자의 탄생을 경축하기 위해 태정관 및 8성이 각각 상표하여 황자의 탄생을 봉축하고, 문무백료들이 조당에서 연회를 베풀고, 5위 이상에게는 신분에 따라 목면을 내렸다. 그러나 황태자에게 병고가 계속되자, 칙을 내려 삼보의 위력을 빌리지 않으면 어떻게 병고를 벗어날 수 없다고 하여, 관세음보살 제작, 경전의 전사, 예불과 轉經 등의 공덕으로 회복을 기원하였다[4]. 이 황태자는 藤原家의 피를 받아 차기 천황으로 즉위할 예정이었으나 출생 3주만에 사망하고 만다.

---

4 『續日本紀』神龜 5년 8월 갑신조.

다음은 立太子와 관련한 사면이다. 和銅 7년(714) 6월에 문무천황의 황태자 首皇子는 14세의 나이에 성인식을 갖고 동시에 황태자로 정해졌다. 후에 성무천황으로 즉위하게 된다. 3일 후에 천하에 대사면을 내렸다. 사형죄 이하는 경중을 묻지않고 모두 사면하였다. 8학의 죄, 통상의 사면에서 면제되지 않는 자는 모두 사면하고, 사주전, 절도와 강도로 사형을 받은 죄는 1등을 감하였다[5]. 이어 성무천황 치세인 天平 10년(738) 정월에 阿倍內親王을 황태자로 삼은 것을 경축하기 위해 대사면을 내렸다. 다만 살인을 모의해 죽인 자, 사주전, 강도, 절도는 사면의 범위에 포함하지 않았다. 만약 죄가 사형에 상당하면 1등을 감하였다[6].

황태자 임명 직전 信濃國에서 神馬를 바쳤다는 상서기사가 나오고, 발견자에게 포상과 함께 해당 지역의 군의 당해년의 과역을 면제하였다. 황태자 임명과 상서의 현상은 인과관계로 설정되어 있어 다분히 의도적인 모습이 엿보인다. 阿倍內親王은 聖武天皇과 光明皇后 사이에서 태어났고, 당시 나이 21세였다. 이후 孝謙天皇으로 즉위하고 重祚하여 稱德天皇이 된다. 基皇子가 사망한 이듬해 성무천황의 제2황자인 安積親王이 태어났으나 그의 모친은 藤原家 출신이 아닌 縣犬養廣刀自였다. 이 황자는 유력한 황태자 후보임에도 불구하고 태자로 추대되지 못했으며 天平 16년(744)에 17세의 나이로 불의에 사망하였다. 그 배후에는 藤原家의 계략이 있었음은 추측하기 어렵지 않다.

다음은 孝謙天皇 치세인 天平寶字 원년(757) 4월에 大炊王을 황태자로 세우고 사면의 칙을 내렸다. 이때의 칙에서 "나라는 君을 주인으로 하고, 황태자를 세워 굳건히 한다. (중략) 천하에 대사면을 내린다. 天平勝寶 9歲(757) 4월 4일 동트기 이전의 사형죄 이하는 죄의 경중을 묻지않고, 이미 발각되었거나 발각되지 않았거나, 이미 판결이 났거나 심리 중이거나, 현재 수감 중인 자는 모두 사면한다. 다만 팔학을 범한 자, 고의 살인, 사주전, 강도와 절도는 이 (사면의) 범위에 포함하

---

5 『續日本紀』和銅 7년 6월 계미조.
6 『續日本紀』天平 10년 정월 경오조.

지 않는다"라고 하였다.

효겸천황은 미혼으로 자녀가 없어 전년도에 양위한 성무천황의 遺詔로 천무천황의 손인 道祖王을 세웠으나 성무천황의 상중에도 생활이 문란하여 폐하고 새로 大炊王을 황태자로 삼았다. 그는 당대의 권세가이자 효겸천황의 신임을 얻고있던 藤原仲麻呂가 배후에서 옹립한 인물이었다. 황태자로 추대되기 직전 효겸천황의 침전의 천정판에 「天下太平」이라는 글자가 나타났다고 전조기사가 나온다. 이에 대해 상서의 글자의 출현은 천제가 도운 것이고 신명의 표시이며, 불법승 삼보가 국가의 태평을 나타낸 것으로 천지의 제신이 미리 宗社가 영원히 안정함을 보여주는 징표라고 하였다[7]. 이것이 기왕의 황태자를 폐하고 새로운 황태자를 정하는 표징으로서 제시한 것이다. 天下太平이라는 상서의 글자의 출현과 대취왕의 황태자 옹립의 전조로서 인과관계를 맺을 상서의 사건을 만들어낼 필요가 있었던 것이다.

제2절 자연재해와 사면

자연재해로 인해 사회적 혼란이 발생했을 경우에 군주의 부덕으로 하늘의 노여움을 사 이러한 재앙이 나타난다는 천명사상에 따라 죄인을 사면하여 덕치주의를 실현하는 것이다. 이런 경우에 사면만 행해지는 것이 아니라 구휼, 천신지기에 제사를 올리거나 佛法에 의지하는 등 다양한 형태로 나오고 있다.

먼저 元明天皇 和銅 7년(714) 6월에 내린 조를 보면, "요즈음 음양이 조화를 이루지 못해 기후가 불순하고 단비는 아직 내리지 않아, 백성들의 전답이 자주 피해를 입으니, 제신사에 폐백을 올리고 대천명산에 기우제를 지내야 한다[8]"라고 하였다. 이어서 전국에 대사면을 내렸다. 이때의 사면의 대상에는 8학을 범한 죄, 통상의 사면에서 제외된 자들도 포함하고 있다. 다만 사주전, 절도와 강도는

---

7 『續日本紀』天平寶字 원년 4월 신사조.
8 『續日本紀』和銅 7년 6월 무인조.

모두 사면의 범위에 포함하지 않았다. 절도와 강도는 사면의 대상이 되지않을 만큼 중범죄로 취급되었다는데에 특징이 있다.

다음은 元正天皇 養老 6년(722) 7월의 조에서, 음양이 조화롭지 않아 재해와 가뭄이 빈번히 일어난다. 짐의 덕이 부족한 탓이라고 하면서 대사면을 내렸다. 이 사면의 특징은 관인의 뇌물죄는 사면에 포함하지 않았고, 절도죄의 경우에는 삼베 3단 이하이면 사면시키도록 하였다. 「賊盜律」 34 「强盜」 조에 의하면, "훔친 물품을 布로 환산하여 15端 이상이면 絞에 처한다"라고 하듯이 일정 이상의 절도죄에 대해서는 교수형에 처하도록 규정되어 있다. 절도는 살인, 강도만큼 중범죄로 다루고 있음을 알 수 있다.

聖武天皇 치세인 天平 6년(734) 7월에는, "요즈음 하늘이 빈번히 이변 현상을 보이고, 땅은 자주 진동하고 있다. 참으로 짐의 훈도가 밝지 못하여 죄를 짓는 백성들이 많다. 책임은 짐 한사람에게 있고 많은 백성들에게 있는 것이 아니다. 관용을 베풀고 인자의 마음으로 범한 과오를 씻고 갱신할 수 있도록 용서해야 한다. 이에 천하에 대사면을 내린다"라고 하였다. 사면의 내용을 보면, 팔학을 범한 자, 고의 살인, 살인을 모의하여 죽게 한 자. 별칙으로 장기간 구금된 자, 산적 등 집단강도, 관인, 史生이 뇌물을 받고 법을 왜곡한 죄[9], 관할하고 있는 곳의 물건을 훔친 자, 사망으로 위장한 자, 양인을 납치하여 노비로 삼은 자, 강도와 절도 및 통상의 사면에서 면제되지 않는 자는 모두 사면의 대상에서 제외하였다[10].

동 天平 7년(735) 5월의 칙에서는, 요즈음 빈번히 일어나고 이를 질책하는 징후가 거듭 보이고 있으며 그 책임은 자신에게 있으며, 이에 천하에 대사면을 내린다고 하였고[11], 동 윤11월에는 재해와 이변이 자주 발생하고 역병도 멈추질 않아 대사면을 내렸다[12]. 이 시기는 천연두가 만연하여 중앙의 고위 관인을 비롯하

---

9 「職制律」(46-49)에 관인이 뇌물을 받고 소관 관사에 법을 왜곡하여 면죄받을 수 있게 청구하는 행위를 말한다. 이 경우에 가중처벌된다.

10 『續日紀』天平 6년 7월 신미조.

11 『續日紀』天平 7년 5월 무인조.

12 『續日紀』天平 7년 윤11월 무술조.

여 상당수의 백성들이 사망하는 국가적 재앙을 맞이하였다.

桓武天皇 天應 원년(781) 7월의 조에서는, "짐이 덕이 부족하여 음양이 조화롭지 않고, 천하에 두루 폭염과 가뭄이 달포를 지나고 있다. 백성은 탄식하고 있고, 전국이 원망하고 있다. 짐은 그들의 부모로서 이 하늘의 질책을 받고 있다. 비록 지성을 다해도 아직 하늘을 감응시켜 은혜의 비는 내리지 않고 있다. 죄수들을 생각하면, 특히 불쌍히 여겨 은혜를 베풀어야 한다. 이에 연민의 정을 느낀다. 이에 天應 원년 7월 5일 동트기 이전의 사형죄 이하는 죄의 경중을 묻지않고, 이미 발각되었거나 아직 발각되지 않았거나, 이미 판결이 났거나 심의 중이거나, 현재 수감 중인 자는 모두 사면한다. 다만 팔학, 고의 살인, 사주전, 강도와 절도, 통상의 사면에서 면제되지 않는 자는 사면의 범위에 포함되지 않는다[13]"라고 하였다.

자연재해가 군주의 덕이 부족하여 나타난 것으로 생각하여 하늘을 감응시켜 극복하고자 사면을 단행하였다 덕치주의의 이념이 잘 나타나 있다. 延曆 원년 (782) 7월의 칙에서 흉년과 역병의 책임이 군주에게 있다고 자책하면서, 죄를 씻기 위해 대사면을 내린다고 하였다. 사형죄 이하는 죄의 경중을 묻지않고 사면하였지만, 팔학을 범한 자 및 고의 살인, 사주전, 강도와 절도, 통상의 사면에서 면제되지 않는 자는 이 사면에서 제외하였다[14].

제3절 천황의 병고와 사면

병마의 고통에서 벗어나기 위한 사면도 행해지고 있다. 그 대상은 당연히 천황, 태상천황, 황태자 등 소수의 황족, 귀족이다. 恩赦를 베푸는 일에 의해 회복된다는 덕치주의의 이념에 바탕을 두고 있으며, 백성에 대한 구휼도 함께 이루어지고 있다. 사면과 구휼은 자연재해에서도 동반되어 나오고 있어 불안정한 국가의 위기극복의 수단이었다.

---

13 『續日本紀』天應 원년 7월 임술조.
14 『續日本紀』延曆 원년 7월 병오조.

먼저 聖武天皇 치세의 사면을 보면, 天平 17년(745) 9월의 칙에서, "짐이 요즈음 몸이 편치가 않아 10일 이상 지속되고 있다. 생각하니, 통치하는데에 道를 상실하여 많은 백성이 죄를 짓고 있기 때문이다. 천하에 대사면을 내려야 한다. 통상의 사면에서 면제되지 않는 자도 모두 사면한다[15]"라고 하였다.

聖武의 치세는 東大寺 대불조영을 착수하는 등 불교문화의 융성기였다. 반면 藤原家의 음모에 의한 황친세력의 수장인 長屋王의 모반사건과 죽음, 천연두에 의한 藤原家의 공경 4형제의 사망 등 정치적, 사회적으로 혼란도 있었다. 칙에서 나오듯이 통치의 道를 상실한 것이 원인이라고 하여, 덕치를 베풀어야 한다는 의미이다. 이때의 사면은 통상의 사면에서 제외된 자들도 포함하고 있어 대사면의 취지를 확대하고 있다. 고령자 및 소외계층에 대한 구휼도 함께 실시하고 있다.

이어 天平 19(746) 원단에는 신년하례를 중지하고, 칙을 내려, "짐의 건강이 나빠진 지 많은 세월이 지났다. 나를 돌아보고 사물을 생각해 보면, 역시 자애를 베풀어야 한다. 천하에 대사면을 내려 근심하고 고통받고 있는 사람들을 구제해야 한다"라고 하였다. 유형죄 이하는 모두 사면하고, 사형죄는 1등을 감형하도록 했으며, 사주전의 주범 및 강도와 절도 및 통상의 사면에서 면제되지 않는 자는 사면의 대상에서 제외하였다. 범위에 포함되지 않는다[16]"라고 하였다. 그는 2년 후에 건강상의 이유로 양위하게 된다.

光仁天皇 天應 원년(781) 3월에 내린 조에서, "짐은 잠들기 어려울 정도로 불안한 상태가 1개월이 지났다. 치료를 하고 있지만, 아직 효과는 나타나고 있지 않다. 천하에 대사면을 내린다[17]"라고 하였다. 이때의 광인천황은 73세의 고령으로 이어 황태자에게 양위한 후, 이듬해 사망하였다.

다음은 태상천황의 건강상의 이유로 사면된 사례이다. 양위가 관례화되어 있던 이 시대는 재위 중에 황태자에게 황위를 물려주고 스스로는 태상천황의 위치

15 『續日本紀』天平 17년 9월 신미조.
16 『續日本紀』天平 19년 정월 정축조.
17 『續日本紀』神龜 5년 8월 갑신조.

에 있었다. 율령의 조문에도 태상천황은 천황과 동일한 권한과 예우를 규정되어 있다.

먼저 元正天皇 養老 2년(718) 12월에 태상천황을 위해 대사면을 내렸다. 이때의 태상천황은 원정천황의 모친인 元明天皇으로 재위 8년째인 715년에 양위하였다. 그녀는 천무천황의 황태자였던 草壁皇子의 비로소 元正, 文武를 출생하였다. 이때 태상천황의 나이는 58세로 병약한 상태였다. 원정천황은 태상천황의 덕으로 지극한 은혜를 받았다고 밝히고, 종전에 사면에서 제외된 팔학을 비롯하여 사주전, 강도와 절도의 범죄를 모두 사면하고 질병으로 고통받고 있는 백성을 구휼하도록 하였다[18]. 이어 동 5년(721) 5월에도 태상천황이 병환이 들어 천하에 대사면을 내린다고 하고, 불법의 힘으로 회복되기를 기원하여 정행한 남녀 1백인을 선발하여 출가시켜 수행하게 하였고[19], 사망 직전인 동 12월에도 대사면을 내렸다.

聖武天皇 神龜 3년(726) 7월에 내린 조에도, "태상천황이 건강이 악화된 지 이미 2번의 계절이 지났다. 천하에 대사면을 내리고, 병자들에게 탕약을 지급하도록 한다[20]"라고 하였다. 이 태상천황은 재위 9년째인 養老 8년(724)에 성무천황에게 양위한 元正天皇이다. 또 天平 19년(747) 12월에도 칙을 내려 (元正)태상천황이 건강이 악화되어 대사면을 내렸다. 이듬해 4월 원명태상천황은 69세의 일기로 세상을 떠났다. 건강이 최악의 상황에서 사망을 목전에 두고 행한 대사면이다.

다음은 성무천황이 양위한 후 태상천황으로 있을 때 그의 황녀인 孝謙天皇이 내린 사면으로 3회에 걸쳐 단행되었다. 부친인 성무천황의 회복을 위한 간절한 소망이 잘 나타나 있다. 제1회는 天平勝寶 3년(751) 10월의 조에서, 요즈음 태상천황의 건강이 좋지 않다. 聖體가 회복하고 수명이 오래 지속되기를 바라고자 한다. 경전에서는 고통받고 있는 중생들을 구제하면 병이 나으며 수명을 연장할 수 있다는 가르침에 따라 천하에 대사면을 내린다고 하였다[21]. 이때의 사면은 불법

---

18 『續日本紀』養老 2년 12월 병인조.
19 『續日本紀』養老 5년 5월 기유조.
20 『續日本紀』神龜 3년 7월 계사조.
21 『續日本紀』天平勝寶 3년 10월 임신조.

의 가르침을 이행하여 태상천황의 건강의 회복, 생명의 연장을 도모하고 있다. 국가적 재난이 발생할 때에는 덕치주의 이념에 따라 은덕을 베푸는 일과 함께 불법에 의지하거나 신사에 봉폐하고, 천신지기에 제사지내는 등 복합적으로 나타나고 있다.

제2회는 天平勝寶 7년(755) 10월의 칙의 내용을 보면, 요즈음 태상천황이 건강이 불안정하다. 병을 구제하는 방법은 오직 시혜를 베풀고, 연명을 위해서는 사람들의 고통을 구제하는 일 만한 것이 없고 하여 대사면을 내렸다[22]. 제3회는 天平勝寶 8歲(756) 4월에 내린 칙으로, 제2회 때와 동일한 내용으로 사면을 단행하였다[23]. 그러나 聖武太上天皇은 얼마 지나지 않은 그해 5월 침전에서 56세의 일기로 세상을 떠났다.

桓武天皇 天應 원년(781) 12월에 내린 조에서, "요즈음 태상천황의 건강이 좋지 않다. 종묘사직에 정성을 다해 기도하고, 계속해서 폐백을 바치는 사이에 일월이 지나갔는데 아직 효과는 나타나지 않는다. 되돌아보면, (덕이) 부족하고 책임은 짐 자신에게 있다. 일을 행함에 잘못은 없었던가를 생각하면, 부끄럽고 두려운 마음이다. 영혼이 있는 동물 중에 사람보다 중한 것은 없다. 형벌을 잘못 내리면, 바로 (하늘은) 억울한 죄에 감응한다. 은혜를 내려 태상천황이 회복하는데 도움이 되고자 한다. 천하에 대사면을 내린다[24]"라고 하였다.

이때의 태상천황은 이해 건강이 악화되어 양위한 光仁天皇이다. 환무천황 역시 황태자 시절 건강문제로 사면을 행한 적이 있는데, 부자 2대에 걸쳐 사면을 단행하였다. 사면의 범위도 종전에 볼 수 없었던 사주전, 팔학, 고의 살인, 강도와 절도, 통상의 사면에서 제외되지 않는 자를 모두 포함하여 파격적으로 단행하였다. 이러한 전면적인 사면은 이때가 최초라고 생각된다. 그만큼 환무천황으로서는 부친 태상천황에 대한 애절한 정을 보여주고 있다.

---

22 『續日本紀』天平勝寶 7년 10월 병오조.
23 『續日本紀』天平勝寶 8歲 4월 정유조.
24 『續日本紀』天應 원년 12월 갑진조.

다음은 황태자의 건강 악화로 내린 사면이다. 聖武天皇 神龜 5년(728) 8월에 내린 칙에서, 황태자의 병이 날이 지나도 차도가 없으니 삼보의 위력을 빌리지 않으면 어떻게 병고를 벗어날 수 있겠는가. 이에 삼가 관세음보살 177구를 만들고 아울러 경전 177권을 전사하고 예불과 轉經, 1일 行道를 행하여, 이 공덕으로 회복을 바라고자 하였다. 또 칙을 내려 "천하에 대사면을 내려 병환을 구제하고자 한다[25]"라고 하였다.

이때의 황태자는 聖武天皇과 光明皇后 사이에서 태어난 基皇子로 불과 생후 32일 만에 황태자로 정해졌다. 성무천황은 모친이 藤原宮子이고, 광명황후는 藤原宮子의 이복동생으로 藤原家의 번영에 기반을 다진 여성이었다. 등원가의 혈통인 기황자의 출생은 국가적 경사였고, 타씨족의 혈통이 넘보기 전에 조기에 황태자로 임명한 것이다. 그러나 황태자는 이듬해 10월 태어난 지 만 1세도 되기 전에 사망하였다. 기황자는 앞에서 神龜 4년(727) 10월 출생 시에도 경축하기 위해 사면하였고, 이번에는 건강의 기원을 위해 사면했듯이 당시 권력의 세계의 속성을 잘 말해주고 있다. 사망시의 모습에 대해, 『속일본기』에는, "황태자가 죽었다. 천황이 심히 애도하였다. 3일간 조정의 업무를 중지하였다. 왕경의 관인 이하 및 기내의 백성은 3일간 소복을 입고, 제국의 군사는 각각 해당 군에서 3일간 곡으로 애도하였다[26]"라고 기록하고 있다.

光仁天皇 寶龜 9년(778) 정월의 칙에서, 황태자의 건강이 불안하여 의료를 다해도 여전히 차도가 없으니, 병으로부터 구제하는 방도는 실로 덕정으로부터 온다고 하여 대사면을 내렸다[27]. 이때의 황태자는 후에 즉위하는 桓武天皇이다. 당시 황태자의 나이는 42세이고 광인천황은 70세의 고령으로 황태자의 건강에 문제가 생기면 황위계승에 심각한 혼란이 우려되었을 것이다.

다음은 황후의 건강문제와 사면의 사례이다. 聖武天皇 天平 5년(733) 5월의 칙

---

25 『續日本紀』神龜 5년 8월 갑신조.
26 『續日本紀』神龜 5년 9월 병오조.
27 『續日本紀』寶龜 9년 정월 경오조.

에서, "황후는 병상에서 치유되지 않은 지 이미 여러 세월이 지났다. 백방으로 치료해도 차도가 보이지 않는다. 이 괴로움과 고통을 생각하면 자는 것도 먹는 것도 잊을 정도이다. 천하에 대사면을 내려 이 병을 구제하고자 한다[28]"라고 하였다. 이때의 황후는 藤原家의 光明皇后이고, 등원가의 권력을 지탱하고 있던 인물이었다. 이때의 사면은 통상의 사면에서 면제되지 않는 자도 포함하고 있으며, 반역과 관련된 유배형도 감하였다.

孝謙天皇 天平勝寶 5년(753) 4월에 내린 조에서, 요즈음 황태후의 건강이 좋지 않아 의약을 사용해도 회복하지 못하고 있다. 생각하건대 정치에 올바름을 잃어 죄에 걸려드는 자들이 있는데, 하늘이 벌을 내려 짐 자신을 경계하고 있는 것이다. 모두 죄를 씻어 근심과 고통을 구제하고자 천하에 대사면을 내린다고 하였다[29]. 황태후는 효겸천황의 모친이자 성무천황의 황후인 광명황태후이다. 딸 효겸이 즉위하자 황태후가 된 것이다. 광명황후는 다음의 효견천황대에도 대황태후의 신분으로 건강문제로 사면을 행하였다. 그녀의 정치적 위상을 말해주고 있다.

孝謙天皇 天平勝寶 2년(750) 7월의 조에서는, 대황태후의 건강이 악화되어 회복하지 못하고 있다. 위대한 하늘은 덕을 행하는 자를 돕고, 덕을 행하면 재난을 이겨낸다고 한다. 자비의 政令을 베풀어 대황태후의 일상을 평온하게 하여 대사면을 내린다고 하였다[30]. 대황태후는 聖武天皇의 생모인 藤原宮子이고, 孝謙天皇에게는 조모에 해당한다. 이어 동 11월에는 효견천황의 부모인 聖武太上天皇과 光明皇太后의 쾌유를 위해 7일간 49인의 승을 불러 藥師琉璃光佛에 귀의하여, 그 경전에 나오는 사람을 구제하는 것 만한 공양은 없다는 가르침에 따라 천하에 대사면을 내렸다[31].

황족이 아닌 신분으로는 사면이 단행된 것은 우대신 정2위 藤原不比等이 병이

---

28 『續日本紀』天平 5년 5월 신묘조.
29 『續日本紀』天平勝寶 5년 4월 병술조.
30 『續日本紀』天平勝寶 2년 7월 병오조
31 『續日本紀』天平勝寶 2년 11월 무진조.

들었을 때이다. 元正天皇은 養老 4년(720) 8월의 조에서, "우대신 정2위 藤原朝臣
은 병에 걸려 중태에 빠지고 침식도 불안하다. 짐은 병색을 보니 마음이 아프다.
회복을 바라는 마음이지만 어찌할 방도가 없다. 이에 천하에 대사면을 내려 병환
에서 구하고자 한다"라고 하였다.

사면의 내용을 보면, 사형죄 이하, 사주전, 절도와 강도 및 팔학, 통상의 사면에
서 면제되지 않는 자 모두 사면에 포함하였다. 또한 병약자, 장애자에 대해서도
소관 관사의 장관이 직접 위문하고 헤아려 탕약을 지급할 것을 명하였다[32]. 다음
날에는 왕경에 소재하는 48개의 사찰에서 약사경을 독경시키는 등 쾌유를 위한
다방면의 조치를 위하였다. 왕실의 외척으로서 藤原不比等은 그의 장녀 文武天皇
의 비 藤原宮子였고, 2인 사이에서 태어난 황태자 성무천황의 황후는 차녀 藤原
光明子(光明皇后)였다. 그는 『일본서기』의 편찬과 율령의 제정을 주도하여 천황
제 율령국가의 시스템을 설계한 인물이었고, 황실의 외척으로서 조정의 최고의
중신으로서 입지는 확고하였다. 그가 병고에 있을 때에 쾌유를 비는 사면을 단행
한 것은 그의 정치적 위상을 말해주고 있다.

제4절 반역과 사면

다음은 반역, 모반 사건에 연루되어 중형을 받았으나 후에 사면되는 경우이다.
8세기 나라시대에는 반역과 관련된 기록이 많이 나온다. 그러나 실제로 반역이
라고 믿을만한 사건보다는 정치적 음모에 의해 무고하게 처형을 당하거나 처벌
을 받는 경우가 적지 않다. 따라서 직접적인 주모자로 생각되는 인물을 제외하
고는 대부분 덕치주의로 포장되어 恩赦을 받고 있다. 바로 사면은 반역의 정치적
성격을 엿볼 수 있는 사례라고 생각된다.

첫째 사례는 聖武天皇 치세인 天平 원년(729) 2월에 발생한 이른바 長屋王의 반
란사건이다. 좌경인 종7위하 漆部造君足 등이 "좌대신 정2위 長屋王이 몰래 사도

32　『續日本紀』養老 4년 8월 신사조.

를 배워 국가를 전복시키려고 한다'라고 밀고하였다. 그날 밤, 3관을 굳게 지키게 하고, 六衛府의 병력으로 장옥왕 저택을 포위하였고, 죄를 심문하여 자결할 것을 명하였다. 이때 장옥왕, 그의 처 吉備內親王, 4인의 아들도 함께 자결하였고, 집안의 모든 사람들을 체포하여 좌우위사부, 병위부에 구금하였다. 이 사건은 藤原家에서 성무천황의 부인인 藤原光明子를 황후로 만들려고 계획했으나, 율령에 위배된다는 이유로 황후 옹립을 반대하던 장옥왕을 제거하기 위해 꾸며낸 사건이었다. 이 사건에 장옥왕과 통하고 있다는 이유로 유형에 처해진 7인을 제외하고는 기타 90인은 모두 사면되었다. 또 장옥왕의 형제, 자매, 자손 및 첩 등은 남녀 불문하고 모두 사면하였다. 게다가 장옥왕의 동생, 자매 및 자녀들에게는 녹을 지급하는 것을 허락하였다. 이어서 장옥왕 사건으로 왕경의 악한 기운, 부정을 씻어 버리려는 大祓 의식을 행하고, 왕경의 사형죄 이하를 모두 사면하였다[33]. 이 사건은 藤原家와 황친세력의 대표격인 長屋王의 세력을 제거하기 위한 음모였다.

둘째는 天平寶字 원년(757)에 발생한 橘奈良麻呂의 내란 음모사건이다. 그는 황태자 道祖王을 폐위시키고 大炊王(淳仁天皇)을 옹립한 藤原仲麻呂의 전횡에 불만을 품고, 藤原仲麻呂를 제거하고 황태자를 퇴위시키려고 하였다. 그러나 밀고에 의해 주모자는 옥중에서 고문 등으로 사망하거나 유배되어 음모세력 대부분은 제거되었다. 이듬해 8월 양위를 받아 즉위한 淳仁天皇은 天平寶字 4년(760) 11월의 칙에서, "지난해에 역도들 때문에 여러 가문이 법망에 걸렸고, 금년에는 순찰사를 파견하여 사람들이 법률을 두려워하고 있다"라고 하고, "書經에 덕은 선정을 베풀게 하고, 정치는 백성을 보살피는 일이라고 하지 않았던가"라고 하였다. 이어 "天平寶字 4년(752) 11월 6일 동트기 전에 일어난 천하의 죄는 경중을 묻지 않고, 이미 발각되었거나 발각되지 않았거나, 현재 수감 중인 자, 아울러 租, 調, 관물의 미납으로 신고된 자는 모두 사면한다. 다만, 팔학, 고의 살인, 사주전, 반역의 무리도 숨어서 자수하지 않는 자는 이 사면의 범위에 포함하지 않는다"라

---

33 『續日本紀』天平 원년 2월 신미조, 동 기묘조, 임오조, 정해조..

고 하였다[34]. 이때의 사면은 橘奈良麻呂의 난의 여파로 불안에 떨고있는 사람들에 대한 총체적 관용을 베풀고 있는 것이다. 자수하는 자에 한해서는 팔학, 고의살인, 사주전, 반역자 모두 사면하도록 하였다.

셋째는 天平寶字 8년(764) 9월에 발생한 藤原仲麻呂의 난이다. 淳仁의 치세하에서 권세를 누리던 그는 승려 道鏡을 총애하던 孝謙上皇과의 갈등으로 마침내 천황권의 상징인 鈴印을 탈취하여 난을 일으켰다. 그러나 효겸상황측의 신속한 대응으로 진압되었고 등원중마려 등 주모자들을 처형되었으며, 순인천황은 폐위되고 다시 효겸상황(稱德天皇)이 즉위하여 重祚하게 되었다. 동 10월에 孝謙上皇은 칙을 내려, "賊臣 仲麻呂는 어리석고 흉악한 미치광이로 도리에 어긋난 자로 반역해서 도주하다 멸망하였다. 하늘의 그물망은 높이 펼쳐져 모두 주살되었다"라고 하고, "짐은 백성들이 구악을 씻고 새롭게 아름답고 선한 쪽으로 나아가기를 염원하고 있다"라고 하였다. 이어 사형죄 이하는 모두 사면하였고, 다만 등원중마려의 일당 및 통상의 사면에서 면제되지 않는 자는 이 사면의 대상에서 제외한다고 포고하였다[35]. 12월에도 칙을 내려, "짐은 덕이 부족한데도, 만민에 군림하고 좋은 덕화를 베풀지 못하였고, 형벌을 받은 자도 아직 많이 있다. 마땅히 천하에 대사면을 내린다[36]"라고 하였다. 특히 등원중마려는 효겸상황의 신임을 받던 인물이었던 까닭에 이때의 충격은 매우 컸으며 사면을 통해 불안정한 정국을 돌파하려고 하였다.

넷째는 氷上眞人川繼의 모반 사건이다. 그는 천무천황의 증손으로 부친은 鹽燒王이고, 모친은 聖武天皇의 황녀인 不破內親王이다. 그러나 그의 부친 鹽燒王은 등원중마려의 난에 연루되어 살해당했으며, 이 사건으로 황족의 신분에서 氷上眞人의 성을 받아 臣籍으로 내려갔다. 桓武天皇의 치세인 天應 2년(782) 정월에 氷上川繼은 측근인 大和乙人을 몰래 무기를 소지시켜 궁중에 침입했으나 체포

---

34 『續日本紀』天平寶字 4년 11월 임진조.

35 『續日本紀』天平寶字 8년 10월 을묘조.

36 『續日本紀』天平寶字 8년 12월 경인조.

되어 심문을 받은 결과 모반계획이 드러나 체포되었다. 그러나 光仁天皇의 복상 기간 중이어서 사형죄를 遠流로 감하고 그의 처 不破內親王 및 빙상천계의 자매 는 淡路國으로 이주시키라고 하였다[37]. 이후 氷上川繼를 포함한 직계가족은 모두 사면받았고, 좌천, 추방, 해관된 관인들도 대부분 사면되어 복직되거나 왕경으로 입경하였다. 이것은 황족이라는 신분과 모반사건의 계획단계에서 종료되었던 까닭에 극형을 내리지 않고 수습되었다.

제5절 사면의 특징과 성격

이상 사면을 유형별로 분류하여 검토해 보았다. 우선 천황의 즉위, 입태자 등 국가적으로 경축할만한 사건에는 형벌을 받고있는 죄인에 대한 은사가 뒤따른 다. 이것은 새로운 군주의 은덕이고 새로운 시대의 출발을 예고하는 메세지이기 도 하다.

반면 천황 등의 건강이 악화되었을 때에도 사면을 통해 쾌유를 기원하였다. "영혼이 있는 동물 중에 사람보다 중한 것은 없고, 형벌을 잘못 내리면, 하늘은 억 울한 죄에 감응한다"라고 하듯이 이 발언은 天人相關論에 기초하고 있다. 가뭄, 홍수, 지진, 역병과 같은 災異도 덕정을 베풀지 못한 군주의 행위에 대해 하늘이 반응한 것이라는 인식에 의거한다.

역으로 선정을 베풀어 백성의 삶이 풍요로우면 하늘의 축복인 상서가 나타난 다는 상서론도 여기에 기초한다. 천명사상과 덕치이념은 모든 사면의 이유로서 서론되고 있으며, 군수의 정치사상의 근본인 덕치주의에 입각한 왕도정치의 기 초를 이루고 있다. 사면을 행하는 경우에는 구휼 등 고령자, 지원이 필요한 계층 에 대한 구호도 함께 이루어지고 있다. 이러한 천명사상은 불교의 융성에 따라 佛法에 의거하는 사례가 자주 보이고, 황조신, 천신지기 등 다양한 형태로 그 주 재신이 복합적으로 나타나고 있다.

---

37 『續日本紀』天應 2년 윤정월 정유조.

사면의 범위도 사형죄 이하는 대부분 대상에 들어가고, 팔학, 사주전, 강도와 절도, 통상의 사면에서 허용되지 않는 범죄는 제외하고 있다. 이들 범죄가 사면의 경계를 나누는 기준이 되고 있다. 그러나 팔학 이하의 범죄를 사면에 포함시키는 경우도 나온다. 효겸천황 재위 시의 모친 광명황태후의 병중에 행해지고, 환무천황 치세시의 부친 광인태상천황의 병중 그리고 원정천황 재위 시에 藤原不比等의 병중에 팔학, 사주전, 강도와 절도와 같은 범죄에 사면하고 있다. 이 경우에 사형죄는 부모를 살해한 경우를 제외하고는 1등 감해주는 경우도 있다. 반역죄의 경우도 주모자는 대부분 처형되지만, 음모론의 성격이 강한 경우에는 대부분 사면되고 있다.

사면은 천황권의 행사이고, 정치적 은사이자 포용책으로 충성의 수단으로 활용되고 있다. 요컨대 사면은 군주의 덕치주의에 따른 은덕으로 나타나고 있으며, 천명사상에 기반을 둔 천황제 국가의 정치적 이념이라고 할 수 있다.

제3장 연호의 제정과 천명사상

제1절 연호의 제정과 특징

연호는 연대를 표시하는 紀年法의 하나이고, 군주의 통치권의 시간적 공간성을 말해준다. 그 기원은 중국의 漢 武帝 때에 제정된 建元으로부터 시작한다. 새로운 군주가 즉위하면 元號가 제정되지만, 반드시 1世 1元의 원칙이 아니고 군주에 따라서는 치세에 수차례 개원하기도 한다. 중국 연호제의 영향을 받은 동아시아제국에서도 독자의 연호를 제정하여 사용하였다. 그러나 중국의 책봉이나 조공국의 위치에 있는 국가에서는 중국왕조를 상대로 한 외교문서에 표기하지 않는 경우도 있다.

연호는 새로 즉위한 군주의 시대를 상징하고 있어 글자 선정도 매우 중요하였다. 平安朝의 儀式書와 개원 기록에는 대학료의 문장박사 및 式部大輔 정도의 유학자가 칙명을 받아 漢籍으로부터 好字를 택하여 여러개의 안을 만들어 전거를 기입한 후, 「年號勘文」을 봉진한다. 이를 공경회의에서 검토하여 최선의 안을 천황에게 주상하면, 칙명으로 정하도록 하였다[1].

고대일본에서의 연호의 시작은 7세기중엽 孝德朝에서 蘇我氏를 타도하고 성립한 신정권의 연호로서 大化의 연호를 제정하고 대화개신이라는 정치개혁을 단행하였다. 이후 효덕조의 白雉, 天武朝의 朱鳥의 연호가 보이고 있으나 국가의 기년법으로는 정착하지 않았다.

일본에서 연호제의 본격적인 시작은 701년 大寶令 제정 이후이다. 이후 연호의 역사가 시작되었고, 새로운 천황의 즉위 혹은 도중에 개원을 통해 단절없이 새로운 연호를 제정하여 사용하고 있다. 『古事類苑』「歲時部·年號」에는 개원의 계기로서 卽位, 祥瑞, 災異, 革命, 革令의 분류하고 있다[2]. 그러나 8세기에 한정해서

1 所功, 『年號の歷史』(增補版), 雄山閣, 1989, 9쪽.

2 龜井輝一郎, 「古代日本年號攷序說」, 『福岡教育大學紀要』 56, 2007, 6쪽 참조.

보면, 대부분 즉위와 상서와 관련되어 나오고 있어 일본고대의 연호에 대한 성격과 특수성을 엿볼 수 있다.

養老令의 儀制令「公文」조에는 "凡公文應記年者, 皆用年號"라고 하여 모든 공문서에 연대를 표기할 때에는 연호를 사용한다고 법문화되어 있다. 대보령의 주석서인 「古記」에도 "연호를 사용한다는 것은, 大寶라고 기록하고 辛丑이라고 기록하지 않는 것이다[3]"라고 하듯이 기년법으로 간지가 아닌 연호를 사용하는 것이라고 규정하고 있다. 고대일본에서의 연호의 사용은 대보령의 시행 및 본격적인 문서행정과 더불어 시작되었다.

『속일본기』에 보이는 8세기의 연호의 제정과 사례를 표로 정리하면 다음과 같다.

【표 34】 8세기의 연호

연호	제정 및 개원시기	기간	천황	개원이유
大寶	文武5년(701) 3월-大寶4년(704) 5월	4년	文武	상서
慶雲	大寶4년(704) 5월-慶雲5년(708) 1월	5년	文武/元明	상서
和銅	慶雲5년(708) 1월-和銅8년(715) 9월	8년	元明	즉위/상서
靈龜	和銅8년(715) 9월-靈龜3년(717) 11월	3년	元正	즉위/상서
養老	靈龜3년(717) 11월-養老8년(724) 2월	8년		상서
神龜	養老8년(724) 2월-神龜6년(729) 8월	6년	聖武	상서
天平	神龜6년(729) 8월-天平21년(749) 4월	21년		즉위/상서
天平感寶	天平21년(749) 4월-天平感寶원년(749) 7월	3개월		상서
天平勝寶	天平感寶원년(749) 7월-天平勝寶9년(757) 8월	9년	孝謙	즉위
天平寶字	天平勝寶9년(757) 8월-天平寶字9년(765) 2월	9년	淳仁	상서
天平神護	天平寶字9년(765) 1월-天平神護3년(767) 8월	3년	稱德(重祚)	즉위
神護景雲	天平神護3년(767)8월-神護景雲4년(770) 10월	4년		상서
寶龜	神護景雲4년(770)10월-寶龜12년(781) 1월	12년	光仁	상서

---

3 『令集解』「儀制令」26「公文」조, "古記云, 用年號, 謂大寶記而辛丑不注之類也".

연호	제정 및 개원시기	기간	천황	개원이유
天應	寶龜12년(781) 1월-天應원년(782) 8월	2년	光仁/桓武	상서
延曆	天應원년(782) 8월-延曆25년(806) 5월	25년	桓武	즉위/상서

상기【표 1】에서 보듯이 8세기 이후의 일본은 연호의 사용은 상례화되었으며 천황의 즉위와 상서의 출현 등으로 새로운 연호를 제정하였다. 대보율령의 시행을 계기로 모든 공문서에는 치세의 연호를 사용하게 되었다. 시간순으로 보면, 大寶, 慶雲, 和銅, 靈龜, 養老, 神龜, 天平의 2자 연호가 사용되었고, 이어서 天平感寶, 天平勝寶, 天平寶字, 天平神護, 神護景雲 등 4자 연호가 제정되었다. 8세기후반 30여년간 光仁朝, 桓武朝에서는 다시 2자 연호인 寶龜, 天應, 延曆의 연호를 제정하였다. 8세기 나라시대 9대 95년간 총 15개의 연호가 사용되었다.

특히 聖武朝에서는 연달아 3개 연호가 제정되었고, 元正과 稱德은 2개 연호를 제정하여 사용하였다. 慶雲은 文武朝와 元明朝에서 사용하였고, 天應은 光仁朝와 桓武朝에 걸쳐 사용하였다. 그리고 연호는 개정 월일에 관계없이 사서에는 즉위년 기년법에 따라 그 해 정월부터 기록하였다.

먼저 대보령 시행 이후 최초로 제정된 大寶는 대마도에서 금을 헌상한 것을 기념하여 붙인 것이다. 다음 慶雲은 궁전 누각 위에 경운이 나타나 개원하였고, 和銅은 무장국에서 동을 헌상한 상서에 의해 개원하였고, 靈龜는 좌경직이 헌상한 상서의 거북이 계기가 되었다. 養老는 원정천황이 미농국의 온천수를 효험하고 노인을 보살핀다는 의미로 개원하였다. 神龜는 상서로운 白龜의 헌상으로, 天平은 좌경직이 바친 거북 등에「天王貴平知百年」이라는 글자가 새겨진 것을 축하하여 개원하였다.

다음의 4자 연호는 당의 측천무후의 치세에 사용한 天冊萬歲, 萬歲登封, 萬歲通天과 같은 연호에 영향받은 것으로 추정되고 있다[4]. 4자 연호 5개 중 앞의 4개는

---

4 瀧川政次郎,「紫微中台考」,『律令諸制及び令外官の研究』, 名著出版, 1967, 松尾光,「光明・仲麻呂時代の四字年號」,『飛鳥奈良時代史の研究』, 花鳥社, 2021. 239~243쪽.

天平 다음에 2자를 추가하였다. 天平感寶는 陸奧國에서 헌상한 황금을 축하하여 제정하였고, 天平勝寶는 효겸의 즉위로 개원하였다. 天平寶字는 자연적으로 새겨긴 「五月八日開下帝釋標知天皇命百年息」이라는 문자의 발견을 계기로 제정하고, 天平神護는 칭덕천황의 重祚에 따른 연호이고, 神護景雲은 상서로운 구름 출현으로 축하의 개원이다. 그리고 寶龜는 비후국으로부터 白龜의 헌상으로, 天應은 美雲의 출현으로, 延曆은 환무의 즉위로 각각 개원하였다.

연호의 제정에는 즉위 및 상서의 출현에 동반하여 개원한 경우가 대부분이다. 이것은 천황이 덕치를 행하면 천지가 감응하여 축하의 표시를 보인다는 천명사상에 기인한다. 연호에 포함되어 있는 사상성은 단지 치세의 시간적 상징성뿐 아니라 정치적 이념에 의해 추구되고 있음을 발견하게 된다.

제2절 大寶와 慶雲

먼저 大寶 연호의 제정부터 검토해 보자. 『속일본기』文武天皇 대보 원년(701) 3월에, "대마도에서 금을 공상하였다. 大寶 원년으로 건원하였다"라고 하여 대보 연호의 제정 사실을 기록하고 있다. 大寶는 문자 그대로 큰 보물이고, 금이라는 보배의 발견과 헌상을 기념하기 위해 建元했다고 기록하고 있다. 이보다 앞서 문무 2년(698) 12월에 대마도에 명하여 금광석을 제련시켰다[5]는 기록이 있지만, 금 추출에는 성공하지 못한 것으로 보인다.

한편 대마에서는 금 헌상 이전에 천무 3년(674) 3월조에 대마에서 銀을 공상했는데, 왜국에서 은이 산출된 것이 이때가 처음이었다[6]고 하여 발견자에게는 관위를 내리고, 공상된 銀은 천신지기에게 바치고 대부 이상의 관인들에게도 나누어 주었다. 『延喜式』「祥瑞」조에는, 黃銀, 金勝은 仁寶라고 하고, 다듬지 않아도 스스로 빛을 발하고 달빛과 같이 밝으며, 일명 金稱이라고 한다[7]. 金, 銀은 上瑞로 분류

---

5 『續日本紀』文武 2년 12월 신묘조.
6 『日本書紀』天武 3월 병진조.
7 『延喜式』「祥瑞」조, "黃銀, 金勝〈仁寶也. 不斲自成光如月明, 一名金稱〉"

하고 있다.

이때 금의 공상으로 금 산출지의 對馬嶋司 및 郡司, 主典 이상에게 관위 1계를 승진시키고, 금을 바친 郡司에게는 관위 2계를 주었다. 그리고 금을 발굴한 家部宮道에게는 정8위상을 내리고, 식봉 50호와 전답 10정 그리고 비단, 목면 삼베, 가래를 하사하였다. 또한 발굴자가 속한 戶에는 종신 부역을, 그 지역 백성에게는 3년의 부역을 면제하였다. 금의 공상으로 대마 전체가 은덕을 받았다[8]. 금이라는 상서의 출현으로 새로운 연호를 정했다는 국가적 경축으로 받아들였기 때문이다. 그러나 이 사건은 곧 사기극이었음이 드러났다. 大倭國 忍海郡 사람 三田首五瀬가 對馬嶋에 파견된 금을 정련했다고 사기쳐서 가짜 금을 공상한 것이다. 이러한 사기 사건이 밝혀졌음에도 대보 연호는 그대로 사용되었는데, 관련자가 처벌되었는지에 대해서는 기록이 보이지 않는다.

이 사건을 통해 추측할 수 있는 것은 연호의 제정을 위해 무언가의 상서의 출현을 인위적으로 조작했을 가능성이 있고, 그것이 대마 산출의 金이었다고 생각된다. 『속일본기』에는 대보 연호의 건원 기사 다음에 비로소 新令에 의거하여 관명, 위호를 개정하였다고 하여, 대보령 시행을 전제로 하여 연호를 제정한 것으로 생각할 수 있다[9]. 금의 공상 사건은 연호 제정을 위해 사전에 기획된 각본대로 움직였을 가능성이 있다. 특히 문무 2년(698)에 대마도에 금을 정련시켰다는 사실에 기초해서 금의 산출과 공상을 기획한 것이다. 대마도에서 금이 공상되기 전에 광물질로 되어 있는 금을 정련시키기 위해 三田首五瀬를 대마에 보낸 인물은 조정의 고위관인이었던 정3위 大納言 大伴宿禰御行이었다. 그는 대보 원년 정월에 사망하여 우대신으로 추증되었고, 그의 공로는 아들에게 전해져 식봉 100호와 전지 40정을 하사하였다. 해당 기사의 말미에는 註를 달아 〈年代曆〉에서 말하기를, 후에 (三田首)五瀬의 사기임이 드러났다. 증 우대신은 五瀬에게 사기당

---

8 『續日本紀』大寶 원년 8월 정미조., "注年代曆曰, 於後五瀬之詐欺發露. 知贈右大臣爲五瀬所誤也".
9 河内春人, 「年号制の成立と古代天皇制」, 『駿台史學』156, 2016, 18쪽.

한 것임을 알았다[10]"라고 기록되어 있다. 즉 금 공상 기사는 조정에서 기획했으나 三田首五瀬는 자신의 공명심을 위해 가짜 금을 공상한 것이다. 이 가짜 금공상 사건은 허구로 판명되었지만, 기록의 성격상 정사에서는 배제되었고, 〈年代曆〉이라는 별개의 기록을 통해 밝혀지게 된 것이다.

다음은 慶雲 연호의 제정이다. 문무천황 치세 8년인 704년 5월에 "備前國에서 神馬를 바쳤다. 서쪽 누각 위에 慶雲[11]이 보였다"라고 하여 조를 내려 천하에 사면을 내리고, 연호를 慶雲 원년으로 개정하였다[12]. 신마의 헌상과 더불어 상서로운 경운이 출현하여 하늘의 축복으로 받아들여 사면과 함께 개원하였다. 아울러 고령자와 병자, 장애자를 진휼하였고, 임인년(702) 이전의 大稅와 신마를 보낸 군의 당해년의 調를 면제하였다. 이어 신마를 바친 비전국수 정5위하 猪名眞人石前에게 1계를 승서하고, 경운을 처음 본 식부성 少丞 종7위상 小野朝臣馬養에게는 관위 3계를 승서하고, 비단, 명주실, 삼베단, 가래를 하사하였다.

경운은 『延喜式』「祥瑞」조에 大瑞로 규정되어 있고 이 상서의 출현은 군주의 통치권을 정당화할 수 있는 기회였다. 대보 연호를 제정한 지 불과 4년만에 새로운 연호를 정한 것이다. 아마도 대마에서 공상된 金이 조작된 사건으로 밝혀져, 새로운 연호의 제정을 염두에 두고 있었다. 경운과 같은 대서의 경우는 발견 즉시 표를 올려 주상하도록 되어 있다. 구름 등의 실물을 전할 수 없는 사안에 대해서는 현지에서 실견한 형태를 모사하여 역마를 이용하여 보고한다. 경운의 출현을 보고하기 직전에 비전국에서 바친 神馬 역시 대서이다. 경운과 같은 자연현상의 경우에는 잠시 나타났다가 살아지는 것이어서 보고 내용의 사실관계는 확인할 방법이 없다. 그러나 진위여부와는 관계없이 통치권자인 군주에게는 상주된 사실만으로 통치권의 안정을 위한 메세지를 전할 수 있는 수단이었다.

---

10 『續日本紀』大寶 원년 8월 정미조.
11 『延喜式』권제21, 式部省式에 慶雲은 "狀若烟非烟, 若雲非雲"라고 하면서 大瑞의 범위로 규정하고 있다.
12 『續日本紀』慶雲 원년 5월 갑오조, 和銅 6년 12월 을사조에도 近江國에서 慶雲이 나타났다고 언상하였다.

연호는 모든 공문서에 기입되는 것으로 중앙과 지방의 모든 관인에게 새로운 연호의 제정과 그 의미를 알리고 천명에 의한 천황의 덕치주의의 표상으로 인식하고 체감하도록 하는 효과가 있었다. 문서주의 시대에 연호의 개정과 의미를 통한 통치권을 미화하고 선전하는 중요한 수단이었다.

제3절 和銅, 靈龜, 養老

慶雲 다음으로 개정된 연호는 元明朝 708년의 和銅이다. 元明天皇은 경운 4년(707) 6월 문무천황의 사망으로 즉위하였고 이듬해 정월에 武藏國 秩父郡에서 화동을 헌상한 것을 계기로 개원하였다[13]. 이때 문무천황은 조를 내려, "통치하고 있는 국가의 동방에 있는 무장국에서 자연히 생긴 화동이 나왔다고 주상하여 바쳤다. 이 물건은 천신과 지신이 함께 축복해 내리고 보여주는 보물이라고 생각한다. 따라서 천지의 신이 보인 상서로운 보물에 의거하여 慶雲 5년을 고쳐서 和銅 원년으로 하여 치세의 연호를 정한다"고 하였다[14].

화동의 출현이라는 상서 현상을 경축하기 위해 관인들에게 위계를 올려주고, 사형죄 이하에 대해 죄의 경중을 묻지않고 대사면을 내렸다. 이어 100세 이상의 고령자에게 벼 3석을, 90세 이상이면 2석을, 80세 이상이면 1석를 내리고, 효자와 순손, 의부와 절부는 집 대문과 마을 입구의 문에 그 내용을 알리고, 우대하여 3년간 과역을 면제하였다. 또 홀아비, 과부, 고아, 독거노인, 자활할 수 없는 자에게는 벼 1석을 내리고, 백관들에게도 차등있게 녹을 내린다. 제국의 국사, 군사에게 위계 1급을 더해주고, 무장국의 금년의 庸를 면제하고, 和銅이 발견된 해당 군의 調, 庸을 면제하는 대규모의 은덕을 베풀었다. 상서의 출현과 연호의 개정은 불가분의 관계에 있으며 새로운 군주의 통치가 시작된다는 선언이기도 하였다.

원명천황은 문무천황의 생모이고 문무천황의 황자이자 자신의 황손인 首皇子(聖武天皇)의 성장을 기다려 황위를 계승시키기 위해 중간역할자로 즉위한 천황

---

13 『續日本紀』和銅 원년 정월 을사조.
14 『續日本紀』和銅 원년 춘정월 을사조.

이다. 이때 헌상된 화동은 "自然作成和銅"이라고 하여 정련시키기 않은 자연산 동이다. 화동의 발견은 연호의 개정뿐 아니라 이 동괴를 사용해서 「和同開珍」의 전화를 주조하였다. 고대일본에서의 화폐의 본격적인 주조와 유통은 이 시기에 비롯되었고, 이후 奈良, 平安朝에서 모두 12종의 화폐가 계속해서 발행되었고, 사회적으로 유통경제에 적지않은 영향을 주었다.

다음은 元正天皇의 715년 즉위 시에 개원한 靈龜 연호이다. 원명의 즉위는 생모인 원명천황으로부터 양위받아 즉위하였다. 원래 황태자인 首皇子가 있었으나 나이가 어려 성장을 기다려 양위하게 한 것이다. 靈龜 원년(715) 9월에 원정천황은 즉위의 선명에서, "짐은 삼가 선명을 받아 감히 추대를 물리치지 못하였다. 황위에 올라 사직을 보존하고자 한다. 여기에 좌경직으로부터 상서로운 거북을 얻은 것은 즉위에 즈음하여 하늘이 보여준 축하의 표시이다. 천지의 은덕에 보답하지 않으면 안된다. 이에 和銅 8년을 고쳐서 靈龜 원년으로 한다[15]"라고 하였다.

이때의 개원은 즉위에 따른 연호의 제정이지만, 영물인 거북의 헌상이 이루어져 靈龜로 정했다. 이 상서의 출현은 갑자기 이루어진 것이 아니라 즉위의 전제로서 새로운 연호를 정하기 위해 인위적으로 만들어진 것이다. 상서의 동반은 군주의 즉위를 축하하는 하늘의 표징이고, 유덕자의 군주임을 말해주는 것이다. 이어 즉위와 성서의 출현, 개원으로 대사면과 은덕이 진행되었다. 친왕 이하 백관, 아울러 왕경과 기내의 제사찰의 승니, 천하의 제신사의 축부 등에게 신분에 따라 녹을 내렸으며, 고령자, 홀아비, 과부, 고아, 질병으로 스스로 생활할 수 없는 자에게 헤아려 진휼하였다. 효자, 순손, 의부, 절부는 집과 마을 입구의 문에 표시하고 종신토록 조세를 면제하였다. 또 이해의 조세를 전면 면제하였고, 5위 이상의 자손으로 나이 20세 이상인 자는 음위를 내렸다. 상서를 포획한 대초위하 高田首久比麻呂에게 종6위상이라는 파격적인 관위와 함께 비단, 목면, 삼베, 2천속의 벼를 하사하였다.

---

15 『續日本紀』靈龜 원년 9월 경진조.

다음은 원정천황 치세 3년째인 717년 11월에 靈龜에서 養老로 개원하였다. 즉위 후 불과 3년밖에 사용하지 않은 연호를 버리고 새로 제정한 것이다. 동 11월에 내린 조에서 "짐이 금년 9월 美濃國 不破의 행궁에 도착하여 수일을 머물러 當耆郡 多度山의 좋은 온천을 보고 몸소 얼굴을 씻었더니 피부가 부드러워졌고, 또 아픈 곳을 씻었더니 치료되지 않은 곳이 없었다. 짐의 몸에 대단히 효험이 있었다. 또 '여기에 와서 마시기도 하고 목욕을 한 자가 백발이 검어지고 혹은 벗겨진 머리가 다시 나기도 했고, 혹은 보이지 않던 눈이 보이게 되고, 여타의 질병도 모두 나았'고 한다. 옛적에 후한 광무제 때에 좋은 온천이 분출하여 이를 마신 자는 고질병이 모두 치료되었다고 듣고 있다. 『符瑞書』에도 '醴泉은 좋은 온천수이다. 그래서 노인을 보살필 수 있다. 이것이 물의 정령이다'라고 하였다. 실로 생각해 보면, 좋은 온천은 大瑞에 합치한다. 짐은 비록 보잘 것 없지만, 어찌 하늘이 내린 은혜를 저버릴 수가 있겠는가. 천하에 대사면을 내리고, 靈龜 3년을 고쳐서 養老 원년으로 한다[16]"라고 하였다.

이때의 개원은 순행 중에 머문 當耆郡 多度山의 양질의 온천수의 효능을 직접 체험하였으며, 『符瑞書』에도 온천수로 노인을 보살필 수 있고, 물의 정령이라고 하여, 養老의 연호로 개정하였다. 『太平御覽』에도 덕이 淵泉에 이르면 예천이 용솟음치고 養老할 수 있다[17]고 한다. 예천에 대해서는 『延喜式』「祥瑞」조에는 보이지 않지만, 大瑞라고 판단하고 하늘이 내린 은혜라고 하여 대사면을 내렸다. 또한 80세 이상의 고령자에게 관위 1계를 내리고, 비단, 명주, 삼베, 조를 하사하였다. 뿐만 아니라 효자, 순손, 의부, 절부는 집과 마을 입구에 표시하여 현창하고, 종신 과역을 면제하고, 홀아비, 과부, 고아, 병자 등에게도 진휼하였다. 그리고 온천수가 있는 미농국사 및 당기군의 군사 등은 관위 1계를 올려 주고, 당기군의 내년도 조, 용과 기타의 군의 용을 면제하였다. 온천의 효능에 관련된 기록은 다수

---

16 『續日本紀』養老 원년 11월 계축조.

17 『太平御覽』권873 體徵部2, "白虎通曰, 德至淵泉, 則醴泉湧. 醴泉者美泉也. 狀如醴酒, 可以養老".

나오지만, 그 효능에 감복되어 개원한 사례는 유일하다. 군주 개인의 온천수의 체험이 개원까지 가져온 사례이지만, 美濃守·介의 개입과 조정의 藤原不比等의 의도가 있었다고 생각된다[18]. 재위 9년째에 다시 개원한 것은 기년법의 취지와는 무관하고 군주의 덕정의 표출하기 위한 기획된 개원이라고 할 수 있다.

제4절 神龜와 天平

元正天皇 치세 12년째인 724년 2월에 황태자에게 양위하였다. 즉위한 聖武天皇은 대사면을 단행하고 다음과 같은 선명의 조를 내렸다.

> "(元正天皇이 말씀하기를, 文武天皇이) 황위를 물려줄 때에 그대 친왕(聖武天皇)의 나이가 어려 무거운 짐을 감당하기 어려울 것이라고 생각하여 황조모에 해당하는 말하기조차 황송한 우리 천황(元明天皇)에게 물려주시고, 이에 따라 평성대궁에서 現御神으로서 대팔도국을 통치했는데, 靈龜 원년(715)에 이 황위의 과업인 천하의 통치권을 짐(元正天皇)에게 물려주고 조를 내렸다. (중략) 위탁받은 조에 따라 물려주려고 하던 바, 작년 9월 천지가 내린 大瑞가 나타났다. 또 통치하는 사방의 국에서 그 해에 풍년이 들어 신으로서 생각해 보니, 짐의 치세를 축하하여 내려준 현상으로 보인다. 바로 황위를 잇는 치세 이름의 표시로서 감응하여 나타난 것이라고 생각한다. 지금 '神護' 2자를 (황태자) 치세의 연호로 정하고 養老 8년을 고쳐서 神護 원년으로 하고, 황위를 계승하여 천하를 통치하는 우리 아들인 그대에게 물려준다고 한 (원정)천황의 말씀을 삼가 받들게 되었다[19]".

이 즉위의 조에서 성무천황은 양위한 원정천황의 말을 인용하여 성무천황의

---

18 野村忠夫,「古代國家展開期岐阜市域」,『岐阜市史』通史編, 原始古代, 1980, 水口幹記,「祥瑞災異と改元」,『古代王權の史實と虛構』, 竹林社, 2019, 322~323쪽, 水口幹記,「藤原朝臣麻呂の祥瑞關與」,『古代日本と中國文化受容と選擇』, 塙書房, 2014, 22~25쪽.

19 『續日本紀』神龜 원년 2월 갑오조.

부친인 문무천황이 황위를 물려줄 때 황자의 나이가 어려 元明天皇에게 물려주고, 靈龜 원년(715)에는 자신에게 물려주면서, 不改常典에 따라 성무천황에게 물려준다고 하였다. 즉 문무의 황자 성무천황은 이미 문무조부터 예정되어 있었는데, 나이가 어려 모친과 고모에 해당하는 2인의 여성 천황이 중간 역할을 하였고 드디어 원복 의식을 치른 성무천황에게 양위하게 되었다는 취지의 문이다.

이어서 전년 9월에 천지가 내린 大瑞가 출현하였는데, 이것은 짐의 치세를 축하하고, 황위를 잇는 치세의 이름을 표시한 것으로 황태자의 덕에 감응하여 나타났다고 하면서, 神護를 치세의 연호로 정하고 천하를 통치하는 성무천황에게 물려준다고 하였다. 즉 새로운 연호의 제정은 이미 원정조에서 정해놓고 황태자인 성무천황에게 양위한 것이다. 연호의 의미도 황태자의 덕에 하늘이 감응하고 신의 가호를 받았다는 神護로 정하였다.

이 大瑞의 출현은 즉위 전년인 養老 7년(723) 9월이고, 이때 좌경인 紀朝臣家가 흰 거북을 바쳤다. 이때 소관 관사에서 圖牒을 살펴보니,『孝經援神契』에서는 천자가 효를 다하면 하늘에서 용이 내려오고 땅에서는 거북이 나온다고 하고,『熊氏瑞應圖』에서는 군주는 공평하고 당파에 치우치지 않고, 노인을 공경하고, 옛 친구를 버리지 않으면 은덕이 흘러 퍼져서 신령스러운 거북이 나오고, 이것은 천지가 내린 영물이고, 국가의 상서라고 주상하였다[20]. 이에 이 영물의 출현을 경축하기 위해, 사면을 내리고, 거북을 바친 해당군은 이해의 租, 調을 면제하고, 거북을 바친 紀朝臣家에게는 무위에서 종6위상의 파격적인 관위를 내리고, 아울러 비단, 목면, 삼베, 벼 2천석을 하사하였다.

白龜의 출현 역시 원정조에서 양위와 함께 새로운 천황의 즉위를 염두에 두고 기획했다고 보인다. 白龜는 神龜이고『延喜式』「祥瑞」 조에도 大瑞에 해당한다. 이 白龜의 출현은 元正天皇이 715년 즉위 시에 개원한 靈龜 연호와 연속성을 갖는다. 자신의 치세에 영물인 거북이 출현하여 그 은덕을 받아 통치하였고, 새로 즉

---

20 『續日本紀』養老 7년 10월 을묘조.

위하는 치세의 연호도 白龜의 출현을 경축하여 신의 가호을 받았다는 의미의 神護로 정하고 양위한 것이다.

다음은 天平 연호의 제정이다. 聖武天皇은 재위 6년째인 729년 그간 사용해 온 연호를 개정하였다. 天平 원년(729) 8월에 京職의 대부 종3위 藤原朝臣麻呂가 문자가 새겨진 거북 1마리를 바쳤다. 이에 성무천황은 경축할만한 일이라고 하고, 이 大瑞의 물건은 하늘에 계신 신과 땅에 계신 신이 함께 축복을 내려 나타난 고귀한 징표라고 하여, 치세의 연호를 神龜 6년을 고쳐서 天平 원년으로 한다고 선포하였다.

天平의 연호를 개정한 이유에 대해서는 동년 6월조에 나오는 좌경직이 바친 거북 등에 새겨졌다는 「天王貴平知百年」이라는 글자에 기인한다[21]. 천황은 고귀하고 평안한 치세가 100년이나 지속된다는 의미이다. 동 8월의 조에서도, "황위에 올라 천지팔방을 조화롭게 다스리기 위해서는 聖君이 있고 현신이 받들어 봉사해야 천하가 태평하고, 인민이 평안해져야 천지의 大瑞가 나타나게 된다"라고 하여 天地가 내린 상서와 천하태평의 염원해서 天平으로 정한 것으로 생각된다.

이 天平 연호는 聖武天皇의 치세인 天平 21년(749) 4월까지 21년간 사용하였고, 이후 天平을 관칭한 4자 연호의 시대가 19년간 지속되었다. 보통 平城京 시대를 天平의 시대라고 일컫는 것도 이 연호와 관련이 있다. 성무천황의 즉위 시의 연호는 신의 가호를 받은 白龜의 출현으로 神護의 연호를 사용하였는데, 이것은 자신이 정한 것이 아니라 양위한 원정천황이 정해 준 것이다. 따라서 새로운 연호를 제정할 필요에서 상서 중의 大瑞인 거북의 출현을 기획하고 등에 문자를 새겨 바치게 한 것이다. 성무천황의 덕정에 대한 천지의 감응으로 출현한 것으로 치세의 평안을 담은 연호 제정의 정당성을 나타냈다고 보인다.

---

21 『續日本紀』天平 원년 6월 기묘조.

제5절 4字 연호의 시대

天平 연호에 이어 天平感寶의 연호가 제정되어 4자 연호의 시대가 시작되었다. 天平의 기존의 연호에 새로 感寶 2자를 추가한 것이다. 이후 天平勝寶, 天平寶字, 天平神護, 神護景雲 등 모두 5회에 걸쳐 4자 연호는 聖武朝, 孝謙朝, 淳仁朝, 稱德朝 4대 21년간에 걸쳐 사용되었다. 앞에서 언급했듯이 당 측천무후의 시대에 사용한 天冊萬歲, 萬歲登封, 萬歲通天의 영향으로 보인다. 그러나 중국에서의 상기 4자 연호는 695-696년 불과 2년 남짓한 짧은 시기에 사용하였다. 특히 이들 연호에는 모두 萬歲의 2자가 들어가 있어 측천무후의 만세무궁을 기원하는 개인적인 욕망이 담겨 있다고 볼 수 있다.

성무천황이 양위하기 직전인 天平 21년(749) 4월의 칙에서 좌대신 橘宿禰諸를 보내 동대사 大佛을 참배하며, "이 大倭國은 천지의 개벽 이래 황금은 외국으로부터 헌상받은 일이 있지만, 이 땅에는 없는 것이라고 생각하고 있었는데, 통치하고 있는 국내의 동방에 있는 陸奥國守 종5위상 百濟王敬福이 관내의 少田郡에 황금이 나왔다고 말하고 바쳤다[22]". 이어서 "짐은 금이 부족하지 않을까 걱정하고 있었는데, 삼보의 불가사의한 신험을 얻어 하늘에 계신 신, 땅에 계신 신이 서로 허락하여 축복을 내리시고 (중략) 이에 짐 혼자서 존귀한 大瑞를 받을 수 있겠는가. 천하와 함께 받아 기뻐하는 일이 도리라고 신으로서 생각한다. 모두에게 은혜를 내리고 다스려서 어세의 연호에 글자를 더하라[23]"고 하였다.

일본에서의 금의 생산은 앞에서 본 대마에서 금의 공상으로 大寶 연호를 제정했지만, 사기극으로 판명되었고, 지금까지 금 산출에 대한 기록이 없다. 상기 칙에서도 보이지만, 신라 등 외국으로부터의 입수는 있었지만, 일본땅에는 없는 것으로 생각하였다. 백제왕경복이 바친 육오국의 금 생산으로 동대사 대불조영은 성공적으로 개안식을 거행할 수가 있었다.

天平感寶의 感應 2자는 보배로운 금 산출에는 삼보의 신험에 감응했다는 의

---

22 『續日本紀』天平 21년 4월 갑오조.
23 『續日本紀』天平 21년 4월 갑오조.

미이다. 그러나 天平感寶의 연호는 불과 3개월 정도의 단기간 사용되었고, 동년에 天平勝寶로 개원하였다. 정창원문서에는 「天感」(『大日本古文書』3-220), 「感寶」(『大日本古文書』3-223)과 같이 축약해서 사용하기도 하였다.

다음은 天平勝寶의 연호이다. 동 원년(749) 7월에 "황태자가 양위받아 대극전에서 즉위하였다. 이날 感寶 원년을 고쳐서 勝寶 원년으로 삼았다[24]"라고 기록하고 있다. 이때의 天平感寶에서 天平勝寶로의 개원은 부친 성무조에서 사용한 '天平'을 그대로 관칭하고 感을 勝으로 1자 고친 것인데, 사실상 동일한 내용이다. 感寶가 육오국에서 헌상한 황금이 삼보에 감응하여 나타났다는 의미인데, 勝寶는 훌륭한 보물을 말하고 있다. 새 천황의 즉위와 더불어 새로운 연호를 정한다는 원칙에 따른 것으로 성무조 연호의 의미를 그대로 살리면서 感에서 勝으로 1자만 바꾸어 새로운 연호를 정한 것이다.

효겸천황이 즉위한 첫번째 신년을 맞이하는 天平勝寶 4년(752) 정월 원단에, "大宰府에서 흰 거북을 바쳤다"라고 기록하고 있다. 원래 白龜와 같은 大瑞는 다른 상서와는 달리 발견 즉시 주상하도록 되어있다. 그러나 이때의 흰 거북의 헌상은 즉위 후 새로운 해를 맞이하여 상서의 출현을 의도적으로 만들었다고 보인다. 발견 시의 구체적인 기술도 없고 발견자와 해당 관인에 대한 포상, 현지 주민에 대한 과역의 면제 등 다른 사례에서 나오는 후속조치가 보이지 않는다.

다음은 효겸천황 치세 9년째인 757년에 天平勝寶를 天平寶字로 개원하였다. 이때의 개원은 동 8월의 칙에서 "짐은 덕이 부족한데도 황공하게도 황위를 계승하여 팔방에 군림하고 있다. 지금에 이르기를 9년이 되었지만, 선정을 베풀지 못하고 밤낮으로 근심하고 있다. 위험한 연못에 있는 것과 같고, 살얼음판에 있는 것과 같이 조심스럽다. 이에 지난 3월 20일, 하늘이 나에게 주신 「天下大平」의 4자는 천하가 평안함을 표시하고 왕권이 영구히 굳건함을 나타낸 것이다. (중략) 마땅히 天平勝寶 9세 8월 18일을 고쳐 天平寶字 원년으로 삼는다[25]라고 하는 개원

---

24 『續日本紀』天平勝寶 원년 7월 갑오조.
25 『續日本紀』天平寶字 원년 8월 갑오조.

의 이유를 밝혔다.

침전의 천정판에 자연히 나타났다고 하는 「天下大平」의 글자는 효겸천황의 정치적 혼란을 타개하기 위한 인위적으로 조작된 내용이다. 이 개원의 배경이 된 사건은 당대의 권력자 藤原仲麻呂의 정치적 야심에서 비롯되었다. 그는 좌대신 橘朝臣諸兄, 참의 橘奈良麻呂 부자를 향한 음모론을 제기하여 효겸천황이 칙을 내리게 되는데, "요즈음 제왕, 제신 중에 무례하고 반역의 마음이 있는 자가 일을 꾀하여 大宮을 포위한다고 말하면서 사적인 병기를 준비하고 있다고 듣고 있다[26]"라고 하였다. 대궁은 藤原仲麻呂의 저택으로 그를 제거하려는 계획으로 발표되었다. 이른바 조정 내부의 권력싸움으로 나온 음모가 표출된 것이다.

이어서 駿河國 益頭郡 사람 金刺舍人麻自가 누에의 알이 자연히 만들어낸 「五月八日開下帝釋標知天皇命百年息」이라고 새겨진 물건을 바쳤다[27]. 이 문자에 대해 군신들이 주상하기를, "이 天平勝寶 9세의 정유의 해에 돌아오는 5월 8일은 폐하가 태상천황의 1주기를 위해 법회를 열어 회과한 마지막 날이다. 이에 제석천이 황제, 황후의 지성에 감응하여 천상계의 문을 열고 지상계의 훌륭한 업적을 보고 폐하의 어대가 백년의 긴 기간 계속된다는 표식이다. 일월이 비치는 곳은 모두 천자의 자손이 번영하고 천지 사이에 있는 것은 모두 폐하의 치세가 오래도록 이어진다는 것을 알고 있다. 어진 마음에 의한 덕화가 두루 미치고, 국내가 안정되고 자애가 먼 지역까지 퍼져 국가 전체가 평안해진다는 표징이다[28]"라고 하였다.

효겸천황은 "지금 반역의 기간에 영험한 글자가 나타나고 사건이 종식된 날에 조정에 수상했으니 실로 하늘이 도운 것이다[29]"라고 하면서 天平寶字로 개원하였다. 기왕의 天平 2글자는 그대로 관칭하고 보배로운 글자(寶字)라는 의미로 새로운 연호를 제정하였다. 이때의 개원은 정치적 혼란을 타개하기 위한 수단이었

---

26 『續日本紀』天平寶字 원년 7월 무신조.
27 『續日本紀』天平寶字 원년 8월 기축조.
28 『續日本紀』天平寶字 원년 8월 갑오조.
29 상동

다. 개원의 전제가 된 상서는 군주의 덕정에 대한 천지의 발현이고 왕권의 안정과 번영의 징표로서 인식되던 고대 지배층의 천명사상에 기반하고 있다.

효겸천황의 양위로 즉위한 *淳仁天皇*은 효겸조의 연호인 천평보자를 그대로 사용하고 폐위될 때까지 새로운 연호를 제정하지 않았다.『속일본기』의 사서에 나오는 천황 중에 유일하게 치세 중에 자신이 정한 연호가 없다. 이것은 순인조의 정치는 효겸상황이 실질적인 통치권을 행사하고 있었으며 순인천황 스스로가 연호를 제정할 만큼 권력이 미약했던 결과라고 생각된다[30]. 한편으로는 순인조에서는 앞장에서 살펴봤듯이 상서의 출현도 나오지 않는다. 상서의 출현과 연호의 제정은 하나의 조합된 형태로 기술되어 있고, 군주의 덕을 찬양하는 정치적 성격이 매우 강하다. 이런 점에서 원래 존재했던 연호와 상서를 *廢帝*라는 이유로 제외했을 가능성도 있다.

*淳仁天皇*이 폐위된 764년 10월에 효겸상황은 다시 즉위하여 *稱德天皇*이 되었다. 이듬해 정월 *天平神護*로 개원하였다. 칭덕천황은 *改元*하게 된 이유에 대해 다음과 같이 칙을 내렸다.

"*賊臣 仲麻呂*는 외척의 근신으로 앞의 조정에서 등용되어 직무를 맡이 그 역할을 잘 수행했기 때문에 새삼 의심한 바 없었다. 어떻게 사악한 반역의 마음을 품고 짐새의 독을 몰래 세상에 침투시키고 사람과 신의 마음을 분노하게 하여, 그 원망하는 마음이 하늘도 감응시키리라고는 생각이나 했겠는가. 다행히 신령이 나라를 보호하고 풍우도 우리 군세를 도와 10일이 지나지 않아 모두 주살되었다. 지금 악의 원흉은 이미 제거되었기 때문에 한 마음으로 선으로 돌아가 옛 부정을 씻고 만물과 함께 일신하고자 한다. 연호를 개원하여 *天平寶字* 9년을 *天平神護* 원년으로 한다[31]".

---

30 *土橋誠*, 「*卽位改元*について」,『*京都埋藏文化財論集*』6, 2010, 216~217쪽.
31 『*續日本紀*』*天平神護* 원년 정월 을해조.

淳仁朝에서 일어난 藤原仲麻呂의 반란사건은 효겸상황에게 엄청난 충격이었다. 이 반란의 진압에 성공한 효겸상황은 앞의 칙에서「神靈護國」을 적시하여 신령이 나라를 보호하였다는 神護의 연호를 새로 제정하였다. 일이 잘못되면 자신이 죽음에 빠질 수 있는 상황에서 신의 가호로 구원을 받았다는 것이다. 선대로부터 받은 天平은 그대로 관칭하여 天平神護를 重祚한 시대의 연호로 제정한 것이다. 이어 전국의 신사의 신관에게 위계 1급을 올려주고, 등원중마려의 정토에 봉사한 6위 이하의 관인에게도 1계의 관위를 승서하였다. 6위 이상에게는 항례에 따라 물품을 내리고, 왕경의 70세 이상의 백성들에게도 관위 1계를 내렸다. 이 연호 역시 신의 가호를 받은 자신의 통치권을 정당화하는 천명사상에 의거하고 있다.

다음은 天平神護의 치세 3년 후인 767년 8월에 神護景雲으로 개원하였다. 이때의 개원은 하늘에서 솟아오른 景雲의 출현에서 비롯되었다. 이날 칭덕천황에 내린 조에 "景雲은 천조대신이 자애를 보여준 것이고, 선황의 영령이 도와 자애를 베푼 것이고, 佛도 諸天도 천지의 신도 함께 보여준 大瑞의 구름이다. 천지의 은혜에 보답해야 한다"라고 하였다. 景雲은 상서 중에서도 大瑞에 속하며『연희식』「祥瑞」조에는 景星에 이어 2번째로 나오고 있다. 앞서 文武朝 704년 5월에 慶雲의 출현으로 개원한 일이 있다. 景雲은 慶雲과 동일한 상서이지만, 앞의 연호와 동일한 글자의 혼란을 피하기 위해 景雲으로 표기한 것이다. 이 상서의 출현은 황조신, 佛, 諸天, 천지의 은혜 등이 총 동원된 상서의 기운으로 기술되어 있다. 천신지기의 모든 신들의 가호로 진귀한 상서의 경운을 내린 것으로, 칭덕조의 평안의 염원을 담고 있다. 동시다발적인 경운의 주상을 통해 하늘이 내린 상서로운 기운으로 통치권의 안정을 도모하고자 한 것이다.

이 상서를 경축하는 조치로서, 이세대신궁의 신관들에게 관위 2급을 올려 서위하고, 伊勢國 神郡의 郡司 및 제국의 祝部에게도 1급을 내리고, 6위 이하 및 좌우경의 남녀 60세 이상에게 관위 1급을 주었다. 효자, 순손, 의부, 효부, 절부, 力田에게는 2급을 올려 서위하고, 그 집문에 취지를 표시하여 현창하고, 종신 전조를 면제하였으며 5위 이상들에게는 천황의 하사품을 내렸다. 또 천하 제국의 전조의 반을 면제하고, 80세 이상의 노인 및 홀아비, 과부, 고아, 독거노인 등에게는 벼를 지급하였다. 전국의 사형죄 이하의 죄인에게 사면의 은사를 베풀었다. 이때의 경운의 출현으로 베푼 은덕은 전대미문의 백성을 대상으로 한 거대한 축하의 행사였다.

天平 시대의 연호는 모두 白龜의 출현과 관련해서 개원했는데, 이번의 경우는 그동안 사용한 天平의 글자를 제외하고 神護景雲으로 했다는 점에서 차이가 있다. 천지의 모든 신의 가호로 상서의 경운이 출현하여 치세의 평안을 기원하는 연호의 개정이었다. 이때 칭덕여제의 나이 50세로 重祚한 기간과 상황 시대의 치세를 합하면 30여년을 통치한 역대 최장의 통치자였다. 그러나 그의 치세의 말년에는 승 道鏡에게 의지할 수밖에 없었던 고독하고 불안했던 독신 천황이었다. 이러한 상황에서 景雲의 출현은 정치적의 의도로 만들어진 현상임은 명확하고, 칭덕조의 불안정한 현실의 모습을 말해주고 있다.

제6절 寶龜, 天應, 延曆

稱德天皇은 770년 8월 침전에서 세상을 떠났다. 그의 遺詔에 따라 天智天皇의 손인 白壁王이 황태자로 정해지고 동년 10월에 光仁天皇으로 즉위하였다. 그동안 天武系가 황위를 계승해 왔던 원칙이 무너지고 천지계의 시대가 열린 것이다. 칭덕천황은 독신의 여성천황으로 후사가 없었고, 권력의 중심부에서 벗어나 있던 백벽왕이 공경회의에서 추대되었다. 당시의 나이 62세로 역대 최고령으로 즉위한 것이다. 권력에서 소외도어 있던 그가 천황으로 옹립된 것은 그를 둘러싼 공경 상호 간의 권력다툼을 해소시킬 수 있다는 생각때문으로 생각된다.

光仁天皇은 즉위의 선명에서 다음과 같이 조를 내렸다.

"금년 8월 5일에 肥後國 葦北郡 사람 日奉部廣主賣가 白龜를 바쳤다. 또 같은 달 17일에는 같은 국의 益城郡 사람 山稻主가 白龜를 바쳤다. 이것은 모두 大瑞에 합치한다. 따라서 천지가 주신 대서는 받아서 기뻐하고, 받아서 존귀하게 여겨야 한다. 이에 개원하여 神護景雲 4년을 寶龜 원년으로 한다. 또 봉사한 사람 중에, 그 봉사의 상황에 따라 1, 2인 등에게 위계를 올려 예우하도록 한다. 또 천하에 대사면을 내린다[32]".

새로운 연호의 제정에 대해 이해 8월에 肥後國 葦北郡, 益城郡에서 각각 白龜를 헌상하여 寶龜라고 새로운 연호를 정했다고 한다. 앞 시대에도 거북의 출현과 관련하여 靈龜, 神龜의 연호를 제정했듯이 이번 개원도 즉위 직전에 흰 거북의 헌상을 천지가 준 大瑞라고 하여 寶龜를 새로운 연호로 제정하였다. 그러나 8월 5일과 17일에 九州의 肥後國의 군에서 바친 白龜는 『속일본기』에는 해당 기사가 없다. 또한 8월 5일은 稱德天皇이 사망한 다음날이다. 肥前國에서 大宰府를 거쳐 평성경까지의 노정은 『延喜式』 主計寮上에 의하면, 대략 15일~16일 정도가 걸린다. 그렇다면 이때의 흰 거북은 전 천황인 稱德天皇에게 보낸 것이다. 光仁朝에서는 황위의 정당성을 강조하기 위해 앞 시대의 상서의 발견을 자신의 치세에서 일어난 일로 포장한 것으로 생각된다. 상서의 동물로서 거북은 치세의 군주들이 선호하였고, 지방관들은 여기에 영합하기 위해 거북의 포획에 전력을 다했을 것으로 보인다.

다음은 光仁朝에서 2번째 연호인 天應으로의 개원이다. 天應 원년(781) 정월 원단에 새로운 연호의 제정에 대해 다음과 같이 조를 내렸다.

"요즈음 관인들이 '伊勢齋宮에 보이는 아름다운 구름은 바로 大瑞에 상당한다'고 주상하였다. 이 신궁은 국가를 진호하는 곳이다., 하늘이 여기에 감응한 것은 길상이고 좋은 일임에 틀림없다. 대저 짐은 부덕한 몸인데, 이것은 짐 혼자 이루어낸 것이 아니고 바로 모든 백료가 서로 화합한 것에 하늘이 감응한 것임을 알 수 있다. 지금 정월 초하루의 새로운 曆의 시작을 알리고 길일이 시

---

32 『續日本紀』寶龜 원년 10월 기축조.

작되었다. 이 좋은 날에 대해서 모두 함께 기뻐해야 할 것이다. 이에 천하에 대사면을 내린다. 연호를 고쳐 天應이라고 한다[33]".

이때의 개원은 광인천황이 치세 12년째이자 황태자에게 양위하기 불과 3개월 전의 일이다. 이미 양위를 결심하고 있던 시기에 개원한 것은 그는 건강과 관련이 있다고 보인다. 당시 광인천황은 73세의 고령으로 건강이 매우 악화되어 있었다. 자신의 마지막을 예견한 듯 덕이 부족한데도 황위를 이어 좋은 일을 베풀지도 못하고 헛되이 12년이 지나가 버려 근심과 두려움으로 울적해 있다는 심정을 밝히고 있다. 이러한 천황이 마음을 읽기라도 한 듯 관인들이 마침 伊勢齋宮에 나타난 美雲은 바로 大瑞에 상당한다고 주상하였다. 이에 천황은 이 신궁은 국가를 진호하는 곳이고, 하늘이 여기에 감응한 것은 길상이고 좋은 일임에 틀림없다고 함께 기뻐해야 한다고 하여 天應으로 개원하였다. 광인천황의 치세의 말년에 건강 악화를 상서의 출현으로 쾌유를 기원하기 위해 새로운 曆이 시작되는 신년하례의 장에서 개원한 것으로 보인다. 美雲은 앞에서 본 慶雲, 景雲과 같은 상서이고 『연희식』「상서」조에 나오는 4등급의 가장 상위인 대서에 해당한다. 上瑞이하는 연중에 발견되어도 신년 원단에 일괄적으로 주상하지만, 大瑞의 경우는 발견 즉시 태정관에 보고하게 되어 있다. 이때의 상서의 출현은 신년하례에 맞춰 주상하고 있듯이 정치적 의도로 기획된 상서로 생각된다.

이 改元으로 대사면을 내리고 관련기관, 지역의 관인들에게 관위를 승서해 주고, 80세 이상의 고령자를 비롯하여 홀아비, 과부, 고아, 독거노인을 진휼하고, 효자, 순손, 의부, 절부에게는 그 집의 문과 마을 어귀에 표식을 세워 현창하고 종신 과역을 면제하도록 하였다.

다음은 『속일본기』의 마지막 천황인 桓武朝에서의 延曆 연호의 제정이다. 天應 원년(781) 4월에 광인천황은 조를 내려, 이전부터 風病에 시달리고 있고, 나이도

---

33 『續日本紀』 天應 원년 정월 신유삭조.

노령으로 남은 목숨은 얼마 남지 않아, 황태자로 정한 山部親王에게 양위하였다
[34]. 조가 내려진 이날 황태자는 선양을 받아 즉위하였다. 환무천황은 즉위한 天應
원년 8월에 다음과 같이 조를 내렸다.

"은주 이래 아직 연호가 없었다. 한 무제 때에 처음으로 건원이라는 연호를
칭했다. 이로부터 이후 역대 (황제)는 전례에 따라 세웠다. 이에 대를 계승한 군
주도, 양위받은 군주도 즉위하여 원호를 열었는데, 상서를 받으면 개원하지 아
니한 적이 없었다. 짐은 덕이 부족한데도 황위를 계승하여 王公에 의지하여 천
하에 군림한 지 이미 세월이 지났지만, 아직 새 연호를 시행하지 않았다. 지금
종묘사직에 영험이 내려와 현세와 명계와의 신들이 큰 복을 주어, 곡물이 풍성
하게 익고, 상서의 표시가 나타났다. 모든 국들과 함께 이 즉위를 기뻐하고자
한다. 天應 2년을 고쳐 延曆 원년으로 삼고자 한다.[35]".

光仁天皇으로부터 양위받아 즉위한 황태자 환무천황은 즉위한 지 4개월이 지
난 그 해 8월에 延曆이라는 새로운 연호를 제정하였다. 한무제 이래로 역대 군주
는 즉위하면 연호를 제정했는데, 특히 상서의 출현 시에는 반드시 개원하였다고
하여 새로운 연호의 당위성을 언급하였다. 이어 개원의 이유로서 종묘사직에 영
험이 내려와 복을 주고 곡물을 풍성하게 익게 하는 상서를 표시하였다고 하였다.
이때의 상서는 눈에 보이는 영물이 아니라 조상신의 영험을 말하고 그 덕에 농작
물이 풍년이 되었다고 하여 개원의 전조로서 말하고 있다.

延曆의 연호는 曆을 계속해서 이어나간다는 의미가 있다. 중국왕조의 역법을
받아들인 고대일본에서도 曆은 군주의 통치를 시계열적으로 알려주는 시간표이
고 이것의 중단은 치세의 종료를 의미한다. 즉 曆의 연속성, 변함없는 치세의 안
정을 상징하는 것이라고 할 수 있다. 환무천황의 연력의 치세는 개원없이 25년간

---

34 『續日本紀』天應 원년 4월 신묘조.
35 『續日本紀』延曆 원년 8월 기사조.

이어져 일본고대의 연호로서는 최장기간 사용하였다. 『일본후기』의 환무천황에 대한 논찬에서도 그의 덕은 요순을 능가한다고 평했듯이 카리스마 넘치는 통치력으로 안정된 왕권을 유지하였다.

제7절 연호의 정치적 성격과 천명사상

대보율령의 제정으로 본격적인 문서행정이 시작된 연호제는 공문서에 반드시 기입하도록 규정되었다. 즉 모든 문서에 연대를 표기할 때에는 연호를 사용하도록 법제화되어 문서주의에 결할 수 없는 기년법으로 자리잡았다. 대보령이 시행된 직후에 작성된 정창원에 남아있는 호적에도 「大寶二年」의 연호가 들어간 기년이 기입되어 있고, 藤原京 출토의 목간에도 「大寶元年十一月」이라고 하여 大寶의 연호가 제정된 그해의 기록이 확인되었다. 慶雲 4년(707) 威奈眞人大村의 骨藏器에 새겨진 묘지명[36]에도 「以大寶元年律令初定」이라고 하여 대보원년에 율령이 처음으로 정해졌다고 명기하고 있다.

또한 대보령 시행 이후 「神龜四年」이 명기된 「若狹國遠敷郡玉置鄕田井里〈三次君國依/御調鹽三斗〉/神龜四年閏月七日」이라는 문구가 기입된 목간이 출토되었다[37]. 이 목간은 신구 4년(727) 윤[9]월 7일자로 若狹國 遠敷郡 玉置鄕 田井里에 거주하는 三次君國依라는 사람이 調로 소금 3두를 바친 내용이다. 예를 들면 종전에 대보령 시행 이전인 文武朝 3년(699)의 목간(「己亥年十月上捄國阿波評松里」)에 '己亥'라는 간지를 사용했지만[38], 대보령 제정 이후에는 연호를 기입한 기년법을 사용하고 있다. 이것은 일반 백성들도 연호를 인식하고 사용하고 있었다는 것이고[39], 稅目에 연호를 사용한 것은 중앙의 권력이 지방에까지 미치고 있었다는 증거이다. 이와같이 대보령의 제정으로 기년법으로서 연호는 중앙과 지방의 공적문

---

36 奈良文化財研究所飛鳥資料館編, 『日本古代の墓誌』, 同朋社, 1979.

37 奈良国立文化財研究所編, 「平城宮本簡」 1 解說, 『平城宮発掘調査報告』V, 1969.

38 奈良国立文化財研究所 木簡 데이터베이스 참조.

39 佐藤宗諄, 「年號制成立に關する覺書」, 『日本史研究』100, 1968, 61쪽.

서뿐 아니라 사적 기록에도 빠르게 정착되고 있음을 보여주고 있다.

『속일본기』에 수록된 8세기 100여년간 9대 8인의 천황이 사용한 연호는 모두 15종이고, 재위 중에 상서가 출현으로 2, 3회 개원하는 경우도 보인다. 연호의 사용은 즉위년 기년법에 따라 한해의 도중에 즉위했으면 그 해를 제정된 연호의 원년으로 삼는다. 그러나 9세기 이후에는 유년기년법에 따라 즉위 이듬해부터 元號의 시작으로 삼고 있다. 『日本後紀』의 大同 원년(806) 5월조의 편찬자의 논찬에 따르면, 平城天皇은 즉위한 이해 5월에 개원했는데, 이것은 예가 아니라고 평한다. "군주가 즉위하여 해를 넘긴 후에 개원하는 것은 신하의 마음에 1년에 2명의 군주를 받드는 일이 되어 부담이 되기 때문이다"라고 하였다. 지금까지는 해를 넘기기 전에 개원하는 경우에는 선제의 사후에 남은 해를 새로 즉위한 군주의 연호로 하는 것인데, 이것은 잘못된 것이라고 논평하고 있다[40].

연호의 제정은 철저하게 祥瑞 사상에 기초하여 제정하고 있다. 상서의 출현과 연호의 제정은 불가분의 관계를 갖고 있으며 예외가 없다. 대부분의 상서는 즉위에 즈음하여 출현하는 경우도 있고 재위 중에는 특별한 일이 발생하여 이를 상서로서 경축할 때 개원하고 있다.

연호의 글자를 보면 慶雲, 景雲 등의 상서로운 구름의 출현이고 天應의 연호도 美雲의 출현으로 제정하였다. 靈龜, 神龜, 寶龜는 영물의 거북에 출현에 의한 것이고 天平의 연호도 白龜에 새겨진 「天王貴平知百年」의 문자에 기인한다. 그리고 大寶, 感寶, 勝寶는 금, 황금의 헌상이고 和銅은 和同開珍의 화폐주조의 원료가 되어 상서로서 개원하였다. 또 상서의 글자의 출현으로 寶字의 연호를 제정하였다. 그리고 神護는 '神靈護國'이라고 하여 신의 가호로 난을 평정하고 국가를 평안이 했다는 의미로 제정되었다. 養老의 경우는 醴泉이라는 상서의 온천수의 효험으로 개원한 것이다. 마지막의 延曆은 통치자의 曆이 계속된다는 의미인데, 종묘사직의 영험으로 제정된 연호이다.

---

40 『日本後紀 大同 원년 5월 신사조.

그러나 이러한 상서의 출현에는 작위적인 경우가 대부분이고 상서의 출현을 통한 천황의 통치권의 정당성을 과시하고 국가의 평안을 기원하는 의도에서 기획되었다. 거북과 같은 생물의 경우에는 포획하면 방생하는 것이 법령으로 되어 있고, 그 모습을 도안으로 만들어 주상하고 있으며 개원에 즈음하여 출현시키고 있다. 상서의 구름도 주상된 보고내용을 토대로 하고 있기 때문에 실제의 상황과는 거리가 있다. 대개 조정을 움직이고 있는 자들에 의해 상서의 출현을 기획하고 있다고 생각된다.

각지에서 발견된 상서는 왕경에서는 京職, 제국에서는 국사를 통해 헌상되기 때문에 이들의 역할을 무시할 수 없다. 권력과 가까운 고위 관인들이 새로운 천황의 즉위 혹은 개원이 필요한 시점에서 기획성 상서를 올리는 것이다. 특히 孝謙朝 때의 藤原仲麻呂는 등나무 뿌리에 글자를 새겨 자신의 국정장악을 상서를 통해 공작하였다. 그의 권세는 하늘을 찔렀지만, 결국 반란죄로 최후를 맞이하였다.

앞서 살펴본 효겸조에서 「天下大平」, 「五月八日開下帝釋標知天皇命百年息」의 문자의 출현도 그의 계획과 무관하지 않다. 상서의 출현은 통치자에게는 왕권의 안정을 위해 매우 유효하기 때문에 개원의 도구로서 이용되었고, 권력의 정당성 확보라는 측면에서 정치적 수단으로 활용되었다.

일본고대의 祥瑞觀은 천명사상에 바탕을 두고 있으며 군주의 덕정에 천지가 반응해서 상서를 내려준다는 天人相關說의 영향도 받고 있다. 상서의 현상에 대해 聖皇의 치세의 덕에 감응하여 천지가 보여준 것이라는 유교적 정치사상에 나오는 덕치주의다. 즉 중국고대의 유교적 왕도사상에서 군주의 덕치는 바로 상서의 출현이자 천의 은상이고, 실정은 재이로 나타나 천의 견책이라고 하는 신비적인 자연관에 기초하고 있다. 군주의 통치권과 상서의 출현, 연호의 제정은 하나의 고리로 연결되어 일본고대 지배층의 정신적, 사상적 세계관의 기반을 형성하고 있다.

제4장 일본고대의 순행과 왕권

제1절 순행의 의미와 유형

순행은 조정에서 정무를 논의하는 이외의 지역에서 군주권을 행사하는 통치행위이다. 율령에도 순행의 절차와 천황 부재 시의 대행권에 대해 관련 조문이 규정되어 있다. 순행에는 왕경 내의 행차도 있지만, 도성 밖에서의 천황의 외부활동이다.

일본고대의 문헌에 기록된 천황의 순행은 巡幸, 行幸, 幸行 등으로 표기되어 있다. 養老令에는 천황의 巡幸에 대해 지방관인 國司가 관할지를 순찰하는 경우에는 巡行이라고 표기하여 그 행위의 성격에 구별이 있다. 천황의 순행에 「幸」을 사용하는 것은 天子가 가는 곳에 백성이 은혜를 입는다는 중국고대의 유교적 덕치사상과도 관련이 있다. 고대일본에서도 중국적 순행의 제도적 이념과 사상을 받아들여 그대로 표기하고 있다. 또한 巡幸의 경우에는 2개소 이상 이동하는 경우에 사용하고, 특정 지역만을 방문하는 것은 行幸이라고 하여 구분하기도 한다. 그러나 반드시 이러한 표기법이 모든 사례에 통용되는 것이 아니고 대부분의 경우에는 行幸으로 기록되어 있다. 『孟子』梁惠王(下)에서는 천자가 제후의 땅을 가는 것이 巡狩이고, 순수는 지키고 있는 것을 돌아보는 것(巡狩者, 巡所守)이라고 하여 巡守와도 통한다. 고대 한반도제국에서도 순수는 정복지에 대한 확인이고 여기에 경계표시의 기념비를 세우기도 한다. 이 역시 순행의 한 형태라고 생각된다.

순행의 유형은 다양하고 군주의 성향에 따라 방문 지역도 차이가 있다. 유교적 덕치사상에서는 순행의 주요 목적 중의 하나가 민정시찰이며 백성들의 삶을 직접 군주가 확인하고 은덕을 베푸는 행위이다. 그러나 실제로 유교적인 덕치가 행해지고 있었는가에 대해서는 논란이 있고, 정사에도 순수한 민정시찰이라고 할만한 순행은 명확하지 않다. 그럼에도 불구하고 순행의 목적지에서 행해지는 의식, 의례에는 천황의 덕정이 베풀어지고 있어 민정시찰과 무관하다고는 할 수 없다.

일본고대의 율령제 하에서의 지방통치는 순찰사나 각 지역의 국사, 군사와 같은 지방관이 천황으로부터 위임받아 관할 지역을 순회하고 주상하는 형식이다. 戶令「國守巡行」조에는 國守의 순행에 대해 관련 규정이 있고, 동「大郡」조에도 郡領이 관할 군내의 백성을 생활을 안정시키고 군의 사무와 검찰하는 직무가 규정되어 있다. 또한 중앙에서 지방 7도에 사자를 파견하여 국사의 정무의 상황과 실태를 조사하기도 하고, 지방관에 대한 의무규정을 위반한 자를 보고하도록 하여 인사고과에 반영하기도 한다. 즉 지방의 행정은 지방관의 책임하에 위임 통치하면서 지방행정의 실태를 보고받거나 때로는 이들의 정무를 감시하기 위해 중앙에서 사자를 파견하기도 한다. 따라서 천황의 순행 시에는 목적지에 대한 기본적인 정보는 알고 있어 당연히 민정시찰의 성격을 내포하고 있다.

순행지는 특정 정치적 목적으로 찾는 지역이 있고, 離宮이나 수렵지, 葛野大堰과 같은 제방시설도 주요 방문하기도 하고 온천과 같은 휴양지도 있다. 또한 특정 씨족, 귀족과 연고가 있는 지역을 방문하거나 京內를 돌아보는 것도 순행에 속한다. 궁성 밖을 떠난 군주의 동향은 기록관이 동행하여 생생한 현장의 모습을 담고 있다. 천황이 탄 수레, 가마 등 순행에 소요되는 각종 물품, 군사상의 경계, 이동하는 경로, 목적지에서의 숙박 및 행사 등은 율령의 규정에 따라 행해지고 있다.

제2절 순행시의 內印, 鈴, 契의 소재에 관한 규정

천황의 순행은 궁성 밖으로 나가는 것이기 때문에 천황의 부재 시에 留守官이 도성을 지키고 국정의 공백을 메우게 된다. 따라서 유수관에 임명되는 인물을 비롯하여 천황권의 상징인 內印, 驛鈴 등의 지참에 대해 법령에 규정되어 있다.

公式令「車駕巡幸」조에는 천황이 순행할 때에는 京師의 留守官에게 鈴, 契를 지급한다고 되어 있다[1]. 천황의 부재 시에 왕경에 남아 정무를 대행하는 유수관에 대해서 養老令의 주석서인 『令義解』에서는 "생각하건대, 유수관은 황태자이다. 만약 부재중이면, 나머지 관리가 留守하는 경우도 이와 같다. 鈴, 契를 지급하는

---

1 「公式令」44「車駕巡幸」조, "凡車駕巡幸, 京師留守官, 給鈴契. 多少臨時量給".

것에 대해, 唐令을 보니 內印은 지급하지 않는다"라고 하였다. 유수관에는 황태자 혹은 신임하는 기타 관리가 맡으며, 內印, 鈴, 契 지급에 대한 규정, 해석이 나온다.

公式令「勅旨式」에는 "황태자가 監國할 때에도 이 式에 준하여 勅 대신 令으로 한다"라고 하고, 동 「便奏式」에도 동일한 내용이 나온다. 여기에 나오는 監國은 문자 그대로 국을 살피는 일로서 황태자가 천황에 대신하여 행정문서 발행의 주체가 되는 것이다. 다만 勅旨가 아닌 令旨를 사용하는 점에 차이가 있다.

다음의【표 1】은『속일본기』에 보이는 유수관 임명에 관한 사례이다.

【표 35】 留守官 사례

순행시기	순행지	유수관			
		관위	관직	이름	
和銅3년(710) 3월	平城京(천도)	정2위	좌대신	石上朝臣麻呂	
天平12년(740)	難波宮(2월), 伊勢國(10월)	정3위 정4위하	知太政官事 兵部卿	鈴鹿王 藤原朝臣豊成	
天平13년(741) 윤3월	平城京	종3위 정4위하	大養德國守 兵部卿	大野朝臣東人 藤原朝臣豊成	
天平13년(741) 9월	宇治, 山科	정4위하	兵部卿	藤原朝臣豊成	
天平14년(741) 8월, 12월	紫香樂宮	정3위 종3위 종4위하	知太政官事 左大辨 右大辨	鈴鹿王 巨勢朝臣奈弖麻呂 紀朝臣飯麻呂	
天平15년(742) 4월	紫香樂宮	정2위 종3위 종4위하	우대신 左大辨 右大辨	橘宿祢諸兄 巨勢朝臣奈弖麻呂 紀朝臣飯麻呂	恭仁宮 留守
		종5위하	宮內少輔	多治比直人木人	平城宮 留守
天平15년(742) 7월	紫香樂宮	정3위 종3위	知太政官事 中納言	鈴鹿王 巨勢朝臣奈弖麻呂	
天平16년(743) 윤정월	難波宮	종2위 종4위상	知太政官事 民部卿	鈴鹿王 藤原朝臣仲麻呂	
天平16년(743) 2월	難波宮	종2위 종5위하 종4위상 종4위하 종5위상	知太政官事 木工頭 兵部卿 大藏卿 大藏大輔	鈴鹿王 小田王 大伴宿祢牛養 大原眞人櫻井 穗積朝臣老	恭仁宮 留守
		정5위하 외종5위하	治部大輔 左京良	紀朝臣清人 巨勢朝臣嶋村	平城宮 留守
天平17년(743) 5월	恭仁宮	종5위하	參議	紀朝臣麻路	甲賀宮 留守

순행시기	순행지	유수관		
		관위	관직	이름
天平17년(743) 8월	難波宮	종3위	中納言	巨勢朝臣奈弖麻呂 藤原朝臣豊成
寶龜원년(770) 8월	高野山陵		皇太子	白壁王(光仁天皇) ※ 천황 신분
延暦4년(789) 9월	平城京	종2위 정3위	皇太子 右大臣 中納言	早良親王 藤原朝臣是公 藤原朝臣種繼　長岡京 留守

　상기 표에서 보는 바와 같이 유수관은 천도, 離宮 행차 등 천황의 순행 시에 행해지고 있다. 예외적으로 寶龜 원년의 경우에는 칭덕천황의 사망으로 장지로 이동 중이므로 즉위하기 직전의 황태자가 궁성에 남아 유수하게 된 것이지만, 사실상 천황의 신분임으로 유수관이라고 보기는 어렵다.『속일본기』의 사례에서는 '皇太子監國'에 대한 기록은 없고 '留守'의 사례만 2개소 나온다[2]. 寶龜 원년(770)에 留守한 황태자 白壁王은 칭덕천황의 사망으로 황태자가 되었고, 장지에는 가지 않은 채 평성경에 남아 국사를 담당하였다. 이 경우에는 公式令에 나오는 留守官이 아니고 천황 사망 후의 황위 계승자로서 令旨를 내리는 등 천황권의 대행자가 아닌 천황의 통치권을 행사하였다.

　延暦 4년(789)의 사례는 환무천황이 평성경으로 순행하게 되자, 비운의 황태자였던 早良親王은 우대신, 대납언과 함께 長岡京의 留守官으로 임명되었다. 長岡京은 延暦 3년(784) 11월 平城京에서 천도되었으며, 동 13년(794) 10월에 平安京으로 천도할 때까지 10년간 유지되었다. 황태자의 유수관 임명은 이것이 유일한 사례이다.

　유수관은 임시 관사인 留守司의 구성원이고 수석은 대부분 태정관의 공경인 좌우대신 혹은 태정관을 감독하는 知太政官事가 임명되고 있다. 일부의 사례에는 중납언, 참의 그리고 8성의 장관인 병부경 등이 맡는 경우도 나오고,『연희식』의 규정에는 유수관의 관위는 5위 이상으로 기록되어 있다.

2　皇太子監國에 대해서는 荒木敏夫,「皇太子監國と留守官」,『日本古代の皇太子』, 吉川弘文館, 1985 참조.

유수관에 대해서는 『일본서기』 天武 원년(672) 6월조에 大分君惠尺 등을 留守司 高坂王에게 보내어 驛鈴을 내놓으라는 기사가 나오고[3], 藤原京 출토 목간에도 「中務省牒留守省」이라고 하여 大寶令 시행 이후의 관사명으로 나온다[4]. 즉 유수관은 관사로서 사용하는 경우와 그것을 구성하는 留守가 된 관인을 가리키는 2개의 의미가 있다[5].

유수관에게 권한이 위임된 驛鈴은 역마, 전마를 이용할 수 있는 징표이며 특별한 공무를 수행할 때에 허용하고 있다[6]. 契는 군사, 교통상의 요지에 있는 關所의 개폐를 명하는 징표이다. 『令集解』 公式令 「諸國給鈴」에는 大寶令의 주석서인 「古記」를 인용하여, 3關의 국에 契 2매를 지급하고 契의 형상은 木契라고 기술하고 있다[7]. 3관은 不破關(美濃國, 岐阜縣), 鈴鹿關(伊勢國, 三重縣), 愛發關(越前國, 福井縣)에 소재하는 관소이며 천황의 즉위, 내란 등 군사적으로 위급한 상황일 경우에 교통로를 차단하기 위해 설치하였다. 關契라고 하는 割符의 左符는 조정에서 파견한 固關使에 지참하고, 3關의 國守가 보관하고 있는 右符와 대조하여 진위를 판단한다. 즉 천황의 순행시에 불의의 사태에 대비하여 3관의 폐쇄권을 유수관에게 맡기는 것이다.

한편 천황의 內印에 대해서는 순행시의 소재에 대해 별도의 규정이 없고, 『令義解』에서는 唐令에는 없다고만 언급하고 있다. 내인은 「天皇御璽」이라고 하는 4字의 印文이 새겨져 있고, 태정관 소속의 少納言이 관리하고 있다. 『연희식』 主鈴式 「行幸從駕」 조에 천황이 순행 시에 內印, 鈴, 傳符 등은 모두 옻칠한 대나무 상

---

3 『日本書紀』 天武紀 원년 6월 갑신조, "即遣大分君惠尺, 黃書造大伴, 逢臣志摩于留守司高坂王. 而令乞驛鈴".

4 奈良國立文化財研究所編, 『飛鳥藤原宮発掘調査出土木簡概報』, 1991.

5 大友裕二, 「八世紀における行幸と留守」 『ヒストリア』 247, 2014, 89쪽.

6 公式令 「諸國給鈴」조에는 "凡諸國給鈴者. 大宰府廿口. 三關及陸奧國各四口. 大上國三口. 中下國二口. 其三關國. 各給關契二枚並長官執"이라고 하여 대재부를 비롯한 제국에 차등적으로 지급하고 있다.

7 『令集解』 公式令 「諸國給鈴」조에서는 "古記云, 問, 三關國各給契二枚. 未知. 契狀, 答, 木契也"라고 기술하고 있다. '木契'는 관을 통행하기 위한 信標를 의미한다.

자에 수납하여 主鈴과 少納言이 함께 책임을 맡고 이를 운반할 말은 左右馬寮에서 충당하도록 되어 있다[8]. 즉 내인은 공문서에 날인되는 까닭에 천황의 순행 시에도 소지하는 것이 원칙이다. 『令集解』에 인용된 명법학자의 제설도 순행에는 내인 및 역령을 휴대하고 유수관에게는 그 권한을 위임하는 것으로 보고 있다[9].

한편 聖武天皇 치세인 天平 16년(744) 윤정월조에는 천황이 恭仁宮에서 難波로 순행하는데, 동 2월에 공인궁에 두고온 內印과 外印, 驛鈴을 종5위상 茨田王을 보내 가져오도록 명하고, 동시에 태정관이 사용하는 外印까지 회수명령을 내리고 있다. 또 天平 17년(745) 9월에도 난파궁에 머물고 있던 천황은 병이 악화되어 평성경, 공인경의 유수관에게 칙을 내려 사자를 평성궁에 보내 驛鈴와 印을 가져오게 한 일이 있다. 이 경우는 내인의 사용권을 유수관에게 위임한 사례이고 무언가의 사정으로 회수를 명한 것이지만, 원칙적으로는 순행 시에는 『연희식』의 기록대로 천황의 신변에서 떠나지 않았다고 생각된다[10].

천황의 순행에는 수일, 몇주 혹은 달을 넘기는 일정도 있어 鈴印의 지참여부는 사안에 따라 달라진다. 內印, 驛鈴, 關契는 천황권의 행사와 수호에 절대적이기 때문에 법령에 규정되어 엄격하게 관리되고 있다.

제3절 순행시 경호에 관한 규정

大寶令의 주석서인 「古記」에 따르면, 순행단의 행렬은 주작대로에서 대열을 정비하고 선두에는 左右京職이 위치하고 隼人司, 衛門府, 左衛士府, 圖書寮 등이 따른다. 羅城門을 나서면 경직의 역할은 여기서 멈추고 이후 관할국인 大倭國에서 선도하도록 하였다[11]. 이 내용은 芳野宮(吉野宮) 순행의 사례로 나오지만, 대부분

8　『延喜式』권12 主鈴式 「行幸從駕」조, "凡行幸從駕內印, 幷驛鈴傳符等, 皆納漆簾子. 主鈴與少納言共預供奉. 其馱者, 左右馬寮充之".

9　仁藤敦史, 「古代王權と行幸」, 『古代王權と官僚制』, 臨川書店, 2000, 97쪽.

10　천황이 순행 등의 부재시의 內印의 소재에 대한 제설은 加藤麻子, 「鈴印の保管·運用と皇權」(『史林』84-6, 2001) 참조.

11　『令集解』宮衛令26 「車駕出入」조, "古記云, 当拔, 謂亦次耳. 鹵簿圖, 謂行幸之圖也. 仮令, 行芳

의 순행에도 적용되었을 것이다. 『延喜式』, 『속일본기』의 기록에는 행렬의 선두와 후미에서 호위하며 행렬을 조정하는 기병대장군 등을 배치하고 있다.

천황의 순행 시에 가장 중시되는 문제는 천황에 대한 경호이다. 이에 대해 율령에는 다음과 같은 규정이 나온다. 첫째, 宮衛令「車駕出行」조에는 "천황의 수레가 출행할 때에는 兵衛, 衛士가 먼저 행선지를 조사하고, 도로변의 으슥하고 어두운 곳에는 평상시와 다른지를 살피고, 앞뒤에서 사람들이 큰소리로 떠드는 것을 혼내고, 높은 곳에 올라가 구경하는 자는 내려오게 한다. 만약 행차하는 곳에서는 모두 집문과 거리를 막고, 머물기에 적당하지 않은 자는 쫓아낸다"라고 규정되어 있다. 즉 천황의 통과지역에 대해 조정의 병력이 파견되어 주변 지역을 사전 점검하고 위험 요소가 없는지를 확인하여 그 대응조치에 대해 기술하고 있다. 「義解」에서는 "천황의 수레에서 300보 떨어지게 한다. 행차를 하는 사람이 아니면 가까이 접근할 수 없음으로 쫓아내는 것이다"라고 해석하고 있다.

둘째, 宮衛令「車駕出入」조에는, "무릇 천황의 수레가 출입할 때에는 여기에 따르는 사람들의 대열의 배치는 鹵簿圖와 같다. 천황으로부터 3백보 내에 병기를 소지할 수 없다. 천황의 수레를 宿衛하는 사람은 이를 허락한다"라고 규정하고 있다. 이 조문에도 천황의 신변으로부터 300보, 약 200여미터의 거리를 두고 일반 백성이 병기를 소유하는 것을 금지하고 있다. 순행의 대열은 鹵簿圖에 규정된 행렬의 배치에 따르도록 하였다. 鹵簿圖는 宮衛令「鹵簿」조의「義解」에서는 鹵는 방패이고 簿는 행렬의 순서를 기입한 장부라고 하여 순행시의 행렬도를 가리킨다. 또 宮衛令「鹵簿」조에는 "무릇 행렬 내에는 옆에서 끼어들 수 없다. 진열을 감독하는 (衛府의) 관인은 오고갈 수 있다"라고 하여 천황의 행렬에 진입을 금지하는 규정을 두고 있다.

셋째, 순행 시의 야간 경비에 관한 규정이다. 宮衛令「車駕臨幸」조에는 "무릇 천황이 순행에 나서는 경우에, 만약 밤에 행차할 때에는 部隊의 主帥는 서로 분별

野, 左右京職列道, 次隼人司, 衛門府, 次左衛士府, 次圖書寮, 如此諸司当次圖耳. 至羅城之外, 倭國列道, 京職停止也".

하여 알아야 한다. 비록 근시하는 신하라도 외부로부터 온다면, 칙이 없이는 함부로 들어올 수 없다"라고 하였다. 즉 야간 순행 시에는 경비 부대 상호 간의 분별을 인식하도록 하고, 근시하는 신하라도 처음부터의 동행자가 아니면 칙이 없으면 중간에 들어올 수 없다고 하여 불의의 사태에 대비하고 있다. 部隊의 隊는 50인으로 편성되어 있으며 主帥는 지방의 군단에서는 隊正이고, 중앙의 衛府에서는 左右衛士府의 衛士의 통솔자이다.

셋째, 천황 순행 중의 제문의 폐쇄, 출입에 관한 규정이다. 宮衛令「車駕行幸」조에는 "무릇 천황이 순행하는 경우에는 즉시 제문을 닫고, 편의에 따라 理門을 연다. 留守하는 사람은 각각 理門으로 출입한다. 천황의 거마의 행렬이 도착하면 모두 개방한다"라고 하였다. 천황이 궁성 밖으로 나갈 때에는 모든 궁성문을 폐쇄하여 출입을 금지시키고, 출입의 편리를 위해 주야로 개방한 理門을 이용하도록 규정하고 있다.

넷째, 천황의 순행 시에 경비의 대열에 사람, 가축의 돌발행동을 허용한 경우의 처벌하는 규정이다. 衛禁律「車駕行衝隊」조에는, "천황의 순행시에 경비의 대열에 사람이 돌진하여 부딪히게 하면, 곤장 100대를 내린다. 만약 천황을 근접 경호하는 兵衛 및 내사인의 대열 사이에 끼어들게 하면 감옥 1년이다. 고의가 아니고 과실인 경우에는 2등을 감한다. 만약 궁문을 지키는 위사가 경비가 소홀하여 가축이 돌발적으로 궁문에 들어오게 되면, 곤장 70대이고, 경비의 대열에 충돌하면 곤장 50대를 내린다"라고 라고 하여 세부적인 규정이 마련되어 있다.

이 조항은 순행 시의 대열에 사람 혹은 동물의 돌발사태에 대비하여 적어도 300보 이내의 접근을 불허하고 주변 시설물에 대해 사전 점검을 하고 있다. 상기 兵衛는 좌우 병위부에 각 400인 소속되고 있고, 천황의 순행 등에 동행하여 신변 경호를 담당하고 있다. 內舍人 역시 궁성에서 무기를 소유하고 숙위하면서 천황이 순행시에 경호 업무를 맡는다.

儀制令「車駕巡幸」조에는 천황이 순행의 출발과 환궁할 때에 의전에 관한 규정도 나온다. 이에 따르면 천황의 순행, 환궁 시에는 백관 5위 이상의 참석이 의

무화되어 있고, 留守官은 해당되지 않으며, 만약 숙박하지 않고 당일로 돌아오는 경우에는 이 규정은 필요하지 않다. 천황의 순행과 환궁 시의 의전은 5위 이상의 귀족에 한정하고 있다. 5위 이상의 관인은 천황이 주재하는 주요 의식과 행사의 참석자이고 천황권을 수호하는 지배계층이다.

제4절 『延喜式』의 규정과 『속일본기』의 기록

『延喜式』太政官「行幸應經宿」조에는 천황의 순행에 대한 절차, 지역을 통과하는 행렬에 대해 규정이 나온다. 전문을 소개하면 다음과 같다.

"무릇 순행 시에 숙박하는 경우에는, 辨官, 史 각 1인, 左右史生 각 2인, 官掌 1인이 수행한다. 만약 당일 돌아오는 경우에는 左右史生 각 1인을 감한다. 미리 가는 날을 정하여 제반사항을 준비한다. 수십일 전〈임시로 헤아려 정한다〉에 造行宮使를 정한다〈使人의 관품은 임시로 때에 따라 결정한다〉. 裝束司를 임명한다. 장관 1인〈3위〉, 차관 2인〈5위〉, 판관 3인 및 주전 3인〈모두 6위 이하〉이다. 前後次第司를 임명하는데, 御前長官 1인〈3위〉, 차관 1인〈5위〉, 판관 2인 및 주전 2인〈모두 6위 이하〉이고, 御後도 이에 준한다〈정한 후에 주상한다〉. 또 미리 陪從, 留守 5위 이상을 정하고〈인원수는 임시로 결정한다〉, 사자를 보내 行宮을 감독한다. 10여일 전에는 제국에 명하여 內印이 날인된 御馬를 모은다〈左右馬寮가 수량을 정하여 주상한다〉. 좌우마료는 지방에서 바친 말을 관리한다〈제국에서 공상한 어마는 근교에서 방목한다〉. 京職, 제국에 명하여 인부를 바치도록 한다〈그 인원수는 임시로 처분한다〉. 5, 6일전에 大藏에 명하여 녹봉, 비단, 마포 등을 모아 보낼 장소로 운반하게 한다. 또 5위 이상에게 조복 및 의복을 지급한다. 太政官印을 담은 상자를 포장한 가죽 및 인부 2인 및 의복은 裝束司에서 충당하고 종료되면 돌려준다. 만약 諸司의 창고 열쇠는 칙이 있어 留守官에게 맡긴다면, 大臣 혹은 大納言은 5위 이상의 시종을 데리고 함께 內裏에 가서, 전약(典鑰)으로 하여금 수납하도록 한다. 그 순행이 지나가는 가로의 백성으로 곤궁한 자는 진휼하고, 고령자에게는 물품을 내리고, 근처의 신사, 사찰에는 봉폐하고 경전을 암송한다. 순회하는 경우에는 宣命을 행한다. 해당국의 국사, 군사 등에게 녹을 차등있게 내린다. 혹은 서위한다. 行宮의 근처 80세 이상의 고령자 및 봉사한 사람들에게는 물품을 하사한다〈이 내용은 「儀式」에 기록되어 있다〉.

상기 조문은 천황의 순행에 즈음에서 수행하는 관인, 필요한 물품의 조달, 말의 공상, 관련 관사의 역할, 숙박지 행궁의 조영, 현지의 국사, 군사에 대한 서위 및 백성들에 대한 구휼 등을 대해 기술하고 있다. 『연희식』의 편찬은 延喜 5년(905)에 칙명으로 편찬이 개시되어 延長 5년(927)에 성립했지만, 8~9세기에 시행된 규정을 포함하고 있어 이 시기의 순행에 대한 당시의 실상을 이해할 수 있다.

우선 순행지에서 숙박할 시설물을 조영하는 令外官인 造行宮使를 파견하는 일이다. 순행의 일정이 정해지면, 서무를 준비하고 수십일전에 행궁을 조영하는 사자를 파견된다. 순행지의 숙박 시설물은 行宮 혹은 頓宮이라고 하고, 이곳은 천황의 임시 정무를 행하는 行在所[12]가 된다.

聖武天皇 치세인 神龜 3년(726)의 순행 시의 사례를 보면, 종4위하 門部王, 정5위하 多治比眞人廣足, 종5위하 村國連志我麻呂 등 18인을 造頓宮司로 삼았다[13]. 행궁의 조영 사절단에는 왕족, 귀족 등 고위 관인 등 18인으로 구성되었다. 또 물품, 설비를 준비하는 裝束司에는 정4위상 六人部王, 藤原朝臣麻呂, 정5위하 巨勢朝臣眞人, 종5위하 縣犬養宿禰石次 및 大神朝臣道守 등 27인이 임명되었다[14].

상기 『연희식』에는 3위 장관 1인, 5위 차관 2인, 6위 이하의 판관 3인 및 주전 3인으로 되어 있다. 성무천황의 순행 시에는 장속사의 장관의 관위는 『연희식』 단계에 비해 한단계 낮지만, 전체 구성원은 27인으로 규모가 대단히 크다. 이 관사

---

12 「儀制令」 2 「赴車駕所」조, "凡赴車駕所日, 詣行在所".

13 『續日本紀』神龜 3년 9월 경인조.

14 上同

의 구성원에는 왕족 六人部王을 비롯하여 종3위까지 승진하고 병부경, 공경의 지위에 오른 藤原不比等의 아들 藤原朝臣麻呂 등 5위 이상의 고위 귀족이 다수 포함되어 있다.

한편 천황이 탄 수레를 전후에서 보위하고 행렬을 지휘하는 前後次第司에는 전후방의 御前長官 3위 관인 각 1인을 임명하고, 차관에 5위 관인 각 1인 그리고 6위 이하의 판관 및 주전 각 2인으로 4등관제이다. 여기에 이를 경호, 경비하는 兵衛, 內舍人을 포함하면 수백인의 행렬단으로 구성된다.

次第司에 대해서는 『속일본기』에 몇 개의 사례가 나온다. 우선 天平 12년(740)의 사례를 보면, 伊勢國 순행 시에 行宮司를 임명하였고, 御前長官에는 종4위상鹽燒王을, 御後長官에는 종4위하 石川王을 임명하였다. 또 前騎兵大將軍에는 정5위하 藤原朝臣仲麻呂를, 後騎兵大將軍 정5위하 紀朝臣麻路를 임명하였으며 騎兵, 東西史部, 秦忌寸 등 총 400인을 징발하였다[15]. 기병대장군에 대해서는 『연희식』에는 없는 내용으로 전후의 어전장관과는 별도로 전후의 기병대장군을 배치하여 행렬의 군사적 위용을 한층 높였다. 기병대장군은 慶雲 2년(705) 11월의 신라 사절단을 맞이할 때에 의장대로서 참여한 일이 있고[16], 天平 12년(740)의 藤原廣嗣의 난 때에는 진압군으로 참전하였다. 즉 평시에는 의장대로서 전시에는 실전에 투입되는 지휘관이었다.

순행의 선두를 지휘한 어전장관 鹽燒王은 천무천황의 황자인 新田部王의 아들이고, 우대신 藤原豊成 등에 의해 황태자로 추대된 적도 있다. 石川王 역시 천무천황의 황자인 長皇子의 아들로서 종4위하 궁내경에 있던 왕족 출신의 고위관인이다. 그리고 前騎兵大將軍에 임명된 藤原仲麻呂는 성무천황과 광명황후의 신임을 받아 실세의 관인으로 성장했으며, 효겸조, 순인조에서는 그의 권세를 능가할 자가 없을 정도였고 정1위 태정대신의 지위에 오른 인물이다. 後騎兵大將軍에 임명된 정5위하 紀朝臣麻路 역시 나라시대 대표적인 귀족인 紀氏 출신으로 조정이

---

15 『續日本紀』天平 12년 10월 임신조.
16 『續日本紀』慶雲 2년 11월 을축조.

주요 관직을 두루 역임하였고, 종3위 중납언에 까지 오른 고위 귀족이다.

다음 天平神護 원년(765)의 稱德天皇의 紀伊國 순행 때의 사례이다. 御前次第司 장관으로 정3위 白壁王을, 차관에 多治比眞人乙麻呂를 임명하였다. 어전기병장군으로 정4위하 藤原朝臣繩麻呂를 삼았으며, 어후기병장군으로 종3위 百濟王敬福을 삼았다[17]. 御前次第司로 임명된 白壁王은 5년후에 즉위한 光仁天皇이다. 御後次第司에 임명된 中臣朝臣淸麻呂는 동년 11월에 종3위에 올랐고, 聖武朝에서 桓武朝에 걸쳐 6인 천황에게 봉사한 신망이 높은 조정의 중신으로 대납언을 거쳐 정2위 우대신까지 올랐다. 어전기병장군 정4위하 藤原朝臣繩麻呂는 우대신 藤原豊成의 아들로 藤原仲麻呂의 난 때 孝謙上皇 편에 서서 신임을 얻었고, 종3위 중납언까지 승진하였다. 어후기병장군 종3위 百濟王敬福은 백제 의자왕의 후손으로 저견되고 있는 도래계 씨족으로 陸奧國守로 재임시인 天平 21년(749)에 동대사 大佛 조영에 사용될 황금 900량을 헌상하여 일약 종3위에 올라, 이후 궁내경, 형부경, 지방관을 역임한 인물이었다.

『속일본기』에 나오는 순행시의 행렬에는 천황의 수레를 중심으로 전후에 많은 고위관인, 기병대, 경호인력이 수행하였음을 알 수 있다. 천황이 탄 수레의 전후에 배치된 차전사, 기병장군은 당시 최고의 신망을 얻고 있는 고관이었다. 기록에 따라서는 단지 순행 기사만 나오는 경우도 있으나 상기 사례와 같은 규모로 이루어졌을 것으로 생각된다.

순행시에는 반드시 기록관이 뒤따른다. 상기『연희식』서두에도 나오듯이 수행한 辨官, 史, 左右史生은 그 역할을 담당하는 관인들이다. 변관은 태정관 소속의 8省의 장관에 준하는 고관이다. 태정관에 올라오는 상신문서를 수리하고, 의정관의 명을 받아 행정명령서를 작성하고, 내외의 관사에 太政官符 등을 발급한다. 史는 태정관의 좌우 弁官에 大史, 少史 각 2인이 있고, 문서의 작성을 담당하는 서기관으로 순행시의 천황의 행적에 대한 기록을 담당하였다.

---

17 『續日本紀』天平神護 원년 10월 경신조.

순행 시에 사용할 말은 천황의 內印을 날인하여 칙명을 받은 제국으로부터 공상시킨다. 『연희식』 좌우마료 「諸節御馬」 조에도 畿內 및 주변 8개국에서 총 63필의 御馬를 수합하여 근교에서 방목하여 사육한다고 기록되어 있다. 이들 어마는 천황의 순행, 조정의 절회 등에서 사용하기 위한 것이다.

한편 상기 『연희식』의 조문 말미에는 순회하는 경우에는 宣命을 행한다고 규정되어 있다. 이때의 선명은 천황의 말을 선명사가 대독하는 것인데, 보통 즉위의례 등 국가의 대사에 한정하고 있다. 『일본후기』 桓武天皇 치세의 3개 사례를 소개해 보자.

① "近江의 行宮所를 살펴보니, 산들이 수려하고 들판은 평지로 이어져 짐의 마음도 평온해진다. 까닭에 여기에 자리잡고 있는 栗太, 甲賀, 蒲生 3군의 금년도 전조를 면제한다. 또 봉사에 힘쓰고 있는 國司, 郡司에게 관위를 올려 주도록 한다"(『日本後紀』 延曆 22년 윤10월 갑술조)

② "和泉, 攝津 2국의 國司, 郡司, 공민, 수행한 제관사의 사람들은 모두 들으라고 분부하였다. 금년은 풍작이 되어 사람들의 생업도 넉넉히 수확하였다. 이달은 농한기에 들어 국의 풍속, 경치를 볼 수 있는 때라고 항상 듣고 있는 바이다. 지금 行宮所에서 바라본 산야의 수려함, 해변의 푸른 정경은 짐의 마음을 평온하게 한다. 따라서 짐이 순행 중에 있는 和泉國 및 攝津國의 東生, 西成, 2군의 백성의 금년도 전조를 면제하도록 한다. 또 봉사에 힘쓴 국사, 군사 및 1, 2인 등에게 冠位를 올려 주려고 한다. (중략) 또 行宮의 주변에 사는 고령자 80세 이상 및 수행온 사람들에게 천황의 하사품을 내린다"(『日本後紀』 延曆 23년 10월 신해조)

③ "紀伊國의 국사, 군사, 공민, 수행한 제관사의 사람들은 모두 들으라고 분부하였다. 이달은 농한기에 들어 국의 풍속, 경치를 볼 수 있는 때라고 항상 듣고 있는 바이다. 지금 순행 중에 있는 곳에서 바라보니, 礒嶋는 수려하고, 해변의 푸른 정경은 조용하고, 짐의 마음을 평온하게 한다. 따라서

짐이 체재하고 있는 名草, 海部 2군의 백성에게 금년도 전조를 면제하도록
한다. 또 國司, 國造, 2군의 郡司에게 관위를 올려주고자 한다. (중략) 또
어재소가 있는 근처의 고령자 80세 이상의 사람에게는 하사품을 내린다".

(『日本後紀』延曆 23년 10월 계축조)

宣命은 구두로 전하는 천황의 음성언어이고, 음성 메세지에는 신의 계시와 같
은 신비적 요소가 담겨있고 그 효과를 극대화하는 주술적 마력이 있다. 환무천황
은 선명에서 순행지의 주변 환경을 예찬하면서 천황 자신의 마음을 평온하게 해
주었다고 현지 방문의 기쁨을 표시하고 있다. 이어서 순행의 과정에서 봉사한 현
지의 지방관, 백성들에게 은덕을 베푸는 내용이다.

이상의 천황의 선명은『연희식』조문에 나오는 내용과 거의 일치하고 있다. 즉
천황의 순행의 목적에는 현지의 지방관, 호족, 백성에 대한 덕치주의의 표현이라
고 생각된다. 천황의 인민에 대한 덕정은 천신지기를 감동시키고 상서가 출현한
다는 천명사상과도 관련되어 있어 순행의 정치적 성격을 엿볼 수 있다.

제5절 순행의 몇가지 특징

1. 離宮의 순행

7세기말에서 9세기초까지의 정사에 기록된 순행의 특징을 보면, 압도적으로
많이 나오는 것이 離宮으로의 행차이다. 이궁은 왕도의 궁성을 떠나 타지에 위치
한 별궁이다. 천황이 자주 찾는 이궁을 열기하면 吉野宮(芳野宮), 甕原宮, 紫香樂
宮 등이다.

우선 吉野宮은 일찍이 天武天皇이 즉위하기 전 天智朝에서 신변의 위협을 느끼
고 출가를 명목으로 은신했던 곳이고, 이후 東國 방면으로 탈출하여 近江朝의 大
友皇子가 이끄는 정부군과의 치열한 전투를 벌였던 임신의 내전의 출발지였다.
吉野宮은 持統天皇 재위 중에는 31회나 찾았고, 文武天皇에게 양위한 大寶 원년
(701)에도 행차하였다. 持統朝의 藤原京에서 吉野宮까지는 하루 일정으로 도착할

수 있는 거리이기 때문에 짧게는 3~4일에서 10일 전후의 기간이 많다. 그 후 천무의 직계 혈통인 文武, 元正, 聖武의 치세에도 순행이 이루어졌다. 養老 7년(723) 이후에는 芳野宮으로 표기되어 나온다. 이때의 순행에는 『萬葉集』에도 「養老 7년 계해 하5월에 芳野離宮으로 순행시에 笠朝臣金村이 지은 노래 1수[18]」라는 제하의 短歌가 소개되어 있다. 天平 4년(732)에는 芳野監이라는 관사가 설치되어 吉野宮 (芳野宮)을 관리하였다. 이곳은 天武王權의 탄생이라는 상징성이 있고 성지와 같이 인식되어 천무계 천황들의 순행지가 되었다.

甕原宮은 平城京에서 도보로 2~3시간 정도의 근거리에 있는 이궁이다. 소재는 山背國 相樂郡이고 현재의 京都府 木津川市의 加茂町 부근이다. 이곳은 元明天皇이 4번, 양위 후에 1번 방문하였다. 聖武天皇 치세에는 이곳을 4번 행차하였다.

다음은 紫香樂宮으로의 순행이다. 이곳은 恭仁京으로 천도하여 도성을 건설중이던 天平 14년(742)에 近江國 甲賀郡 紫香楽村(현재의 滋賀県 甲賀市)에 離宮으로 조영하였다. 이해 8월 11일에 성무천황은 조를 내려, 짐이 장차 近江國 甲賀郡의 紫香樂村에 순행할 예정이고, 造宮卿 정4위하 智努王, (造宮)輔 외종5위하 高岡連河内 등 4인을 造離宮司로 삼았다[19].

天平 15년(743) 4월의 순행에는 우대신 정2위 橘宿禰諸兄을 공인궁 유수관으로 삼고, 궁내소보 종5위하 多治比眞人木人을 평성궁 유수관으로 삼았다. 4번째는 동년 7월에 13일간 순행하였고, 좌대신 橘宿禰諸兄, 知太政官事 鈴鹿王을 유수관으로 삼았다. 5번째는 天平 17년(745) 5월에는 자향낙궁은 소재지의 지명을 붙인 甲賀宮으로 궁명이 변경되었다.

평성궁에 북쪽에 위치한 松林苑은 여러 전각, 누각이 있는 정원으로 天平 원년 (729)에서 동 17년(745) 사이에 성무천황이 7회를 방문하였다[20]. 이곳은 천황이

---

18 『萬葉集』권제6(907) "養老七年癸亥夏五月幸于芳野離宮時, 笠朝臣金村作歌一首〈幷短歌〉".

19 『續日本紀』天平 14년, 8월 계미조.

20 『續日本紀』天平 원년 3월조, 동 5월조, 天平 2년 3월조, 동 7년 5월조, 동 10년 정월조, 동 16년 2월, 동 17년 5월조

고위 관인들과 3월 3일 曲水의 宴, 5월 5일의 단오절에 시문, 씨름, 騎射 등 연중행사를 개최하고 5위 이상의 관인들과 주연을 행하는 장소이기도 하다.

한편 持統天皇은 양위 후의 순행기록이 나오는데, 천황 재위 시의 순행과 동일한 규정으로 행해지고 있다. 지통은 순행의 도중에 숙박한 尾張國, 美濃國, 伊勢國, 伊賀國의 제국의 국사, 군사 등에서 관위 및 봉호를 내리고, 賜姓하기도 하고, 해당국에 대해 그해의 전조를 면제하고 무위의 백성들에도 서위하는 등 순행에 따른 대대적인 은덕을 베풀었다. 특히 관위의 수여와 사성은 천황 고유의 권한이지만, 지통은 태상천황으로서 이를 수행하고 있다.

문무조에서 시행된 大寶令은 사실상 지통태상천황의 명을 받아 제정되었다. 즉 태상천황은 천황과 동일하게 조칙을 발효할 수 있으며, 서위, 賜姓, 賜封을 집행할 수 있다. 儀制令에 의하면, 太上天皇의 경칭은 폐하이고, 그 언어는 詔 또는 勅으로 한다. 또 순행 시에는 천황과 같이 行幸의 용어 사용하고, 수레는 乘輿, 車駕라고 부른다. 양위한 후의 지통태상천황은 양위 이전과 동일하게 천황권을 행사했으며 이를 가능하게 했던 것은 대보령이었다.

2. 難波宮의 순행과 지리적 위치

難波는 고대일본의 수륙교통의 요지이고, 일찍부터 정치, 외교, 경제의 중심지로 번영하였다. 大和政權 시기부터 세토내해를 통해 외국사의 내방과 선진문물이 수용된 지역으로 역대 왕권의 왕도의 배후지로서 중시되어 왔다. 『일본서기』推古 21년(613) 11월조에는, "難波에서 왕경에 이르는 大道를 설치하였다"라고 기술되어 있고, 孝德朝 白雉 4년(653)에는 "곳곳에 大道를 수리하였다"라고 하여 왕경에 이르는 도로망을 설치한 사실을 말하고 있다. 白雉 2년(651) 飛鳥에서 難波로 천도하여 難波長柄豊崎宮을 조영한 이후에 교통로를 정비한 것이다. 難波는 효덕의 사망과 함께 齊明朝 들어 다시 飛鳥로 천도하여 왕도로서의 기능은 불과 수년에 지나지 않았지만, 이후 天武 12년(683)에 이르러 副都로서 자리잡았다. 동 12월에 천무천황은 조를 내려 "도성, 궁실은 한 곳이 아니라 두세 곳에 만들고

자 한다. 먼저 難波에 도읍을 만든다. 백관들은 각각 가서 택지를 신청하라[21]"고 명하였다. 이것은 이른바 複都制를 추진하여 難波를 飛鳥와 더불어 왕도로 정한 것이다. 이후 이러한 계획은 藤原京, 平城京 시대에도 이어져 副都로서 기능적 역할이 중시되었다. 따라서 난파궁은 다른 離宮과는 비교가 되지 않을 정도로 웅장했으며 왕권의 관리하에 오랫동안 유지되었다.

『속일본기』에는 文武天皇 3년(699) 정월 26일에 난파궁에 순행한 기록이 처음 나오고, 한달 가까이 왕도를 떠나 난파궁에서 보냈다. 이어 慶雲 3년(706) 9월에도 2번째 난파궁에 17일간 순행하였고 이때에 수행한 기병만 해도 660인으로 대규모의 행렬이었다. 순행에 봉사한 지방관들에게는 위계 1계를 승서하였고, 수행했던 기병들 모두에게는 庸과 調을 면제하고 기병이 속한 戶에도 田租를 면제하였다[22].

聖武天皇은 역대 천황 중에서 난파궁 순행이 가장 많았다. 1회는 神龜 2년(725) 10월에 난파궁으로 행차하여 그 부근의 郡司에게 관위와 녹을 내렸다[23]. 2회는 동 3년 10월에는 播磨國의 印南野에 순행 중에 귀로에 難波宮에 도착하였다. 이때 성무천황은 식부경 종3위 藤原朝臣宇合을 知造難波宮事로 삼아, 난파궁에 대한 대대적인 보수작업을 하였다[24]. 난파궁은 천무조 朱鳥 원년(686)에 화재로 소실된 이후 일부가 재건되었는데, 성무조에 이르러 副都에 걸맞는 규모로 재탄생되었다.

3회는 天平 6년(734) 3월의 순행이다. 이때 난파궁 근처의 사천왕사에 3년간 식봉 200호를 시주하고 승려에게는 비단, 삼베를 보시하였다. 난파를 관할하는 攝津職은 吉師部樂[25]을 연주하였으며, 수행한 제관사의 衛士 이상 및 造難波宮司, 국사, 군사, 악사 등에게 차등있게 녹을 내렸다. 또한 난파궁에 봉사한 동서 2군

---

21 『日本書紀』天武紀 12년 12월 경오조.
22 『續日本紀』慶雲 3년 8월 병인조, 동 9월 을유조.
23 『續日本紀』神龜 2년 경신조, 신미조.
24 『續日本紀』神龜 3년 10월 경오조.
25 吉師部樂은 한반도계 씨족인 吉士氏와 吉士部가 전하는 음악으로, 攝津職의 관할 지역인 難波에는 難波吉士氏가 많이 거주하고 있었다.

의 금년도 전조와 調를 면제하고, 그 외의 10군은 조를 면제하였다. 造難波宮司의 존재는 상설기구로 존속한 것을 말하며, 지속적으로 난파궁을 관리했다고 보인다.

4회는 天平 12년(740) 2월이다[26]. 이때 평성경 留守官으로 知太政官事 정3위 鈴鹿王, 정4위하 병부경 藤原朝臣豊成을 임명하였고, 우대신을 비롯한 5위 이상의 고위 관인이 수행하였다. 난파궁에서는 百濟王氏들이 모국의 풍속악을 연주하였다. 난파에는 百濟王善光의 직계 후손인 이들은 이미 이 지역에 뿌리를 내려 유력호족으로 성장하였다[27]. 난파궁에서 백제악 연주에 관여한 종5위하 百濟王慈敬에게 종5위상을 내리고, 천황을 수행한 5위 이상 관인에게 녹을 내리고, 攝津國 백성에게는 물품을 하사하여 은덕을 베풀었다.

5회는 天平 16년 윤정월이다. 순행에 앞서 성무천황은 恭仁, 難波 2京 중에서 어느 곳을 정하여 왕도로 삼을 것인지 각자 생각을 말해 보도록 하였다. 이에 공인경이 마땅하다고 진술한 자가 5위 이상 24인, 6위 이하 157인이고, 난파경이 마땅하다고 진술한 자가 5위 이상이 23인, 6위 이하가 130인이었다[28]. 이어 종3위 巨勢朝臣奈弖麻呂, 종4위상 藤原朝臣仲麻呂를 보내 (恭仁京의) 市에 보내 새로운 왕경의 선정을 물어보게 했는데, 모두 공인경을 왕도로 삼기를 원하고, 난파경을 원하는 자가 1인, 평성경을 원하는 자가 1인이었다고 한다[29]. 시장의 상인들에게 왕도를 정하는 의견을 묻는 것은 흥미로운 일로서, 恭仁京의 상인은 당연히 자신들의 상행위를 하는 장소을 선택하였다. 다음달 2월에는 좌대신이 선칙으로 난파궁을 황도로 정하고, 백성들에게 이 상황을 알려 京戸의 백성들은 그들의 뜻대로 왕래하도록 하였다[30]. 이때의 순행은 난파 천도를 위한 예비적 조치로 생각된다. 그러나

---

26 『續日本紀』天平 12년 갑자조, 경오조, 병자조, 신사조.

27 『和名類聚抄』(권제6)에는 "百濟郡, 東部·南部·西部"라고 하여 難波 지역에는 百濟郡 및 백제의 5부에서 유래하는 東部, 南部, 西部가 설치되어 있었다.

28 『續日本紀』天平 16년 윤정월 을축조.

29 『續日本紀』天平 16년 윤정월 무진조.

30 『續日本紀』天平 16년 2월 경신조.

난파궁으로의 천도 기록은 없어 시행되지 않은채 사문화되었다고 보인다.

이후 난파궁 순행은 孝謙朝 天平勝寶 8년(756) 2월의 기록이 있고[31], 光仁朝 寶龜 2년(771) 2월에도 보인다[32]. 延曆 12년(793) 3월 9일 태정관부(『類聚三代格』)에서 "難波大宮旣停"이라고 나오듯이 副都로서의 난파궁의 기능은 정지되었다. 桓武朝에 들어서면 난파궁에 대한 관심이 현저히 줄어든 것같고, 이것은 784년 長岡京 천도, 794년 平安京 천도와 관련이 있다고 생각된다.

3. 桓武天皇의 순행과 성격

桓武天皇의 치세는 비교적 안정된 왕권을 바탕으로 역대 천황 중에서 가장 많은 순행을 하였고, 그 중에서도 상당 부분을 수렵지 사냥이다. 특히 延曆 3년(784)에 長岡京로 천도한 이후에는 더욱 증가하고 있다.

【표 36】 桓武天皇의 수렵지 순행

연대	수렵지	횟수	출전
延曆4년(785)	水雄岡	1회	續日本紀 (3회)
延曆6년(787)	交野	1회	
延曆10년(791)	交野	1회	
延曆11년(792)	登勒野(3회), 水生野(2회), 大原野(4회) 栗前野(2회), 交野, 葛葉野, 高橋津	14회	日本後紀 (130회)
延曆12년(793)	栗前野(2회), 水生野, 大原野(3회), 葛野(2회), 瑞野(2회), 交野 栗倉野, 岡屋野	13회	
延曆13년(794)	栗前野, 瑞野, 葛野, 水生野, 人原野(4회), 父野(2회), 北岡, 康樂岡, 山階野	13회	
延曆14년(795)	日野(3회), 交野, 柏原野(4회), 大原野(3회), 登勒野, 紫野 栗栖野	10회	
延曆15년(796)	芹川野, 登勒野(3회), 水生野, 日野(3회), 栗前野, 大原野, 紫野, 北野, 栗栖野	13회	
延曆16년(797)	水生野, 大原野(3회), 北野(6회), 登勒野, 的野, 日野, 陶野, 来栖野	15회	

31 『續日本紀』天平勝寶 8歲 2월 무신조.
32 『續日本紀』寶龜 2년 2월 신축조,

연대	수렵지	횟수	출전
延曆17년(798)	水生野(2회), 柏原野(2회), 北野(2회), 大原野, 栗前野, 日野(3회)	11회	日本後紀 (130회)
延曆18년(799)	栗前野(2회), 水生野(2회), 陶野, 的野, 交野, 西野	8회	
延曆19년(800)	栗前野(2회), 水生野, 大原野, 的野	5회	
延曆20년(801)	大原野(2회), 栗前野(2회), 的野, 日野, 水生野	7회	
延曆21년(802)	水生野, 芹川野, 北野	3회	
延曆22년(803)	柏野·水生野, 北野(2회), 的野, 大原野	6회	
延曆23년(804)	水生野, 北野(2회), 大原野, 栗前野, 惠美原, 城野, 垣田野, 蘭生野, 日根野, 熊取野, 日野	12회	

상기 【표 2】에서 보는 바와 같이 환무천황 치세에 총 133회의 수렵지 순행을 하고 있다. 특히 산일된 기록이 많은『일본후기』에 130회나 기록하고 있어 완본이 남아 있었다면 그 횟수는 더 증가할 것이다. 시기적으로 환무천황 후반기에 집중되어 있어 안정된 왕권을 바탕으로 군신들과 함께 산야를 순행하며 여가를 즐겼을 것으로 생각된다.

수렵지의 순행은 平城京에서 784년 長岡京 천도 이후이며 794년 平安京 천도를 전후한 시점부터 급격히 늘어나 거의 일상의 행사처럼 빈번하게 이루어지고 있다. 한달에 3번 이상인 경우도 27회나 되며 延曆 23년(804) 10월에는 6회의 사냥을 하고 있어 거의 광적이라고 할 정도로 사냥에 대한 그의 관심도를 반영하고 있다.

우선 가장 많이 찾은 수렵지는 大原野로 24회이다. 현재 京都의 西山에 위치해 있고, 長岡京(山城國 乙訓郡)에 인접한 곳이다. 산야와 하천을 포괄하고 있어 자연 휴양지이자 수렵지로서 수려한 지형이다. 두번째는 14회 수렵한 水生野이다. 弘仁 10년(819) 2월 嵯峨天皇이 水生野에 사냥갔을 때, 河陽宮에 숙박하고 水生村의 궁핍한 백성에게 쌀을 주었다[33]고 하는 기록이 나온다. 河陽宮은 山城國 乙訓郡의 山崎에 있는 離宮이므로 水生野도 그 주변지역으로 추정된다. 栗前野는『和

---

33 『日本後紀』弘仁 10년 2월 기사조.

名類聚抄』의 山城國 久世郡의 12鄕의 하나로 나오는 栗前鄕이다. 北野는 平安京 大内裏의 북쪽의 野라는 의미가 있고, 그 일대에 존재하는 内野, 北野 平野, 上野, 紫野, 蓮台野 등의 지명이 나오듯이 고대 평안경의 수렵지로서 알려진 산야이다. 日野는 평안경에 포함된 지역으로 현재 京都市 伏見區의 醍醐山 서남방 산록에 위치한다.

다음 交野郡은 河内國에 속한 군으로 交野原이라고 불리울 정도로 구릉지가 많고 많은 동물의 서식하고 있는 수렵지이다. 이곳에는 환무천황의 離宮이 있고 禁野의 지로 되어 있어 천황 이외의 수렵이 금지되어 있다.『속일본기』에는 延曆 2년(783) 10월, 동 6년 10월, 동 10년 10월 등에는 환무천황의 순행 기록이 나오고, 延曆 6년 11월에는 천신 제사가 행해진 곳이다. 특히 환무천황의 모친 高野新笠이 백제계라는 인연 때문에 백제왕씨의 본거지인 이곳을 즐겨 방문한 것으로 보인다.

葛野에 대해서는 延曆 12년(793) 정월에, "大納言 藤原小黑麻呂, 左大弁 紀古佐美 등을 보내 山背國 葛野郡 宇太村의 땅을 살펴보게 하였다. 천도하기 위함이다 [34]"라고 하듯이 平安京으로 천도를 위한 환무천황의 관심 지역이었다. 3월에는 직접 葛野에 순행하고 新京을 순시하였고[35], 4월과 8월에도 순행하고 수렵지에서 사냥하였다.

柏原野은 山城國 紀伊郡에 소재하며 京都市 伏見區 지역으로 大岩山에서 伏見山에 걸친 西野이다. 登勒野은 山城國 葛野郡의 지명으로 현재의 京都市 右京區를 포함한 중심부를 이루는 지역이다. 瑞野는 京都市 伏見區 부근이고, 栗栖野은 山城國 宇治郡이고 현재 京都市 東山區이다. 紫野는 평안경 왕궁의 북쪽 산야이고, 陶野는 大阪府 堺市 부근으로 고대의 河内國에 속한 지역이다.

환무천황이 즐겨찾던 수렵지를 살펴보면, 대부분 長岡京, 平安京 부근이다. 특히 葛野의 순행시에는 우대신 藤原朝臣繼繩의 별장에서 숙박하고, 백제왕씨의 交野 등

---

34 『日本後紀』延曆 12년 춘정월 갑오조.
35 『日本後紀』延曆 12년 3월 기묘조.

연고가 있는 지역을 중심으로 수렵하였다. 환무천황의 수렵지 사냥은 후반기 치세이며 그의 나이 60세가 넘은 당시로서는 노년기에 이루어졌다. 역대 천황에서는 유례를 찾아보기 어려운 왕성한 활동력이고, 그의 건강과 치세의 안정감을 말해주고 있다. 사냥은 천황의 취향이기도 하지만, 산야에서의 목표물을 쫓는 사냥행위는 君臣 상호간의 일체감을 조성하고 공동체 의식을 고취시키는 일이었다.

한편 葛野는 환무천황의 수렵지였지만, 葛野川에 축조된 大堰을 시찰하기 위해 방문하였다. 환무천황은 延曆 11년(792)에서 동 23년까지 9차례나 갈야천을 찾았고, 葛野大堰은 延曆 14년(795)에서 동 23년까지 14회나 방문하였다. 延曆 18년(799) 12월에는 칙을 내려 山城國 葛野川은 도성 가까이 있어 매번 홍수가 발생하여 건널 수 없고, 대한의 절기에는 사람과 말이 추위 때문에 고통을 받으니 도항지 2곳에 담당자를 두도록 하였다[36]. 갈야천에 조영된 제방시설은 홍수를 방지하고 관개용수를 확보하기 위한 목적이었다. 환무천황의 재위 중에 총 23회나 이곳을 찾은 것은 治水 문제는 평안경의 수호와 번영에 밀접하게 관련이 있기 때문이었다.

환무천황은 平安京 천도 직전인 延曆 12(793) 8월부터 동 23년(804) 8월까지 10년간 왕경내를 30회나 순행하였다. 천황의 경내의 순행은 백성들의 삶의 동향, 민심을 직접 파악하는 일이다. 延曆 18년(799) 6월에 경내를 순행한 환무천황은, 요즈음 경내를 돌아보면서, 堀川 부근에 형구를 채우고 있는 죄인들이 노역으로 몸을 혹사당하고 있다고 하면서, 그 부모를 생각하면 애처롭고 가련한 마음이 들어 모두 죄를 용서할 것을 포고하였다[37].

치세의 말기에는 유독 神泉苑을 자주 찾았다. 延曆 19년(800) 7월 첫 행차 이래 연력 23년(804)까지 6년간 29회나 방문하였다. 신천원은 연력 13년(794) 平安京으로 천도한 환무천황이 조영한 휴양지로서 궁문 바로 인접한 지역에 위치하고

---

36 『日本後紀』延曆 18년 12월 계유조.
37 『日本後紀』延曆 12년 8월 임신조.

있으며 대규모의 자연 정원과 전각 등을 갖추고 있었다. 이곳에서 연회, 曲宴, 観射, 花宴 등을 열어 노년의 삶을 보냈다.

환무천황은 일본고대사상 가장 많은 순행을 한 인물로 기록된다. 왕경내의 순회를 포함하여 200여 차례나 왕궁 밖을 나갔다. 대부분 平安京 천도 이후이고, 그의 나이 60세에 가까운 시기부터 순행을 시작한 것이다.

제6절 순행과 왕권의 메세지

천황의 순행에는 많은 인력과 장비가 필요하였다. 목적지의 行宮을 조영하는 造行宮使, 장비를 조달하는 裝束司를 정하고, 천황의 수레 전후에는 前後次第司를 임명하여 御前長官, 御後長官이 배치되고 前騎兵大將軍, 後騎兵大將軍이 행렬을 조정하며 선도해 나갔다. 慶雲 3년(707) 8, 9월의 난파궁으로 순행 시에는 기병 660인이 수행하였으며[38], 天平 13년(741) 9월에는 5위 이상 모두 순행에 동행하였다[39]. 게다가 천평 15년(743) 4월의 紫香樂宮으로 순행에는 5위 이상 28인, 6위 이하 2,370인에게 물품을 하사하고 있어 수많은 관인이 참여한 거대한 행렬이었다[40]. 특히 관인귀족들은 순행의 과정에서 수일에서 수주간 동행하며 식사, 의식 등 일정을 같이 하면서 조정에서는 접하기 어려운 군신간의 인격적 결합을 꾀하게 되었다[41].

순행은 왕경을 출발하여 행렬단이 통과하는 지역 및 행궁 소재지의 백성들에는 장엄한 행렬은 가히 경외로운 풍경이었다. 이 광경은 민중들을 향한 왕권의 위엄과 권위를 표출하는 드라마틱한 효과를 가져왔다. 건국신화에 나오는 고천원에서 강림한 신의 후예들이 다스리는 살아있는 신으로서의 천황이 민중들 앞에 모습을 드러내었다.

도착지의 행궁에서는 각종 행사가 거행되었다. 해당 지역의 국사, 군사는 물론

---

38 『續日本紀』慶雲 3년 8월 병인조, 동 9월 을유조.
39 『續日本紀』天平 13년 9월 정축조.
40 『續日本紀』天平 15년 4월 신묘조.
41 鈴木景二,「日本古代の行幸」『ヒストリア』125, 1989, 38쪽.

주변지역으로부터의 국사들도 내방하여 천황 일행을 환영하고 백성들은 봉사하였다. 연회에는 풍속의 가무가 연주되었고, 지방관 및 유력자들은 천황에게 각종 예물을 바치고, 이 물품은 천황의 하사품으로 수행한 관인 및 지방관, 그 지역의 백성들에게 재분배된다. 바로 천황의 지역방문인 巡幸, 行幸은 바로 「幸」을 베푸는 의식이었다.

이와는 별도로 순행 시에는 대장성에 보관되어 있는 다양한 물품을 베풀고 있다. 이때 천황은 음성 메세지로 해당 국사, 군사 및 수행한 관인들에게 서위를 행하고, 해당 지역에는 그 해의 전조를 면제하거나 빈궁한 백성, 고령자를 대상으로 물품을 하사한다. 때로는 현지에서 죄인에 대한 사면 조치를 단행하는 경우도 있다. 이러한 형식은 바로 천황의 백성에 대한 은덕이고 덕치주의를 표현이었다.

천황의 순행지의 지리적 범위는 왕경, 기내가 중심이고, 기외 지역으로는 紀伊國, 伊勢國, 三河國, 美濃國 등 기내의 인근 지역이다. 천황, 황태자가 九州 혹은 동북지역과 같은 변경지역을 방문한 일은 보이지 않는다. 즉 원거리 순행은 악천후와 같은 교통상의 장애, 경호상의 위험요소 때문에 처음부터 제외되었고, 기내를 중심으로 연고가 있는 지역이 대상이었다. 7세기중엽 畿內制의 성립 이후 기내 중심정책은 율령제 국가에서도 그대로 계승되고 있었다.

천황의 순행에는 국토의 지리관도 반영되어 있다. 養老 원년(717) 9월의 순행 시에 다음과 같은 기록이 나온다.

> "천황이 近江國에 이르러 淡海를 관망하였다. 이 지역은 산음도의 伯耆로부터 통하고, 산양도의 備後에서도 통하고, 남해도의 讚岐에서도 이쪽 방면으로 통한다 [42]". 이어 "美濃國에 이르러서는 동해도의 相摸에서 통하고, 동산도의 信濃에서도 통하고, 북륙도의 越中에서 이쪽 방면으로 통한다[43]".

---

42 『續日本紀』養老 원년 9월 경신조,
43 『續日本紀』養老 원년 9월 갑인조. .

이는 율령제 지방 행정구역의 7道의 방향성에 대해 파악하고 있었으며, 통치 지역에 대한 구체적인 지리적 정보를 알고 있었다는 사례이다. 이미 天武 10년(683)에 천하 제국에 명하여 國, 郡의 지도를 진상하도록 한 기록이 있다[44]. 또한 和銅 6년(713)에는 제국에 명하여 지명, 물산의 종류, 토지의 비옥도, 지명의 유래를 보고하도록 하여 지리정보를 담은『風土記』를 편찬하였다[45]. 환무천황 치세인 延曆 15년에는 "제국의 지도는 내용이 소략하고 연수가 오래되어, 문자가 결락되고 없어진 것이 있다. 마땅히 다시 제작해야 한다. 무릇 국군, 향읍과 驛道의 원근, 명산대천의 모습을 구체적으로 기록하여 누락이 없도록 하라[46]"는 칙을 내렸다. 지도는 교통, 군사, 행정 등 중앙과 지방의 연결망이고 통치를 공간적으로 이어주는 중요한 정보이다. 천황의 지리관은 지도를 전제로 하고 있으며, 지도에 기록된 지역의 지배와 복속을 확인하는 것이다[47].

순행은 왕성 내에서 정무와는 별도로 도성 밖에서의 통치행위이다. 수렵이나 온천 등의 휴양지를 찾는 경우에도 순행의 본질은 변하지 않으며 천황과 수행하는 관인, 현지에서 위임통치하는 국사, 군사 그리고 백성에 이르기까지 천황권 아래에서 혼연일체가 되어 천황을 찬미하고 천황은 덕치주의의 은덕을 베푼다. 天平 17년(745) 5월에 聖武天皇이 恭仁京의 泉橋에 이르렀을 때, 백성들이 멀리 천황을 바라보고 길 좌측에서 배알하여 모두 만세를 외쳤다[48]라는 장면은 이를 상징적으로 말해주고 있다.

---

44 『日本書紀』天武紀 10년 8월 신묘조.
45 『續日本紀』和銅 6년 5월 갑자조
46 『日本後紀』延曆 15년 8월 기묘조.
47 仁藤敦史,「古代王權と行幸」, 앞의 책 112쪽.
48 『續日本紀』天平 17년 5월 계해조.

색인